Hans-Günter Richardi

SS-Geiseln in der Alpenfestung

Die Verschleppung prominenter KZ-Häftlinge
aus Deutschland nach Südtirol

Mit Beiträgen von Caroline M. Heiss
und Hans Heiss

Hans-Günter Richardi

SS-Geiseln in der Alpenfestung

Edition Rætia

Die Verschleppung prominenter KZ-Häftlinge aus Deutschland nach Südtirol

Mit Beiträgen von Caroline M. Heiss und Hans Heiss

Impressum

Das Buch erscheint zur Ausstellung „Rückkehr ins Leben“ anläßlich des 60. Jahrestages der Befreiung der SS-Geiseln in Niederdorf. Träger der Ausstellung und Herausgeber des Buches ist die Gemeinde Niederdorf. Die Drucklegung des Buches erfolgt mit freundlicher Unterstützung der Südtiroler Landesregierung, Abteilung für deutsche Kultur, und der Raiffeisenkasse Niederdorf.

Lektorat: Irmela Sommer
Graphische Gesamtgestaltung und Layout: art&work, München

Verlag: Edition Raetia, Bozen
Printed in Italy

Die Deutsche Bibliothek – CIP-Einheitsaufnahme
Richardi, Hans-Günter:
SS-Geiseln in der Alpenfestung / Hans-Günter Richardi –
Bozen: Edition Raetia, 2005
ISBN 88-7283-229-2

Gedruckt auf umweltfreundlichem, chlor- und säurefrei gebleichtem Papier.

Für die Titelmontage wurde ein Ausschnitt der Aufnahme verwendet, auf der die befreiten Geiseln vor dem Hotel „Pragser Wildsee“ zu sehen sind; das Bild befindet sich auf der Rückseite des Buches (Foto: Privatbesitz). Der Ausschnitt zeigt Martin Niemöller mit der Tochter des ehemaligen österreichischen Bundeskanzlers Kurt von Schuschnigg und dessen Ehefrau Vera von Schuschnigg.
Im Hintergrund der Montage ist der Pragser Wildsee mit dem Seekofel zu sehen (Foto: Hermann Oberhofer, Prags). Auf dem Buchrücken ist das frühere Gemeindeamt Niederdorf abgebildet (Foto: Gemeinde Niederdorf).

Inhalt

Geleitwort des Bürgermeisters von Niederdorf

Drehen wir heute das Rad der Geschichte um 60 Jahre zurück, werden wir in eine Zeit versetzt, in der überall auf der Welt Not und Elend, Kummer und Sorge, Leid und Trauer, Hoffnungslosigkeit und arge Entbehrung herrschten. Es war die Zeit, in der einerseits der Zweite Weltkrieg noch die Zügel hielt, andererseits aber doch das Ende dieses grauenvollen Geschehens zu spüren war. Die ganze Welt stöhnte unter der schweren Last dieser Grausamkeit, die der Krieg in alle Fugen der Menschheit brachte. Millionen von Toten und Verwundeten, Trümmer von Gebäuden, zerstörte Städte und Dörfer – so weit das Auge reichte, zerrissene Familien, Not, Elend, Armut waren klare Zeichen dieses verabscheuungswürdigen Krieges, die auch in unserer Gemeinde Niederdorf tiefe Furchen und Spuren hinterließen.

In diese Zeit fällt auch das Drama der prominenten Sippen- und Sonderhäftlinge, für die am Pragser Wildsee das Ende ihres Leidensweges vorgesehen war. Am 28. April 1945 trafen die Gefangenen, die aus verschiedenen Konzentrationslagern in das KZ Dachau zusammengezogen und dann von einem Sonderkommando der SS und des SD über Innsbruck nach Südtirol gebracht worden waren, in Niederdorf ein, wo sie schließlich von einer Wehrmachtskompanie übernommen bzw. befreit wurden. Über dieses herausragende historische Ereignis, das für unsere Gemeinde von größter Bedeutung war, nämlich über den Transport der Sippen- und Sonderhäftlinge und über deren Befreiung in Niederdorf, wurde im Laufe der Zeit viel geschrieben, wobei allerdings auch viele Widersprüche in der Darstellung dieses Geschehens feststellbar sind. Es ist daher ein großes Anliegen der Gemeindeverwaltung von Niederdorf, daß dieses Ereignis historisch richtig bearbeitet und in der Dokumentation objektiv behandelt wird. Es ist für die Bürger von Niederdorf und für alle Interessierten einfach wichtig, klare und der Wahrheit entsprechende Informationen zu diesem historischen Geschehnis zu erhalten und diese unserer Nachwelt weiterzugeben.

Dabei sollen vor allem folgende Fragen gezielt und objektiv erörtert werden:

- Was geschah wirklich in jenen Tagen im April 1945?
- Welches waren die Hintergründe, die zum Transport der prominenten Häftlinge in die Alpenfestung, also nach Niederdorf bzw. nach Prags führten?
- Welche Persönlichkeiten verbargen sich hinter den Verschleppten?
- Aus welchen Konzentrationslagern sind sie gekommen?
- Welche Pläne verfolgte die SS mit ihnen?
- Wie glückte es, die Gefangenen in Niederdorf aus der Gewalt der SS zu befreien?
- Was geschah mit diesen Häftlingen nach ihrer Befreiung in Niederdorf?

Zur Aufarbeitung und zur klaren Beantwortung dieser Fragen hat die Gemeindeverwaltung von Niederdorf diese Publikation in Auftrag gegeben und dafür Hans-Günter Richardi aus Dachau gewonnen. Richardi ist ein wirklicher Kenner dieser ganzen Materie. Er war Redakteur bei der “Süddeutschen Zeitung” in München und ist bereits mit zahlreichen Publikationen zur Zeitgeschichte in Erscheinung getreten. In den zahlreichen Zusammenkünften und Aussprachen habe ich in Richardi eine Person kennengelernt, die mit äußerster Präzision, mit viel Interesse und Einsatz, aber auch mit großer Freude Hand ans Werk legt. Ich bin überzeugt, daß es Richardi gelingt, dieses so große historische Ereignis sachlich richtig und objektiv darzustellen.

Einen weiteren Beitrag zu den Ausführungen des Autors liefern der bekannte Südtiroler Historiker Dr. Hans Heiss und seine Cousine Dr. Caroline M. Heiss, die aus ihrer Sicht gewisse Schwerpunkte besonders hervorheben: Frau Heiss, die eine Enkeltochter der Hotelbesitzerin Emma Heiss-Hellenstainer ist, widmete sich nach einer Befragung im Ort den "Zeichen der Menschlichkeit in Niederdorf" und schrieb auch das Vorwort. Hans Heiss porträtierte seine Großmutter in "Gastgeberin und Grande Dame: Emma Heiss-Hellenstainer (1888-1959)".

Das Ziel dieser Publikation soll es also sein, an die Geschehnisse vor 60 Jahren zu erinnern und diese in objektiver Form der Nachwelt zu vermitteln. Begleitet wird diese Publikation durch eine Ausstellung im Fremdenverkehrsmuseum "Haus Wassermann" in Niederdorf, die am 29. April 2005 eröffnet und die auch in Deutschland gezeigt wird.

Es ist mir ein großes Anliegen, an dieser Stelle dem Autor dieses Buches, Hans-Günter Richardi, sowie Dr. Hans Heiss und Dr. Caroline M. Heiss für ihre Beiträge einen aufrichtigen Dank auszusprechen. Mit diesem Werk ist es ihnen gelungen, einen großen historischen Beitrag für unsere Gemeinde Niederdorf und Prags sowie für unser ganzes Land zu leisten und somit unsere historischen Angebote zu bereichern. Ich danke auch dem Gemeindesekretär von Niederdorf, Dr. Walter Boaretto, der mit viel Einsatz und Begeisterung zum Gelingen dieser Publikation beigetragen hat. Danken möchte ich auch den Gestaltern dieses Buches und allen, die in irgendeiner Weise einen Beitrag zu dieser Veröffentlichung geleistet haben. Ein besonderer Dank gilt der Südtiroler Landesregierung, die durch ihren finanziellen Beitrag den Druck des Buches ermöglicht hat.

Möge dieses Buch freundliche Aufnahme finden und für alle, die es lesen, eine große historische und kulturelle Bereicherung sein.

Niederdorf, im April 2005 *Dr. Johann Passler*

Vorwort
Von Caroline M. Heiss

Da der Pragser Wildsee die letzte Station im Geiseldrama der Sippen- und Sonderhäftlinge war, bin ich schon seit Kindesalter mit diesem Teil der Geschichte des Zweiten Weltkrieges konfrontiert worden. Ex-Häftlinge und deren Nachkommen sowie Interessierte kamen zurück zum Ort des Geschehens. Erinnerungen wurden oft auch nach langer Zeit wieder aufgefrischt, die Geschichte konnte nicht losgelassen werden. Nicht zuletzt hatte hierzu wohl auch der Pragser Wildsee in seiner Einzigartigkeit beigetragen, den die Betroffenen nicht vergessen konnten.

Fey von Hassell erinnert sich in diesem Sinne in ihrem Buch "Niemals sich beugen": "In diesen ersten Tagen der Freiheit schien uns Prags wie das Paradies auf Erden." Und so schön, fand sie, wie ein Traum. "Ich konnte den Blick nicht von meinem Fenster lösen, von den schneebedeckten Bergen, die sich steil über dem stillen, geheimnisvoll-traurigen See erhoben."

Dr. Caroline M. Heiss, die Enkelin der Hotelbesitzerin Emma Heiss-Hellenstainer.

So kam ich in der Vergangenheit immer wieder mit Leuten in Kontakt, die sich über dieses historische Ereignis informieren wollten oder die sogar selbst mittel- oder unmittelbar betroffen waren. All dies regte mein Interesse an.

Natürlich sind mein Cousin Dr. Hans Heiss, der ebenfalls einen Beitrag zu diesem Buch leistete, und meine Person unmittelbar mit dem Thema verwurzelt, da sich unsere Großmutter Emma Heiss-Hellenstainer, Besitzerin des Hotels "Pragser Wildsee", in diesen Tagen persönlich um das Wohl der Häftlinge gekümmert hat. In diesen ereignisreichen Tagen blieb bei vielen Gefangenen die Gastfreundschaft und die Herzlichkeit, aber auch die der Niederdorfer Bevölkerung unvergessen. Nicht zuletzt auch ihr zu Ehren freut es mich, daß dieses Projekt mit Hilfe von vielen interessierten Menschen zustande gekommen ist.

Publizierte Biographien von Ex-Häftlingen, Tatsachenberichte, zum Beispiel der meiner Großmutter Emma Heiss-Hellenstainer oder der des ehemaligen Bürgermeisters von Wien, Dr. Richard Schmitz, darüber hinaus auch einige Augenzeugenberichte ließen mich erkennen, daß trotz dieser Dokumente Gesamtzusammenhänge fehlten, unterschiedliche Darstellungen dokumentiert wurden und sich verschiedene Fragen stellten. So wunderte ich mich immer wieder über die zum Teil oberflächlichen und sogar falschen Aussagen und Darstellungen. Auch waren für mich insbesondere die Hintergründe des Transportes von besonderem Interesse, warum dieser ausgerechnet hier in Prags gelandet ist. Nicht zuletzt wollte ich auch mehr über die eigentlichen Hauptpersonen, die Häftlinge, in Erfahrung bringen. Waren es doch größtenteils namhafte Persönlichkeiten aus Wirtschaft, Politik, Militär und Adel aus den unterschiedlichsten Ländern Europas. Alle hatten einen außergewöhnlichen und wohl auch schmerzvollen Weg hinter sich: Wo kamen sie her? Was ist aus ihnen geworden?

Die Idee, dieses historische Ereignis in einem Buch und in einer Ausstellung festzuhalten, wuchs in den vergangenen Jahren. Nicht zuletzt dank der zeitweisen Unterstützung durch Wolfgang Welkerling aus Dresden wurde mir bewußt, daß die Zeit drängte; der sechzigste Jahrestag näherte sich, Recherchen werden im Laufe der Zeit schwieriger werden, Zeitzeugen sterben aus, das Interesse könnte erlöschen, hatte sich hierzu bislang doch niemand fundiert geäußert oder damit beschäftigt.

Durch einen Zufall, den das Leben so spielt, lernte ich im Sommer 2003 Hans-Günter Richardi kennen. Ein gemeinsamer Bekannter, der Münchner Maler Uli Schaarschmidt, bat ihn, mich am Pragser Wildsee doch einmal zu besuchen, wußte dieser doch von meinem Interesse an diesem historischen Ereignis. Da Richardi zu dieser Zeit gerade für den Hessischen Rundfunk eine Dokumentation über die Alpenfestung drehte und sich in Ratschings aufhielt, stattete er mir im Sommer 2003 am Pragser Wildsee einen Besuch ab. Ich erzählte ihm von meinen Plänen, und sofort stand für Richardi fest, daß sich dieses Vorhaben nahtlos in seine fünfzehnjährige Forschung über die sogenannte Alpenfestung einfügte.

Ich bin dankbar dafür, daß sich mit Richardi ein sachkundiger, engagierter und äußerst kompetenter Autor der Aufarbeitung dieses historischen Ereignisses angenommen hat. Ich habe Richardi in dieser Zeit nicht nur privat als einen äußerst wertvollen und in seiner bescheidenen, aber bestimmten Art wohl seltenen Menschen kennengelernt, sondern darüber hinaus auch als einen, der dieses Projekt aus tiefster Überzeugung stets mit Leib und Seele vorangetrieben hat.

Das vorliegende Buch ist somit nicht nur für meine Familie und für unser Hotel von besonderer historischer Bedeutung, sondern vor allem auch von herausragendem internationalem Interesse.

Prags, im April 2005 — *Dr. Caroline M. Heiss*

Die ersten Geiseln in der Gewalt der SS

Schon am Anfang des Zweiten Weltkriegs, den Adolf Hitler am 1. September 1939 mit dem Überfall auf Polen entfesselt, steht ein Verbrechen der SS. Auf Befehl des Führers hat die Schutzstaffel ihm mit den Scheinüberfällen auf den Rundfunksender Gleiwitz, auf das Zollhaus Hochlinden im Kreise Ratibor und auf ein Forsthaus bei Pitschen im Kreis Kreuzberg in Oberschlesien einen Vorwand zu liefern, der den Einmarsch in Polen „rechtfertige".

Um den Übergriff auf das Zollhaus Hochlinden glaubhaft zu machen, tragen die Beteiligten polnische Uniformen, die eigens für sie über Vizeadmiral Wilhelm Canaris, den Leiter des Amts Ausland/Abwehr im Oberkommando der Wehrmacht (OKW),[1] bei der Armee beschafft worden sind.[2] Die beiden anderen Überfälle werden in ziviler Kleidung verübt. Generaloberst Franz Halder, der Chef des Generalstabes des Heeres, der später in Hitlers Ungnade fällt und der nach dem 20. Juli 1944 das Schicksal von Sonderhäftlingen in mehreren Konzentrationslagern teilen muß, vermerkt die Übergabe der Uniformen an den Sicherheitsdienst des Reichsführers-SS (SD) am 17. August 1939 mit wenigen Worten in seinem Tagebuch: „Canaris: Himmler-Heydrich (...), 150 polnische Uniformen mit Zubehör (...). Oberschlesien."[3]

Die SS schreckt auch vor mehreren Opfern nicht zurück, die der Überfall auf das Zollhaus Hochlinden in ihrem Plan kosten wird. Als Todeskandidaten dienen ihr Häftlinge aus dem Konzentrationslager Sachsenhausen, die sie menschenverachtend als „Konserven" bezeichnet. Die Gefangenen sollen in schwarzen Limousinen in die Nähe von Hochlinden gebracht, dort kurz vor Beginn der Aktion betäubt, dann erschossen und schließlich als Leichen am Tatort zurückgelassen werden.[4] Für den Übergriff auf das Forsthaus in der Nähe von Pitschen sind keine Opfer vorgesehen.[5]

Tod im Rundfunkgebäude

Die Organisation des Überfalls auf den Sender Gleiwitz wird dem SS-Sturmbannführer Alfred Helmut Naujocks übertragen, der für den SD im Auslandsnachrichtendienst tätig ist. SS-Gruppenführer Reinhard Heydrich, der Chef der Sicherheitspolizei und des SD, weist ihn höchstpersönlich ein. „Ungefähr am 10. August 1939", berichtet Naujocks nach dem Krieg in einer eidesstattlichen Erklärung vor dem Internationalen Militärgerichtshof in Nürnberg,[6] „befahl mir Heydrich (...), einen Anschlag auf die Radiostation bei Gleiwitz in der Nähe der polnischen Grenze vorzutäuschen und es so erscheinen zu lassen, als wären Polen die Angreifer gewesen. Heydrich sagte: 'Ein tatsächlicher Beweis für polnische Übergriffe ist für die Auslandspresse und für die deutsche Propaganda nötig.' Mir wurde befohlen, mit fünf oder sechs anderen SD-Männern nach Gleiwitz zu fahren, bis ich das Schlüsselwort von Heydrich erhielt, daß der Anschlag zu unternehmen sei. Mein Befehl lautete, mich der Radiostation zu bemächtigen und sie so lange zu halten, wie nötig ist, um einem polnisch-sprechenden Deutschen die Möglichkeit zu geben, eine polnische Ansprache über das Radio zu halten. Dieser polnisch-sprechende Deutsche wurde mir zur Verfügung gestellt.

Heydrich sagte, daß es in der Rede heißen solle, daß die Zeit für eine Auseinandersetzung zwischen Polen und Deutschen gekommen sei und daß die Polen sich zusammentun und jeden Deutschen, der ihnen Widerstand leistet, niederschlagen sollten."

Das Kommandounternehmen läuft, wie geplant, am Abend des 31. August ab. Als die Eindringlinge den Sender wieder räumen, lassen sie einen Toten zurück. Der Ermordete ist der 41jährige Vertreter für Landmaschinen Franz Honiok, der im bewußtlosen Zustand ins Rundfunkgebäude getragen und dort mit einem Schuß in den Kopf getötet worden ist.[7] Seine Mörder haben ihn gezielt ausgewählt. Es war ihnen bekannt, daß er mit Polen sympathisierte, und deshalb wurde er am 30. August in seinem Heimatort Hohenlieben festgenommen und am Vormittag des nächsten Tages ins Gleiwitzer Polizeigefängnis gebracht, wo ihm ein SS-Führer am Abend eine Injektion verabreichte, die ihm das Bewußtsein nahm.[8] Im Auto wurde er dann zum Gleiwitzer Sender gefahren, wo er als erster Toter des Zweiten Weltkriegs sein Leben verlor.

Dem Scheinüberfall auf das Zollhaus Hochlinden, das nach dem Kommandounternehmen in Gleiwitz das Ziel ist, fallen insgesamt sechs „Konserven" zum Opfer. Die Häftlinge aus dem KL Sachsenhausen waren bereits tot, als sie in einem Lastkraftwagen zum Zollhaus gebracht wurden.[9]

Damit ist der mörderische Plan des Führers ausgeführt, und Hitler kann am 1. September 1939 mit einer Lüge, die Millionen von Menschen ins Grauen des Zweiten Weltkriegs stürzt, an die Öffentlichkeit treten. Vor den Mitgliedern des Deutschen Reichstages erklärt er in Berlin: „Polen hat nun heute nacht zum erstenmal auf unserem eigenen Territorium auch durch reguläre Soldaten geschossen. Seit 5.45 Uhr wird jetzt zurückgeschossen. Und von jetzt ab wird Bombe mit Bombe vergolten."[10]

Ein Befehlsempfänger ohne Skrupel: SS-Sturmbannführer Alfred Helmut Naujocks.

Der Venlo-Zwischenfall

Zwei Monate danach ist SS-Sturmbannführer Naujocks bereits zu einem neuen kriminellen Unternehmen des SD unterwegs. Sein Ziel ist am 9. November 1939 der niederländische Grenzübergang bei Venlo, wo er mit einem Spezialkommando, bestehend aus zwölf Mann,[11] zwei Offiziere des britischen „Secret Intelligence Service" (SIS), Oberstleutnant Richard H. Stevens und Hauptmann Sigismund Payne Best, überrumpeln und nach Deutschland entführen soll. Wieder folgt er einem ausdrücklichen Befehl Hitlers.

Doch die beiden Briten ahnen nicht, was ihnen droht. Sie vertrauen dem SS-Sturmbannführer Walter Schellenberg, dem Leiter der Gruppe IV E (Spionageabwehr Inland) im Reichssicherheitshauptamt (RSHA) in Berlin, der zum erstenmal am 21. Oktober 1939 auf Vermittlung des deutschen Geheimagenten F. 479 mit ihnen und mit dem Leutnant Dirk Klop, einem niederländischen Generalstabsoffizier, in Arnheim zusammengekommen ist.[12] Allerdings reist Schellenberg unter falschem Namen. Gegenüber seinen Gesprächspartnern gibt er sich als Hauptmann Schemmel aus der Transportabteilung des OKW aus, der in der Lage sei, Großbritannien geheimes Material aus deutschen höheren Offizierskreisen zuzuspielen, die angeblich den Sturz Hitlers vorbereiteten. Best und Stevens glauben dem Hauptmann und lassen sich auf das Unternehmen ein. An eine Entführung der beiden ist jedoch zunächst nicht gedacht. Schellenberg will allein mit seinem Nachrichtenspiel das Feld des britischen geheimen Nachrichtendienstes in den Niederlanden sondieren.

Dann aber tritt ein unvorhergesehenes Ereignis ein. Am Abend des 8. November 1939 detoniert im „Bürgerbräukeller" in München eine Bombe, die der Schreiner Geog Elser dort in einer Säule deponiert hat, um Hitler zu töten. Doch das Attentat schlägt fehl, weil der Führer die Versammlung der Alten Kämpfer seiner Partei vorzeitig verlassen hat.[13]

Hitler ist überzeugt, daß der Anschlag auf ihn vom Secret Intelligence Service eingefädelt worden sei, und verlangt, Best und Stevens unverzüglich über die niederländische Grenze nach Deutschland zu bringen. Noch in der Nacht zum 9. November ruft der Reichsführer-SS Heinrich Himmler seinen Untergebenen Schellenberg in Düsseldorf an und unterrichtet ihn über diesen Befehl.

Jetzt kommt Naujocks wieder ins Spiel. Schon vor dem Anschlag auf Hitler war dieser mit einem Sonderkommando nach Düsseldorf in Marsch gesetzt worden, um Schellenberg unauffällig bei seinen geheimdienstlichen Aktivitäten im Grenzland zu decken. Nun fällt dem SS-Sturmbannführer auch die Aufgabe zu, den neuen Befehl Hitlers auszuführen.[14]

Am 9. November passiert Schellenberg wieder in der Zeit zwischen 13 und 14 Uhr die Grenze bei Venlo, um sich, wie verabredet, erneut mit Best und Stevens im „Café Backus", unweit des deutschen Zollhauses, zu treffen. Die beiden kommen in einem Auto, das Bests Chauffeur Jan Lemmens fährt. Leutnant Klop begleitet sie.

Kaum haben die vier in ihrem „Buick" das Ziel erreicht,[15] da schlägt das SS-Kommando, das sich im Zollhaus versteckt gehalten hat, schon zu: „Der Buick", berichtet Schellenberg,[16] „schwenkte stark bremsend von der Landstraße ab, dem Parkplatz hinter dem Café zu. Ich war noch etwa zehn Schritte von dem Wagen entfernt, als ich das Auspuffgeknatter unseres Kommandoautos hörte. Und schon fielen Schüsse. Dann laute, brüllende Stimmen, offensichtlich von der konsterniert hin und her hastenden holländischen Grenzpolizei.

Im gleichen Moment sprang Leutnant Copper (Klops Deckname, Anm. d. Verf.) aus dem Buick, zog einen schweren Dienstcolt aus der Tasche und legte auf mich an. Ich war unbewaffnet und sprang zur Seite. Im gleichen Augenblick raste der Kommandowagen um die Hausecke. Copper kehrte sich dem gefährlicheren Ziel zu und schoß hintereinander einige Male in die Windschutzscheibe. In einem Bruchteil von Sekunden sah ich das Aufsplittern der Scheibe und glaubte schon,

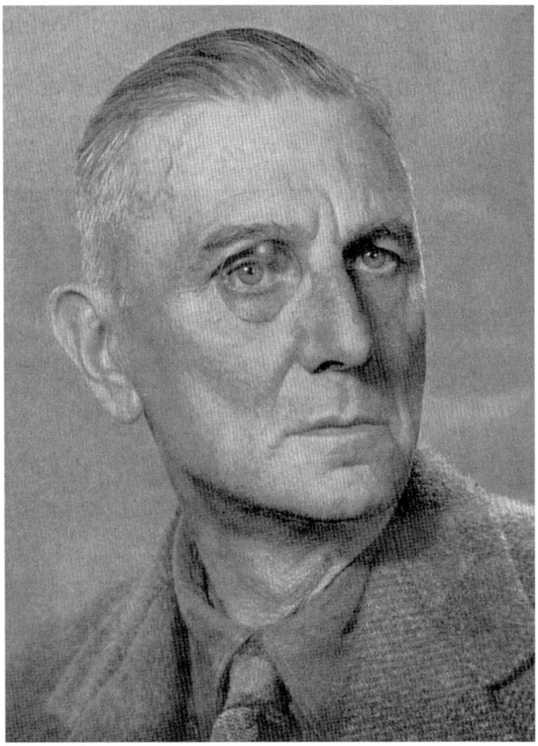

Einer der ersten Sonderhäftlinge der SS: Captain Sigismund Payne Best.

daß einer der Schüsse den Fahrer oder den neben ihm sitzenden Kommandoführer (also Naujocks, Anm. d. Verf.) getroffen habe.

Doch schon sprang der Kommandoführer mit einem Riesensatz aus dem Auto, und nun begann ein regelrechtes Pistolenduell zwischen ihm und Copper. Plötzlich ließ Leutnant Copper die Pistole sinken und stützte seinen Körper auf die Knie. Ich stand noch immer in seiner Nähe. Da fuhr mich die rauhe Stimme des Kommandoführers an: 'Nun hauen Sie doch endlich ab!' Ich sauste um die Hausecke in Richtung meines Wagens und sah noch im letzten Augenblick, daß Best und Stevens wie ein Bündel Heu aus ihrem Wagen gehoben wurden."

Klop erliegt seinen Schußverletzungen in einem Düsseldorfer Krankenhaus. Best, Stevens und Lemmens, die alle drei unverletzt geblieben sind, werden zunächst nach Berlin gebracht und von dort dann ins Konzentrationslager Sachsenhausen überstellt. Während die britischen Offiziere weiter in Haft bleiben, kann der Fahrer im Oktober 1940 nach Holland zurückkehren.[17] Vor Best und Stevens aber liegt noch ein weiter Weg durch die Konzentrationslager der SS, der erst in Niederdorf im Hochpusteral in Südtirol endet, wo sie am 30. April 1945 mit anderen Sonder- und Sippenhäftlingen befreit werden.

Selbst Schellenberg, der die Männer ins Unglück gestürzt hat, ist nicht ohne Mitleid, als er später in seinen Aufzeichnungen über Best und Stevens im KL Sachsenhausen berichtet: „Nachdem Stevens (...) einen Selbstmordversuch gemacht hatte, wurden beide Gefangenen nachts an lange Ketten gefesselt, damit die Posten bei jedem Geräusch aufmerksam würden, um einen zweiten Selbstmordversuch verhindern zu können. Vierzehn Tage später bei einem zufälligen Besuch im Lager sah ich die Ketten. Ich veranlaßte sofort, diese zu entfernen. Captain Best scheint übrigens davon überzeugt zu sein, ich hätte Briefe an seine Frau zurückgehalten. Er konnte nicht wissen, daß dies auf Befehl Hitlers in der Abteilung des Gestapochefs Müller geschah.

Die Vernehmungsergebnisse mußten jeden Tag Hitler vorgelegt werden, der dann seine Anweisungen für die Fortsetzung der Verhöre sowie für die Behandlung des Falles in der Presse gab. Dabei verfolgte er deutlich das Ziel, das Attentat im Bürgerbräukeller als ein Werk des Secret Service hinzustellen, bei dem Best und Stevens ihre Hände im Spiel gehabt hätten."[18]

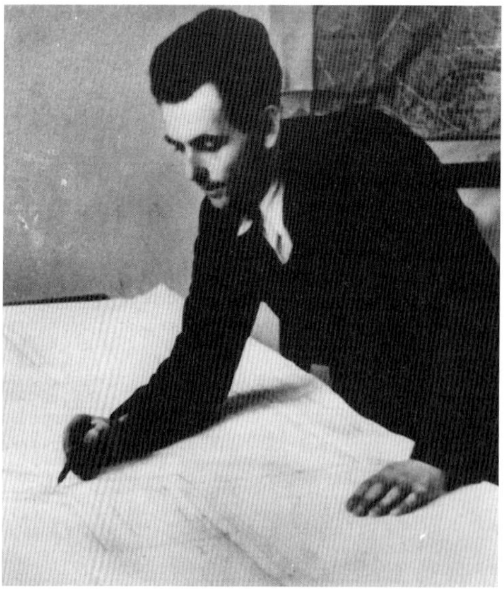

Georg Elser beschreibt hier der Polizei seine Vorgehensweise beim Anschlag auf Hitler.

Produktion von Falschgeld

Schellenberg verfolgt ihr Schicksal weiter und versucht sogar, sie auf dem Wege eines Austauschverfahrens von Agenten freizubekommen. Aber er hat damit keinen Erfolg. „Alle meine Versuche", berichtet er,[19] „scheiterten (...) immer wieder daran, daß Himmler die Freilassung dieser Männer ausdrücklich ablehnte und mir im Jahre 1944 sogar verbot, überhaupt noch einmal darüber zu sprechen.

Der Reichsführer-SS Heinrich Himmler bei der Befragung eines Dachauer Häftlings am Arbeitsplatz.

Hitler habe sich, so erklärte er, immer noch nicht mit dem 'Versagen' der Geheimen Staatspolizei abgefunden (gemeint war der Mißerfolg bei der Ermittlung der von ihm vermuteten Hintermänner Elsers, des Attentäters im Münchener Bürgerbräukeller). Hitler halte Best und Stevens nach wie vor für Mitwisser. Himmler schloß: 'Rühren Sie nicht mehr an diese Geschichte, sonst steigt der Prozeß gegen die beiden Engländer doch noch.'"

Nach dem Scheinüberfall auf den Gleiwitzer Sender und nach dem Venlo-Zwischenfall wird SS-Sturmbannführer Naujocks noch in einem dritten kriminellen Unternehmen der SS aktiv. Er unterbreitet Heydrich den Plan, die britische Währung mit falschen Pfundnoten ins Wanken zu bringen. „Diese", berichtet Adolf Burger, der als Zeitzeuge direkten Einblick in das Geschehen gewonnen hat,[20] „sollten entweder über England abgeworfen oder auf dem Umweg über neutrale Staaten eingeschleust werden." Der Vorschlag findet Hitlers Billigung, und so machen sich Naujocks und seine Vertrauensleute unverzüglich an die Arbeit, die Idee in die Tat umzusetzen. Nach langen Vorbereitungen, die bewiesen haben, daß es möglich ist, Falschgeld von höchster Qualität zu produzieren, wird das KL Sachsenhausen zum Standort für ein Geldfälscherkommando bestimmt, das ausschließlich aus jüdischen Häftlingen besteht, die das Geld herzustellen haben.

Die Gefangenen werden nach ihren Berufen ausgewählt, wie einem Schreiben des SS-Wirtschafts-Verwaltungshauptamtes, Amtsgruppe D - Konzentrationslager, vom 20. Juli 1942 an die Kommandanten der KL Buchenwald, Ravensbrück und Sachsenhausen zu entnehmen ist:

„Es sind mir umgehend die im dortigen Lager befindlichen jüdischen Häftlinge zu melden, die aus dem graphischen Gewerbe stammen, Papierfachleute oder sonstige geschickte Handarbeiter (z. B. Frisöre) sind", schreibt SS-Obersturmführer Sommer im Auftrag des Chefs des Amtes D II (Arbeitseinsatz der Häftlinge), SS-Sturmbannführer Maurer.[21] „Diese jüdischen Häftlinge können fremder Nationalität sein, müssen jedoch deutsche Sprachkenntnisse besitzen."

Die „Blüten" aus dem KL Sachsenhausen, die bald über die Verteilungszentrale des Unternehmens im Schloß Labers in Obermais, einem Ortsteil von Meran in Südtirol, weltweit ins

Falschgeld als Waffe: Die SS schreckt auch vor der Produktion von gefälschten Pfundnoten nicht zurück, um die britische Währung ins Wanken zu bringen.

Ausland gelangen, führen die SS natürlich auch, wie erhofft, im Tauschverfahren an dringend benötigte Devisen heran. Dieser Mangel an ausländischer Währung ist es auch, der Himmler auf den Gedanken bringt, noch einen Schritt weiterzugehen und Hitler den Vorschlag zu machen, jüdische Häftlinge als Geiseln zur Beschaffung von Devisen und zum Austausch von Zivilgefangenen zu verwenden. Die Gefangenen sollen in einem eigenen Lager für Geiseln zusammengezogen werden.

Hitler stimmt am 10. Dezember 1942 auch diesem Plan zu,[22] und so kann Himmler noch im selben Monat in seiner Feld-Kommandostelle dem Chef der Geheimen Staatspolizei (Gestapo), SS-Gruppenführer Heinrich Müller, mitteilen: „Ich ordne an, daß von den jetzt in Frankreich noch vorhandenen Juden, ebenso von den ungarischen und rumänischen Juden alle diejenigen, die einflußreiche Verwandte in Amerika haben, in einem Sonderlager zusammenzufassen sind. Dort sollen sie zwar arbeiten, jedoch unter Bedingungen, daß sie gesund sind und am Leben bleiben. Diese Art von Juden sind für uns wertvolle Geiseln. Ich stelle mir hierunter eine Zahl von rund 10 000 vor." Die Anordnung, bezeichnenderweise auf neutralem Briefpapier geschrieben, ist als „Geheime Reichssache" ausgewiesen worden und in nur vier Ausfertigungen in Umlauf gekommen.[23]

Das Lager, das die jüdischen Geiseln aufnehmen soll, ist das KL Bergen-Belsen in der Lüneburger Heide. Es wird eigens zu diesem Zweck am 10. Mai 1943 eröffnet.[24] Bergen-Belsen bleibt aber nicht das einzige Sonderlager der SS für Geiseln. Denn Himmler hat für seine Pläne auch prominente Häftlinge im Visier, die er als Faustpfand aus dem besetzten Ausland in seinen Machtbereich holen und dort an entlegenem Ort in weiteren SS-Sonderlagern konzentrieren will. Die Pläne, die er mit den zumeist hochrangigen Persönlichkeiten hat, gehen bald weit über die Devisenbeschaffung hinaus.

Bei der Internierung von Prominenten arbeitet Hitler dem Reichsführer-SS in die Hände. Mit dem fortschreitenden Krieg schreckt er immer weniger davor zurück, bedeutende Persönlichkeiten aus ihren Heimatländern ins Deutsche Reich verschleppen zu lassen. Himmler folgt den Führerbefehlen, und so füllen sich die Sonderlager der SS zusehends mit Internierten, die oft einen hervorragenden weltweiten Ruf als Politiker, Staatsmänner oder Militärs haben.

Einer der ersten, den dieses Schicksal trifft, ist Maxime Weygand. Der französische General führte als letzter Oberbefehlshaber die alliierten Streitkräfte in Frankreich, nachdem sein Vorgänger, General Maurice-Gustave Gamelin, am 19. Mai 1940 abgesetzt worden war. Weygand, vorher Oberbefehlshaber der „Orient-Armee“ in Syrien, konnte jedoch mit der „Weygand-Linie“, wie die letzte französische Verteidigungsstellung hinter Somme und Aisne genannt wurde, nicht mehr die Niederlage Frankreichs abwenden.

Hitler verfolgt den General auch nach dem deutsch-französischen Waffenstillstand vom 22. Juni 1940 weiter mit besonderem Argwohn. Als Weygand das Amt des Generalgouverneurs in Algier übernimmt, befürchtet Hitler, daß dieser den Aufbau einer „Widerstandsarmee“ gegen Deutschland und gegen die französische Regierung betreibe und dies der Grund dafür sein könne, weshalb der Generalgouverneur seit Ende Juli 1941 Geheimverhandlungen mit dem US-Gesandten Robert Murphy in Algier führe.[25] Deshalb besteht er auf die Ablösung des Generalgouverneurs durch die Vichy-Regierung, was schließlich am 20. November 1941 auch geschieht.[26] Hitlers Mißtrauen gegenüber Weygand steigert sich noch, als amerikanische und britische Truppen am 7./8. November 1942 unter dem Oberbefehl von General Dwight D. Eisenhower in Nordafrika landen. Daraufhin läßt Hitler am 11. November 1942 die Wehrmacht in die bisher unbesetzte Südzone Frankreichs einmarschieren.

Der Reichsführer-SS   Feld-Kommandostelle, 12.1942

Tgb.Nr.
RF/V.

Geheime Reichssache
4 Ausfertigungen
2. Ausfertigung

An
SS-Gruppenführer M ü l l e r
B e r l i n

Ich ordne an, daß von den jetzt in Frankreich noch vorhandenen Juden, ebenso von den ungarischen und rumänischen Juden alle diejenigen, die einflußreiche Verwandte in Amerika haben, in einem Sonderlager zusammenzufassen sind. Dort sollen sie zwar arbeiten, jedoch unter Bedingungen, daß sie gesund sind und am Leben bleiben. Diese Art von Juden sind für uns wertvolle Geiseln. Ich stelle mir hierunter eine Zahl von rund 10 000 vor.

Geheime Reichssache in vier Ausfertigungen: Himmler ordnet die Konzentration von „wertvollen Geiseln“ an.

Um einer möglichen Flucht des Generals aus dem nun völlig besetzten Frankreich zuvorzukommen, ordnet Hitler dessen Entführung an. Weygand, der den Decknamen „Lottermann" erhält, wird mit dem Status eines Kriegsgefangenen nach Radolfzell am Bodensee in Baden gebracht, wo er am 13. November eintrifft. Der Ort ist deshalb gewählt worden, weil sich dort eine SS-Unterführerschule befindet, die es ermöglicht, den prominenten Gefangenen vor der Öffentlichkeit abzuschirmen. Sein Deckname dient zusätzlich der strikten Geheimhaltung des Unternehmens.

Unmittelbar nach der Ankunft in Radolfzell erhebt Weygand energischen Protest gegen seine Verschleppung aus Frankreich. Um 15.15 Uhr bringt der Kommandeur der Schule, SS-Obersturmbannführer Thomas Müller, zu Papier, was ihm der empörte General berichtet.

„Im Beisein von SS-Hauptsturmführer Kostenbader", schreibt Müller in einer Mitteilung, die an den Reichsführer-SS gerichtet ist,[27] „gab mir General Weygand sofort nach seinem Eintreffen in Radolfzell folgende Erklärung ab:

Ich bin beim Verlassen von Vichy durch deutsche Soldaten unter Androhung von Waffengewalt angehalten worden und in einem Wagen mitgenommen. Meine Verhaftung erfolgte wie die eines Verbrechers.

Der Hauptmann, der stets eine tadellose Haltung zeigte, sagte mir, daß er mich im Namen des Führers verhafte. Ich bin daraufhin in seinen Wagen eingestiegen.

Ich verliess das Haus des Marschalls Pétain, in welchem ich 4 Tage zu Gast gewesen war(,) und begab mich mit seinem Einverständnis und begleitet von drei französischen Polizeibeamten zur Präfektur Geret (Departement Creuse).

In meiner Begleitung befanden sich mein Sohn, der Eskadronchef Weygand, der einer meiner Ord(onnanz-)Off(i)z(iere) ist und (der) von seiner Frau begleitet war. Wir wurden alle drei nach Moulin gebracht. Bevor man mich von meinem Sohn trennte, haben uns die deutschen Offiziere gesagt, daß ich nicht Gefangener, sondern Gegenstand einer Vorsichtsmaßnahme sei.

In Dijon, als ich allein war, hat man mir erklärt, ich sei auf Befehl des Führers kriegsgefangen und würde nach Deutschland gebracht werden.

Ich habe die Ehre, den Herrn Platzkommandanten um zwei Dinge zu bitten:

1) Einen feierlichen Protest gegen die Tatsache, daß ein Offizier der aktiven französischen Armee, die sich im Zustand des Waffenstillstandes befindet, obwohl er kein Kommando ausübt und sich in Ausführung eines Befehls seines Chefs, des Marschalls Pétain, befand, unterwegs festgenommen worden ist. Ich frage, welches der Grund meiner Festnahme ist.
2) Ich bitte, daß mein Chef, der Marschall Pétain, unverzüglich von dieser Tatsache in Kenntnis gesetzt wird, damit er nicht, weil ich verschwunden bin, glauben kann, ich sei Deserteur oder Dissident (auf die Seite seiner politischen Gegner übergetreten)."

Als Himmler am Montag, dem 16. November 1942, um 16 Uhr bei Hitler auf dem Obersalzberg zum Vortrag erscheint, kommt auch der Fall Weygand zur Sprache. Mit der Einwilligung des „Führers" wird das Schloß Itter in der Nähe von Wörgl in Tirol zum „Aufenthaltsort für Lottermann" bestimmt, wie der Reichsführer-SS in seinem Dienstkalender festhält.[28]

Von Anfang an ist Himmler daran interessiert, Weygand in seine Hand zu bekommen. Das erklärt sein großes Engagement für „Lottermann", das in seinem Fernschreiben an den mittlerweile zum SS-Standartenführer beförderten Schellenberg vom 5. Dezember 1942 zum Ausdruck kommt: „Lottermann ist für sein Leiden ein ausgezeichneter Arzt zur Verfügung zu stellen sowie alle Medikamente. Das Auswärtige Amt ist von Ihnen in dringlichster Form aufzufordern, den Brief von Lottermann innerhalb von 1 Stunde zu zensieren, damit er weitergeleitet werden kann. Ich denke gar nicht daran, wegen der Saumseligkeit des Auswärtigen Amtes in einen Ruf zu kommen, einen alten General als Kriegsgefangenen schlecht zu behandeln. Insgesamt ist überhaupt nicht ersichtlich, warum die persönlichen Briefe des General(s) Weigand (sic!) vom Auswärtigen Amt zensiert werden müssen. W. ist Kriegsgefangener. Ich beauftrage das Reichssicherheitshauptamt mit der Zensur der Briefe des Kriegsgefangenen W."[29]

Belastende Notizen im Dienstkalender

Aber mit der Entführung Weygands gibt sich Hitler noch nicht zufrieden. Am 10. Dezember 1942 ordnet er gegenüber dem Reichsführer-SS die Fortsetzung der Verhaftungsaktion in Frankreich an. Es ist derselbe Tag, an dem Himmler, wie berichtet, bei Hitler die Errichtung eines Sonderlagers für jüdische Geiseln zur Sprache bringt. Unter der Rubrik „Angelegenheiten des SD u(nd) Polizei" schreibt er in seinen Dienstkalender: „Verhaftung weiterer führender Franzosen. Gamelin, Blum, Daladier u.s.w."[30]

In einer Aktennotiz vermerkt Himmler am 10. Dezember auch, daß für Weygand ein neuer Internierungsort bestimmt worden ist. „Der Führer", schreibt der Chef der SS,[31] „hat sich damit einverstanden erklärt, daß Weygand nicht nach Schloß Itter, sondern an den Millstätter See (in Kärnten, Anm. d. Verf.) kommt." Dann wendet sich Himmler den anderen prominenten Franzosen zu, die ebenfalls verhaftet werden sollen, und macht aktenkundig, wohin sie zu bringen sind: „Der Führer ist der Ansicht, daß die weiteren führenden Franzosen Gamelin, Blum, Daladier und die in dem Fernschreiben vom 5.12.1942 genannten nach Deutschland zu verbringen sind. Er will jedoch diese Dinge mit (Pierre) Laval bei seiner nächsten Unterredung besprechen."

Alle drei genannten Franzosen sind hochrangige Persönlichkeiten, die bisher in der Geschichte ihres Landes eine herausragende Rolle gespielt haben: Léon Blum amtierte in den Jahren 1936/37 und 1938 als Ministerpräsident. Nach dessen Rücktritt wurde Édouard Daladier am 8. April 1938 – zum drittenmal in seiner politischen Laufbahn – Regierungschef. Er blieb dies bis zum 20. März 1940. Maurice-Gustave Gamelin wurde im Jahre 1931 Chef des Generalstabes, stieg 1935 zum Generalinspekteur des Heeres auf und erhielt im September 1939 den Oberbefehl über die alliierten Streitkräfte in Frankreich,

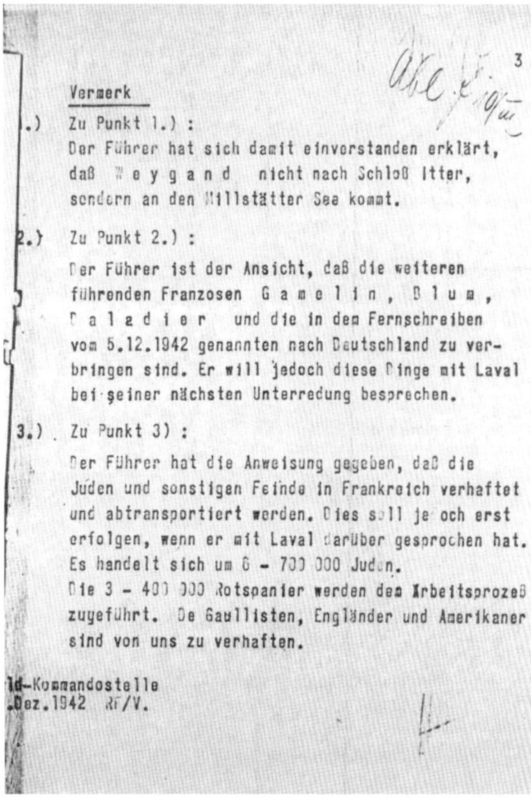
3

Vermerk

.) Zu Punkt 1.) :
Der Führer hat sich damit einverstanden erklärt, daß W e y g a n d nicht nach Schloß Itter, sondern an den Millstätter See kommt.

2.) Zu Punkt 2.) :
Der Führer ist der Ansicht, daß die weiteren führenden Franzosen G a m e l i n , B l u m , D a l a d i e r und die in dem Fernschreiben vom 5.12.1942 genannten nach Deutschland zu verbringen sind. Er will jedoch diese Dinge mit Laval bei seiner nächsten Unterredung besprechen.

3.) Zu Punkt 3) :
Der Führer hat die Anweisung gegeben, daß die Juden und sonstigen Feinde in Frankreich verhaftet und abtransportiert werden. Dies soll jedoch erst erfolgen, wenn er mit Laval darüber gesprochen hat. Es handelt sich um 6 - 700 000 Juden.
Die 3 - 400 000 Rotspanier werden dem Arbeitsprozeß zugeführt. De Gaullisten, Engländer und Amerikaner sind von uns zu verhaften.

Fd-Kommandostelle
.Dez.1942 RF/V.

„Führende Franzosen" als Hitlers Gefangene: Blum, Daladier, Gamelin und Weygand.

Geheimer Internierungsort für prominente Sonderhäftlinge aus Frankreich: Schloß Itter bei Wörgl in Tirol.

die er allerdings mit wenig Glück führte. Das hatte schließlich auch seine Absetzung im Mai 1940 zur Folge.

Am 14. Februar 1943 befindet sich der frühere Ministerpräsident Daladier aber noch immer in Frankreich, was der Gesandte Baron Gustav Adolf Steengracht von Moyland im Führerhauptquartier ausdrücklich in einem Anruf an die zuständige Dienststelle in Berlin beanstandet.[32] Erst am 4. April wird Daladier zusammen mit Blum und Gamelin im Zuge der Aktion „Mottenkiste" nach Buchenwald gebracht, wo alle drei im SS-Falkenhof interniert werden.[33] Am 2. Mai gehen Daladier und Gamelin aber schon wieder auf Transport. Ein Auto befördert sie zum Schloß Itter,[34] in dem am 7. Februar 1943 ein „SS-Sonderkommando" als Nebenlager des Konzentrationslagers Dachau eröffnet worden ist.[35] Himmler beabsichtigt, in diesem Schloß, in dem bis zum 6. Februar französische Kriegsgefangene untergebracht waren, ausschließlich hochrangige Politiker und Militärs aus Frankreich und Italien als Geiseln festzusetzen.[36]

Bereits am 12. Mai 1943 trifft dort auch Paul Reynaud ein,[37] nachdem er vorher die Bekanntschaft mit dem Zellenbau des KL Sachsenhausen machen und auf dem Transport nach Tirol auch noch einen Tag in Buchenwald verbringen mußte.[38] Reynaud war der letzte französische Ministerpräsident vor der Kapitulation seines Landes. Nach dem Rücktritt von Daladier war er am 21. März 1940 in dieses Amt gewählt worden. Er hatte es bis zu seinem Rücktritt am 16. Juni 1940 inne. Am Tag darauf wurde Marschall Philippe Pétain neuer Regierungschef Frankreichs.

Da Blum Jude ist, wird er nicht ins Schloß Itter überstellt. Er bleibt im SS-Falkenhof in Buchenwald zurück. Nach zweijähriger Leidenszeit, die seine dritte Frau mit ihm teilt – er heiratet seine Großcousine Jeanne Reichenbach geb. Levylier, genannt „Janot", im September 1943 in Buchenwald, um sie damit vor der Deportation in ein Vernichtungslager zu bewahren –,[39] wird er am 30. April 1945 in Niederdorf aus der Gewalt der SS befreit.

Mit dem Ehepaar Blum gewinnt auch der niederländische Verteidigungsminister Dr.

Johannes J. C. van Dijk in Südtirol seine Freiheit zurück. Wie Blum, Daladier, Gamelin, Reynaud und Weygand zählte er ebenfalls zu den ersten prominenten Internierten der SS, die aus ihrer Heimat nach Deutschland verschleppt wurden. Am 1. April 1943 wurde er von der deutschen Sicherheitspolizei in Haft genommen und zunächst ins berüchtigte „Oranjehotel" nach Scheveningen gebracht. Danach kam er ins Lager für Geiseln nach Haaren, bevor er im Jahre 1943 ins KL Dachau überstellt wurde.[40]

Hitler beabsichtigt die Verschleppung des Papstes

In seinem Haß gegen alles, was seinem Machtanspruch im Wege steht, findet Hitler keine Grenzen mehr. Sogar vor dem Plan, Papst Pius XII. aus dem Vatikan zu entführen, schreckt er im September 1943 nicht zurück, wie der SS-Obergruppenführer und General der Waffen-SS Karl Wolff nach dem Krieg bezeugt. Ihn hatte der „Führer" für dieses Unternehmen ausersehen. „Unmittelbar nach dem Bekanntwerden des Abfalls Italiens von dem Militärbündnis mit Deutschland", berichtet Wolff in einer Niederschrift über die Anweisungen Hitlers zur Besetzung des Vatikan und zur Verschleppung des Heiligen Vaters,[41] „wurde ich (...) auf Befehl Hitlers als 'Höchster SS- und Polizeiführer in Italien' eingesetzt. Ich hatte bei meinem Überschreiten der Brennergrenze am 9.9.1943 zwar allgemeine Anweisungen über die Organisation meiner Dienststellen in Italien sowie über meine schnellstmögliche persönliche Berichterstattung bei Hitler über die turbulenten inneritalienischen Verhältnisse, jedoch keinen Befehl über ein etwaiges Vorgehen gegen den Vatikan.

Als ich mich 2 (bis) 3 Tage später nach einem Nachtflug von Italien nach Ostpreußen zunächst bei Himmler in seiner Feldkommandostelle zum Vortrag meldete, eröffnete mir dieser, daß Hitler mich dringend erwarte wegen persönlicher Erteilung eines äußerst wichtigen Geheimauftrages, nämlich der Besetzung des Vatikans und der Verbringung des Papstes Pius XII. nach Deutschland oder Liechtenstein. 'Der Führer' habe wegen des sogenannten Badoglio-Verrates bereits mehrere Tobsuchtsanfälle in Anbetracht der unabsehbaren militärischen und politischen Folgen gehabt und dabei finstere Drohungen gegenüber dem italienischen Königshaus und dem Vatikan ausgestoßen. Ich möge daher bei meinem Vortrag entsprechend vorsichtig sein und Hitlers kostbare Nerven möglichst schonen. Aus Himmlers internen Anweisungen an mich, ganz besonders dafür zu sorgen, daß bei der Besetzung des Vatikans vor allem aus den Archiven und Kellergewölben die nach der gewaltsamen Christianisierung dorthin angeblich verbrachten altgermanischen Runenschriften und Kulturgüter für ihn als 'Hüter, Bewahrer und Erneuerer des alten Glaubens' sichergestellt und nicht etwa zerstört würden, ersah ich mit Schrecken sein mit Hitler gleichlaufendes Interesse."

Höchster SS- und Polizeiführer in Italien: SS-Obergruppenführer und General der Waffen-SS Karl Wolff.

Nach einer 45 Minuten dauernden Autofahrt zum Führerhauptquartier „Wolfschanze“ steht Wolff dann Hitler gegenüber, der ihm befiehlt, was Himmler bereits angekündigt hat. „Ich wünsche“, sagte er,[42] „daß Sie mit Ihren Truppen im Rahmen der deutschen Gegenmaßnahmen gegen diesen unerhörten 'Badoglio-Verrat' baldmöglichst den Vatikan und die Vatikanstadt besetzen, die einmaligen Archive und Kunstschätze des Vatikans sicherstellen und den Papst nebst der Kurie 'zu seinem Schutz' nach Norden verbringen, damit er nicht in alliierte Hände fallen oder unter deren politischen Druck und Einfluß geraten kann. Je nach der politischen und militärischen Entwicklung werde ich den Papst möglichst in Deutschland oder im neutralen Liechtenstein unterbringen lassen.“

Aber Wolff widersetzt sich geschickt dem Befehl, indem er darauf hinweist, daß seine SS- und Polizei-Verbände zum größten Teil erst im Anrollen seien. Hitler sieht das ein. „Aus politischen Gründen“, erwidert er, will er die Wehrmacht mit einem „so heiklen Auftrag“ nicht belasten. „Ich verlasse mich da lieber auf meine SS-Verbände.“

Wolff arbeitet darauf hin, Zeit zu gewinnen. Denn Hitler hält auch noch nach Wochen an seiner Absicht fest. „In der Folge gelang es mir“, berichtet Wolff, „bei meinen ca. 6-8 Vorträgen bei Hitler für die Durchführung seiner Vatikan-Pläne weitere Fristverlängerungen zu erreichen.“

Überzeugende Argumente

Schließlich kann er Hitler doch nicht länger hinhalten, und so entschließt er sich in einer Besprechung, die Anfang Dezember 1943 zwischen ihm und Hitler in der „Wolfschanze“ stattfindet, die Flucht nach vorne anzutreten. „Mein Führer“, erklärt er, „ich melde Ihnen den Abschluß meiner Vorbereitungen für die Ausführung Ihres Geheim-Auftrages gegen den Vatikan. Darf ich vor Erteilung Ihres endgültigen Befehls noch kurz einige Bemerkungen zur gegenwärtigen Lage in Italien vortragen?“

Hitler gestattet ihm das, und Wolff macht ihn unumwunden darauf aufmerksam, daß die Masse der Italiener seit dem Ausbleiben weiterer deutscher Blitzsiege „ausgesprochen kriegsmüde“ sei, „besonders seitdem der Krieg von Afrika in das italienische Mutterland hineingetragen worden ist“. Die einzige in Italien unbestritten erhalten gebliebene Autorität sei gegenwärtig diejenige der festgefügten katholischen Kirche, die auf dem Umweg über die stenggläubigen italienischen Frauen einen nicht zu unterschätzenden Einfluß selbst auf deren nicht kirchlich eingestellten Männer, Brüder und Söhne ausübe. Deshalb rät Wolff dem „Führer“, sich die Kirche in Italien nicht zum Feind zu machen. Ihm, Wolff, sei es nur dank der „unauffälligen Unterstützung durch den Klerus“ gelungen, seine Aufgabe zu erfüllen und die Masse der Bevölkerung ruhig zu halten. Die geringen SS- und Polizeiverbände, über die er verfüge, reichten nur knapp dazu aus, „den für die schwer ringende Südfront notwendigen Nachschub auf der langen Anrollstrecke durch zwei Drittel von Italien vor den ständig zunehmenden Sabotageakten durch die zahlreichen Partisanen zu sichern“.

Diesen Argumenten muß sich Hitler beugen, und Wolff kehrt mit der Gewißheit nach Italien zurück, daß es ihm geglückt ist, den Diktator von seinem Plan abgebracht zu haben.

Anderthalb Jahre später wird der Höchste SS- und Polizeiführer in Italien bei der Befreiung der Sippen- und der Sonderhäftlinge in Niederdorf wiederum eine entscheidende Rolle spielen.

Vom NS-Regime geächtet: Die Sippenhäftlinge des 20. Juli 1944

Der 14. April 1943 endet im KL Sachsenhausen mit einer Tragödie. Im „Sonderlager A“, das Teil des Konzentrationslagers ist, nimmt sich der Sohn Stalins, Oberleutnant Jakob Dschugaschwili, der am 16. Juli 1941 als Chef einer Haubitzenbatterie bei Witebsk in deutsche Kriegsgefangenschaft geraten ist,[1] das Leben. Wie ist es zu dieser Verzweiflungstat gekommen?

Als deutsche Soldaten Dschugaschwili in die Gefangenschaft abführten, gab sich der Offizier nicht als Sohn des Kremlchefs zu erkennen. Erst ein Mitgefangener machte die Deutschen darauf aufmerksam, wer sich in dem Bauernmantel ohne Rangabzeichen verbarg. Der Reichspropagandaminister Joseph Goebbels triumphierte, als er von dem prominenten Gefangenen erfuhr, der nun Hitlers wertvollste Geisel war. Er hoffte, Dschugaschwili für die antisowjetische Propaganda gewinnen zu können. Doch Stalins Sohn lehnte als überzeugter Kommunist dieses Ansinnen ab. So verlor Goebbels schnell sein Interesse an dem Gefangenen, und Dschugaschwili mußte das luxuriöse Berliner Hotel „Adlon“ wieder mit einem Kriegsgefangenenlager vertauschen. Schließlich landete er im Zellenbau des Konzentrationslagers Sachsenhausen. Dschugaschwili hatte seinen Wert als Geisel verloren, nachdem den Deutschen Stalins Äußerung bekannt geworden war: „Es gibt keinen Sohn Stalins in deutscher Gefangenschaft.“ Mit diesen Worten lehnte er den Austausch seines Sohnes gegen deutsche Generäle ab, die sich in sowjetischer Kriegsgefangenschaft befanden.

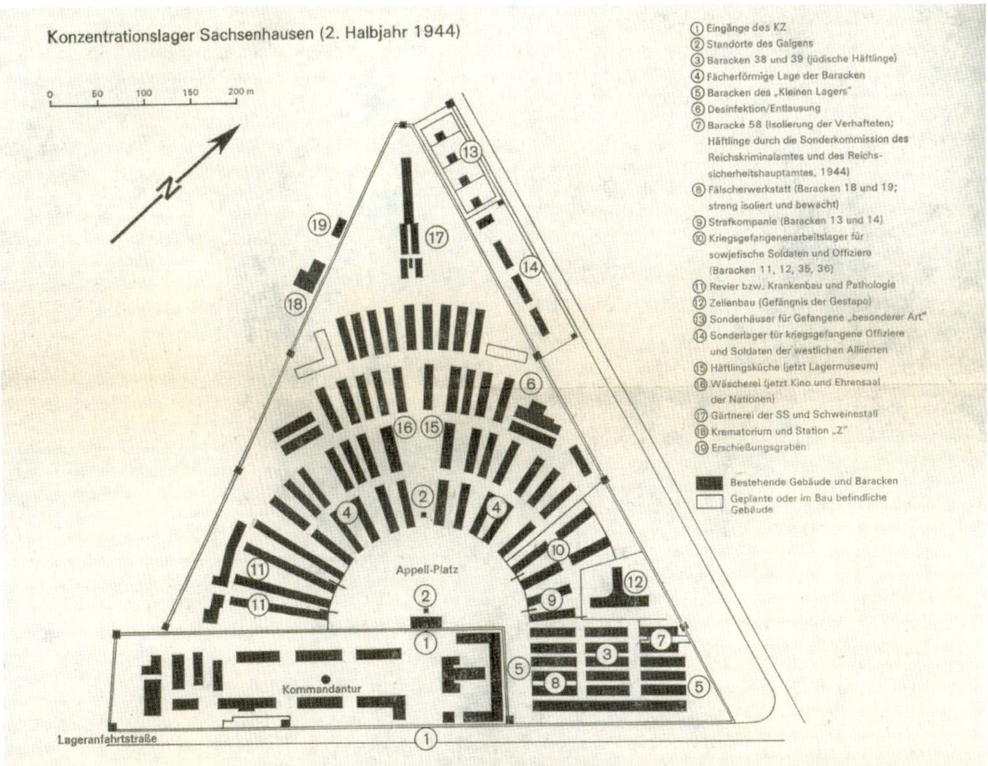

Gebäudeplan des Konzentrationslagers Sachsenhausen in Oranienburg bei Berlin: Ganz oben am rechten Rand sind die vier Sonderhäuser für prominente Häftlinge eingezeichnet. Die Gefangenen leben dort hinter Mauern streng isoliert und kommen aus Gründen der Geheimhaltung nie mit dem allgemeinen Schutzhaftlager in Berührung.

Doch Anfang 1943 erlebt Dschugaschwili im KL Sachsenhausen eine Überraschung, die ihn sprachlos macht. Als er in die Wachstube des Zellenbaus befohlen wird, steht vor ihm sein alter Freund Wassilij Wassiljewitsch Kokorin, Leutnant der Luftstreitkräfte der Roten Armee und Neffe des Volkskommissars für Auswärtige Angelegenheiten der UdSSR, Wjatscheslaw Michailowitsch Molotow, der am 11. April 1942 im Fronteinsatz gefangengenommen worden ist.[2] Die beiden Freunde werden nun zusammen ins Sonderlager A eingewiesen, in dem sich zu dieser Zeit bereits vier Iren befinden: Patrick O'Brien, Thomas J. Cushing, William Murphy und Andrew Walsh.

Welches Geheimnis mit diesen Gefangenen verbunden ist, deckt nach dem Zweiten Weltkrieg die deutsche Illustrierte *Stern* auf: „Die vier Iren gerieten 1940 bei Calais in deutsche Kriegsgefangenschaft. Sie gaben sich als Mitglieder der antibritischen Freiheitsbewegung Irlands aus. Solche Leute waren für die Deutschen interessant. Die Abwehr holte sie aus den Gefangenenlagern Landsdorf und Friesack heraus, brachte sie in einer komfortablen Wohnung in der Berliner Hohenstaufenstraße unter und bildete sie für Spezialaufgaben aus. Cushing, der schon als irischer Freiheitskrieger, als panamesischer Söldner, roter Spanienkämpfer und amerikanischer wie britischer Soldat viele Abenteuer bestanden hatte, sollte mit einem Kommandotrupp die Schleusen des Panamakanals in die Luft jagen.

Walsh bekam den Auftrag, mit dem Fallschirm über Schottland abzuspringen und ein großes Industriewerk zu sprengen. Er machte nur zum Schein mit. Seinem Kameraden Cushing vertraute Walsh an, er wolle sich gleich nach dem Absprung den Engländern stellen. Kurz vor seinem Einsatz wurde er in Trondheim (Norwegen) von der Gestapo verhaftet. Walsh ist überzeugt, daß Cushing ihn und die anderen verraten habe. Cushing verteidigt sich: 'Die Gestapo muß wohl mein Gespräch mit Walsh mitgehört haben.'

Walsh wurde in das Sonderlager A in Sachsenhausen gebracht. Weil die Gestapo sichergehen wollte, sperrte sie Cushing und die anderen Iren gleich mit dazu."

Der Massenmord im Wald von Katyn

Im Sonderlager A, das für prominente Gefangene vorgesehen ist,[3] erwarten die Internierten bessere Lebensverhältnisse als im übrigen Konzentrationslager, in dem grauenvolle Lebensbedingungen herrschen. „Die Häftlinge", berichten die *Stern*-Reporter Edmund Brettschneider und Arnim von Manikowsky, „lebten in Einzel- und Doppelzimmern, bekamen ordentliches Essen aus der Truppenküche des Wachbataillons, hatten eigene Waschräume und Toiletten. Sie konnten unter den Kiefern im Lager Fußball spielen, hatten Blumen in der Baracke, bekamen Bücher und Zeitungen – das NS-Organ 'Völkischer Beobachter' natürlich. Sie erhielten Liebesgaben-Pakete, und der Wachführer Jüngling (die Iren nannten den 184 cm großen Zweizentnermann 'Big Jim') verteilte freigebig Zigaretten, die General Papagos (auch vor ihm liegt noch der Weg nach Niederdorf, Anm. d. Verf.) und die anderen Griechen in der Nachbarbaracke jenseits des Stacheldrahts übrig hatten.

Zwar gab es den Todesstreifen, den Stacheldraht, den elektrischen Zaun und die Mauer ringsum und nachts die Wachen mit den scharfen Hunden – aber von dem Grauen im Konzentrationslager hinter der Mauer merkten die Sonderhäftlinge nichts."

Doch dies alles kann Dschugaschwili nicht darüber hinwegtäuschen, daß er ein Gefangener der verhaßten Deutschen ist. Er leidet unter der Internierung und sehnt sich nach der Rückkehr in die Heimat. Vor allem zieht es ihn zu seinem Vater, den er als „Vater aller Russen" anbetet. Um so entsetzter ist er, als er vom Massenmord im Wald von Katyn bei Smolensk erfährt, den Stalin angeordnet hat. Im April 1940 wurden dort 4143 polnische Kriegsgefangene, in der Mehrzahl Offiziere, aus dem Sonderlager Kosjelsk von einem Sonderkommando der sowjetischen Geheimpolizei NKWD erschossen.[4]

Stalins Sohn nimmt sich das Leben

Aber das Verbrechen, über das die Mörder den Mantel des Schweigens breiten wollten, wird entdeckt. Einheimische machen die deutsche Geheime Feldpolizei im Februar 1943 auf die gespenstische Hinrichtungsstätte von Kosi-Gory (zu deutsch: „Ziegenberge"), wie dieser Teil des Katyner Waldes heißt, aufmerksam, und am 13. April läßt Goebbels zum erstenmal über den Rundfunk die Nachricht von der Ermordung der Polen ausstrahlen.[5] Der Reichspropagandaminister will mit der Enthüllung der Tragödie von Katyn einen Keil zwischen die Sowjetunion und ihre westlichen Verbündeten treiben.

Die Meldung erregt internationales Aufsehen und dringt natürlich auch ins Sonderlager A, wo für Stalins Sohn eine Welt zusammenbricht. „Als Unterscharführer (Karl) Jüngling am Mittag des 14. April 1943 das Essen austeilen ließ", berichten die *Stern*-Reporter, „hielt er Jakob Stalin eine Zeitung unter die Nase: 'Herr Oberleutnant! Hier sehen Sie, was Ihre Leute für eine Schweinerei gemacht haben.'"

Dschugaschwili erleidet einen Schock und ist nicht mehr zu beruhigen. „Er rannte aus der Baracke", heißt es im *Stern*-Bericht weiter, „und lief den ganzen Nachmittag wie von Sinnen zwischen den Kiefern umher. Walsh ging ihm nach und versuchte, ihn zu beruhigen. Bei Einbruch der Dunkelheit wollte Unterscharführer Jüngling wie gewöhnlich die Gefangenen in der Baracke einschließen. Walsh ging zu den anderen hinein, aber Jakob Stalin weigerte sich. Er verlangte unablässig, den Lagerkommandanten, (SS-Obersturmbannführer) Anton Keindel (richtig: Kaindl, Anm. d. Verf.) zu sprechen. Als Jüngling ihn auf den nächsten Tag vertröstete und auf seiner Ablehnung beharrte, schrie ihn Jakob in gebrochenem Deutsch an: 'Herr Unteroffizier! Sie sind Soldat, seien Sie nicht feige und erschießen Sie mich.'"

Als der Wachführer der Aufforderung des Verzweifelten nicht nachkommt, macht Dschugaschwili schließlich seinem Leben selbst ein Ende. Walsh bemerkt vom Barackenfenster aus, wie der Oberleutnant plötzlich mit einem Sprung über den Todesstreifen setzt, um sich in den elektrischen Draht zu stürzen. Dann sieht er einen blauen Blitz und hört einen Schuß, den der SS-Posten, der SS-Rottenführer Konrad Harfich, auf den Selbstmörder abgegeben hat. Dschugaschwili ist sofort tot.

Die Behauptung, daß Stalins Sohn ein handfester Streit zwischen seinen Mitgefangenen in den Tod getrieben habe,[6] erweist sich später als falsch. Jüngling erklärt den *Stern*-Reportern, die dem Fall auf den Grund gehen: „Ernsthaften Streit hat es zwischen den Iren und Russen nie gegeben, nur manchmal die üblichen Reibereien, weil die russischen Offiziere nicht für die englischen Unteroffiziere saubermachen wollten." Walsh schließt sich dieser Aussage an: „Von einer Prügelei kann schon gar nicht die Rede sein." Und Cushing, der zuerst vor einer Sonderkommission des Reichssicherheitshauptamtes auf einen angeblich folgenschweren Streit mit Handgreiflichkeiten zwischen Kokorin und O'Brien hingewiesen hat, nimmt im Interview mit dem *Stern* seine damalige Behauptung zurück: „Das waren normale Reibereien, die Stalin nicht zu seiner wahnsinnigen Tat verleiten konnten."

Nach dem Freitod seines Freundes am 14. April 1943 bleibt Kokorin zunächst im Sonderlager A zurück. Am Ende wird er aber auch mit seinen Mithäftlingen O'Brien, Cushing und Walsh nach Niederdorf gelangen, wo sie ihre Freiheit zurückgewinnen. Mit ihnen kommen außerdem drei Angehörige der britischen „Royal Air Force“ (RAF), Wing Commander (Oberstleutnant) Harry M. A. Day, Squadron Leader (Major) Sydney H. Dowse und Flight Lieutenant (Hauptmann) Bertram C. James, aus dem Sonderlager A nach Südtirol.

Hinter den britischen Fliegern lag Schweres, als sie im Frühjahr 1944 in Sachsenhausen eintrafen. Sie zählten zu den Kriegsgefangenen, die nach einem gescheiterten Fluchtversuch gerade noch mit knapper Not einem Todesurteil Hitlers entgingen. Fünfzig ihrer Mitgefangenen bezahlten jedoch die Massenflucht aus dem „Stalag Luft 3“, das als Offizierslager für alliiertes Fliegerpersonal in Sagan an der Oder in Niederschlesien eingerichtet worden war, mit ihrem Leben.[7]

In der Nacht zum 25. März 1944 waren insgesamt achtzig Kriegsgefangene durch einen heimlich gegrabenen Tunnel, der eine Länge von mehr als 100 Metern aufwies, aus dem Stacheldrahtbereich gelangt. Aber die Flucht wurde bemerkt. Vier Ausbrecher wurden noch am Tunnelausgang gefaßt und 73 bei einer Großrazzia ergriffen, die sich über das ganze Reich erstreckte. Nur drei Männer gelangten in die Freiheit. Das Fluchtunternehmen erboste Hitler so sehr, daß er befahl, fünfzig der wieder festgenommenen Flieger zur Abschreckung erschießen zu lassen, was auch geschah.

Neben Day, Dowse und James blieb auch der Capitaine (Hauptmann) Ray N. Van Wymeersch, der als Franzose der „Force Aérienne Française du Général de Gaulle“ angehört hatte und der auch am Massenausbruch in Sagan beteiligt war,[8] vom Todesurteil verschont. Wie seine drei Fliegerkameraden wurde er ebenfalls zunächst ins KL Sachsenhausen eingewiesen, dann aber nach Sagan zurückgebracht. Doch am Kriegsende kreuzen sich die Lebenswege der Männer wieder, als sie gemeinsam im Transport der Sippen- und der Sonderhäftlinge im KL Dachau die Fahrt in die „Festung Alpen“ antreten müssen.

„Wirst Du gefangen, dann schweig“

Von den vier Fliegern ist Day der größte Draufgänger. Er ist vor allem nicht bereit, sich mit dem Los der Kriegsgefangenschaft abzufinden. Immer wieder versucht er deshalb, dem Stacheldraht zu entkommen. „Harry Day“, berichtet die Historikerin Eva Pfanzelter,[9] „war zu Kriegsbeginn der erste britische Fliegeroffizier gewesen, der von den Deutschen abgeschossen und gefangengenommen worden war. Seitdem hatte Day etwa zwölf Ausbruchsversuche unternommen, bei denen viele seiner Begleiter ums Leben gekommen waren. Bei einem der Ausbruchsversuche hatte er sogar den Ärmelkanal erreicht, was von den englischen Zeitungen propagandistisch ausgeschlachtet worden war.“

Aus einem ähnlichen Holz wie Day ist Dowse geschnitzt. Auch er gibt sich noch nicht geschlagen, als er nach dem Fluchtversuch, der in Sagan gescheitert ist, in Sachsenhausen eintrifft. So unternimmt er dort bald darauf einen erneuten Anlauf, um in die Freiheit zu gelangen. Wieder versucht er, durch einen Tunnel zu entkommen, den er mit drei Kameraden unter seinem Bett in der Gefangenenbaracke gegraben hat. „Genau an der Stelle, an der Jakob Dschugaschwili starb“, schreiben die *Stern*-Reporter in ihrem Abschlußbericht über das Ende von Stalins Sohn,[10] „unterquerten sie Zaun und Mauer. Sie wurden nach einigen Tagen wieder gefaßt.“

Es ist jedoch nicht nur das Draufgängertum, das die britischen Flieger immer wieder zu Ausbruchsversuchen aus der Gefangenschaft treibt. Die „Royal Air Force“, die bei ihren hohen Verlusten in den Luftkämpfen mit der deutschen Luftwaffe keinen des fliegenden Personals entbehren kann, erwartet vielmehr von ihren Männern, daß sie in jedem Fall die Flucht wagen und auf schnellstem Wege nach England zurückkehren.[11] Umsonst lautet nicht einer der „Lehrsätze", die den Fliegern immer wieder eingeschärft werden: „Wenn Du über Feindgebiet abgeschossen wirst, schlag Dich durch. Wirst Du gefangen, dann schweig."

Auch wer in die Gefangenschaft geraten ist, hat danach zu trachten, Wege und Mittel zu finden, um dem Stacheldraht wieder zu entkommen. Deshalb führt jeder, der zum fliegenden Personal der RAF gehört, ein „escape kit", also ein „Fluchtwerkzeug", mit sich, das alles enthält, was ihm das Fliehen erleichtern könnte: Lebensmittel, Geld, Landkarten und einen Kompaß. Zudem müssen sich sämtliche Flieger einer Fluchtausbildung unterziehen.

Als die Massenflucht der Flieger aus dem Kriegsgefangenenlager in Sagan im Frühjahr 1944 ihr katastrophales Ende findet, sind deutsche Offiziere im Untergrund längst aktiv, um dem mörderischen NS-Regime mit seinen Konzentrationslagern, Straflagern und Vernichtungslagern ein Ende zu bereiten. Ihr Ziel ist es, Hitler auszuschalten und damit eine politische Wende in Deutschland herbeizuführen. Viele knüpfen dabei ihre Hoffnung an die Person des Generalfeldmarschalls Erwin Rommel. Dieser ist auch bereit, den Diktator zu entmachten. Durch schwerste Verwundungen, die er am 17. Juli 1944 an der Invasionsfront erleidet, fällt er jedoch für die Pläne der Verschwörer aus. Während Rommel in seinen Entschlüssen als Putschist eher zurückhaltend gewesen ist, treibt der Oberst im Generalstab Claus Schenk Graf von Stauffenberg seine Vorbereitungen zum Umsturz energisch voran. Im Gegensatz zu Rommel ist er auch dazu entschlossen, Hitler zu töten.

Aber der Anschlag, den Stauffenberg am 20. Juli 1944 im Führerhauptquartier „Wolfschanze" mit einer Bombe in seiner Aktentasche wagt, scheitert. Hitler überlebt das Attentat, und in Berlin, wo die Verschwörer zu spät handeln, bricht der Umsturzversuch noch am selben Tag zusammen. In der Nacht zum 21. Juli wird Stauffenberg zusammen mit seinem Adjutanten,

Ein Mann der Tat: Claus Schenk Graf von Stauffenberg (mit Zigarette) am 1. September 1939 im Gefechtsstand seiner Division an der deutsch-polnischen Grenze.

Hitler besichtigt nach dem Anschlag auf ihn mit Mussolini die zerstörte Lagebaracke im Führerhauptquartier.

Oberleutnant Werner von Haeften, mit dem Obersten im Generalstab Albrecht Ritter Mertz von Quirnheim und mit dem General der Infanterie Friedrich Olbricht im Hof des Bendlerblocks, des Zentrums der Verschwörung, standrechtlich erschossen. Die Hinrichtung übernimmt ein Sonderkommando von zehn Unteroffizieren, das Leutnant Werner Schady führt. Stauffenberg stirbt mit dem Ruf auf den Lippen: „Es lebe das heilige Deutschland!"

Das NS-Regime schlägt gnadenlos zurück und eröffnet unverzüglich die Jagd auf die Verschwörer um Stauffenberg. Bereits am 21. Juli wird im Reichssicherheitshauptamt (RSHA) die „Sonderkommission 20. Juli" gebildet, deren Aufgabe es ist, die Hintergründe des Umsturzversuchs aufzudecken und den Beteiligten auf die Spur zu kommen.[12] Die Kommission, die im Amt IV des RSHA („Gegnererforschung und -bekämpfung") angesiedelt ist und die Reichskriminaldirektor und SS-Gruppenführer Heinrich Müller untersteht, bringt es in kurzer Zeit auf etwa 600 bis 700 Verhaftungen.

Der Reichsführer-SS als Chef der Deutschen Polizei und Reichsinnenminister begnügt sich jedoch nicht nur mit der Verfolgung der Verschwörer, sondern verlangt auch die Bestrafung ihrer Angehörigen. Er ist entschlossen, gegen diesen Kreis die „Sippenhaft" anzuwenden – egal ob die Verhafteten vom Attentat auf Hitler wußten oder nicht. Betroffen sind von dieser Maßnahme auch die Angehörigen des Generals Walther von Seydlitz-Kurzbach, der in sowjetischer Kriegsgefangenschaft die deutschen Soldaten zur Abkehr von Hitler aufgerufen hat.[13]

Am 30. Juli bespricht Himmler das Vorgehen gegen die Verschwörer vom 20. Juli und gegen die Angehörigen der Soldaten, die sich in sowjetischer Kriegsgefangenschaft hinter Seydlitz gestellt und das Manifest des Nationalkomitees „Freies Deutschland" unterzeichnet haben, im Führerhauptquartier „Wolfschanze" mit Hitler. Sein Vortragszettel, der den Rachedurst des Regimes belegt, trägt den Vermerk: „1. Gerichtsverfahren, 2. Familie Stauffenberg, 3. Angehörige Seydlitzfamilie."[14]

Aus Himmler bricht der ganze Haß heraus, als er am 3. August vor den Gauleitern in Posen – im Zusammenhang mit seinen allgemeinen Ausführungen über die Sippenhaft – wutentbrannt ankündigt: „Die Familie Graf Stauffenberg wird ausgelöscht werden bis ins letzte Glied. Denn das muß ein einmaliges, warnendes Beispiel sein. Wir werden bei all den Familien, von denen ein Glied maßgeblich an dieser Verschwörung beteiligt war, ihr Eigentum, ihren Grundbesitz einziehen."[15]

Über die Sippenhaft selbst hat Himmler den Gauleitern vorher erklärt: „Sie brauchen bloß die germanischen Sagas nachzulesen. Wenn sie eine Familie in die Acht taten und für vogelfrei erklärten oder wenn eine Blutrache in einer Familie war, dann war man maßlos konsequent. Wenn die Familie vogelfrei erklärt wird und in Acht und Bann getan wird, sagten sie: Dieser Mann hat Verrat geübt, das Blut ist schlecht, da ist Verräterblut drin, das wird ausgerottet. Und bei der Blutrache wurde ausgerottet bis zum letzten Glied in der ganzen Sippe."

Der Vollzug der Sippenhaft wird noch Anfang August der Gruppe XI der „Sonderkommission 20. Juli" unter SS-Sturmbannführer Karl Neuhaus übertragen.[16] Ins Visier der Verfolger geraten schnell mehr als 180 „Sippenhäftlinge" (so die neue Gefangenenbezeichnung für diesen Kreis), von denen sogleich über 140 in Haft genommen werden.[17] Die ersten Personen werden bereits im Juli verhaftet, bevor im August weitere Festnahmen erfolgen.

Gefangene ohne Haftbefehl

Am 21. November 1944 entsteht dann im Reichssicherheitshauptamt das „Referat IV a 6 c", das ausschließlich für die Sippenhaft zuständig ist.[18] Geleitet wird es von SS-Hauptsturmführer und Polizeirat Ernst Jarosch. Mit der Gründung des Referats legt Gestapo-Chef Heinrich Müller in einem Erlaß fest, wer in dessen Zuständigkeit fällt. „Unter Sippe", so zieht er einen weiten Kreis um die zu ergreifenden Sippenhäftlinge,[19] „ist zu verstehen: Ehegatte, Kinder, Geschwister, Eltern und sonstige Verwandte, wenn letztere nachteilig bekannt sind." Den Häftlingen werden keine Haftbefehle ausgehändigt, und die Betroffenen werden über die Sippenhaft, die über sie verhängt worden ist, nur mündlich unterrichtet. Daraus ist zu ersehen, daß Gestapo-Müller und seine Helfer bestrebt sind, das Instrument der Sippenhaft möglichst unauffällig zu handhaben, um nicht die Öffentlichkeit zu beunruhigen.

Das erklärt auch, weshalb das RSHA nur ein einziges Mal eine Übersicht über die bis dahin festgenommenen Sippenhäftlinge bekanntgegeben hat. Diese befindet sich in einem Rundschreiben an alle Dienststellen der Gestapo und des Sicherheitsdienstes, das der Chef der Sicherheitspolizei und des SD, SS-Obergruppenführer und General der Polizei Dr. Ernst Kaltenbrunner, am 14. Dezember 1944 unterzeichnet hat. „Im Zuge der Untersuchungen zum 20. 7.", heißt es darin,[20] „mußte eine größere Anzahl von Frauen in Haft genommen werden. Gleichzeitig mit der Inhaftnahme wurden die Kinder unter 16 Jahren Heimen der NSV (Nationalsozialistischen Volkswohlfahrt) überstellt. Um sie nicht unnötigen Anfeindungen seitens ihrer Umgebung auszusetzen, wurde ihnen für die Dauer des Aufenthaltes in den betr. Heimen ein neutraler Name gegeben. (...) Mit einer längeren Inhaftnahme ist im wesentlichen bei den Frauen des ehemaligen Generalquartiermeisters Wagner, des ehemaligen Generalobersten Höpner (richtig: Hoepner, Anm. d. Verf.) und des ehemaligen Generals der Artillerie Lindemann zu rechnen. Sie sind wegen ihrer reaktionären Einstellung in einem Konzentrationslager untergebracht und haben ein Verfahren wegen Mitwisserschaft und Beihilfe vor dem Volksgerichtshof zu erwarten. (...) Eine Inhaftnahme der ganzen Sippe wurde für die Familie Stauffenberg (gräfliche Linie) durchgeführt. (...) Weitere Maßnahmen der Sippenhaftung erstrecken sich auf die Familie Goerdeler sowie auf die näheren Angehörigen des flüchtigen Gisevius und Kuhn sowie des zum Tode verurteilten Oberst (sic!) von Hofacker."

Die Gruppe der Sippenhäftlinge, die nach Südtirol verschleppt werden

Zu den Personen, die in Sippenhaft genommen und die am Kriegsende noch als Geiseln der SS nach Südtirol verschleppt werden, gehören aus der Familie Stauffenberg der ältere Bruder des Attentäters, Alexander Schenk Graf von Stauffenberg, und die Frau seines Zwillingsbruders Berthold, Maria („Mika") Schenk Gräfin von Stauffenberg, ferner die Frau eines Vetters von Claus, Elisabeth Schenk Gräfin von Stauffenberg, mit ihrer Tochter Marie-Gabriele („Gagi") und mit ihrem Sohn Otto Philipp sowie Oberst Markwart Schenk Graf von Stauffenberg („Onkel Moppel") mit seinem Sohn Clemens und mit seinen Töchtern Alexandra und Inèz. Aus der Familie des ehemaligen Leipziger Oberbürgermeisters Dr. Carl Goerdeler, der zu den treibenden Kräften des Umsturzversuchs gezählt hat, befinden sich zusammen mit den Stauffenbergs in Sippenhaft: seine Ehefrau Anneliese mit dem Sohn Ulrich und mit den Töchtern Marianne und Benigna, der Bruder des Verschwörers, Dr. Gustav Goerdeler, ein Arzt, mit seiner Frau Irma und Jutta Goerdeler, eine Cousine von Benigna.

Mit den Goerdelers und mit den Stauffenbergs teilen die Sippenhaft aus der Familie des Oberstleutnants der Reserve Dr. Cäsar von Hofacker, eines weiteren Vetters des Attentäters, der ebenfalls am Umsturzversuch aktiv beteiligt gewesen ist, seine Frau Ilse Lotte sowie der Sohn Eberhard und die Tochter Anna-Luise.

Zur Gruppe der Sippenhäftlinge, die nach Südtirol gelangen, zählen außerdem Ingeborg Schröder mit ihren Söhnen Hans-Dietrich und Harring sowie mit ihrer Tochter Sybille-Maria, Walther Graf von Plettenberg-Lenhausen mit seiner Tochter Gisela, Isa Vermehren, Fey von Hassell Pirzio Biroli, Annelise Gisevius, Käte Gudzent, Maria Freifrau von Hammerstein-Equord mit ihrer Tochter Hildur, Elisabeth und Therese Kaiser, Arthur Kuhn, Josef Mohr mit seiner Ehefrau Käthe und die schon erwähnte Lini Lindemann.

Diese Übersicht enthält jedoch nur die Namen der Sippenhäftlinge, die bis zum Ende ihrer Odyssee durch mehrere Konzentrationslager in Deutschland zusammenbleiben. Ihrer Gruppe gehörten ursprünglich noch mehr Personen an, die aber in Südtirol nicht ankommen: Anni Freifrau von Lerchenfeld, die Schwiegermutter des Attentäters, die unterwegs an Typhus stirbt, Clemens Schenk Graf von Stauffenberg, der Ehemann der Gräfin Elisabeth, der aus gesundheitlichen Gründen aus dem Transport herausgenommen werden muß, und fünf junge Sippenhäftlinge, die von der SS in den Evakuierungsmarsch der Dachauer Häftlinge nach Tirol eingereiht werden. Dies sind Reinhard Goerdeler, ein weiterer Sohn des einstigen Leipziger Oberbürgermeisters, Franz Freiherr von Hammerstein, der im KL Dachau von seiner Mutter und von seiner Schwester getrennt wird, Markwart Graf Schenk von Stauffenberg, ein zweiter Sohn des Grafen Clemens, sowie Major Dietrich Schatz, ein Vetter von Hans-Bernd Gisevius, und Peter A. Jehle.

Schließlich bleibt in Dachau auch Hildegard Maria Kuhn, die Ehefrau des bereits genanten Berliner Patentanwalts Arthur Kuhn, zurück. Sie ist gesundheitlich so angegriffen, daß sie nicht mehr transportfähig ist und ins Krankenrevier eingewiesen werden muß.[21] Die Eheleute sind die Eltern des Majors im Generalstab Joachim Kuhn, der mit Marie-Gabriele von Stauffenberg verlobt gewesen ist. Kuhn, der mit Oberst Stauffenberg befreundet war, hatte zusammen mit Generalmajor Hellmuth Stieff und Oberleutnant Albrecht von Hagen den Sprengstoff für den Anschlag auf Hitler beschafft.[22] Am 27. Juli 1944 suchte er Schutz bei der Roten Armee und entzog sich so der Strafverfolgung. Der 3. Senat des Reichskriegsgerichts verurteilte ihn am 6. Februar 1945 in Abwesenheit wegen „Fahnenflucht zum Feind" und Kriegsverrats zum Tode.

Auch Melitta („Litta") Schenk Gräfin von Stauffenberg, die mit Alexander, dem schon erwähnten Bruder des Attentäters, verheiratet ist, wird in Sippenhaft genommen, aber am 2. September 1944 als einziger Sippenhäftling der Familie Stauffenberg wieder auf freien Fuß gesetzt,[23] weil sie als Erprobungsfliegerin für die Kriegsrüstung unentbehrlich ist. Sie spielt im weiteren Geschehen noch eine besondere Rolle.

Verhaftet im schwangeren Zustand: Nina Schenk Gräfin von Stauffenberg, die Ehefrau des Attentäters.

Die Sippenhaft trifft auch die Ehefrau des Attentäters, Nina Schenk Gräfin von Stauffenberg, eine geborene Freiin von Lerchenfeld, mit ihren Kindern. Ihr ältester Sohn Berthold erinnert sich, wie die Nachricht vom Attentat auf Hitler nach Lautlingen auf die Schwäbische Alb gedrungen ist, wo die Familie bei der Großmutter gerade die Sommerferien verbracht hat. „Am Sonnabend nach dem 20. Juli", berichtet er,[24] „nahm meine Mutter meinen Bruder und mich beiseite und eröffnete uns, daß es mein Vater gewesen war, der den Anschlag auf Hitler verübt hatte. Auf meine Frage, warum er denn den Führer töten wollte, sagte sie, er habe geglaubt, es für Deutschland tun zu müssen. Für mich brach eine Welt zusammen. Wir hatten unseren stets fröhlichen Vater nicht nur über alles geliebt, er war auch absolute Autorität gewesen, und nun das!

Die Schläge kamen dann rasch und hart. Meine Mutter wurde in der Nacht zum 23. Juli verhaftet. Wir Kinder blieben mit unserer Kinderschwester bei der Großmutter zurück. Wir mußten uns als Ausgestoßene fühlen, und dieses Gefühl werde ich nie vergessen. Dann kam der Befehl, daß wir Kinder – ich, zehn Jahre alt, meine Brüder acht und sechs Jahre alt, meine Schwester dreieinhalb Jahre, meine Vettern und meine Cousine sechs und fünf Jahre alt – am nächsten Tag in ein Kinderheim gebracht werden sollten.

Eilends wurden die wenigen Sachen, die wir dabei hatten, gepackt. Unsere Mutter war bereits in der Nacht verhaftet (...) worden. Die Haushälterin nahm uns zum Pfarrer, der uns den Segen gab. Am nächsten Morgen ging es zunächst mit dem Zug und dann mit dem Auto ins Kinderheim, von dem wir unterwegs erfuhren, daß es in Bad Sachsa im Südharz war. (...) Wir waren die ersten Ankömmlinge. Ich sah mich, noch allein(,) in dem Haus für Buben ab zehn wieder, meine Brüder und meine Vettern im Haus für Buben sechs bis neun Jahre. Meine Schwester und meine Cousine kamen in das Haus für Mädchen zwei bis fünf Jahre. So waren wir gleich getrennt. In den nächsten Tagen und Wochen kamen dann weitere Kinder. Schon etwa im Oktober durften die ersten wieder nach Hause, vermutlich, weil ihre Mütter aus der Untersuchungshaft entlassen waren. Die Nazis haben ja die Sippenhaft keineswegs konsequent angewandt. An Weihnachten waren wir noch 14, davon sechs Stauffenbergs und drei Vettern und Cousinen Hofacker. Wir waren nur noch so wenige, daß wir alle zusammen in einem Haus konzentriert waren."

Nach ihrer Verhaftung in Lautlingen wird Nina von Stauffenberg im schwangeren Zustand zunächst ins Amtsgerichtsgefängnis nach Rottweil gebracht.[25] „Ich", berichtet sie selbst über ihre Haft,[26] „blieb dort – in einem Idyll – eine Woche, in der ich mich mit meiner Lage zurechtfinden konnte. Umsorgt von einem Gefängniswärter und seiner Frau. Dafür jagte ich, bei meinen Spaziergängen im Hof, seine Gänse aus den Salatbeeten.

Nach dieser Woche wurde ich von einem Gestapo-Beamten und einer Beamtin nach Berlin gebracht – per Bahn, in das Gefängnis Alexanderplatz, nach kurzer Vernehmung (im RSHA) in der Prinz-Albrecht-Straße. (...) Nach Leibesvisitation wurden mir meine Ringe und Silberbürste belassen. Meine Zelle war eng, aber ich bekam einen Pappdeckel als Abdeckung aufs Clo. (...) Ich sammelte Zigarettenschachteln und machte mir daraus Patiencekarten. In der ersten Zeit hatte ich keine Leseerlaubnis und verbrachte einen Teil der Zeit mit Zöpfeflechten meiner Reisedeckenfransen. Der Gedanke an mein werdendes Kind hat mich zu einer strikten Selbstdisziplin veranlaßt.

Nach dem Abschluß meiner – sehr korrekten – Vernehmungen wurde ich im August nach dem KZ Ravensbrück in Mecklenburg gebracht."

Dort kommt die Gräfin im Zellenbau („Bunker") in eine Einzelzelle. Ihre Ankunft entgeht den Mithäftlingen nicht, und Isa Vermehren, selbst Gefangene im Frauenkonzentrationslager (FKL) Ravensbrück, erinnert sich, daß „sie uns alle bezaubert hatte durch die anmutige Würde ihrer Haltung".[27]

Über die Zeit in Ravensbrück schreibt Nina von Stauffenberg: „Meine geräumige Zelle im 'Bunker', in die mir bald ein besseres Bett gebracht wurde, ging zum Lager hinaus, gegenüber der Lagerkommandobaracke. Wenn ich auf einen Stuhl stieg, konnte ich sie beobach-

Blick in eine Welt ohne Gnade: Das Barackenlager des Frauenkonzentrationslagers Ravensbrück. Rechts ist der Zellenbau zu sehen. (Bild aus dem Ravensbrücker SS-Propaganda-Album.)

In Sippenhaft genommen: Isa Vermehren, Kabarettistin in Werner Fincks „Katakombe“ in Berlin.

ten. Am Zaun vor meinem Fenster mußten Frauen strafstehen. (...)

Drei Wochen war ich mit meiner Mutter (Anni Freifrau von Lerchenfeld, Anm. d. Verf.) unter einem Dach, bis sie zu den anderen Sippenhäftlingen fortgebracht wurde. Ich sah sie nicht, aber sie konnte mich durch einen Riß in ihrer Zellentür vorbeigehen sehen. Ich erfuhr es heimlich durch andere Häftlinge. (...)

Ende des Jahres wurde mir gesagt, daß ich zur Niederkunft fortgebracht würde. Als Frau Schank! Ich bekam eine kümmerliche Babyausstattung und eine Wolldecke. Und wurde nach Seeläsgen, einem NSV-Entbindungsheim in der Nähe von Frankfurt/Oder, gebracht. (...) In dem Heim waren Schwangere aus bombengefährdeten Orten, die dort in Ruhe entbinden sollten.“[28]

Doch dann mußte das Heim am 23. Januar 1945 für Flüchtlinge aus Wollhynien geräumt werden, und Nina von Stauffenberg kam in eine Privatklinik nach Frankfurt an der Oder, wo sie am 27. Januar 1945 ihr fünftes Kind, die Tochter Konstanze („Muni“), zur Welt brachte. Eine Woche nach der Geburt gelangte sie mit dem Baby – auf der Flucht vor der Roten Armee – in einem Lazarettzug nach Berlin. Mit Schrecken erinnert sich die Gräfin an die Fahrt in einem Waggon, in dem es kein Wasser und keine Betreuung gab: „Wegen eines Angriffs auf Berlin stand der Zug den ganzen Tag auf der Strecke, in der Sonne! Schließlich wurden wir in Potsdam ausgeladen und kamen so – eigentlich durch Zufall – ins St.-Josefs-Krankenhaus zu Nonnen.“[29]

Nach der Erholungszeit in Potsdam sollte die Gräfin nach Bayern zu den anderen Stauffenbergs gebracht werden. Diese befanden sich seit dem 6. April 1945 mit weiteren Sippen- und Sonderhäftlingen in Schönberg, einem Markt im Bayerischen Wald, wo ihre Bewacher mit den Gefangenen auf dem Transport vom KL Buchenwald zum Konzentrationslager Dachau einen Zwischenaufenthalt eingelegt hatten. Doch durch einen Irrtum kam die Gräfin mit ihrem Kind dort nie an.

Die Reise nach dem Süden mußte Nina von Stauffenberg ausgerechnet am Tag der Taufe ihrer Tocher antreten. „Wir“, berichtet sie,[30] „standen noch in der Sakristei, als die Nachricht kam, ich würde abgeholt. Ein Feldgendarm erschien. Eine Schwester brachte mich mit Muni im Leiterwägelchen zum Bahnhof. Von dort reisten wir über Dresden (da die direkte Verbindung nach Süden gestört war), über Aussig, Komotau nach Eger. Der Chefarzt hatte einen Zwischenaufenthalt und gegebenenfalls einen Ruhetag auf halber Strecke angeordnet, was Hof gewesen wäre. Ziel war Schönberg (im Bayerischen Wald). Da meinem Begleiter Hof genannt worden war, bestand er darauf.

Und so reisten wir über Rehau nach Norden, schließlich in einem Güterwagen nach Hof. Dort war nach einem Luftangriff in der Nacht vorher Schluß! (...)

In Hof half mir eine freundliche Frau mit einer großen Sicherheitsnadel, meinen alten Lodenmantel so zu befestigen, daß ich darin mein Baby tragen konnte. Eine andere gab uns ein paar Semmeln. So landeten wir, teils auf einem Schweinefutterfahrzeug, bei den Kasernen, oben am Rande der Stadt. Wir wurden weiter zur SS verwiesen. Dort stand ein Auto mit dem Schild 'Fliegendes Standgericht!' An den Bäumen davor hingen Soldaten, mit dem Schild 'Fahnenflucht!'

Wir landeten in einer Schreibstube. Ein Mann erklärte uns zwar: 'Noch leben wir in einem Rechtsstaat', aber wußte auch nichts mit uns anzufangen. Er sagte, Schönberg läge bei Plauen. Tatsächlich war es ein anderes als das im Bayerischen Wald. So wurden wir Richtung Plauen geschickt, erst mal mitgenommen, da keine Züge mehr fuhren, dann zu Fuß mit freundlichen Helfern, die auf einem Leiterwagen unsere Schachteln mitnahmen."

Schließlich gelangte die Gräfin mit Kind und Begleiter nach Trogen, wo die drei noch in Kampfhandlungen zwischen deutschen und amerikanischen Soldaten gerieten. „Das war der Moment für meinen Gendarm", erinnert sie sich,[31] „mich zu verlassen, da ich mich weigerte, weiterzuwandern. Unterstützt von unseren Hausleuten, die keinen Soldaten im Haus haben wollten. Ich schrieb ihm ein Zeugnis, daß er bis zuletzt seine Pflicht erfüllt habe, daß ich mich bei nächster Gelegenheit bei den zuständigen Stellen melden würde. So waren wir ihn los!" Und die Gräfin hatte endlich ihre Freiheit zurückgewonnen.

Mit der Ehefrau nach dem 20. Juli 1944 in Haft genommen: Generaloberst Franz Halder.

Die Haft im Zellenbau des Frauenkonzentrationslagers Ravensbrück teilten mit Nina von Stauffenberg und deren Mutter noch weitere Persönlichkeiten, die im Zusammenhang mit dem Umsturzversuch vom 20. Juli 1944 festgenommen worden waren. Unter den Verfolgten, die dieses Los traf, befanden sich Hjalmar Schacht, der ehemalige Reichsbankpräsident, Reichswirtschaftsminister und Generalbevollmächtigte für die Kriegswirtschaft, und Generaloberst Franz Halder, bis zum 24. September 1942 Chef des Generalstabes des Heeres, mit seiner Ehefrau Gertrud.[32] Wie Isa Vermehren werden auch diese drei Internierten das Ende des NS-Regimes in Südtirol erleben, wohin sie noch in den letzten Kriegstagen als Geiseln der SS verschleppt werden.

Schacht, der einen Tag vor Halder in Ravensbrück eintrifft, berichtet über seine Verhaftung in Berlin: „Am 23. Juli, morgens 7 Uhr, wurde ich von unserer Köchin durch Klopfen an meiner Schlafzimmertür geweckt, mit der Mitteilung, daß die Kriminalpolizei mich zu sprechen wünsche. Ich öffnete, noch im Schlafanzug. Man erklärte mir, ich sei ver-

Verhaftung am Morgen: Hjalmar Schacht, ehemals Reichswirtschaftsminister und Reichsbankpräsident.

haftet. Ich zog mich in aller Ruhe an und benachrichtigte meine Frau, die sich ebenfalls sofort ankleidete. Die notwendigsten Schlüssel konnte ich in Gegenwart der Polizei meiner Frau aushändigen.

Dann wurde ich hinuntergeleitet vor das Tor, wo eine Reihe Autos stand. Ich verabschiedete mich von meiner Frau und rief ihr zu, daß ich in wenigen Tagen wieder zurück sein werde. Sie nahm diese Worte nicht sehr gläubig auf, wie ich in ihrem kalkweißen Gesicht lesen konnte. Die Autokolonne brachte mich in das Konzentrationslager Ravensbrück bei Fürstenberg in Mecklenburg. (...)

Ich habe von dem Augenblick, als ich die Zelle in Ravensbrück betrat, bis zu meiner endgültigen Entlassung am 2. September 1948 (aus der Haft nach dem Schuldspruch einer Stuttgarter Spruchkammer, Anm. d. Verf.) durch mehr als vier Jahre nicht weniger als zweiunddreißigmal mein Gefängnis gewechselt. (...) Die Beköstigung war immer ausreichend, in der Qualität aber sehr verschieden und sehr oft miserabel. Dies traf vor allem auf Ravensbrück zu, wo ich manchmal drei Tage lang nichts als Kohlsuppe oder etwas Ähnliches erhielt."[33]

In seinen Erinnerungen geht Schacht auch auf seine Isolierung im Zellenbau von Ravensbrück ein: „Die Trennung von den übrigen Gefängnis- oder Lagerinsassen war, solange ich in Einzelhaft lebte, streng. Es gelang mir nur gelegentlich, im Vorbeigehen oder durch die Klappe in der Tür, die zum Hereinreichen des Essens geöffnet wurde, einen flüchtigen Blick in die eine oder andere Zelle zu werfen. Der Bau, in dem wir untergebracht waren, war nur ein kleiner Teil des sehr großen Lagers und war sichtlich für ´Politische` reserviert. Wenn wir zum Verhör über den Hof gebracht wurden, konnte ich feststellen, daß es sich um ein großes Frauenlager handelte. (...)

Auch 'prominente' Mithäftlinge konnte ich allmählich feststellen, darunter General Halder, den Zentrumsabgeordneten Ersing, Staatssekretär Pünder, den Freiburger Professor v. Dietze, meinen Ministerialdirektor aus dem Wirtschaftsministerium Schniewind und Ministerialrat Sperl, Botschaftsrat Albrecht Bernstorf,[34] ein Fräulein v. Plettenberg und die durch ihre Kabarettvorträge bekanntgewordene Isa Vermehren."[35]

Isa Vermehren befindet sich bereits seit dem 17. April 1944 im KL Ravensbrück in Haft.[36] Sie ist in Sippenhaft genommen worden, weil ihr Bruder Erich gemeinsam mit seiner Ehefrau Elisabeth, die dem westfälischen Adelsgeschlecht der Grafen von Plettenberg-Lenhausen entstammt, in Istanbul zu den Alliierten übergegangen ist.[37] Dies geschah auf abenteuerliche Weise, nachdem Dr. Erich Vermehren, der in Istanbul für das Amt Ausland/Abwehr im OKW tätig war, das Unternehmen geschickt eingefädelt hatte.

„Anfang Januar 1944", berichtet Winfried Meyer, der sich eingehend mit dem Fall Vermehren beschäftigt hat, „nahm Erich Vermehren (...) Verbindung zu Vertretern des britischen

Geheimdienstes in Istanbul auf und bot ihnen den Übertritt des Ehepaares an unter den drei Bedingungen, daß der Übertritt zum Schutz der Familienangehörigen als Entführung getarnt würde, sie nicht an Kampfhandlungen der Alliierten teilnehmen müßten und in der alliierten Nachkriegsplanung für Deutschland eingesetzt würden. Am 27. Januar 1944 wurden Elisabeth und Erich Vermehren nach einem in Istanbul auf offener Straße inszenierten 'Kidnapping' von britischen Geheimdienstagenten nach Izmir gebracht. Von dort reisten sie am 2. Februar 1944 mit einem Transport von griechischen Flüchtlingen weiter nach Syrien, von wo sie mit dem Flugzeug zunächst nach Kairo und schließlich im März 1944 über Süditalien und Gibraltar nach London gebracht wurden."

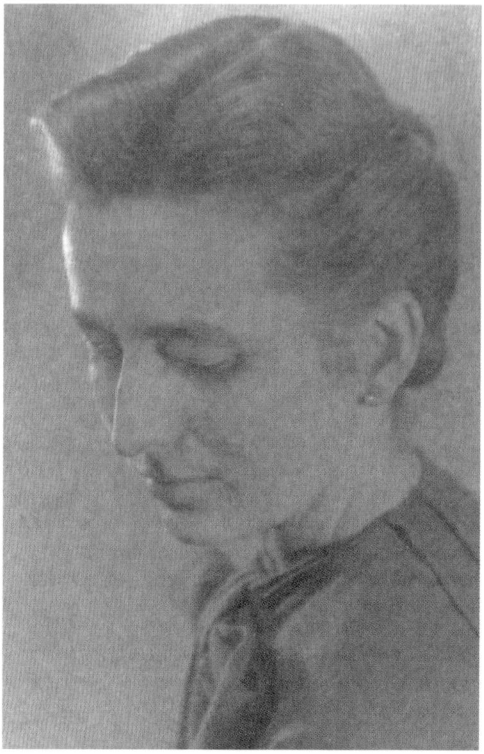
Mit dem Vater in Sippenhaft: Gisela Gräfin von Plettenberg-Lenhausen im Januar 1944.

Der Übertritt des Ehepaares Vermehren zu den Alliierten, den ein türkischer Geheimdienstoffizier verriet, wirbelte in Deutschland enormen Staub auf, zumal er nicht der einzige blieb. Über die Folgen, die weitere Überläufe nach sich zogen, berichtet Meyer: „Nachdem mit dem Ehepaar Karl und Stella von Kleczkowski am 11. und mit Wilhelm Hamburger am 13. Februar 1944 weitere Mitarbeiter des Amtes Ausland/Abwehr in Istanbul zu den Briten übergegangen waren, trugen diese Vorgänge dazu bei, daß Hitler Mitte Februar die Schaffung eines einheitlichen deutschen Meldedienstes unter Führung des Reichsführers-SS Heinrich Himmler befahl und der Chef des Oberkommandos der Wehrmacht, Generalfeldmarschall Wilhelm Keitel, am 23. Februar 1944 den bisherigen Chef des Amtes Ausland/Abwehr, Admiral Wilhelm Canaris, seines Amtes enthob."

Die Familienangehörigen von Erich und Elisabeth Vermehren sind die ersten Opfer in Deutschland, die Himmler mit der Sippenhaft belegt. Im Fall Vermehren trifft die Strafe die Eltern des Überläufers, Kurt und Petra Vermehren, sowie dessen Geschwister Michael und Isa Vermehren. Während die Schwester nach Ravensbrück gebracht wird, werden die Eltern und der Bruder am 15. April 1944 ins KL Sachsenhausen eingewiesen. Aber auch die engsten Angehörigen von Elisabeth Vermehren bleiben nicht ungeschoren: Ihr Vater, Walther Graf von Plettenberg-Lenhausen, und die Schwester, Gisela Gräfin von Plettenberg-Lenhausen, werden ebenfalls in Sippenhaft genommen. Die jüngere Tochter muß die Haft für ihre Mutter, Guillermina Gräfin von Plettenberg-Lenhausen, antreten, die schwer erkrankt ist. Wie Isa Vermehren, die ihre Schwippschwägerin ist, kommt sie nach Ravensbrück, wo sie die Gefangenennummer 78820 erhält, während ihr Vater ins Konzentrationslager Dachau überstellt wird. Er trifft dort am Vormittag des 18. April ein.[38]

Im KL Dachau sieht der Graf im April 1945 seine Tochter Gisela wieder, als diese im Transport der Sippenhäftlinge aus dem Markt Schönberg im Bayerischen Wald nach Dachau gelangt. Der weitere Weg führt beide dann gemeinsam nach Niederdorf, wo sie mit ihren Mithäftlingen am 30. April 1945 aus der Gewalt der SS befreit werden.

Der Fall Vermehren hat auch für Dr. Wilhelm von Flügge verhängnisvolle Folgen. Der entschiedene NS-Gegner, der dem „Kreisauer Kreis", der bekannten Widerstandsgruppe um Helmuth James Graf von Moltke und dessen Frau Freya sowie um Peter Graf Yorck von Wartenburg und dessen Frau Marion, nahestand, arbeitete ebenfalls im Auftrag des Amtes Ausland/Abwehr als wirtschaftspolitischer Berichterstatter in Istanbul.[39] Dort war der Jurist, Landwirt und Wirtschaftsfachmann auch für das größte Unternehmen der deutschen chemischen Industrie, die „I. G. Farbenindustrie A.-G.", tätig.

Über die Verhaftung Flügges berichtet Winfried Meyer: „Im Rahmen der Nachforschungen von Gestapo und SD zu den Hintergründen des Übertritts von Erich und Elisabeth Vermehren zu den Briten am 27. Januar 1944 in Istanbul gerieten auch Wilhelm von Flügge und sein Freundeskreis in das Visier der Ermittler, die bei einem Einbruch in Flügges Büro zwei von diesem verfaßte Ausarbeitungen zur staatsrechtlichen Neuordnung Deutschlands – 'Bemerkungen zur deutschen Verfassung' und 'Zur deutschen Bildung' – sicherstellen konnten. Zwei für Hitler bestimmte Berichte des Chefs des Reichssicherheitshauptamtes Ernst Kaltenbrunner über eine 'Deutsche Verratsquelle in der Türkei' vom 7. und 26. Februar 1944 beschäftigten sich deswegen außer mit dem Fall Vermehren auch mit einer 'zweiten Verräterclique, die sich um den Baron von Flügge konzentriert hat'. Bei deren Angehörigen handle es sich um 'Leute in führenden gesellschaftlichen Positionen' und 'fast ausschließlich um jüdisch Versippte und jüdische Mischlinge der verschiedensten Grade', von denen einige V-Männer der Abwehrstelle Istanbul seien und die sich die 'Beseitigung des nationalsozialistischen Regimes und seine Ersetzung durch ein Kabinett der nationalen Konzentration auf liberal-monarchistischer Grundlage' zum Ziel gesetzt haben."

Nachdem Canaris, dem neben anderem auch die Vorgänge in Istanbul das Genick gebrochen haben, von seinem Amt als Chef des militärischen Nachrichtendienstes der Wehrmacht abberufen worden ist, tritt Oberst Georg Hansen die Nachfolge des Admirals an. Dieser gerät in seiner geschwächten Position schnell unter Druck des Reichssicherheitshauptamtes und lockt Flügge unter dem Zwang des RSHA im April 1944 zu angeblich dringenden Gesprächen aus Istanbul nach Berlin. „Nach mehrmaligem telegraphischem Drängen", berichtet Meyer, „folgte Flügge, der Hansen als Hitler-Gegner kannte und vertraute, der Aufforderung zur Rückkehr und wurde schon bei der Zwischenlandung in Wien verhaftet. Von dort wurde er zunächst in das Berliner Hausgefängnis des Reichssicherheitshauptamtes und im Juni 1944 in das KZ Ravensbrück gebracht."

Dort trifft am 18. Juli 1944 ein weiterer Häftling ein, der ebenso wie Flügge und die anderen genannten prominenten Ravensbrücker Gefangenen noch kurz vor Kriegsende als Geisel der SS nach Südtirol verschleppt wird: Karl Kunkel, ein Kaplan aus Königsberg in Ostpreußen. Der junge Geistliche führt in der Haft heimlich Tagebuch. Nach seiner Ankunft im Lager schreibt er am 19. Juli: „Um 7 Uhr wird durch die Klappe ein Aluminiumteller mit Brot und Marmelade gereicht. Um 8 Uhr der erste Spaziergang im engen Hof. Ich sehe Flügge (...) zum erstenmal."[40] Kunkel vermerkt in seinen Aufzeichnungen auch die Namen weiterer Gefangener, wie die der Widerständler Albrecht Graf von Bernstorff und Wolf-Heinrich Graf von Helldorff, die im Frauenkonzentrationslager Ravensbrück die Haft mit ihm teilen.

Geheime Aufzeichnungen im Tagebuch: Karl Kunkel, Kaplan aus Königsberg in Ostpreußen.

Am 23. Juli notiert er außerdem: „Ich sehe (...) eine schwarzgekleidete Belgierin, die Verlobte eines deutschen Generals."[41]

Gemeint ist Prinzessin Elisabeth Ruspoli dei Principi di Poggio Suasa (geb. Marquise d'Aschque), die Witwe eines italienischen Fallschirmjägeroffiziers, die mit dem General der Infanterie Alexander von Falkenhausen liiert ist.[42] Sie wurde im Dezember 1943 verhaftet, nachdem sie in den Verdacht geraten war, unerlaubte Devisengeschäfte in Frankreich zu betreiben. „Als Falkenhausen bei Wilhelm Keitel, Chef des Oberkommandos der Wehrmacht, gegen die Verhaftung der Prinzessin protestierte", berichtet Martha Schad in ihrem Buch über Frauen gegen Hitler,[43] „erhielt er die Antwort, daß hier auf Verlangen Mussolinis gehandelt worden wäre. Prinzessin Ruspoli kam ebenfalls nach Ravensbrück, wo ihre Zelle neben der von Graf Moltke lag. Ihre Mitgefangenen empfanden ihre helle, lachende Erscheinung als eine richtige Wohltat in der grauen Umgebung. Es war eine Freude, Mary – wie sie im Gefängnis genannt wurde – zu begegnen, nie belästigte sie andere mit ihrem eigenen Kummer, und immer war sie bereit, einen Gegenstand zu suchen, über den man gemeinsam lachen konnte. So erzählte die Prinzessin von ihren Versuchen, die Kakerlaken in ihrer Zelle zu erziehen: der einen hätte sie einen Tropfen Cognac zu trinken gegeben, eine andere hätte sie lange an einem Bindfaden turnen lassen."

Entmachteter Militärbefehlshaber: General der Infanterie Alexander von Falkenhausen.

Falkenhausen teilt das Schicksal seiner Lebensgefährtin. Am 14. Juli 1944 wird er als Militärbefehlshaber in Belgien und Nordfrankreich mit Sitz in Brüssel – er residierte im Rokoko-Schlößchen Seneffe – per Entlassungstelegramm von Hitler seines Amtes enthoben, worauf er die Geschäfte am 18. Juli an den jungen General Grase übergibt.[44] Bald darauf gerät der Abgesetzte, der sich die Feindschaft Hitlers zugezogen hat, auch ins Visier der Geheimen Staatspolizei, als bei der Fahndung nach den Verschwörern des 20. Juli in Paris sein Name fällt. Am 29. Juli erreicht ihn in Brüssel die Aufforderung der Gestapo, sich zu Gesprächen in Berlin einzufinden. Dort wird Falkenhausen in Haft genommen.

Doch er kommt nicht zu Elisabeth Ruspoli nach Ravensbrück, sondern wird in der Sicherheitspolizeischule Drögen bei Fürstenberg in der Nähe des Frauenkonzentrationslagers (FKL) arretiert.[45] „Bedingt durch die Bombenangriffe auf Berlin", berichtet Isa Vermehren,[46] „war eine Abteilung des Reichssicherheitshauptamtes (...) in die Polizeischule Drögen (...) evakuiert worden. Die Untersuchungsgefangenen dieser Abteilung waren zum großen Teil untergebracht im Zellenbau des FKL Ravensbrück."[47]

Auf einem langen Leidensweg, der ihn durch mehrere Haftorte führt, gelangt auch Falkenhausen am Kriegsende mit den anderen Sippen- und Sonderhäftlingen, die der SS als Geiseln dienen, nach Südtirol. Dort gewinnt er seine Freiheit kurzfristig zurück, bevor er von den Alliierten wieder in Haft genommen wird. Elisabeth Ruspoli bleibt zunächst in Ravensbrück zurück. „Im Oktober 1944", erinnert sich Isa Vermehren,[48] „kam sie nach Friedrichroda in Thüringen als privilegierter Ehrenhäftling in die Pension 'Phönix'."

Vor der Gestapo in Florenz untergetaucht: Kronprinz Rupprecht von Bayern.

Auch das bayerische Herrscherhaus der Wittelsbacher gerät in den Strudel der polizeilichen Ermittlungen im Zusammenhang mit dem Umsturzversuch vom 20. Juli. Von der Verfolgung betroffen sind der Kronprinz Rupprecht von Bayern und seine gesamte Familie sowie sein ältester Sohn aus erster Ehe, Prinz Albrecht von Bayern, mit Familie, obwohl beide Deutschland lange vor dem Attentat auf Hitler verlassen haben. Dennoch entkommen die Familien der Gestapo nicht.

Albrecht lebte mit seinen Angehörigen in Ungarn, und Rupprecht hatte sich vor den Nachstellungen der Nationalsozialisten nach Italien in Sicherheit gebracht. Auf Einladung des italienischen Königs Viktor Emanuel III. reiste er im Februar 1940 in dessen Salonwagen mit seiner zweiten Ehefrau, Antonia von Luxemburg, und mit den Kindern Heinrich (17 Jahre alt), Irmingard (16), Editha (15), Hilda (13), Gabrielle (12) und der vierjährigen Sophie von München nach Rom. Später siedelte die Familie nach Florenz über, wo Rupprecht blieb. Seine Frau jedoch ging mit den Kindern nach Brixen, wo sie zunächst im Hotel „Elephant" und dann in der „Pension Gasser" wohnte,[49] bevor sie sich nach Pera im Fassatal in die Dolomiten zurückzog. Dort spürte sie die Gestapo auf.

Über die Beweggründe der Geheimen Staatspolizei, auch den bayerischen Kronprinzen ins Visier zu nehmen, berichtet Winfried Meyer: „Nach dem gescheiterten Umsturzversuch vom 20. Juli 1944 wurde gegen Rupprecht von der Gestapo der Vorwurf erhoben, einer der Hintermänner des Staatsstreichversuchs gewesen zu sein. Sie stützte diesen Verdacht auf die durch abgefangene Briefe belegte Freundschaft Rupprechts mit Berthold Schenk (Graf) von Stauffenberg, einem 85jährigen Onkel des Hitler-Attentäters, der als Großmeister des Bayerischen Ritterordens vom Heiligen Georg dem ehemaligen bayerischen Königshaus eng verbunden gewesen und nach dem 20. Juli 1944 wie alle Angehörigen seiner Familie verhaftet worden war und als Folge der Verhöre in der Haft starb."[50]

Nachdem die Gestapo mit ihrer Fahndung nach Rupprecht in Florenz ohne Erfolg geblieben ist, verhaftet sie am 27. Juli 1944 dessen Frau Antonia sowie die Töchter Editha, Hilda, Gabrielle und Sophie. Dem Sohn Heinrich bleibt jedoch das Los der Mutter und der Schwestern erspart, weil er vorher nach Rom geflüchtet ist. Auch Irmingard, die sich zu dieser Zeit am Gardasee aufhält, bleibt vorerst verschont.

Gefangene der SS: Irmingard Prinzessin von Bayern, Tochter des bayerischen Kronprinzen Rupprecht.

Die übrigen Angehörigen des Kronprinzen befinden sich aber nun als Sippenhäftlinge in der Gewalt der Nationalsozialisten. Sie werden zunächst nach San Martino di Castrozza gebracht und dann über den ladinischen Ort Plan de Gralba in der Nähe von Wolkenstein auf die Seiseralm verlegt. Hier erkrankt Antonia von Bayern schwer an einer doppelseitigen Lungenentzündung, die ihre Einweisung in ein Hospital erforderlich macht.

„Nachdem sie mit ihren Töchtern am 5. Oktober 1944 nach Innsbruck gebracht worden war", berichtet Meyer,[51] „wurde sie dort in ein Krankenhaus eingeliefert, wo sie ihre Tochter Irmingard fand, die trotz einer schweren Typhuserkrankung am Gardasee verhaftet worden war. Schon am nächsten Tag wurden die vier jüngeren Töchter nach Weimar gebracht und von dort nach einer Woche in das KZ Sachsenhausen transportiert.

Am 20. Oktober 1944 traf dort auch Albrecht von Bayern mit seiner Frau Maria (Marita) und seinen Kindern, den dreizehnjährigen Zwillingen Marie Gabriele und Marie Charlotte, dem elfjährigen Franz und dem siebenjährigen Max ein, die am 6. Oktober in Somlóvár in Ungarn verhaftet worden waren, nachdem ihnen ein Durchreisevisum für Deutschland verweigert worden war, um einer Einladung des schwedischen Königs folgen zu können. Dazu teilte der Chef der Sicherheitspolizei und des SD (Kaltenbrunner, Anm. d. Verf.) dem Auswärtigen Amt im November 1944 mit, 'Prinz Albrecht von Bayern sei im Zuge der Maßnahmen gegen die Familienangehörigen des Kronprinzen Rupprecht von Bayern, seine(s) Vater(s), in Sippenhaft genommen und zusammen mit seiner Familie nach Deutschland überstellt worden. Die Haft werde andauern, bis Kronprinz Rupprecht von Bayern wieder zur Verfügung der deutschen Behörden stehe. Sodann könne Prinz Albrecht von Bayern mit seiner Familie in Deutschland in Freiheit leben.'"

„Ich fuhr allein weiter ins Ungewisse"

Während Antonias Töchter Editha, Hilda, Gabrielle und Sophie im KL Sachsenhausen mit Albrecht von Bayern und seiner Familie zusammentreffen, befindet sich die Mutter mit der ältesten Schwester Irmingard noch immer in Tirol. Über die Trennung von der Mutter, die unter dem Decknamen „Albertine Bingen“ in ein Gefängnislazarett nach Jena gebracht wird, die Tochter aber nach Sachsenhausen weiterreisen muß, berichtet Prinzessin Irmingard in ihren Erinnerungen: „(Ende) Januar 1945 fuhr in Seefeld ein großes schwarzes Auto mit Gestapomännern vor. Wir wurden eingeladen und zum Innsbrucker Bahnhof abtransportiert. (...) Wir saßen in einem eigenen Abteil mit einigen Männern der Gestapo, die uns überwachten. Stundenlang fuhren wir nach Norden bis nach Weimar. In Weimar hieß es: 'Kronprinzessin Antonia muß aussteigen.‘

Mama und ich hatten kaum Zeit, uns zu verabschieden. Die Türe schlug zu – ich fuhr allein weiter ins Ungewisse. Eine Gestapofrau wurde mir zugeteilt, Inge Pohl. Wir fuhren die Nacht durch. (...) Am Bahnhof in Berlin empfingen uns zwei SS-Wachen. Sie begleiteten mich zu Fuß durch die Stadt. Es war mondhell(,) und die schwarzen Kulissen der zerbombten Häuser wirkten gespensterhaft. Es lag Schnee(,) und die Stadt schien ausgestorben.

Endlich kamen wir zu einem großen Gebäude in der (Prinz-)Albrecht-Straße. Es war das Gestapoquartier (...). Man schob mich in ein Zimmer, in dem ein hochrangiger Gestapobeamter hinter einem großen Schreibtisch saß. Er musterte mich von oben bis unten und fing an, mich über den Verbleib der anderen Familienmitglieder zu befragen. Am meisten interessierte ihn die Bleibe von Papa. Ich erwiderte ihm immer wieder, daß ich mit der übrigen Familie seit langem keinen Kontakt mehr hätte und daß wir unseren Vater seit Florenz nicht mehr gesehen hätten. Gott sei Dank wußte ich auch tatsächlich nicht mehr.

Als die Gestapo einsah, daß aus mir nichts Neues zu erfahren war, ließ sie schließlich von den Fragen ab und befahl den Wachen, mich weiter zu transportieren. Wir bekamen ein Auto: Ich nahm wieder zwischen den Wachen Platz – es ging Richtung Oranienburg. Gegen fünf oder sechs in der Früh, es war noch dunkel, trafen wir im Lager Sachsenhausen in Oranien-

Isolierte Haftorte für prominente Gefangene: Die vier Sonderhäuser im Konzentrationslager Sachsenhausen.

burg ein. (...) Wir passierten mehrere Tore und durchquerten das Lager. Endlich kamen wir in einen eigenen abgezäunten Teil, in dem lauter einzelne mit Mauern umgrenzte kleine Häuser standen: Dort wurden die 'Sonderhäftlinge' gehalten, meistens politische Personen, die besonders wertvolle Geiseln darstellten."[52]

Die elf Wittelsbacher werden im KL Sachsenhausen als Sippenhäftlinge aus Gründen der Geheimhaltung unter dem Decknamen „Buchholz" geführt und dort von den übrigen Gefangenen streng isoliert.[53] Ihre Unterkunft finden sie in zweien von insgesamt vier Sonderhäusern, die eigens für prominente Häftlinge errichtet worden sind. „Albrecht von Bayern", berichtet Meyer,[54] „wurde mit seiner Familie das Haus Nr. 2 zugewiesen, die fünf Töchter Rupprecht von Bayerns mit der Gräfin (Pauli) Bellegard, einer zu ihrer Betreuung ebenfalls in Haft genommenen Hofdame,[55] im Sonderhaus Nr. 3 untergebracht, während das benachbarte Sonderhaus Nr. 1 vom ehemaligen österreichischen Bundeskanzler Kurt (von) Schuschnigg mit Frau und vierjährigem Kind bewohnt wurde."

Obwohl im KL Sachsenhausen alles streng geheim gehandhabt wird, gelingt es den isolierten Wittelsbachern doch mit List, herauszufinden, wer in ihrer Nachbarschaft lebt. „Albrechts Familie", erinnert sich Prinzessin Irmingard,[56] „hatte schon auf dem Transport nach Sachsenhausen meine Schwestern vom Fenster aus erspäht. Sie waren zur selben Zeit auf Zwischenstation in Weimar wie er und waren im Nebengebäude des Hotels untergebracht. Unsere jüngste Schwester Sophie hatte ihren Ball über den Zaun geworfen und war hinübergestiegen. In Sachsenhausen sahen Albrechts Kinder wieder dieselben Mädchen aus ihrem Dachfenster. Albrecht pfiff eine bayerische Volksweise, worauf Hilda sofort mit der zweiten Stimme einfiel. So wußte Albrecht, daß wir Schwestern im Nachbarhaus weilten."

Über die Haft im KL Sachsenhausen schreibt Prinzessin Hilda von Bayern später in einem Brief an ihren Vater: „In Weimar angekommen, blieben wir eine Woche, bis man uns sagte, wir kämen in ein Schloß in der Nähe von Berlin. Wir kamen dann nicht in ein Schloß, sondern am 13. Oktober 1944 in das KZ-Lager Oranienburg-Sachsenhausen bei Berlin. Nachbar von uns war Schuschnigg. Nach einer Woche kam Albrecht mit Familie an. Sie kamen auf die andere Seite, durch Mauer und elektrisch geladenen Stacheldraht von uns getrennt. Wir sahen sie immer vom Fenster aus, mußten aber so tun, als ob wir sie nicht kennen. Sie waren in Ungarn verhaftet, und man hatte auch ihnen Schloßaufenthalt versprochen! Im Lager erfuhren wir dann, daß wir in Sippenhaft wären und dies auf persönlichen Befehl Hitlers.

Ende Januar (1945) kam Irmingard an. Wir erkannten sie kaum, sie hatte alle Haare verloren. Irmingard brachte uns die letzte Nachricht von Mama. Mama war von ihr getrennt und nach Jena gebracht worden. Seitdem

Seit dem 12. März 1938 ein Gefangener Hitlers: Der österreichische Bundeskanzler Kurt von Schuschnigg.

Freiwillig in Haft: Schuschniggs Frau Vera mit der Tochter Maria Dolores Elisabeth („Sissy") im Jahre 1944.

hörten wir nicht mehr von ihr. Im Lager waren wir sehr streng gehalten, niemand durfte wissen, daß wir da waren und wer wir waren."[57]

Der ehemalige österreichische Bundeskanzler Kurt von Schuschnigg, den Prinzessin Hilda in ihrem Brief an Kronprinz Rupprecht ausdrücklich erwähnt hat, befindet sich mit seiner Familie bereits seit dem 9. Dezember 1941 im KL Sachsenhausen.[58] Seine zweite Frau Vera, eine geborene Gräfin Czernin von und zu Chudenitz, die in erster Ehe mit Leopold Graf Fugger verheiratet war,[59] ist ihm freiwillig in die Haft gefolgt. Sie gilt somit auch nicht als Häftling. In ihrem Gesuch, das sie im Dezember 1940 an die Geheime Staatspolizei München richtete, schrieb sie: „Nach reiflicher Überlegung stelle ich die Bitte und das Ansuchen(,) mir die Erlaubnis zu erteilen(,) mit meinem Gatten an seinem jetzigen Aufenthaltsort – bis zu einer endgültigen Regelung – zusammenleben zu dürfen. Ich erkläre mich bereit(,) jede Beschränkung meiner persönlichen Freiheit, so weit dies notwendig sein würde, auf mich zu nehmen u(nd) alle Konsequenzen zu tragen."[60]

Bevor Schuschnigg nach Sachsenhausen gebracht wird, durchläuft er drei Haftstationen: Zunächst wird er am 12. März 1938 in seiner Wiener Wohnung unter Hausarrest gestellt.[61] Dann wird er am 28. Mai 1938 in das ehemalige Hotel „Metropol" am Morzinplatz 4, in dem die Staatspolizeileitstelle Wien ihr Quartier hat, überstellt,[62] und schließlich wird er am 29. Oktober 1939 in die bayerische Hauptstadt verlegt, wo er im Wittelsbacher Palais, dem Sitz der Staatspolizeileitstelle München, festgesetzt wird.[63] In München kommt am 23. März 1941 seine Tochter Maria Dolores Elisabeth, genannt „Sissy" und auch „Puppi", zur Welt.[64]

Um vor der Öffentlichkeit zu verbergen, daß Schuschnigg in seiner Gewalt ist, ordnet das Staatspolizeiamt Berlin am 14. August 1939 in einem Schnellbrief an die Stapoleitstelle Wien an, den prominenten Häftling mit dem Decknamen „Dr. Auster" – in Anspielung auf Austria (Österreich) – zu belegen.[65] Unter dieser Bezeichnung wird er auch im KL Sachsenhausen geführt, in dem er mit seiner Familie mehr als drei Jahre lang im Sonderhaus Nr. 1, streng abgeschirmt vor allen übrigen Gefangenen, zubringen muß.

Die SS als stärkste Macht im NS-Staat

Auf den gescheiterten Umsturzversuch der Offiziere um Stauffenberg folgt unmittelbar die Entmachtung der Wehrmacht durch Adolf Hitler. Noch am 20. Juli 1944 ernennt er den Reichsführer-SS zum neuen Befehlshaber des Ersatzheeres (BdE), der damit die Nachfolge von Generaloberst Friedrich Fromm antritt. Die Ernennung Himmlers erfolgt nur wenige Stunden nach dem Anschlag auf den Diktator. Schon gegen 16 Uhr unterschreibt Hitler im Führerhauptquartier „Wolfschanze“ einen entsprechenden Befehlsentwurf, den ihm Himmler vorlegt, und um 20.20 Uhr weist Generalfeldmarschall Keitel in einem Fernschreiben alle Wehrkreisbefehlshaber an, den Befehlen des neuen BdE Folge zu leisten.[1]

Damit ist der Reichsführer-SS zum mächtigsten Mann nach Hitler aufgestiegen. Das Kommando über das Ersatzheer ist ihm bereits zugefallen, als der Oberst i. G. Stauffenberg im Bendlerblock noch verzweifelt bemüht gewesen ist, den Staatsstreich zu retten. Erst nach 22 Uhr gibt sich der Graf geschlagen. Resigniert meldet er den Mitverschwörern nach Paris: In Berlin ist alles verloren.

Mit der Ernennung zum Befehlshaber des Ersatzheeres wird Himmler auch Chef der Heeresrüstung. Kein zweiter in der NS-Hierarchie nach Hitler vereinigt jetzt in sich so viele Ämter wie er: Himmler ist Reichsminister des Innern, Chef der Deutschen Polizei, Generalbevollmächtigter für die Reichsverwaltung, Reichskommissar für die Festigung des deutschen Volkstums, Träger der eigenen Bauhoheit, Verantwortlicher für die Fertigung der deutschen Raketenwaffe (V 2), preußischer Innenminister und als Reichsführer-SS oberster Chef des SS-Wirtschafts-Verwaltungshauptamtes und Befehlshaber der Waffen-SS. Schließlich bemächtigt sich Himmler als Befehlshaber des Ersatzheeres auch noch des Kriegsgefangenenwesens, das er im November 1944 neu organisiert.[2] An die Stelle des Generalinspekteurs für das Kriegsgefangenenwesen, General der Infanterie Roettig, tritt als neuer Dienstherr SS-Obergruppenführer Gottlob Berger, der sich nun „BdE/Chef Kriegsgefangenen-Wesen“ nennt. Die Dienststelle des Generalinspekteurs wird gestrichen. So geraten alle Kriegsgefangenenlager unter die Befehlsgewalt der SS.

Zum Millionenheer der KL-Häftlinge, über das Himmler bereits herrscht, kommt jetzt noch das Millionenheer der Kriegsgefangenen, das ihm die Erweiterung seiner Kompetenzen in die Hände gespielt hat. Und der Reichsführer-SS ist sich der Bedeutung dieses Schachzuges durchaus bewußt, wie sich noch zeigen wird.

Echo in der Auslandspresse

Mit Mißfallen beobachtet der Reichsminister für Rüstung und Kriegsproduktion, Albert Speer, der mit der SS im harten Konkurrenzkampf steht, die zunehmende Machtfülle Himmlers. „Je schwieriger die militärische Lage wurde“, berichtet er,[3] „um so mehr dehnte sich der Machtbereich Himmlers aus. Seinen Durchbruch zum vielseitigsten und der Form nach mächtigsten Trabanten Hitlers verdankte er den Ereignissen vom 20. Juli 1944. Vorher war er Reichsführer der SS, Innenminister, Chef der Gestapo und der Polizei. Als Befehlshaber des Ersatzheeres drang er nun in weitere, bis dahin von der Wehrmacht zäh verteidigte Stellungen ein; er übernahm den Oberbefehl über das Heimatheer, war verantwortlich für die Neuaufstellung auch der Heeresdivisionen, konnte die Verteilung der Heereswaffen vornehmen. Zudem wurde er kurz nach dem 20. Juli der Bevollmächtigte Hitlers für die Reorganisation des Fronteinsatzes der Millionen Soldaten und Offiziere aller drei Wehrmachtteile, einschließlich der Organisation Todt. Bald danach, im Dezember 1944, wurde er Befehlshaber einiger Divisionen am Oberrhein und ab Ende Januar 1945 einer Heeresgruppe an der Weichsel. Aber all

„Deutschlands eigentlicher Führer“: Heinrich Himmler, Innenminister und oberster Polizeichef im NS-Staat.

das genügte Himmler nicht. Während er die Front stabilisieren sollte, versuchte er gleichzeitig, mit absonderlich wuchernden Ideen zur rüstungstechnischen Kriegswende beizutragen.

Die Verantwortung für Entwicklung und Produktion von Waffen blieb allerdings in meinem Ministerium. Aber mit der Ernennung Himmlers zum Befehlshaber des Ersatzheeres hatte er endlich auch amtlich einen Vorwand, sich in die Entwicklungs- und Produktionsfragen einzuschalten. SS-Obergruppenführer (Hans) Jüttner wurde von Himmler als sein Vertreter in allen Angelegenheiten des Ersatzheeres eingesetzt.“

Die ausländische Presse nimmt den Karrieresprung des Reichsführers-SS nach dem 20. Juli mit größter Aufmerksamkeit zur Kenntnis. Es wird sogar offen darüber spekuliert, ob dies das Ende Hitlers sei. Die Alliierten erkennen, daß sie sich auf die neue Entwicklung im Deutschen Reich einstellen müssen. „Nun hat Himmler endlich die erwartete Kampffront innerhalb Deutschlands“, stellt die *News Chronicle* bereits am 24. Juli 1944 fest. Und ihr Mitarbeiter Dr. Stefan Litauer fährt fort: „Alle Macht liegt in Himmlers Händen. Himmlers Wahlspruch, der auf dem Dolche jedes SS-Mannes eingraviert ist, lautet: 'Unsere Ehre heißt Treue.'[4] Ob er sich daran halten und Hitler bis zum Ende treu bleiben wird? Oder wird vielleicht bei der nächsten Säuberungsaktion Adolf Hitler beseitigt und Heinrich Himmler an seine Stelle gesetzt werden?“

„Weitgehende Zusammenfassung aller Kräfte“

In diese Richtung gehen auch die Überlegungen, die der Stockholmer Vertreter der *New York Times*, Axelsson, in einem Porträt über die Person des Reichsführers-SS anstellt. In dem Bericht, den er am 26. November 1944 dem Londoner Büro seiner Zeitung übermittelt, hebt er hervor: „Durch seine vielen Ämter hat Himmler heute im Reich mehr Macht als irgendein anderer Mann, selbst Hitler nicht ausgenommen, und es besteht tatsächlich Grund zur Annahme, daß Him(m)ler Deutschlands eigentlicher Führer geworden ist.“[5]

Der Berichterstatter zweifelt nicht daran. Für ihn hat Himmler längst Hitler verdrängt. Er begründet dies mit der Feststellung: „Irgendeiner mußte die Zügel vom Führer übernehmen, der seit Stalingrad von seinem erhabenen Sockel der Unfehlbarkeit heruntergleitt. Himmler tat es, weil er dazu gut geeignet war und sich selbst für den besten Mann für diese Aufgabe hielt.“

Schon Himmlers Ernennung zum Reichsminister des Innern am 24. August 1943 erregte im Ausland Aufsehen. Das Presseecho in Schweden und in Finnland faßte das Referat VI E 6 („Abwehr Süd“) im Reichssicherheitshauptamt in einem Bericht zusammen, den der Chef der Sicherheitspolizei und des SD, SS-Obergruppenführer und General der Polizei Dr. Ernst

Kaltenbrunner, am 23. Oktober 1943 unterzeichnete und an die Feldbefehlsstelle des Reichsführers-SS sandte. Darin hieß es zum Beispiel: „Der Leitartikler der sozialdemokratischen Zeitung 'Ny Tid' in Göteborg bezeichnete Himmler als den mächtigsten Mann Deutschlands nach Hitler."[6]

Kaltenbrunner fuhr in seinem Bericht fort: „Neben der Meldung des DNB (Abkürzung für Deutsches Nachrichten-Büro, Anm. d. Verf.) über die Ernennung des Reichsführers-SS zum Reichsinnenminister brachte die Stockholmer Presse ausführliche Berichte ihrer Berliner Korrespondenten, die als schwedische Auslandskorrespondenten vom Blickpunkt Berlin sich bemühten, ihrer schwedischen Leserschaft Aufklärung über die Bedeutung dieser deutschen Maßnahme zu geben. Die Überschriften, die die Stockholmer Redaktionen für die Meldungen ihrer Berliner Korrespondenten wählten, ließen klar erkennen, dass man sich in Pressekreisen der nächstliegenden Bedeutung der Maßnahme als einer weitgehenden Zusammenfassung aller Kräfte durchaus bewusst war. So überschrieb beispielsweise *Dagens Nyheter* die Meldung ihres Berliner Korrespondenten mit dem Satz: 'Beinahe alle Machtmittel wurden in die Hand Himmlers gelegt.' Die sehr ähnliche Überschrift von *Svenska Dagbladet* lautet: 'Zielbewusste Konzentration aller Kräfte der Heimatfront.' Auch *Stockholms Tidningen* brachte eine Überschrift, die darauf hinwies, dass der Reichsführer-SS als Innenminister eine unerhörte Machtfülle erhalten habe. *Socialdemokraten* sprach in seiner Überschrift der Berliner Korrespondenten-Meldung von 'wichtigen Umbesetzungen in der Leitung des III. Reiches'.

Im einzelnen äußerte der Berliner Korrespondent von *Dagens Nyheter*, dass der Griff des Nationalsozialismus in Deutschland durch die Ernennung Himmlers zum Innenminister noch härter geworden sei. Auf seinem neuen Posten habe Himmler auf seinem Gebiet der Innenpolitik und der inneren Verwaltung eine größere Machtbefugnis als alle anderen Männer Deutschlands mit alleiniger Ausnahme von Adolf Hitler. Mit Ausnahme der Wehrmacht habe Himmler alle Machtinstrumente in seiner Hand."

Gegen Kriegsende gehen die Spekulationen der ausländischen Presse schließlich so weit, daß selbst ein gewaltsames Ende Hitlers durch Himmler für möglich gehalten wird. Als das Kapi-

Montag, 30. April 1945 Blatt 1 Der Zürcher Zeitung 166. Jahrgang Morgenausgabe № 709

Neue Zürcher Zeitung

Verkaufspreis 20 Rp.

und schweizerisches Handelsblatt

Täglich 3 Ausgaben

Redaktion: Falkenstraße 11, Zürich 1

Administration: Theaterstraße 1, Druckerei: Goethestraße 10

Telephon 32 71 00, Hauptpostfach, Postscheckkonto VIII 645

Annoncen-Abteilung: Theaterstraße 1 und Bahnhofstraße 70

Briefadresse: Postfach Fraumünster. Postscheck VIII 1284

Fortschreitende Auflösung in Deutschland

Wie ein Feuerbrand in morschem Gebälk verbreiten sich Auflösung und Zerfall, die von den Niederlagen der deutschen Armeen im Westen, Osten und Süden ihren Ausgang nehmen, über das den Deutschen noch verbliebene Gebiet. Vergeblich sucht man ein genaues Bild der politischen Vorgänge zu gewinnen, die sich in den Trümmern des Dritten Reiches noch abspielen mögen; Nachrichtenwesen und Verbindungen bestehen nicht mehr. Für die militärische Beendigung des Krieges, die vom Oberkommando der Alliierten, unbeirrt durch alle Zwischenfälle im feindlichen Lager, herbeigeführt wird, haben diese Vorgänge keine Bedeutung. Daß man sie trotzdem mit Interesse …

… setzung oder doch Benützung des Senders München durch eine aufständische Gruppe fand. Am Samstagvormittag wurde über diesen Sender eine Proklamation des Reichsstatthalters für Bayern, des Generals der Infanterie Ritter v. Epp, verlesen, in der der sofortige Abbruch des Kampfes und die Wiederherstellung geordneter Zustände verheißen wurde. Gegen Mittag hatten die nationalsozialistischen Behörden wieder die Verfügung über den Radiosender gewonnen, über den sie in außerordentlich heftigen Ausdrücken das Beginnen der Aufständischen brandmarkten und die Bevölkerung zur Treue für Adolf Hitler ermahnten.

… Zusammenbruch Deutschlands auch …

von der russischen Telegraphenagentur Taß veröffentlichten Communiqué heißt es, es handle sich offenbar nur um einen weiteren Versuch der Nationalsozialisten, Uneinigkeit unter den drei alliierten Großmächten hervorzurufen. Diese List sei jedoch bereits fehlgeschlagen. Die Erklärungen Londons und Washingtons, daß nur ein Kapitulationsangebot an alle drei alliierten Großmächte in Betracht gezogen werden könne, habe die volle Zustimmung der Russen gefunden. Die Nationalsozialisten, die um Zeitgewinn kämpften, versuchten durch eine provokatorische Propaganda die Alliierten gegeneinander aufzuhetzen. Dies werde ihnen jedoch nicht gelingen, da die Beziehungen der freiheitliebenden Völker nicht auf vorübergehende, sondern auf langfristige Interessen gegründet seien. Die kämpfende Allianz der Vereinigten Nationen stehe unerschütterlich da.

… in Amerika

Hinrichtung Mussolinis

Rom, 29. April (United Preß) Radio Mailand gibt bekannt, daß Mussolini in einem Dorf bei Como öffentlich hingerichtet worden ist. Die Hinrichtung sei an derselben Stelle erfolgt, wo vor einiger Zeit fünfzehn italienische Patrioten von den Faschisten getötet wurden.

Wie Radio Mailand weiter meldet, sind ferner eine Anzahl bekannter Faschisten hingerichtet worden, darunter der ehemalige Sekretär der Republikanisch-faschistischen Partei und Propagandaminister Pavolini, der frühere Innenminister Buffarini-Guidi, der letzte Propagandaminister Mezzasoma, der Direktor … Agentur Stefani und …

„Mysteriöse Andeutungen": Spekulationen über die Entmachtung Hitlers durch Himmler in der Auslandspresse.

tulationsangebot des Reichsführers-SS an die Westalliierten im Ausland für Schlagzeilen sorgt, widmet die seriöse *Neue Zürcher Zeitung* am Montag, dem 30. April 1945, Himmler und dem zusammenstürzenden Dritten Reich eine eingehende Betrachtung, die eine bereits erfolgte Beseitigung Hitlers nicht ausschließt. Unter der Überschrift „Fortschreitende Auflösung in Deutschland" auf seiner Titelseite schreibt das Blatt: „Unter dem Eindruck des schnellen Zusammenbruchs der Verteidigung von Berlin und der Auflösungserscheinungen bei den Truppen in Süddeutschland und Italien hat der deutsche Innenminister, Chef der Polizei und der S.S. und Oberbefehlshaber des Ersatzheeres, Heinrich Himmler, durch Vermittlung des Vizepräsidenten des schwedischen Roten Kreuzes, Graf Bernadotte, Großbritannien und den Vereinigten Staaten von Amerika die bedingungslose Kapitulation anbieten lassen. Unklar ist geblieben, ob dieses Angebot von Himmler im Gegensatz und gegen den Willen der eigentlichen deutschen Regierung und Hitlers gemacht worden ist oder ob Himmler bereits als einziger Exponent dieser Regierung zu betrachten ist. Da man annimmt, daß er Göring vor wenigen Tagen hat hinrichten lassen,[7] können die Berichte aus Deutschland, nach denen auch Hitler und Goebbels beseitigt worden sein sollen, nicht ohne weiteres übergangen werden. Auf jeden Fall beruhte das Kapitulationsangebot Himmlers auf der Behauptung, er verfüge über die Macht, die Einstellung der Feindseligkeiten überall durchzusetzen. Die mysteriösen Andeutungen einer schweren Erkrankung Hitlers, die angeblich den Schritt Himmlers begleitet haben sollen, sind wahrscheinlich ein Abglanz der hartnäckig sich behauptenden Nachricht vom gewaltsamen Tod des einstigen Beherrschers des Deutschen Reiches. Das Angebot Himmlers – und auch die Annahme, daß er gegenwärtig den Oberbefehl innehat – wird bestätigt durch den Passus im deutschen Heeresbericht vom Samstag, in dem ausgeführt wird, die deutschen Truppen an der Elbe hätten den Amerikanern den Rücken gekehrt, um sich gegen die Russen zu wenden. Diese Behauptung, die einem wirklich an die Truppen ergangenen Befehl entsprechen mag, charakterisiert den Schritt Himmlers als den letzten Versuch, die Spaltung zwischen den Westmächten und der Sowjetunion, auf die die Deutschen so bestimmt und sehnlich gehofft, in letzter Minute und entgegen der Gewalt aller Tatsachen doch noch zu erzwingen."

Verdrängung der unabwendbaren Niederlage

Doch im Sommer 1944 ahnt Himmler noch nicht, daß für ihn bereits alles verloren ist. Er glaubt im Gegenteil daran, mit seiner SS noch eine Wende im Krieg herbeiführen zu können. Vor allem Walter Schellenberg, inzwischen zum SS-Brigadeführer aufgestiegen und nach der Entlassung von Canaris nun der einzige deutsche Spionagechef, drängt ihn, das Heft in die Hand zu nehmen, weil von der übrigen NS-Führung nichts mehr zu erwarten sei. Nach dem gescheiterten Attentat auf Hitler, so erklärt er seinem Vertrauten Giselher Wirsing im September 1944,[8] sei nur noch die SS handlungsfähig.

Diese Meinung wird auch von führenden Personen, die nicht dem „Schwarzen Korps", also der SS, angehören, geteilt. Nach der Beobachtung von Speer wird die SS, wie er schreibt, „vielfach als letzte optimistische und dynamische Kraft in der pessimistischen Landschaft des Niedergangs angesehen".[9] Die unabwendbare Niederlage, vor der Deutschland steht, verdrängt sie. Diese Erfahrung macht auch Speer. „Tatsächlich", erinnert er sich, „arbeitete die SS-Bürokratie bis in die letzten Monate des Krieges weiter, als ob ein Ende nicht abzusehen sei."

Viele wenden sich jetzt von Hitler ab und lenken ihre ganze Hoffnung auf den Reichsführer-SS. Das gilt auch für alte Parteigenossen, die nun auf die Tatkraft Himmlers setzen.[10] Selbst die Wehrmacht sieht im Chef der SS einen Hoffnungsträger. Schon vor dem 20. Juli 1944 stand er, wie Speer feststellte, „bei führenden Militärs als einer der wenigen kritischen Beobachter der Lage in bemerkenswertem Ansehen",[11] was den Rüstungsminister erstaunte, der bisher eher das Gegenteil angenommen hatte. „Allgemein fiel auf", berichtet er über Himmlers Auftreten, „daß er gelegentlich ziemlich offen seine Sorgen über Hitlers Fehleinschätzung der militärischen Situation äußerte. Schon als ich im Sommer 1943 mit Zeitzler und Guderian konspiriert hatte, um Hitler zu bewegen, den Oberbefehl über das Heer an einen der beiden Generalobersten abzugeben, hatte Guderian zu meiner Verblüffung auch den Namen Himmlers ins Spiel gebracht. Ich hatte bis dahin angenommen, daß die Heeresführung in Himmler ihren stärksten Widersacher sah."

Geplante Entmachtung Hitlers

Die SS ist auch entschlossen, auf die eigene Partei loszugehen, die ihrer Ansicht nach versagt habe und die deshalb dringend gereinigt und erneuert werden müsse. Diese Absicht beweist der Entwurf eines Plans, der vom 3. April 1945 stammt und der mit dem Titel „Die deutsche Freiheitsbewegung (Volksgenössische Bewegung)" überschrieben ist. Hinter diesem Plan steht vor allem – angesichts des ramponierten Ansehens der SS als Terrororganisation im Ausland – das Bestreben nach neuen außenpolitischen Kontakten. „Im Zug der Säuberungsaktion", berichtet die Historikerin Marlis G. Steinert,[12] „sollte die Partei befreit werden 'von einer verrotteten Parteibürokratie und einem mancherorts eingerissenen korrupten Bonzentum, von einer jahrelang andere und sich selbst täuschenden regierenden Kaste in Staat, Partei und den Gliederungen', aber auch 'von einem undeutschen einseitigen Führerprinzip in der inneren und einem hohlen Machtdünkel in der äußeren Politik'. Das deutsche Volk sollte bewahrt werden 'vor einem Zurücksinken in die längst überwundenen Welten des Kapitalismus, der politisierenden Kirche, des zersetzenden Parteihaders einer parlamentarischen Demokratie, der kleinösterreichischen, bayerischen, rheinischen und sonstigen Sondertümelei sowie dem das Volk aufspaltenden klassenkämpferischen Kommunismus'. Das eigentliche Ziel der geplanten innerpolitischen Aktion war die Einsetzung Himmlers als Reichskanzler neben dem Führer Adolf Hitler."

Der Reichsführer-SS ist sich dessen bewußt, daß er mit seinen vielen Ämtern und Aufgaben die mächtigste Position im Staate einnimmt, an die selbst Hitler nicht mehr heranreicht. Er rechnet auch fest damit, in absehbarer Zeit die Nachfolge des „Führers" anzutreten. Dies drückt sich auch in seinem Auftreten gegenüber Hitler aus, den er kaum noch wahrnimmt. Der Adjutant des Oberbefehlshabers der Kriegsmarine, Korvettenkapitän Walter Lüdde-Neurath, der Himmler einmal bei der sogenannten Führerlage beobachtet, nimmt das Verhalten des Reichsführers-SS mit Befremden zur Kenntnis. „Besonders eindringlich ist mir eine Szene in Erinnerung anläßlich der (...) Lagebesprechung im OKW-Hauptquartier am 27. April (1945)", berichtet er.[13] „Während diese 'Führerlage' sonst grundsätzlich Hitler vorgetragen wurde, der vor dem Kartentisch zu sitzen pflegte, trug Jodl nun vor dem stehenden Zuhörerkreis gewissermaßen in den leeren Raum hinein vor. Plötzlich ließ sich der Reichsführer einen Stuhl kommen und setzte sich ostentativ vor die Karte auf den Platz Hitlers. Mir erschien das als eine Taktlosigkeit angesichts des erst noch bevorstehenden Unterganges seines Führers. Auch sonst erregte dies(es) Benehmen Befremden und Ablehnung. Der Großadmiral (Karl Dönitz), dem nun Himmler einen Stuhl neben sich anbot, dankte kalt."

In seinen Plänen schreckt Himmler auch vor der Überlegung nicht zurück, Hitler zu beseitigen. Darauf verweist der namhafte Historiker Gerhard Ritter in seinem Buch „Carl

Goerdeler und die deutsche Widerstandsbewegung". Himmler, so schreibt er, habe sich monatelang mit dem Gedanken getragen, Hitler auszuschalten.[14] Lüdde-Neurath bestätigt dies. Er berichtet ebenfalls, daß sich der Reichsführer „offenbar auch Gedanken über die gewaltsame Beseitigung Hitlers gemacht und entsprechende Vorbereitungen getroffen" hat.[15]

Bereit zu Verhandlungen mit den Amerikanern: SS-Obergruppenführer Dr. Ing. Hans Kammler.

Auch Speer erfährt von den Attentatsplänen in der SS. Sein Informant ist der Generalbevollmächtigte des Führers für Strahlflugzeuge, SS-Obergruppenführer und General der Waffen-SS Dr. Ing. Hans Kammler, der ihm das anvertraut, als er sich Anfang April 1945 bei ihm verabschiedet. „Zum erstenmal", erinnert sich Speer,[16] „trat Kammler während unserer vierjährigen Bekanntschaft nicht mit der sonst immer zur Schau getragenen Forschheit auf; im Gegenteil, er wirkte unsicher und schlüpfrig, als er mir dunkle, sehr vage Andeutungen machte, warum ich mich mit ihm nach München absetzen solle. Bei der SS seien Bestrebungen im Gange, den Führer zu beseitigen. Er selber aber, so deutete Kammler an, werde mit den Amerikanern Fühlung aufnehmen und ihnen als Gegenleistung für eine Garantie seiner Freiheit die gesamte Technologie unserer Strahlflugzeuge, wie auch der A 4-Rakete und wichtiger Weiterentwicklungen bis zur Rakete von Kontinent zu Kontinent anbieten. Zu diesem Zweck würde er nun in Oberbayern alle Fachleute der Entwicklung zusammenfassen und sie zur Übergabe an die Amerikaner um sich versammeln. Er stellte mir frei, mich an dieser Aktion zu beteiligen, die sicher zu meinem Vorteil ausschlagen würde."

Aber am Ende zögert Himmler, die Mordpläne in die Tat umzusetzen und Hitler zu liquidieren. Er kommt nicht über den Treueeid hinweg, der ihn an den Führer bindet.[17] Um so ausgelassener feiert er mit seinen SS-Führern den Tod Hitlers, als er am 1. Mai 1945 von dessen Selbstmord erfährt. Ludwig Johann Graf Schwerin von Krosigk, den Großadmiral Dönitz als Nachfolger Hitlers zum Chef der Geschäftsführenden Reichsregierung im nationalsozialistischen Reststaat beruft, wird an diesem Tag Augenzeuge des makabren Schauspiels. „Am Abend (...) machte er noch einen Besuch bei Himmler im SS-Befehlsstand zwischen Eutin und Plön", berichtet Marlis G. Steinert.[18] „Ähnlich der Festtagsstimmung, die im Führerbunker in Berlin nach dem Tode Hitlers herrschte, waren auch die SS-Führer in bester Stimmung. Es wurde gelacht, getrunken, gelärmt nach dem Motto: 'Le roi est mort, vive le roi.' Himmler erging sich in den tollsten Phantasien. In seinen Illusionen war er fest von seiner Rolle als zweiter Mann (neben Dönitz, Anm. d. Verf.) in dem neuen deutschen Staat überzeugt. Er sah sich auch schon von Montgomery und Eisenhower als 'unentbehrlicher Ordnungsfaktor' im Kampfe gegen den Bolschewismus akzeptiert."

Die Alpen als Rückzugsgebiet für die SS

Die Überlegungen des Reichsführers, seinen eigenen Weg ohne Hitler zu gehen, reichen weit zurück. Schon im Jahre 1944 faßt er die Alpen als Rückzugsgebiet für die SS ins Auge. In der Festung Alpen, die Teile Oberbayerns und Schwabens, das Salzburger Land und das Salz-

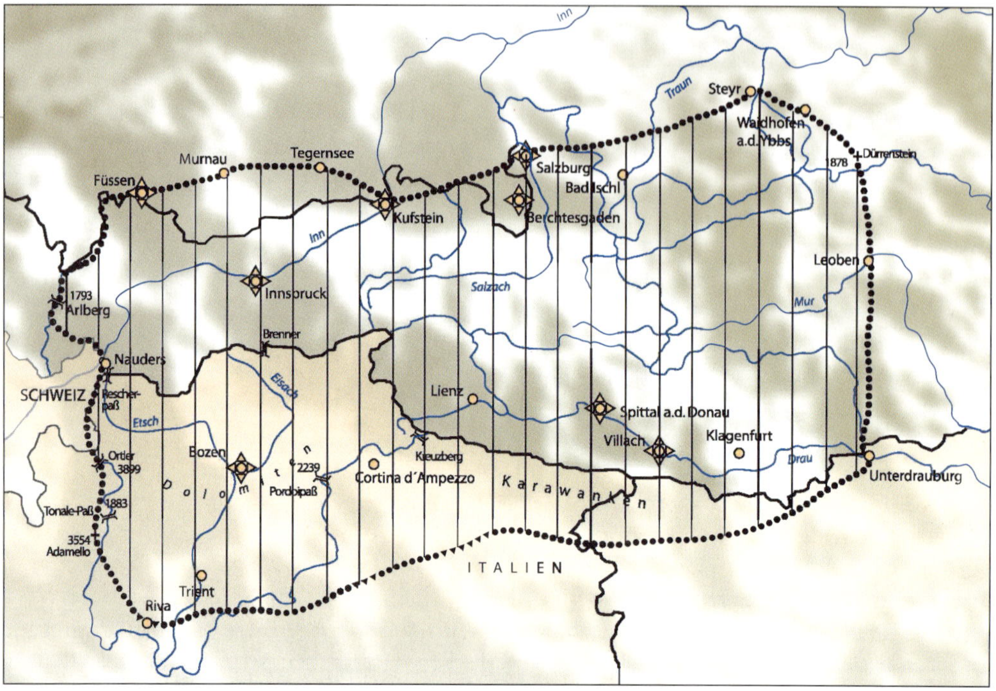

Letztes Bollwerk der SS: Das Territorium der geplanten Alpenfestung als Rückzugsgebiet für den Endkampf.

kammergut in Oberösterreich sowie Tirol und Südtirol mit den Dolomiten und schließlich auch Kärnten und Teile der Steiermark umschließen soll, will er mit seinen SS-Truppen den Kampf fortsetzen, bis die Westalliierten zu Verhandlungen bereit sind. Um dies zu erreichen, schreckt Himmler vor keinem Mittel zurück. Er löst sich nicht nur von Hitler, der sein Hauptquartier zunächst ebenfalls in den Südraum verlegen will, dann aber doch in Berlin bleibt, sondern plant auch den Einsatz von Geiseln, mit denen er den Gegner an den Verhandlungstisch zwingen will. Dabei ist er überzeugt, daß „die Bildung der von der SS geplanten 'Alpenfestung'" (Reimer Hansen)[19] die Westmächte in Angst und Schrecken versetzen wird. Und damit behält er sogar recht.

Der Flugzeugkonstrukteur Ludwig Bölkow bezeugt später, wie ernst es Himmler mit dem letzten Bollwerk der SS in den Alpen gewesen ist. Über eine Unterredung mit dem Reichsführer, die im April 1945 in Anwesenheit seines Kollegen Willy Messerschmitt in Berlin stattgefunden hat, berichtet er: „Himmler entwickelte uns (...) die Vorstellung von der 'Alpenfestung'. Man wolle sich dort so lange halten, bis sich nach dem Aufeinandertreffen der USA und der UdSSR ein Zusammenstoß entwickeln würde. Dann gelte es, zusammen mit den Amerikanern die Russen zurückzudrängen."[20]

Daß Verhandlungen mit dem Gegner, die der SS – vor der Drohkulisse der Festung Alpen – den Übertritt an die Seite der amerikanischen Streitkräfte ermöglichen sollen, angestrebt werden, erfährt auch die kämpfende Truppe der Waffen-SS. So trifft am 18. April 1945 der Kommandierende General (KG) des XIII. SS-Armeekorps, SS-Gruppenführer und Generalleutnant der Waffen-SS, Max Simon, auf dem Gefechtsstand des Oberstleutnants Cord von Hobe in Ebersbach ein und erläutert den Männern der „Panzerkampfgruppe von Hobe", weshalb der Krieg noch fortgeführt werde. „Auch unser KG besucht uns", berichtet Cord von Hobe,[21] „ist nett und klar, anerkennend, immer wieder betont er, daß unser Kampf lediglich Zeitgewinn für einen günstigen Verhandlungsabschluß bedeute. Wir können das im einzelnen nicht übersehen, aber davon sind wir alle durchdrungen, daß wir eben unter möglichster Schonung unserer Soldaten durchhalten müssen, denn schließlich mit selbst einem unterlegenen Gegner geben einige noch vorhandene Kräfte jeder Verhandlung ein anderes Gesicht."

Himmler hat schon früh damit beginnen lassen, die Alpen als geeignetes Rückzugsgebiet zu sondieren. Bereits Ende Mai 1944 ist sein Interesse an Befestigungsanlagen im Gebirge erwacht, weshalb er zunächst eine Abteilung von SS-Geologen in die Alpen entsendet, die einem geeigneten Terrain für Verteidigungsstellungen auf den Grund gehen soll.[22] Dann kommt ihm der Gedanke, bereits bestehende Befestigungsanlagen in Italien zu erkunden. Dafür gründet er eine eigene „SS-Fortifikationsforschungsstelle". Der Befehl, der als geheim ausgewiesen wird, geht am 2. Juni 1944 aus der Feld-Kommandostelle des Reichsführers hinaus und ist an das SS-Führungshauptamt, an das SS-Personalhauptamt, beide in Berlin, und an den Höchsten SS- und Polizeiführer in Italien, SS-Obergruppenführer und General der Waffen-SS Karl Wolff, gerichtet.

Er lautet:

„1.) Ich befehle die Errichtung einer SS-Fortifikationsforschungsstelle zur Erkundung der italienischen Grenzwehranlagen beim Höchsten SS- und Polizeiführer in Italien.

2.) Verantwortlich für die Errichtung dieser Dienststelle ist das SS-Führungshauptamt.

3.) Mit der Errichtung dieser Dienststelle ist SS-Standartenführer (d. Res.) Dr. Ing. Brand zu beauftragen.

4.) SS-Standartenführer (d. Res.) Dr. Ing. Brand wird hierzu von seiner bisherigen Aufgabe, der Führung des Karstwehr-Bataillons, entbunden.

5.) SS-Standartenführer (d. Res.) Dr. Ing. Brand untersteht für die Durchführung dieses Auftrages dem SS-Führungshauptamt und dem Höchsten SS- und Polizeiführer in Italien."[23]

Himmler wendet sich zugleich der Erforschung von Höhlen zu, die ihm für seine Pläne nützlich sein könnten. So ruft er am selben 2. Juni 1944 eine Dienststelle zur Erforschung von unterirdischen Hohlräumen, wie sie im Karst zu finden sind, ins Leben, die ebenfalls dem SS-Standartenführer der Reserve Hans Brand übertragen wird. Der Befehl, der auch dem Höchsten SS- und Polizeiführer in Italien wieder zur Kenntnis gegeben wird, hat folgenden Wortlaut: „Ich befehle

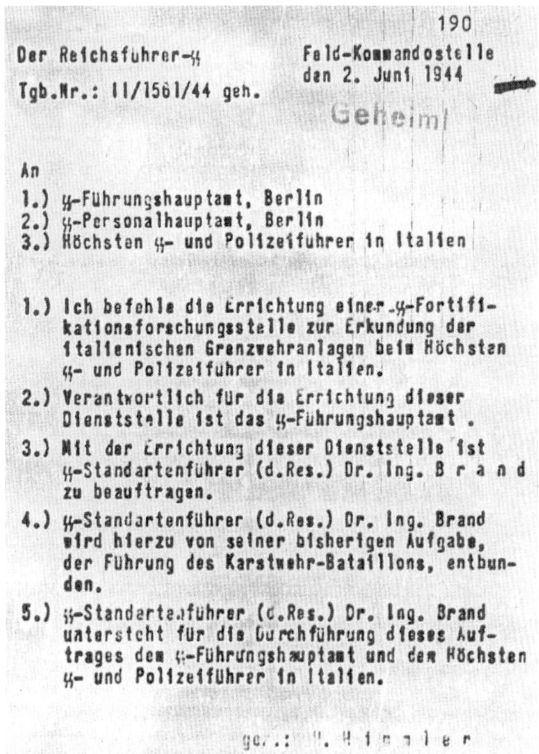
190

Der Reichsführer-SS
Tgb.Nr.: II/1561/44 geh.

Feld-Kommandostelle
den 2. Juni 1944

Geheim!

An
1.) SS-Führungshauptamt, Berlin
2.) SS-Personalhauptamt, Berlin
3.) Höchsten SS- und Polizeiführer in Italien

1.) Ich befehle die Errichtung einer SS-Fortifikationsforschungsstelle zur Erkundung der italienischen Grenzwehranlagen beim Höchsten SS- und Polizeiführer in Italien.
2.) Verantwortlich für die Errichtung dieser Dienststelle ist das SS-Führungshauptamt.
3.) Mit der Errichtung dieser Dienststelle ist SS-Standartenführer (d.Res.) Dr. Ing. Brand zu beauftragen.
4.) SS-Standartenführer (d.Res.) Dr. Ing. Brand wird hierzu von seiner bisherigen Aufgabe, der Führung des Karstwehr-Batallons, entbunden.
5.) SS-Standartenführer (d.Res.) Dr. Ing. Brand untersteht für die Durchführung dieses Auftrages dem SS-Führungshauptamt und dem Höchsten SS- und Polizeiführer in Italien.

gez.: H. Himmler

F.d.R.:
[signature]
SS-Sturmbannführer
und Adjutant RF-SS

Der Befehl des Reichsführers-SS zur Erkundung der italienischen Grenzwehranlagen vom 2. Juni 1944.

die Errichtung einer Karst- und Höhlenforschungsstätte des Ahnenerbe im Karst von Krain und vom Adriatischen Küstenland."

Um auch an das gesamte greifbare Informationsmaterial über italienische Festungsanlagen heranzukommen, ordnet Himmler außerdem an, daß sämtliche Karten, Pläne und Lichtbilder, die der Wehrmacht als Beutegut aus italienischem Besitz in die Händen gefallen sind, an die SS abzugeben sind. Zu diesem Zweck ergeht am 31. August 1944 folgender Befehl des Reichsführers:

„Die von mir errichtete SS-Fortifikationsforschungsstelle zur Erkundung der italienischen Grenzwehranlagen führt zwecks erschöpfender Erstellung von genauen Übersichten und Einzelplänen zur raschen Belieferung von Einsatztruppen in befestigten Räumen neben den allerwichtigsten Neuaufnahmen an Ort und Stelle gleichzeitig auch eine Überprüfung des einschlägigen Beutegutes und jenes Materials durch, das bisher von verschiedenen Wehrmachtsstellen und Organisationen getrennt bearbeitet wurde.

Ich befehle deshalb die sofortige Freigabe aller Karten, Pläne, Lichtbilder und sonstigen Darstellungen über italienische Wehranlagen in Form von Kopien oder Originalen an den Leiter obengenannter Dienststelle(,) SS-Standartenführer Dr. Ing. Hans Brand(,) oder seine beglaubigten Vertreter."[24]

Der schnellste Jäger der Welt als „Wunderwaffe"

Mit diesem Befehl nimmt Himmler alle militärischen Stellen außerhalb der SS in seine Pflicht, die wertvolles Material besitzen könnten, an dem er interessiert ist. Wie akribisch er dabei vorgeht, zeigt der nachrichtliche Verteiler, der folgende Empfänger auflistet:

„1.) Chef des Kriegskarten- und Vermessungswesens OKH Generalstab des Heeres im Führerhauptquartier. Betrifft: Freigabe aller geh(eimen) Heereskarten mit Eindruck der italienischen Befestigungsanlagen und der Kartenblätter an der Schweizer Grenze.

2.) Heeresvermessungsstelle Wien (Wien IX/66, Kolingasse 6). Leiter: Ministerialrat Dr. Siewke. Bezieht sich auf Vermessungsarbeit 'Orel' über italienische Grenzbefestigungen mit den dazu gehörigen Kundschafter-Ergebnissen.

3.) 'Fremde Heere West' Lager Zeppelin bei Berlin (F.P.Nr. 08508 W)(,) Leiter: Oberst von Röhne, Sachbearbeiter: Oberinspektor Ermenich, Gruppenleiter: Major von Schweinitz.

4.) Sämtliche Verwahrstellen italienischen Beutematerials innerhalb des Reichsgebietes.

5.) Alle militärischen Sammelstellen italienischen Beutegutes im oberitalienischen Raum."

Wie all diese Schritte, die Himmler noch im Jahre 1944 einleitet, zeigen, ist der Reichsführer darauf bedacht, sich rechtzeitig auf einen Kampf in der Festung Alpen einzustellen. Er erkundet für seine Überlebenspläne aber nicht nur Höhlensysteme und Verteidigungsanlagen in Italien, sondern macht sich beizeiten auch Gedanken über die Versorgung der SS-Truppen im Gebirge. Dies beweist der Befehl, den er am 17. November 1944 in Bozen als „geheime Kommandosache" seinem Vertreter in Italien erteilt:

„Ich beauftrage den Höchsten SS- und Polizeiführer in Italien(,) SS-Obergruppenführer und General der Waffen-SS Wolff(,) alle Maßnahmen zu ergreifen, die geeignet sind, den 'Schwarzen Markt' Italiens zu Gunsten der gemeinsamen Kriegsanstrengungen abzuschöpfen und seine Waren für den Kriegseinsatz nutzbar zu machen.

Durch diese Maßnahme soll vor allem verhindert werden, daß die Waren dieses 'Schwarzen Marktes' über neutrale Länder zur gegnerischen Seite abwandern oder ungenützt bleiben.

Den gegnerischen Jagdmaschinen weit überlegen: Der deutsche Strahljäger „Messerschmitt Me 262".

SS-Obergruppenführer Wolff ist gehalten, seine Aufgabe im engsten Einvernehmen mit dem Reichsbevollmächtigten Botschafter Rahn durchzuführen."[25]

Himmler will mit diesem Befehl sicherstellen, daß im italienischen Alpengebiet rechtzeitig Vorräte angelegt werden, mit denen die kämpfende Truppe im Kriegseinsatz ausreichend versorgt werden kann. Der Schwarze Markt bietet ihm dabei die beste Möglichkeit, auch an Waren heranzukommen, die unter der Hand angeboten werden, nachdem sie durch Unterschlagungen oder Diebstahl der staatlichen Verteilung entzogen worden sind. Er verspricht sich durch seine Anordnung einen Zufluß größerer Reserven, auf die dann in der Festung Alpen zurückgegriffen werden kann.

Aber die Planungen des Reichsführers-SS reichen noch weiter. Sie berühren auch die Rüstung, auf die er bereits erheblichen Einfluß hat. Seine „Wunderwaffe", mit der er noch eine Wende im Kriege herbeizuführen hofft, ist der Strahljäger „Messerschmitt Me 262". Er weiß, daß das deutsche Düsenflugzeug allen gegnerischen Jagdmaschinen weit überlegen ist. So urteilte der General der Jagdflieger Adolf Galland nach seinem ersten Probeflug mit einer Me 262 in einem Fernschreiben an den Generalfeldmarschall und Generalinspekteur der Luftwaffe, Erhard Milch, begeistert über den Jäger: „Das Flugzeug Me 262 stellt einen ganz großen Wurf dar, der uns im Einsatz einen unvorstellbaren Vorsprung sichert, falls der Gegner noch länger beim Kolbenantrieb bleibt. (...) Die Triebwerke überzeugen restlos, außer bei Start und Landung. Das Flugzeug eröffnet völlig neue taktische Möglichkeiten."[26]

Mit dem Düsenjäger Me 262 verfügt Deutschland über den schnellsten Jäger der Welt.[27] „Die damals phantastische Fluggeschwindigkeit von 850 km/h im Horizontalflug", erinnert sich Galland,[28] „bedeutete einen Vorsprung von mindestens 200 km/h gegenüber den schnellsten Propellerjägern der Welt. Außerdem waren Flugzeiten zwischen 50 und 70 Minuten zu erwarten. Als Kraftstoff konnte minderwertiges, dieselähnliches Öl verwendet werden statt des hoch raffinierten, immer schwerer zu beschaffenden klopffesten Fliegerbenzins."

Galland, der wie Himmler alle seine Hoffnungen auf diese Wunderwaffe gesetzt hatte, bekannte nach dem Krieg: „Ich bin heute noch der Ansicht, daß es kein übertriebener Opti-

Der größte Windkanal der Welt: Das geheime „Bauvorhaben 101 Messerschmitt München" im Ötztal in Tirol.

mismus war, vom Massenjagdeinsatz der Me 262 auch damals noch einen grundsätzlichen Wandel in der deutschen Luftverteidigung zu erwarten. Die einzige Befürchtung, die ich hegte, war die, daß der Gegner uns in der Entwicklung einholen oder gar zuvorkommen könnte. Diese Sorge blieb eine von den wenigen, die unbegründet waren."[29]

Um die Weiterentwicklung von Maschinen auf dem Gebiet des Schnellfluges sicherstellen zu können, hofft Himmler, bald auf den Hochgeschwindigkeits-Windkanal zurückgreifen zu können, der seit dem Jahre 1942 unter dem Decknamen „Bauvorhaben 101 Messerschmitt München" im Ötztal in Tirol im Bau ist.[30] Das Projekt ist als größter Windkanal der Welt geplant, in dem ein ganzes Strahltriebwerk geprüft werden kann. Er soll Geschwindigkeiten bis zur Schallgrenze erreichen. Federführend für den Bau der Anlage ist die Luftfahrt-Forschungsanstalt München (LFM) mit dem Sitz in Ottobrunn bei München.

Weshalb mit der Errichtung des gigantischen Windkanals in Tirol begonnen worden ist, berichtet Ernstfried Thiel, der sich mit der Geschichte des „Bauvorhabens 101" beschäftigt hat: „Der Standort Ötztal wurde im Einvernehmen mit den 'Westtiroler Kraftwerken' (WTK) gewählt. Die WTK planten damals längerfristig die Erschließung der Gewässer der Ötztaler Alpen. Für die Anlage Ötztal war als Sammelbecken ein Stau des Stuibenbaches (Oberkante Staumauer etwa 1230 m üNN) vorgesehen und bereits im Bau. Dieser Bauabschnitt sollte später auch zur Stromerzeugung der WTK herangezogen werden.

Die Entscheidung, den großen Windkanal wegen des hohen Energiebedarfs von rd. 76 MW primär durch Wasserkraft anzutreiben, war getroffen worden, weil ein E-Verbundnetz keine so hohe Kurzzeitbelastung zuläßt.

Das Baugelände bei Ötztal lag auf einer Höhe von etwa 700 m üNN. Die Fallhöhe des Wassers betrug also rd. 530 m (...). Ötztal liegt an der Mündung der Ötztaler Achse in den Inn, etwa 40 km westlich von Innsbruck. Eine Bahnlinie und Gleisanschluß an der Baustelle sicherten gute Transportmöglichkeiten."

Der Großwindkanal, an dem im Jahre 1944 weiter auf Hochtouren gebaut wird, spielt im Zusammenhang mit der Festung Alpen noch eine schicksalsvolle Rolle: Er wird Tausenden von KL-Häftlingen zum Verhängnis, die noch in den letzten Kriegstagen zum Arbeitseinsatz ins Ötztal in Marsch gesetzt werden, um die Anlage fertigzustellen. Auch dies geschieht, wie sich zeigen wird, auf Befehl der SS, die auf mörderischen Wegen die Gefangenen – ohne Rücksicht auf Leben oder Tod – in die Berge treibt.

Häftlinge als Faustpfand für Verhandlungen

Neben dem Strahlflugzeug hält Himmler noch eine zweite ungewöhnliche Waffe in der Rückhand: Geiseln, die er in verschiedenen Konzentrationslagern und SS-Sonderlagern interniert hat. Unter ihnen befinden sich nicht nur die schon erwähnten jüdischen Häftlinge im KL Bergen-Belsen, sondern auch die Sippenhäftlinge, die, wie berichtet, ebenfalls längst in Haft genommen worden sind. Außerdem kann Himmler auf prominente Persönlichkeiten aus dem In- und Ausland zurückgreifen, die er als „Sonderhäftlinge", auch „Ehrenhäftlinge" genannt, in seine Gewalt gebracht hat. All diese Gefangenen hält er als Faustpfand für Verhandlungen mit den Westalliierten bereit. Ihre Zahl ist beachtlich: Es sind Hunderte, die ihm – neben den jüdischen Geiseln in Bergen-Belsen – für seine kriminellen Pläne zur Verfügung stehen. Sie sind seine letzte Waffe, wenn alles andere versagt.

Die Skrupellosigkeit, mit der Himmler sein Ziel verfolgt, sich trotz des verlorenen Krieges noch eine Zukunft zu sichern, zeigt sich auch in dem Befehl, den er Adolf Eichmann erteilt. „Im April 1945", berichtet Hannah Arendt,[31] „traf er (Eichmann) zum letzten Male zu einer seiner seltenen Besprechungen mit Himmler zusammen, der ihm befahl, 'unverzüglich hundert, zweihundert, jedenfalls alle prominenten Juden aus Theresienstadt' herauszusuchen, nach Österreich zu transportieren und dort in Hotels unterzubringen, so daß Himmler sie in seinen zu erwartenden Verhandlungen mit Eisenhower als 'Geiseln' benutzen könne. (...) Doch kam er nie bis Theresienstadt, da alle Straßen von den heranrückenden russischen Armeen blockiert waren. Statt dessen landete er in Alt-Aussee (sic!) in Österreich, wohin sich Kaltenbrunner abgesetzt hatte. Kaltenbrunner hatte kein Interesse an Himmlers ´prominenten Juden` und befahl Eichmann, eine Einheit für den Partisanenkrieg in den österreichischen Bergen zusammenzustellen. Eichmann reagierte mit großem Enthusiasmus: 'Das war wieder eine lohnende Aufgabe, die mich freute.' Aber gerade als es ihm gelungen war, einige hundert mehr oder minder kampfunfähige Männer einzusammeln, von denen die wenigsten je ein Gewehr in der Hand gehabt hatten, und er ein Depot von zurückgelassenen Waffen aller Art in Besitz genommen hatte, erhielt er den neuesten Himmlerbefehl: 'Auf Engländer und Amerikaner darf nicht geschossen werden.' Das war das Ende. Er schickte seine Männer nach Hause."

Wie bereits am Beispiel des Sonderlagers Bergen-Belsen dargestellt, sicherte sich Himmler schon frühzeitig Geiseln für seine Pläne. Er scheute sich auch nicht, dies auszusprechen und sogar immer wieder aktenkundig zu machen. Das beweist allein schon sein Vorgehen in Ungarn, wo er sich den Manfred-Weiss-Konzern aneignete, der dort das größte Rüstungs- und Industrieunternehmen war. Als er den Familien, denen das Unternehmen gehörte, die Auswanderung nach Portugal oder in die Schweiz zusicherte, machte er in einem entsprechenden Memorandum eine Einschränkung, die sein kriminelles Denken verriet: „c) 9 Angehörige bleiben als Geiseln für Kriegsdauer hier."[32] Offen bekannte er sich auch zur Bereitschaft, sich der gesamten ungarischen Wirtschaftskraft zu bemächtigen: „Wenn Ungarn wirtschaftlich für Deutschland ausgeschöpft und in seinem Rüstungspotential gänzlich ausgewertet werden soll, ist es notwendig, daß Deutschland diese Rüstungsindustrie mit all ihren Möglichkeiten sowie diesen Konzern mit allen seinen Devisen-Möglichkeiten in die Hand bekommt."

Wenn der Reichsführer-SS hier von Deutschland spricht, meint er in Wirklichkeit die SS, deren Macht er mit jedem Mittel, das sich ihm bietet, stärken will. Das zeigt sich auch, als er über die Aufteilung von erbeutetem Gold aus Italien nachdenkt: „Nach Rücksprache mit SS-Obergruppenführer Wolff", diktiert er am 25. Juni 1944,[33] „ordne ich an, daß von dem vorhandenen Gold 3 kg an die Reichsbank abgegeben werden unter der Festlegung und Abmachung, sie wieder zu bekommen, falls wir sie für Bestechungs- oder sonstige Nachrichtenzwecke brauchen. Der Rest von 1 kg 339 g bleibt bei uns." Dieser Aktenvermerk ist ein weiterer Beweis für die kriminelle Energie des Reichsführers.

Seine prominenten Geiseln hat Himmler über das gesamte Reich verteilt. Ein Teil wird in Konzentrationslagern isoliert gehalten, und zwar im KL Buchenwald bei Weimar, im KL Dachau in der Nähe von München, im KL Flossenbürg bei Weiden in der Oberpfalz, im KL Mauthausen bei Linz an der Donau, im FKL Ravensbrück in der Nähe von Fürstenberg, im KL Sachsenhausen bei Berlin und im KL Stutthof in der Nähe von Danzig. Die Sonderhäftlinge leben in den Konzentrationslagern getrennt von den übrigen Gefangenen und tragen zum Teil Decknamen, damit ihre wahre Identität den Mitgefangenen verborgen bleibt.

Allerdings räumt die SS den Ehrenhäftlingen Sonderrechte ein, um ihnen die Haft zu erleichtern. Sie haben gegenüber den anderen Gefangenen im allgemeinen Lager den Vorzug, daß sie in der Regel – von Ausnahmen abgesehen – keine gestreifte Häftlingskleidung tragen müssen, daß ihre Einzelzellen tagsüber unverschlossen bleiben, daß sie keiner Arbeit nachgehen müssen und daß sie die gleiche Kost erhalten wie die SS-Bewacher. Doch sind auch hier Abstriche zu machen: Es gibt bessere und schlechtere Haftbedingungen. Das ist von Lager zu Lager verschieden, wie die Sonderhäftlinge nach ihrer Befreiung berichten.

Die SS unterhält aber auch mehrere Sonderlager, die nur für Sonderhäftlinge vorgesehen sind. Drei befinden sich allein in Tirol: im Schloß Itter in der Nähe von Wörgl sowie im Hotel „Forelle" am Nordende des Plansees (976 Meter hoch) und im „Alpenhotel Ammerwald", das in 1082 Metern Höhe im Ammerwaldtal über dem Plansee bei Reutte liegt.[34] Alle drei werden als Nebenlager des KL Dachau geführt.

Auch die Sippenhäftlinge werden nach einer Entscheidung, die das Reichssicherheitshauptamt im Oktober 1944 trifft, an zentralen Haftorten zusammengefaßt.[35] Die meisten werden nach Niederschlesien verlegt, wo sie auf zwei Hotels bei Bad Reinerz im Regierungsbezirk Breslau verteilt werden: Die erste Gruppe, die sich aus mehr als vierzig Frauen und Kindern zusammensetzt, wird in der „Schierbach-Baude" einquartiert, und die zweite, die aus den Sippenhäftlingen des 20. Juli besteht, kommt in die „Hindenburg-Baude".

An der letzten Gruppe hat das RSHA das größte Interesse, weil sie von vielen prominenten Häftlingen gebildet wird, die als Geiseln in Frage kommen. Eine von ihnen ist Fey von Hassell Pirzio Biroli. Sie ist die Tochter des ehemaligen deutschen Botschafters in Rom, Ulrich von Hassell, der am 8. September 1944 in der Berliner Haftanstalt Plötzensee hingerichtet worden ist. Wie ihren Mithäftlingen steht auch ihr noch eine monatelange Odyssee durch ganz Deutschland bevor, die erst in Südtirol endet.

Anfang einer Odyssee: Der Leidensweg der Sippenhäftlinge nach Buchenwald

Für Fey von Hassell beginnt die Reise ins Ungewisse am 22. Oktober 1944 im Innsbrucker Gefängnis. Es ist ausgerechnet ihr Geburtstag, an dem sie 26 Jahre alt wird. „Da öffnete sich morgens die Zellentür", erinnert sie sich,[1] „und die Wache sagte: 'Du bist frei.' Es schien das schönste Geburtstagsgeschenk meines Lebens – und sollte dann tatsächlich einer der grauenhaftesten Tage meiner Gefangenschaft werden. Ich sammelte meine Sachen zusammen, verabschiedete mich von meinen Zellengefährtinnen, die natürlich neidisch waren, und ging zum Gefängnisausgang hinunter.

Unten erwartete mich ein Gestapo-Mann in Zivil, der sich mit den Worten an mich wandte: 'Wir werden eine kleine Reise machen!' Ich fragte sofort, wohin es gehen solle, denn nun machte mich das alles unsicher. 'Ich weiß nur, daß ich Sie nach Schlesien bringen soll.'"

Die Auskunft trifft Fey von Hassell wie ein Keulenschlag. Für sie bedeutet das, daß sie ihre beiden Kinder, die ihr bei der Verhaftung genommen worden sind, zurücklassen muß. „Der Gedanke, nichts von den Kindern zu wissen", berichtet sie später, „trieb mich an die Grenze des Wahnsinns." Aber es ist nicht zu ändern. Allein muß sie dem Gestapo-Mann, dem sich eine Frau als Bewacherin anschließt, zum Innsbrucker Bahnhof folgen. Vor ihr liegt eine weite Reise, deren Ziel sie nicht kennt. „Unter ständigen Luftangriffen", erinnert sie sich,[2] „reisten wir drei Tage lang bis Reinerz (...). Meine Wachen hatten mir aus unerfindlichen Gründen diesen Bestimmungsort verschwiegen."

Der Empfang, der Fey von Hassell auf dem Bahnhof von Bad Reinerz bereitet wird, ist für einen Häftling ungewöhnlich. Ein SS-Obersturmführer begrüßt die junge Frau mit übertriebener Höflichkeit. „Sogar einen Handkuß gab er mir", bemerkt sie noch nach Jahren angewidert.[3] „Diese Geste von solch einem Mann! Unerträglich! Zu meiner größten Verwunderung fuhr er mich mit einem kleinen Privatauto zu einem hübschen, im Wald gelegenen Hotel namens Hindenburg-Baude.

Kaum angekommen, stellte mich der Offizier einem Bruder und einer Schwester Stauffenberg vor. Als ich diesen Namen hörte, war mir sofort klar, daß ich mit ihnen bis zum Kriegsende in Gefangenschaft bleiben würde. Später trafen noch andere Häftlinge ein. Bald bestand die Gruppe aus acht Stauffenbergs, sechs Goerdelers, drei Hofakkers, dem Ehepaar Kuhn und Fräulein Gisevius. Aus meiner Familie war ich die einzige. Es waren also ausschließlich Familienmitglieder der Verschwörer des 20. Juli, durchwegs sympathische Menschen."

Nach Fey von Hassell trifft am 23. Oktober auch Marie-Gabriele Schenk Gräfin von Stauffenberg, die in der Familie „Gagi" genannt wird, mit ihrem Bruder Otto Philipp in Bad Reinerz ein. Sie ist, wie berichtet, die Tochter von Clemens und Elisabeth von

Aufbruch zur Reise ins Ungewisse am Geburtstag: Fey von Hassell Pirzio Biroli.

Stauffenberg. In ihren heimlichen Aufzeichnungen, die sie zum größten Teil in Stenographie macht und die sie in ihrer Wäsche versteckt, wo sie vor der Kontrolle der Bewacher sicher sind, vermerkt sie an diesem Montag: „Nachmittags 17 Uhr 30 Ankunft in Bad Reinerz. Es ist trüb und kühl. Ein kleiner Bus erwartet uns und unser Gepäck.

Wir fahren durch Bad Reinerz in der Dämmerung in eine schöne Landschaft hinein. Berge – Wald, es geht eine schmale Straße aufwärts. Halt vor einem Gebäude. Am Waldrand liegend 'Hindenburg-Baude'. Wir steigen aus.

Im Haus werden wir von einer Dame begrüßt, die sich als Leiterin des kleinen Hotels vorstellt. Sehr freundlich und nett. Sie führt uns in die Zimmer. Es sind Doppelzimmer mit weiß überzogenen Betten, fließend warmes und kaltes Wasser. Peitsche und Zuckerbrot. Sie meinte, es sei ihr gesagt worden, wir sollten uns erholen, es sei an uns einiges gutzumachen.

Das Erstaunen wird noch größer, als wir den Essenraum betreten. Weiß gedeckter Tisch – Kellner, die das Essen servieren."[4]

An einem Tisch bemerkt Marie-Gabriele von Stauffenberg die Angehörigen des verhafteten Carl Goerdeler: seinen Bruder Gustav und seine Ehefrau Anneliese mit den Töchtern Benigna und Marianne sowie die Schwiegertochter Irma, die mit dem untergetauchten Sohn Ulrich verheiratet ist, und Benignas Cousine Jutta. „Hinten an einem runden größeren Tisch", beobachtet die Chronistin,[5] „sitzen verschiedene Herren, darunter auch unsere Wachmannschaft. Es ist ein unangenehmes Gefühl, da man merkt, wie man von ihnen beobachtet wird."

Die Sippenhäftlinge haben aber auch in der „Hindenburg-Baude" von Anfang an Einschränkungen hinzunehmen. Zwar dürfen sie im Umkreis des Hotels Spaziergänge machen, doch Gespräche mit den Angestellten sind ihnen untersagt. „Die SS", erinnert sich Fey von Hassell,[6] „erlaubte uns, täglich ohne Bewachung einen Spaziergang durch den Wald zu machen; nach einer Stunde mußten wir uns bei ihr zurückmelden. Die Möglichkeit zu fliehen bestand für uns ohnehin nicht: Wir hatten keine Papiere und keine Verbindung zur Bevölkerung, vor allem aber auch keine Ahnung, wo wir eigentlich waren."

Zeichnung des Sippenhäftlings Markwart jr. Schenk Graf von Stauffenberg: Das Hotel „Hindenburg-Baude".

Ein Bild aus besseren Tagen: Carl Goerdeler (links) und dessen Bruder Fritz mit ihren Familien um 1936.

In den folgenden Tagen treffen weitere Häftlinge im Hotel ein. Am 25. Oktober vermerkt Marie-Gabriele von Stauffenberg in ihren Notizen: „Ankunft Onkel Moppel Stauffenberg, Alex Stauffenberg, beide in Uniform, Mika Stauffenberg, Tante Anni Lerchenfeld (Schwiegermutter von Claus), Eltern Kuhn, Frl. Gisevius. Sie waren in der Lehrter Straße (in) Berlin[7] inhaftiert gewesen." Die Eheleute Kuhn sind die Eltern ihres ehemaligen Verlobten, der, wie berichtet, zur Roten Armee geflohen ist. „Für mich ist das Wiedersehen mit den Eltern Kuhn erschütternd, aber ohne jede Schärfe." Sie schließt ihre Aufzeichnung an diesem Mittwoch mit dem Hinweis: „Mika kommt zu mir ins Zimmer."

Mit „Mika" ist Maria, die Frau des Oberstabsrichters der Reserve Dr. Berthold Schenk Graf von Stauffenberg, Intendanturrat in der Völkerrechtsabteilung des Oberkommandos der Marine (OKM), gemeint, der am 10. August 1944 vom „Volksgerichtshof" zum Tode verurteilt und noch am selben Tag grausam erhängt worden ist.[8] Und „Onkel Moppel" heißt in der Familie Markwart senior Schenk Graf von Stauffenberg, Oberst und Gutsbesitzer, der ohne Frau und Kinder nach Niederschlesien verschleppt worden ist. Die Lehrerin Annelise Gisevius ist als Geisel für ihren Bruder Hans-Bernd, der nach dem 20. Juli in die Schweiz geflüchtet ist, in Sippenhaft genommen worden.[9]

Festnahme in Athen

Am 26. Oktober sieht Marie-Gabriele von Stauffenberg ihre Eltern nach langer Trennung in der „Hindenburg-Baude" wieder: Clemens und Elisabeth von Stauffenberg. Mit ihnen kommt auch der Bruder Markwart, der aus dem Konzentrationslager Dachau nach Niederschlesien überstellt worden ist. Aufatmend schreibt die Schwester: „Abends Ankunft der Eltern und Markwarts aus München. Glücklich wieder alle zusammen. Markwart hat einen abrasierten Kopf. Er war Häftling im KZ Dachau gewesen."[10]

Vor seiner Festnahme hielt sich Clemens von Stauffenberg mit seiner Frau zur Kur im „Sanatorium Stillachhaus" in Oberstdorf auf, wo beide am 11. August 1944 verhaftet wurden.[11] Aus der Krankenabteilung des Strafgefängnisses München-Stadelheim schrieb er am

8. Oktober 1944 seiner Tochter Marie-Gabriele: „Mein liebes Mäuslein! Dein erster Brief hat uns nun erreicht und so gefreut, daß Ihr Kinder alle all dies Schwere so tapfer u. ruhig ertragt. Dies Bewusstsein erleichtert für Mami u. mich auch alles recht."

Sorgen aber bereitet dem Vater, selbst an Herzbeschwerden leidend, der Gesundheitszustand seiner Frau, die das ganze schreckliche Geschehen, das nach dem 20. Juli 1944 über die Familie gekommen ist, zusätzlich belastet. „Nach der halbjährigen Krankheit u. der nur kurzen Erholung in Oberstdorf", berichtet er, „ist es viel für sie u. finde ich sie nicht gut aussehen(d), sie friert auch immer. Mir geht es befriedigend, doch fürchte ich, daß dies eine Selbsttäuschung ist, da ich ja so gut wie gar keine Bewegung mache, das Herz also gar nicht beansprucht wird. Das war ja in Oberstdorf das Erfreuliche, daß trotz Bewegung u. Steigen eine Besserung war, die freilich erst die Lungenentzündung u. jetzt die 8 Wochen Haft wieder illusorisch gemacht haben."[12]

Nach der Ankunft der Eheleute in der „Hindenburg-Baude" pflegt Marie-Gabriele ihre Eltern, denen die weite Reise von München nach Bad Reinerz nicht erspart geblieben ist, hingebungsvoll. Diese aufopfernde Haltung findet die Bewunderung der Mitgefangenen Fey von Hassell. „Die 30jährige Tochter Gagi arbeitete unermüdlich von früh bis spät für ihre Familie", berichtet sie.[13] „Sie bereitete den Tee und die Medikamente für den kranken Vater, besserte die Wäsche ihrer Brüder aus, kochte für den Vater die Diätkost extra. Sie war immer in Bewegung, tröstete alle mit einer bewundernswerten Geduld und stellte sich selbst ganz zurück. Sie kümmerte sich auch sehr um das Wohlergehen der Kuhns, deren Sorge um den verschollenen Sohn sie teilte, denn er war ihr Bräutigam.
Markwart, Gagis sehr intelligenter 24jähriger Bruder, hatte schon in Dachau die gestreifte Häftlingskleidung getragen. Durch seine geschorenen Haare wirkte er völlig entstellt, und es dauerte lange, bis dieses entwürdigende Merkmal verschwunden war. Mit dem zweiten Bruder, Otto Philipp, der mit seinen 18 Jahren der jüngste war, verstand ich mich besonders gut. Er war sehr rücksichtsvoll, sanft, ein empfindsamer Träumer und Idealist."

Viel Sympathie empfindet Fey von Hassell auch für Dr. Alexander Schenk Graf von Stauffenberg, kurz „Alex" genannt. Der Althistoriker, der am 26. Juli 1944 in Athen festgenommen und in einer viertägigen Tag- und Nachtfahrt nach Berlin gebracht wurde,[14] ist der Bruder des Attentäters. „Alex", berichtet Fey von Hassell,[15] „war ungefähr 40 Jahre, hochgewachsen, mit markantem Profil und grauen Schläfen. Er trug immer noch die Uniform eines Reserveoffiziers. Man hatte ihn in Griechenland, wo er sich mit seinem Regiment befand,[16] verhaftet. Eigentlich war er Professor für Alte Geschichte an der Universität München (richtig: Würzburg, Anm. d. Verf.). Er war so groß, daß er sich jeden Tag, wenn er ins Eßzimmer kam, bücken mußte, um nicht an den Türrahmen anzustoßen. Er war charmant und warmherzig, zweifelsohne ein Mann, der auffiel, dabei aber weniger stark, als er auf den ersten Blick wirkte."

Alexander von Stauffenberg leidet sehr darunter, daß er von seiner Frau Melitta, in der Familie liebevoll „Litta" genannt, getrennt worden ist. Sie hat, fern von ihm, ihrem – für eine Frau ungewöhnlichen – Beruf nachzugehen: Die Gräfin, eine geborene Schiller, ist eine ebenso hervorragende wie unerschrockene Fliegerin.[17] Als Ingenieurflugzeugführerin wurde sie nach Beginn des Zweiten Weltkriegs für Forschungsaufgaben in der Luftwaffe dienstverpflichtet. Zunächst war sie für die Luftwaffenerprobungsstelle Rechlin und dann für die Technische Akademie der Luftwaffe (TAL) in Berlin-Gatow tätig.

Über ihre risikoreiche Arbeit berichtet Max Escher, der die Diplom-Ingenieurin gut gekannt hat: „In den Luftwaffen-Erprobungswerkstätten ('Technische Akademie der Luftwaffe') fand die Vielseitige die Möglichkeit, ihr fliegerisches Können mit den Fähigkeiten des Ingenieurs zu verbinden, indem sie sich der Hauptaufgabe der Weiterentwicklung der Zielgeräte für Stukas widmete. Zur Kontrolle der Verbesserungen aber war es notwendig, daß sie die Geräte selbst praktisch erprobte; so führte sie über 2000 Zielflüge mit Zementbomben durch. Da beim Abfangen des Flugzeugs aus dem steilen Sturz in die Horizontale der menschliche Körper enormen Druck verkraften muß, zog sie sich Schäden im Blutkreislauf zu. Eine große Zahl ihrer Verbesserungen wurden patentiert. Später schulte sie auf dem Flugfeld Gatow bei Berlin Nachtjäger an einem Gerät, mit dem Bruchlandungen vermieden werden sollten. Für ihren jahrelangen lebensgefährlichen Einsatz erhielt sie höchste Auszeichnungen."[18]

Schon am 28. Oktober 1937 hat Melitta von Stauffenberg vom Reichsminister der Luftfahrt, Hermann Göring, die Berechtigung bekommen, die Dienstbezeichnung 'Flugkapitän' zu führen.[19] Sie ist damit nach Hanna Reitsch die zweite Frau in Deutschland, der dieser Rang verliehen worden ist. Im Zweiten Weltkrieg wird sie noch mit dem Eisernen Kreuz II. Klasse und mit dem Flugzeugführerabzeichen in Gold mit Brillanten und Rubinen ausgezeichnet.

Die Pilotin, die das NS-System ablehnt, für das sie Leben und Gesundheit riskieren muß, ist auch bereit, ihren Schwager Claus von Stauffenberg bei seinem Umsturzversuch zu helfen. Doch für den Flug zum Führerhauptquartier nach Ostpreußen, den beide zunächst in Betracht ziehen, steht ihr nur ein langsames Kabinenflugzeug vom Typ „Fieseler Storch (Fi 156)" zur Verfügung.[20] So kommen sie wieder von diesem Plan ab.

Nach dem gescheiterten Attentat auf Hitler wird Melitta von Stauffenberg am 25. Juli in Sippenhaft genommen, aber am 2. September 1944 wieder, wie berichtet, auf freien Fuß gesetzt. Die Bescheinigung, die ihr am 7. September 1944 vom Reichssicherheitshauptamt ausgestellt wird, hat folgenden Wortlaut: „Flugkapitän Dipl.-Ing. Melitta Schenk Gräfin v. Stauffenberg ist auf Weisung des Reichsführers-SS aus der Ehrenhaft entlassen worden und wieder als Vorstand der Versuchsstelle für Flugsondergerät in Berlin-Gatow tätig.

Gräfin Schenk (sie durfte jetzt nur noch diesen Namen tragen, Anm. d. Verf.) fährt heute mit Schlafwagenzug über Augsburg – Ulm nach Lautlingen, um dort ihr gehörendes notwendiges Gepäck abzuholen und über ihr Eigentum zu verfügen.

Ich bitte, ihr keinerlei Schwierigkeiten zu bereiten. Ausserdem bestehen keine Bedenken, dass sie mit örtlich in Sippenhaft oder noch in Lautlingen befindlichen Verwandten in Verbindung tritt."[21]

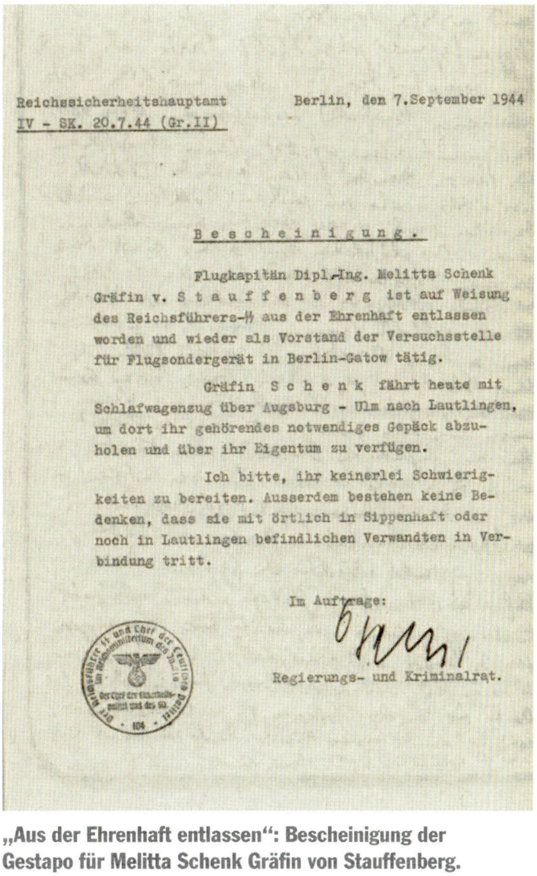

Reichssicherheitshauptamt — Berlin, den 7.September 1944
IV - SK. 20.7.44 (Gr.II)

B e s c h e i n i g u n g .

Flugkapitän Dipl.-Ing. Melitta Schenk Gräfin v. S t a u f f e n b e r g ist auf Weisung des Reichsführers-SS aus der Ehrenhaft entlassen worden und wieder als Vorstand der Versuchsstelle für Flugsondergerät in Berlin-Gatow tätig.

Gräfin S c h e n k fährt heute mit Schlafwagenzug über Augsburg - Ulm nach Lautlingen, um dort ihr gehörendes notwendiges Gepäck abzuholen und über ihr Eigentum zu verfügen.

Ich bitte, ihr keinerlei Schwierigkeiten zu bereiten. Ausserdem bestehen keine Bedenken, dass sie mit örtlich in Sippenhaft oder noch in Lautlingen befindlichen Verwandten in Verbindung tritt.

Im Auftrage:

Regierungs- und Kriminalrat.

„Aus der Ehrenhaft entlassen": Bescheinigung der Gestapo für Melitta Schenk Gräfin von Stauffenberg.

Eine genaue Chronistin ihres Leidensweges: Marie-Gabriele Schenk Gräfin von Stauffenberg.

Melitta von Stauffenberg kümmert sich nun in aufopfernder Weise um ihren Mann Alexander und um die übrigen Sippenhäftlinge. Bei jeder Gelegenheit, die sich ihr bietet, besucht sie die Internierten mit dem Flugzeug und macht ihnen damit Mut. Sie stattet auch den verschleppten Kindern der Sippenhäftlinge in Bad Sachsa einen Besuch ab, wie sich Berthold von Stauffenberg erinnert.[22]

Die Erlaubnis für diese Besuche hat sie sich im Reichssicherheitshauptamt erkämpft. „Sie", erinnert sich ihre Schwägerin Nina von Stauffenberg,[23] „fand Förderung durch einen Gestapobeamten, Opitz, mit dessen Hilfe sie es durchsetzte, die anderen Gefangenen zu besuchen. So auch mich zweimal im Alexanderplatz (Berliner Polizeipräsidium, Anm. d. Verf.). Das erste Mal im Zimmer des Direktors, wo sie bei einer Umarmung mir bestätigen konnte, daß Claus und Berthold tot seien. Beim zweitenmal sagte sie mir, daß die Kinder weggebracht (seien) und meine Mutter verhaftet sei und meine Basis in Bamberg zerstört sei.

Ihr wurde die Betreuung der gefangenen Familienmitglieder übertragen. Sie hatte darauf bestanden, daß sie die Belastung durch ihre kriegswichtigen Aufgaben nur durchstehen könne, wenn sie einmal im Monat ihren Mann sehen und sprechen könnte. Sie hat dies auch durchgezogen und reiste bis nach Ostpreußen. Sie war die einzige Bezugsperson, die man mir gestattete. Sie hat mir Obst- und Gemüsepakete von Verwandten vermittelt, eine Kleidersendung ermöglicht, da ich ja im Juli mit Gepäck für zwei Wochen (nach Lautlingen, Anm. d. Verf.) gestartet war. Inzwischen wuchs in mir mein fünftes Kind und sprengte die eingepackten Kleider. Litta dachte an alles. Sie fand einen Gestapobeamten, der einen Schwangerschaftsgürtel auftrieb, sie schickte mir Lebertran, Stenographiebücher und -hefte, um die ich sie gebeten hatte. Und sie hielt immer Kontakt mit Alex."

Oberleutnant Hubertus von Papen-Koeningen, ein Fliegerkamerad der Gräfin, berichtet, mit welcher Hingabe sich Melitta von Stauffenberg ihrer neuen Aufgabe widmete, die ihr nun mehr bedeutete als die gesamte Fliegerei. „Das ganze Streben der Gräfin Stauffenberg", erinnert er sich,[24] „war zu dieser Zeit darauf ausgerichtet, den inhaftierten Mitgliedern der Familie zu helfen. Die Fliegerei stand vollkommen im Hintergrund, auch ihre technischen Entwicklungen. Man mußte eben Zeit gewinnen, um das Ende des Krieges zu erreichen."

Eintöniges Leben im Hotel

Am 3. November 1944 erhöht sich die Zahl der Sippenhäftlinge in der „Hindenburg-Baude" um weitere drei Personen. Heimlich registriert Marie-Gabriele von Stauffenberg in ihren Notizen: „Ankunft Lotte Hofacker mit Kindern Ännele und Eberhard Hofacker. Ihr Mann Cäsar Hofacker ein Vetter von Claus."[25] Die Chronistin beschreibt an diesem Tag auch das eintönige Leben der Internierten im Hotel: „Die Tage vergehen – Spaziergänge, Versuch jeder Art von Beschäftigung. Alex hält uns Vorträge. Einmal waren wir unten im Dorf, kurz in der Kirche, aber nicht weiter. Ein Antrag zum Besuch des Gottesdienstes, Beichten, Kommunizieren, wird abgelehnt.

Zwei Tage hintereinander kommen Frauen und Kinder mit kurzem Aufenthalt bei uns durch. Die Möglichkeit einer Unterhaltung ist nicht gegeben. Es sind Angehörige von Männern der Seydlitzarmee, sie werden auf einer Nebenbaude (gemeint ist die 'Schierbach-Baude', Anm. d. Verf.) untergebracht."

Hektischer Aufbruch

Doch die Zeit der Ruhe im Hotel hat bald ein Ende. Am Abend des 29. November – es ist Waschtag – macht die Ankunft mehrerer Beamter des Reichssicherheitshauptamtes Marie-Gabriele von Stauffenberg stutzig. „Es scheint etwas in der Luft zu liegen", schreibt sie. Und damit behält sie recht: Am nächsten Tag beginnt die Odyssee der Sippenhäftlinge durch Deutschland. Marie-Gabriele hält die Aufregung, die an diesem Donnerstag das Hotel erfüllt, in ihren Aufzeichnungen fest: „In der Früh statt des üblichen Weckens laute Stimmen auf dem Gang und ein hartes Schlagen an die Türen – Aufstehen – fertigmachen zum Abtransport. Protest, daß mit Kranken und alten Leuten so nicht verfahren werden könnte, ohne Erfolg.

Vor dem Haus stehen Lastwagen mit Planen, SS-Soldaten mit Maschinengewehren. Was soll dieser plötzliche Umschwung bedeuten? Wir fahren an den Bahnhof Bad Reinerz. Zu Fuß geht es mit dem Gepäck über die Geleise zu einem leeren Zug. Wir müssen einsteigen und uns setzen. Versuche, aufzustehen oder sich umzusetzen, werden von der Wachmannschaft barsch unterbunden. Auch die Benutzung der Toilette ist ohne Genehmigung nicht möglich. Es wird uns nicht gesagt, wohin wir fahren. Verpflegung Brote."[26]

Der hektische Aufbruch in der „Hindenburg-Baude" am 30. November 1944 bleibt auch Fey von Hassell unvergeßlich. „Um sieben Uhr sollten wir fertig sein", erinnert sie sich.[27] „Der Ausdruck 'Transport' machte uns sehr mißtrauisch. Natürlich sagte man uns weder, warum wir fort müßten, noch, wohin die Reise gehen würde. Die meisten von uns Frauen gerieten in große Aufregung.

Glücklicherweise konnte ich all meine Sachen in einem einziger Koffer unterbringen, denn der andere fiel vor Altersschwäche schon auseinander. Der übriggebliebene Koffer war dermaßen vollgestopft, daß ich ihn nur mit der Hilfe von Otto Philipp (von Stauffenberg, Anm. d. Verf.) schließen konnte, eine Hilfe, die ich bis zum Ende unserer Odyssee noch oft in Anspruch nehmen mußte. Wie bei den Gefangenentransporten üblich, ließ man uns dann doch lange warten. Zu guter Letzt kamen zwei Lastwagen, einer für uns, der andere für das Gepäck. Auf dem knatternden Vehikel wurden uns alle Gliedmaßen durchgerüttelt. In Reinerz mußten wir aussteigen, es erwarteten uns 21 Uniformierte, so daß auf jeden von uns ein bewaffneter Mann kam! Einfach lächerlich! Jetzt waren wir also wieder richtige Gefangene, das Leben im Hotel hatte uns das schon fast vergessen lassen. Die Hoffnung, in ein anderes Hotel verlegt zu werden, schwand zusehends, und in gleichem Maße steigerte sich unsere Furcht, in ein KZ gebracht zu werden.

Um den für uns bestimmten Waggon dritter Klasse zu erreichen, mußten wir über die Geleise gehen, zwischen zwei Reihen von Soldaten hindurch, die das Gewehr auf uns gerichtet hielten. Ich fand es mehr komisch als beängstigend. Natürlich war das Abteil für 21 Personen viel zu klein, wir mußten uns ganz eng aneinander drängen, so daß sich keiner mehr rühren konnte. Die Fenster waren vergittert und plombiert. Die Luft war bald schier zum Ersticken. Der Waggon mit dem Gepäck und der Militäreskorte war an unseren angekoppelt. In unserem Waggon wechselten sich regelmäßig zwei Wachposten ab. Es schienen einigermaßen verträgliche Leute zu sein, weil sie nicht der SS angehörten."

Die Reise geht zunächst nach Breslau, wo der Transport um 23 Uhr eintrifft. Wegen der vielen Truppentransporte ist hier kein Weiterkommen. Die Sippenhäftlinge werden deshalb für die Nacht in einem leeren Raum im Bahnhof untergebracht. „Von irgendwoher", erinnert sich Marie-Gabriele von Stauffenberg,[28] „werden Decken organisiert, wir liegen die Nacht auf dem Boden."

Als die Gefangenen am nächsten Morgen in ihren Waggon zurückgetrieben werden, kennen sie noch immer nicht das Ziel der Reise. So geht das Rätselraten am 1. Dezember 1944 weiter. Inzwischen sind die Wachmannschaften der Wehrmacht durch Begleitposten der SS ersetzt worden. Mit ihnen verschärft sich das Klima im Zug, der Ton der Bewacher wird rauher. Einer von ihnen fordert Alexander und Markwart von Stauffenberg, die noch uniformiert sind, auf, die Schulterstücke und alle anderen Abzeichen an ihren Uniformen, die sie als Offiziere ausweisen, zu entfernen. „Dies", berichtet Fey von Hassell,[29] „war für uns die Bestätigung, daß sie uns ins KZ bringen würden: Sie wollten dadurch vermeiden, daß die anderen Häftlinge bemerkten, wie viele Wehrmachtsoffiziere ins Lager kamen. 'Onkel Moppel' und Alex weigerten sich strikt, diesen Anweisungen nachzukommen. Wenn es schon sein mußte, dann sollten die SS-Leute es doch selbst tun. Das aber wagten sie doch nicht! Es folgte ein leidenschaftlicher Wortwechsel, und man schloß zu guter Letzt den Kompromiß, daß ´Onkel Moppel` und Alex statt der Uniform Zivilkleidung anzogen. Wir waren von dieser Szene und von dem herrischen Gebaren der SS, das einige von uns zum ersten Mal erlebten, erschüttert; die meisten begannen zu weinen."

Nun gibt es keinen Zwischenaufenthalt mehr. Der Zug fährt die Nacht durch, erreicht Danzig und hält am 2. Dezember schließlich an einem kleineren Bahnhof, wo die Gefangenen von SS-Posten erwartet werden. Schnell spricht sich unter den Häftlingen das Ziel, das nun vor ihnen liegt, herum: Es ist das Sonderlager „Haudegen I" im Konzentrationslager Stutthof.

Zeichnung des Sippenhäftlings Markwart jr. Schenk Graf von Stauffenberg: Das Sonderlager im KL Stutthof.

Ein geschlossener Lastwagen bringt die Internierten dorthin. Vor einer Baracke müssen sie aussteigen. Der Anblick, den ihr Umfeld bietet, ist beängstigend. „Vor uns", beschreibt Marie-Gabriele von Stauffenberg das bedrohliche Bild,[30] „liegt in einem großen, mit Stacheldraht hoch eingezäunten Hof eine große Baracke. Hinter dem Stacheldraht eine Mauer oder Bretter, die keinen Ausblick ermöglichen. Dahinter Kiefernwald. Wir scheinen am Ende des Lagers zu liegen. An den Ecken große Wachtürme, sie sind besetzt mit einem Wachmann – mit Maschinengewehr ausgerüstet."

Auch Fey von Hassell widmet der neuen Unterkunft in ihren Erinnerungen eine genaue Beschreibung: „Die geräumige Baracke war durch einen Flur unterteilt, auf den Zimmer für je 16 Personen gingen, vier Räume auf der einen und vier auf der anderen Seite des Flurs. In der Mitte des Flurs gab es einen großen Aufenthaltsraum. An jedem Ende der Baracke befanden sich zwei kleinere Kammern. Davon war eine als Kohlenlager und eine als Speisekammer gedacht, aber beide blieben stets leer. Wir teilten uns die Zimmer auf, mehr oder minder nach Familien, nach dem Geschlecht, und einige Ehepaare erhielten einen Raum für sich."[31] Eingerichtet ist die Unterkunft mit eisernen Bettgestellen und Spinden.

Den Gefangenen wird jetzt auch klar, weshalb sie zunächst in der „Hindenburg-Baude" untergebracht worden sind, bevor sie den Weg ins KL Stutthof antreten mußten: Die Baracke, die für sie neu errichtet wurde, war noch nicht fertig, als sie ins Lager eingeliefert werden sollten.[32]

Der Kommandant des Konzentrationslagers, SS-Sturmbannführer Paul-Werner Hoppe, begrüßt die Angekommenen persönlich und unterrichtet sie über das, was sie erwartet. „Wir bekommen die Lebensmittel geliefert", gibt Marie-Gabriele von Stauffenberg seine Worte wieder,[33] „und müssen uns selbst bekochen, außerdem auch die Zimmer sauber halten. Unsere Wäsche waschen. Es würde uns alles zur Verfügung gestellt, was wir benötigen würden. Wir bekämen auch die Zeitung und ein Radio. Für die Öfen müßte auch Holz klein gemacht werden. Wir könnten uns im Hof bewegen, aber nach Dunkelheit sei das Verlassen der Baracke verboten. Die Wachleute hätten da den Befehl zum Scharfschießen. Die Baracke neben uns sei auch belegt, aber ein Sprechen miteinander verboten.

Tragen Betten um – auspacken. Holz und Kohlen werden für jedes Zimmer eingeteilt. Zwei Sturmbannführer sind für uns zuständig. Sie kommen mehrmals am Tag vorbei.

Dr. Goerdeler (er ist Arzt, Anm. d. Verf.) bekommt für Papi alle Spritzen und Medizinen, die er für die Herzbehandlung braucht. Das Befinden ist immer wechselnd und eine große Sorge. Nachts sind die Baracke und der Hof mit Scheinwerfern ausgeleuchtet."

Sonderhäftlinge aus Ungarn

Schnell finden die Sippenhäftlinge, die sich nicht laut beim Nachnamen nennen dürfen, heraus, daß die Gefangenen in der benachbarten Baracke, mit denen jeder Kontakt untersagt ist, Ungarn sind. Die Worte, die in einer fremden Sprache an ihr Ohr drangen, machten sie hellhörig, wie Marie-Gabriele von Stauffenberg gleich nach der Ankunft im KL Stutthof am 3. Dezember 1944 in ihren Aufzeichnungen festhält: „Auf unserem Spaziergang hören wir auf der anderen Seite der von uns durch eine Holzwand abgetrennten Baracke Stimmen. Es klingt wie Ungarisch."[34]

Mit dieser Vermutung behält sie recht. In der Tat befinden sich auch Sonderhäftlinge aus Ungarn im Lager. Die SS ist jedoch bemüht, die Nationalität der Gefangenen damit zu verschleiern, daß sie die Internierten Fremden gegenüber als „Skandinavier" ausgibt.[35] Weder die

Sippenhäftlinge noch die Ungarn ahnen zu dieser Zeit, daß ihnen noch das gleiche Schicksal bevorsteht. Zusammen werden sie bald zu einer Irrfahrt aufbrechen, die erst in Südtirol endet.

Die Ungarn sind Peter Baron Schell, königlich ungarischer Minister des Innern; Géza von Igmándy-Hegyessy, königlich ungarischer Generalleutnant a. D.; Andreas von Hlatky, königlich ungarischer Staatssekretär im Ministerpräsidium; Julius Király, Oberst der königlich ungarischen Gendarmerie; Aleksander von Ginzery, königlich ungarischer Oberst der Artillerie; Josef Hatz, königlich ungarischer Major; Samuel Hatz, Schulleiter in Ruhe, und Dr. Desiderius von Ónody, der als Sekretär im Dienst von Nikolaus von Horthy jr., dem Sohn des ungarischen Reichsverwesers gestanden hat. Später stößt auch dieser zusammen mit dem ehemaligen ungarischen Ministerpräsidenten und Außenminister Miklós von Kállay im KL Dachau zur Geiselgruppe der Ungarn.

Horthy war vorher unter dem Decknamen „Maus" zusammen mit Kállay und mit Mario Badoglio,[36] dem Sohn des italienischen Ministerpräsidenten Pietro Badoglio nach dem Sturz Mussolinis (Deckname: „Brausepulver"), im KL Mauthausen interniert.[37] Am 15. April 1945 werden alle drei aus dem Zellengebäude des KL Mauthausen mit einem Auto abtransportiert – „zu den Amerikanern", wie es heißt. Ihre nächste Station aber ist das Konzentrationslager Dachau, wo sie mit den anderen Sonderhäftlingen zusammentreffen, denen ebenfalls der Abtransport in die Festung Alpen bevorsteht.[38]

Schuschniggs Aufmerksamkeit entgehen diese prominenten Häftlinge nicht, als er auch mit Frau und Tochter im KL Dachau eintrifft. Am 18. April 1945 trägt er in sein Tagebuch ein: „Trotz des Verbotes ermöglicht sich ab und zu eine flüchtige Begegnung mit unseren Nachbarn vom anschließenden Zellentrakt: Pastor Niemöller ist darunter, ferner dem Vernehmen nach ein französischer Bischof (gemeint ist Gabriel Piguet, Anm. d. Verf.), der frühere ungarische Ministerpräsident Kállay, mehrere andere ungarische und polnische Herren, der Sohn des ungarischen Reichsverwesers von Horthy, der Sohn des italienischen Marschalls Badoglio (...)."[39]

Reise in Hitlers Sonderzug

Der Reichsverweser des Königreichs Ungarn, Admiral Nikolaus von Horthy, aber bleibt von seinen Landsleuten im KL Dachau getrennt.[40] Seit dem Oktober 1944 befindet er sich mit seiner Frau in Internierung auf Schloß Hirschberg bei Weilheim, wohin der SS-Sturmbannführer der Reserve Otto Skorzeny die beiden nach Horthys Entmachtung gebracht hat. Dies geschah auf Befehl Hitlers. Als „Gast des Führers" mußte Horthy in Begleitung einer Kompanie des SS-Jagdverbandes Mitte Budapest verlassen und die Reise in Hitlers Sonderzug nach Oberbayern antreten.[41] Der Reichsverweser war davon überzeugt, auf der Fahrt nach Deutschland seinen Sohn, der am 15. Oktober vom SD in der ungarischen Hauptstadt entführt und zusammen mit seinem Freund Félix Bornemissza im Flugzeug nach Mauthausen gebracht worden war,[42] wiederzusehen. Aber er wurde getäuscht.

„In Wien – es war mittlerweile Nacht geworden –", erinnert sich Skorzeny,[43] „wurde ich zum Reichsverweser gerufen. Er erklärte mir, daß gemäß dem Versprechen vom Auswärtigen Amt hier sein Sohn Niklas zusteigen würde. Er bestehe nun auf Erfüllung dieses Versprechens. Ich konnte ihm nur wahrheitsgemäß versichern, daß ich darüber nichts wüßte und auch nichts gehört hätte. Mit Recht grollend, zog sich der Admiral zurück. Es war auch kaum mit den alten diplomatischen Gepflogenheiten vereinbar, so leichtsinnig eine Zusage zu geben, die man dann nicht halten konnte. Bei Weilheim wurde der Zug ausgeladen und Admiral Horthy mit Familie – samt seinem umfangreichen Gepäck, das einen Lastwagen füllte – in dem wunderschönen und ideal gelegenen Schloß Hirschberg untergebracht."

Es war der 18. Oktober 1944, als Horthy dort eintraf. Wie er selbst berichtet, war zu seiner „Bewachung eine Hundertschaft der Waffen-SS kommandiert, die in dem mit Stacheldraht umzäunten Garten patrouillierte; außerdem waren im Schloß selbst zwölf Mann Gestapo mit drei Polizeihunden untergebracht".[44] Mehr noch als das eigene Schicksal belasten den Admiral und seine Frau die Sorge um den verschollenen Sohn, der bei seiner Entführung so schweren Schaden genommen hat, daß er gezeichnet bleibt. Darüber berichtet sein dänischer Mithäftling Jörgen Lönborg Friis Mogensen, der mit ihm in Niederdorf befreit wird: „Horthy hatte, als er von der Gestapo (sic!) verhaftet worden war, mehrere Knüppelschläge auf den Kopf bekommen, was eine alte Sehstörung verschlimmerte, so daß er jetzt vierfach sah. Nur mit gesenktem Kopf, wie wenn man über die Brillengläser hinwegsieht, konnte er einigermaßen normal sehen. Das war sehr ermüdend, weshalb wir die Läden schlossen, so daß er seine Augen in völliger Dunkelheit schonen konnte."[45]

Doch bis es zum Zusammentreffen mit Horthys Sohn und mit den anderen Sonderhäftlingen im KL Dachau kommt, vergehen für die Sippenhäftlinge, die im Konzentrationslager Stutthof die erste Station ihrer Odyssee durch Deutschland erreicht haben, noch Monate. Mit ihnen ist im Lager neben der kleinen Gruppe der ungarischen Sonderhäftlinge noch eine dritte Gruppe in Haft, die ebenfalls aus Sippenhäftlingen besteht. Sie umfaßt Kinder von Angehörigen, die der Seydlitz-Gruppe zugerechnet werden.[46]

Bereits im KL Stutthof läßt die gesundheitliche Widerstandskraft der Sippenhäftlinge vom 20. Juli nach, und schwere Krankheiten breiten sich rasch unter ihnen aus. Die erste, die erkrankt, ist Marie-Gabriele von Stauffenberg. Am 16. Dezember 1944 vermerkt sie in ihren Aufzeichnungen: „Ich liege mit einer Angina und hohem Fieber."[47] Aber die Angina entpuppt sich später als Scharlach, und die Kranke fühlt sich „ziemlich elend" in den nächsten Tagen. Sie wird wegen der Ansteckungsgefahr in der Baracke von den übrigen getrennt und bleibt auch am Heiligen Abend allein. Erstaunt registriert sie, daß die Lagerleitung dem Weihnachtsfest Rechnung trägt: „Bekommen sogar einen Christbaum. Er wird in den Aufenthaltsraum gestellt."

Die 15 Jahre alte Anna-Luise von Hofakker, die das Leben in der Gefangenschaft bedrückt und die vor allem Sehnsucht nach ihrem Vater hat, schreibt ein erschütterndes Gedicht, das die Ängste ausdrückt, die sie beherrschen. Die sieben Verse, die sie mit der Zeile „Weihnachten 1944 im KZ Stutthof" überschrieben hat, sind hier erstmals veröffentlicht:[48]

„In dichten Flocken fällt leise der Schnee,
Und langsam wird alles weiß;
Es frieren der Wald, das Feld und der See
Wird zu glattem Eis.

Gemeinsam in Sippenhaft: Ilse Lotte von Hofacker (Mitte) mit ihren Kindern Eberhard und Anna-Luise am 2. April 1944.

Ach, draußen ist alles so friedlich und still,
In den Tannen, die dick und schwer,
Flüstert´s für jeden, der´s hören will:
´Es weihnachtet sehr!`

Doch über dem Frieden und über der Ruh´
Herrscht tiefes Leid und Schmerz:
Der Schnee deckt so manches Grab leise zu;
Und einsam ist jedes Herz.

Wir sind gefangen zur Weihnachtszeit,
Die so traurig und trüb' dieses Jahr;
Wir haben zu tragen das tiefste Leid,
Und wissen nicht, wie es geschah.

Wo leben die Kleinen, wo finden wir sie?
Und wo duldet Vater das Leid?
Leben sie noch, oder sterben die,
Die wir lieben in ewige Zeit?

Ach, könnte man doch EINMAL
draußen sein,
In der ernsten und stillen Natur!
Sich einmal vom Leben hier drinnen
befrei'n –
Und wär's für ein Stündchen nur!

Wir leben hier drinnen schon lange Frist,
Wir leben und dulden die Schmach;
Und wir suchen, wo endlich ein Ende ist;
Und wir sehnen uns sehr danach."

Das Mädchen sieht den geliebten Vater nicht wieder. Am 13. Januar 1945 hält Marie-Gabriele von Stauffenberg in ihren Notizen fest: „Für Lotte Hofacker nachmittags die erschütternde Nachricht, daß ihr Mann am 20. Dezember 1944 hingerichtet worden ist."[49]

Mit den zunehmenden Krankheiten geraten die Sippenhäftlinge mehr und mehr in Lebensgefahr. Ruhr, Scharlach und Typhus bedrohen sie. Bereits am 6. Januar 1945 hat Marie-Gabriele von Stauffenberg notiert: „Es sind nur noch Mami und Onkel Moppel gesund. Sie machen zusammen die große Wäsche. Verpflegung vom Lager."[50]

Über die ernste Lage, in der sich die Sippenhäftlinge nun im KL Stutthof befinden, berichtet Fey von Hassell später im Rückblick auf diese düstere Zeit: „Unser Gesundheitszustand verschlechterte sich zusehends. Fast alle erkrankten an Ruhr, so auch ich, und wir mußten wochenlang im Bett bleiben. Als der Kommandant erfuhr, daß so viele von uns erkrankt waren, bekam er es offenbar mit der Angst zu tun. Und so erfuhren wir ein neues, merkwürdiges Detail.

Durch einen Gefangenen, der uns das Holz brachte, erfuhren wir, was über uns im Lager gesagt wurde – in einem Lager verbreiten sich Nachrichten wie vom Wind vorwärtsgetriebenes Feuer: Himmler hatte genaue Anweisungen gegeben, daß keiner von uns sterben sollte. Wir waren Geiseln, und Geiseln sind nur lebendig von Nutzen. Der Kommandant erkundigte sich bei Dr. Goerdeler, welche Medikamente wir bräuchten. Die Medikamente wurden besorgt, und sogar unser Blut wurde untersucht. So stellte sich heraus, daß Gagis Angina in Wirklichkeit Scharlach war."[51]

Dann kommt es noch schlimmer. Mika Stauffenberg, Jutta Goerdeler und Fey von Hassell erkranken an Typhus und geraten damit in eine lebensbedrohliche Situation. „Die Typhuskranken, Mika, Jutta und ich", erinnert sich Fey von Hassell,[52] „kämpften mit dem Tod. Das Fieber stieg bis 41 Grad, unsere Schläfen klopften unerträglich. Diese bedrohliche, gespenstische Atmosphäre werde ich nie vergessen. Jeden Tag heulten die Sirenen wegen neuer Luftangriffe, und wir blieben ohnmächtig in unseren Betten, da uns verboten worden war, in den Luftschutzraum zu gehen; in unserem Zustand wäre das sowieso unmöglich gewesen. Nachts hörten wir das Bellen der Hunde, es war ein Alptraum. Wenn sie bellten, bedeutete es, daß Häftlinge einen Fluchtversuch gemacht hatten. Die Hunde kläfften gräßlich bei der Verfolgung dieser Ärmsten aller Armen, dann wurden sie eingeholt und von den Tieren gepackt, und man hörte nur noch die durchdringenden, entsetzten Schreie der Häftlinge."

In dieser katastrophalen Situation erhält die Gruppe der Sippenhäftlinge noch Zuwachs: Am 24. Januar 1945 treffen Major Dietrich Schatz, ein Vetter von Dr. Hans-Bernd Gisevius, und Lini Lindemann, die Ehefrau des Generals der Artillerie Fritz Lindemann, im KL Stutthof ein. Die Ankunft der beiden Neuzugänge verzeichnet Marie-Gabriele von Stauffenberg in ihren Notizen mit knappen Worten, wobei sie auch auf die gespannte militärische Lage eingeht, in der sich das Lager durch die immer näher heranrückende Front befindet: „Vormittags kommt Müller (ein SS-Führer, Anm. d. Verf.) zu uns und sagt, eben kam eine große, schlanke Dame und ob das eine Stauffenberg sei? (...) Entpuppt sich dann als Frau Lindemann. Uns ist unverständlich, daß jetzt noch jemand in das Lager geschickt wird, das sich doch in Auflösung befindet. Sie kommt aus Ravensbrück. Es wird noch einmal betont, daß die militärische Lage die sofortige Haltung eines Luftschutzgepäcks erfordert. Mittags Ankunft eines Vetters von Frl. Gisevius, ein Major Schatz.

Artilleriefeuer nähert sich. Wir fangen an, alles einzupacken. Ob das große Gepäck mitgeht, ist noch ungewiß. Wir packen alles, was geht, in die kleinen Koffer."[53]

Die Sippenhäftlinge schätzen ihre Lage richtig ein. In der Tat steht ihnen die Abreise zum nächsten Ziel ihrer langen Reise bevor. So spekuliert Marie-Gabriele am 25. Januar zu Recht: „Verlagerung wird wohl doch erfolgen, und zwar in Bälde." Über die zunehmende militärische Bedrohung schreibt sie am selben Tag: „Starkes Artilleriefeuer in der Nacht und unter Tags zu hören. Alarm! Durch die Bombeneinschläge wackelt die Baracke bedenklich."[54]

Tortur in Eis und Schnee

Am 26. Januar wird es dann ernst. Oberst Markwart von Stauffenberg, der als Sprecher der Gruppe fungiert,[55] wird am Abend zum Kommandanten, SS-Sturmbannführer Hoppe, bestellt. Da erfährt er, daß die Würfel bereits gefallen sind. Auch dies vermerkt Marie-Gabriele in ihren Aufzeichnungen: „Abend. Moppel zum Kommandanten – dort wird ihm mitgeteilt, daß wir am 27. mit der Kleinbahn in geheiztem Waggon nach Danzig gebracht werden. Für ein paar Tage in ein kleines Lager, dann weiter in das Innere des Reiches, (w)as der Reichsgruppenführer (sic!) Himmler aus Sicherheitsgründen für die Sippenhäftlinge verlangt."[56]

Diese Notiz ist von großer Bedeutung. Denn zum erstenmal hat hier eine Betroffene selbst im aktuellen Geschehen schwarz auf weiß zu Papier gebracht, welche Bedeutung Himmler den Sippenhäftlingen beimißt. Sie sind für ihn ein wertvolles Kapital, das er sich nicht von der nach Deutschland vorrückenden Roten Armee aus der Hand nehmen lassen will. Deshalb erfolgt der Befehl, die Gefangenen aus dem kampfbedrohten Gebiet herauszuführen – mit dem Ziel, sie an einen zentralen Ort zu bringen, an dem sie der SS jederzeit für Verhandlungen mit den Westalliierten zur Verfügung stehen. An Kontakten mit der herannahenden Roten Armee ist Himmler nicht interessiert. Daher geht der Weg der Sippenhäftlinge nach dem Westen – weg von der Ostfront!

Wie angekündigt, müssen die Sippenhäftlinge am 27. Januar 1945 aufbrechen. Doch sie erwartet kein geheizter Waggon, wie ihnen versprochen worden ist. Im Gegenteil – die Fahrt, die sie antreten müssen, wird für sie zur Tortur in Eis und Schnee. Genau hält Marie-Gabriele von Stauffenberg auch die Abreise aus dem KL Stutthof in ihren Aufzeichnungen fest: „Alles fertig gepackt zum Abtransport. Genau 8 Wochen im Lager. 16.30 Uhr nachmittags kommt der Befehl zum Abtransport, teilweise im Skw (Sanitätskraftwagen, Anm. d. Verf.) an den Bahnhof Waldlager. 17.30 Beginn (der Abfahrt). Zwei Wagen stehen uns zur Verfügung."[57]

Nun erkrankt auch Oberst Markwart von Stauffenberg, der bisher allen Krankheiten widerstanden hat. „Moppel", schreibt Marie-Gabriele besorgt, „fühlt sich nicht wohl, hat Fieber." Er wird mit den Kranken und mit den noch geschwächten Rekonvaleszenten, für die zwei Krankenwagen bereitstehen, zum Bahnhof gefahren. Die anderen müssen den Weg im dichten Schneetreiben zu Fuß zurücklegen.

Die beiden schmalen Kleinbahnwagen, die sie aufnehmen, sind wenig ermutigend. „Der Einstieg", klagt Marie-Gabriele, „ist sehr hoch und mühsam. Die Waggons kalt, Türen offen, die Bänke voll Schnee, der Boden mit Schnee verweht." Im ersten Wagen gesellt sich zu den Gefangenen der SS-Hauptscharführer Kupfer, der den Transport leitet, und im zweiten fährt das Wachpersonal mit, das aus acht Mann besteht. Die Enge in den Waggons ist unerträglich. „Wir wickeln uns fest in die mitgebrachten Decken", berichtet Marie-Gabriele,[58] „es ist sehr kalt und eng."

Lokomotive ohne Kohlen

Auch Fey von Hassell bleibt die Abreise aus dem Konzentrationslager in schrecklicher Erinnerung: „Draußen heulte der Sturm, man konnte kaum die Linien der Landschaft unterscheiden. Es herrschte eine sibirische Kälte, und ich gesellte mich, ohne weiter zu fragen, zu den Gesunden, weil die Atmosphäre unter den Kranken für mich nicht mehr zu ertragen war. Schon aus Platzmangel mußten wir eng beieinander sitzen, aber in diesem Fall war das nur nützlich, weil wir uns gegenseitig etwas wärmen konnten. Mir gegenüber saß Gagi, sie sah gespenstisch aus. Auch von mir sagten sie, mein Gesicht bestünde nur noch aus zwei großen, erschrockenen Augen. ´Onkel Moppel` hatte hohes Fieber, und wir befürchteten, daß er sich bei uns angesteckt, daß er Typhus haben könnte! Clemens Stauffenberg hatte geschwollene Hände und Füße und große Atemschwierigkeiten. Wir mußten noch enger zusammenrücken, weil kurz vor der Abfahrt weitere Gefangene in unser Abteil gewiesen wurden."[59]

Um 19.45 Uhr erhält der Zug das Signal zur Abfahrt. Aber er kommt nicht weit. Nach kurzer Fahrt bleibt die Lokomotive auf freier Strecke stehen. Der Wasserkessel ist leer. Zu allem Übel geht in einem Waggon auch noch der Ofen aus, an dem sich die Gefangenen bisher wärmen konnten. Erst am nächsten Tag entdecken sie zum Glück unter einem Sitz eine Kohlenkiste, und mit deren Inhalt können sie im Ofen wieder Feuer machen. Um 23.15 Uhr stockt die Fahrt erneut. Nun hat die Lokomotive keine Kohlen mehr. Der Zug bleibt die ganze Nacht über stehen.

Am Morgen des 28. Januar – es ist Sonntag – hoffen die Häftlinge, daß die Reise, die sie an einen Alptraum erinnert, endlich fortgesetzt werden kann. Aber die Strecke ist durch riesige Schneeverwehungen blockiert. „Es schneit immer noch weiter", vermerkt Marie-Gabriele von Stauffenberg,[60] „und es geht (ein) heftiger Sturm." Zum Schneeräumen fordert der Transportführer, SS-Hauptscharführer Kupfer, telefonisch im KL Stutthof Gefangene an, und auch drei Männer aus der Gruppe der Sippenhäftlinge werden zum Schneeschaufeln eingeteilt. Gegen 14 Uhr sind die Häftlinge aus Stutthof, die auf dem Schienenweg herangeführt worden sind, zur Stelle.

Nach vielen Mühen ist die Strecke endlich wieder frei. Aber nun ergibt sich für den Zug, der nur noch 500 Meter von der Weichsel entfernt ist, ein neues Problem: Nirgends ist

Zeichnung des Sippenhäftlings Markwart jr. von Stauffenberg: Das SS- und Polizeistraflager Matzkau.

die Fähre, die den Transport ans andere Ufer der Weichsel übersetzen soll, in Sicht. Wieder müssen sich die Zuginsassen in Geduld üben. Nach bangem Warten taucht das Fährschiff schließlich doch auf, und nach 23.15 Uhr rollt der erste Wagen auf die Fähre. „Der Sturm hat sich gelegt – es ist wunderbarer Mondschein (Vollmond)", schreibt Marie-Gabriele von Stauffenberg.[61] „Das Rangieren beginnt. Auf die Fähre kann nur jeweils ein Waggon."

Mit den Sippenhäftlingen kommen auch die ungarischen Sonderhäftlinge auf die Fähre. Sie befinden sich in einem weiteren Waggon, der an den Zug angehängt worden ist.[62] Beide Gruppen haben künftig einen gemeinsamen Weg. Dies zeigt, daß Himmler auch an den Ungarn als Geiseln interessiert ist. Außerdem werden mit dem Zug noch mehrere Viehwagen mit Hunderten von Häftlingen aus dem KL Stutthof ans andere Ufer des Flusses gebracht.

Ankunft in Matzkau

Kurz nach Mitternacht – es ist der 29. Januar – ist der Strom überquert. Im Telegrammstil beschreibt Marie-Gabriele den weiteren Verlauf der Reise, deren Ziel das „Straflager der SS und Polizei Danzig-Matzkau" ist: „(Um) 0.15 Uhr sind wir glücklich über der Weichsel. Um 1.00 Uhr Abfahrt, nachdem der Zug zusammengestellt ist. (Um) 5.00 Uhr früh Ankunft in Danzig. Im Skw werden wir in das Lager Matzkau gefahren (...). Sehen auf der Fahrt durch Danzig in den Straßen einen Flüchtlingstreck nach dem anderen. In dem großen Hof des Lagers stehen gedrängt Wagen an Wagen. Menschen und Tiere erschöpft, es können einem die Tränen kommen."[63]

Die Sippenhäftlinge, die um 8.45 Uhr in zwei Transporten im Straflager der SS und Polizei in Matzkau eintreffen, müssen die Autos am Eingang des Lagers verlassen und sich zu Fuß eine steile Anhöhe hocharbeiten, auf der ihre Unterkunftsbaracke liegt. Der Anstieg ist vor allem für die Kranken sehr anstrengend. Die Erschöpften finden das Erbarmen von SS-Leuten, die ihnen zu Hilfe eilen. „Es kommt uns ein Haufen SS entgegen", berichtet Marie-Gabriele von Stauffenberg,[64] „ergreifen voll Mitleid unser Gepäck und uns selbst und schleppen uns nach oben. Sie halten uns für Flüchtlinge (...). Wir waren aber auch restlos erledigt und erschöpft. Die Baracke, in der es noch von Häftlingen wimmelt, macht einen sehr schmutzigen Eindruck.

Wir haben zwei Räume, einen für die Frauen, einen für die Männer. Die Betten sind übereinander, alle noch voll Schmutz, da in der Früh erst eine Truppe, die an die Front ging, die Räume verlassen hat. Tante Anni (die Schwiegermutter von Claus Graf Stauffenberg, Anm.

d. Verf.) legt sich mit Fieber, Verdacht einer Lungenentzündung. Bekommen heißen Kaffee und fallen dann in die Betten.
Ein Ruf 'Kartoffelsalat mit Wurst' weckt die Erschöpften und bringt neue Lebensgeister, dann schläft man wieder weiter. Gegen Abend kommt ein SS-Arzt, Dr. Eckart, der für uns zu sorgen hat, wie er sagt, und uns im Namen des Kommandanten als dessen Gäste begrüßt. Wir sollen am nächsten Tag ein Krankenzimmer, ein Damen- und ein Herrenzimmer mit guten Betten und mit Sprungfedermatratzen bekommen. Die Freude ist groß. Die Baracke wird für uns geräumt.[65] Und die, die für uns die Baracke räumen müssen?"

Der SS-Arzt hält Wort. Am 30. Januar können die Sippenhäftlinge die verdreckte Baracke verlassen. Marie-Gabriele atmet auf. Zum erstenmal verraten ihre Notizen ein Gefühl des Glücks. „Umzug, die guten Betten sind eine Erholung!" schreibt sie dankbar.[66] „Abends Vollbier, Verpflegung sehr gut." Sie registriert außerdem, daß mit den Sippenhäftlingen auch die ungarischen Sonderhäftlinge in Matzkau untergebracht worden sind: „Unsere Nachbarn Nebenbaracke Stutthof auch da – Redeverbot."

Trauer um Anni von Lerchenfeld

Aber das kurze Glück, das Marie-Gabriele am 30. Januar empfunden hat, weicht schnell neuen Sorgen. Der Zustand ihres herzkranken Vaters, Clemens von Stauffenberg, verschlechtert sich am folgenden Tag. Er erhält wieder eine Spritze für das Herz. Auch Markwart, dem Obersten, geht es schlecht. Er ist an Typhus erkrankt und fühlt sich, wie die Chronistin bemerkt, „sehr elend". Zu allem Übel wird auch Alexander von Stauffenberg krank. „Alex legt sich auch mit Darmverstimmung und Fieber."

Anni von Lerchenfeld ist nicht mehr zu retten. Zur Lungenentzündung ist auch noch Typhus gekommen, dem sie am 6. Februar 1945 erliegt. Sie stirbt, ohne eine einzige Nachricht von ihrer verhafteten Tochter Nina erhalten zu haben. „Eine Tragik für sie", beklagt Marie-Gabriele das Schicksal der Tante. Am folgenden Tag wird ihr Leichnam um 11 Uhr aus dem Lager getragen. „Wir", berichtet Marie-Gabriele,[67] „dürfen hinter dem Sarg bis zum Lagerausgang gehen. Es wird uns versprochen, daß sie auf dem Friedhof in Danzig beerdigt wird."

Der Aufenthalt im Lager Matzkau ist nur kurz. Seit dem 6. Februar wissen die Sippenhäftlinge, daß ihnen ein neuer Transport bevorsteht. Ihnen wird auch das Datum genannt. Am 8. Februar ist es soweit. Wieder gehen sie einer Fahrt entgegen, deren Gefahren sie nicht abschätzen können. Vom erkrankten Markwart von Stauffenberg müssen sie schweren Herzens Abschied nehmen. Er bleibt in Matzkau zurück.

Um 5.30 Uhr wird die Gruppe geweckt. Sie hat ihr Bettzeug und auch alles andere abzuliefern, was dem Lager gehört. Doch sie rüstet sich nicht allein zum Aufbruch. „Auch unsere ungarischen Nachbarn aus der Nebenbaracke in Stutthof (...) machten sich fertig", bemerkt Marie-Gabriele von Stauffenberg.[68] Es sind acht, mit denen die Sippenhäftlinge in Matzkau zusammengelegt worden sind – „allerdings", wie die Chronistin hervorhebt, „mit Kontaktverbot, an das sich niemand mehr hielt, wenn keine Wache sichtbar war".

Auch Fey von Hassell erinnert sich an die erste persönliche Begegnung mit den ungarischen Leidensgefährten im Straflager der SS. „Wir", berichtet sie,[69] „machten heimlich Bekanntschaft mit den Ungarn, die die SS uns gegenüber als Skandinavier bezeichnet hatte. Unter ihnen befanden sich Minister der Regierung Lákatos. Vor der Verhaftung durch die Nazis hatte Horthy umgehend eine neue Regierung gebildet, an deren Spitze Lákatos stand. Aber die Nazis stürzten ihn nach 35 Tagen und setzten den willfährigen Szálasi an seine Stelle. Alle

Mitglieder der Regierung Lákatos wurden verhaftet und deportiert, auch Horthy, den man aber von den anderen trennte. Die Ungarn waren sympathische Leute, mit denen wir uns gern unterhielten. Das war natürlich verboten, deshalb mußten wir uns zu ungewöhnlichen Zeiten und an ungewöhnlichen Orten treffen, etwa gegen Abend auf dem langen, dunklen Flur oder in den Waschräumen."

Gemeinsam verlassen die deutschen und die ungarischen Häftlinge am Mittag des 8. Februar 1945 das Lager. Es ist 12.30 Uhr, als sie aufbrechen. Krankenwagen bringen sie zum Bahnhof Danzig-Ohra. Dort werden sie alle in einem geschlossenen Güterwagen untergebracht. Keiner von ihnen weiß, wohin die Reise geht. Ihnen ist noch nicht einmal bekannt, ob sie auf dem Landweg oder über die Ostsee abtransportiert werden. Sie hoffen aber, daß ihnen in diesen unsicheren Zeiten die Fahrt auf einem Schiff erspart bleibt.

Wieder hält Marie-Gabriele von Stauffenberg in ihren Aufzeichnungen mit genauen Zeitangaben das weitere Geschehen fest: „16.10 Uhr Abfahrt. 21.00 Uhr Ankunft Danzig Weichselbahnhof. 23.00 Umzug in einen heizbaren Güterwagen (...) auf Stroh. Wir liegen nebeneinander wie die Heringe. Mit einer Decke machen wir einen Vorhang um den Kübel, der dann nur bei Halten ausgeleert werden kann. Beleuchtung Petroliumlampe."[70]

Aber der Transport setzt sich nicht in Bewegung. Der Waggon steht auf einem Abstellgleis, und die Häftlinge warten vergeblich auf die Abfahrt. Der 9. Februar vergeht, und nichts rührt sich. Auch am Abend des 10. Februar ist die Situation unverändert. Die Gefangenen bringen nun schon die dritte Nacht in dem Wagen zu. Endlich kommt am 11. Februar – es ist Sonntag – Bewegung in das Unternehmen. Der Waggon wird um 14.30 Uhr rangiert, und um 17 Uhr erfolgt die ersehnte Abfahrt.

Der Zug verläßt eine Stadt im Chaos. Danzig ist von zahllosen Menschen – Zivilisten, Soldaten und Verwundeten, Frauen, Kindern und Greisen – überflutet, die vor der Roten Armee auf der Flucht sind. Sie versuchen noch mit allen Mitteln, den Anschluß an den rettenden Westen zu finden. Das Bild, das die Unglücklichen in ihrer Not bieten, erschüttert die Häftlinge. Sie erkennen aber auch, daß ihr Waggon in Gefahr ist, von den Verzweifelten gestürmt zu werden. Und dagegen müssen sie sich schützen. „Wagentüre fest verschlossen", berichtet Marie-Gabriele von Stauffenberg.[71] „Bei Halten in der Nacht teilweise verzweifelter Versuch von Flüchtlingen, den Wagen zu öffnen, um noch mitzukommen. Weinen und Schreien, es ist grauenhaft. Bei Tag sehen wir Flüchtlinge bei der Eiseskälte auf offenen Güterwagen."

Die Reise geht nach Lauenburg im Regierungsbezirk Köslin in Pommern, wo der Zug am 12. Februar 1945 um 6.50 Uhr ankommt. Außerhalb der Kreisstadt werden die Häftlinge in der ehemaligen Provinzial-Heilanstalt Finkenbruch untergebracht. Dort treffen sie ein ungeheiztes Haus an. In der Not versammeln sich alle um den einzigen Ofen, den sie aus dem Zug mitgenommen haben. Mehr noch als die Kälte belastet sie aber die Sorge, daß die sowjetischen Truppen sie noch einholen könnten. Doch sie müssen hier ausharren. Der Zugverkehr ist unterbrochen.

Mit Dauerläufen auf dem Gang, die sie erwärmen sollen, bekämpft Marie-Gabriele die Kälte. Sorgen bereitet ihr die schlechte gesundheitliche Verfassung des Vaters, den die Strapazen der letzten Wochen sichtlich angegriffen haben. Clemens von Stauffenberg kommt ohne ärztliche Betreuung nicht mehr aus. Er erhält Tabletten und Spritzen, die seine Atemnot bekämpfen.[72]

Am 19. Februar erlebt die Gruppe der Sippenhäftlinge eine freudige Überraschung: Um 13 Uhr steht plötzlich Oberst Markwart von Stauffenberg vor ihnen auf dem Gang. Er hat den Typhus überlebt. Nach seiner Erkrankung in Matzkau war er am 7. Februar ins KL Stutthof zurückgebracht worden. Dort kam er wieder zu Kräften, so daß er zu seinen Verwandten in der Anstalt Finkenbruch zurückkehren konnte. „Große Wiedersehensfreude", registriert Marie-Gabriele in ihren Aufzeichnungen glücklich.[73]

Der Aufenthalt in der Heilanstalt zieht sich in die Länge. Von Tag zu Tag hoffen die Häftlinge mehr auf die Abreise. Aber es tut sich nichts. Erst am 22. Februar können die Gefangenen ihre Sachen wieder packen. Marie-Gabriele hält wie immer die entscheidenden Uhrzeiten fest: „Abtransport um 15.00 Uhr an den Bahnhof, um 17.00 Uhr in den Waggon. Nacht im Waggon."[74]

Abschied von den Eltern

Am nächsten Morgen – es ist der 23. Februar – erfolgt um 9 Uhr die Abfahrt. Die ungarischen Häftlinge sind auch wieder dabei, aber sie fahren – getrennt von den deutschen Schicksalsgefährten – in einem anderen Waggon.[75] Die Reise führt nun über Stolp in Pommern, wo der Transport am 24. Februar ankommt, nach Stargard. Dort hält der Zug am 25. Februar um 19 Uhr. Nach einer Stunde verläßt er Stargard wieder und fährt weiter nach Stettin, das er am 26. Februar um 3 Uhr in der Nacht erreicht. Hier hält der Transport nur kurz. Die nächste Station ist Angermünde, wo der Zug um 9.30 Uhr haltmacht. Bereits um 10.30 Uhr geht es weiter nach Eberswalde. Dort trifft der Transport um 11 Uhr ein. Am Abend steht er in Rüdnitz auf der Strecke nach Berlin.[76]

Mittlerweile ist der Gesundheitszustand des herzkranken Clemens von Stauffenberg so bedenklich geworden, daß er dringend in stationäre Behandlung gebracht werden muß. Die Betreuung durch Dr. Gustav Goerdeler, der sich rührend um die erkrankten Mitgefangenen gekümmert hat, reicht nicht mehr aus.

Fey von Hassell berichtet über die dramatische Entwicklung in Rüdnitz: „Die Reise fortzusetzen war unmöglich, weil Berlin unter einem Bombenhagel lag. Clemens lag im Sterben.

Zeichnung des Sippenhäftlings Markwart jr. Schenk Graf von Stauffenberg: Der „Sonderbau 15" in Buchenwald, das Ziel des Geiseltransports aus Niederschlesien.

Dr. Goerdeler gab ihm höchstens noch zwei Tage. Wir wandten uns an den SS-Mann Kupfer, dem sofort klar war, daß er etwas unternehmen mußte. Es reichte ihm, daß schon Anni Lerchenfeld während dieses Transports gestorben war; deshalb setzte er sich mit dem Reichssicherheitshauptamt, das für jede uns betreffende Entscheidung zuständig war, in Verbindung. Kupfer erhielt umgehend die Anweisung, Clemens und Elisabeth ins Krankenhaus des KZ Oranienburg (richtig: Sachsenhausen, Anm. d. Verf.) transportieren zu lassen. Der Abschied war traurig und schmerzlich. Um sieben Uhr abends kam ein SS-Mann, um sie abzuholen. Das Licht einer einzigen Kerze beleuchtete recht und schlecht unser armseliges Lager (im Zug). Clemens wurde auf einer Bahre hinausgetragen, Elisabeth folgte ihm ernst und aufrecht. Ihre Beherrschung war bewundernswert, denn sie mußte ihre drei Kinder bei uns zurücklassen, ohne zu wissen, ob und wann sie sie wiedersehen würde. Es war ganz still im Waggon, denn es gab in dieser Situation kein tröstendes Wort mehr. Von draußen klangen verlorene Töne eines alten Liedes zu uns herein."[77]

Tief erschüttert nimmt Marie-Gabriele Abschied von den Eltern. Aber auch der Gesundheitszustand von Hildegard Maria Kuhn besorgt sie. Die Mutter ihres ehemaligen Verlobten gehört ebenfalls dringend in ärztliche Behandlung. Doch sie darf – im Gegensatz zu Clemens von Stauffenberg – den Transport nicht verlassen. Nach diesem schweren 27. Februar 1945, der die Trennung von den Eltern gebracht hat, beschreibt Marie-Gabriele in ihren Aufzeichnungen die bewegenden Ereignisse: „Infolge des Angriffs auf Berlin keine Weiterfahrt. Von Oranienburg ein Arzt und Obersturmführer wegen Papi und Mutter Kuhn gekommen. Mutter Kuhn wird für transportfähig erklärt. Papi abends 19.00 Uhr mit Mami im Skw nach Sachsenhausen-Oranienburg ins Lazarett. Schwerer Abschied. Wird man sich wiedersehen? 21.30 Uhr Alarm."

Noch am selben Abend wird Clemens von Stauffenberg ins Krankenrevier des KL Sachsenhausen eingeliefert. Seine Frau darf ihn als Pflegerin begleiten.[78]

SS-Hauptscharführer Kupfer, der Hilfe für Clemens von Stauffenberg und für Hildegard Maria Kuhn in Berlin angefordert hat, ist sich seiner großen Verantwortung als Transportführer der Sippenhäftlinge bewußt. Mit Argusaugen wacht er über die ihm anvertrauten Geiseln. Als sich ein Offizier der Wehrmacht auf einer Bahnstation Zutritt zum Waggon der Gefangenen verschaffen wollte, um darin noch Flüchtlinge unterzubringen, trat ihm die SS-Helferin Papke, die Kupfer seit Stutthof begleitet, wo sie am 6. Januar 1945 zur Pflege der Kranken abgestellt wurde,[79] mit der Erklärung entgegen: „Wir reisen mit 'Ehrenhäftlingen', sie stehen unter dem besonderen Schutz von SS-Reichsführer Himmler."[80]

Nachdem Clemens von Stauffenberg mit seiner Frau den Transport verlassen hat, fährt der Zug über Großbeeren in Brandenburg, wo er am 1. März den ganzen Tag über stehen bleibt, und über Halle (Ankunft: 2. März, 6.30 Uhr) nach Weimar – unterwegs immer wieder aufgehalten durch Fliegeralarme. Dort trifft er noch am 2. März um 16 Uhr ein. Aber die Gefangenen dürfen den Zug nicht verlassen und müssen auch die folgende Nacht in ihrem Waggon verbringen.[81]

Doch sie können sich jetzt denken, was ihnen bevorsteht: die Ankunft im Konzentrationslager Buchenwald, das von Weimar nicht weit entfernt ist.

Die Zusammenlegung der Sonderhäftlinge in Buchenwald und Flossenbürg

Nach mehr als einem Monat hat die weite Reise durch Deutschland am 3. März 1945 – es ist ein Samstag – für die Sippenhäftlinge und für die acht ungarischen Sonderhäftlinge vorerst ein Ende. Um 7.30 Uhr kommen sie im Konzentrationslager Buchenwald an.[1] „Uns 'Sippenhäftlinge'", berichtet Fey von Hassell,[2] „brachte man zu einer isoliert stehenden Baracke, die nicht wie in Stutthof von Stacheldraht, sondern von einer hohen, roten Mauer umgeben war, innerhalb deren man nicht mehr als 90 Schritte gehen konnte. Die Baracke lag nahe einer Fabrik, daher in dem Teil des Lagers, der von Bomben zerstört worden war." Die Unterkunft trägt die Bezeichnung „Sonderbau 15". Sie wird aber auch „Isolierbaracke", kurz „I-Baracke", genannt.

Als die Gefangenen ihre neue Unterkunft betreten, erleben sie eine Überraschung: „In der Baracke", erinnert sich Fey von Hassell,[3] „trafen wir auf viele andere 'Sippenhäftlinge' des 20. Juli, unsere Gruppe wurde immer größer. Da waren die Kinder von 'Onkel Moppel': Ines (sic!), eine hübsche und fröhliche 22jährige, ihre jüngere Schwester Alexandra und der 15jährige Bruder Clemens. Alle drei waren sie auf ihrem Besitz in Ammerdingen verhaftet worden und nach einem Aufenthalt im nächstgelegenen Gefängnis nach Buchenwald transportiert worden.

Anneliese Goerdeler konnte endlich ihren jüngsten Sohn Reinhard in die Arme schließen, ebenso den ältesten Sohn Ulrich, der dort seine Frau Irma wiederfand. Ulrich Goerdeler hatte sehr gehofft, mit seiner Frau auch seine Kinder wiederzufinden, Irma jedoch kannte nicht einmal deren Aufenthaltsort.

Auch für mich gab es eine freudige Begegnung mit Maria Hammerstein, ihrer Tochter Hildur, genannt 'Puppe', und einem ihrer vielen Söhne, Franz. Maria war als junges Mädchen eine der besten Freundinnen meiner Mutter gewesen. Gemeinsam waren sie auf Hofbälle gegangen. Ihr Mann, General(oberst) Kurt von Hammerstein, war 1930-1934 Chef der Heeresleitung gewesen. Er war ein überzeugter Gegner der Nazis (...) und arbeitete lange im Widerstand."

Buchenwald als Zwischenstation der Geiseln auf dem Weg nach Süden: Das Haupttorgebäude im Jahre 1943.

Für die Brüder in Sippenhaft:
Franz Freiherr von Hammerstein in der Zeit um 1940.

Kurt Freiherr von Hammerstein-Equord starb am 25. April 1943 in Berlin.[4] Seine Söhne Kunrat und Ludwig, beide Offiziere, lehnten wie der Vater den Nationalsozialismus entschieden ab und beteiligten sich auch am Umsturzversuch des 20. Juli. Oberleutnant Ludwig von Hammerstein glückte noch die Flucht aus dem Bendlerblock in Berlin, bevor der SD dort eintraf. Ihm kam dabei zustatten, daß er jeden Winkel des Gebäudes aus der Kindheit, als der Vater dort seine Dienstwohnung hatte, kannte.[5] Auch dem Bruder Kunrat gelang die Flucht. In sicheren Verstecken überlebten beide das Dritte Reich.

Für die Familie hatte das Untertauchen der jungen Offiziere tiefgreifende Konsequenzen: Die Mutter, die Schwester Hildur und der jüngste Bruder Franz wurden in Sippenhaft genommen. Aber sie nahmen dies in Kauf, nachdem Kunrat und Ludwig ihr Vorgehen noch in der Nacht zum 21. Juli und am nächsten Tage mit der Familie besprochen hatten. „Wir waren trotz eigener Gefährdung (...) einverstanden", berichtet Franz Freiherr von Hammerstein,[6] „haben sie ermutigt."

Bereits am 21. Juli setzten die Verhöre durch die Gestapo ein. Die Angehörigen waren entschlossen, alles zu riskieren, um die Bedrohten zu retten. „Gott sei Dank", erinnert sich Franz von Hammerstein, „wußten wir bald nicht mehr, wo sie sich versteckten. Ich wurde zuerst verhaftet in der Firma Krupp-Druckenmüller (in Berlin, Anm. d. Verf.), wo ich damals arbeitete, weil man mich der Beteiligung am Widerstand verdächtigte und wohl hoffte, daß mit meiner Hilfe die Brüder am ehesten aufgespürt werden könnten. Ab August 1944 saß ich da in einer Einzelzelle des Gestapo-Gefängnisses Moabit ohne Bücher, Zeitungen, Radio, mit regelmäßigen Verhören durch die Gestapo, mit Wanzen, mit Ermutigungen durch einen kommunistischen Kalfaktor (Gefängnisarbeiter) Theo Baensch, der Essen brachte, Kübel leerte und flüsterte, wer die Nachbarn sind, neueste Nachrichten, befreit von weiterem Schuldigwerden als Soldat oder in der Rüstungsindustrie, befreit von der Mitverantwortung für die schrecklichen Kriegsverbrechen."

Am 1. März 1945 sieht Franz von Hammerstein seine Mutter und die Schwester Hildur, die beide im Frauengefängnis Kantstraße in Berlin-Charlottenburg festgehalten worden sind, überraschend wieder. In einer „Grünen Minna", wie die Gefangenenwagen der Polizei im Volksmund heißen, werden sie alle drei und Reinhard Goerdeler, der zu ihnen stößt, zum Anhalter Bahnhof gefahren. Goerdeler ist an diesem Tag aus der Sonderabteilung der Gestapo im Zellengefängnis Lehrter Straße entlassen worden, wo auch Hammerstein die letzten Monate verbracht hat. Der Zug bringt sie zur nächsten Station ihrer Haft, die im Konzentrationslager Buchenwald liegt.

„Dort", erinnert sich Franz von Hammerstein, „standen wir am Tor (...), zitternd, was da kommen würde. Aber wir wurden nicht durch das Tor ins Lager getrieben, sondern landeten außerhalb des Lagers in einer Baracke mit einer Mauer rundherum, so daß wir isoliert in einer erstaunlichen Gesellschaft uns wiederfanden: Amélie und Fritz Thyssen, mit dem ich dann Schach spielte, mehrere Stauffenbergs, älter und jünger, Hofackers, Gertrud Halder,

Die „Isolierbaracke", die in Buchenwald den Transport der Sippenhäftlinge aufnimmt, liegt außerhalb des Lagers.

Kaisers,[7] Fey von Hassell, Annelise Gisevius, Familie Goerdeler und weitere Erwachsene und Kinder, jede Familie in einem kleinen Zimmer mit Doppelstockbetten.

Nachher erst wurde mir deutlich, daß da nicht nur Angehörige des '20. Juli' waren, sondern auch 'Sippenmitglieder' des Nationalkomitees 'Freies Deutschland' in der Sowjetunion, Angehörige von Deserteuren und vielfältigem anderen Widerstand. Alle hatten schon Verhaftung, Gefängnis, verschiedene Konzentrationslager wie Stutthof oder Ravensbrück sowie die Hindenburg-Baude nahe Bad Reinerz (Sippenhaft) hinter sich."

Zu den Sippenhäftlingen, die wegen der Tätigkeit eines Familienangehörigen im Nationalkomitee „Freies Deutschland" (NKFD) verhaftet worden sind, gehört auch die schon erwähnte Ingeborg Schröder. Sie ist interniert worden, weil ihr Mann, ein evangelischer Pastor, der in Stalingrad in sowjetische Kriegsgefangenschaft geraten ist, im Moskauer Rundfunk den protestantischen Gottesdienst für den Bund Deutscher Offiziere und für das NKFD hält.[8] Am 9. März 1945 stößt Ingeborg Schröder, wie Marie-Gabriele von Stauffenberg in ihren Aufzeichnungen vermerkt,[9] mit ihren drei unmündigen Kindern im Alter von vier, sieben und zehn Jahren[10] in Buchenwald zu den Sippenhäftlingen. Die Söhne heißen Hans-Dietrich und Harring, die Tochter hört auf den Namen Sybille-Maria. Die anderen Mütter unter den Sippenhäftlingen, denen die Kinder genommen worden sind, beneiden die junge Frau natürlich, wie Fey von Hassell zugibt,[11] darum sehr, daß sie ihre Kinder bei sich hat.

Zur Gruppe der NKFD-Sippenhäftlinge zählt auch Käte Gudzent. Sie gerät in Sippenhaft, weil ihr Mann, ein Leutnant, in der sowjetischen Kriegsgefangenschaft ebenfalls im Nationalkomitee „Freies Deutschland" aktiv ist.[12] Am 24. März registriert Marie-Gabriele von Stauffenberg die Ankunft von Käte Gudzent.[13] Mit ihr kommt am selben Samstag Peter A. Jehle in Buchenwald an, der in Haft genommen worden ist, weil sein Vater, ein Flieger, mit einem Flugzeug in die Schweiz geflohen ist und dort um Asyl nachgesucht hat.[14] Am 26. März trifft auch Isa Vermehren mit ihrer Schwippschwägerin Gisela Gräfin von Plettenberg-Lenhausen im Lager ein.[15]

Es ist nicht zu übersehen, daß hier vom Reichssicherheitshauptamt ganz gezielt vorgegangen wird. Hinter allen Gefangenenbewegungen steht jetzt die Absicht der SS, die Sippenhäftlinge an einem zentralen Ort zusammenzuziehen, an dem sie, wie bereits hervorgehoben, jederzeit für weiterreichende Pläne greifbar sind. Der geschlossene Transport der Internierten ins KL Dachau, der den Gefangenen noch bevorsteht, läßt keinen Zweifel mehr daran. Für das RSHA ist nämlich allmählich die Zeit dafür reif, die Sippenhäftlinge langsam an die Festung Alpen heranzuführen, in der sie als Faustpfand für die Verhandlungen mit den Westalliierten zur Verfügung stehen sollen. Auf dem Weg dorthin ist Buchenwald die erste, der Markt Schönberg im Bayerischen Wald die zweite und Dachau die dritte Station.

Fußmarsch nach Buchenwald

Isa Vermehren und die Gräfin von Plettenberg wurden aus dem Potsdamer Polizeigefängnis nach Buchenwald überstellt. Der Transport erfolgte in Begleitung von zwei Wachtmeistern der Polizei in einem normalen, fahrplanmäßig verkehrenden Reisezug. Weil ein Luftangriff auf eine vor ihm liegende Stadt den Zug zwang, für längere Zeit auf freier Strecke anzuhalten, trafen die beiden Häftlinge und ihre Bewacher mit Verspätung in Weimar ein. „Unsere späte Ankunft in Weimar", erinnert sich Isa Vermehren,[16] „war nicht eben günstig zu nennen. Die letzte Bahn hinaus nach Buchenwald war natürlich schon seit Stunden weg, und im Wartesaal konnten wir nicht bleiben, da Voralarm schon gegeben war und der Bahnhof bereits geräumt werden mußte.[17] Im Vertrauen darauf, daß bald ein Wagen in unserer Richtung uns überholen würde, machten wir uns auf den Weg – um es nur gleich vorwegzunehmen: Wir sind die ganzen zwölf Kilometer zu Fuß gelaufen – und haben es beinahe gerne getan.

Es war eine laue, sternklare Nacht, die schon nach Ostern roch, und als wir hinter Weimar auf der ersten Höhe der Chaussee um einen Waldvorsprung folgten, stand plötzlich und ganz unwahrscheinlich groß und golden der volle, runde Mond an unserem Horizont. Eine tiefe, große Stille lag über den weiten Wäldern, und hin und wieder kam ein leiser Windhauch über die Straße wie ein tiefer Atemzug der schlafenden Bäume. Auf der Höhe unseres Weges verschwand auch das letzte leise Brummen feindlicher Flieger aus dieser vollkommenen Ruhe, und nur der müde Tritt unserer eisenbeschlagenen Schuhe gemahnte noch an den Fortgang der Stunde. (...)

Nach zweieinhalbstündigem Marsch etwa tauchten die ersten rot beleuchteten Barrieren vor uns auf und ein gespenstisch angestrahltes Schild mit dem Totenkopf und den zwei gekreuzten Knochen: Konzentrationslager Buchenwald. Die braven Wachtmeister drückten uns wieder unsere Koffer in die Hand und rückten Koppel und Mütze zurecht, nachdem sie im Schatten der letzten Bäume mit Handschlag und allen guten Wünschen von uns Abschied genommen hatten: Vor der bösen Wirklichkeit des vor uns stehenden Eisentores ging alle vertraute Nettigkeit in Scherben – die große Pause war vorüber, und alle vier krochen wir zurück in die gebotene Haltung wie unter ein Joch, das einem die Schultern krümmt. Nach einem nun schon wohlbekannten Flüstern an der Wache wurden wir aufgefordert zu folgen: Der Weg führte uns vorbei an den schalen Trümmern ausgebombter Gebäude. Ich fragte einen der SS-Männer, ob dieses die Zerstörungen seien von dem Angriff, über den ich im VB gelesen hätte,[18] bei dem auch Thälmann umgekommen sei. – 'Thälmann umgekommen? Stand das auch dabei? Umgekommen ist er, aber bei dem Angriff? In der Zeitung steht viel, das müssen Sie nicht alles glauben – ja, ja, das war der Angriff ...'[19] Nach einigen hundert Schritt stießen wir auf eine Mauer, deren Tor sich uns auf ein Klopfzeichen hin öffnete, und dann waren wir aufgenommen im Schoße der deutschen Sippenhäftlinge."

Isa Vermehren entgeht aber auch nicht, daß sich die deutschen Gefangenen die Isolierbaracke mit den ungarischen Leidensgenossen teilen, mit denen sie seit dem Aufbruch im KL

Stutthof zusammen sind. „Überdies", berichtet sie,[20] „wohnten mit unter diesem gastlichen Dach acht Ungarn bzw. die letzte ordentliche ungarische Regierung, die von der Gestapo gekidnappt worden war, nachdem der Admiral Horthy Waffenstillstandsverhandlungen mit Rußland aufgenommen hatte. Der Admiral und sein Sohn selber waren nicht darunter."

Die beiden Neuzugänge brauchen Tage, bis sie sich unter den vielen fremden Gesichtern im „Sonderbau 15" zurechtfinden. Sie erfahren von den bewegenden Schicksalen ihrer Mitgefangenen und hören auch von dem Los, das Josef Mohr und dessen Frau Käthe sowie Therese Kaiser geb. Mohr und deren Tochter Elisabeth aus Köln als Sippenhäftlinge nach Buchenwald gebracht hat. Ihr Fall zeigt, mit welcher Willkür die Gestapo bei der Verhaftung von Sippenhäftlingen vorgeht.

„Frau Kayser (sic!) und ihre Tochter", berichtet Isa Vermehren,[21] „waren eingesperrt worden, weil der Verdacht bestand, daß ihr Mann als ehemaliger christlicher Gewerkschaftsführer am 20. Juli beteiligt war. Frau Kayser und Tochter saßen anfangs im Koblenzer Gefängnis, bis eines Tages eine Bombe dessen Wände zertrümmerte und sie sich auf der Straße wiederfanden. Nachdem sie vergeblich versucht hatten, sich dem zuständigen Kommissar zur Überweisung in ein anderes Gefängnis zu stellen, gingen sie schließlich ins Haus von Frau Kaysers Bruder, zu Herrn und Frau Mohr, nicht ohne diesen neuen Aufenthalt ordnungsgemäß der zuständigen Gestapostelle zu melden. Einige Wochen hindurch geschah gar nichts, bis plötzlich ein paar Beamte ins Haus eindrangen, die nur mit Mühe daran gehindert werden konnten, zusammen mit Frau Kayser und deren Tochter, Mohr und seiner Frau auch deren unmündigen Sohn und den alten Schwiegervater mitzunehmen. Der Befehl lautete offenbar, alle im Zimmer Anwesenden kurzerhand zu verhaften. Herr Mohr war Montagemeister in einem Rüstungswerk auf kriegswichtigem Schlüsselposten und nachweislich ohne besonderen Kontakt mit seinem verdächtigen Schwager."

Tod im Bombenhagel

Die Isolierbaracke, in der die Sippenhäftlinge und die ungarischen Sonderhäftlinge untergebracht sind, befindet sich nicht im Häftlingslager, sondern im SS-Bereich des KL Buchenwald. Sie wurde neu errichtet, nachdem der alte „Sonderbau 15", der seit dem Jahre 1942 an derselben Stelle gestanden hatte, beim Luftangriff auf Buchenwald am 24. August 1944 zerstört worden war.[22] Isa Vermehren bemerkte, wie sie berichtete, gleich bei ihrer Ankunft im Lager die zerstörten Gebäude, die das Bombardement hinterlassen hatte.

Vor dem Angriff versuchten die drei prominenten Häftlinge, die damals in der Isolierbaracke einquartiert waren, vergeblich, sich in Sicherheit zu bringen: Der SPD-Parlamentarier Dr. Rudolf Breitscheid, der am 11. Dezember 1941 von den Franzosen an die Nationalsozialisten ausgeliefert worden war,[23] fand im Bombenhagel sofort den Tod. Seine Ehefrau Tony, die mit ihrem Mann die Haft teilte, wurde schwer verletzt, aber überlebte. Prinzessin Mafalda von Hessen mußte der linke Arm amputiert werden, nachdem sie am Oberarm eine lebensbedrohliche Verletzung erlitten hatte. Sie starb am Tag darauf an den Folgen des Blutverlustes und der unsachgemäß durchgeführten Operation, die der SS-Lagerarzt Gerhard Schiedlausky an ihr vorgenommen hatte.[24]

Wie wenig Schutz die SS den drei Sonderhäftlingen geboten hatte, geht aus dem Bericht hervor, den Tony Breitscheid später über den Angriff verfaßte: „Neben der Baracke wurde im Sommer 1944 ein offener Laufgraben ausgehoben – unser einziger Schutz gegen Fliegerbomben. Die Überfliegungen des Lagers häuften sich innerhalb des Lagerbereichs, nur fünf

Ein Opfer der SS: Prinzessin Mafalda von Hessen. Die Tochter des Königs von Italien stirbt in Buchenwald.

Minuten von unserer Baracke entfernt lagen große Kriegsindustriebetriebe. Am 24. August fand ein langer und heftiger Luftkampf über uns statt. Wir begaben uns in den Schutzgraben. Und kaum waren wir drin, so fielen auch schon die Bomben. Die Baracke fiel brennend auseinander und auf den Graben. (...) Mein Mann war tot. Doch das erfuhr ich erst drei Tage später. Ich selbst hatte schwere Brandwunden, mußte jedoch weiterleben."[25]

Die neue Isolierbaracke, die dann an der Stelle des ersten Sonderbaues entstand, bleibt Isa Vermehren als „eine langgezogene Barakke, die von einer hohen Mauer umgeben war", in Erinnerung. „Der freie Platz zwischen Hauswand und Mauer", berichtet sie,[26] „diente als Spaziergang (...)."

Als die Sippenhäftlinge in Buchenwald ankamen, erfuhren sie, wer vor ihnen im Sonderbau untergebracht war. „Zwei russische Gefangene", erinnert sich Fey von Hassell,[27] „berichteten uns mit sonderbarem Stolz, daß wir in der gleichen Baracke (sic!) wohnten, in der die Tochter des Königs von Italien, Prinzessin Mafalda von Hessen, den Tod gefunden hatte." Sie wußten auch, wie dies nach dem Luftangriff geschehen war. „Die arme Mafalda", berichtet Fey von Hassell weiter, was sie von den Häftlingen erfahren hat, „erlitt schwere Verletzungen und verblutete, weil die SS-Ärzte sie schlecht versorgten. Um ihre Identität zu verheimlichen, war sie stets als 'Frau von Weber' angesprochen worden. In der gleichen Baracke, jedoch in einem anderen Flügel, war Rudolf Breitscheid (...) untergebracht worden. (...) Übrigens gelang es italienischen Gefangenen unbemerkt, Mafalda außerhalb des KZ beerdigen zu lassen. Auf ihr Grab legten sie ein schlichtes Kreuz, auf dem 'unbekannte Frau' zu lesen war. Nach dem Krieg teilte einer dieser Gefangenen dem Prinzen Philipp von Hessen (ihrem Witwer, Anm. d. Verf.) die genaue Lage des Grabes mit. Nach vielen Schwierigkeiten gelang es der Familie, den Leichnam exhumieren zu lassen, und Mafalda erhielt einen Platz im Familiengrab in Cronberg (sic!)."

Auch die Umstände, die zur Verhaftung der Prinzessin geführt haben, werden Fey von Hassell bekannt: „Prinzessin Mafalda war ins KZ gekommen, nachdem ihr Vater (...) vor den Deutschen nach Süditalien geflohen war. Mafalda, die sich damals nicht in Rom aufhielt, wurde bei ihrer Rückkehr von der SS verhaftet."[28] Die Prinzessin kam gerade von der Beisetzung ihres am 28. August 1943 verstorbenen Schwagers, des bulgarischen Königs Boris III., zu der sie Ende August nach Sofia gereist war, zu ihren Kindern nach Rom zurück.[29] „Unmittelbar nach ihrer Rückkehr", berichtet Viktoria Luise, Herzogin von Braunschweig und Lüneburg,[30] „wurde Mafalda vom Sicherheitsdienst der SS mit einem fingierten Telefongespräch, nach dem ihr Mann sie in Deutschland erwartete, über die Reichsgrenze gelockt und verhaftet."

Auch Mafaldas Ehemann, Philipp Prinz von Hessen, wurde in Haft genommen. Der Urenkel des letzten Kurfürsten von Hessen-Kassel bekleidete den Rang eines Obergruppenführers der SA. Im Jahre 1933 wurde er Oberpräsident der Provinz Hessen-Nassau mit Sitz auf Schloß Friedrichshof in Kronberg im Taunus. Der Prinz, der sich im Jahre 1925 mit Prinzessin Mafalda, einer Tochter des italienischen Königs Viktor Emanuel III., vermählte, fungierte später an der deutschen Botschaft in Rom als Verbindungsmann zu Mussolini. Dies wurde ihm mit der Verhaftung des „Duce" am 25. Juli 1943 zum Verhängnis. Über sein weiteres Schicksal schreibt Herzogin Viktoria Luise: „Prinz Philipp war im August (1943) ins Führerhauptquartier 'Wolfsschanze' (sic!) in Ostpreußen beordert worden. Hitler hielt ihn zunächst unter einem Vorwand als Gast fest. Dann 'ließ er ihn eines Abends, nachdem er in der allabendlichen Teestunde noch mit ihm freundschaftlich geplaudert hatte, verhaften und in ein KZ bringen'. So die Schilderung des Staatssekretärs in der Reichskanzlei Dr. Meissner."

Der Prinz sieht seine Frau nie wieder. Während Mafalda, von ihrem Mann getrennt, in Buchenwald festgehalten wird, wird er ins Konzentrationslager Flossenbürg eingewiesen, wo er am 12. September 1943 in den Arrestbau kommt. Auch er wird als Geisel der SS im April 1945 dem großen Transport der Sippen- und der Sonderhäftlinge in die Festung Alpen zugeteilt.

Die neue Isolierbaracke, in der die Sippenhäftlinge und die Ungarn in Buchenwald ihre Unterkunft gefunden haben, ist im Lager nicht der einzige Ort, der für Sonderhäftlinge bestimmt ist. Bis zu seiner Zerstörung beim Luftangriff erstreckte sich neben der alten Baracke das Sonderlager „Fichtenhain", das ebenfalls für Sonderhäftlinge errichtet worden war.[31] Die ersten Gefangenen, die dort untergebracht wurden, waren Rumänen der Legion „Erzengel Michael", auch „Eiserne Garde" genannt, die nach Deutschland geflüchtet waren. Wie Harry Stein berichtet, bezogen sie Ende 1942 die Holzbaracken des Lagers. Anfang Januar 1943 betrug die Zahl der Legionäre 130, und drei Monate später, Ende März, waren es 225 Mann. Das Lager ging am 24. August 1944 in demselben Bombenhagel unter, dem auch die benachbarte Isolierbaracke zum Opfer fiel.

Léon Blum im SS-Falkenhof

Eine weitere Buchenwalder Haftstätte für Sonderhäftlinge befindet sich seit dem Frühjahr 1943 im Falknerhaus, das im SS-Falkenhof liegt.[32] Für kurze Zeit waren hier, wie berichtet, Daladier und Gamelin interniert, bevor sie zum Schloß Itter nach Tirol gebracht wurden. Die längste Zeit war Léon Blum, der Anfang April 1943 in Buchenwald ankam, mit seiner Frau im Falknerhaus gefangen. „Zwei Jahre", berichtet Blum selbst,[33] „haben wir dort verbracht. Mitte Juni ist meine Frau nachgekommen, um mich wieder zu treffen (freiwillig)."

Blum ist sich von Anfang an über die Gründe klar, die zu seiner Verhaftung geführt haben. „Ich war in den Händen der Nazis, weil ich für sie mehr als ein politischer Franzose war, nämlich ein sozialistischer Demokrat und ein Jude. Die gleichen Gründe, die aus mir einen verabscheuungswürdigen Gegner machten, machten aus mir auch eine kostbare Geisel, da ich nicht nur beim französischen Staat und seinen Verbündeten, sondern auch für den Sozialismus und die internationale Demokratie einen Austauschwert darstellte.

Was macht man mit einer so kostbaren Geisel? Man versucht, um einen geeigneten Gegenwert zu handeln. Diese Verhandlung schließt eine Drohung und eine Erpressung ein, wobei das Leben der Geisel aufs Spiel gesetzt wird."

Blum ist sich auch der Gefahr bewußt, in der er sich befindet. Als er mit seiner Frau schließlich in Südtirol aus der Gewalt der SS befreit wird, vermerkt er in seinen Reisenotizen: „Der Gedanke an den Tod war immer unser Begleiter." Dabei hat er noch das Schicksal seines Mitgefangenen und Landsmannes Georges Mandel, der Innenminister im letzten französischen

Kabinett von Paul Reynaud war, vor Augen: Am 4. Juli 1944 wurde er von der Gestapo aus dem Falknerhaus abgeholt und der Miliz der Vichy-Regierung als Geisel übergeben.[34] Drei Tage darauf fiel er einem Mordanschlag zum Opfer. Während einer Autofahrt wurde er bei Paris vom Fahrer erschossen.

Mandel ahnte, daß er ein verlorener Mann war. Und auch Blum wußte das, als er im Juli 1944 in Buchenwald die folgende Notiz machte: „Auf telefonischen Befehl von Himmler hat die Gestapo von Weimar den unglücklichen Georges Mandel von dem Haus abgeholt, das wir gemeinsam seit 15 Monaten bewohnten. In der vorhergehenden Woche hatten deutsche Zeitschriften in Paris oder Brüssel die Nachricht von der Hinrichtung Philippe Henriots, durch einige Freiwillige der Résistance, veröffentlicht. Wir ahnten, daß Opfer gebracht werden müssen und daß Georges Mandel oder ich, oder vielleicht (wir) alle zwei, geopfert werden müßten. Der unglückliche Georges Mandel ist allein aufgebrochen.

Er machte sich nicht die geringsten Illusionen über sein Schicksal ... Niemals hatten wir ihn ruhiger, gesetzter und heller gesehen."[35]

Im SS-Falkenhof wird Blum mit seiner Frau streng isoliert gehalten. Keiner im Lager soll erfahren, wer sich dort im Falknerhaus in Internierung befindet. Blum erscheint der Haftort wie ein Grab. „Die Worte der Einsamkeit und der Einsperrung", klagt er,[36] „sind unfähig, das Dasein zu charakterisieren, das wir zwei Jahre in diesem Haus in Buchenwald geführt haben. Niemand, nur die SS-Wache, drang dorthin ein. Wir gingen niemals fort, außer drei- oder viermal zum Zahnarzt, das war nachts und mit dem Auto. Auch trafen wir niemanden auf dem Weg und im Krankenhaus. Die 25 oder 30 SS-Leute, die uns bewachten, bewegten unaufhörlich die Maschinenpistole am Schulterriemen hin und her und hielten den Hund an der Leine in dem schmalen Rundweg, angelegt zwischen dem Stacheldrahtzaun und dem Haus, wie gefühllose und stumme Schatten. In Wahrheit war dieses Haus weniger ein Gefängnis als ein Keller oder ein Grab: Man konnte dort nur leben, indem man sich vor der Außenwelt verschanzte. Dieses Abgeschnittensein war so real, daß einige meiner Freunde, die uns ins Lager Buchenwald vorangegangen und mehr als 18 Monate dort waren, unsere Anwesenheit nicht ahnten."

Mit den Sippenhäftlingen und mit den ungarischen Sonderhäftlingen, die bereits im Januar 1945 in Stutthof aufbrechen mußten, zieht das Reichssicherheitshauptamt in Berlin im Februar 1945 noch weitere Sonderhäftlinge in Buchenwald zusammen. Sie kommen aber nicht mit den bereits eingetroffenen Gefangenen in der Isolierbaracke zusammen, sondern werden von diesen getrennt untergebracht. Eine zweite Gruppe von Sonderhäftlingen, die wie die erste Gruppe Berlin über das Hausgefängnis des Geheimen Staatspolizeiamtes in der Prinz-Albrecht-Straße 8 verläßt, hat das KL Flossenbürg zum Ziel. Damit stehen die beiden Lager fest, in denen das RSHA die Gefangenen, die als Geiseln in Betracht kommen, vorübergehend konzentriert, bevor sie endgültig nach Dachau weitergeführt werden, wo sich schon eine größere Zahl von Sonderhäftlingen befindet: Buchenwald und Flossenbürg.[37]

Während in Berlin die Verlegung der Gefangenen gerade anläuft, wird die Reichshauptstadt am Vormittag des 3. Februar von Bombern der 8. US-Luftflotte angegriffen.[38] „An diesem Tag", berichten Ruth-Alice von Bismarck und Ulrich Kabitz in ihrem Buch über die Korrespondenz zwischen dem inhaftierten Dietrich Bonhoeffer und dessen Braut Maria von Wedemeyer,[39] „erlitt das Berliner Stadtzentrum den schwersten Luftangriff. 'Zwei Stunden lang folgte Staffel auf Staffel am strahlend blauen Winterhimmel und verwandelte das Stadtgebiet vom Tiergarten ostwärts in eine Wüstenei von Rauch und Asche' (Eberhard Bethge)[40].

Im brennenden Volksgerichtshof, wo tags zuvor über Klaus Bonhoeffer (Dietrichs Bruder, Anm. d. Verf.), Rüdiger Schleicher und Justus Perels das Todesurteil gefällt worden war, hatte ein niederstürzender Balken den 'Blutrichter' Roland Freisler erschlagen. Auch das Reichssicherheitshauptamt war schwer getroffen, Licht- und Wasserleitungen funktionierten nicht mehr."

Zu den Sonderhäftlingen, die aus ihrem bisherigen Haftort abtransportiert werden, gehört auch Hjalmar Schacht im Frauenkonzentrationslager Ravensbrück. „Am 3. Februar", erinnert er sich,[41] „durfte mich wieder einmal meine Frau besuchen. Sie hatte sich mit einem schweren Packen mehrere Kilometer zu Fuß geschleppt. Sie brachte mir Bücher, Lebensmittel und frische Wäsche. Kaum hatten wir uns zwanzig Minuten – immer in Gegenwart eines Wächters – unterhalten, als mir befohlen wurde, sofort in die Zelle zurückzukehren.

In der Zelle erfuhr ich, daß wir noch im Laufe des Tages von Ravensbrück weggebracht werden sollten. Die russischen Truppen waren in ihrem Vormarsch dem Lager Ravensbrück schon so nahe gekommen, daß der Abtransport der politischen Internierten ratsam erschien. (...)

Gegen Mittag wurden wir in einem der üblichen Gefangenenwagen der Polizei, die der Berliner als 'Grüne Minna' bezeichnet, abtransportiert. Wir hielten vor dem Lager Drögen, wo wir General v. Falkenhausen, Gottfried v. Bismarck und einige andere Internierte aufnahmen, und rollten dann auf Berlin zu.

Fahrt durch ein Flammenmeer

An diesem 3. Februar 1945 erfuhr Berlin seinen vielleicht stärksten Luftangriff. Wir hatten kaum die Stadtgrenze erreicht, als wir überall brennende und rauchende Trümmer sahen. Freilich konnten wir, da der Wagen nur unter der Decke kleine vergitterte Fenster hatte, lediglich die Flammen und den Rauch beobachten, sahen aber nicht die Straßen oder Häuser. Wir fuhren buchstäblich durch ein ununterbrochenes Flammenmeer. Alle Augenblicke mußte der Wagen einen Umweg durch Seitenstraßen machen, und es dauerte sehr lange, bis wir endlich vor dem wohlbekannten Haus, Prinz-Albrecht-Straße 9 (sic!), hielten.

Hier wurden einige Umladungen vorgenommen, was uns erlaubte, festzustellen, daß auch die Prinz-Albrecht-Straße völlig zerbombt war und ein Teil der Gebäude in Flammen stand. Trotzdem wurden einige von uns in die Keller des Hauses abgeführt, dafür einige andere Internierte neu zu uns in den Wagen gesteckt. Vollgepfropft fuhr uns das Polizeiauto weiter durch die Flammen. Schließlich landeten wir im Polizeigefängnis in Potsdam.

Dieses Gefängnis war derartig überfüllt, daß wir kaum Platz fanden. Staatssekretär Pünder, General v. Falkenhausen und ich wurden zusammen in eine kleine Zelle gesperrt, wo Pünder und von Falkenhausen auf zwei übereinandergestellten Pritschen sich ausstrecken konnten, während ich eine auf den Boden gelegte Matratze als Bett benutzte."

Hier erfuhren Schacht und seine Leidensgefährten nun zum erstenmal, daß sie in den Stand der privilegierten Gefangenen erhoben worden waren. Mit Erstaunen nahm Schacht die Veränderung ihrer Lage wahr: „Auffallend war, daß der am nächsten Morgen uns besuchende Polizei-Oberstleutnant, dem das Gefängnis unterstand, uns mit ausgesuchter Höflichkeit behandelte und uns mitteilte, daß der Chef der Gestapo, Müller, ihn beauftragt habe, uns als Ehrenhäftlinge zu behandeln. Was darunter zu verstehen war, ist uns niemals klargeworden.

Jedenfalls durften wir uns am nächsten Vormittag und ebenso an den folgenden Tagen frei im Gefängnishof bewegen. Der mit uns gekommene frühere schlesische Gauleiter Josef (sic!) Wagner[42] bekam am nächsten Tag den Besuch seiner Frau und durfte unbeobachtet mit ihr sprechen. Aus dieser Unterhaltung berichtete uns Wagner, daß seine Frau aus dem Auswärtigen Amt erfahren habe, jene politischen Gefangenen, die zur Zeit noch in Konzentrationslagern seien, würden wohl nicht mit dem Leben davonkommen, während die, die sich in den Gefängnissen befänden, mit milden Strafen oder Entlassung rechnen könnten.

Wir freuten uns 24 Stunden lang über diese Meldung, von der wir glaubten, daß sie uns zugute käme, bis am Nachmittag des nächsten Tages erst ich und dann Falkenhausen, jeder von einem Auto, abgeholt und wieder in die Prinz-Albrecht-Straße zurückgebracht wurden; selbstverständlich, ohne daß wir irgendeine Mitteilung über unseren weiteren Verbleib erhielten.

Im Keller der Prinz-Albrecht-Straße sah es jetzt einfach trostlos aus. Die Gebäudeteile über der Erde waren nahezu sämtlich unter den Bombenangriffen eingestürzt. Licht und Wasser funktionierten nicht mehr. Wir mußten uns beim Flackern eines kleinen Lichtstümpfchens ausziehen, wurden aber trotzdem wieder jeder in eine Einzelzelle gebracht. Für die Notdurft war auf dem Hof ein Graben ausgehoben, über den eine Stange genagelt war. Ich habe hier, neben ihm auf der Stange sitzend, mit Dietrich Bonhöfer (sic!) die letzte Unterhaltung geführt. Unser Blick fiel auf ein vergittertes Kellerfenster, hinter dem eine Frau verzweifelt die Arme rang und uns hilfeflehend winkte."[43]

Kanonendonner in weiter Ferne

Auch Hermann Pünder, der mit Schacht die Schreckenszeit in Berlin teilen mußte, hat später in seinen Lebenserinnerungen aufgezeichnet, wie seine Odyssee durch ganz Deutschland, die ihn schließlich nach Südtirol führte, im Frauenkonzentrationslager Ravensbrück – er nennt es „Konzentrationslager Fürstenberg"[44] – begann. „Da, eines Tages im Februar 1945", schreibt er,[45] „hörte ich mit meinen guten Ohren in weiter Ferne Kanonendonner, der von Tag zu Tag stärker wurde. Meine Spannung stieg aufs höchste, was stand uns bevor? Die Lösung war leider äußerst einfach: 'Fertigmachen', draußen stand eine 'Grüne Minna', und fort ging es in drangvoll fürchterlicher Enge, aber wohin? Erstmalig sah ich jetzt in diesem düsteren Raum ein rundes Dutzend meiner bisherigen Fürstenberger Leidensgenossen, von denen ich einige erkannte, unter anderen den früheren Militärbefehlshaber in Belgien, General Freiherrn von Falkenhausen (...). Nach mehrstündiger Fahrt, während der wir uns natürlich nicht unterhalten durften und auf der es mehreren meiner Leidensgenossen bei der miserablen Luft erheblich schlecht geworden war, merkte man bald an dem uns umgebenden Straßenlärm, daß der Wagen durch Berlin fuhr. Beißender Brandgeruch strömte durch die schmalen Ritzen in unseren überfüllten Raum, wo der Aufenthalt immer unerträglicher wurde. Unsere Fahrt dauerte noch sehr lange. Aus dem vielen Halten, der draußen laut gegebenen Fahrbefehle und dem fortgesetzten Zurücksetzen über offenbar sehr holprige Nebenwege konnte man deutlich erkennen, daß (...) über Berlin ein ungewöhnlich schwerer Angriff mit Bomben und Brandkanistern niedergegangen war.

Endlich hielt unser Gefährt, und zwar im Hof der Prinz-Albrecht-Straße. Aber wie sah es jetzt in diesem Hauptquartier des Reichssicherheitshauptamtes aus! Seit meiner Einlieferung im vergangenen Sommer war ich nicht mehr dort gewesen. Alle Fensterscheiben waren entzwei und Türen aus den Angeln gehoben, in den oberen Stockwerken schwelte es noch. Alle Leitungen für Wasser, Heizung, Licht und Kanalisation waren zerstört. In aller Eile waren im Hof Gräben ausgehoben und 'Donnerbalken' montiert worden. An Verpflegung gab es bis zum nächsten Morgen nur einen derben Kanten Kommißbrot mit einem Klecks Rübenkraut darauf. Zu trinken gab es nichts, der ungestillte Durst quälte sehr. Die Nacht verbrachten wir in zugigen und ungeheizten Kellerräumen, in die wir zu Dutzenden wie Vieh hineingetrieben wurden, nur mit dem Unterschied, daß wir Menschen keine Strohschütte oder sonstige Unterlagen hatten."

Angenehme Überraschung

Pünder atmete auf, als er diesen schrecklichen Ort wieder verlassen konnte. „Am frühen Morgen", berichtet er,[46] „war gottlob Aufbruch, ohne Waschgelegenheit und Verpflegung. Die Zuteilung in die einzelnen Gefängniswagen war wieder anders. Diesmal saß ich neben dem mir gleichfalls gut bekannten General(leutnant) (Hans) Speidel, dem früheren Generalstabschef des Feldmarschalls Rommel. Wir waren beide nicht wenig erstaunt, uns hier und in dieser Verfassung wiederzusehen. Diesmal ging die Fahrt nicht weit, unsere 'Grüne Minna' setzte uns im Gerichtsgefängnis (sic!) von Potsdam ab. Aber hier gab es – angenehme Überraschung – keine SS-Wachmannschaft, sondern korrekte preußische Gefängnisbeamte, die sich wunderten, daß nun auf einmal 'solche Herren' ihre Zellen beziehen sollten. Ihre Menschlichkeit tat wohl. Sofort wurde uns Gelegenheit zum Waschen und Rasieren geboten. Da wir nun schon, abgesehen von dem Kanten Kommißbrot, einen ganzen Tag keine Verpflegung mehr erhalten hatten, gab es gleich einen Becher warmen Malzkaffee und schon bald einen Napf mit Eintopf. Wegen des sonnigen Wintertages wurde uns auch ein Rundgang durch den Gefängnishof gestattet, wobei wir sogar je nach Wunsch zu drei oder vier wandern und uns unterhalten konnten."

Doch der Aufenthalt in Potsdam ist nur von kurzer Dauer. Denn Hermann Pünder steht auf der Liste der Sonderhäftlinge, die ins Konzentrationslager Buchenwald gebracht werden sollen. Das Schicksal teilen mit ihm Dietrich Bonhoeffer, Hugh M. Falconer, Funkexperte und Squadron Leader (Major) der britischen „Royal Air Force", Alexander von Falkenhausen, Leutnant Wassilij Wassiljewitsch Kokorin, Fregattenkapitän Franz Liedig und Dr. Josef Müller. Ihr Transport, dem noch andere Häftlinge zugeteilt werden, bricht am 7. Februar in einem Hof des Reichssicherheitshauptamtes auf.[47] Geführt wird er vom berüchtigten Kriminalrat und SS-Sturmbannführer Herbert Lange, Gruppenleiter der „Sonderkommission 20. Juli", der die Verhörzentrale des RSHA in der Sicherheitspolizeischule Drögen leitet.[48]

Im Transport der Sonderhäftlinge: Dr. Josef Müller, der spätere Mitbegründer der bayerischen CSU.

Pünder bleibt dieser Mann in bedrückender Erinnerung. „Nachdem diese erträgliche Potsdamer Haft gerade zwei Tage gedauert hatte", berichtet er,[49] „erschien plötzlich, wie der leibhaftige Satan, der SS-Sturmbannführer Lange auf der Bildfläche, und wieder hieß es Einsteigen in die düstere 'Grüne Minna'. Die Beigabe von vier Scheiben Margarinebrot ließ auf einen langen Transport schließen, und so kam es auch. Vom Morgen bis zum Abend dauerte diese Fahrt. Nur einmal gestattete Lange, der seinen Transport im Pkw begleitete, einen kurzen Halt irgendwo in nicht erkennbarer Gegend zum Austreten, und weiter ging es."

Mit prominenten Leidensgefährten aus Berlin nach Buchenwald überstellt: Fregattenkapitän Franz Liedig.

Das Endziel des Transports ist der Zellentrakt im Keller einer der vier im Jahre 1942 errichteten Truppenkasernen im Konzentrationslager Buchenwald, der ursprünglich als „SS-Arrest" eingerichtet worden ist und der nun die Sonderhäftlinge des Reichssicherheitshauptamtes aufnehmen soll.[50] Doch die Gefangenen kennen den Bestimmungsort nicht. „Es war schon dunkel", erinnert sich Pünder,[51] „als wir irgendwo zwischen Bäumen vor einem düsteren Gemäuer hielten und mit Fußtritten und Schimpfen einige Stufen tiefer in eiskalte Einzelzellen eingewiesen wurden. Hier fand ich die nun schon gewohnte Einrichtung mit Pritsche, einer dünnen Wolldecke, Schemel, Waschnapf, nächtlicher Anstrahlung des Kopfendes der Pritsche und ein kleines vergittertes Oberlicht hoch oben unter der Decke. Was war wohl diese neueste Leidensstation? Erst nach Tagen sollte ich es erfahren: Ein SS-Wachmann schob mir mit den Worten 'Da haste was zum Lesen' einen abgegriffenen Schmöker durch die Klappe in der Tür. Gleich auf dem Titelblatt war zu lesen(:) 'Nr. 287 der Lagerbücherei des KZ Weimar-Buchenwald'. Da wußte ich also, wo ich war."

Auch Josef Müller, der mit Pünder und mit den anderen Sonderhäftlingen Berlin mit dem Ziel Buchenwald verließ, ist später in seinen Erinnerungen auf diese Fahrt eingegangen. Den Aufbruch des Transports überwachte höchstpersönlich der Regierungsdirektor und SS-Standartenführer Dr. Walter Huppenkothen, der mit Kriminalkommissar Franz Xaver Sonderegger in federführender Position der „Sonderkommission 20. Juli" im RSHA angehörte. „Am 7. Februar", berichtet Müller,[52] „mußten wir uns zum Abtransport fertigmachen; wohin es ging, wurde uns allerdings nicht gesagt. In einem Hof des RSHA stand ein Gefängniswagen, von den Berlinern 'Grüne Minna' und von den Bayern 'Zeiserlwagen' genannt, bereit. Dann wurden verschiedene Namen aufgerufen (...).

Auch Pastor Bonhoeffer wurde aufgerufen. Ich erinnere mich, daß er für den Transport Fesseln bekommen sollte und dagegen aufbegehrte, weil er bis dahin keine Handschellen hatte tragen müssen. 'Wehr dich nicht dagegen', sagte ich zu Bonhoeffer, 'wir sind Christen und wir gehen für unsere Überzeugung diesen Gang.'

Unmittelbar neben dem Wagen stand Huppenkothen, und er raffte sich in dieser Situation zu einer menschlichen Geste auf, die ich nicht von ihm erwartet hatte: Als er sah, daß ich wegen meiner Fesseln Schwierigkeiten hatte, meinen Koffer aufzuheben, nahm er mir diese Arbeit ab. Ich war noch kräftig genug, daß ich dann aus eigener Kraft in den 'Zeiserlwagen' einsteigen konnte.

(Arthur) Nebe (SS-Gruppenführer und ehemaliger Chef des Reichskriminalpolizeiamtes, Anm. d. Verf.) wurde in eine Sonderzelle gebracht, ebenso Hauptmann (Ludwig) Gehre von der Abteilung III F der Abwehr, über den die Wachen schon vorher erzählt hatten, daß er bereits zum Tode verurteilt sei. Gehre ist mir deshalb in besonderer Erinnerung, weil er nur noch ein Auge besaß. In den Wagen stiegen auch General von Falkenhausen – er war in voller Uniform und trug den Orden 'Pour le mérite' – sowie ein Mann mit dem traditionsbeladenen Namen Bismarck und Korvettenkapitän (sic!) Franz Liedig, ebenfalls von der Abwehr.

Der 'Zeiserlwagen' fuhr die Nacht hindurch, die Gefangenen konnten sich bisweilen im Flüsterton miteinander unterhalten. Bismarck wollte von mir wissen, warum ich gefesselt sei, aber ich konnte ihm keine Antwort geben, denn neben mir saß ein SD-Mann.

Wir kamen nach Buchenwald (...), wurden jedoch nicht in das eigentliche Lager gebracht, sondern in die Kaserne der SS-Wachmannschaften, in deren Kellergeschoß sich Zellen befanden. Zu unserem Empfang erschien auch der Kommandant des Lagers (SS-Standartenführer Hermann Pister, Anm. d. Verf.), von dessen Grausamkeiten wir bereits wilde Gerüchte gehört hatten. Als er auf mich zutrat, mußte ich das Schlimmste befürchten, aber in dieser merkwürdigen Zeit geschahen bisweilen Zeichen und Wunder. Er deutete auf meine Handfessel und fragte: 'Was ist denn das?'

'Ein Achter', sagte ich, 'eine Fessel.'

'Sowas gibt es bei mir nicht', sagte er und befahl, mir sofort meine Fessel abzunehmen."

Der Transport nach Flossenbürg

Am selben 7. Februar 1945, an dem die Buchenwald-Gruppe aufgebrochen ist, geht in Berlin auch der Transport nach Flossenbürg ab. Er startet ebenfalls in einem Hof des Reichssicherheitshauptamtes, und in der Häftlingsgruppe befinden sich Hjalmar Schacht, Generaloberst Franz Halder, der General der Infanterie Georg Thomas, von 1939 bis November 1942 Chef des Wehrwirtschafts- und Rüstungsamtes im OKW, und Kurt von Schuschnigg mit Frau und Kind. Insgesamt sind es acht Personen, die hier versammelt sind.

Schacht erinnert sich noch nach Jahren genau an den Aufbruch am 7. Februar: „Am nächsten Morgen wurden wir (im Keller der Prinz-Albrecht-Straße, Anm. d. Verf.) früh geweckt und nach Einnahme eines dürftigen kalten Frühstücks in einen Autobus verpackt, dessen Fenster uns erlaubten, wenigstens die Fahrtrichtung festzustellen. Im Bus waren insgesamt acht Internierte untergebracht und etwa zwölf uniformierte Wachmannschaften. Unter den Internierten befanden sich General(major) (Hans) Oster (der ehemalige Chef der Zentralabteilung des OKW-Amtes Ausland/Abwehr, Anm. d. Verf.), General Thomas, der österreichische Bundeskanzler Schuschnigg mit seiner Frau und seinem vierjährigen Töchterchen, Strünck, General(oberst) Halder und ich.

Die Fahrt ging über die Autobahn nach Süden. Die Verpflegung, bestehend aus Brot mit Aufschnitt, wurde unterwegs ausgeteilt. Von Zeit zu Zeit wurde zwecks Notdurftverrichtung gehalten, wobei jedesmal zwei Wachleute dicht neben einem standen.

In der Gegend von Bayreuth bogen wir von der Autobahn nach Osten ab, konnten aber nun in der anbrechenden Dunkelheit nicht mehr genau die Wegroute feststellen. Gegen elf Uhr hielten wir endlich vor einem von Stacheldraht umgebenen Lager. Wir wurden ausgeladen und wieder in Einzelzellen abgeführt.

Ich hatte keine Ahnung, was für ein Lager dies war, aber die ganze gespenstische Atmosphäre, die uns im Dunkel der Nacht umgab, ließ mich den Charakter dieses Lagers ahnen. Als wir, noch bevor die Verteilung auf die Zellen begann, im Flur herumstanden, flüsterte ich meinen Nachbarn zu: 'Aus diesem Lager kommt keiner lebend wieder heraus.'

Blick auf die Häftlingsunterkünfte im Konzentrationslager Flossenbürg bei Weiden in der Oberpfalz.

Wir waren im Vernichtungslager Flossenbürg bei Weiden in der Oberpfalz.

Wir alle waren nun auf das Ende gefaßt, das uns hier erwartete, und sahen keine Rettung mehr.

Das Lager lag völlig abgeschieden zwischen Fels und Wald. Es wirkte auch bei Tag grau und trostlos. Es schien voll besetzt zu sein. Der Bau, in dem wir untergebracht waren und der offenbar für prominente Gefangene reserviert war, ließ uns die Größe des Lagers nicht erkennen. Der Charakter des Lagers wurde uns durch den bloßen Augenschein und durch die Schreie und Schüsse, die fast jede Nacht an unser Ohr drangen, deutlich."[53]

Auch Schuschnigg hat in seinen Aufzeichnungen, die zum Teil noch während der mehr als siebenjährigen Haft entstanden sind, die Fahrt nach Flossenbürg beschrieben. In großer Eile muß er mit seiner Familie im KL Sachsenhausen die Vorbereitungen zum Transport treffen, ohne über das Ziel der Reise informiert zu werden. „Wir haben das Nötigste zu packen", notiert er am 5. Februar 1945 um 22 Uhr.[54] „Koffer werden eventuell nachgeschickt; alles andere bleibt zurück: also meine ganze Bibliothek, alle unsere Bilder, unsere Wäsche, Porzellan, Möbel, kurz alles, was zu unserem Besitz gehört: In einer halben Stunde fertig machen – und warten!"

Doch die nächtlichen Stunden vergehen, ohne daß etwas geschieht. Bedrückt vermerkt Schuschnigg am folgenden Tag in seinen Papieren: „Wir warteten die Nacht hindurch und warten noch weiter. Sonderbar: Der Abschied vom Konzentrationslager wird schwer; nämlich von Erinnerungsstücken und Büchern; es geht ins gänzlich Ungewisse!"

Endlich hat das Warten am 6. Februar ein Ende. „8 Uhr abends", schreibt Schuschnigg.[55] „Wir werden im lichtlosen Polizei-Schubauto abtransportiert; Vera, das Kind, ich – mit drei schwer bewaffneten Wächtern. – Sollte das Ende gekommen sein?

Aber es geht nur bis Berlin; dort über die Bombentrümmer der Gestapozentrale in der Albrechtstraße in eine geräumige Gefängniszelle: kein Licht, kein Wasser und überall Spuren des letzten Nachtangriffs (sic!), der das Gebäude mit mehreren schweren Bomben getroffen hat."

Am nächsten Tag geht die Fahrt weiter. „Im Autobus mit anderen, zum Teil handgefesselten Patienten verladen", berichtet Schuschnigg am 7. Februar.[56] „Miteinander sprechen ist streng verboten(,) und ebenso ist es nicht erlaubt, die Fahrstrecke an Hand von Karten zu verfolgen; aus den Wegtafeln ist ersichtlich, daß die Route über die Reichsautobahn bis in die Gegend von Leipzig führt und dann in Richtung Nürnberg abbiegt.

Das Ziel bleibt streng geheim. Nach 12stündiger Fahrt kommen wir schließlich in einem unbekannten Konzentrationslager an; Vera und Kind sowie ich werden in zwei kleine, gesonderte Arrestzellen gesperrt; angeblich sollen wir am nächsten Tag einen gemeinsamen Raum beziehen."

Als Schuschnigg am nächsten Morgen erwacht, weiß er noch immer nicht, wo er sich befindet. Die SS handhabt die Geheimhaltung perfekt. „Die Nacht war schwierig", klagt er am 8. Februar, „tausend und tausend Sorgen, nicht zuletzt wegen der angekündigten Gepäcksrevision; auf diese hatte ich nicht mehr gerechnet; was wird passieren, wenn man meine Manuskripte und außerdem den streng verbotenen Revolver findet?"

Noch am selben Tag kann Schuschnigg jedoch aufatmen. „Das Unheil", berichtet er, „ging nochmals an uns vorüber; knapp genug, aber immerhin. Das Gepäck aller anderen wurde streng revidiert; das unsere nicht; wohl, weil die Frauen- und Kindersachen unverdächtig schienen.

Mein Nachbar auf dem gestrigen 12stündigen Autotransport kam mir seltsam bekannt vor; ich möchte wissen, ob es wirklich Dr. Hjalmar Schacht war.

Unsere kleine Familie wird tatsächlich wieder zusammengebracht(,) und zwar in einem Raum des Zellenbaues (Arrestgebäude).

Wo wir eigentlich sind, wissen wir noch immer nicht; nur daß das Lager im nördlichen Bayern auf 800 m Höhe liegt.

Vor dem Arrestgebäude ein seltsam leerer, fast unheimlich anmutender Gefängnishof; dort eine halbe Stunde täglich 'Freizeit'; – sonst gar nichts."

Erst am 9. Februar findet Schuschnigg durch einen glücklichen Umstand heraus, wohin er mit seiner Familie gebracht worden ist. „Also wir sind in Flossenbürg!" stellt er fest.[57] „Dies entnehmen wir einer bleistiftgekritzelten Inschrift in der Innenseite des 'Kleiderspinds' (Kasten).

Draußen hängen die Nebelfetzen über dem kalten, unwirtlichen Hügelland. Hohe, ernste Fichten beugen sich jenseits der Lagermauern unter der schmelzenden Schneelast. Dunkel, fast drohend steigen die Bäume bergan und wehren der Außenwelt, aber auch Licht und Sonne den Zutritt; stumme, verschlossene Zeugen.

Unmittelbar vor unserem vergitterten Fenster rekelt sich ein zottiger Polizeihund. Und etwa hundert Meter entfernt zieht entlang der Stacheldrahtgehege ein langsamer Zug blau-weiß

gestreifter, gespenstiger Schemen. Die lange, müde Prozession von Karrenträgern schleppt sich apathisch dahin – und dazwischen die Posten.
Auf jedem Karren aber lag – eine Leiche. Wir haben gezählt: – es mögen an 120 gewesen sein. Dann kehrten die Karren zurück, mit Holzstrünken beladen; immer der gleiche makabre Trott: – Träger – Nutzlast – lebendiger und gestorbener Werkstoff; – das Ganze ein zur Totenstille gefrorener Aufschrei.

Unmittelbar vor unserem Fenster liegt eine geräumige Baracke. Wir fragen, ob wir des Kindes halber nicht aus dem Arrest heraus dorthin gebracht werden könnten.

Nein! Das gehe nicht! – Denn dort sei das Lagerbordell.

Ein Posten bringt dem Kind eine hübsche, angezogene Puppe zum Spielen. Unser Kind aber fragt, ob wir nicht zurück nach Sachsenhausen könnten; 'denn dort war es schöner!' ..."

Die Lagerleitung wacht streng darüber, daß die Sonderhäftlinge im Arrestgebäude anonym bleiben. „Natürlich sind wir strengstens abgesondert", berichtet Schuschnigg am 1. April – es ist Ostern 1945 –,[58] „dürfen weder sehen, noch gesehen werden, noch weniger sprechen. Aber die gestapolische Tarnkappentheorie wird in praxi doch stellenweise durchlöchert; man kann eben doch nicht alle, die verschwinden sollen, kurzerhand erledigen; und was noch lebt, kann auf die Dauer nicht gänzlich unsichtbar bleiben."

Philipp Prinz von Hessen als Sonderhäftling

So erfährt Schuschnigg, daß unter den Sonderhäftlingen im KL Flossenbürg auch Philipp Prinz von Hessen ist. „Wir", schreibt er am 2. April,[59] „hatten eine sonderbare Begegnung; und dies begab sich also: Im Arrestbau, wenige Türen von uns, wußten wir einen besonders geheim gehaltenen Schicksalsgefährten verwahrt. Niemand durfte wissen, wie er wirklich hieß und welche Bewandtnis es mit ihm hatte. Die Freizeit im Gefängnishof hatte er hinter einer hohen, transportablen Bretterwand zu verbringen, damit er ja nicht erkannt werden konnte.

Nun gab es aber einen Posten, dessen Vertrauen wir offensichtlich besaßen und der auch mit dem geheimnisvollen Nachbarn auf vertrautem Fuß stand. Dieser nun ließ uns eines Tages sagen, daß er dringend mit uns sprechen wolle; ob wir bereit wären, mit ihm in Verbindung zu treten.

Natürlich waren wir bereit. Aber wie?

Es handelte sich immerhin um ein nicht unriskantes Unterfangen. Schließlich proponierte unser Posten die mitternächtliche Stunde eines Wochentages seiner Diensttour. So weit, so gut; aber der zweite Posten? Es war darauf Bedacht zu nehmen, weil das Wachtlokal unmittelbar an unseren Haftraum grenzte und jedes Wort durch die Wände zu hören war.

Hier war bald Rat gefunden. Wir besaßen als kostbaren Restbesitz noch eine Düte (sic!) echten Bohnenkaffees. Und offerierten nun dem SS-Mann, übrigens einem älteren, nicht unfreundlichen Berliner, ein Schälchen; dabei gelang es meiner Gattin, vorsichtshalber eine starke Dosis eines ungefährlichen, aber wirksamen Schlafmittels in den Kaffee zu praktizieren. Mit guter und deutlich durch die Wände vernehmbarer Wirkung.

Darauf führte der Gewährsmann von der SS unseren Nachbar(n) zu uns in den Haftraum. Er nannte seinen Namen: – Prinz Philipp von Hessen, ehemals Oberregierungspräsident (sic!) von Kassel!

Haftgrund? Den wußte er selber nicht. Offenbar weil er ein Schwiegersohn des italienischen Königs war. Jedenfalls wurde er am 8. September 1943 vom Führerhauptquartier weg unter irgendeinem Vorwand nach Berlin gelockt und von dort direkt nach Flossenbürg verschleppt, wo er nunmehr unter falschem Namen seit 1 1/2 Jahren in strenger Abgeschiedenheit vegetierte. Ob wir ihm nichts sagen könnten von seiner Frau, der Prinzessin Mafalda, und seinen Kindern; von seiner Mutter oder sonstigen Verwandten? Ob wir ihm nicht helfen könnten, irgendeine Nachricht in die Welt zu senden. Er hatte strenges Schreibverbot und durfte auch keinerlei Briefe empfangen. – Nein! – Leider wußten wir nichts. Er hat erst sehr viel später erfahren, daß zu diesem Zeitpunkt seine Gattin, Prinzessin Mafalda von Italien, längst nicht mehr am Leben war. Sie befand sich als Häftling im KZ Buchenwalde (sic!) und fand dort gleich unserem früheren Schicksalsgefährten Breitscheid ein tragisches Ende. Was man nicht für nötig fand, dem Gatten mitzuteilen. Er lebte in der Illusion, daß Frau und Kinder geborgen sind. Wir haben offen miteinander gesprochen. In unseren Auffassungen und Ideen trennte uns manches. Wir haben jedoch in unserem Schicksalsgefährten einen aufrechten und anständig denkenden Menschen gefunden. Und wer immer zu dieser Hölle verdammt war, der hat nach menschlichem Ermessen alle Sünden gebüßt und kommt, wenn überhaupt, als gänzlich neuer und geläuterter Mensch zurück auf die Erde ..."

Schließlich entgeht Schuschnigg auch die Ankunft der Wittelsbacher im KL Flossenbürg nicht, die Ende Februar 1945 – im Zuge der allgemeinen Zusammenlegung der Sonderhäftlinge - ebenfalls aus dem Konzentrationslager Sachsenhausen dorthin überstellt worden sind. „Vis-à-vis von unserem Fenster das Freudenhaus (...) wurde plötzlich geräumt", berichtet er.[60] „Und jetzt haust dort Prinz Albrecht von Bayern mit einer Menge von Kindern. Grund der Verhaftung? Weil er ein Sohn des Kronprinzen Rupprecht ist.

Er war übrigens eine Zeitlang schon in Sachsenhausen unser Nachbar gewesen; nachdem vorher im Lauf der Jahre unser Nachbarblockhaus verschiedentlich den Bewohner gewechselt hat: – zunächst war es der frühere preußische Minister und Sozialistenführer Breitscheid mit Gattin gewesen. (...) Dann kam Prinz Louis von Bourbon-Parma mit seiner Gattin Prinzessin Maria von Savoyen, einer Tochter des italienischen Königs, und zwei reizenden Kindern; dann schließlich der englische Fliegeroberstleutnant Churchill,[61] der uns die Sensation des Anblicks der ersten englischen Uniform in diesem Krieg verschaffte. In einem der anderen vier 'Sonderhäuser' hausten für kurze Zeit Paul Reynaud und Daladier, ohne daß es uns jedoch möglich war, mehr als einen gelegentlichen freundschaftlichen Abschiedsblick zu wechseln, und in weiterer Folge der preußische Staatsrat und Industrielle Fritz Thyssen."[62]

Blick auf das Krematorium

Der Aufbruch der Wittelsbacher im KL Sachsenhausen erfolgte in großer Eile. „Eines Tages hieß es, wir würden umquartiert", erinnert sich Irmingard Prinzessin von Bayern.[63] „Wir mußten schnell unsere wenigen Sachen packen. Diesmal bestiegen wir einen Omnibus. Wir dachten, es wäre einer der 'Vergasungsbusse', mit denen Juden und alte Leute ins Krematorium befördert wurden. (...) Als mehrere SS-Frauen mit ihren Kindern in denselben Bus einstiegen, waren wir sehr erleichtert.

Es ging südöstlich. Bei der Fahrt durch Berlin kamen wir durch ein total zerbombtes Viertel. (...) Wir waren den ganzen Tag unterwegs. Es ging nur langsam, da viele Straßen von Militärkolonnen verstopft waren. Wir versuchten vom Fenster aus, die Ortsschilder zu lesen: Hof, das war an der bayerischen Grenze. Es war ein merkwürdiges Gefühl, unter solchen Umständen in die Heimat zu gelangen. (...) Endlich kamen wir an unseren Bestimmungsort, das Konzentrationslager Flossenbürg an der tschechischen Grenze. (...)

Wir zwölf wurden zusammen in eine lange Holzbaracke gesperrt: eine Reihe primitiver Pritschen stand darinnen. Vor der Baracke war ein eingezäunter Auslauf, wo wir herumgehen konnten, wenn wir einmal am Tag dazu abgeholt wurden."

Auch Irmingards Schwester Hilda beklagt sich über die schlechte Unterkunft im KL Flossenbürg. „Dort", schreibt die Prinzessin nach der Befreiung ihrem Vater,[64] „lebten wir zu zwölf in zwei Zimmern in einer der vielen Baracken. Es war eiskalt, da die dünnen Bretterwände voller Ritzen waren, durch die der Wind blies, die Betten im allgemeinen Schlafsaal so feucht, daß man, trotzdem man die Kleider anbehielt, vor Kälte kaum schlafen konnte. Die Decke waren verdreckt und zerrissen. Den ganzen Tag saßen wir im Zimmer, nur eine halbe Stunde durften wir hinaus, und vom Hügel vor der Baracke sahen wir direkt zum Krematorium. (...)

Wir sahen viele der Gefangenen in den Abfalleimern und am Boden nach Resten von rohen und halbverfaulten Kartoffeln suchen und sie essen. Wo wir konnten, steckten wir ihnen Brot und anderes zu. Aber am Ende hungerten wir selber. Die letzte Zeit lebten wir von wässeriger Rübensuppe und zwei kleinen Stücken Brot. Auch in diesem Lager waren (sic!) Schuschnigg mit Frau und einem vierjährigen Kind unsere Nachbarn."

Protest bei der Lagerleitung

Die Internierung im KL Flossenbürg entwickelt sich für die Wittelsbacher von Anfang an zur größten Leidenszeit. „In der ersten Nacht", berichtet Prinzessin Irmingard,[65] „fing die Wanzenplage an. Bald sahen wir aus, als ob wir die Masern hätten. (Prinz) Albrecht bekam die blutige Ruhr, die im ganzen Lager herrschte, und wurde immer schwächer."

Albrecht, der mit seiner Krankheit drei Rückfälle erlitt,[66] befand sich schließlich in einer so schlechten gesundheitlichen Verfassung, daß er bei der Lagerleitung Protest erhob. „Er pochte darauf", erinnert sich Irmingard,[67] „daß wir als 'Sonderhäftlinge' wertvolle Geiseln wären und der Lagerkommandant (SS-Obersturmbannführer Max Koegel, Anm. d. Verf.) für unser Wohlergehen und unsere Gesundheit einzustehen habe. Dabei berief er sich auf Heinrich Himmler, dessen Vater früher Erzieher bei dem Sohn meiner Taufpatin, Prinzessin Arnulf von Bayern, gewesen war. Daher hatte Himmler auch den Namen Heinrich erhalten, nach Prinz Heinrich, dem Sohn von Tante Arnulf, der im Ersten Weltkrieg gefallen war."

Der Protest zeigte Wirkung. Koegel sorgte dafür, daß die Wittelsbacher in einem nahegelegenen Forsthaus untergebracht wurden. Dort ging es ihnen besser. „Der Förster Weber", berichtet Irmingard,[68] „war ein netter Mann. Im Forsthaus hing ein Bild unseres Urgroßvaters, des Prinzregenten Luitpold von Bayern, wohl noch aus königlicher Zeit. Wir durften unsere Herkunft natürlich nicht verraten, aber auf die Fragen des Försters hin stellte sich Albrecht unter das Bild(,) und so erriet Herr Weber unsere Abstammung. (...) Von da an tat er für uns, was er konnte. Es war nicht leicht, da wir Wachen bei uns hatten."

Die Umquartierung prominenter und privilegierter Häftlinge, die für die Pläne der SS von Wert sind, betrifft auch Karl Kunkel im Frauenkonzentrationslager Ravensbrück. In seinem heimlich geführten Tagebuch vermerkt der Kaplan: „Anfang Februar 1945: Jetzt hören wir es endgültig, daß unsere Abteilung (der Sonderhäftlinge, Anm. d. Verf.) aufgelöst wird."[69] Er nennt im selben Eintrag auch die Namen von zwei Gefangenen, mit denen er später im KL Dachau wieder zusammentreffen wird: „Frau Halder und Baron Flügge werden nach Berlin gebracht. Unsere Gruppe ist auf acht zusammengeschmolzen. (...) In den letzten Tagen sind wir zwischen Hoffen und Bangen."

Auseinandersetzung mit dem Erlittenen: Das Bild, das den Titel „K.Z." trägt, malte Prinzessin Irmingard von Bayern nach ihrer Sippenhaft in Sachsenhausen, Flossenbürg, Dachau und Ammerwald.

Auch die Namen der Sonderhäftlinge, die schon vorher Ravensbrück verlassen haben, hält Kunkel sorgfältig in seinen Aufzeichnungen fest: „Ende Januar 1945: Die Nachrichten von der Ostfront werden immer erregender. Die Russen haben die Oder erreicht. Sie sind in Luftlinie nur 90 km entfernt. Kritisch! Einige Sonderhäftlinge kommen weg: Schacht, Pünder, Gräfin von Plettenberg, Isa Vermehren (...). Wir bleiben. Wollen sie uns freilassen, den Russen überlassen oder erschießen? Jeden Morgen krachen hinter unserer Mauer die Genickschüsse, das Krematorium raucht ununterbrochen."[70]

„Eine schwere Nacht"

Doch dann erhält Kunkel am Sonntag, dem 18. Februar 1945, von einem Mithäftling die Nachricht, daß auch er mit seiner Verlegung rechnen muß. Sie lautet: „SS-Mann Lange macht Montag eine Dienstreise nach Dachau!" Der Kaplan ist sich über die Bedeutung dieser getarnten Botschaft im klaren. „Das", schreibt er in sein Tagebuch,[71] „klärt die Situation sofort. Es wird immer sicherer, daß ich es bin, den er dorthin bringt. (...) Eine schwere Nacht."

Aber erst am Mittwoch, dem 21. Februar, muß er aufbrechen. „Ein regenverhangener Morgen", schreibt Kunkel.[72] „Ich bin eben aufgestanden, da bringt mir um 7.15 Uhr SS-Mann Honjetsch das Frühstück und den Befehl, mich sofort zum Abtransport fertig zu machen. Jetzt ist alles klar: d. h. Dachau. Als sich die Tür schließt, sinke ich einen Augenblick vor den Fügungen Gottes auf die Knie. Dann heißt es höchste Eile. In einer halben Stunde geht das Auto. Ein Teil meiner abgegebenen Sachen ist gestohlen worden. (...)

Um 8 Uhr stehe ich mit zwei Koffern und einem Sack vor der Kommandantur. Lange und ein Rottenführer begleiten meinen Transport. Im Omnibus sind noch einige SS-Frauen, die zur Entbindung nach dem Sudetenland fahren. (...) In den Einfallstraßen nach Berlin große Sperren und Hindernisse. Schließlich sind wir in der Stadt. Grauenhafte Zerstörungen! (...) Wir halten am Potsdamer Platz; ich erkenne ihn nicht wieder. Mit der U-Bahn zum Anhalter Bahnhof. Ich muß mich wirklich an die Posten halten, um sie im Gedränge nicht zu verlieren! Wie leicht wäre eine Flucht! (...)

Dann stehen wir und warten auf dem Bahnsteig. (...) Im Abteil fahren Schwerverwundete mit. (...) Der Zug soll nach Wien kommen. (...) Unendlich langsam geht es von Leipzig nach Plauen, dann Hof. Stundenlang hält er auf freier Strecke. Im Morgengrauen sind wir in Weiden (Oberpfalz)."

Der zweite Transporttag verläuft so schleppend wie der erste. Es ist der 22. Februar. In einem beschleunigten Personenzug nähert sich Kunkel nun langsam München. „Die Bahnhöfe voller Flüchtlinge", notiert er.[73] „Hinter Regensburg um 12 Uhr Fliegeralarm. Wir liegen drei Stunden auf der Strecke. Stromzuführung unterbrochen. Endlich geht es weiter. In Landshut müssen alle aussteigen, ein großer Treffer auf der Strecke nach München. Alles wird auf Lastwagen geladen und 25 km weiter zu einem kleinen Bahnhof transportiert. Dort ist Pendelverkehr nach München eingerichtet. Eine abenteuerliche Fahrt durch Landshut, über verschneites Land. Langes Warten im Zug. Endlich um 1.45 Uhr fahren wir in den Münchner Hauptbahnhof ein. (...) Der Transportführer verdrückt sich: Ein passender Zug nach Passau lockt ihn. Im Luftschutzgang finden wir endlich ein Plätzchen. Ich stärke mich noch einmal, bevor es nach Dachau geht. Um 4.45 Uhr geht der erste Zug nach Dachau. Ein gefesselter Häftling steigt auch ein."

Mit dem KL Dachau hat Kunkel die zweite Station seiner Haft nach Ravensbrück erreicht. Im Kommandanturarrest des Lagers trifft er auf eine größere Zahl von Sonderhäftlingen, die dort bereits lange Zeit vor ihm interniert worden sind. Und nach ihm werden bald weitere Sonder- und auch die Sippenhäftlinge aus Buchenwald in Dachau eintreffen. Allen stehen mit ihrer Verschleppung nach Südtirol durch die SS noch dramatische Tage bevor.

Das KL Dachau als Zwischenstation der Geiseln auf dem Weg in die Alpen

Am 16. März 1945 erleben die Sippenhäftlinge im KL Buchenwald eine Überraschung. Ein Flugzeug nähert sich der Isolierbaracke, kurz „I-Baracke" genannt, in der sie untergebracht sind, und bald haben sie erkannt, wer die Maschine fliegt: Melitta von Stauffenberg. Sie ist gekommen, um nach ihren Angehörigen Ausschau zu halten, von denen sie schon lange nichts mehr gehört hat.

Marie-Gabriele von Stauffenberg hält dieses Ereignis in ihren Aufzeichnungen fest: „Wunderbares Wetter, sitzen in der Sonne. Plötzlich gegen 1.00 Uhr fliegt ein Fieseler Storch über die Baracke. Litta?! Alex wird gerufen. Sie kam auf gut Glück von Würzburg herauf, auf dem Flug nach Berlin. War bis heute im Glauben, daß wir in die Hände der Russen gefallen sind, da seit Lauenburg über unseren Transport keine Nachricht mehr gewesen ist. Beim Abflug kreist sie 3 x über die Baracke."[1]

Auch Fey von Hassell bleibt dieser Freitag unvergeßlich. „Am 16. März", berichtet sie,[2] „kreiste ein Fieseler Storch lange über unserer Baracke. Wir stürzten ins Freie und winkten mit Taschentüchern und Bettlaken. Es war Litta Stauffenberg, die Frau von Alex, die ihren Mann besuchen kam, wie sie es schon einmal in Stutthof getan hatte; damals hatte ich aber mehr tot als lebendig mit Typhus im Krankenzimmer gelegen und deshalb Littas Besuch aus der Luft nicht miterlebt. Sie war unsere einzige Verbindung zur Welt jenseits des Stacheldrahtes.

Als Litta wieder abgeflogen war, umringten wir Alex, um Neuigkeiten zu hören. Nach Stutthof hatte Litta nichts mehr über das Schicksal ihres Mannes erfahren. Vor einigen Wochen hatte sie mit der Gestapo in Lauenburg telefoniert, und dort endlich hatte sie gehört, daß wir in Richtung Berlin transportiert worden seien, es beinahe ausgeschlossen sei, daß wir nicht durch die Russen vom Westen getrennt worden wären. So hatte Litta versucht, auf gut Glück in Buchenwald zu landen, um nachzuforschen, ob wir vielleicht hier wären."

Am nächsten Tag macht Melitta von Stauffenberg im Flugzeug erneut einen Abstecher nach Buchenwald. „Litta kommt wieder", notiert Marie-Gabriele am 17. März, „wir winken alle." Und am 28. März ist die beherzte Fliegerin schon wieder da. Mit ihr fliegen die Eltern von Marie-Gabriele, Clemens von Stauffenberg und dessen Ehefrau Elisabeth, die am 27. Februar den Transport wegen der schlechten gesundheitlichen Verfassung von Clemens verlassen haben. Nachdem der Herzkranke zunächst im Krankenrevier des KL Sachsenhausen behandelt worden war, kam er am 19. März ins Sankt-Josefs-Krankenhaus nach Potsdam.[3] Das Reichssicherheitshauptamt hatte schließlich ein Einsehen mit dem Erkrankten und gab ihn am nächsten Tag bis zur Wiederherstellung seiner Gesundheit aus der Sippenhaft frei. Doch seine Frau, die ihn als Pflegerin begleitet hatte, mußte in die Gefangenschaft zurückkehren. Noch aber ist sie bei ihrem Mann im Flugzeug von Melitta, die beide Eheleute zum Flugplatz Weimar-Nohra bringt, wo sie zunächst Aufnahme finden. Das Flugfeld ist nur wenige Kilometer vom KL Buchenwald entfernt.

Auch den Flug der Eltern mit Melitta hält Marie-Gabriele am 28. März in ihren Aufzeichnungen fest: „Gegen 13.00 Uhr fliegt Litta kreisend über die Baracke, voll besetzt, wir vermuten die Eltern. Nachmittags kommt sie wieder. Alex kann sie sprechen." Und er erfährt Schlimmes. Das Ehepaar hat bei dem schweren Luftangriff der RAF auf Würzburg in der Nacht zum 17. März, an dem 225 Lancaster-Bomber beteiligt waren, seinen gesamten Besitz verloren. Das Haus wurde zerstört, und die große Bibliothek, die Alexander von Stauffenberg über Jahre hinweg zusammengetragen hatte, verbrannte.[4] Den schweren Schlag, der die Eheleute getroffen hat, vermerkt Marie-Gabriele auch in ihren Notizen: „Sind in Würzburg total ausgebombt." Doch Vater und Mutter weiß sie nun in Sicherheit. „Eltern auf dem Flugplatz Nohra bei Litta. Papi aus der Sippenhaft wegen Gesundheitsgründen entlassen."[5]

Am 29. März stattet Melitta von Stauffenberg den Sippenhäftlingen in Buchenwald wieder einen kurzen Besuch ab, ohne allerdings zu landen. „Litta 2 x über das Lager geflogen", registriert Marie-Gabriele. Am Tag darauf erscheint die Pilotin schon wieder am Himmel über Buchenwald, und diesmal fliegt sie in Begleitung von Elisabeth, der, wie berichtet, die weitere Sippenhaft nicht erspart bleibt. „Heute nachmittag", schreibt die Tochter an diesem 30. März, „kam Mami zu uns zurück." Und über den gegenwärtigen Aufenthaltsort von Clemens, der nun von seiner Frau wieder getrennt worden ist, berichtet Marie-Gabriele: „Papi bei Litta auf dem Flugplatz Nohra in einer Baracke im Offizierslager im Wald."

Auch am 31. März – es ist Ostersamstag – zieht es die Fliegerin wieder zum sehr geliebten Ehemann nach Buchenwald. Angesichts der Luftherrschaft der Alliierten über Deutschland sind Melittas Flüge nicht ungefährlich. Das zeigt sich schon am Morgen, als das Konzentrationslager erneut das Ziel eines Angriffs wird. „Gleich morgens Alarm", berichtet Marie-Gabriele. „Ganz in der Nähe (der I-Baracke, Anm. d. Verf.) schlug eine Luftmine ein. Stand draußen unter der Tür. Der Luftzug ließ die Baracke erzittern, Türen und Fenster flogen auf. In unserem Zimmer einige Scherben. Der Schreck war größer als der Schaden. Litta (hat) uns wieder überflogen."

Melitta von Stauffenberg läßt es sich auch am Ostersonntag nicht nehmen, mit dem Flugzeug wieder nach Buchenwald zu starten, um dort mit ihrem Mann zu sprechen. Aber dem Ehepaar wird nur wenig Zeit eingeräumt. Die Sprecherlaubnis, die ihnen zugestanden wird, beträgt lediglich 45 Minuten. Bei diesem Zusammentreffen erfährt Alexander, daß Melitta am nächsten Tag Clemens von Stauffenberg nach Hof fliegen wird, wo, wie Marie-Gabriele vermerkt,[6] „Tante Wanzi Guttenberg ihn nach Guttenberg holen will". Ob sie auf diesem Flug wieder Buchenwald berühren wird, macht die Pilotin von der Witterung abhängig. „Fliegt aber nur über uns", vertraut die Chronistin ihren Aufzeichnungen an, „wenn das Wetter schön ist."

Am nächsten Tag halten die Sippenhäftlinge vergeblich nach dem Flugzeug Ausschau, das Clemens von Stauffenberg nach Hof bringt. „Wetter sehr windig", beklagt Marie-Gabriele. „Litta kam leider nicht." Aber das Unternehmen gelingt. Clemens kommt mit Melitta wohlbehalten an seinem Ziel an, wo er das Kriegsende erlebt.

Aufbruch in Buchenwald

Für die Sippen- und für die Sonderhäftlinge in Buchenwald ist jedoch das Ende ihrer Haft noch nicht abzusehen. Im Gegenteil – Schweres liegt noch vor ihnen. Die Osterfeiertage sind kaum vergangen, da ergeht aus Berlin der Befehl, alle prominenten Gefangenen unverzüglich aus dem inzwischen kampfbedrohten Gebiet um Weimar herauszubringen. Dies betrifft erstens die Sippenhäftlinge und die ungarischen Sonderhäftlinge in der I-Baracke, zweitens die Gruppe der Sonderhäftlinge im ehemaligen SS-Arrest und drittens Léon Blum und dessen Frau im Falknerhaus.

Die Anordnung zum Aufbruch kommt am 3. April – es ist Osterdienstag – für die Gefangenen in der Isolierbaracke so überraschend, daß die meisten in Panik geraten. „Um 15.00 Uhr", berichtet Marie-Gabriele, die auch voller Unruhe ist, „heißt es, in einer Stunde fertig sein zum Abtransport. Große Aufregung. Die Amerikaner seien nur noch 43 km entfernt. Man kann keinen klaren Gedanken mehr fassen. Es ist einem alles gleich, was dableibt. Man darf nur das mitnehmen, was man tragen kann. Unsere großen Koffer mit fast allen guten Sachen müssen dableiben. Mutter Kuhn gar nicht gut beisammen."

Mit dem Befehl zum Aufbruch erlischt die Hoffnung der Gefangenen, von den amerikanischen Truppen befreit zu werden, die sich – nun unüberhörbar – Weimar nähern. Sehnsüchtig erwarteten sie die Ankunft der US-Soldaten, deren Vormarsch sie mit zunehmender Erregung zur Kenntnis nahmen. „Erfurt", erinnert sich Isa Vermehren,[7] „war bereits genannt worden im Wehrmachtsbericht, und am Rande des Horizonts wollte ein leises, dumpfes Grollen nicht mehr zum Schweigen kommen."

Es ist ein Leben zwischen Hoffen und Bangen. Dann aber holt die Häftlinge wieder die Realität ein, die ihnen schmerzlich vor Augen führt, daß sie sich noch in den Händen der SS befinden. „Plötzlich, am Mittag des 3. April", berichtet Isa Vermehren,[8] „kam entgegen allen Hoffnungen, doch entsprechend unseren eigentlichen Befürchtungen der Befehl: 'Packen! In einer Stunde Abmarsch! Jeder darf nur ein kleines Gepäckstück nehmen, der Rest bleibt hier!'" Und Fey von Hassell berichtet über die letzten dramatischen Tage in der Isolierbaracke: „Auch in Buchenwald hörte man nun das Dröhnen der Artillerie. Die Front konnte nicht weiter als 40 Kilometer entfernt sein. Unsere Nervosität war kaum noch auszuhalten, zumal das Gerücht umging, man wolle uns wieder abtransportieren – und tatsächlich kam am 3. April der Befehl: 'Packt eure Sachen. Ihr dürft nur so viel mitnehmen, wie ihr auf den Knien halten könnt.'"[9]

Erste Begegnung mit SS-Untersturmführer Bader

Noch am selben Abend machen die Häftlinge aus der I-Baracke Bekanntschaft mit ihrem neuen Transportführer: SS-Untersturmführer Bader.[10] Ihm begegnen die Gefangenen von Anfang an mit Mißtrauen, weil sein feindseliges Auftreten darauf schließen läßt, daß er zu allem bereit ist. Sie sehen in ihm und in seinen Begleitern ein Liquidationskommando, das, wenn es befohlen wird, auch vor ihnen nicht haltmachen würde. Nach seiner Befreiung sagt Oberst im Generalstab Bogislav von Bonin über Bader aus, von dem bis zuletzt eine Bedrohung ausgegangen ist: „Dieser war ein ganz übler Bursche und war in Gesellschaft von ungefähr zehn Wachmännern, die ebenso wie er von uns gefürchtet und verhaßt waren."[11] Genauso urteilt der Sonderhäftling Friedrich Engelke über Bader, der, wie vermutet wird,[12] mit seinen Leuten dem SD angehört hat: „Dieser war ein übler Bursche."[13]

Über die erste Begegnung mit Bader in der Nacht zum 4. April 1945 vor dem Aufbruch in der I-Baracke berichtet Isa Vermehren: „Nachts gegen halb zwölf (Uhr) schreckte uns der schrille Klang einer Trillerpfeife aus unserem halbschlafenden Zustand erschöpften Wartens. Der Vorraum hatte sich mit bewaffneten SS-Männern gefüllt, aus denen sich bald die Figur unseres neuen Transportführers herausschälte, ein echter Proto- und Plakattyp seiner Gattung: schlank stand er auf geraden, langen Beinen, mit schmalen Hüften und breiten Schultern. Sein Gesicht war dunkelbraun gebrannt mit einem mächtigen Kinn, zwei scharfen Falten um den geraden Mund, die lederne Haut seiner hohlen Wangen spannte sich über die etwas zu breiten Backenknochen, und unter dem blanken Schild seiner hohen, schief und verwegen aufgesetzten Mütze sah man seine schwarzen Augenbrauen wie zwei dicke Balken über den kleinen, schnellen, dunklen Augen. (...) Der Ausdruck seines Gesichtes war nicht angenehm: Die Sturheit, die in ihm lag, das spürte man, konnte tödlich werden."[14]

Auch Fey von Hassell ist von Bader abgestoßen, als sie ihn vor der Abfahrt aus Buchenwald nach dem ermüdenden Warten zum erstenmal erblickt: „Wir saßen stundenlang auf unserem Gepäck und warteten, weil der Leiter des Transports erst abends eintraf. Er hieß Bader (...) und schien mir mit seinen eckigen, grausamen Zügen in dem sonst leeren Gesicht und den vulgären, aggressiven Manieren wie ein Bluthund."[15]

Unter strenger Bewachung erfolgt dann der Aufbruch der Sippenhäftlinge und der ungarischen Sonderhäftlinge. Die Sicherungsmaßnahmen sind so beachtlich, daß sie Isa Vermehren in ihrem Bericht über den Abtransport eigens hervorhebt. Sie machen wieder einmal deutlich, wie wertvoll die Gefangenen für die SS sind. „Für unseren nächtlichen Abmarsch", schreibt Isa Vermehren,[16] „war ein an der allgemeinen Lage gemessen erstaunliches Aufgebot an Mannschaften versammelt: Von der Eingangstür bis zu den Omnibussen hinter der Mauer auf der Straße stand alle zwei Meter je ein Posten zu beiden Seiten des Weges mit der schußbereiten Maschinenpistole in den Händen. Wir wurden einzeln mit Namen aufgerufen, mußten uns dem Transportführer vorzeigen, und dann leuchtete das huschende Licht einer abgeblendeten Taschenlampe uns über die holprigen Steine zum Auto. Alles ging leise vor sich und mit gedämpfter Stimme, so daß das Brummen feindlicher Flieger und das dumpfe Rollen von der nahen Front nur um so deutlicher wurde und eine Bemerkung wie etwa: 'Haben Sie auch genügend Handgranaten bei sich?' nicht überhört werden konnte. Der Platz in den Wagen reichte kaum aus für all das Gepäck, die vielen Gefangenen und die zahlreichen Bewachungsmänner. Die Engigkeit im Wagen wurde noch spürbarer durch die von außen mit Farbe verschmierten Fenster, durch die man nun nicht mehr hindurchsehen konnte."

Um 23 Uhr verlassen die Häftlinge dann Buchenwald.[17] Wie Marie-Gabriele von Stauffenberg beobachtet,[18] besteht der Transport aus zwei Omnibussen, denen sich eine „Grüne Minna" und ein Personenauto mit weiteren Gefangenen anschließen. In dem Gefangenenwagen befinden sich die Sonderhäftlinge aus dem Zellentrakt des ehemaligen SS-Arrests, und im Personenwagen fährt Léon Blum mit seiner Frau. Sammelpunkt der vier Fahrzeuge ist eine Lichtung, wo die Fahrer zusammenkommen, bevor sie in einer Kolonne gemeinsam aufbrechen.

Die unheimliche Zusammenkunft beschreibt Blum, der sich zunächst aus den gespenstigen Vorgängen im Wald keinen Reim machen kann, später in seinen Aufzeichnungen: „Sind wir Teil eines Gefangenentransportes? Unser Auto bleibt nach einigen Augenblicken in einer Lichtung stehen. Drei (andere) Autos brechen auf, und um jedes Auto gruppieren sich Schatten. Wir hören Stimmen, Namen, die man ruft. Die Schatten steigen in ein Auto und verschwinden. Der Chauffeur unseres Autos, ein SS-Mann, ist am Steuer geblieben. Die (anderen) Chauffeure besprechen sich. Man studiert Karten, diskutiert den Weg. (...) Wer sind unsere Begleiter?

Zwei oder drei Wochen vorher wurden einige hundert Beamte von Berlin evakuiert und, zum SS-Hauptkommando gehörend, nach Buchenwald gebracht. Die Schatten sind aber nicht SS-Bürokraten, sondern andere Gefangene, von denen die meisten in den Kellern (sic!) der Kasernen von Buchenwald waren."[19]

Blum hatte bereits am 1. April 1945 von seinem bevorstehenden Abtransport aus Buchenwald erfahren, dem er sich jedoch widersetzen wollte, weil er sich dazu gesundheitlich nicht in der Lage sah. Am selben Tag hatte ihn nämlich ein Hexenschuß aufs Krankenbett geworfen. „Beim Hinaufsteigen vom Erdgeschoß, wo wir unsere Mahlzeiten einnahmen", berichtet er über seine Erkrankung,[20] „war ich im Waschraum stehengeblieben. Dort spürte ich einen plötzlichen und unerträglichen Schmerz, der die Bewegung der Hüftgegend und die Bewegung der Beine lähmte. Ich rief um Hilfe, und meine Frau und unser Diener Joachim hatten mich zu meinem Bett tragen müssen. Ich wußte genau, was das war: Hexenschuß und

Ischias. Es war nicht das erste Mal, hervorgerufen durch die sonderbaren Lebensbedingungen."

Um 15 Uhr erhielt Blum den Besuch, der ihm eine Stunde zuvor angekündigt worden war. „Es ist ein Offizier, den wir nicht kennen", berichtet er,[21] „und er spricht französisch. Er ist vom Lagerkommandanten geschickt worden und teilt uns den Befehl mit, daß wir unverzüglich das Lager verlassen müssen. Die Abreise wird am späten Nachmittag stattfinden, wir reisen im Auto und können nur so viel Gepäck mitnehmen, wie ins Auto paßt."

Aber Blum widersprach. Er könne nicht aufbrechen, da er erkrankt sei. „Wir haben einen Befehl erhalten", entgegnete ihm der Offizier, „und haben keine andere Wahl, als ihn auszuführen." Und dabei blieb es. Blum mußte sich dem Diktat der SS beugen. Am 3. April – Osterdienstag – erfolgte dann der endgültige Befehl zur Abfahrt, nachdem er am Ostermontag noch davon verschont geblieben war.

Es war bereits Abend, als er und seine Frau geholt wurden. „Um 8.30 Uhr", schreibt er,[22] „kam die SS und trug mich zum Auto, welches einige Meter vom Haus entfernt stand. Es war schon dunkel und regnete. Das Auto war weder ein Krankenwagen noch ein größeres Auto und besaß nur vier Plätze. Es war unmöglich, mich auszustrecken. Das Problem war, mich auf die Bank ohne Lehne zu setzen und mich so zu halten." In dieser unbequemen Haltung mußte Blum, festgekeilt in einer Ecke des Wagens, die Reise mit unbekanntem Ziel antreten.

Harte Zeit im ehemaligen SS-Arrest

Auch die Sonderhäftlinge, die in der „Grünen Minna" zur Transportkolonne stießen, reisten unter unzumutbaren Bedingungen. „Wir", erinnert sich Josef Müller, der in der Nacht zum 4. April 1945 einer der Leidgeprüften war,[23] „saßen in einem Gefangenen-Wagen, der als 'Holzvergaser' ausgerüstet war, und hatten den ohnehin knappen Raum mit unserem 'Brennstoff' zu teilen. Jede Stunde mußte der Gasgenerator nachgefüllt werden, so daß der Platz für uns allmählich etwas reichlicher wurde, wenngleich es immer noch drückend eng war."

In dem Fahrzeug, das für höchstens acht Menschen berechnet ist, drängen sich nun sechzehn Gefangene mit ihrem Gepäck. Neben Josef Müller befinden sich unter den Insassen der britische Hauptmann Sigismund Payne Best (Deckname: „Wolf"), Dietrich Bonhoeffer, der britische Major Hugh M. Falconer, der, wie Müller berichtet,[24] „während des Afrika-Feldzuges mit einem Funkgerät hinter den deutschen Linien abgesprungen" ist,[25] General Alexander von Falkenhausen, der ehemalige deutsche Gesandte in Spanien, Dr. Erich Heberlein, mit seiner Frau Margot, der Kaufmann Dr. Horst Hoepner, Bruder des Generalobersten Erich Hoepner, der an der Verschwörung gegen Hitler beteiligt gewesen ist, der sowjetische Leutnant Wassilij Wassiljewitsch Kokorin, Fregattenkapitän Franz Liedig, ein Mitarbeiter von Admiral Canaris, Fräulein Heidel Nowakowski, der Industriekaufmann und Oberst z. V. Horst von Petersdorff, der am 28. Juli 1944 den geflüchteten General Fritz Lindemann in seinem möblierten Zimmer in Potsdam untergebracht hat,[26] und Hermann Pünder.[27]

Hinter den Gefangenen liegt eine harte Zeit im Zellentrakt des ehemaligen SS-Arrests. „Diese künstlich, und auch dies nur spärlich, erleuchteten Kellerräume", erinnert sich Pünder,[28] „haben wir schwere und bange Wochen nicht eine Minute verlassen dürfen. Keinen Sonnenstrahl haben wir in dieser Zeit zu sehen bekommen, und kaum etwas Tageslicht drang durch das kleine, hochgelegene Oberlicht in diese feuchtkalten Kellerräume. Aber auf dem kaum einen Meter breiten, düsteren Korridor zwischen den Zellen ergab sich dann doch die Gelegenheit zu kurzen, natürlich auch verbotenen, Flüstergesprächen.

Von aller Welt waren wir abgeschnitten und seit Monaten ohne jede Nachricht von der eigenen Familie und der Kriegslage. Bei unseren Flüstergesprächen drehte es sich begreiflicherweise fast nur um den gleichen Gedanken: Ließ der von Tag zu Tag immer deutlicher werdende Kanonendonner uns armen Häftlingen noch einen Hoffnungsschimmer, oder sollten wir diesen Wettlauf und damit auch unser Leben verlieren? Der Glaube an unseren Herrgott hielt uns aufrecht, und Dietrich Bonhoeffer war es, der uns in dieser christlichen Zuversicht leuchtenden Auges stärkte."

Keiner der Häftlinge im Gefangenenwagen weiß, was ihnen noch bevorsteht. Selbst das Ziel der Fahrt kennen sie nicht. So gut es geht, richten sich die Insassen in der drangvollen Enge des Fahrzeugs ein. „Wassilij Kokorin und ich", erinnert sich Müller,[29] „saßen abwechselnd aufeinander. Der Zeiserlwagen rollte im 30-Stundenkilometer-Tempo Richtung Süden. Die Wachen waren zwar verschärft worden, doch konnten wir uns auf dieser nächtlichen Fahrt flüsternd unterhalten."

Wie sich zeigt, folgen die „Grüne Minna" mit den Sonderhäftlingen aus dem ehemaligen SS-Arrest, das Personenauto mit dem Ehepaar Blum und die Omnibusse mit den Sippen- und Sonderhäftlingen aus der I-Baracke ein und derselben Route. Demnach gibt es für alle Fahrzeuge nur ein Ziel. Dieses muß in weiter Ferne liegen; denn die Kolonne fährt die ganze Nacht hindurch. Dabei geht es in ein Gebiet, das den Chauffeuren offensichtlich fremd ist.

„Mehrmals", erinnert sich Fey von Hassell,[30] „mußten die Fahrer nach dem Weg fragen. Während dieser Pausen hätten wir dringend austreten müssen, aber man verbot es uns unter Drohungen: 'Tut euch nicht so wichtig! Wir können euch auch noch ganz anders behandeln!' Maria Hammerstein jedoch ließ sich nicht einschüchtern. Ihre Stimme nahm einen leicht militärischen Ton an: 'Wenn ihr mich nicht sofort aussteigen laßt, setze ich euch mitten in den Bus einen Bach.' Die Männer taten so, als hörten sie nichts. Daraufhin zwängte sie sich energisch zwischen uns und dem Gepäck durch und warf sich mit einer solchen Wucht gegen die SS-Wachen, daß diese wankten. Da gaben sie auf. Eine Wache stieg hinter ihr aus und richtete das Gewehr auf sie, bis sie fertig war. Einer nach dem anderen durften wir nun auch austreten. Wir hatten inzwischen weniger Angst und wurden den Wachen gegenüber fordernder. Das änderte zwar nicht ihr Verhalten uns gegenüber, aber wir konnten fast alles erreichen, was wir wollten.

Bei einem dieser Aufenthalte bemerkten wir, daß uns ein Auto folgte, in dem sich zwei Personen unter SS-Bewachung befanden. Wir erkannten Léon Blum (...) und seine Frau, die uns beide verstohlen zuwinkten. Hinter ihnen fuhr noch eine mit Menschen vollgestopfte 'Grüne Minna'."

In knappen Worten berichtet Marie-Gabriele von Stauffenberg in ihren Aufzeichnungen über diesen Transport: „Die ganze Nacht durch (gefahren). Jena – Hof – Weiden. Überall Kolonnen und Wehrmachtsperren. Unverschämte Wachmannschaften, die einen wie Verbrecher behandeln." Ergänzend fügt sie am 4. April hinzu: „Vor Hof von der Autobahn herunter. Am Stadteingang stundenlang auf den anderen Omnibus gewartet, dann weiter nach Wunsiedel. Dort längerer Aufenthalt. Unter Bewachung grüppchenweise auf ein Holzhäusl im Hinterhof. Rast im Wald für Frühstück und Mittagessen."[31]

Auch Léon Blum beschreibt in seinen Erinnerungen die Fahrt des Konvois, die zunächst, wie sich schließlich herausstellt, das KL Flossenbürg zum Ziel hat. „Wir", berichtet er,[32] „durchfuhren Weimar, dann Jena. Die Nacht war lang, und ich kann mich erst am folgenden Tag

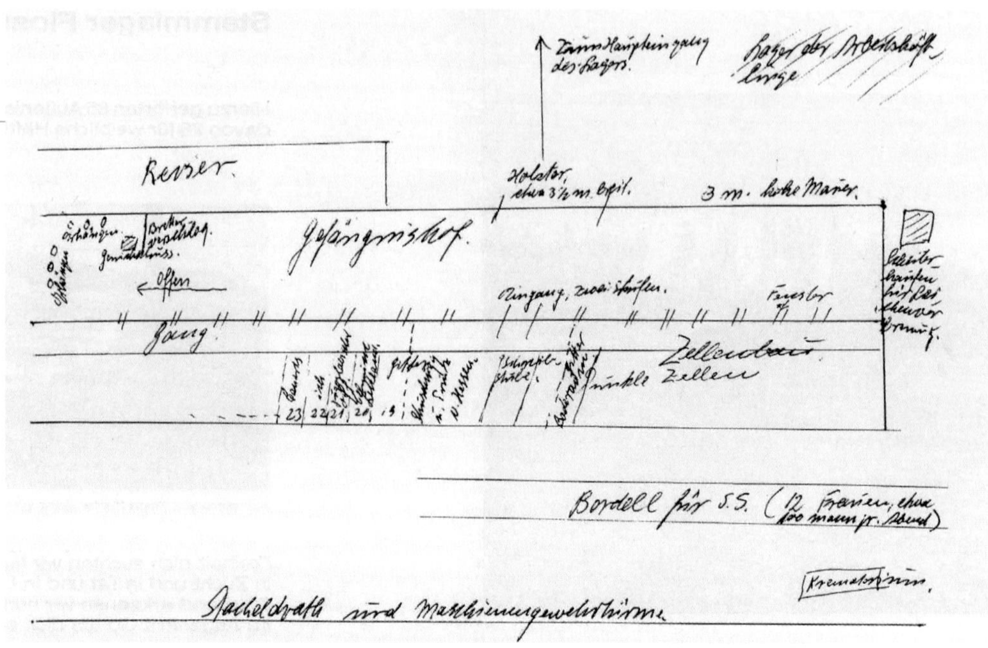

Zeichnung des dänischen Gefangenen Hans Lunding: Unterkunft der Sonderhäftlinge im isolierten Zellenbau des Konzentrationslagers Flossenbürg. Der Gefängnishof ist von einer hohen Mauer umschlossen.

wieder orientieren. Wir waren an der Westspitze von Sachsen, nahe der tschechoslowakischen Grenze. Alles ließ die Nachbarschaft von Böhmen erahnen.

Gegen 9.00 Uhr morgens überholt unser Auto die Karawane, fährt an der Spitze und bestimmt das Tempo. Wir sind allein auf der Straße. Ein Ortsschild zeigt die Richtung Ratisbonne (Regensburg) in 200 km an. Wir nähern uns dem Süden durch eine Umleitung im Kreisbogen und sind in einer kleinen Stadt, Neustadt (an der Waldnaab). Die Hälfte des Weges nach Ratisbonne ist gemacht. Dann verlassen wir die große Straße."

Bald danach bemerkt Blum auf einmal Gefangene. „Es muß hier ein Lager geben", stellt er fest, als sein Auto das ihm noch fremde Konzentrationslager Flossenbürg erreicht. „Wir durchfahren ein Portal, das Auto bleibt vor dem Zentralgebäude stehen. Der Offizier steigt aus und läßt uns mit dem Chauffeur allein. Drei Stunden müssen wir warten." Blum, der ein aufmerksamer Beobachter ist, entgeht nicht, an welchem Ort des Schreckens er sich befindet. „Der ganze Ort", registriert er mit Entsetzen,[33] „atmet Elend, Leiden und Tod."

Doch das KL Flossenbürg ist noch nicht die Endstation der Fahrt. Die Kommandantur weist den Transport ab, weil das Lager mit Häftlingen bereits überbelegt ist. Also geht die Reise zurück nach Neustadt an der Waldnaab, „dessen Marktplatz", wie Eberhard Dünninger berichtet,[34] „zum Sammelplatz des Konvois" wird. „Die 'Grüne Minna' aus Buchenwald mit (den) besonders bewachten Gefangenen, wie Bonhoeffer und Best, wurde dann südlich von Weiden von einem anderen Fahrzeug überholt und angehalten."

Inzwischen ist nämlich an höherer Stelle erkannt worden, daß es in Flossenbürg ein Fehler gewesen ist, die Sonderhäftlinge Franz Liedig und Josef Müller nicht aus dem Transport herauszunehmen. Wenigstens die beiden sollten zusammen mit Bonhoeffer, der aber, wie sich noch zeigt, unter seinen Leidensgefährten im Gefangenenwagen unerkannt bleibt und der deshalb zunächst dem tödlichen Zugriff der Gestapo entgeht, im Lager zurückbleiben. Dieses Versehen wird nun schnellstens korrigiert. „Gegen Mittag", erinnert sich Müller,[35] „hielt man unseren Wagen in Neustadt an der Waldnaab (laut Best war es in Weiden, Anm. d. Verf.)[36]

an, die Türe wurde aufgerissen, und jemand schrie: 'Liedig mit Gepäck, raus! Müller mit Gepäck, raus!'

Wir sprangen vom Wagen, unaufgefordert kletterte Hauptmann (Ludwig) Gehre hinterdrein. Er hatte die Stimme von Kriminalkommissar Stawitzki erkannt, den er für seinen Freund hielt, weil er ihm bei den Vernehmungen schön ins Gesicht getan und ihm sogar Wein zu trinken gegeben hatte. Ich wollte mich noch von Dietrich Bonhoeffer verabschieden, aber er saß wie festgenagelt auf seinem Platz im Inneren des Wagens.

Wassilij Kokorin hingegen war mit einem Satz auf der Straße. Er hatte mitbekommen, daß wir drei Aufgerufenen für das Todeslager Flossenbürg bestimmt waren, und war fest überzeugt, wir müßten nun für immer voneinander Abschied nehmen. Wassilij umarmte mich herzlich und küßte mich nach russischer Sitte auf die Wangen.

Im ersten Moment war ich von dieser Szene, die sich vor den mißtrauischen Augen unserer Schergen abspielte, überrascht, doch es lag soviel Menschlichkeit und Herzlichkeit darin, daß ich den Abschiedskuß erwiderte. Mit gesenktem Kopf stieg Wassilij wieder ein. Liedig, Gehre und ich wurden in eine zweite 'Grüne Minna' geladen, in der es entsetzlich stank. Das Innere war zwar ausgekalkt oder mit einer Chlorlösung ausgewaschen, doch wir hatten den sicheren Eindruck, daß in diesem Fahrzeug Leichen transportiert worden waren."

Fey von Hassell beobachtete aus ihrem Omnibus, wie die drei Männer aus der „Grünen Minna", die Blums Auto gefolgt war, herausgeholt wurden. „Plötzlich", berichtet sie,[37] „kam noch ein dritter Wagen angefahren. Fünf Leute wurden aus der 'Minna' herausgezerrt, zwei davon in Uniform, von denen einer eine schwarze Binde über einem Auge trug. Nach einer lebhaften Diskussion zwischen den SS-Leuten wurden zwei Personen wieder in die ´Grüne Minna` gedrängt; drei wurden in dem dritten Auto von der SS fortgefahren. Später erfuhr ich, daß einer dieser Männer Josef Müller gewesen war, der für den Widerstand die Verbindung zum Vatikan hergestellt hatte. Die zwei Offiziere gehörten ebenfalls, wie ich später erfuhr, zum Widerstand, der Marineoffizier Liedig und Major (sic!) Gehre, der mit der schwarzen Augenbinde, ein naher Mitarbeiter von Admiral Canaris." Die beiden Offiziere und Müller landeten unverzüglich im KL Flossenbürg.

Unterdessen hat der Konvoi mit den übrigen Gefangenen seine Fahrt fortgesetzt. Das nächste Ziel ist Regensburg, wo die Kolonne mit den Sippen- und Sonderhäftlingen am Nachmittag des 4. April 1945 eintrifft.[38] Zunächst hat es geheißen, daß eine SS-Waffenschule in der Stadt an der Donau den Transport aufnehmen wird.[39] Aber dies erweist sich als ein Irrtum. Dann versucht der Transportführer Bader, die Häftlinge in einem Lager unterzubringen. In der Zwischenzeit haben die Gefangenen in ihren Fahrzeugen auszuharren. „Warten, bis man weiß, wo wir unterkommen", vermerkt Marie-Gabriele von Stauffenberg in ihren Aufzeichnungen.[40] Aber Bader hat keinen Erfolg. „Lager überfüllt", notiert die Chronistin.

Unter der SS-Bewachung herrscht nun Ratlosigkeit. Niemand weiß, wo die Häftlinge für die Nacht eine Unterkunft finden könnten. Auch der SS-Führer, der im Personenwagen mit dem Ehepaar Blum am Abend in Regensburg ankommt, steht vor demselben Problem. Ratsuchend fragt er sich zur Polizeidirektion durch, um sich weitere Instruktionen von der Regensburger Gestapo zu holen.[41] Als der SS-Führer das Auto verläßt und im Polizeigebäude verschwindet, kommt Blum der Gedanke, die Abwesenheit des Begleiters zu nutzen und die Flucht zu wagen. Doch seine Frau rät ihm davon ab. So wartet Blum im Wagen, bis der SS-Führer zurückkehrt und die Fahrt weitergeht. Das Ziel ist jetzt das Gefängnis in der Augustenstraße, im Volksmund „Augustenburg" genannt.

„Wir", schreibt Blum, dem dieses Ziel nicht genannt wird,[42] „verlassen das Stadtzentrum und nähern uns offensichtlich dem Bahnhof, dem üblichen Ziel der Bombenangriffe, denn wir fahren zwischen Häuserblocks, die sich in Trümmerhaufen verwandelt haben. Das Auto nimmt den Weg durch eine breite, mit Bäumen bepflanzte Allee." Dann machen Blum und seine Frau die erschreckende Entdeckung: „Wir erkennen ein großes Gebäude, hoch und kahl, von der Allee getrennt durch einen Hof und Gitter, vor dem unser Auto hält." Blitzschnell hat Madame Blum die Situation erfaßt, als sie Wärter mit einem Schlüsselbund in der Hand vor dem Eingang bemerkt. Ihr nächster Aufenthaltsort liegt also hinter Gefängnismauern. Mehrere Männer tragen den kranken Blum ins Gebäude.

Die Augustenburg nimmt schließlich auch die Sippen- und Sonderhäftlinge auf. Marie-Gabriele von Stauffenberg berichtet über die unverhoffte Einquartierung: „Kommen für die Nacht ins Regensburger Gefängnis in Zellen. Langer Kampf mit dem Staatsanwalt wegen dem Zusperren der Zellen in der Nacht. Er siegt, gegen die Vorschriften kommt man nicht an. Schlafe mit Vater Kuhn auf einer Matratze, Mutter Kuhn auf dem Bett. Sie spürt ihr Herz, die Zellen regen sie sehr auf."[43]

Die Einweisung ins Gefängnis löst bei den Sippenhäftlingen, wie Marie-Gabriele von Stauffenberg schon angedeutet hat, Empörung aus. Aber die SS-Leute ignorieren das. „Von unserem Protest", erinnert sich Fey von Hassell,[44] „nahmen sie natürlich keine Notiz und trieben uns mit Stößen und brüllend durch das Gefängnistor. Da verlor ein Häftling, ein Offizier namens Schatz, jede Zurückhaltung und ließ seiner Wut und Empörung freien Lauf – mit dem Ergebnis, daß die unsicher gewordenen SS-Leute den Gefängnisdirektor kommen ließen. Schatz fragte, ob man wenigstens die Zellentüren offenlassen würde, worauf der Direktor freundlich erwiderte, daß die Gefängnisvorschriften das nicht zuließen.

Die Ungarn, die Gefangenen aus der 'Grünen Minna' und das Ehepaar Blum befanden sich bereits in diesem Gefängnis, und nach langem Hin und Her wurden wir zu fünft oder acht in die völlig verwanzten Zellen geschlossen. Auch Schatz mußte diesem Befehl folgen. Als sie zusperrten, machten wir voller Wut einen Höllenlärm, und immerhin wurden am nächsten Tag unsere Türen geöffnet, und wir konnten auf den Korridoren entlanggehen. Auf unsere Bitten hin öffneten sie auch die Zellentüren der Ungarn. Die Gefangenen aus der 'Grünen Minna' und das Ehepaar Blum blieben eingesperrt. Léon Blum verhielt sich eher reserviert und wollte sich unseren Protesten nicht anschließen."

Isa Vermehren vermerkt, daß an diesem Mittwoch die „meisten Buchenwalder Sippenhäftlinge nun zum erstenmal eine Zellentür von innen besehen" müssen, was bei ihnen ein „lautes Protestgeheul" hervorruft. „Frau Schroeder (sic!), in der begreiflichen Sorge um die ungute Beeindruckung ihrer kleinen Kinder, berief sich wieder und wieder auf die ihr bei der Verhaftung gemachten Zusicherungen, in einem Hause interniert und nicht in einem Gefängnis eingesperrt werden zu sollen – völlig vergeblich natürlich. Gisela (Gräfin von Plettenberg) und ich verbrachten die Nacht in einer Zelle mit dem Ehepaar Thyssen – sie lag auf der Pritsche, und er mußte sich mit uns die zwei Strohsäcke am Boden teilen."[45]

Die Zellen der Häftlinge befinden sich im zweiten Stock des Gefängnisses, wo die Gefangenen nun die Nacht zum 5. April und den folgenden Tag verbringen müssen. Erst als die Angekommenen lauthals protestieren, erhalten sie noch am späten Abend ein Essen. Best berichtet über den Aufstand der Ausgehungerten: „Auf unsere Zumutung, daß wir etwas zu essen wollten, entgegneten die Wärter zuerst: 'Unmöglich, die Küche ist schon geschlossen', aber nach vielem Hin und Her und lauten Protesten seitens der Angehörigen unserer Gruppe, die gemeinsam den Chor 'Wir wollen Essen' anstimmten, der alsbald von allen Zellen auf dem Flur aufgenommen wurde, bekam schließlich jeder von uns einen großen Napf mit ganz annehmbarer Gemüsesuppe, ein dickes Stück Brot und eine Tasse 'Kaffee'."[46]

Auch sonst zeigen sich die Wärter von ihrer eher gutmütigen Seite, wie Isa Vermehren hervorhebt. „Das Gefängnispersonal", schreibt sie,[47] „erwies sich als freundlich und willfährig, sowie unsere SS-Wache den Flur verlassen hatte. So konnten wir endlich auch die Insassen jener geheimnisvollen 'Grünen Minna' begrüßen, die zur selben Stunde mit uns aus Buchenwald abgefahren und seitdem wie ein geheimnisvolles kleines Anhängsel unserer Spur gefolgt war.

Unter ihren Fahrgästen befand sich der Pastor Bonhoeffer (...). Er hatte bei einer Vernehmung ein Schriftstück auf dem Arbeitstisch des Kommissars liegen sehen, dessen erste Worte lauteten: 'Nach dem Ableben des Generals Lindemann ...' Mit dieser Mitteilung verschaffte er endlich der Frau des Generals Gewißheit über das schon seit langem unruhevoll erahnte Schicksal ihres Mannes, der den Verwundungen, die er bei seiner Verhaftung erlitten hatte, erlegen war."

„Wie war unsere Gruppe gewachsen!"

Bonhoeffer überbringt auch Anneliese Goerdeler im Regensburger Gefängnis die niederschmetternde Nachricht, daß ihr Mann bereits hingerichtet worden ist. „Meine Tochter Marianne", erinnert sich die Witwe des früheren Leipziger Oberbürgermeisters,[48] „berichtete mir aufgeregt, daß Pastor Bonhoeffer, der einen vortrefflichen Eindruck auf sie gemacht habe, Zellennachbar unseres geliebten Vaters gewesen sei. Dann gelang es uns, mit ihm etwa 20 Minuten durch ein Guckloch zu sprechen. Wir erfuhren durch ihn, daß unser Vater wahrscheinlich nicht mehr lebe, daß er aber einen völlig gefaßten, bereits der Welt abgekehrten Eindruck machte, wann auch immer er ihn gesehen und gesprochen habe. Er sei nur sehr schmal und elend gewesen; und so habe es ihn doppelt gefreut, von seinen eigenen Lebensmittelpaketen – gerade auch Weihnachten – ihm abgeben zu dürfen. Von sich selbst sprach er wenig. Vielleicht waren wir auch in unserem Hunger nach Nachrichten so sehr befangen, daß wir ihn nicht eingehend nach seinem eigenen Ergehen gefragt haben. Er gab aber der Hoffnung Ausdruck, der schlimmsten Gefahrenzone entronnen zu sein und einem leichteren Schicksal entgegenzugehen. Vor allem lag ihm am Herzen, Nachricht von seinen alten Eltern und seiner Braut zu erhalten, deren Schicksal in Pommern völlig ungewiß war."

Der folgende Tag – es ist Donnerstag, der 5. April 1945 – bietet den Häftlingen ausreichend Gelegenheit, sich untereinander bekanntzumachen und Erfahrungen auszutauschen. Zum erstenmal ist es ihnen möglich, auf andere Leidensgefährten zuzugehen und ein vertrauliches Gespräch zu führen. Im Gegensatz zur SS-Bewachung hindern die Wärter im Gefängnis sie daran nicht. „Zellentüren sind offen", vermerkt Marie-Gabriele von Stauffenberg erleichtert in ihren Notizen.[49] „Sehen die Insassen der (Grünen) Minna." Aber auch der ehemalige französische Ministerpräsident entgeht ihren wachen Augen nicht. „Außerdem", schreibt sie, „war das Ehepaar Léon Blum da. Sie waren in dem Pkw gefahren, den wir schon in Buchenwald gesehen hatten."

Auch Fey von Hassell erinnert sich an die Begegnung mit anderen prominenten Häftlingen im zweiten Stock des Regensburger Gefängnisses: „Durch die Klappen in den Zellentüren machten wir am nächsten Tag Bekanntschaft mit neuen Schicksalsgefährten. Wie war unsere Gruppe gewachsen! (...) Wir, die wir uns über die Viehwagen, die überfüllten Autobusse und die Gewalttätigkeit der SS beschwert hatten, hörten jetzt von denen, die mit der 'Grünen Minna' gefahren waren, daß der Wagen im Innern in lauter winzige Zellen aufgeteilt war, in denen man lediglich sitzen konnte, sich umzudrehen oder zu bücken war ausgeschlossen. Es gab nicht die geringste Öffnung, und man wurde von dem schaukelnden Fahrzeug hin und her geworfen. Im Vergleich dazu schien unser Transport noch angenehm gewesen zu sein!"[50]

Aber auch der Ort, an dem sich die Häftlinge befinden, ist vom Terror des NS-Regimes gezeichnet. Blum kann sich an diesem 5. April 1945 ein Bild davon machen. „Den Nachmittag", berichtet er,[51] „verbringen wir in der Zelle mit einer Tätigkeit, die uns wahrhaftig das Herz zerreißt. Meine Frau hat bemerkt, daß an den Wänden trotz der frisch aufgetragenen Farbschicht noch Inschriften leserlich sind. Sie sind mit einem Nagel oder einer Messerspitze eingeritzt. Wir legen sie mühsam frei, und ich übertrage sie in mein Notizbuch. Was für Männer und Frauen sind vor uns hier durchgegangen! Meist unmittelbar vor dem Gang zur Folter oder zur Hinrichtung haben sie hinter sich diese letzte Spur ihrer Existenz zurückgelassen. Unter den Namen, die wir entziffern können, befinden sich einige mit französischem Klang, von Nordfranzosen oder Ostbelgiern. Einer von ihnen hat Punkt für Punkt die Stationen seines Leidensweges festgehalten: die Ankunft, die Folter, die Verhandlung vor dem Gestapo-Sondergericht, den letzten Gang."

Die trügerische Ruhe im Gefängnis wird am Vormittag durch einen Fliegeralarm gestört, der die Insassen zwingt, den Luftschutzkeller aufzusuchen.[52] Ein politischer Mithäftling, der Regensburger Viehhändler Alois Kiendl, erbarmt sich des französischen Ministerpräsidenten, der sich mit seinem Hexenschuß immer noch kaum bewegen kann, und trägt ihn in den Keller.[53] Die Hilfsbereitschaft dieses Mannes bleibt auch den anderen prominenten Gefangenen unvergeßlich. Zum Glück ist Regensburg an diesem Tag nicht das Ziel amerikanischer Bomber, und so bleibt es nur beim Alarm, der aber die Menschen im Keller drei Stunden lang festhält.

Die ungewisse Zukunft, die vor ihnen liegt, zehrt zusätzlich an den Nerven der Häftlinge. Niemand weiß, wohin der Weg noch führt. Selbst Bader ist sich darüber im unklaren. Er hat den Befehl, seinen Transport nach Dachau zu bringen. „Aber auch dieses riesige Lager", erfährt Fey von Hassell,[54] „war überfüllt." Bader muß sich nun vorübergehend nach einem anderen Ort, der die Gefangenen aufnehmen kann, umsehen, bis die Kommandantur des KL Dachau für den Transport Platz gemacht hat. „Abfahrt unbestimmt", klagt Marie-Gabriele von Stauffenberg,[55] „da man nicht weiß, wohin mit uns. Schlagen dem Untersturmführer Bader Jettingen vor." Doch der Transportführer geht auf den Vorschlag nicht ein, auf Jettingen auszuweichen, wo sich ein Schloß der Familie Stauffenberg befindet. Auch andere Empfehlungen schlägt er aus, wie Fey von Hassell berichtet: „Gegen Mittag tauchte Bader auf, ganz verzweifelt, und fragte doch wahrhaftig uns, wohin sie uns transportieren sollten. Einfach unglaublich! Wir schlugen ihnen (den Bewachern, Anm. d. Verf.) sofort verschiedene Besitzungen von Freunden in der Umgebung vor, aber das gefiel ihnen verständlicherweise nicht."[56]

Am Abend des 5. April hat dann das Warten im Gefängnis ein Ende. „Es wird aber 19.45 Uhr", notiert Marie-Gabriele von Stauffenberg,[57] „bis wir endlich abfahren. Sie sagen uns nicht, wohin. Kaum außerhalb der Stadt hat die Minna eine Panne und kann nicht weiter. Der Holzgasomnibus fährt weiter. Wir müssen warten und stehen bis 1.20 Uhr auf der Straße. Fahren dann über Straubing-Deggendorf. In unserem Omnibus fährt ein Kommissar aus

Zwischenstation der SS-Geiseln aus Buchenwald auf dem Weg nach Dachau: Markt Schönberg im Bayerischen Wald.

Berlin mit. Ist in Zivil, hat einen erschreckenden Gesichtsausdruck mit blutunterlaufenen Augen."

Die Ursache für die stundenlange Zwangspause auf offener Straße, die Marie-Gabriele erwähnt, war ein Defekt an der Lenkung des Gefangenenwagens, der die Sonderhäftlinge transportierte. Nachdem das Fahrzeug, wenige Kilometer hinter Regensburg, im Regen ins Schleudern geraten war, stellte Hugh M. Falconer, der ein versierter Techniker ist, fest, daß die Lenkung des Autos gebrochen war. Das bedeutete zunächst das Ende der Fahrt. Die Häftlinge, eingesperrt in ihrem liegengebliebenen Gefängnis, mußten nun stundenlang warten, bis ein neuer Autobus aus Regensburg eintraf und das Ersatzfahrzeug sie aufnahm.

Auch Blum verläßt am selben Abend mit seiner Frau das Regensburger Gefängnis. „7.00 Uhr abends", so hält er in seinen Aufzeichnungen fest,[58] „mußten wir wieder ins Auto, derselbe Chauffeur und derselbe Offizier. Der Offizier sagt leise zum Chauffeur, daß niemand wissen darf, wen sie transportieren. Wenn jemand fragt, das ist der Gauleiter und seine Frau. 2.00 Uhr morgens, einige Kilometer von Ratisbonne entfernt, erwischen wir den Transport. Eines der Autos hatte eine Panne, also zurück nach Ratisbonne, um einen Bus zu beschaffen."

Das nächste Ziel der Reise ist nun der Markt Schönberg im Bayerischen Wald, wo die Häftlinge zunächst bleiben sollen, bis für sie im KL Dachau Platz gemacht worden ist. „Diese nächtliche Fahrt dorthin", erinnert sich Isa Vermehren,[59] „war mehr als nerventötend. Nicht nur wirkte sich das ewig sich wiederholende Aussetzen des Motors lähmend und aufreizend zugleich auf unsere Stimmung aus, sondern vor allem peinigte das Ungewisse, Dunkle, Geheimnisvolle dieser nächtlichen Unternehmung. Die vielen SS-Männer beunruhigten uns – zu allem Überfluß hatten sie in Regensburg noch drei schauervolle weibliche Kolleginnen aufgerafft, die uns bekochen sollten –, es ängstigte uns, daß das Reiseziel so nahe der tschechischen Grenze gelegen war und so weit ab von der westlichen Front, und mit dem tieferen Eindringen in die zerklüftete Unwirtlichkeit des Bayerischen Waldes steigerte sich das Gefühl der Ausgeliefertheit."

Wieder ist es Marie-Gabriele von Stauffenberg, die auch über die Ankunft an dem entlegenen Ort genau Buch führt. Am 6. April – es ist ein Freitag – trägt sie in ihren Notizen ein: „Kommen früh (um) 6.35 Uhr in Schönberg (...) an, wo wir bleiben sollen. Natürlich (ist)

Die Schönberger machen aus ihrer Sympathie für die Häftlinge kein Hehl, was ihre Zuwendungen beweisen.

nichts vorbereitet. Ein Hilfskrankenhaus (Verwundete) muß wegen uns geräumt werden. Kommen nach langem Warten in den Gasthof 'Dorflinger' zu heißem Kaffee. Nachdem wir die Leute aufklären, daß wir Gefangene sind, werden sie sehr freundlich. Sitzen bis 19.00 Uhr, bekommen eine Suppe. Die Jugend (unter den Häftlingen, Anm. d. Verf.) geht zum Strohsackstopfen."[60]

Inzwischen werden auf Befehl des NSDAP-Ortsgruppenleiters die beiden Schulhäuser im Markt für die Gefangenen freigemacht.[61] Die Mehrzahl der Sippenhäftlinge wird in der Knabenschule am Kirchplatz untergebracht, und die Sonderhäftlinge finden mit den restlichen Sippenhäftlingen im Mädchenschulhaus in der Regener Straße 2 ihr Quartier, in dem sich das erwähnte Hilfskrankenhaus befand, das der Schönberger Bürgermeister Hans Reinsberger erst am 15. März 1945 für die vielen Flüchtlinge im Ort seiner Bestimmung übergab.

Wie der Heimatforscher Sepp Sager schreibt, hat der Bürgermeister das damalige Geschehen in seinem Tagebuch festgehalten: „Am 7. April berichtet der Chronist (Reinsberger), daß er den Auftrag erhalten habe, das erst kürzlich eröffnete Notkrankenhaus zu schließen, da es für andere Zwecke verwendet werden müsse. Auch das zweite Schulhaus an der Kirche werde anderweitig benötigt und müsse hergerichtet werden. Man sprach von Generälen, Ministerpräsidenten und Grafen mit ihrem Anhang, die nach Schönberg kommen sollen. Später erfuhr man, daß diese 'prominenten Leute' sogenannte Sippenhäftlinge waren. Schweren Herzens mußte der Bürgermeister zehn Krankenschwestern verabschieden, die die Kranken im Notkrankenhaus betreut hatten. Sie wurden ins Krankenhaus nach Zwiesel verlegt."[62]

Die Verteilung der Gefangenen auf die beiden Schulen vermerkt Marie-Gabriele von Stauffenberg noch am 6. April, als das Warten auf eine Unterkunft für die Häftlinge am Abend ein Ende hat: „Kommen endlich todmüde in unser Quartier, 2 Säle in der Knabenschule. (...) Die Sippe mit Thyssens in einem Raum. 2. Raum: Mutter und Vater Kuhn, Ehepaar Mohr, Frau Kaiser und Tochter, Major Schatz, Frl. Gisevius, Frl. Vermehren, Gräfin Gisela Plettenberg. Die Ungarn und Rest (der Sippenhäftlinge, Anm. d. Verf.) in der Mädchenschule, ebenso die Minnaleute (...)."[63]

Auch Isa Vermehren geht in ihrem Bericht eingehend auf die Ankunft in Schönberg ein: „Entgegen allen Zusicherungen erwartete uns auch in Schönberg kein vorbereitetes Quartier, sondern es ergab sich die von uns lebhaft begrüßte Notwendigkeit, eine längere Zeit wartend in einem Gasthof zu verbringen. Als wie gut erwies es sich später, daß wir die Gelegenheit so fleißig benützt hatten, der Wirtin des Gasthofes den Grund unseres Hierseins mitzuteilen, denn im Dorf war von unserem Transportführer die unangenehme Sage verbreitet worden, wir wären evakuierte SS-Familien. Die anfängliche Empörung der Bevölkerung gegen unsere Invasion ist nur um so begreiflicher, wenn man erfährt, daß an die beiden Lazarette des Dorfes der Befehl ergangen war, den Platz für uns zu räumen; den ganzen Tag über verließen kranke und verwundete Soldaten zu Fuß, auf Karren und Wagen den Ort, um im nächsten Dorf ein Unterkommen zu suchen. Am Abend häufte sich die durch unseren Einzug bedingte Arbeit so, daß die jüngeren Männer unserer Gruppe aufgefordert werden mußten, mit Hand anzulegen. Bei dieser Tätigkeit ergab sich die zweite Möglichkeit, mit der Bevölkerung in Kontakt zu kommen. Der Bürgermeister persönlich war zugegen und einigte Rote-Kreuz-Schwestern, und ihre Sympathien waren ganz auf unserer Seite. (...)

Wir lebten diese vierzehn Tage in zwei getrennten Gebäuden, verteilt auf fünf Schulklassen, in deren einer die ganze ´Grüne Minna` untergebracht war und deren Tür Tag und Nacht fest verschlossen blieb. Die Ungarn lebten ebenfalls zusammen in einem Zimmer, und wir fünfzig Deutschen verteilten uns auf die restlichen drei Zimmer. Dem Ehepaar Blum war im Stockwerk über uns, in der Wohnung des dort wohnenden Lehrers, eine Stube geräumt worden."[64]

Blum, der mit seiner Frau völlig abgekämpft in Schönberg eintrifft, hat eine Erholung auch dringend nötig. „Wir kamen am Morgen (...) an und waren bis mittags im Auto, geparkt vor einer Kirche, eingeschlossen", notiert er.[65] „Ich war erschöpft wie noch nie. Als man mich auf dem Bett absetzte, waren meine Glieder steif und wie gelähmt vor Schmerzen und Müdigkeit."

„Vernichtung der Verschwörer"

Zwei Tage nach der Ankunft der Häftlinge im Markt Schönberg wird der Ort der Schauplatz einer Tragödie, deren Opfer – neben General Friedrich von Rabenau – auch Dietrich Bonhoeffer ist. Dieser ahnt nicht, daß der Stab über ihn in Berlin bereits gebrochen ist, als er im Bayerischen Wald ankommt und meint, das Schlimmste überstanden zu haben. Ihm und anderen Verschwörern im Amt Ausland/Abwehr des OKW wird der Fund der Tagebücher von Admiral Canaris zum Verhängnis, der am 4. April zufällig in einem Versteck des Abwehr-Ausweichquartiers in Zossen gemacht worden ist.[66] Die überraschende Entdeckung liefert dem Reichssicherheitshauptamt den Beweis für den konspirativen Hintergrund der Canaris-Gruppe. Als Hitler am 5. April davon erfährt, befiehlt er, mit den Verrätern kurzen Prozeß zu machen. Die Nachricht von neuen Fronteinbrüchen, die er bei der „Mittagslage" zur Kenntnis nehmen muß, steigert noch seine Wut gegenüber den Männern, die ihn seiner Meinung nach in diese katastrophale Lage gebracht haben.

Noch am selben Tag wird von SS-Obergruppenführer Kaltenbrunner auf Anordnung Hitlers im Reichssicherheitshauptamt über die sofortige „Vernichtung der Verschwörer" entschieden. Auf der Todesliste stehen Wilhelm Canaris, Hans Oster, Dr. Karl Sack, Ludwig Gehre, Dr. Theodor Strünck und Dietrich Bonhoeffer, der im KL Flossenbürg vermutet wird. Daß er irrtümlich im Transport der Sonderhäftlinge nach Schönberg geblieben ist, wird erst später erkannt.

Über den Tag, an dem über die Canaris-Gruppe das Todesurteil gesprochen wird, sagt der SS-Standartenführer und Regierungsdirektor Walter Huppenkothen nach dem Krieg vor Gericht aus: „Am Donnerstag, dem 5. April 1945, ergingen von Kaltenbrunner dementsprechende Anweisungen, hierbei wurde er jedenfalls von Gruppenführer Müller beraten, und es wurde mindestens die Billigung Hitlers eingeholt; möglicherweise gab Hitler entsprechende Befehle. Ob Himmler eingeschaltet war, ist fraglich."[67]

Am selben Tag formuliert der Gestapo-Chef Heinrich Müller einen Schnellbrief an den Kommandanten des KL Dachau, SS-Obersturmbannführer Eduard Weiter, der die Ermordung des

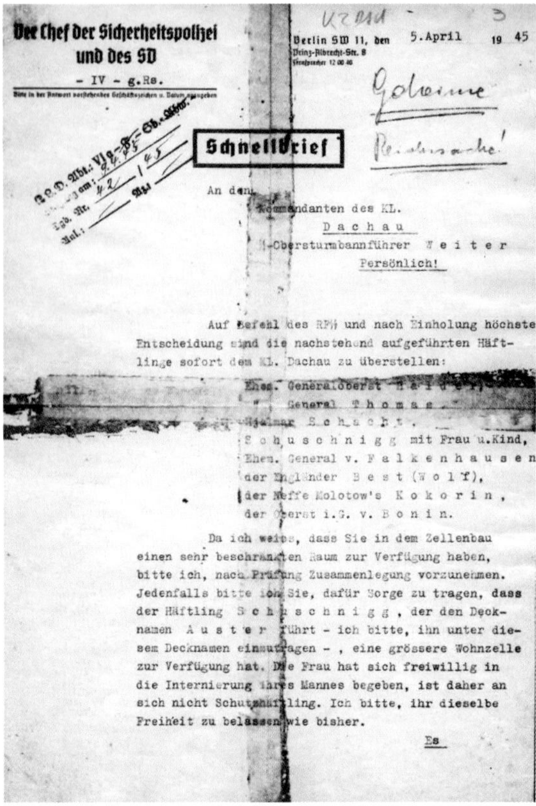

Der Chef der Sicherheitspolizei und des SD
- IV - g.Rs.
Bitte in der Antwort vorstehendes Geschäftszeichen u. Datum angeben

Berlin SW 11, den 5.April 1945
Prinz-Albrecht-Str. 8
Fernsprecher 12 00 40

Geheime Reichssache!

Schnellbrief

An den
Kommandanten des KL.
Dachau
-Obersturmbannführer Weiter
Persönlich!

Auf Befehl des RF und nach Einholung höchste Entscheidung sind die nachstehend aufgeführten Häftlinge sofort dem KL. Dachau zu überstellen:

Ehem. Generaloberst Halder,
" General Thomas,
Hjalmar Schacht,
Schuschnigg mit Frau u.Kind,
Ehem. General v. Falkenhausen
der Engländer Best (Wolf),
der Neffe Molotow's Kokorin,
der Oberst i.G. v. Bonin.

Da ich weiss, dass Sie in dem Zellenbau einen sehr beschränkten Raum zur Verfügung haben, bitte ich, nach Prüfung Zusammenlegung vorzunehmen. Jedenfalls bitte ich Sie, dafür Sorge zu tragen, dass der Häftling Schuschnigg, der den Decknamen Auster führt - ich bitte, ihn unter diesem Decknamen einzutragen - , eine grössere Wohnzelle zur Verfügung hat. Die Frau hat sich freiwillig in die Internierung ihres Mannes begeben, ist daher an sich nicht Schutzhäftling. Ich bitte, ihr dieselbe Freiheit zu belassen wie bisher.

Es

Gestapo-Chef Heinrich Müller ordnet die Überstellung von ausgewählten Geiseln nach Dachau an.

Bürgerbräu-Attentäters Georg Elser anordnet, der als Sonderhäftling im Dachauer Kommandanturarrest festgehalten wird. Zugleich enthält das Schreiben die Namen von prominenten Häftlingen, die auf Befehl des Reichsführers-SS (RFSS) und „nach Einholung höchster Entscheidung", womit Hitler gemeint ist, „sofort dem K.L. Dachau zu überstellen" sind. Kaltenbrunner, der in Wahrheit hinter allem steht, wie Huppenkothens Aussage beweist, betrachtet sie allem Anschein nach als so wertvolle Geiseln, daß er sich beeilt, sie in der Nähe der Festung Alpen zusammenzuziehen, wo sie zunächst vor einem Zugriff der Westalliierten sicher sind. Die Ausgewählten sind Best, Bonin, Falkenhausen, Halder, Kokorin, Schacht, Thomas und Schuschnigg mit Frau und Kind. Während sich Best, Falkenhausen und Kokorin an diesem 5. April bereits in Schönberg im Transport der Sippen- und Sonderhäftlinge nach Dachau befinden, werden die anderen Genannten noch im KL Flossenbürg festgehalten.

In dem Brief an Weiter, der als „Geheime Reichssache" ausgewiesen ist und den der Empfänger „nach Kenntnisnahme dieses Schreibens und nach Vollzug" zu vernichten hat, heißt es unter anderem: „Da ich weiss, dass Sie in dem Zellenbau einen sehr beschränkten Raum zur Verfügung haben, bitte ich, nach Prüfung Zusammenlegung vorzunehmen. Jedenfalls bitte ich Sie, dafür Sorge zu tragen, dass der Häftling Schuschnigg, der den Decknamen Auster führt – ich bitte, ihn unter diesem Decknamen einzutragen –, eine grössere Wohnzelle zur Verfügung hat. Die Frau hat sich freiwillig in die Internierung ihres Mannes begeben, ist daher an sich nicht Schutzhäftling. Ich bitte, ihr dieselbe Freiheit zu belassen wie bisher.

Es ist eine Weisung des RFSS, dass Halder, Thomas, Schacht, Schuschnigg und v. Falkenhausen gut zu behandeln sind.

Ich bitte, auf jeden Fall besorgt zu sein, dass der Häftling Best (Deckname Wolf) keine Verbindung aufnehmen kann mit dem dort bereits befindlichen Engländer Stevens.

v. Bonin war im Führerhauptquartier tätig und befindet sich in einer Art Ehrenhaft. Er ist noch aktiv Oberst und wird es voraussichtlich auch bleiben. Ich bitte, ihn daher besonders gut zu behandeln."[68]

Dieses Schreiben wird dem Oberverwalter des Hausgefängnisses des Geheimen Staatspolizeiamtes in der Berliner Prinz-Albrecht-Straße 8, SS-Obersturmführer Wilhelm Gogalla, mitgegeben, der den Befehl erhält, am 7. April einen Gefangenentransport nach Bayern zu leiten. Dieser soll aus Berlin über Flossenbürg und Schönberg nach Dachau führen. Neben dem Schnellbrief an Weiter werden Gogalla auch Schreiben ausgehändigt, die er den Verantwortlichen in Flossenbürg und in Schönberg zu übergeben hat. Diese wurden ebenfalls am Nachmittag des 5. April in Berlin verfaßt. Von diesen Schriftstücken ist jedoch nur der Schnellbrief an den Dachauer Kommandanten erhalten geblieben, so daß der Inhalt der anderen Briefe nicht bekannt ist.

Am Morgen des 7. April – es ist Samstag – bricht Gogalla in Begleitung des SS-Standartenführers Huppenkothen mit dem Gefangenentransport in Berlin nach Flossenbürg auf. Unter den Häftlingen, die er nach Bayern zu bringen hat, befinden sich Bogislav von Bonin, Wilhelm von Flügge und Fabian von Schlabrendorff. Bernhard Horstmann, der mit Bonin die Haft im Hausgefängnis des Geheimen Staatspolizeiamtes geteilt hat, sieht den Obersten im Generalstab mit Wehmut scheiden.[69] „Bonin", erinnert er sich,[70] „verbreitete mit seiner (...) Selbstsicherheit einen wohltuend elitären Geist im Gefängnis."

Sonderhäftling aus dem Oberkommando des Heeres: Oberst im Generalstab Bogislav von Bonin.

Über seinen Transport nach dem Süden berichtet Bonin später selbst: „Anfang April (...) wurde ich ganz plötzlich zusammen mit zwei weiteren deutschen Häftlingen (den bereits genannten Flügge und Schlabrendorff, Anm. d. Verf.) sowie mit drei ausländischen Häftlingen (Namen nicht mehr erinnerlich) in eine sog. 'Grüne Minna' (Gefangenentransportwagen der Polizei) verladen und anschließend in einer den ganzen Tag über dauernden Fahrt in das Konzentrationslager Flossenbürg überführt. Transportführer war Gogalla. Der Transport wurde durch den in einem besonderen Pkw mitfahrenden Standartenführer Huppenkothen begleitet, der mir von verschiedenen Vernehmungen her bekannt war. Wir kamen spätabends bei völliger Dunkelheit in Flossenbürg an und wurden in dem dortigen Zellenbau (Bunker) sofort wieder in strenge Einzelhaft gesetzt."[71]

Unterdessen läuft die Zeit ab, die Bonhoeffer in Schönberg noch bleibt. Zunächst wird in Berlin angenommen, daß sich der Todeskandidat bereits im KL Flossenbürg befindet. Doch niemand kennt ihn dort, als er im Lager gesucht wird. Und so kommt es zu einer unglaublichen Begebenheit, die ein Licht auf das Chaos wirft, das bereits im NS-Staat herrscht. Schlabrendorff, der nach seiner Ankunft in Flossenbürg in einer Einzelzelle im Haupthaus untergebracht worden ist, berichtet über den Vorfall: „Eines Nachts wurde ich geweckt. Eine rauhe Stimme fragte mich nach meinem Namen. Ich sagte ihn und war ganz erstaunt, als nach einigen Minuten der gleiche Wärter wieder die Zellentür öffnete und mich beschuldigte, ich hätte ihm einen falschen Namen genannt, ich sei Dietrich Bonhoeffer. Mit Überzeugung verneinte ich. Kopfschüttelnd verließ mich der Wachtmeister."[72]

Nach vergeblicher Suche im Lager wird schließlich bemerkt, daß Bonhoeffer, der eigentlich Liedig und Müller ins KL Flossenbürg begleiten sollte, als die beiden aus dem Transport herausgenommen wurden, inzwischen mit den anderen Sonderhäftlingen nach Schönberg gelangt ist. Dort ereilt ihn jetzt sein Schicksal, dem er doch nicht entkommen konnte.

Best ist dabei, als der Unglückliche geholt wird. „Am (...) Sonntag, dem 8. April 1945", berichtet er,[73] „hielt Pastor Bonhoeffer eine kleine Andacht und sprach zu uns in einer Weise, die allen zu Herzen ging. Er fand genau die richtigen Worte für das Wesen unserer Gefangenschaft und für die Gedanken und Schlußfolgerungen, die sie mit sich gebracht hatten. Kaum hatte er das Schlußgebet beendet, als die Tür geöffnet wurde und zwei übel aussehende Männer in Zivil eintraten und sagten: 'Gefangener Bonhoeffer, fertigmachen und mitkommen.' Dieses Wort 'mitkommen' hatte für alle Gefangenen nur eine Bedeutung: Hinrichtung.

Wir sagten ihm Lebewohl. Er nahm mich beiseite. 'Dies ist das Ende', sagte er, 'für mich der Beginn des Lebens.' Und dann gab er mir eine Botschaft, die ich, wenn ich könnte, dem Bischof von Chichester, einem Freund aller evangelischen Pfarrer in Deutschland, übermitteln sollte."

Dann wird Bonhoeffer abgeführt und ins KL Flossenbürg gebracht, wo seine Henker bereits auf ihn warten. Seine Hinrichtung erfolgt am nächsten Tag. Mit ihm sterben Admiral Wilhelm Canaris, Generalmajor Hans Oster, Heeresrichter Dr. Karl Sack, Hauptmann der Abwehr Ludwig Gehre, Hauptmann der Reserve Dr. Theodor Strünck und General Friedrich von Rabenau, der in Buchenwald die Zelle mit Bonhoeffer geteilt hat und der ebenfalls in Schönberg aus dem Transport der Sonderhäftlinge herausgeholt worden ist.

Alle Transporte mit prominenten Häftlingen, die als Geiseln für Kaltenbrunner von Wert sind, werden in den letzten Kriegstagen gezielt ins KL Dachau geführt. Dies gilt auch für die inhaftierten Wittelsbacher, die am 8. April 1945 in Flossenbürg ebenfalls nach Dachau in Marsch gesetzt werden.[74] „Eines Tages", erinnert sich Prinzessin Irmingard,[75] „hieß es wieder: 'Fertigmachen für einen Weitertransport!' Schnell waren die wenigen Sachen gepackt, unsere Koffer waren schon beim ersten Transport verlorengegangen. Alle wurden in einen mit Planen bedeckten Lastwagen verladen. Es ging in südlicher Richtung. Unterwegs hatte ich einen Schwächeanfall, wahrscheinlich Folgen des Typhus. (...)

Unterwegs versuchten wir wieder, die Ortsschilder zu lesen. Die Fahrt ging wegen der überfüllten Straßen nur langsam. In Augsburg wurde eine Pause eingelegt. Die Nacht verbrachten wir auf Pritschen in einer Unterkunft. Zwei Wachposten standen vor der Türe und begleiteten uns zur Toilette, die im Gang davor war. Am nächsten Morgen ging die Fahrt weiter nach Dachau."

Bereits am 9. April folgt ein weiterer Transport aus Flossenbürg den Wittelsbachern ins KL Dachau nach. Dieser wird wiederum von SS-Obersturmführer Gogalla geleitet, der erst am 7. April mit seiner Berliner Gefangenengruppe in Flossenbürg eingetroffen ist. In dem neuen Transport, mit dem er nun wieder Flossenbürg verläßt, sind alle Sonder-

„Es ist soweit": So nennt Prinzessin Irmingard von Bayern das Bild, das ihre ständige Todesangst während der Haft ausdrückt.

Auch Schuschnigg bleibt das KL Dachau nicht erspart. Die ersten Häftlinge aus Wien trafen dort bereits im April 1938 ein.

häftlinge erfaßt, die im Schnellbrief vom 5. April aufgeführt worden sind: Bonin, Halder, Schacht, Thomas und Schuschnigg mit Familie. Weisungsgemäß führt der Transport auch über den Markt Schönberg im Bayerischen Wald, wo Gogalla die Sonderhäftlinge Best, Falkenhausen und Kokorin zu übernehmen hat, deren Namen ebenfalls im Schnellbrief enthalten sind. Mit den Gefangenen reist auch Huppenkothens Ehefrau Erika, die sich schon in Berlin mit ihrem Mann dem Transport von Gogalla nach Flossenbürg angeschlossen hat. Aus Treibstoffmangel wird ihr Auto vom Gefangenentransportwagen in Schlepp genommen. Sie fährt jedoch ohne ihren Mann weiter, der sich in Flossenbürg von ihr verabschiedet.

Der Aufbruch des Transports in Flossenbürg erfolgt um 4 Uhr morgens. „Wir werden in ein dunkles Schubauto ('die grüne Liesel') verladen", berichtet Schuschnigg in seinem Tagebuch,[76] „mit uns vier weitere Schicksalsgefährten, die Mehrzahl bleibt zurück; deren Los ist mehr als ungewiß; (wie wir später hörten, wurde ein Teil der Zellengenossen aus dem Arrestbau unmittelbar nach unserer Abfahrt aufgehängt) ...

In unserem Schubauto ereignet sich das Sonderbare: Wir dürfen auf einmal miteinander reden; das erste Mal seit sieben Jahren; die Wache erhebt keine Einwendung.

Man stellt sich daher im Dunkeln vor: Schacht, Halder (ehemals Generalstabschef der deutschen Wehrmacht), Thomas, Oberst Bonin.

Wir kamen in jeder Beziehung aus sehr verschiedenen Lagern: Im Augenblick waren wir glücklich; wir haben uns glänzend verstanden. Die Militärs erörtern die Lage auf den Kriegsschauplätzen. Man hatte ihnen seit Wochen die Wehrmachtberichte vorenthalten. Fast alle waren seit langem in Einzelhaft und gänzlich im unklaren über ihr Schicksal Nach ihrer Meinung ist die Lage für Deutschland unhaltbar; es könne höchstens noch ein bis zwei Monate dauern.

Wir, die wir hier beisammen saßen, haben seinerzeit gewiß nicht alle das gleiche gewollt; aber das eine weiß ich: jeder von uns wollte das Beste und hat sein Bestes getan, jeder auf seine Art und in dem Wirkungskreis, in den ihn sein Schicksal gestellt hat.

Jeder von uns sah das Verhängnis und war bestrebt, es zu wenden.

Die Fahrt war mühsam.

Kindheit im Konzentrationslager: „Sissy" von Schuschnigg teilt mit ihrer Mutter die Haft des Vaters. (Das Bild stammt aus dem Jahre 1943.)

Das Schutzhaftlager des KL Dachau (rechts) mit dem angrenzenden gewaltigen Komplex des SS-Lagers. (Die Luftaufnahme entstand am 27. Mai 1945.)

Unterwegs steigen drei seltsame Gestalten zu: ein deutscher General in voller Uniform mit leuchtendrotem Mantelaufschlag, den Pour le mérite um den Hals – ein immerhin noch bemerkenswert elegant gekleideter Engländer mit Monokel und vorzüglicher Haltung – und ein junger, ein bißchen melancholisch blickender Russe.

Und die drei scheinen unzertrennliche Freunde, wie sie eben gemeinsames Schicksal zusammenschweißt: General d. Inf. von Falkenhausen, Mr. Best und der 22jährige Fliegerleutnant Wassili (sic!) K., Neffe des russischen Außenministers Molotow.

Sie wurden uns gute, unvergeßliche und stets hilfsbereite Kameraden ...

Das Reiseziel war wie gewöhnlich unbekannt. –

Am späten Abend landeten wir in Dachau!"

Ursprünglich sollte der Transport bereits am Tag zuvor in Flossenbürg aufbrechen. Doch ein Fliegeralarm verhinderte dies. Halder hat über die Verzögerung und über die Fahrt nach Dachau am folgenden Tag in seinem Notizkalender genau Buch geführt: „Weißer Sonntag, 8. 4.: 10 Uhr Ankündigung des Abtransportes, dann Packen. Abtransport angesagt auf 13 Uhr; Abmarsch verzögert sich; Mittag langer Fliegeralarm, der Abmarsch wird daraufhin auf Montag 4 Uhr angesetzt; Montag, 9. 4.: 3 Uhr geweckt, 4 Uhr Abfahrt; dabei sind: General Thomas, Schacht, Schuschnigg, 4 Uhr kam v. Bonin; an diesen Omnibus ein anderer Wagen (mit Erika Huppenkothen, Anm. d. Verf.) angehängt; Schönberg nördl. Passau: B(est), ein Russe, v. Falkenhausen steigen zu: über Landshut, Freising nach Dachau."

Über die Fahrt äußert sich später auch Bonin: „Das Ziel war, wie uns mehr oder weniger verblümt angegeben wurde, das KZ Dachau. Die Fahrt nach Dachau führte auf einem sehr großen Umweg über das Behelfs-KZ Schönberg, wo drei weitere Häftlinge zugeladen wurden (der deutsche General von Falkenhausen, der Engländer Cap. Best und der Russe Kokorin).

Transportführer war (...) weiterhin (...) Gogalla. (...) Unsere Ankunft in Dachau erfolgte am gleichen Tage etwa gegen 21 Uhr. Soweit ich mich entsinne, mussten wir nach Erreichen des Haupteinganges des Lagers schätzungsweise eine volle Stunde, wenn nicht mehr, im Auto sitzenbleibend, warten. (...)

Nach der erwähnten Wartezeit wurde die gesamte Häftlingsgruppe in einem großen Zimmer der Kommandantur versammelt und dort zu unserer größten Überraschung durch den Lagerkommandanten - er hieß Weiter (...) - begrüßt, und zwar in bemerkenswert höflicher Form. Im Anschluss an diese Begrüßung stellte er uns sozusagen unseren künftigen Betreuer, (....) Stiller, vor. (...) Anschließend wurden wir dann in Zellen des Bunkers verbracht, und zwar war ich mit General von Falkenhausen in einer Zelle zusammen."[77]

Die Ankunft im Konzentrationslager Dachau erschüttert Schuschnigg. „Das also ist Dachau!" schreibt er.[78] „Gerade für den Österreicher ein Alpdruck. – Als wir noch unser Vaterland hatten – also vor dem März 1938 – ja schon seit der sagenhaften Machtergreifung vom 30. Jänner 1933 waren Dachau und Hitler für uns nahezu idente Begriffe.

Wir standen viele Stunden vor der verschlossenen Einfahrt, ehe man uns nach Mitternacht einließ.

Auf den ersten Blick möchte man glauben, man habe vor sich ein Herrschaftsgut. Solide Wirtschaftsbauten, gut gehalten, Blumen, Kiesweg ...

Aber das sind die Kommando- und Aufnahmsgebäude.

Die Landschaft ringsum ist trostlos. Das gehört zum KZ-Stil. Jedes KZ steht offenbar in irgendeiner trostlosen Landschaft.

Dann die Türme, Mauern, der elektrisch geladene Draht, die schwulstigen Inschriften an den Barackenwänden: – von der Arbeit, die frei macht, und dem Segen der Sauberkeit ... Aber das kennen wir ja schon längst. Im achten Jahr ist man schließlich kein Neuling."

Daß sich das Klima in der Behandlung der Sonderhäftlinge geändert hat, bemerkt auch Schacht. Ihm fällt das schon bei der Abfahrt in Flossenbürg auf. „Noch vor Tagesanbruch", berichtet er,[79] „wurden General Thomas, General Halder, Dr. Schuschnigg mit Frau und Kind und ich in die 'Grüne Minna' verladen. Das Verhalten der Wachmannschaften ließ uns vermuten, daß die militärische Lage sich außerordentlich verschlechtert haben mußte. Die fremden Armeen mußten schon beträchtlich nahegerückt sein. Unsere Wächter verrieten erhebliche Unsicherheit.

Wir fuhren zunächst in die Nähe von Straubing, wo es zu essen gab und wo eine Reihe (sic!) Internierter eines dortigen Lagers (gemeint ist Schönberg, Anm. d. Verf.) noch zu uns in den Wagen gebracht wurde, der nun mit Personen und Gepäck übervoll gepfropft war.[80] (...)

Am späten Abend landeten wir im Vorhof des Lagers Dachau. Wir mußten mehrere Stunden im Wagen warten, weil offenbar der Lagerkommandant keine richtigen Instruktionen bekommen hatte und unsere Unterbringung Schwierigkeiten machte. (Der Schnellbrief mit den Namen der Sonderhäftlinge vom 5. April, den Gogalla mit sich führte, gelangte ja erst mit der Ankunft des Transports in die Hände des Dachauer Kommandanten. Dieser wurde also mit dem Eintreffen der prominenten Neuzugänge völlig überrascht, daher das lange Warten der Angekommenen, bis für sie im Kommandanturarrest des total überfüllten Lagers Platz gemacht worden war, Anm. d. Verf.) Als wir endlich ausgeladen wurden, empfing uns der kommandierende Oberstleutnant (entspricht dem Rang des SS-Obersturmbannführers, den Weiter bekleidete, Anm. d. Verf.) (...) auf das höflichste. Er entschuldigte sich, daß er uns nicht standesgemäß unterbringen könne, wir müßten leider mit dem verfügbaren Raum vorlieb nehmen.

Dieser Ton hob unsere Hoffnung beträchtlich. Wir wurden allein oder zu zweit in Zellen untergebracht, deren Türen zum Flur Tag und Nacht offenblieben, so daß wir jederzeit zueinander konnten. Tagsüber durften wir frei im Hof umhergehen. Wir gewannen den Eindruck, daß es sich hier um ein richtiges Prominentenlager handelte, und sahen, daß unser Bau von den übrigen Lagerbauten völlig getrennt war."

Nach seiner Ankunft im KL Dachau am Abend des 9. April übergibt Gogalla dann dem Lagerkommandanten mit dem Häftlingstransport auch den Schnellbrief vom 5. April aus Berlin, der für Georg Elser das Todesurteil bedeutet. „Bei einem der nächsten Terrorangriffe auf München bezw. auf die Umgebung von Dachau (womit die angloamerikanischen Luftangriffe gemeint sind, Anm. d. Verf.) ist angeblich 'Eller' (so Elsers Deckname) tötlich (sic!) verunglückt", heißt es darin. „Ich bitte, zu diesem Zweck 'Eller' in absolut unauffälliger Weise nach Eintritt einer solchen Situation zu liquidieren. Ich bitte(,) besorgt zu sein, dass darüber nur ganz wenige Personen, die ganz besonders zu verpflichten sind, Kenntnis erhalten."

Der Mordbefehl kommt mit dem Schnellbrief aus Berlin: Am 9. April 1945 wird Georg Elser im KL Dachau erschossen.

Noch bevor der 9. April zu Ende geht, wird der Erschießungsbefehl von der Dachauer SS ausgeführt. Als Hinrichtungsstätte dient, wie in vielen anderen Fällen auch, der Krematoriumsbereich. Der damalige Capo des Krematoriumskommando, Emil Mahl, erinnert sich bei einer späteren Zeugenaussage vor dem Landgericht München II: „An einem Abend im April (...) kam der Verwalter des Krematoriums, SS-Oberscharführer Pongartz (gemeint ist Theodor Bongartz, Anm. d. Verf.) zu mir in meine Wohnstube im Neuen Krematorium. Er sagte mir, wir (Häftlinge vom Krematorium) dürfen an diesem Abend nicht heraus aus dem Krematorium gehen, wenn wir aber schießen hören, sollen wir mit einer Tragbahre sofort herauskommen. (...) So um ca. 23.00 Uhr sagte mir Geiger (ein Mithäftling), er habe schießen gehört. Auch ich hatte dies gehört und forderte deshalb Geiger und Ziegler (ein weiterer Mithäftling) auf, mit mir mit einer Tragbahre herauszugehen. Vor dem Krematorium zögerten die beiden noch, da sie Angst hatten, sind aber dann mit mir langsam zu einer Stelle, wo eine elektrische Taschenlampe leuchtete, gegangen. Es war dies ca. 25 m von der Türe des Neuen Krematoriums, in den Parkanlagen des Krematoriumsgeländes gelegen. Am Tatort sah ich einen Mann tot auf der Erde liegen, mit dem Gesicht zur Erde. Neben ihm stand der Verwalter Pongartz. Dieser befahl uns, die Leiche sofort in das Krematorium zu schaffen und zu verbrennen. Zugleich sah ich bei dem kleinen eisernen Türchen, das in das Krematoriumsgelände führte, 3 Männer weggehen. Es waren, wie ich bestimmt erkannt habe, 3 SS-Offiziere. (...)

Meiner Überzeugung nach hat jedoch Pongartz allein den Mord begangen. (...) Elser hatte einen einzigen Schuß, und zwar einen Genickschuß, und war bei unserer Ankunft schon tot. Meiner Ansicht nach war der Schuß aus unmittelbarer Nähe abgegeben worden. Wir mußten den Elser sofort ins Neue Krematorium tragen und anschließend sogleich im Ofen verbrennen. Ich wollte noch die Kleider ausziehen lassen. Pongartz hat dies aber verboten und war dabei, wie wir die Leiche in den Ofen geschoben haben."[81]

Der Sonderhäftling Karl Kunkel, der am 23. Februar 1945 im KL Dachau ankam, hat den Ermordeten als Mitgefangenen im Kommandanturarrest des Lagers noch kennengelernt. Elser, berichtet Kunkel,[82] „hatte zwei Zellen, wo er arbeitete (in einer eigens für ihn eingerichteten Schreinerei, Anm. d. Verf.) und wohnte. Er stand unter Sonderbewachung. Er wurde Georg genannt. In nähere Berührung kam ich, als wir einige Male im Splittergraben bei Fliegerangriffen waren. Er hat mir an sich über seine Person nichts weiter erzählt, vor allem nicht über den Grund seiner Verhaftung, nur erfuhr ich von ihm, daß er ein sogenannter Nacht-und-Nebel-Häftling sei, d. h. ein Häftling, über dessen Schicksal niemand (...) etwas wußte. Einmal waren wir bei einem Voralarm im Wachzimmer. Elser schaute zum Fenster heraus und sagte: 'Ich bin gespannt, wie es mit mir einmal ausgeht.' Ein SS-Mann erwiderte ihm: 'Wo die Not am größten, ist der Herrgott am nächsten.' Elser sagte, er zweifele daran, daß der Herrgott sich seiner annehme."

Elser hatte den Sprengstoffanschlag, den er am 8. November 1939 auf Hitler im „Bürgerbräukeller" in München verübte, am 14. November gestanden.[83] Dabei betonte er, daß er das Attentat allein geplant und durchgeführt hatte. Vom 19. bis zum 23. November wurde er erneut von der Geheimen Staatspolizei in Berlin vernommen und danach als Sonderhäftling ins KL Sachsenhausen eingewiesen. Hitler war dem Anschlag entkommen, weil er wegen Nebels nicht das Flugzeug, sondern den Zug nehmen und deshalb die Traditionsfeier zum Putsch von 1923 vorzeitig verlassen mußte. Obwohl nichts darauf hindeutete, war Hitler davon überzeugt, daß der Schreiner Elser im Auftrag des britischen geheimen Nachrichtendienstes gehandelt habe. Er verdächtigte auch seinen ehemaligen innerparteilichen Gegner Otto Strasser, dem er vorwarf, mit den Briten zusammenzuarbeiten. So erklärte der *Völkische Beobachter* am 9. November 1939 denn auch: „Eines aber wissen wir, die Anstifter, die Geldgeber, diejenigen, die eines so niederträchtigen verabscheuungswürdigen Gedankens fähig sind, das sind dieselben, die schon immer mit Meuchelmord in der Politik gearbeitet haben: es sind die Agenten des Secret Service."

Als angebliche Drahtzieher des Anschlags wurden deshalb, wie berichtet, die britischen Nachrichtendienstoffiziere Best und Stevens aus den Niederlanden entführt. Sie sollten als Sonderhäftlinge zusammen mit Elser für einen großen Schauprozeß gegen den britischen Geheimdienst nach dem „Endsieg" zurückgehalten werden. Nachdem der Sieg im April 1945 nicht mehr zu erwarten war, erlosch das Interesse an Elser, und damit war sein Schicksal besiegelt.

Elser sowie Best und Stevens waren zunächst im KL Sachsenhausen inhaftiert, bevor sich ihr Leidensweg im KL Dachau wieder kreuzte. Stevens kam als erster der drei im Winter 1941 nach Dachau,[84] wo er im Kommandanturarrest (KA) unter dem Decknamen

Zwei langjährige Dachauer Sonderhäftlinge: Pastor Martin Niemöller (links) und der britische Oberstleutnant Richard H. Stevens.

„Richard Fuchs" als deutscher Häftling geführt wurde. Am Montag, dem 8. Dezember 1941, wurde er als Sonderhäftling mit der Gefangenennummer 28848 vom Zugangsblock 9 des Schutzhaftlagers in den Bunker gebracht, wie der KA in der Lagersprache hieß.[85] Als nächster folgte ihm Elser im Januar 1945. Das genaue Datum seiner Ankunft in Dachau wurde nicht bekannt, da es offensichtlich der Geheimhaltung unterlag. Best hörte Anfang Februar 1945 im KL Sachsenhausen, daß Elser das Lager mit unbekanntem Ziel verlassen habe.[86] Er selbst traf am selben Tag in Dachau ein, an dem Elser ermordet wurde: am 9. April 1945.

Das Unternehmen folgt einem genauen Plan

Sechs Tage danach, am 15. April 1945, verläßt der letzte Transport mit Sonderhäftlingen das KL Flossenbürg. Sein Ziel ist ebenfalls das KL Dachau. Wieder sind es hochkarätige Persönlichkeiten, die nach dem Süden in Marsch gesetzt werden. Unter ihnen befinden sich die Deutschen Dr. Josef Müller, Philipp Prinz von Hessen und Dr. Fabian von Schlabrendorff sowie die Briten Lieutenant Colonel (Oberstleutnant) „Jack" Churchill, Captain (Hauptmann) Peter Churchill, Staff Sergeant (Feldwebel) Thomas J. Cushing, Wing Commander (Oberstleutnant) Harry M. A. Day, Squadron Leader (Major) Sydney H. Dowse und Flight Lieutenant (Hauptmann) Bertram C. James sowie der Flugzeugmechaniker Andrew Walsh und Wadim Greenewich, der dem „Passport Control Department – Foreign Office" in London angehört. Zur Gruppe der britischen Flieger gehören auch die Polen Jan Izycki und Stanislaw Jensen, die beide als Piloten der RAF in Gefangenschaft gerieten.

Die dänische Gruppe, die in den Transport nach Dachau eingegliedert worden ist, besteht aus dem Marineingenieur Hans Frederik Hansen, aus dem Landwirt Adolf T. Larsen, aus dem Chef des dänischen Nachrichtendienstes, Rittmeister Hans Lunding, aus dem dänischen Vizekonsul im Generalkonsulat Danzig, Jörgen Lönborg Friis Mogensen, sowie aus den beiden Kapitänen der Handelsmarine Max J. Mikkelsen und Knud E. Pedersen.

Ferner befinden sich im Transport nach Dachau der Oberbefehlshaber des griechischen Heeres, General Alexandros Papagos, und sein Generalstab, der aus Constantin Bakopoulos, Panajotis Dédés, Georges Kosmas und Jean D. Pitsikas, alle im Rang eines Generalleutnants, besteht. Die hohen Offiziere werden vom Korporal Nikolaos Grivas und vom Soldaten Vassilis Dimitrion begleitet. Außerdem gehören zu den Sonderhäftlingen, die nach Dachau gebracht werden, die Franzosen Armand Mottet und Ray N. van Wymeersch, Hauptmann der „Force Aérienne Française du Général de Gaulle", der jugoslawische Oberstleutnant Hinko Dragic, der Lette Gustavs Celmins, der norwegische Kapitän zur See Arne Daehli, der Major im Generalstab Jàn Stanek aus der Tschechoslowakei und vier Offiziere der Roten Armee: General Iwan Georgijewitsch Bessonow, Generalmajor Pjotr Priwalow, Oberstleutnant Wiktor Brodnikow und Oberleutnant Nikolaj Rutschenko.

Am selben 15. April 1945 verlassen, wie berichtet, auch der ungarische Ministerpräsident Miklós von Kállay, Miklós von Horthy jr. und Mario Badoglio das KL Mauthausen. Das beweist, daß alles, was die Zusammenziehung der Geiseln betrifft, nach einem genauen Plan abläuft. Und am Tag darauf werden in Schönberg auch die Sippenhäftlinge auf Transport gehen, nachdem am 15. April bereits die dort noch verbliebenen Sonderhäftlinge aufgebrochen sind. „Sonntag – Sonne", berichtet Marie-Gabriele von Stauffenberg.[87] „Minnaleute sind abtransportiert worden." Die Sippenhäftlinge bilden dann am 16. April den letzten aller Sammeltransporte nach Dachau, deren Gefangene für die Festung Alpen bestimmt sind. Das Räderwerk, das die SS mit ihren Geiseln in Gang gesetzt hat, beginnt nun immer schneller zu laufen.

Ein Offizier im Aufstand des Gewissens gegen Hitler: Leutnant Dr. Fabian von Schlabrendorff.

Als die Sippenhäftlinge noch ihren letzten Sonntag in Schönberg verbringen, ist die bereits erwähnte zweite Gruppe der Sonderhäftlinge aus dem KL Flossenbürg schon unterwegs nach Dachau. „Wir wurden (...) am 15. April wieder einmal verlegt", erinnert sich Josef Müller.[88] „Zunächst brachte uns ein Lastwagen in ein nahe gelegenes Dorf, wo bereits 'Zeiserlwagen' warteten. Ich kam in einen Gefangenentransporter zusammen mit einer Reihe englischer Offiziere, darunter Jack und Peter Churchill – von denen jedoch nur Jack mit dem englischen Premierminister näher verwandt war, während Peters Verwandtschaft über '61 Ecken' ging, wie er sich immer ausdrückte. Mit im Wagen waren auch Wing Commander Harry Day, der mit 80 seiner Kameraden einen Ausbruchsversuch aus dem Gefangenenlager Sagan unternommen hatte, später wieder eingefangen und ins KZ gesteckt worden war, der französische Gewerkschafts- und Sozialistenführer Armand Mottet und der dänische Abwehroffizier Hans Lunding, der Admiral Canaris noch sehen konnte, als dieser zum Galgen geführt wurde.

Der Wagen war voll, aber wir hatten dagegen nicht viel einzuwenden, denn je enger wir beisammen saßen, um so leichter konnten wir uns im Flüsterton unterhalten. (...)

Unser Wagen fuhr die Nacht hindurch, einmal polterte er über eine lange Brücke, aus den Geräuschen schlossen wir, daß es sich um einen Notübergang handeln mußte und daß wir vermutlich die Donau überquerten, dann ging es weiter nach Südwesten. (...) Tagsüber hörten wir wiederholt, daß Tiefflieger auf uns niederstießen, sie haben jedoch nicht geschossen. Kurz vor Freising machten wir halt, weil Fliegeralarm war. Ein zweites Mal stoppte der Wagen am Fuß des Weihenstephaner Berges, und ich überlegte mir, ob ich nicht eine von den wenigen Visitenkarten, die ich bei meiner Verhaftung in einer Seitentasche verbergen konnte, auf die Straße werfen sollte, damit meine Freunde auf dem Domberg und durch sie vor allem Domkapitular Neuhäusler, von dem ich nicht wußte, daß ich ihn bald wiedersehen sollte, ein Lebenszeichen bekämen. Ich unterließ diesen Versuch, weil die zwei SD-Leute, die mit uns gefahren waren, sich ausgesprochen nervös zeigten und es nicht auszuschließen war, daß sie aus diesem Vorgang die Vorbereitung eines Fluchtversuches konstruiert und geschossen hätten. Auf dem erhöhten Gehweg, der sich der Straße entlangzieht, gingen trotz des Fliegeralarms Zivilisten, die jedoch zumeist nur scheu beiseite sahen und davor zurückschreckten, von uns Kenntnis zu nehmen.

Mit im Transport war auch Prinz Philipp von Hessen, den ich wiederholt bei meinen Reisen nach Rom im Flugzeug getroffen habe, ohne daß ich mit ihm gesprochen hätte. (...) Jetzt, während unseres Aufenthaltes im Gefängniswagen in Freising, berichtete ich dem Prinzen, daß seine Frau Mafalda im Konzentrationslager Buchenwald ums Leben gekommen war – so wenigstens hatten es uns die auslandsdeutschen Wachen erzählt. Prinz Philipp wollte es nicht glauben, es könne sich höchstens um seine Schwägerin handeln, meinte er. (...)

Wir standen mit unserem Wagen unmittelbar neben einer Gärtnerei, und Armand Mottet entdeckte dort zwei Frauen, offensichtlich Mutter und Tochter, die sich in seiner Sprache miteinander unterhielten. Er sprach sie an und bat sie, für uns KZ-Häftlinge Trinkwasser zu bringen. Die beiden Ausländerinnen – es waren Belgierinnen – zögerten keinen Augenblick und holten eilig mehrere Steinkrüge frischen Wassers, die bei uns herumgereicht wurden, ohne daß die Wachen etwas dagegen unternahmen.

Als wir in Dachau eintrafen, nahmen die SD-Leute sofort wieder eine Haltung an, die mich an Flossenbürg erinnerte: Sie machten dem Wachhabenden des sogenannten Bunkers Meldung, ich wurde ihm mit einer wegwerfenden Handbewegung übergeben, auch Liedig kam mit mir in den Bunker, die Ausländer wurden anderswo untergebracht."

Auch dem Dänen Mogensen bleibt der Aufbruch in Flossenbürg unvergeßlich. „Lunding und ich", berichtet er,[89] „wurden zu einem Polizeiauto gebracht, das acht Personen Platz bot. Nun waren wir einundzwanzig und einige Wachen. Hinzu kam, daß man hinten ins Auto mehrere Säcke mit Generatorbrennmaterial gelegt hatte. Ich wurde auf einem der Säcke angebracht, hatte Lunding auf den Knien, sein Körper ruhte auf mir. Wir hatten keine Ahnung, wohin die Reise ging. Sicherheitshalber einigten wir uns, unsere Aussagen genauestens aufeinander abzustimmen, sofern die Gestapo ihre Verhöre wieder aufnehmen sollte. Unser Gespräch wurde durch von Schlabrendorff unterbrochen, der neben mir saß, den Kopf auf den Knien. Ohne den Kopf zu heben, murmelte er, daß er imstande gewesen sei, unser Gespräch teilweise zu verstehen, weshalb er uns warnen wollte, daß ein schwedischer Häftling, der Gestapospitzel sei, uns abhören könne. Von Schlabrendorff war vor allem wegen seines kühnen, aber leider mißglückten Attentats auf Hitler bekannt.[90]

Schlechte Luft machte die Reise für uns zusammengepferchte Gefangene unleidlich. Prinz Philipp von Hessen, der sogar einen günstigen Sitzplatz in der Nähe der Wachen hatte, fiel im Laufe der Nacht in Ohnmacht. (...)

Wir fuhren überwiegend in südwestliche Richtung und hörten ab und zu, wie das Auto über Notbrücken rumpelte, die die zerbombten ursprünglichen Brücken ersetzt hatten. Einige Stunden später hielt der Wagen an, diesmal wegen eines alliierten Fliegerangriffs auf die Stadt, in die wir gerade hineingefahren waren. Josef Müller, der die Gegend kannte, meinte, es handele sich um Freising. Das Auto hatte eine kleine Heckscheibe. Der englische Soldat Walsh, ein Flugzeugmechaniker, wurde einstimmig dazu ausersehen, auf unseren Köpfen und Schultern liegend die Schlacht, die ganz zu unserer Zufriedenheit verlief, zu verfolgen und zu kommentieren.

Wir hatten Hunger und Durst, aber die mürrischen SS-Wachen weigerten sich, uns zu helfen. Das Auto stand im Schutz einiger Bäume, wo es uns endlich gelang, die kleine Heckscheibe zu öffnen und zwei französisch sprechende Frauen anzurufen, die uns bereitwillig ein paar Kannen Wasser brachten, die unter uns die Runde machten. Es waren belgische Zwangsarbeiterinnen, die uns hier halfen.

Allmählich war uns klar, daß wir uns München und damit Dachau näherten."

Tirol – das geheime Endziel der Prominententransporte wird bekannt

Am 8. April 1945 trifft die Sippenhäftlinge, die auf dem Weg nach Dachau erst vor zwei Tagen in Schönberg angekommen sind, ein schwerer Schlag: Melitta von Stauffenberg hat auf dem Flug zu ihnen in den Bayerischen Wald den Tod gefunden. Ein amerikanisches Jagdflugzeug, das Lieutenant Norboune A. Thomas flog, schoß ihre unbewaffnete Maschine vom Typ „Bücker (Bü)181" um 7.40 Uhr etwa zwei Kilometer östlich von Straßkirchen in Niederbayern im Tiefflug überraschend von hinten ab.[1] „Es geschah an einem ruhigen Sonntagmorgen", schreibt Melittas Biograph Gerhard Bracke,[2] „nur einen Kilometer entfernt westlich der Ortschaft Loh, Gemeinde Stephansposching, Kreis Deggendorf." Bei dem Abschuß erlitt Melitta, der noch die Landung ihres Flugzeugs gelang, einen Schädelbasisbruch und weitere schwere Verletzungen, wie der Oberarzt Dr. Hein von der Luftwaffen-Sanitäts-Staffel Straubing später feststellte: „Abriß des linken Oberschenkels, Bruch des rechten Fußgelenkes, linken Unterarms und kleinere Kopfverletzungen".[3] Sie lebte nach dem Abschuß noch „etwa 2 Stunden".

Über die Beweggründe, die Melitta auf der Suche nach dem Ehemann zu ihrem riskanten Unternehmen in einem von alliierten Tieffliegern bedrohten Luftraum veranlaßt haben, berichtet ihre Schwester Dr. Jutta Rudershausen geb. Schiller: „Am 8. April 1945 startete Melitta zu ihrem letzten Flug. Wieder hatte man vor der immer tiefer ins Land eindringenden feindlichen Front die Gefangenen verschleppt, wieder hatte Melitta ihren neuen Aufenthaltsort, Schönberg im Bay(e)rischen Wald, ausfindig gemacht und wieder eine Besuchserlaubnis erwirkt. Vielleicht sollte dieser Besuch den kühnen Rettungsversuch über die Grenze bringen, der schon lange geplant war und zu dem es nun höchste Zeit schien. Denn es wurden dann unverhältnismäßig viel Geld und Wertgegenstände bei ihr gefunden."[4]

Um die Bescheinigung zum Besuch ihres Mannes zu erhalten, hatte sich Melitta, die von ihrer in den Harz verlegten Luftwaffen-Erprobungsstelle nach Bayern geflogen war,[5] am 7. April zur Staatspolizeistelle Regensburg begeben, wo sie die gewünschte Erlaubnis auch erhielt. Das Dokument, das ihr die Geheime Staatspolizei aushändigte, hatte folgenden Wortlaut: „Flugkapitän Gräfin Schenk hat hier heute vorgesprochen und wurde an den Kommandoführer in Schönberg (Schule) verwiesen. Gegen den beabsichtigten Besuch bei ihrem Ehemann bestehen keine Bedenken."[6]

Am 8. April startete Melitta gegen 7.15 Uhr in Regensburg-Neutraubling zu ihrem tödlichen Flug. Etwa 20 Minuten nach ihrem Start ereilte dann die Pilotin, die mit ihrem Flugzeug zur besseren Orientierung der Bahnstrecke Straubing-Passau gefolgt war, ihr

Auf dem Weg zu ihrem Mann fliegt Melitta Schenk Gräfin von Stauffenberg am 8. April 1945 in den Tod.

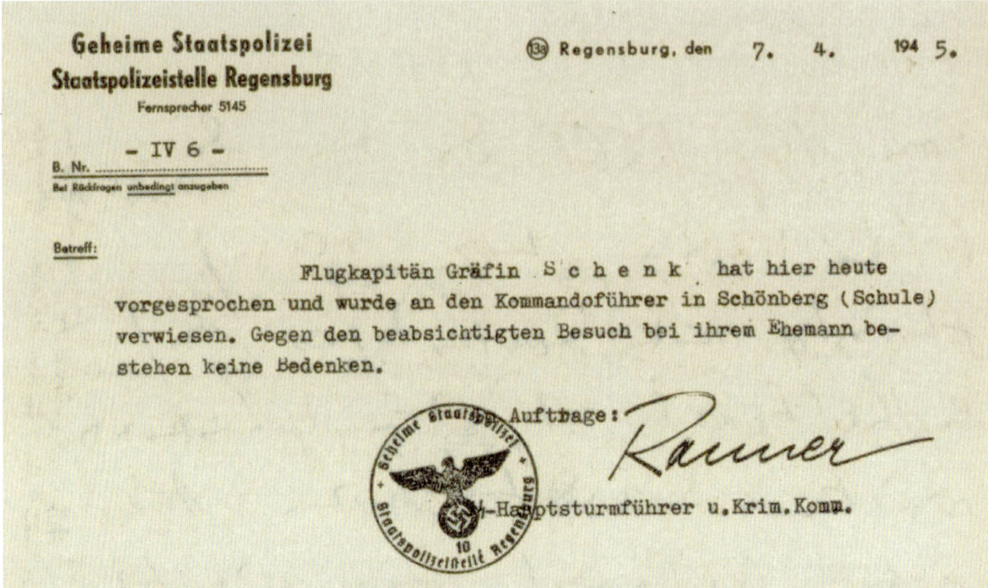

Geheime Staatspolizei
Staatspolizeistelle Regensburg
Fernsprecher 5145

(13a) Regensburg, den 7. 4. 1945.

- IV 6 -
B. Nr. ....
Bei Rückfragen unbedingt anzugeben

Betreff:

Flugkapitän Gräfin S c h e n k hat hier heute vorgesprochen und wurde an den Kommandoführer in Schönberg (Schule) verwiesen. Gegen den beabsichtigten Besuch bei ihrem Ehemann bestehen keine Bedenken.

Auftrage:

-Hauptsturmführer u.Krim.Komm.

Die Erlaubnis der Gestapo für Melitta von Stauffenberg zum Besuch ihres Mannes in Markt Schönberg.

Schicksal.[7] Als die Sanitätskolonne Straubing mit der Schwerverletzten im Krankenhaus Azlburg eintraf, war sie bereits tot. „Ich", erinnert sich der Arzt Dr. Albin Angerer,[8] „konnte von der Toten das Gesicht und den oberen Teil des von der (Flieger)uniform bedeckten Oberkörpers sehen. Das Gesicht war unverletzt, die Augen halb offen, die Gesichtszüge nicht verzerrt, sondern ruhig und ernst, der Mund geschlossen. Die Arme lagen ausgestreckt zu beiden Seiten des Rumpfes."

Vier Tage nach Melittas Abschuß wird Alexander von Stauffenberg vom Tode seiner Frau, die nur 42 Jahre alt geworden ist, in Kenntnis gesetzt. „Am 12. April", erinnert sich Fey von Hassell,[9] „erreichte uns die schreckliche Nachricht, daß Litta in der Nähe von Schönberg mit ihrem Flugzeug abgestürzt und dabei umgekommen sei. Sie war wohl auf dem Weg zu Alex gewesen und dabei in einen Luftangriff geraten, mit dem sie gar nichts zu tun hatte. Stiller rief Alex nach draußen, um ihm die traurige Botschaft zu übermitteln.[10] Als er wieder hereinkam, war er kreidebleich. Er hatte seine Frau sehr geliebt. Seine Beherrschung war bewundernswert. Der Tod seiner Frau, die Hinrichtung seiner beiden Brüder (Berthold und Claus, Anm. d. Verf.), die Zerstörung seines Hauses durch einen Bombenangriff, bei dem auch seine ganze, so sorgfältig über Jahre zusammengestellte Bibliothek verbrannte – das alles hatte seine ganze Vergangenheit ausgelöscht. Wir versuchten wohl, ihn zu trösten, aber wie mag er sich in diesem Augenblick unter so vielen Menschen gefühlt haben! Andererseits wollte er nicht allein sein, er bat Elisabeth (von Stauffenberg) und mich, uns zu ihm zu setzen. Unsere Freundschaft half ihm vielleicht doch auch in diesem Moment etwas."

Noch am selben Donnerstag, an dem der Tod der unglücklichen Pilotin in Schönberg bekannt wird, vermerkt Marie-Gabriele von Stauffenberg die Katastrophe in ihren Aufzeichnungen. „Schlechtes Wetter", schreibt sie.[11] „Vormittags für uns alle die erschütternde Nachricht, daß Litta am 8. April in der Nähe von Straubing von 2 feindlichen (?) Jägern (sic!) abgeschossen wurde. Die Verwundung (war) tödlich. Armer Alex und damit auch keine Nachrichtenmöglichkeit mehr über die Kinder in Bad Sachsa. Kein Spaziergang. Besuch bei Mutter Kuhn."

Hildegard Maria Kuhn ist am 9. April ins Krankenhaus gebracht worden, da sich ihr Gesundheitszustand seit dem Aufenthalt im Regensburger Gefängnis weiter verschlechtert hat. Mit ihrem angegriffenen Herzen hat sie eine ärztliche Betreuung dringend nötig. So kommt ihr die Transportpause in Schönberg nicht ungelegen.

Im übrigen bedauern es auch die anderen Sippenhäftlinge nicht, daß es sie in den Markt im Bayerischen Wald verschlagen hat. Die einheimische Bevölkerung verhält sich nämlich ihnen gegenüber so freundlich, daß ihnen die überaus mutige Haltung der Marktbewohner unvergeßlich bleibt. Nach Kräften kommen die Leute den Ausgehungerten und den Erschöpften mit Lebensmitteln zu Hilfe, die auf abenteuerliche Weise in ihre Hände gelangen. Die Vorgehensweise spiegelt sich in einer Notiz wider, die Marie-Gabriele von Stauffenberg am 9. April in ihren Aufzeichnungen macht: „Abends einen Korb zum Fenster heraufgezogen mit Brot, Butter und Äpfeln." Die Chronistin weiß auch die Mutter ihres ehemalige Verlobten im Schönberger Krankenhaus in guten Händen. „Vater Kuhn und ich", schreibt sie am 11. April, „besuchen Mutter Kuhn. Geht soweit gut, gute Pflege und Verpflegung."

Auch Fey von Hassell bleibt der Aufenthalt im Markt Schönberg in guter Erinnerung. „Nach langem Fragen und Bitten", berichtet sie,[12] „erhielten wir die Erlaubnis, jeden Tag einen Spaziergang machen zu dürfen.[13] Natürlich wurden wir von einer Wache begleitet. Wie im Traum gingen wir unter dem strahlend blauen Himmel durch die Frühlingslandschaft! Von den Wachen unbemerkt konnten wir Verbindung zur Bevölkerung aufnehmen. Der Erfolg: Die Leute aus dem Ort brachten dem zunächst wohnenden Bäcker Lebensmittel für uns. Nachts ließen wir einen Strick aus dem Fenster, und der Bäcker füllte für uns Eimer und Körbe mit den herrlichsten Leckerbissen. Die Menge an Brot und Butter, Eiern und Marmelade reichte für uns alle. Jede Nacht wiederholte sich die gleiche Szene, die mich lebhaft an Bilder von Spitzweg erinnerte."

Die Häftlinge gehen bei diesen Aktionen so geschickt vor, daß die SS-Wachen nichts bemerken. Eine Hilfe ist ihnen dabei auch ein Lichtschacht, der ihnen im begrenzten Rahmen eine Bewegungsfreiheit ermöglicht. „In der übertriebenen Angst, dem Geheimhaltungsbefehl voll zu entsprechen", erinnert sich Isa Vermehren,[14] „war in aller Eile auf dem Flur vor unserem Zimmereingang eine Tür angelegt, die uns von der Treppe trennte. Diese Tür war wirklich albern, wenn man bedenkt, daß man unser Zimmer ohne Schwierigkeiten durch das Fenster mit Hilfe einer Regenrinne und eines anderen Daches ganz unbemerkt verlassen konnte und daß auch in dem Haus durch einen Lichtschacht die bequemste Begegnungs- und Bewegungsmöglichkeit zwischen unten und oben gegeben war. Nachdem der Bürgermeister begriffen hatte, daß die Dinge, die er uns auf offiziellem Wege zugute kommen ließ, nicht

Der Schönberger Bäckermeister Franz Pleintinger versorgt die Häftlinge heimlich mit Lebensmitteln.

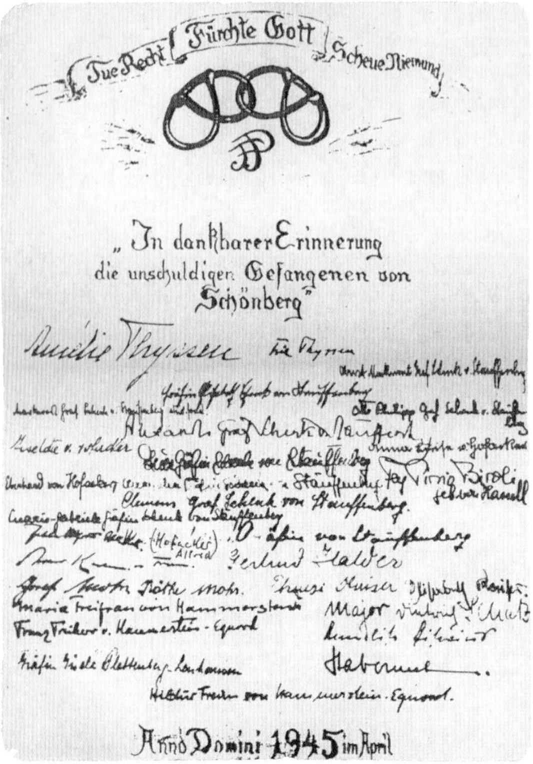

Tue Recht / Fürchte Gott / Scheue Niemand

„In dankbarer Erinnerung die unschuldigen Gefangenen von Schönberg"

Anno Domini 1945 im April

Liebevoll gestaltete Dankesurkunde der Gefangenen für die Hilfe der Bevölkerung in Markt Schönberg.

unsere Suppenteller erreichten, stellte er die Lieferung ein, und die von der Bevölkerung so freimütig gespendeten Gaben stauten sich bei unserem Freund, dem Bäckermeister. An einem Abend haben wir von ihm zwanzig Brote, einen Marmeladeneimer, zwei Pfund Butter, zwei Würste, zwei Päckchen Tabak, zwei Schachteln Zigaretten, eine riesige Tüte mit Keksen und eine riesige Tüte mit Bonbons durch den Lichtschacht heraufgezogen."

Bevor die Sippenhäftlinge den Ort verlassen, übergeben sie dem Bäckermeister Franz Pleintinger, der sie so mutig unterstützt hat, eine liebevoll gestaltete Urkunde mit ihren Unterschriften, mit der sie ihm ihren Dank aussprechen.[15] Dieser schließt auch die Tochter des Bäckers, Lilli Schmatz, die als Betreuerin des Roten Kreuzes tätig gewesen ist, und alle Schönberger Helfer ein. Ihnen allen gilt der Satz: „In dankbarer Erinnerung die unschuldigen Gefangenen von Schönberg."

Nach zehn Tagen hat die Zeit in Schönberg für die Sippenhäftlinge ein Ende. Wieder haben sie auf Transport zu gehen. Die Mitteilung , die ihnen am 16. April gemacht wird, bedrückt sie. Nur schweren Herzens verlassen sie den gastlichen Ort. „Beim Zahnarzt", vermerkt Marie-Gabriele von Stauffenberg an diesem Montag in ihren Notizen.[16] „Sonne, kein Spaziergang, dafür um 13.00 Uhr die Nachricht, daß wir heute noch wegkommen. Große Aufregung und Enttäuschung, waren gerne da. Mutter Kuhn muß auch mit."

Die Bewohner von Schönberg sehen die Häftlinge voller Mitleid von ihrem Markt Abschied nehmen – und sie zeigen ihnen auch ihr Mitgefühl. „Natürlich", erinnert sich Isa Vermehren,[17] „verließen wir wieder erst bei beginnender Dämmerung das Dorf, dessen Bevölkerung zwar nur vereinzelt zu winken wagte, aber abschiednehmend überall vor den Türen stand und aus den Fenstern lehnte."

Auch Fey von Hassell bleibt die Abfahrt aus dem Ort, beeindruckt von der großen Anteilnahme der Bevölkerung, in lebhafter Erinnerung: „Die Dorfbewohner stellten sich am Straßenrand auf, um Abschied von uns zu nehmen – sollte das die ´Entrüstung des Volkes` sein, vor der die SS uns schützen mußte, weshalb sie uns ins KZ gesperrt hatte, wie unsere Wachen anfangs behauptet hatten? Wir fühlten uns wie stolze Fürsten, während die SS-Männer eine wütende, ohnmächtige Miene aufsetzten."

Die Fahrt führt jetzt von Schönberg direkt ins KL Dachau. Mit welcher Absicht dies geschieht, bleibt den Häftlingen weiter unbekannt. Nur Madame Blum erhält vom Ortsgruppenleiter, dessen Arbeitszimmer sie bei seiner Abwesenheit wiederholt aufgesucht hat, um heimlich Radio London abzuhören,[18] einen Hinweis. Dieser deutet darauf hin, daß die Absicht besteht, die prominenten Gefangenen nach Tirol zu bringen. „Ich glaube, Sie fahren nach Innsbruck", sagt der Funktionär der NSDAP.[19] Doch der SS-Untersturmführer, der das Ehepaar am 16. April auffordert, wie die Sippenhäftlinge ebenfalls die Koffer zu packen, widerspricht dem Ortsgruppenleiter: „Wir fahren euch nach Dachau bei München." Doch der Hinweis auf Innsbruck ist nicht aus der Luft gegriffen: Nach einem längeren Aufenthalt im KL Dachau, der jetzt vor den Sippen- und den Sonderhäftlingen liegt, führt ihr Weg tatsächlich nach Tirol.

Noch aber haben die Gefangenen, die am 16. April in Schönberg aufbrechen, erst die Reise nach Dachau hinter sich zu bringen, bevor sie in ein neues Unternehmen gestürzt werden. „Fahren in drei Omnibussen über Landshut nach Dachau", hält Marie-Gabriele von Stauffenberg in ihren Aufzeichnungen fest.[20] „Überall Kolonnen aufgelöster Truppenteile, ein trauriges Bild, Flüchtlinge auf der Straße. Landshut brennt. Andauernd Alarm – viel Stehen und langsames Fahren mit abgeblendetem Licht. Überall der Himmel rot von Bränden."

Auch Fey von Hassell bleibt der Transport nach Dachau in schrecklicher Erinnerung. „Unsere nächtliche Fahrt", berichtet sie,[21] „war begleitet von dauernden Luftangriffen. Landshut war kurz vorher bombardiert worden, verkohlte Fahrzeuge, Pferdeleichen und obdachlose Menschen säumten den Weg. Dann fuhren wir durch München – ich war erschüttert. Von weitem schien alles intakt, schienen alle Gebäude noch zu stehen. Aber je näher wir kamen, desto deutlicher sahen wir: nur noch Mauern und Fassaden, dahinter gähnende Leere, einige Menschen streiften umher, Autos gab es keine mehr. München war zu einer von tiefem Schweigen beherrschten Gespensterstadt geworden."

Bei der Ankunft im KL Dachau am frühen Morgen des 17. April berührt Isa Vermehren der Anblick des Lagers in seiner ganzen Bedrohlichkeit auf das unangenehmste. „Dank der guten Fahrzeuge", erinnert sie sich,[22] „dauerte die Fahrt diesmal nicht allzu lange. Gegen halb zwei Uhr früh landeten wir vor dem Eingang des Konzentrationslagers Dachau.[23] Der Mond warf sein blaues Licht auf das große eiserne Gittertor, und leise pfeifend zog der Wind durch die tödlichen Drähte über der Lagermauer. Das abgründige Schweigen über diesem Platz war wie ein hohles Gefäß um das dumpfe Brummen feindlicher Flieger, und hin und wieder erbebte die Luft vom Druck explodierender Bomben. Das Verlassen der Omnibusse war verboten, und die schweigende Ergebenheit, mit der wir unser Schicksal erwarteten, wurde nur hin

Zeichnung der SS-Geisel Markwart jr. von Stauffenberg: Das Eingangsgebäude zum Dachauer Schutzhaftlager.

und wieder unterbrochen von der klaren Kinderstimme des kleinen Mädchens (gemeint ist Sybille-Maria Schröder, Anm. d. Verf.) und dem beruhigenden Flüstern seiner Mutter."

Auch das Eintreffen im KL Dachau vermerkt Marie-Gabriele von Stauffenberg am 17. April – es ist ein Dienstag – in ihren Notizen, die mit der Dauer ihres Leidensweges einen immer größeren Umfang annehmen. „Um 3.30 Uhr morgens Ankunft (im) KZ Dachau", schreibt sie.[24] „Wir stehen vor der Wache und warten. Wieder Alarm. Dürfen die Busse nicht verlassen. Ungemütliches Gefühl. Nach ziemlichen Krach mit den Wachleuten kann man endlich verschwinden. Bis 8.30 Uhr stehen wir da. Ziemlich kühl. Sehen die Häftlingskolonnen in den gestreiften Anzügen und Mützen zur Arbeit gehen. Ein Jammeranblick."

Das stundenlange Warten im Bus setzt den Häftlingen zu. Auch Fey von Hassell erinnert sich daran mit Schrecken. „Wir", berichtet sie über die Ankunft am Ziel des Transports,[25] „hielten schließlich vor dem Haupteingang des KZ Dachau, der aber nicht geöffnet wurde. Scheinbar erwartete niemand neue 'Gäste'. Eine unserer Wachen stieg aus und verschwand hinter dem Tor. Wir mußten im Bus bleiben und durften nicht aussteigen; währenddessen wurden wir zunehmend nervöser. Die Luft im Bus war zum Schneiden. Erst vier Stunden später öffnete sich das Tor, und wir entkamen den stinkenden Bussen."

Als Letzte treffen Blum und seine Frau aus Schönberg in Dachau ein. Wieder sind sie allein in dem Personenwagen gefahren, der eigens für sie bereitgestellt worden ist. „Gegen 8.00 Uhr abends", notiert Blum,[26] „war Aufbruch in Schönberg, in demselben kleinen Auto, mit einem anderen Chauffeur und demselben Offizier. Der Hauptteil des Transportes ist schon vorangefahren. Zwischen Ratisbonne und Passau bemerken wir am Horizont Brandlichter. Vor Landshut ist der ganze Himmel rot. Wir fahren in Richtung München. Gegen 2.00 Uhr morgens halten wir in einem Wald, bis ein Bombardement vorbei ist.

Am Morgen halten wir vor dem Eingang in das Lager Dachau, welches gerade erwacht. (...) Am 17.4., um 9.00 Uhr, passieren wir den Eingang. Gegen 1.00 Uhr nachmittags durften wir erst aussteigen. Meine Frau und ich kommen in eine Zelle."

SS-Obersturmführer Stiller übernimmt die Sippenhäftlinge

Inzwischen sind auch die Sippenhäftlinge im Lager aufgenommen worden. Doch noch immer warten sie vergeblich auf ihre Einquartierung in eine Unterkunft. Statt dessen läßt die SS sie im grellen Sonnenlicht stehen. „Gegen acht Uhr", berichtet Isa Vermehren,[27] „fuhren unsere drei Wagen durchs Tor und auf eine Seitenstraße des Lagers, auf der wir für den Rest des Tages ein reichlich improvisiertes Unterkommen fanden. Die Sonne brannte heiß auf uns herunter, es war entsetzlich staubig, und ein Gerücht jagte das andere."

Hier lernen die Gefangenen den SS-Führer kennen, dessen Aufgabe es ist, die Sonderhäftlinge im Kommandanturarrest des Lagers zu betreuen: SS-Obersturmführer Edgar Stiller. Zu seinem Verantwortungsbereich kommt nun die Aufgabe hinzu, sich auch der angekommenen Sippenhäftlinge anzunehmen. Der SS-Untersturmführer Bader, der den Transport aus Schönberg nach Dachau geleitet hat, ist jedoch mit der Übergabe der Sippenhäftlinge an die Kommandantur des KL Dachau noch nicht seiner Aufgabe enthoben. Er hat die Gefangenen weiter im Auge zu behalten, und er wird schließlich unter der Führung von Stiller auch die Häftlinge in die Pragser Dolomiten begleiten.

Marie-Gabriele von Stauffenberg begegnet Stiller – ebenso wie Isa Vermehren[28] – mit Ablehnung. Sie hat gleich einen negativen Eindruck von ihm, als das Warten vor dem Lagertor schließlich ein Ende hat und sich die Busse mit den Häftlingen wieder in Bewegung setzen können. „Fahren dann in das Lager ein", notiert sie,[29] „stehen – steigen aus. Bader kommt mit einem neuen Obersturmführer Stiller. Sieht sehr unangenehm in seiner ganzen Art aus. Müssen uns getrennt aufstellen. Die Männer werden gezählt, und dann heißt es, wir werden getrennt, sie kommen woanders hin.

Großes Erschrecken, alles Mögliche geht durch unsere Köpfe. (...) Endlich zum Kaffee. Wir sitzen dann auf unserem Gepäck in der prallen Sonne. Mittagessen – weiter herumstehen. Späten Nachmittag kommen Moppel (also Oberst Markwart von Stauffenberg, Anm. d. Verf.), Eltern Kuhn (und) Ehepaar Thyssen in den Zellenbau zur ärztlichen Behandlung."

Suche nach einem Quartier

Die Frauen trifft die Ankündigung, daß sie von den Männern getrennt werden, wie ein Schock. Fey von Hassell hat die Szene noch deutlich vor Augen, als ihnen die erschreckende Botschaft nach ihrer Ankunft im Lager mitgeteilt wurde. „Die Sonne", erinnert sie sich,[30] „schien außergewöhnlich stark für die Jahreszeit. Nirgends gab es Schatten. Erschöpft und ganz trocken vor Durst, setzten wir uns auf unser Gepäck. Nach einer endlos scheinenden Stunde tauchte ein SS-Obersturmführer auf und befahl unseren Männern, sich etwas abseits in einer Reihe aufzustellen, weil sie zum 'Volkssturm' eingezogen werden sollten! Alle Männer von 16 bis 60 Jahren, die zu Hause geblieben waren, wurden in den letzten Kriegsmonaten zu diesem 'Volkssturm' eingezogen. Wir Frauen bekamen es mit der Angst zu tun, viele begannen aus Verzweiflung zu weinen; wir befürchteten nämlich, daß es sich nur um einen Vorwand handelte und daß sie in letzter Minute unsere Männer erschießen würden. In dieser dramatischen Situation ließ man uns weitere Stunden in der unerträglichen Hitze warten, bis wir von Müdigkeit überwältigt auf unserem Gepäck einschliefen.

Endlich, nachmittags um sechs Uhr, erschien ein hohes Tier von der SS, um uns mitzuteilen, daß man uns nicht trennen würde. Wir waren nun überzeugt, daß wir das ganze Theater nur der sadistischen Neigung unseres Transportleiters Bader zu verdanken hatten. Der SS-Führer wollte vermeiden, uns alle, müde wie wir waren, kilometerweit durch das Lager laufen zu lassen, um ein Quartier zu finden. Deshalb ließ er uns Frauen zurück und machte sich mit den Männern auf die Suche. Wir warteten also weiter, bis sie uns holen kamen. Schließlich hatten sie außerhalb der eigentlichen Lagerstadt in der Nähe des SS-Krankenhauses (richtig: SS-Lazarett, Anm. d. Verf.) einige leere Baracken gefunden; eine wurde uns zugeteilt, eine andere den Ungarn. Wir bekamen das gleiche Essen wie die Krankenhaus-Patienten, es war gut und ausreichend, vor allem aber konnten wir endlich einmal uns und unsere Kleider waschen – ein wahrer Genuß."

Auch Isa Vermehren atmet auf, als die Sippenhäftlinge endlich ihr Quartier gefunden haben. „Nach unendlich vielem Hin und Her, Koffer ein- und aus- und umpacken, Abschiednehmen und wieder In-die-Arme-Sinken", berichtet sie,[31] „wurden wir schließlich am Ende dieses Tages in dem Dachauer SS-Lazarett untergebracht. Die ungarische Gruppe und auch die 'Grüne Minna' waren von uns getrennt worden, doch war uns das Wiedersehen schon in Aussicht gestellt, denn unsere Unterbringung war nur eine Improvisation mit Rücksicht auf uns Frauen, die in dem Lager, das auch uns dann endgültig aufnehmen solle, noch kein Unterkommen hätten. Begreiflicherweise waren wir mehr als zufrieden. Es hätte uns gerade noch gefehlt, in letzter Stunde der Verwechslung anheimzufallen! Daß die Front nicht mehr allzu fern war, war zu spüren an der allgemeinen Nervosität und stand ja auch unverhohlen in jedem Wehrmachtsbericht zu lesen. Wir hatten Grund zu fürchten, daß wir bei der Befreiung des Lagers unter die evakuierten SS-Familien gerechnet würden, mit denen wir die Baracke des Lazarettes teilten. Etwa zehn bis fünfzehn Frauen höherer SS-Führer aus Oranienburg und anderen Konzentrationslagern saßen dort mit einer Unzahl kleiner Kinder und Bergen von Gepäck (...)."

Auch Franz von Hammerstein erkennt die Gefahr, in der sich die Sippenhäftlinge in der gemeinsamen Unterkunft mit den SS-Angehörigen befinden. Rückblickend schreibt er: „Wir warten stundenlang im heißen Bus und landen endlich in einer Baracke des SS-Krankenhauses inmitten vieler SS-Familien, eine gefährliche, unangenehme Situation, wenn die Befreier plötzlich da sein sollten. Jede Nacht Fliegeralarm und Angriffe auf München. Auch die Männer unserer Gruppe zwischen 16 und 60 sollen zum Volkssturm, was sich Gott sei Dank als Irrtum herausstellt (Verräter, Geiseln, Schutzhäftlinge können das ´Vaterland` nicht verteidigen). Wachsende Spannung, Geschützdonner."[32]

Wie Marie-Gabriele von Stauffenberg in ihren Aufzeichnungen festhält, sind die SS-Familien nach den Sippenhäftlingen in Dachau eingetroffen, und zwar am 19. April. „Abends", schreibt sie,[33] „Ankunft von SS-Flüchtlingsfrauen mit Kind und Kegel aus Oranienburg." Das Quartier, das sich die Sippenhäftlinge mit den SS-Angehörigen teilen müssen, trägt die Bezeichnung „SS-Revierbaracke 8 c" und liegt, wie die Chronistin hervorhebt, „in kleinen hübschen Anlagen". Was sie bereits am 17. April aufhorchen ließ, ist die Mitteilung gewesen, daß die ungarischen Sonderhäftlinge „in eine Unterkunft in Innsbruck" kommen sollen, die Männer aber aus dem Transport der Sippenhäftlinge bei den Frauen in Dachau bleiben dürfen. Wieder steht das Gerücht im Raum, das sich später als Tatsache bestätigt: Das Ziel ist Tirol.

„Ich spürte höchste Todesangst"

Der Aufenthalt im KL Dachau wird zusätzlich von immer wiederkehrenden Fliegeralarmen überschattet. Auch darüber führt Marie-Gabriele von Stauffenberg Buch. Am 18. April notiert sie: „Herrliches Wetter – Bad – Lazarettverpflegung. Alarm – (in) Keller rennen." Sie schließt ihren Eintrag an diesem Mittwoch mit dem Vermerk: „Nachts Alarm." Und so geht es weiter. Auch am Tag darauf ertönt wieder die Luftschutzsirene: „Alarm." Ebenso bringt der 20. April den ganzen Tag über den „üblichen Alarm", der auch in der folgenden Nacht anhält. Am 21. April registriert Marie-Gabriele genervt: „Unentwegt Alarm. Tieffliegerangriffe."

Die ständige Bedrohung aus der Luft setzt auch Fey von Hassell zu. „Jede Nacht", klagt sie,[34] „war Fliegeralarm, die Angriffe klangen bedrohlich nahe. Unsere Baracken gehörten nicht zum eigentlichen (KL-)Lager, sie waren vielmehr dem SS-Ausbildungslager (richtig: der SS-Kaserne im SS-Lager, Anm. d. Verf.) benachbart, dem einzigen Steinbau weit und breit, der möglicherweise ein Ziel für die Angriffe darstellte.[35] Sowohl tagsüber als auch nachts waren wir viel zu faul, in den Luftschutzraum zu gehen. Wenn die SS-Leute uns holen wollten, versteckten wir uns in den Schränken, unter den Betten und an anderen unmöglichen Stellen. Das ging aber nur so lange, bis die SS-Männer uns auf die Schliche kamen und uns zwangen, in den Luftschutzkeller zu gehen. Bei jeder Bombenexplosion wackelte die Baracke, als würde sie sofort zusammenbrechen, ein ekelhaftes Gefühl, aber allmählich waren wir dieser Gefahr gegenüber gleichgültig geworden.

Während eines besonders heftigen Angriffs allerdings verlor ich doch einmal die Nerven, ich spürte höchste Todesangst. Alle waren in den Keller gegangen, aus irgendeinem Grund war nur ich alleine in der Baracke zurückgeblieben. Ich weiß nicht, ob das Gefühl der Einsamkeit, die Erschütterung der Baracke oder die unmittelbare Nähe der Explosion mich veranlaßte, so schnell ich nur konnte die Baracke zu verlassen und die 100 Meter über die Wiese zum Luftschutzraum zu rennen. Alles war von 'Christbäumen' (gemeint sind Leuchtbomben, Anm. d. Verf.) taghell erleuchtet. Ich fühlte mich als Zielscheibe in diesem Orkan. Als ich endlich den Schutzraum erreichte, atmete ich unendlich erleichtert auf: Die vergangenen Minuten waren mir wie eine Ewigkeit erschienen. Die Baracke war nicht getroffen worden, die großen Bomben scheinen immer näher zu sein, als sie es in Wirklichkeit sind, besonders, wenn man sich im Luftschutzkeller aufhält."

Auch die Angehörigen der Familie Wittelsbach, die am 8. April 1945 Flossenbürg verlassen haben, sind in Dachau außerhalb des Schutzhaftlagers untergekommen. „Da im eigentlichen Lager kein Platz war", erinnert sich Prinzessin Irmingard,[36] „wurden wir in den angrenzenden Rot-Kreuz-Baracken (also im SS-Lazarett, Anm. d. Verf.) untergebracht. Dort waren auch andere Sippenhäftlinge, so die Familienmitglieder von General Paulus, der sich in Stalingrad den Russen ergeben mußte. Aus Rache ließ Hitler alle seine Angehörigen inhaftieren."

Doch die Gruppe der Wittelsbacher kann sich nicht so frei bewegen wie die anderen Sippenhäftlinge. „Noch wurden wir getrennt gehalten und konnten nicht miteinander sprechen", berichtet die Prinzessin. „Am Tag wurden wir für eine Stunde auf dem Platz vor der Baracke herumgeführt, immer im Kreis. Zwei Wachen mit Gewehren begleiteten uns." Um so mehr beeindruckt Irmingard eine „sehr nette Lagerärztin", die sich ihrer annimmt, als sie wieder Schwächeanfälle bekommt.

Einweisung in den Kommandanturarrest

Auch der Dachauer Kommandant, SS-Obersturmbannführer Eduard Weiter, ist um gute Behandlung der Sonderhäftlinge bemüht. So jedenfalls sieht es Captain Sigismund Payne Best, als er – nach eigener Aussage – „am späten Abend des 9. April" mit seinem Transport aus Schönberg in Dachau eintrifft.[37] Erstaunt registriert er die höfliche Begrüßung durch den Kommandanten bei der Ankunft im Lager. „Unsere Reise", berichtet er,[38] „ging in recht gutem Tempo voran, weil die 'Grüne Minna' mit einem Benzin- anstatt mit einem Holzmotor angetrieben wurde, und um ungefähr neun Uhr erreichten wir unser Ziel: Dachau. Obwohl mir Gogalla bereits erzählt hatte, daß es dorthin gehen werde, konnte man nie irgend etwas so recht glauben, was diese Leute sagten, und wir hatten gelernt, daß wir für all ihre Aussagen einen Beweis brauchten, daß es sich um die Wahrheit handelte. Wir stiegen alle aus und wurden in eine große Halle beim Eingang geführt, düster beleuchtet und sehr kalt, und es folgte, was uns wie ein schier endloses Warten vorkam. Es gab nichts, worauf man sitzen konnte, wir waren hungrig und müde, und eine Stunde lang standen wir nur herum, und unsere Stimmung sank dabei von Minute zu Minute.

Endlich erschien ein beleibter SS-Oberst und stellte sich mit ausgesuchter Höflichkeit als Obersturmbannführer Weiter, Kommandant von Dachau, vor. In sehr entgegenkommender Weise hieß er uns mit einer regelrechten Ansprache willkommen, versuchte sogar galant, wenn auch erfolglos, Frau Schuschniggs Hand zu küssen. Er bedauerte sehr, daß man uns so lange habe warten lassen, aber Dachau sei sehr überfüllt, und es sei wirklich äußerst schwierig gewesen, eine passende Unterkunft für solch vornehme Gäste zu finden. Er habe getan, was er könne, aber dennoch sei ihm klar, daß die Unterkünfte, zu denen er uns nun führen werde, weit entfernt von dem seien, was wir erwartet und verdient hätten, daß sie aber das Beste seien, das er zur Verfügung stellen könne, und er hoffte, daß wir ihm deren Unzulänglichkeiten nachsehen würden."

Nach der Begrüßung werden die Neuangekommenen, begleitet von Häftlingen, die das Gepäck tragen, zum Kommandanturarrest, abgekürzt: KA, geführt. Der Arrestbau, in der Lagersprache allgemein als „Bunker" bezeichnet, wird auch „Zellenbau" genannt. Die Abteilung des KA, die für die sogenannten Ehrenhäftlinge bestimmt ist, trägt die Bezeichnung „Sonderbau". Der Kommandanturarrest, der sich hinter dem ebenso langen Wirtschaftsgebäude des Schutzhaftlagers erstreckt, hat die beachtliche Länge von 196 Metern, ist aber nur knapp zehn Meter breit.[39] Auf beiden Seiten eines langen Mittelganges beherbergt er insgesamt 136 Zellen. Diese haben alle die gleiche Größe: Sie sind 2,20 Meter breit, 2,90 Meter tief und 3,10 Meter hoch. Ihr Boden besteht aus Parkett, und jede Zelle hat ein Waschbecken, ein Wasserklosett und den Heizkörper einer Zentralheizung. Als Schlafgelegenheit dient eine Pritsche, die an die Wand hochgeklappt werden kann.

In dieses Gebäude gelangen nun die Sonderhäftlinge, und Best ist über den Zustand der Zellen erstaunt. Sie erscheinen ihm „nahezu luxuriös ausgestattet". Vor allem beeindruckten ihn die Waschbecken mit fließendem Wasser und die Spültoiletten. Dieser „Komfort" täuscht jedoch über die Schrecken hinweg, die mit dem Bau verbunden sind, und überdeckt die Tragödien, die sich schon in diesen Zellen abgespielt haben. Nicht umsonst ist der Kommandanturarrest bei den Dachauer Häftlingen als ein Ort der Folter und des Mordes gefürchtet. Aber dies können die Sonderhäftlinge nicht wissen, als sie am 9. April zum erstenmal ihren Fuß über die Schwelle dieses unheimlichen Ortes setzen.

Die Einquartierung im Bunker erfolgt zur Zufriedenheit der Häftlinge. Dabei wird auch der Forderung des Gestapo-Chefs, SS-Gruppenführer Heinrich Müller, Rechnung getragen, der, wie berichtet, in seinem Schnellbrief vom 5. April 1945 den Dachauer Kommandanten darum gebeten hat, Schuschnigg mit Frau und Kind eine größere Wohnzelle zur Verfügung zu stellen. So geschieht es auch, wie sich Best erinnert: „Die Schuschniggs erhielten einen großen Raum und eine kleine Zelle, während von Falkenhausen und ich zwei Zellen mit Verbindungstür in Besitz nahmen (...);[40] der Rest unserer Gesellschaft fand zufriedenstellende Unterkunft in unserer Nähe. Wir waren alle todmüde und am Verhungern. Frau Schuschnigg sah aus, als ob sie jeden Moment umfallen würde, und mein Zustand war nicht viel besser, da ich an furchtbarem Durchfall litt, vermutlich die Nachwirkung von einer Wurst, die nicht allzu frisch geschmeckt hatte, die wir am Vortag in Schönberg gegessen hatten. Nach ein paar Schwierigkeiten – die Küche hatte schon geschlossen – trieb ein Kalfaktor ein wenig Karottensuppe auf und wärmte sie; wir aßen sie – sie schmeckte nicht mal so schlecht – und ab ins Bett."[41]

Für den Dachauer Kommandanten wird es in der Tat aus räumlichen Gründen mehr und mehr zum Problem, die vielen Sonderhäftlinge, die nach Dachau überstellt werden, in den Zellen des KA unterzubringen. Ihre Zahl hat in letzter Zeit ständig zugenommen. Der SS-Unterscharführer Ludwig Rottmaier, der seit dem 20. September 1944 den Dienst eines Wachposten im Kommandanturarrest versehen hat, sagt später dazu aus: Bei seinem Dienstantritt seien im Zellenbau „ungefähr 22 bis 24" Sonderhäftlinge gewesen, und zum Kriegsende habe er „ca. 70 Personen" registriert.[42]

Eine genauere Zahl vermittelt eine Übersicht der Lagerleitung vom 26. Oktober 1944, die alle Gefangenen erfaßt, die, wie es heißt, „ständig im Arrest" sind. Sie kommt auf 23 Personen, von denen drei Häftlinge sind, die als „Hausel"[43] bzw. als Friseur zu Hilfsdiensten im KA eingesetzt werden.[44] Unter den auf dieser Liste verzeichneten Sonderhäftlingen befinden sich:[45] der Kaufmann Josef Burda aus Prag, der niederländische Verteidigungsminister Dr. Johannes

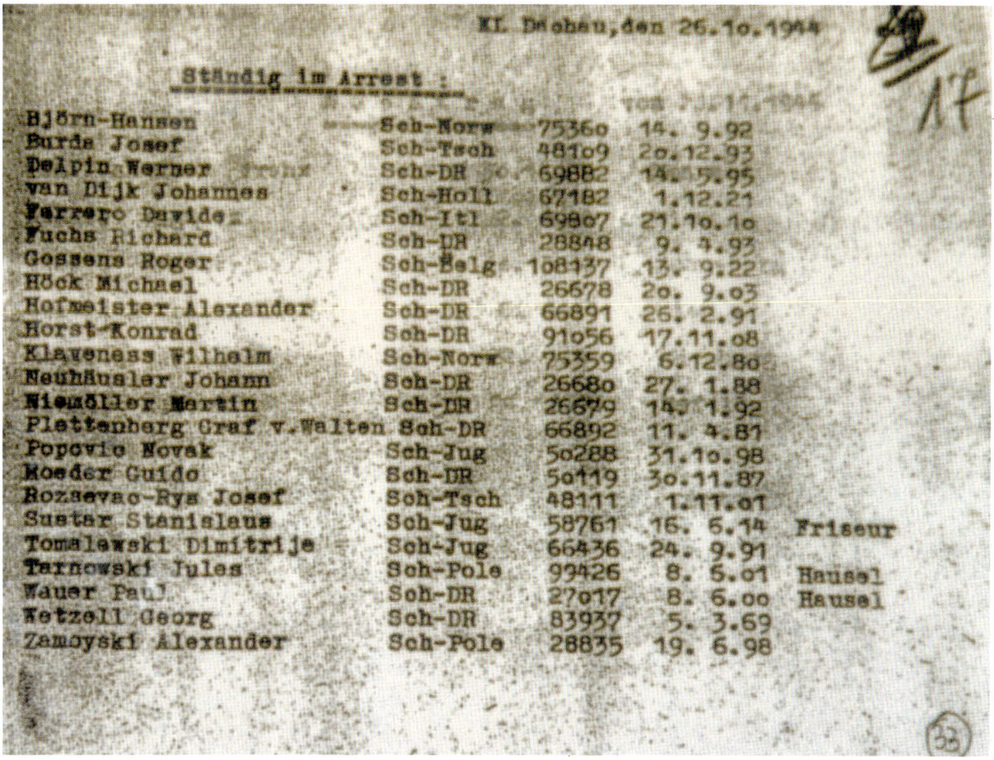

KL Dachau,den 26.10.1944

Ständig im Arrest :

Björn-Hansen	Sch-Norw	75360	14. 9.92	
Burda Josef	Sch-Tsch	48109	20.12.93	
Delpin Werner	Sch-DR	69882	14. 5.95	
van Dijk Johannes	Sch-Holl	67182	1.12.21	
Ferrero Davide	Sch-Itl	69807	21.10.10	
Fuchs Richard	Sch-DR	28848	9. 4.93	
Gossens Roger	Sch-Belg	108137	13. 9.22	
Höck Michael	Sch-DR	26678	20. 9.03	
Hofmeister Alexander	Sch-DR	66891	25. 2.91	
Horst Konrad	Sch-DR	91056	17.11.08	
Klaveness Wilhelm	Sch-Norw	75359	6.12.80	
Neuhäusler Johann	Sch-DR	26680	27. 1.88	
Niemöller Martin	Sch-DR	26679	14. 1.92	
Plettenberg Graf v.Walten	Sch-DR	66892	11. 4.81	
Popovic Novak	Sch-Jug	50288	31.10.98	
Roeder Guido	Sch-DR	50119	30.11.87	
Rozsevac-Rys Josef	Sch-Tsch	48111	1.11.01	
Suster Stanislaus	Sch-Jug	58761	16. 6.14	Friseur
Tomalewski Dimitrije	Sch-Jug	66436	24. 9.91	
Tarnowski Jules	Sch-Pole	99426	8. 5.01	Hausel
Wauer Paul	Sch-DR	27017	8. 6.00	Hausel
Wetzell Georg	Sch-DR	83937	5. 3.69	
Zamoyski Alexander	Sch-Pole	28835	19. 6.98	

„Ständig im Arrest“: Übersicht der Dachauer Lagerleitung über die Sonderhäftlinge im Kommandanturarrest.

J. C. van Dijk, der italienische Colonello Davide Ferrero, der britische Oberstleutnant Richard H. Stevens (Deckname: „Richard Fuchs“), der Domkapitular Dr. Johann Neuhäusler aus München,[46] der Pastor Martin Niemöller aus Berlin-Dahlem, der Kaufmann Walther Graf von Plettenberg-Lenhausen aus Bremen, der als Sippenhäftling ins KL Dachau gebracht worden ist, der jugoslawische Generalpostmeister Novak D. Popovic, der tschechische Journalist Josef Rozsévac-Rys aus Prag, der jugoslawische Journalist Dimitrije Tomalevsky aus Belgrad sowie der polnische Major und Gutsbesitzer Graf Aleksander Zamoyski.[47]

Später erhöht sich die Zahl der Sonderhäftlinge noch um den Radiotechniker Dr. Lothar Rohde, der zusammen mit seiner Ehefrau Gisela in Haft ist, um den schon erwähnten Kaplan Karl Kunkel, um den Bischof der Diözese Clermont in Frankreich, Gabriel Piguet, und um den französischen General Charles Delestraint, der unter dem Decknamen „Vidal“ als Oberbefehlshaber der „Armée Secrète“ in der „Résistance“ am 9. Juni 1943 in Paris verhaftet worden ist.[48] Er wurde am 8. März 1944 ins KL Natzweiler überstellt und kam von dort zusammen mit Piguet am 7. September 1944 ins KL Dachau, wo beide zunächst ins allgemeine Schutzhaftlager eingewiesen wurden. Hier nahm der mutige Kirchenmann das Wagnis auf sich, am 17. Dezember 1944 den Mithäftling Karl Leisner, vom Papst später seliggesprochen, heimlich zum Priester zu weihen, was auch gelang. Am 22. Januar 1945 wurde Piguet, der am 28. Mai 1944 in Haft genommen worden war, weil er am Fronleichnamstag am 24. Juni 1943 die Verbrechen der Nationalsozialisten öffentlich angeprangert hatte,[49] als Sonderhäftling in den Kommandanturarrest gebracht.[50] Später folgt ihm Delestraint nach, nachdem die Kommandantur angeordnet hat, den General „ab 12. 3. 45 in die Liste der Prominenten einzuschreiben“.[51]

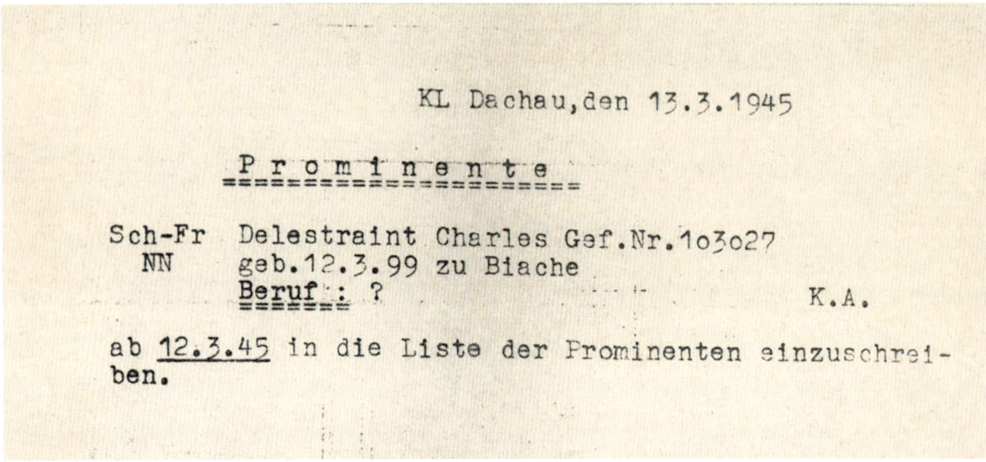

KL Dachau,den 13.3.1945

Prominente

Sch-Fr Delestraint Charles Gef.Nr.103027
NN geb.12.3.99 zu Biache
Beruf : ? K.A.

ab 12.3.45 in die Liste der Prominenten einzuschreiben.

Die Dachauer Lagerleitung erklärt den französischen General Charles Delestraint zum Sonderhäftling.

Ein weiterer Sonderhäftling im KA ist der irische Oberstleutnant John McGrath, der in Diensten der britischen Armee gestanden hat.[52] Dem Offizier, der bei den Kämpfen um Dünkirchen in Gefangenschaft geraten ist, wird vorgeworfen, als Kommandant eines Gefangenenlagers für Iren vielen Landsleuten zur Flucht verholfen zu haben.[53] Auch er erlangt seine Freiheit erst in Südtirol zurück wie Dr. Friedrich Engelke, der als Beamter des Reichswirtschaftsministeriums im Oktober 1944 aufgrund einer Denunziation verhaftet und nach Dachau transportiert worden ist, wo er im Kommandanturarrest in die Abteilung für Untersuchungshäftlinge gekommen ist.[54]

Die Geschichte der Sonderhäftlinge im KL Dachau, das die SS als ihr „Musterlager" ansieht, hat mit der Überstellung der ersten drei privilegierten Gefangenen begonnen: Martin Niemöller, Dr. Johann Neuhäusler und Dr. Michael Höck. Der Letztgenannte wird am 5. April 1945 auf freien Fuß gesetzt,[55] während die beiden anderen weiter in Haft bleiben.

Alle drei Geistlichen wurden am 11. Juli 1941 geschlossen in einem Personenauto aus dem KL Sachsenhausen nach Dachau gefahren. Die Anordnung zur plötzlichen Abreise traf Neuhäusler völlig unvorbereitet. „Am Nachmittag des 10. Juli 1941, zwei Monate nach meiner Einlieferung in das KZ Sachsenhausen", erinnert er sich,[56] „brachte mir ein 'Läufer' den Befehl: 'Gefangener Neuhäusler sofort zum Jourhaus kommen!' (In diesem Haus befand sich der Sitz der Lagerleitung.) Im Laufschritt ging es, so gut es die Holzpantoffeln erlaubten, über den Appellplatz zu dem gefürchteten Haus. Vom 1. Stock herab rief mir ein höherer SS-Mann zu: 'Du bist ein hoher Geistlicher?' Darauf ich: 'Ich bin Domkapitular.' 'So, was hast du denn ausgefressen?' 'Ich weiß nicht, was ich angestellt haben soll.' 'So! Schau, daß du deine Klamotten holst.'

Ich wurde also zur Bekleidungskammer geschickt. Ging es in die Freiheit oder wieder ins Gefängnis – zur Entscheidung über Leben und Tod? Zunächst wurde ich in das Gefängnis des KZ gebracht, und zwar in eine Einzelzelle. Stunden vergingen; niemand kümmerte sich um mich. Drückende Ungewißheit befiel mich. Es wurde Nacht, und noch immer war keine Entscheidung gefallen. Gegen 3 Uhr morgens wurde die Tür geöffnet und mir gesagt: 'Du kommst fort.' Im Waschraum begegnete ich Dr. Michael Höck, dem Schriftleiter der 'Münchner Katholischen Kirchenzeitung'. Welch freudiges Wiedersehen! Wir beide wurden darauf ins Freie geführt, wo ein Auto auf uns wartete. Davor stand ein Mann in Zivil. 'Pastor Niemöller', stellte er sich vor. Welch neue große Freude, den tapferen Vorkämpfer der 'Bekennenden Kirche' kennenzulernen, mit ihm zusammensein zu dürfen. 'Ihr kommt nach Dachau', erklärten uns Regierungsassessor H. und Oberscharführer Sch., die zu uns ins Auto stiegen.

Ich hätte jubeln mögen. Wochenlang hatte ich schon im Herzen den Wunsch gehegt: 'Wenn ich doch ebenfalls nach Dachau käme! Dort sind fast alle Geistlichen, die vordem hier waren. Dachau liegt in unmittelbarer Nähe meiner Heimat (in Eisenhofen im Landkreis Dachau, Anm. d. Verf.) und auch nahe bei München. So wäre vielleicht eher eine Verbindung mit Angehörigen und Bekannten möglich.'

Martin Niemöller (links) teilt die Haft im Dachauer Kommandanturarrest von Anfang an mit den katholischen Geistlichen Höck und Neuhäusler.

Seit dem 11. Juli 1941 als Sonderhäftling in Dachau: Domkapitular Johann Neuhäusler.

Es wurde eine schöne Fahrt! Dabei zeigten sich auch die Wächter als Menschen und erwiesen uns kleine Gefälligkeiten. Nachmittags gegen 16 Uhr kamen wir in Dachau an." Dort erfahren die drei Gefangenen zu ihrer Überraschung, wie Neuhäusler weiter berichtet,[57] daß sie nun Sonderhäftlinge seien, „für die besondere Bestimmungen gälten".

Die Sonderhäftlinge im Dachauer KA unterstehen unmittelbar dem Lagerkommandanten.[58] Zur Betreuung der privilegierten Gefangenen werden, wie berichtet, Mithäftlinge aus dem allgemeinen Lager herangezogen, die von der SS als „Hausel" bezeichnet werden. Der letzte Häftling, der diesen Dienst im Kommandanturarrest vor der Befreiung des KL Dachau versieht, ist der Friseur Paul

Der Häftling Paul Wauer übt im Dachauer Kommandanturarrest das Amt des Kalfaktors aus.

Wauer aus Breslau. Dem Ernsten Bibelforscher steht der Mithäftling Wilhelm Visintainer aus Wuppertal-Elberfeld zur Seite, der im KA als Hausarbeiter eingesetzt wird und der ein ausgezeichneter Organisator ist. Der gelernte Koch trägt im Lager den Spitznamen „Kohlenklau", da er stark dieser NS-Propagandafigur gleicht. Vor seiner Verhaftung trat er im „Zirkus Krone" als Clown auf.[59] Mit seinen ausgezeichneten Sprachkenntnissen kann er die Verbindung zu ausländischen Mithäftlingen herstellen und sich im Lager, in dem er viel herumkommt, als Nachrichtenträger betätigen. Bewundernd äußert sich Wauer über den Kameraden, der mit ihm die Sippen- und die Sonderhäftlinge nach Südtirol begleiten wird: „'Kohlenklau' war der Mann, an den sich im KA alles vertrauensvoll wandte betreffs Organisieren der verschiedensten Dinge. Konnte er (etwas) nicht beschaffen, dann war es im Lager überhaupt nicht vorhanden."[60] Auch Wauer gegenüber erweist sich Visintainer als Freund. „Er war es auch", schreibt Wauer, „durch den ich in Verbindung mit meinen alten Leidensgenossen im Lager war. Ich durfte das Arrestgebäude nur in Begleitung eines Postens verlassen, da die Anwesenheit der verschiedenen Sonderhäftlinge geheim sein sollte."

Tageslauf und Arbeit im KA

Wie „Kohlenklau" erfreut sich auch Wauer bei den Gefangenen großer Beliebtheit. So urteilt Friedrich Engelke, der in seiner Zelle ein Nachbar von General Delestraint ist, über den Mann: „Wauer war als Bibelforscher viele Jahre im KZ und war in letzter Zeit Hausel im KA. Als solcher hatte er viele Beziehungen und wußte alles. Er hat auch wegen seiner Anständigkeit allgemeines Vertrauen genossen, und zwar sowohl bei der SS-Lagerverwaltung als auch bei den Häftlingen."[61]

Über seine Arbeit im KA berichtet Wauer selbst: „Meine Tätigkeit bestand darin, den Häftlingen Essen zu bringen und den Bunker sauber zu halten. Ich habe im Bunker in einem eigenen Raum geschlafen, es war dies eine Zelle neben dem Brausebad. Außerdem stand mir tagsüber der Hauselraum zur Verfügung."[62] Über seine Arbeitszeit sagt er aus: „Mein Dienst begann im allgemeinen um 6.00 Uhr früh und endete am Abend mit dem Zeitpunkt, (zu dem) die Zellen der Sonderhäftlinge abgesperrt wurden. Es war dies meist um 22.00 Uhr." Wauer kam im Mai 1943 als Hilfshausel in den KA und stieg dort im Dezember 1943 zum Ersten Hausel, auch „Kalfaktor" genannt, auf, als sein Vorgänger Willy Kipka, ebenfalls ein Ernster Bibelforscher, abgelöst wurde. Zwei Hilfskalfaktoren gingen ihm nun im Dienst zur Hand.[63] „In diesem Kommando", berichtet er,[64] „blieb ich ununterbrochen bis zu unserem Abtransport im April 1945."

Zu den Häftlingen, die im KA Hilfsdienste leisten, zählt auch der italienische General Sante Garibaldi (verwandt mit dem berühmten Freiheitskämpfer Giuseppe Garibaldi), der am 24. Juni 1943 in Frankreich wegen seiner Verbindung zu amerikanischen und britischen Nachrichtendiensten sowie zur „Résistance“ verhaftet worden ist.[65] Als er im September 1944 nach der Haft in den Lagern Compiègne, Sachsenhausen und Natzweiler im KL Dachau eintrifft, wird er nicht als Sonderhäftling eingestuft. Aber Colonello Davide Ferrero gelingt es, den General dennoch in den KA zu bringen, indem er die Kommandantur bittet, ihm Garibaldi als Bediensteten zuzuteilen. Neuhäusler vermerkt die Ankunft des Neuzugangs am 6. Januar 1945 in seinem Tagebuch: „General Garbaldi kam.“[66]

Garibaldi, dem Ferrero mit der Überstellung aus dem allgemeinen Lager in den Arrest bessere Haftbedingungen verschafft hat, macht sich im Zellenbau als kameradschaftlicher Hilfskalfaktor nützlich. Karl Kunkel lernt ihn gleich am Tage nach seiner Ankunft im KL Dachau auf bewegende Weise kennen. „Beim Frühstück“, trägt er am 24. Februar 1945 in sein Tagebuch ein,[67] „begrüßt mich der Kalfaktor sehr herzlich, es ist General Sante Garibaldi aus Rom. Er fragt mich, welche Sprache ich spreche. Wir einigen uns auf Englisch. (...)

Abends verkündet mir Garibaldi, daß er mir von den Priestern die heilige Kommunion bringen wird. Ich kann mich nicht fassen vor Freude und Glück. Dann höre ich Choräle singen: 'Christ ist erstanden!' Pastor Niemöller übt für den Gottesdienst. Ergriffen höre ich auf diese so lange vermißten heiligen Melodien. Dann kommt der sonderbare Christofer, öffnet die Klappe: 'Santa kommunione!', reicht mir ein kleines Ledertäschchen, darinnen in einem weißen Umschlag sorgfältig in ein Papier gehüllt der Herr, der die Seinen nicht verläßt, selbst bis in den Kerker hinabsteigt, um sie zu stärken. Mit Tränen in den Augen sinke ich vor dem weißgedeckten Zellentisch nieder. Meine Sehnsucht ist erfüllt: einmal wieder vor dem Herrn zu knien. Ein langes Gebet aus dankbarem Herzen steigt in mir auf. Darum hat er mich nach Dachau geführt, um mir diese Gnade zu schenken! So nahe war er mir noch nie, daß er meine Zelle, meinen Tisch mit mir teilt; daß er von Stund an Tag und Nacht mit mir lebt. O heiliges Wunder der Gottesnähe!“

Daß Garibaldi dem Häftlingsdasein im allgemeinen Lager entkommen ist, hat er auch dem SS-Obersturmführer Edgar Stiller zu verdanken, wie dieser später zu seiner Verteidigung vor den Amerikanern hervorhebt: „Erst auf meine Anforderung hin wurde er zum Arbeiten zu den Sonderhäftlingen geschickt. Ich sagte ihm, er solle, wenn Inspektionen kämen, so tun, als habe er etwas zu arbeiten. Im übrigen genoß er dieselben Vorzüge wie die Sonderhäftlinge.“[68]

Die Karriere des Edgar Stiller

Stiller, der erst im April 1945 zum SS-Obersturmführer der Reserve befördert worden ist,[69] fiel schon lange vorher die Aufgabe zu, die Sonderhäftlinge im Kommandanturarrest des KL Dachau zu betreuen. Damit wurde ihm aber nicht, wie leicht irrtümlich angenommen werden kann, die Leitung des KA übertragen. Diese lag weiter in anderen Händen.

Als Stiller, am 25. Januar 1904 in Hermannseifen geboren und bis 1938 als Polizeibeamter in Wien-Mödling tätig, am 1. Januar 1941 nach Dachau kam, wurde er zunächst als Hilfsschreiber in der Schreibstube der Abteilung III (Schutzhaftlager) beschäftigt.[70] Mitte 1942 erfolgte seine Versetzung in die Abteilung VI (Truppenbetreuung), wo ihm nach eigener Aussage „die Dienststellung eines Fürsorgeoffiziers der SS-Wachtruppen des KL Dachau und sämtlicher Nebenlager“ übertragen wurde.[71] In dieser Funktion wurde ihm im Herbst 1943 auch die Betreuung der Sonderhäftlinge zugewiesen, die von Anfang an in einem Flügel des

KA, im sogenannten Sonderbau, untergebracht wurden. Paul Wauer sah in Stiller den „Verbindungsmann zwischen dem Lagerkommandanten und den Ehrenhäftlingen".[72] Mit dem Geschehen im allgemeinen Häftlingslager hatte er jedoch nie etwas zu tun.

Über seine Aufgaben im KL Dachau berichtet Stiller selbst: „Mein Dienstzimmer befand sich außerhalb des Lagers in einem einstöckigen Gebäude in der Nähe der Kommandantur. Meine Tätigkeit bestand darin, daß ich Beschwerden und Wünsche der Ehrenhäftlinge entgegenzunehmen hatte und entweder im eigenen Bereich erledigte oder dem Lagerkommandanten mitteilte. Auch hatte ich Verpflegung, Bekleidung, Unterbringung und Behandlung zu überwachen.

Ich wurde vom Kommandanten mit der Amtspost, die die Ehrenhäftlinge betraf, vertraut gemacht (...). Auch hatte ich Aufträge, die zum Beispiel von Berlin eintrafen und (die) sich auf die Häftlinge bezogen, zu erfüllen. Dabei bemerkte ich, daß die ganze Post als geheime Reichssache an den Lagerkommandanten ging und (mir) erst von diesem zugestellt (wurde); in den meisten Fällen aber (wurde sie) mir vom Kommandanten (nur) mündlich durch Verlesen zur Kenntnis gebracht. Die Post nahm in diesen Fällen der Kommandant wieder mit sich fort. Ich machte mir hierüber kurze Notizen, um die Aufträge ausführen zu können. So kam zum Beispiel (die Anordnung), daß der Ehrenhäftling X. X. nur einmal einen Brief schreiben darf.

Zur Durchführung meiner Aufgaben begab ich mich, soweit ich nicht dienstlich abwesend war, zu den Ehrenhäftlingen, begrüßte jeden einzelnen mit Handschlag und fragte sie nach ihren Bitten und Beschwerden. Außer dieser Betreuung (...) hatte ich mit den Ehrenhäftlingen, insbesondere mit ihrer Bewachung, nichts zu tun. Zu meiner Tätigkeit gehörte noch, daß ich Sorge dafür treffen mußte, daß sie spazieren geführt werden mußten. Wenn die Häftlinge hierbei das Lager verließen, zum Beispiel zum Kinobesuch, bin ich selbst mit ihnen gegangen. Die Bewachung und Behandlung oblag dem Bunkerverwalter, d. h. dem jeweils Wachhabenden und seinem Personal. Die Oberaufsicht über den Bunker hatte der jeweilige Adjutant (des Lagerkommandanten)."[73]

Bewegungsfreiheit im Bunker

Die Sonderhäftlinge rechnen Stiller die korrekte Behandlung hoch an. Die übereinstimmenden Aussagen, die sie nach ihrer Befreiung über den SS-Obersturmführer machen, beweisen dies. So erklärt Dr. Lothar Rohde, der im November 1944 nach Dachau gekommen ist, weil er, wie er berichtet, „drahtlose Verbindung mit England hatte": „Für mich hat er sehr viel getan. So gab er die Erlaubnis, meine Eltern in meinem Haus (in München, Anm. d. Verf.) zu sehen, besonders meine Mutter, die Jüdin ist. Dann half er mir, meine Frau, die von München weg in ein anderes Lager gebracht werden sollte, nach Dachau zu bringen."[74]

Positiv äußert sich auch Kunkel über Stiller, der ihm bei der ersten Begegnung in der Kommandantur nach der Ankunft im KL Dachau freundlich gegenübertrat: „Ich wurde von dem herbeigerufenen (...) Stiller übernommen, der sich mir gegenüber sehr korrekt, ja geradezu entgegenkommend benahm, so daß ich mich in Gedanken an die Behandlung im KZ Ravensbrück über eine solche zuvorkommende Behandlung innerlich sehr gewundert habe. Stiller hat mir die Hand gereicht und hat nicht geduldet, daß ich selbst mein Gepäck zum KA bringe. Dort ließ er mich eine Zelle selbst aussuchen, und zwar eine solche, welche von innen her zu beleuchten war, ja er ließ sogar diese Zelle sofort ausweißen, bevor ich sie bezog. (...)

Zum Verhalten des (...) Stiller mir gegenüber muß ich in diesem Zusammenhang erklären, daß derselbe sich immer anständig und zuvorkommend benommen hat (...). Ich habe nie gesehen, daß er irgendeinen der Häftlinge mißhandelt hätte, geschweige denn, daß er mir gegenüber unhöflich gewesen wäre."[75]

Der Oberst im Generalstab Bogislav von Bonin bestätigt Kunkels Urteil über Stiller, als sich dieser nach dem Krieg wegen seines Dienstes im KL Dachau vor dem Untersuchungsrichter verantworten muß: „Zur Tätigkeit des Angeschuldigten während meiner (...) Bunkerhaft im KZ Dachau kann ich sagen, daß er sich mir gegenüber wie auch den anderen Sonderhäftlingen gegenüber, soweit ich dies beobachten konnte, untadelig benommen hat. In Bezug auf unsere Erfahrungen in anderen Lagern und Gefängnissen war der Aufenthalt in Dachau direkt wie eine Befreiung, da wir alle Begünstigungen genossen, die in solchen Fällen möglich sind.

Stiller hat sich sehr viel im Bunker aufgehalten und stand uns bei Bitten oder Beschwerden immer zur Verfügung, wobei er erfüllbare Wünsche ohne weiteres genehmigt hat. Ich habe nie gesehen oder gehört, daß er einen der Sonderhäftlinge in brutalem Ton anredete, geschweige denn gar mißhandelte. Wir hatten im Bunker selbst und im anschließenden kleinen Garten volle Bewegungsfreiheit, konnten uns gegenseitig besuchen und sprechen. Ich halte es daher für ausgeschlossen, daß der Angeschuldigte auch nur in unhöflicher Weise gegen Sonderhäftlinge vorgegangen ist."[76]

Erheblich distanzierter sieht dagegen Isa Vermehren den SS-Führer, dem sie von Anfang an mit Ablehnung begegnet ist. „Der angeschuldigte Stiller", sagt sie aus,[77] „war in meinen Augen ein ruhiger Mensch, wobei ich jedoch erklären muss, dass mir diese Ruhe als gefährlich erschien. Er machte den Eindruck eines guterzogenen Menschen, jedoch konnte man, wenigstens ich, sich des Eindruckes nicht erwehren, dass man es mit einem gefährlichen Menschen zu tun hat, der sich die kaltblütige Überlegenheit der SS weitgehend zu eigen gemacht hat."

Auch Neuhäusler urteilt über den SS-Obersturmführer nicht ohne Vorbehalte: „Stiller erschien uns oder gab sich wenigstens uns gegenüber als überzeugter Nationalsozialist aus, suchte auch die Anordnungen des Kommandanten möglichst zu erfüllen, auch wenn sie in den letzten Monaten stärker wurden, aber er zeigte sich uns gegenüber nicht gefühllos, verschaffte oder gönnte uns manche Erleichterung. Von irgendwelchen Mißhandlungen von Gefangenen durch Stiller ist mir nichts bekannt geworden."[78]

Am härtesten fällt das Urteil über den Betreuungsoffizier bei Niemöller aus: „Ich habe von Stiller von Anfang an den Eindruck eines unentschlossenen, schwachen und ängstlichen Menschen gehabt, der für mich deutlich erkennbar stets den Weg des geringsten Widerstandes ging. Irgendwelche Rohheitsakte habe ich Stiller niemals verüben sehen, ich habe ihm derartige Dinge auch niemals zugetraut. Auf der anderen Seite bin ich überzeugt, daß Stiller zu den Leuten gehörte, die aus Angst vor etwaigen Folgen jeden in seiner Ausführung kontrollbaren Befehl auch ausführten."[79]

Niemöller, der energische ehemalige U-Boot-Kommandant des Ersten Weltkrieges und der kompromißlose Kämpfer der Bekennenden Kirche gegen Hitler, begegnet Stiller im KA auch nicht mit besonderem Respekt, obwohl er Häftling ist und sich dadurch in Gefahr bringen kann, was Josef Müller bewundernd zur Kenntnis nimmt. „Pastor Niemöller", erinnert er sich,[80] „hat ihn wiederholt scharf angefaßt, vor allem weil er erfahren wollte, was aus uns werden soll. Bisweilen bekam man dabei den Eindruck, daß Niemöller den SS-Mann behandelte, als sei er sein eigener Adjutant. Stiller hat das stillschweigend hingenommen."

Wie trat nun Stiller gegenüber den SS-Wachmannschaften auf, die im Gang des KA Posten bezogen? Einer von ihnen, der schon erwähnte SS-Unterscharführer Ludwig Rottmaier, betont, daß von dem SS-Obersturmführer nie eine Aufforderung zur Gewalt gegenüber den Gefangenen ausgegangen ist. „Stiller", erklärt er,[81] „war ein guter Mensch und hat nicht nur uns untergebene SS-Leute, sondern auch die Sonderhäftlinge immer gut behandelt. Er hat uns nicht einmal scharf angeschrien. Als ich im KA den Dienst antrat, meldete ich mich bei ihm. Hierbei erhielt ich von ihm Belehrung über meinen Dienst und mein Verhalten zu den Ehrenhäftlingen. Diese Belehrung wurde wiederholt von ihm gegeben und hieß es immer dabei, daß die Häftlinge gut und menschlich zu behandeln sind. Er hat uns ausdrücklich verboten, von der Waffe Gebrauch zu machen, wenn ein Sonderhäftling gegebenenfalls bei einer Vorführung (im Kino, Anm. d. Verf.) den Versuch zur Flucht machen sollte. Ich habe nie gesehen, daß der Angeschuldigte einen Häftling, ganz gleich ob Untersuchungshäftling oder Sonderhäftling, mißhandelt hat. Er hat sie nicht einmal scharf angesprochen. (...) Seinem Charakter nach war der Angeschuldigte gutmütig."

Als die Sippen- und die Sonderhäftlinge im KL Dachau eintreffen, herrscht dort das Chaos. Die Gefangenenunterkünfte im Schutzhaftlager sind durch die Räumung der Dachauer Nebenlager und anderer Hauptlager vor den heranrückenden Alliierten katastrophal überbelegt, die Häftlinge auf engstem Raum zusammengepfercht, und zu allem Unglück wütet auf den Blocks auch noch das Fleckfieber, dem zusehends immer mehr Lagerinsassen zum Opfer fallen. Auch im Kommandanturarrest hat der Lagerkommandant, wie berichtet, Mühe, die vielen Sonderhäftlinge unterzubringen, die das Reichssicherheitshauptamt dem KL Dachau zuweist. Deshalb schlägt auch Elsers letzte Stunde sofort, als Gogalla am Abend des 9. April den Schnellbrief des SS-Gruppenführers Müller vom 5. April mit dem Todesurteil für den Schreiner – mit noch anderen geheimen Mitteilungen, die aber nicht erhalten geblieben sind, – in der Kommandantur des KL Dachau abgegeben hat. Wie Stiller später bezeugt, wird nicht erst, wie angeordnet, ein Luftangriff auf München abgewartet, sondern Elser sofort liquidiert, weil seine Unterkunft im KA dringend benötigt wird.

Doch die Sonderhäftlinge, die an diesem Tag im Kommandanturarrest ankommen, ahnen von der Tragödie nichts, die sich in der Dunkelheit im Krematoriumsbereich abspielt. Im Gegenteil – alles, was sie vorfinden, überrascht sie im positiven Sinn. Am 12. April schreibt Schuschnigg in sein Tagebuch: „Im übrigen muß ich sagen, ist es uns noch nie so gut gegangen wie hier, und noch nirgends wurden wir so relativ anständig behandelt. Unsere kleine Gruppe wurde als Sonderhäftlinge in einem abgeschlossenen Trakt des Arrestbaus untergebracht. Wir durften sogar, entgegen aller früheren Erfahrung, auch weiterhin miteinander verkehren. Allerdings blieb es strenge verboten, mit den Schicksalsgefährten im anschließenden Arresttrakt oder mit sonstigen Lagerinsassen in irgendwelche Verbindung zu treten.

Tagsüber durften wir in einen kleinen, ummauerten Hof, der Bänke aufwies; kümmerliche Rasenflächen, Salatrabatte; und in der Ecke blühten sogar schon die ersten schüchternen Narzissen.

In der Mitte war ein Luftschutzbunker ausgegraben. Dort wurden wir häufig von den teils freundlichen, teils besonders hämischen Wachen versammelt. Denn eigentlich ist Tag und Nacht fast ständiger Luftalarm.

In unbeobachteten Momenten ergibt sich die Gelegenheit, mit einem Mithäftling aus dem Lager zu sprechen. Er hat die Gartenarbeiten im Hof zu besorgen. Er kennt sich aus; denn er ist schon sehr lange Jahre in Dachau. (...)

Was unser Freund von Beruf war? Zirkusclown im Zirkus Krone! Und mit der Zeit sei er hier unentbehrlich geworden, weil er 12 Sprachen spreche; also fast so viel (wie) im Lager Dachau jetzt nötig sei …

Immer wieder steckt er unserer Sissy eine Rippe Schokolade oder uns eine Zigarette zu; und bringt Grüße von dem einen oder anderen Landsmann, der drüben im Lager sitzt; scheinbar ein guter und dabei kluger Mensch."[82] Diese anerkennenden Worte gelten keinem anderen als Wilhelm Visintainer.

Worte der Anerkennung findet Schuschnigg auch für die Leidensgefährten, die mit ihm die Haft im Kommandanturarrest teilen. „Das Zusammenleben unserer Gruppe", hebt er am 14. April in seinen Aufzeichnungen hervor,[83] „ist vorbildlich; keiner verschließt sich der Kameradschaft; jeder ist hilfsbereit und teilt mit den anderen das letzte. Ganz gleich, ob dies nun der deutsche Generaloberst (gemeint ist Halder, Anm. d. Verf.) oder der junge Russe (Kokorin) oder der Reichsminister (Schacht) oder der Offizier vom britischen Secret Service (Best) ist.

Später bekam unsere Gruppe noch etlichen Zuwachs; Fritz Thyssen, der sich allerdings ein wenig abseits hält; vielleicht Alter, Kränklichkeit und seelische Erschütterung? – Dann M. Léon Blum und Gattin. Das Bild wurde somit immer bunter. Aber es ist fast ausnahmslos vollendet harmonisch geblieben. Keiner fragte viel nach dem, was einmal war; keiner sorgte sich allzuviel um die Gegenwart; – aber jeder bangte um die Zukunft; nicht so sehr um die eigene; vielmehr um all das andere, was uns am Herzen lag. Und wir alle wußten, daß alles

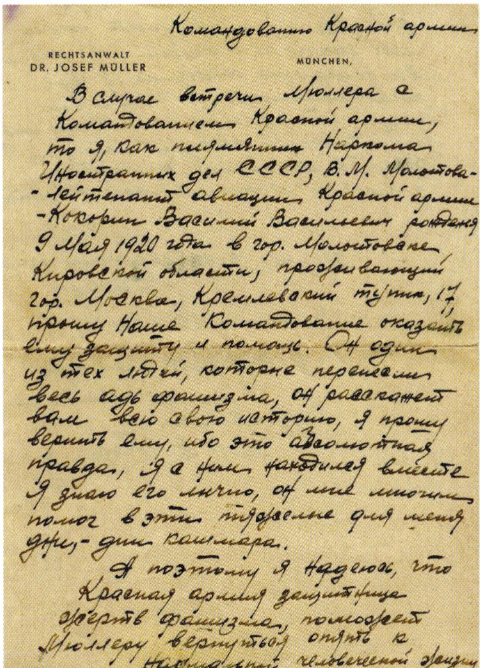

Командованию Красной армии

RECHTSANWALT
DR. JOSEF MÜLLER
MÜNCHEN,

В случае встречи Мюллера с
Командованием Красной армии,
то я, как племянник Наркома
Иностранных дел СССР, В.М. Молотова-
-Лейтенант авиации Красной армии
-Кокорин Василий Васильевич рожденя
9 Мая 1920 года в гор. Молотовске
Кировской области, проживающий
гор. Москва, Кремлевский тупик, 17,
прошу Наше Командование оказать
ему защиту и помощь. Он один
из тех людей, которые перенесли
весь ад фашизма, он расскажет
вам всю свою историю, я прошу
верить ему, ибо это абсолютная
правда, я с ним находился вместе
Я знаю его лично, он мне многим
помог в эти тяжелые для меня
дни, - дни кошмара.
Я поэтому я надеюсь, что
Красная армия защитница
жертв фашизма, поможет
Мюллеру вернуться опять к
нормальной человеческой жизни

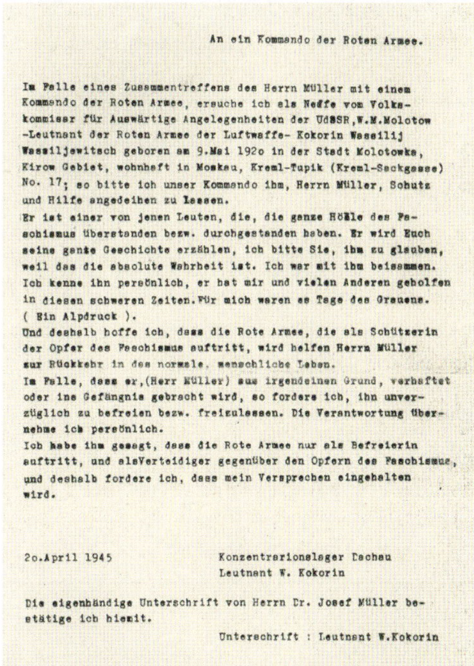

An ein Kommando der Roten Armee.

Im Falle eines Zusammentreffens des Herrn Müller mit einem Kommando der Roten Armee, ersuche ich als Neffe vom Volkskommissar für Auswärtige Angelegenheiten der UdSSR,W.M.Molotow -Leutnant der Roten Armee der Luftwaffe- Kokorin Wassilij Wassiljewitsch geboren am 9.Mai 192o in der Stadt Molotowka, Kirow Gebiet, wohnhaft in Moskau, Kreml-Tupik (Kreml-Sackgasse) No. 17; so bitte ich unser Kommando ihm, Herrn Müller, Schutz und Hilfe angedeihen zu lassen.

Er ist einer von jenen Leuten, die, die ganze Hölle des Faschismus überstanden bezw. durchgestanden haben. Er wird Euch seine ganze Geschichte erzählen, ich bitte Sie, ihm zu glauben, weil das die absolute Wahrheit ist. Ich war mit ihm beisammen. Ich kenne ihn persönlich, er hat mir und vielen Anderen geholfen in diesen schweren Zeiten. Für mich waren es Tage des Grauens. (Ein Alpdruck).

Und deshalb hoffe ich, dass die Rote Armee, die als Schützerin der Opfer des Faschismus auftritt, wird helfen Herrn Müller zur Rückkehr in das normale, menschliche Leben.

Im Falle, dass er,(Herr Müller) aus irgendeinen Grund, verhaftet oder ins Gefängnis gebracht wird, so fordere ich, ihn unverzüglich zu befreien bezw. freizulassen. Die Verantwortung übernehme ich persönlich.

Ich habe ihm gesagt, dass die Rote Armee nur als Befreierin auftritt, und alsVerteidiger gegenüber den Opfern des Faschismus, und deshalb fordere ich, dass mein Versprechen eingehalten wird.

2o.April 1945 Konzentrarionslager Dachau
Leutnant W. Kokorin

Die eigenhändige Unterschrift von Herrn Dr. Josef Müller bestätige ich hiemit.

Unterschrift : Leutnant W.Kokorin

Besorgt um die Sicherheit des deutschen Freundes: Schutzbrief des sowjetischen Leutnants Wassilij Wassiljewitsch Kokorin für Dr. Josef Müller an die Rote Armee.

darauf ankommen würde, daß ohne Ressentiment und ohne allzu vielen Justamenttriumphen die Menschen wieder zueinander finden ... Persönlich danken meine Frau und ich den deutschen Schicksalsgefährten und dem Ehepaar Blum manche unvergeßlich schöne Stunde. Jawohl, auch schöne Stunden gab es; richtiger gesagt, vielleicht reiche – so widersinnig dies klingen mag; mehr als einmal hatte man das Gefühl, beschenkt und bereichert auseinander zu gehen; und darum soll trotz allem die Erinnerung daran gepriesen sein."

Auch für Schacht, der nun für sich und für alle Mithäftlinge nicht mehr ganz so düster in die Zukunft blickt, während er im KL Flossenbürg noch mit dem Ende gerechnet hat,[84] bleibt der Aufenthalt im Dachauer KA mit unvergeßlichen Erinnerungen verbunden. „Behandlung und Verpflegung", berichtet er,[85] „waren befriedigend. Familie Schuschnigg baute sich ihr Radio auf, und wir hörten die Nachrichten regelmäßig bei dem Nachmittagskaffee, den uns Frau Schuschnigg in einer größeren Zelle bereitete, die man für Familie Schuschnigg bereitgestellt hatte. Auf diese Weise waren wir bald über die militärische Lage völlig unterrichtet und fanden damit auch die Erklärung für das entgegenkommende Verhalten der Wachmannschaft.

Das Bestreben der Wachmannschaft (...) ging sichtlich dahin, sich für den Fall des Zusammenbruchs, an dem auch der Dümmste nicht mehr zweifeln konnte, einige 'gute Zeugnisse' zu verschaffen und sich so zu retten."

Der Kriegsausgang besorgt auch Kokorin, der mit Josef Müller im KL Buchenwald Freundschaft geschlossen hat. Mit Tränen in den Augen begrüßt er den Totgeglaubten, als beide wieder im Dachauer Kommandanturarrest zusammentreffen.[86] Der Leutnant befürchtet, daß dem Freund Gefahr durch die Rote Armee entstehen könnte, und stellt ihm deshalb am 20. April 1945 – noch im Konzentrationslager Dachau – einen Schutzbrief in russischer Sprache aus.

Darin schreibt er: „Im Falle eines Zusammentreffens des Herrn Müller mit einem Kommando der Roten Armee (...) bitte ich unser Kommando(,) ihm, Herrn Müller, Schutz und Hilfe angedeihen zu lassen.

Er ist einer von jenen Leuten, die die ganze Hölle des Faschismus überstanden bezw. durchgestanden haben. Er wird Euch seine ganze Geschichte erzählen, ich bitte Sie, ihm zu glauben, weil das die absolute Wahrheit ist. Ich war mit ihm beisammen. Ich kenne ihn persönlich, er hat mir und vielen anderen geholfen in diesen schweren Zeiten. Für mich waren es Tage des Grauens. (Ein Alpdruck.)

Und deshalb hoffe ich, daß die Rote Armee, die als Schützerin der Opfer des Faschismus auftritt, wird helfen Herrn Müller zur Rückkehr in das normale, menschliche Leben.

Im Falle, daß er (Herr Müller) aus irgendeinem Grund verhaftet oder ins Gefängnis gebracht wird, so fordere ich, ihn unverzüglich zu befreien bezw. freizulassen. Die Verantwortung übernehme ich persönlich.

Ich habe ihm gesagt, daß die Rote Armee nur als Befreierin auftritt und als Verteidiger gegenüber den Opfern des Faschismus, und deshalb fordere ich, daß mein Versprechen eingehalten wird."[87]

Die inhaftierten Geistlichen im KA, zu denen Johann Neuhäusler und Martin Niemöller gehören, leben zunächst in einem abgesonderten Teil des Arrestbaus, der nur ihnen vorbehalten ist und der aus acht Zellen, je vier auf jeder Seite, besteht.[88] Am 6. April 1945 erhält die Abteilung Zuwachs durch Bischof Piguet, was Neuhäusler noch am selben Tag in seinem Tagebuch vermerkt: „Nachmittags zog Bischof Gabriel Piquet (sic!) (...) ein."[89]

Bereits am Vortag hat Kunkel den bevorstehenden Umzug des Geistlichen in seinen Aufzeichnungen festgehalten: „Bischof Piquet (sic!) von Clermont-Ferrand zieht aus der Sonder-

Als Sonderhäftling im Dachauer Kommandanturarrest: Gabriel Piguet, Bischof von Clermont-Ferrand.

abteilung zu den Pfarrern hinüber, und für mich ist auch eine Zelle frei. Ob ich hineinkomme? (...) Garibaldi, der immer noch Kalfaktor ist, soll Sonderhäftling werden. Ich bange um den Vermittlungsdienst, aber er nimmt abends noch immer das Eßbesteck ab; so kann er mir weiter die heilige Kommunion und anderes bringen. Er hat auch eine Messe vermittelt, die der Bischof für mich gehalten hat."[90]

Am 9. April ist es dann auch für den Kaplan soweit: „Abends kam H(err) Kunkel in unsere Abteilung", vermerkt Neuhäusler in seinem Tagebuch,[91] und Kunkel selbst schreibt noch am selben Montag über seine Überstellung in die Abteilung der Geistlichen: „Ich höre von neuen Umzügen; es werden viele neue Sonderhäftlinge erwartet. Ich frage ihn (SS-Unterscharführer Heinz Zwick, Anm. d. Verf.): 'Ob ich wohl auch noch umziehen muß?' Es dauert keine Viertelstunde, da kommt er mit der Nachricht: 'Sie ziehen gleich um, und zwar zu den Pfarrern!' Meine Freude ist sehr groß. Also entschieden. Stiller braucht die Zellen. Zwick hat etwas gut zugeredet, da hat er es auf eigene Verantwortung hin getan. (...) Pfarrer Niemöller begrüßt mich an der Pfarrerabteilung im Namen der Mitbrüder, die Brevier beten. Flugs ist alles hinübergeschafft. Sehr herzlich umarmen mich Prälat Neuhäusler und der Bischof. Nun geht ein großes Erzählen an. Zuerst aber ein Besuch des Heilands in der kleinen Kapelle. Wir beten das Tedeum. Im Speisehaus setzen wir uns noch zusammen. Ein Willkommenstrunk! Aus dem gleichen Anlaß mußte Elser seine beiden Zellen räumen, wurde vom Essen weggerissen und weggebracht: Krematorium!"

Kunkel genießt das neue Leben in der Pfarrerabteilung. „Ich darf mich jetzt völlig frei bewegen", schreibt er am 10. April glücklich,[92] „kann in den Garten gehen, wann ich will. Mit uns sind die Italiani im Garten. General Garibaldi, Colonello Ferrero und zwei Faschisten: politischer Minister (Tullio) Tamburini und Präfekt (Eugenio) Apollonio, Turin. Obwohl sie zusammenleben und spielen, stehen sie politisch völlig gegeneinander. Um 2 Uhr beten wir Vesper und Komplet gemeinsam. Pfarrer Niemöller betet immer mit. Danach gibt es echten Kaffee und ein Stückchen Kuchen. Zu unserer Gemeinschaft gehört auch der französische General Delestraint. Um 5 Uhr ist gemeinsame Matutin und abends nach dem Spaziergang um 8 Uhr 'Geographiestunde' = Bericht über die Lage. Beste Information. Langsam verdüstern sich die Gerüchte, daß wir wegkämen nach Tirol. Wir treffen einige Vorbereitungen (Rucksack, Abschicken von Sachen). (...) An zwei Abenden bin ich bis spät in die Nacht hinein noch mit Pfarrer Niemöller zusammen, höre seinen Lebensgang, seinen Kampf für die Bekennende Kirche, seine Familienschicksale."

Niemöller, der als persönlicher Gefangener Hitlers in Haft ist, bleibt von der großen Entlassungsaktion für die inhaftierten deutschen Geistlichen, die am 27. März 1945 im KL

Dachau beginnt,[93] ausgeschlossen. Das ist auch der Grund, weshalb Neuhäusler der Weg in die Freiheit versperrt bleibt, während die Mitgefangenen Michael Höck und Corbinian Hofmeister, Abt des Benediktinerklosters Metten, den Kommandanturarrest als freie Menschen verlassen können. „Höck und Hofmeister entlassen", berichtet Neuhäusler am 5. April in seinem Tagebuch.[94] „Nach Mitteilung eines Wachmannes stand auch ich auf der Entlassungsliste, musste aber bleiben, damit Niemöller nicht allein sei. Es wird wohl in den nächsten Tagen entschieden werden, was mit Niemöller geschehe. Dann würde ich wohl auch frei sein. Wie dem auch sei, ich freue mich jedenfalls über die Entlassung der zwei Mitbrüder, wenn ich sie auch hart entbehre."

Die Tage vergehen, und nichts geschieht, was Neuhäusler das Ende seines Gefangenendaseins signalisieren könnte. Statt dessen erreicht ihn am 16. April die schockierende Nachricht, daß er seine Zelle im KA räumen und ins ehemalige Lagerbordell umziehen muß. Neuhäusler ist entsetzt. „Am späten Vormittag", klagt er,[95] „wird uns gesagt, dass wir in (die) frühere (Sonderbaracke) ziehen müssten, da in unser Abteil mehrere kommen müssten, die (einen) eigenen Ausgang brauchen. Als wir dann um 2 Uhr marschbereit waren, war Fliegeralarm. Hernach war Zweifel, ob der Umzug nicht doch aufgehalten wird, um etwa 5 Uhr zogen wir um. Dann mit Kunkel im Zimmer 3. Als wir (die) Küche ein wenig eingerichtet und gegessen hatten, hieß es(,) Küche räumen (...). Es kommen weitere 45 Mann: griechische, russische Generale, Schweden, Norweger, Tschechen ... (,) kamen auch wirklich, furchtbar verstaubt, redete mit Irländer, erzählte mir, dass auch Müller Sepp (gemeint ist Josef Müller, Anm. d. Verf.) gekommen, aber in KA. Ließ noch mit Heizplatte Tee kochen usw."

„Wir kommen alle fort"

Auch Kunkel berichtet in seinem Tagebuch ausführlich über den Umzug am Montag, dem 16. April: „Mittags meldete uns Stiller, wir müssen heute noch in (die Sonderbaracke) (...) ziehen, weil er unsere Abteilung für neue Sonderhäftlinge brauche. Außerdem müssen es sichere Leute sein, da sie in unmittelbarer Berührung mit dem Lager stehen. Wir sind entsetzt, besonders auch deswegen, weil Pfarrer Niemöller sich ausschließt. General Delestraint geht mit. Die Kapelle wird schnell ausgeräumt. Dann wird der Umzug noch einmal gestoppt, da erst neue Befehle kommen müssen.

Dazu Großalarm! Endlich ziehen wir am späten Nachmittag herunter. Das Lager staunt. Erschütternde Anblicke eingefallener Gesichter. Block 26 ist der Block der Pfarrer. Alles überfüllt. Ganz hinten in der Nähe des Kaninchenstalles ist die Baracke, völlig mit Strohgewebe umgeben. Einige gute Gemeinschaftsräume; die Zimmer haben lange Fenster mit Drahtgewebe davor. Ich bekomme mit Prälat Neuhäusler Zimmer 3. Der Schlafraum wird zur Kapelle gemacht. Ich hole noch die letzten Sachen vom Kommandanturarrest. Mit uns kommen noch einige neue in den Sonderbau, darunter Dr. Pünder, Dr. Heberlein und Frau, Dr. Hoepner, Falconer (...), von Petersdorff. Wir haben uns gerade eingerichtet, die Kapelle fertig, da kommt ein großer Transport Sonderhäftlinge aus Flossenbürg an.

Viele ausländische Offiziere und Generale. Aus allen Nationen. Auch ein alter Bekannter aus Ravensbrück: Baron von Flügge, sehr mitgenommen. Sie bekommen ein Notquartier in den beiden Gemeinschaftsräumen. Bis spät in die Nacht hinein ist Großbetrieb."[96]

Unter den Angekommenen aus dem KL Flossenbürg befindet sich auch Armand Mottet, der sich später noch genau an den Unterkunftsort erinnern kann: „In Dachau wurde ich in dem aufgelassenen Freudenhaus untergebracht. Dies war ein ebenerdiges Blockhaus, die einzelnen Zimmer, die früher für Bordellzwecke verwendet wurden, waren ausgeräumt und wurden je zwei Häftlinge in einem solchen Zimmer untergebracht. Die Zimmer selbst waren nicht versperrt, wohl aber die Baracke. Wir standen unter SS-Bewachung. (...)

Bei unserer Einlieferung in diese Baracke mussten wir uns zunächst im Gang aufstellen. Es dürften 60 bis 70 Männer gewesen sein. Es kam dann (...) Stiller und hielt in deutscher Sprache eine Ansprache an uns. An ihren Inhalt kann ich mich heute nicht mehr erinnern. (...) Während meines Aufenthaltes in Dachau (durften) wir das allgemeine Lager nicht betreten."[97]

Auch dem SS-Unterscharführer Ludwig Rottmaier bleibt der ungewöhnliche Haftort, der am 16. April für die Sonderhäftlinge eingerichtet worden ist, in Erinnerung. „Ich habe damals, gleich am ersten Tage, in diesem Gebäude Dienst machen müssen", berichtet er.[98] „Es waren zunächst acht Sonderhäftlinge untergebracht, spät am Abend kamen dann noch weitere vierzig.[99] Ein Teil von diesen Häftlingen ist am nächsten Tag mit dem ersten Transport nach Tirol weiterverbracht worden, bei diesem Transport war auch ich mit. Sonst habe ich keinen Dienst mehr dort gemacht, sondern war nach meiner Rückkehr (aus Tirol) wieder im KA."

Inzwischen hat sich unter den Sonderhäftlingen Unruhe breitgemacht. Es herrscht Unsicherheit über das weitere Schicksal. Immer wieder geht das Gerücht um: „Wir kommen alle fort."[100] Dann fällt am 17. April endlich das erlösende Wort: Das Ziel der Transporte heißt Tirol. Zunächst soll noch am 17. April der größte Teil der Sonderhäftlinge das Lager verlassen. Doch dann treten Schwierigkeiten auf, die den Plan über den Haufen werfen. So kann nur ein kleinerer Transport, den Rottmaier bereits erwähnt hat, an diesem Dienstag nach Tirol aufbrechen.

Über diesen turbulenten 17. April vermerkt Neuhäusler in seinem Tagebuch: „Zum Frühstück hieß es: Alles fährt fort. Schnell packen. In 2 Stunden gepackt, dann aber kein Auszug. Auch nicht um 5 Uhr(,) wie angesagt, auch nicht um 7 Uhr(,) wie dann verkündet. Um 1/2 8 Uhr dann Abzug von 30. Alles übrige dableiben, da kein Auto. Abends wieder Altar gerichtet."[101]

Auch aus den Zeilen von Kunkel spricht die Unruhe, die den Kaplan befallen hat, als der Befehl zum plötzlichen Aufbruch nach Tirol zu ihm in die ehemalige Sonderbaracke gedrungen ist. „In der Frühe", vermerkt er am 17. April in seinen Aufzeichnungen,[102] „zelebrieren wir die heilige Messe, nachdem der Bau gründlich gesäubert war: ein Sühnegottesdienst.[103] Die Vergangenheit des Hauses bedrückt uns. Gleich nach der Messe heißt es: Alles packen, es geht sofort nach Tirol. Auch aus dem Kommandanturarrest sollten alle mit; nur jene nicht, die ihre Familien dabei hatten. Inzwischen waren viele Sippenhäftlinge aus dem Reich angekommen. Sie waren im SS-Lazarett untergebracht. Pastor Niemöller weigert sich: Er ließe sich nicht nach Katyn schleppen. Schließlich erreicht er es, mit dem nächsten Transport zu fahren, da am Donnerstag (19. April, Anm. d. Verf.) seine Frau käme; sie würde Zustände bekommen, wenn sie plötzlich hören müßte, er sei verschleppt. Es wird ihm gestattet. Nach stundenlangem Warten kommt um 5 Uhr Poseniek (ein für die Sonderhäftlinge zuständiger SS-Mann, Anm. d. Verf.).[104] Es geht nur eine beschränkte Zahl fort, da nicht genügend Autos da seien. Es sind zum größten Teil die Leute vom gestrigen Transport (aus Flossenbürg, Anm. d. Verf.). Es bleiben ´die baltischen Staaten` und einige Russen. Wir sind recht froh, daß wir noch geblieben sind. Vielleicht sind die Amerikaner früher da, als Stiller zurückkommt. Nur einer ist unglücklich: Dr. Hoepner."

Das Ziel des ersten Transports, der am 17. April unter Führung von Stiller das KL Dachau verläßt, ist das „SS-Sonderlager Innsbruck", das im „Arbeitserziehungslager Reichenau" bei

Innsbruck in Tirol untergebracht ist und das als Außenkommando zum Stammlager Dachau gehört.[105] Unter den Begleitposten befindet sich auch, wie schon nach eigenem Bekunden berichtet, der SS-Unterscharführer Rottmaier, der nach dem Krieg über die nun anlaufende Verlegung der prominenten Gefangenen in die Festung Alpen aussagt: „Mitte April 1945 begann der Abtransport dieser Sonderhäftlinge. Ich erinnere mich diesbezüglich genau an folgendes: Am 17.4.1945 abends ist der erste Transport mit ca. 40 bis 50 Häftlingen[106] in der Richtung Tirol abgefahren. Bei diesem Transport war auch ich als Aufsichtsposten dabei. Mit mir fuhren Stiller und noch ein SS-Posten von uns. (...) Außerdem waren ungefähr 20 uniformierte Aufsichtsposten dabei, die erst kurz ins Lager gekommen waren, von denen ich niemand dem Namen nach kannte(,) und ich annehmen mußte, daß sie vom SD waren.

Wir fuhren in drei Omnibussen in Richtung Tirol und kamen am anderen Tage in der Frühe in Innsbruck an. Dort wurden die Sonderhäftlinge in einem Lager außerhalb der Stadt untergebracht. Während die 20 SD-Männer zur Bewachung in Innsbruck blieben, fuhr ich mit Stiller und dem zweiten SS-Mann wieder nach Dachau zurück, wo wir am 19.4.1945 um ca. 22 Uhr eintrafen.“[107]

Die Ermordung des Generals Delestraint

Am Tag nach dem Aufbruch des ersten Transports nach Tirol zieht es Kunkel aus der Sonderbaracke zum Besuch in den Kommandanturarrest zurück, um sich dort nach den Veränderungen umzusehen. Er verbindet dies mit dem Gang zur Lagerbücherei im Verwaltungsblock am Appellplatz. „Wir besorgen Bücher aus der Bücherei“, notiert er am 18. April.[108] „Gehen ins KA auf Besuch. Unsere Zellen sind schon belegt. Die Leute aus dem KA haben (am Vorabend, Anm. d. Verf.) bis 9 Uhr auf den Abmarsch warten müssen.“

LE PATRIOTE RESISTANT

F.-H. MANHES MARCEL PAUL PRESIDENTS FONDATEURS DE LA F.N.D.I.R.P.

Journal édité par la Fédération Nationale des Déportés et Internés Résistants et Patriotes

NUMERO 601 NOVEMBRE 1989 4,50F

LE GÉNÉRAL DELESTRAINT AU PANTHÉON

Le 8 Juillet 1940, le général Charles Delestraint s'adresse à ses officiers : "Il dépend de nous que la France ne meure pas... si nous nous comportons en Français et non avec une mentalité de chien battu ou d'esclave, si nous savons vouloir, la France ressuscitera un jour du calvaire présent". Chef de l'armée secrète, il est arrêté, déporté. Il meurt à Dachau, assassiné par les S.S. quelques jours avant la libération du camp.

Le 10 Novembre prochain, la nation lui rendra hommage, sous la présidence de M. François Mitterrand : le matin, à partir de 9 h 45 aux Invalides, avec une messe, une prise d'armes et un discours du Président de la République ; le soir, à partir de 18 h au Panthéon. Pour participer à cet hommage au général Delestraint, nous avons demandé un article à Robert Sheppard qui était avec lui à Dachau (voir pages 14 et 15).

Frankreich ehrt den in Dachau ermordeten General Charles Delestraint im Jahre 1989 mit der Aufnahme ins Pariser Panthéon.

Neuhäusler, der Kunkel zum KA begleitet, ist über die vielen Leichen entsetzt, die er auf dem Weg durch das Schutzhaftlager erblickt. Bestürzt schreibt er über die Toten, die Opfer des Fleckfiebers geworden sind, in sein Tagebuch: „Leichen lagen ganz abgezehrt auf dem bloßen Boden, ganz nackt, nur halb mit Decken zugedeckt. An den Zehen ein Zettel mit Namen.“

Das Elend, das im Lager herrscht, berührt nun auch die Sonderhäftlinge. Hunger macht sich breit. „Die Verpflegung“, berichtet Schuschnigg,[109] „wird immer karger, fast nur mehr Suppe. Zum Rauchen: äußerst selten eine nicht sehr gute Zigarette und dazu Pfefferminztee in der Pfeife; – soll gesünder sein.

Die Amerikaner im Vormarsch auf Donau und Lech. Man hört gelegentlich Kanonendonner. Die Luftangriffe auf die Umgebung von München intensivieren sich täglich. Wir alle fiebern der Entscheidung entgegen. Wenn nur um Gottes Willen diesmal das Lager nicht wieder im letzten Moment evakuiert wird ...

Von unserem Gepäck aus Flossenbürg haben wir natürlich nichts mehr gesehen."

Während die zurückgebliebenen Sonderhäftlinge im KL Dachau in völliger Ungewißheit über ihr Schicksal auf eine Entscheidung warten, fällt die SS ihr nächstes Todesurteil: Das Opfer ist General Delestraint, der am 19. April völlig unerwartet aus der Mitte seiner Mithäflinge in der Sonderbaracke gerissen wird.

Kunkel ist dabei, als er geholt wird. „Bei der Messe des Bischofs (Piguet, Anm. d. Verf.)", schreibt er in sein Tagebuch,[110] „erscheint plötzlich Fritz, der Assistent von Stiller, und ruft den französischen General Delestraint heraus. Er solle sich sofort fertig machen, er käme mit einem Personenwagen zusammen mit sechs anderen sofort in die Nähe von Innsbruck. Wir sind alle sehr erschrocken. Ich helfe ihm schnell packen. Zur heiligen Kommunion kann der General noch gehen. Ich wundere mich, daß Fritz den zweiten Koffer erst nach zwei Stunden holen lassen will, wenn es doch in einer halben Stunde losgehen soll. Wir wollen ihm noch konsekrierte Hostien mitgeben, der Bischof winkt ab. Ein sehr herzlicher Abschied, mit dem Segen entlassen wir ihn, der ein vorbildlicher Katholik war. Jeden Tag kommunizierte er in der Messe, betete alle Responsorien mit, brachte täglich im KA Graf von Plettenberg die heilige Kommunion. Ein banges Ahnen erfüllte uns, besonders den Bischof. Wir konnten nichts Sicheres erfahren. Jeder wich uns aus, bis dann 'Kohlenklau' uns die bedrückende Nachricht brachte: Er ist erschossen worden."

Dieser zutiefst religiöse Mann bleibt Kunkel in lebhafter Erinnerung. Er lernte Delestraint kennen, als dieser dem Kommandanturarrest zugewiesen wurde. „Wie ich erfahren habe", sagt der Kaplan später aus,[111] „war der General vorher im allgemeinen Lager, dann kam er in den KA in eine Einzelzelle. Als ich in die Sonderabteilung für Geistliche kam, war der General als Ministrant bei unseren Gottesdiensten tätig. (...) Hierbei habe ich festgestellt, dass er ein sehr frommer Gläubiger war und die vorgeschriebenen Messgebete genau kannte und in jeder Messe kommunizierte. Der General durfte nur für die Dauer des Messopfers bei uns sein. (...) Als wir dann in die Sonderbaracke verlegt wurden, kam auch der General mit dorthin."

Die Ermordung von Delestraint führt den Häftlingen wieder die Unberechenbarkeit der SS vor Augen, und mit der Ungewißheit wächst die Angst vor der Zukunft. Diese spricht auch aus den Zeilen von Schuschnigg, der seine Sorgen dem Tagebuch anvertraut: „Ein größerer Teil der Sonderhäftlinge ist weg; leider abtransportiert; man sagt nach Tirol. Die wildesten Gerüchte flattern im Umlauf. (...)

Was mit uns Zurückgebliebenen geschehen soll, ist noch ungewiß. Angeblich sollen wir folgen. Aber es geht auch die Saga, daß das gesamte Lager dem Internationalen Roten Kreuz übergeben wird. Das wäre natürlich herrlich; ich kann bei unserem Pech nicht daran glauben."[112]

Die SS mobilisiert ihre letzten Kräfte: Die Alpenfestung nimmt Gestalt an

Am 18. April 1945 gewinnt der Mann, der im Hintergrund in Berlin die Fäden im Geiselunternehmen zieht und der somit auch das Schicksal der Sippen- und der Sonderhäftlinge in der Hand hat, weiter an Macht: SS-Obergruppenführer Dr. Ernst Kaltenbrunner. Der Reichsführer-SS Heinrich Himmler überträgt dem Chef der Sicherheitspolizei und des SD an diesem Tag die Vollmacht, in seinem Namen die Befehlsgewalt im Südraum auszuüben, der Bayern, Österreich sowie das Protektorat Böhmen und Mähren einschließt, sobald es zur Aufspaltung Deutschlands durch die alliierten Truppen kommt.[1] Kaltenbrunner, ohnehin einer der mächtigsten Männer in der Umgebung Hitlers, hat nun, weitab von der Reichshauptstadt, die er am 19. April endgültig verläßt, um sein provisorisches Hauptquartier in Salzburg zu errichten,[2] noch mehr Handlungsspielraum. Längst ist er entschlossen, das von der SS schon seit langem eingeleitete Unternehmen „Alpenfestung" für seine Ziele zu nutzen. Vor der Drohkulisse der Festung Alpen, von deren abschreckender Wirkung er überzeugt ist, will er die Westalliierten an den Verhandlungstisch zwingen und Zugeständnisse aushandeln, die das Überleben des NS-Staates ermöglichen.

Doch es gelingt ihm nicht, den diplomatischen Durchbruch zu den Westmächten zu schaffen. Die Gegner lehnen den Mann ab, der, wie später ein Zeuge im Nürnberger Militärtribunal aussagt,[3] „ständig auf der Suche nach einem sogenannten Feindgespräch" ist. Dennoch gibt er bis zuletzt nicht auf, wie sein Biograph Peter Black feststellt: „Trotz des offenkundigen Scheiterns aller seiner Pläne ließ Kaltenbrunner kein Anzeichen dafür erkennen, daß er den Kampf aufgab – wenigstens nicht seinem Führer gegenüber. Bis zum Ende verfolgte er das Hirngespinst der Alpenfestung – in der Hoffnung, es werde zu irgendeiner politischen Lösung führen, die das politische und militärische Überleben des Reiches garantiere."[4]

Zum Kampf in der Alpenfestung bereit: SS-Obergruppenführer Dr. Ernst Kaltenbrunner.

Der Plan, eine politische Lösung durch eine entschlossene Verteidigung der Alpen zu erreichen, muß bei Kaltenbrunner bereits im Februar 1945 konkrete Formen angenommen haben. Denn schon im März informiert er seinen engsten Mitarbeiter, den SS-Sturmbannführer Dr. Wilhelm Höttl, Chef des „Amtes VI E-Italien und Ungarn", bei einem Besuch in Altaussee über seine Vorstellungen. Black berichtet darüber: „Am 15. März rief Kaltenbrunner Höttl zu sich und erklärte ihm allen Ernstes, es sei möglich, die Tiroler und Vorarlberger Alpen zur Verteidigung einzurichten. Dann rief er SS-Brigadeführer Georg Meindl herein, den Chef der Rüstungsabteilung im Hauptquartier des Wehrkreises XVII in Wien und Generaldirektor der Steyr-Munitionswerke[5] in Oberösterreich. Meindl, der

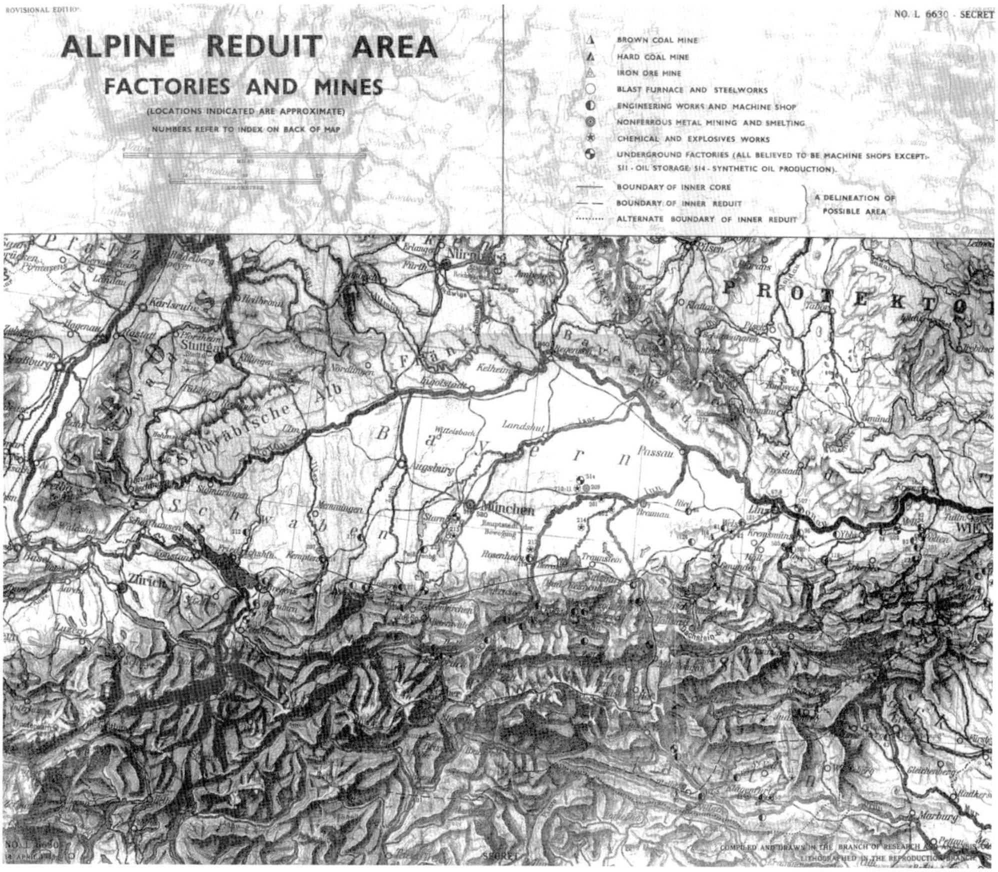

Für den US-Geheimdienst OSS ist die Alpenfestung keine leere Drohung der SS, wie diese Karte beweist. Genau markiert sie das Rüstungspotential, über das der Gegner in der „Alpine Reduit Area" verfügt.

bereits mit der Verlagerung von Teilen der Steyr-Werke in weitläufige Höhlen begonnen hatte, versicherte Kaltenbrunner, dort könne schon am 1. Mai 1945 eine beschränkte Waffenproduktion anlaufen. Kaltenbrunner fügte hinzu, Direktoren von örtlichen Wirtschaftsbetrieben hätten ihm zugesagt, daß im Falle einer langen Belagerung sowohl die kämpfende Truppe als auch die ansässige Bevölkerung ausreichend mit Nahrungsmitteln versorgt werden könnten. Später, bei einer anderen Gelegenheit, erzählte Kaltenbrunner Höttl von Plänen, die Alpenfestung mittels Kurierflugzeugen mit Rohstoffen aus Spanien zu versorgen und das ganze System mit falschen, von KZ-Häftlingen hergestellten Pfundnoten zu finanzieren."[6]

Um politische Zugeständnisse zu erreichen, ist Kaltenbrunner auch bereit, Gefangene in den Konzentrationslagern als Faustpfänder zu verwenden.[7] Das erklärt die Bedeutung, die nun die Sippen- und die Sonderhäftlinge, die sich in seiner Hand befinden, erlangen. Sie sind seine letzte Waffe. Mit den Geiseln will er die Gegner am Verhandlungstisch erpressen. Dabei setzt er auf das hohe Ansehen der prominenten Gefangenen, die, wie er hofft, ausländische Fürsprecher mit großem internationalem Einfluß finden werden. Damit die bereits im KL Dachau zusammengeführten Ehrenhäftlinge dem Zugriff der heranrückenden US-Truppen, die schon kurz vor Dachau stehen, weiter entzogen bleiben und durch Kampfhandlungen nicht in Gefahr geraten, läßt er die Sippen- und die Sonderhäftlinge in die Festung Alpen bringen.

Kaltenbrunners Geiselpläne sind es auch gewesen, die Josef Müller im letzten Augenblick vor der Hinrichtung im KL Flossenbürg bewahrt haben. Wie ist es dazu gekommen? Am 8. April 1945 ging der SS-Gruppenführer Johann Rattenhuber, der als Leiter des Reichssicherheitsdienstes (RSD) das persönliche Sicherheitskommando Hitlers führte, aus dem Bunker des Führerhauptquartiers in Berlin, um etwas Luft zu schnappen. Dabei traf er zufällig mit Kaltenbrunner zusammen, den er ansprach. „Es ist wohl kein Zweifel mehr, wie der Krieg zu Ende geht", stellte er fest und fuhr fort: „Wenn euch einer helfen kann, dann ist es der Dr. Müller mit seinen Beziehungen zum Vatikan – wenn er noch lebt." Kaltenbrunner erkannte die Bedeutung dieser Worte sofort und ordnete an, die Liquidation Müllers unverzüglich auszusetzen und den einflußreichen Mann am 15. April dem Transport der Sonderhäftlinge nach Dachau mitzugeben.[8] Dieser Vorfall beweist eindeutig, welche Ziele Kaltenbrunner mit den prominenten Häftlingen in seiner Gewalt verfolgt hat.

„Sind wir rettungslos verloren?"

Josef Müller berichtet selbst über die überraschend veränderte Lage, die sich für ihn am 9. April nach unbeschreiblichen Demütigungen im Zellenbau des KL Flossenbürg ergeben hat: „Gegen acht Uhr wurde meine Zelle aufgeschlossen, schweigend nahm mir der Wärter von den Füßen, aber auch von den Händen meine Fesseln ab. Nach ungefähr einer weiteren Stunde schob er mir das Frühstück durch den 'Spion', einen Becher mit einer heißen braunen Flüssigkeit und ein Stück Brot. Ich sagte zu ihm: 'Wenn das bekannt wird, daß ich keine Fesseln mehr trage, geht es uns beiden krumm!' 'Das glaube ich nicht', antwortete er, 'mit Ihnen ist das anders. Bisher waren Sie der schwerste Verbrecher, aber jetzt wissen wir es nicht mehr.'"[9]

Auch in dem Gestapo-Beamten Stawitzki, der Müller bisher schwer zugesetzt hatte, ging sichtlich eine erstaunliche Veränderung vor sich. „Es war wahrscheinlich der Dienstag (10. April, Anm. d. Verf.)", erinnert sich Müller,[10] „als plötzlich Stawitzki meine Zelle betrat. Im ersten Augenblick dachte ich, jetzt geht das Geprügel wieder los – aber der Mann war plötzlich wie verwandelt.

'Herr Doktor Müller', sagte er – und für mich war diese Anrede im ersten Augenblick fast noch schlimmer als die Bezeichnungen Lump oder Verbrecher, die er sonst für mich übrig hatte – 'wollen Sie den Wehrmachtsbericht hören?'

'Wenn das ernst gemeint ist', erwiderte ich, 'dann sage ich sofort ja.' (...) 'Gut', sagte Stawitzki, 'wenn Sie wieder zu mir gebracht werden, können Sie Radio hören.' Und dann fragte er fast kleinlaut: 'Dr. Müller, aufgrund aller Berichte stelle ich fest, Sie sind so klug, Sie wissen so viel, daß ich eine mich persönlich betreffende Frage an Sie richten möchte: Sind wir rettungslos verloren?'"[11]

Schließlich raffte sich Stawitzki auch noch zu einer Entschuldigung auf, die Müller jedoch angewidert zurückwies. „Ich kann verstehen", sagte sein Peiniger, „daß Sie mir böse sind, und ich möchte mich bei Ihnen entschuldigen. Ich habe Sie nicht aus eigenem Antrieb mißhandelt, sondern auf Befehl."

Wie zugesagt, gab der Beamte Müller die Gelegenheit, sich über die Kriegslage kundig zu machen. „Tatsächlich", berichtet er,[12] „ließ mich Stawitzki dann im Vernehmungszimmer den Wehrmachtsbericht hören, er packte währenddessen sein Marschgepäck zusammen, darunter war auch ein Eispickel, wie ihn die Bergsteiger benutzen. Ich nehme an, daß er sich damit für den Aufenthalt in der 'Alpenfestung' vorbereitet hat, von der damals viel die Rede war. In diesem 'Nationalreduit' sollte der Kampf auch nach dem Fall von Berlin weitergeführt werden. Angeblich waren im Alpengebiet schon seit langem riesige Befestigungen errichtet, Vorratslager angelegt und sogar unterirdische Fabriken gebaut worden, so daß sich die Truppen – vorgesehen waren vor allem SS und Gebirgsjäger – noch auf Monate hinaus hätten halten können. Die Meldungen über dieses letzte Bollwerk der Nazis waren so präzise, daß sich General Eisenhower, der Alliierte Oberkommandierende, entschloß, seine Truppen an der Elbe stehenzulassen und einen kraftvollen Stoß nach Süden zu unternehmen. Er ließ Berlin also links liegen, um die Alpenfestung 'aufzubrechen' (...)."

Einer der SS-Führer, der es übernimmt, den Widerstand in der Festung Alpen zu organisieren, ist der SS-Gruppenführer und Generalleutnant der Waffen-SS Jürgen Stroop. Am 14. April 1945 hat er in Berlin seine letzte Unterredung mit Himmler, der auf ihn angesichts der drohenden Niederlage einen niedergeschlagenen Eindruck macht. Das Angebot, sich dem Persönlichen Stab des Reichsführers-SS anzuschließen und Himmler, den es nicht mehr ins Gebirge zieht, nach Schleswig-Holstein zu begleiten, lehnt er ab.

„Während dieses Gesprächs", erinnert sich Stroop,[13] „war ich zum erstenmal in meinem Leben anderer Ansicht als der Reichsführer-SS. Ich äußerte die Meinung, daß jetzt, in der Phase vorübergehender Mißerfolge und in Erwartung des Augenblicks, da die neue Waffe eingesetzt würde, ein Bollwerk des Widerstands in den deutschen Alpen eingerichtet werden müßte. Heinrich Himmler fragte, ob ich glaube, daß das Dritte Reich den Krieg gewinnen werde. Aus vollster Überzeugung antwortete ich mit 'Ja'."

Mit diesem fanatischen Eifer geht Stroop ans Werk. In Bayern hält er bereits in den nächsten Tagen eine Reihe von Beratungen mit höchsten SS-Führern ab. „Ich fuhr nach Augsburg, München und Dachau", berichtet er.[14] „Außer dem Konzentrationslager, von dem wir alle wissen, befand sich in Dachau ein wichtiges Schulungszentrum der SS. Im Verlauf der Gespräche stellten wir den endgültigen Plan auf für die Organisierung einer Verteidigungsfestung der SS in den Alpen." Zu diesem Zeitpunkt sind auf Stroops Befehl schon, wie er verrät, „ein paar hundert junge Werwolfkämpfer[15] (...) in die bayerischen und österreichischen Alpen unterwegs, um dort einen nationalsozialistischen Abwehrgürtel zu errichten".

Im April und in den ersten Maitagen ist der SS-Gruppenführer zwischen Lindau am Bodensee und Zell am See ständig unterwegs, um das Unternehmen voranzubringen. „Während dieser sechswöchigen Fahrten", berichtet Kazimierz Moczarski, der den ehemaligen Höheren SS- und Polizeiführer Rhein-Westmark nach dem Krieg in der Warschauer Haft befragt hat,[16] „trug Stroop eine ungebrochene nationalbewußte Haltung zur Schau, in der ihn die jungen Hitzköpfe vom Werwolf unterstützten, denn er führte sie von den Ufern des Rheins ins Gelobte Land, in die 'Alpenfestung'. In jeder Garnison, bei jeder Lagebesprechung mit höheren SS-Führern brüstete er sich mit dem 'Werwolfbataillon', das er zum Entsatz des Vaterlandes in die 'Gebirgsfestung' führe. (...) Überall erhielt er Vorfahrt, Benzin, Versorgungsgüter, Geld und Empfehlungen an SS-Kreise in Bayern und in Österreich.

Schließlich brachte er seine Abteilung, zu der auch vierzehnjährige Kinder zählten, nach Kufstein (in Tirol, Anm. d. Verf.). Die jungen Leute wurden bei Befestigungsarbeiten im Ort eingesetzt, bauten Panzersperren und sammelten versprengte Geschütze und Maschinengewehre ein."

Auch der SS-Obersturmbannführer Otto Skorzeny, der Chef des für Sabotage und Sondereinsätze zuständigen „Referats VI S" im Reichssicherheitshauptamt und ein Freund Kaltenbrunners, zieht sich zum Kampf in die Festung Alpen zurück. Bereits am 31. März 1945 wird ihm in Berlin befohlen, seinen Stab in die Alpenfestung zu verlegen. Weitere Soldaten der Waffen-SS, die seinem Kommando unterstehen, folgen ihm, wie er berichtet: „Mitte April hatte auch Hauptsturmführer Radl den Befehl erhalten, nach Süden zu gehen. Voller Freude begrüßten wir uns in Linz. Als sich auch Hauptsturmführer F. mit seinen 250 Soldaten des Jagdverbandes Mitte bei mir meldete, war wenigstens ein 'kleiner Haufen' wieder zusammen. Eines Tages – es war nach meiner Erinnerung der 1. Mai – wurde ich zum Wehrmachtsführungsstab Süd an den Königssee bestellt. Hier glaubte man anscheinend an einen Kampf um die 'Alpenfestung'. Als letzte Ausweichstelle für das Hauptquartier war die Gerlosplatte vorgesehen. Ich erhielt den Auftrag, aus den Resten meiner Verbände das Gerippe für ein Schutzkorps 'Alpenland' aufzustellen. Da war im Moment nicht viel zu tun, solange uns keine Truppen zugewiesen wurden. Erst dann konnte das Schutzkorps dort kämpfen, wo es hingestellt wurde."[17]

Selbst als sich die Niederlage immer mehr abzeichnet, zeigt sich die Waffen-SS weiter kampfentschlossen. Noch am 1. Mai erhält Skorzeny den Befehl, durch einige seiner Offiziere die Verteidigung von Südtiroler Pässen organisieren zu lassen. „Es war zu spät!" erkannte Skorzeny.[18] „Während die Armee (am 2. Mai in Italien, Anm. d. Verf.) kapitulierte, konnte man keine neue Verteidigungslinie errichten; meine Offiziere waren vernünftig genug, sofort umzukehren."

Aufbruch ins Ötztal

Aber Kaltenbrunner gibt bis zuletzt nicht auf. Noch am 29. April richtet er ein Telegramm an Hitler, das dies beweist. „Er versicherte Hitler", schreibt Black,[19] „Befehle könnten immer noch per Funk nach Salzburg übermittelt werden, und berichtete, die Lage in Oberitalien sei zwar ernst, aber in der Nähe der österreichischen Grenze könne eine neue Front aufgebaut werden. Dann schlug er die Entsendung von Sprengkommandos mit einer Spezialausbildung vor, um die von der Poebene zu den Alpenpässen führenden Hauptstraßen zu sprengen.

Zwei Tage später, am 1. Mai, nachdem Hitler Selbstmord begangen und Großadmiral Dönitz seine Nachfolge als Reichspräsident angetreten hatte (Ereignisse, die Kaltenbrunner offensichtlich noch unbekannt waren), schickte der Chef des RSHA ein letztes Telegramm nach Berlin. Er lobte die militärischen Führungsqualitäten des Generalobersten Rendulic, des Oberbefehlshabers der Heeresgruppe Ostmark (jetzt in Westkärnten und in der Steiermark), die Bemühungen Meindls, des Rüstungsexperten des Wehrkreises XVII (früher Wien), die verbesserte Munitionsherstellung in den unterirdischen Fabriken in Salzburg und Osttirol zu finanzieren und zu organisieren, sowie die Führungskraft der Gauleitungen in Salzburg (Gauleiter Scheel) und Kärnten (Gauleiter Rainer). Dann berichtete Kaltenbrunner von seinen Anweisungen, die Lebensmittellieferungen aus dem Protektorat zur Bevorratung der Alpenfestung zu erhöhen, und schloß mit der Bemerkung, die Rüstungsproduktion für die Front könne nur mit 'eiligster Improvisierung' gesteigert werden."

Bei der Mobilisierung ihrer letzten Reserven greift die SS nun auch auf die Häftlinge in den Konzentrationslagern zurück und setzt sie zum Arbeitseinsatz nach Süden in Marsch. Drehscheibe der Transporte ist das Konzentrationslager Dachau mit seinen Nebenlagern. Im Dachauer Stammlager fließen die meisten Häftlingsströme zusammen, die für die Transporte in die Alpenfestung bestimmt sind. Das Hauptziel der Transporte ist das Tiroler Ötztal, wo sich, wie berichtet, der große Hochgeschwindigkeits-Windkanal zur Erprobung neuer Strahlflugzeuge im Bau befindet. Von der rechtzeitigen Fertigstellung dieses Vorhabens erhofft sich die SS eine Wende im Krieg. Deshalb hat das Projekt höchste Priorität.

Auf die Dringlichkeit dieses Unternehmens wurde der Reichsführer-SS schon vor Monaten hingewiesen. „Ende Januar 1945", berichtet Albert Speer,[20] „teilte der SS-Obergruppenführer Rösener mit, daß bei ihm der Geschäftsführer der Luftfahrtforschung München, Herbert Luckow, erschienen sei und ihm 'seine Sorgen bezüglich des Baues des Großwindkanals im Ötztal` vorgetragen habe. Rösener forderte den Chef des Persönlichen Stabes Himmlers auf, ´auch den Reichsführer von dieser Angelegenheit zu unterrichten, damit auch vom Reichsführer aus veranlaßt wird, dieses Vorhaben schnellstens zu beendigen'.

Luckow hatte einen Bericht mitgegeben, aus dem hervorgeht, daß der Großwindkanal 'zur Weiterentwicklung auf dem Gebiete des Schnellfluges unentbehrlich' sei. 'Nach Ansicht maßgeblicher deutscher Wissenschaftler läßt sich der geringe deutsche Vorsprung auf dem Gebiete des Schnellfluges für die Zukunft nur durch Einsatz derartiger Anlagen halten. (...) Der Kanal kann im Spätherbst 1945 fertiggestellt werden, wenn 1.) tausend Arbeitskräfte, unter Umständen Häftlinge (Unterkunft ist vorhanden), zusätzlich eingesetzt, 2.) 1100 t Stahlbleche verschiedener Stärken geliefert und 3.) 10 000 t Zement für die Fertigstellung der Staumauer zur Verfügung gestellt werden können.'" Über das Bauvorhaben wurde auch SS-Obergruppenführer Wolff in Italien informiert.

Der Abmarsch der KL-Häftlinge nach Tirol erfolgt auf ausdrücklichen Befehl Himmlers. Als der Kommandant des KL Buchenwald, SS-Oberführer Hermann Pister, am 15. April 1945 zusammen mit dem Chef der Amtsgruppe D (Konzentrationslager) im SS-Wirtschafts-Verwaltungshauptamt, SS-Gruppenführer Richard Glücks, und mit dem Kommandanten des KL Sachsenhausen, SS-Standartenführer Anton Kaindl, in Oranienburg im Sonderzug des Reichsführers-SS eintrifft, setzt ihn Himmler von dieser Anordnung in Kenntnis. „Er erklärte mir", sagt Pister nach dem Krieg aus,[21] „dass er befohlen habe, dass die Häftlinge von den K.L. Flossenbürg, Mauthausen (und) Dachau nach einem Tal im (sic!) Tirol zu verlagern seien (und) wenn keine Bahntransportmöglichkeit, zu Fuss. Dort hätten sich die Häftlinge selbst Unterkünfte zu bauen (und) wenn es sein müsste, Erdlöcher.

Er gab mir den Befehl, mich persönlich einzusetzen, dass sein Befehl auch tatsächlich durchgeführt würde. Ich sollte mich nach Flossenbürg begeben (und) den Lagerkommandanten hierbei (...) unterstützen. Damit war die Besprechung beendet.

Ich kam jedoch nicht mehr nach Flossenbürg(,) da von dort in der Nacht vom 15. zum 16. April nach Oranienburg gemeldet wurde, dass feindliche Panzer 6 km nordwestlich vom Lager ständen."

Darauf befiehlt Pister seinem Adjutanten, der sich im KL Flossenbürg befindet, fernschriftlich, sich mit dem gesamten Stab nach Dachau abzusetzen. Er selbst erhält vom SS-Gruppenführer Glücks den Befehl, sich ebenfalls nach Dachau zu begeben, um ihn dort zu vertreten. Am 18. April trifft Pister in Dachau ein.

Hier beginnt der SS-Oberführer als Leiter des Unternehmens sofort mit den Vorbereitungen zum Abtransport der Häftlinge in die Alpenfestung. Er wird dabei vom Dachauer Kommandanten, Eduard Weiter, unterstützt. „Der Kommandant", erinnert sich Pister,[22] „hatte bereits den Transportbefehl ausgearbeitet, alle Vorsorgungen waren getroffen. Die Häftlinge sollten, teils zu Fuss, teils p(e)r Bahn nach dem Ötztal abtransportiert werden. Extrazüge waren zum Teil von der Reichsbahn zugesagt.

Diese konnten jedoch nur in geringer Anzahl zur Verfügung gestellt werden, da die Zufahrtsstrecken nach München vielfach unterbrochen waren. Gleich am ersten Tage habe ich den SS-Hauptsturmführer Bräuning, ehemaliger Kommandant von Ohrdruf, der sich ebenfalls nach Dachau abgesetzt hatte, zum Gauleiter von Tirol gesandt(,) um die Erlaubnis zur Unterbringung der Häftlinge im Ötztal einzuholen, was der Kommandant von Dachau versäumt hatte. Er hatte die Erlaubnis hierzu gegeben, lehnte jedoch die Verpflegung bezw. Zuteilung derselben ab.

Ich übersandte hierauf an die Amtsgruppe D ein Fernschreiben folgenden Inhaltes:

'Abrate Verlagerung der Häftlinge nach Ötztal per Bahn oder Fussmarsch, da Gauleiter Hofer Verpflegung ablehnt. Massenhungersterben zu erwarten.'

Hierauf ging folgende Antwort, unterzeichnet Chef der Amtsgruppe D SS-Standartenführer Maurer,[23] ein:

'R.F.S.S.[24] hat Abtransport der Häftlinge in Kolonnen zu 500 Mann p(e)r Fuß befohlen.

I.R.K. (Internationales Rotes Kreuz) ist einzuschalten, was sich hier gut bewährt hat.'

Ich hatte Gelegenheit, zwei Abgeordnete des I.R.K.(,) die sich wegen Abtransport von Westhäftlingen nach der Schweiz beim Kommandanten befanden, zu bitten, die Paketsendungen, die bisher nach Dachau gingen, nach Bahnstation Ötztal zum Versand zu bringen, was auch zugesagt wurde.

Auf der Strecke von München nach Ötztal waren vier Verpflegungsstationen eingerichtet, in welchen die auf dem Fussmarsch befindlichen Häftlinge verpflegt werden sollten. Ausserdem sollte hier die bis zur nächsten Station ausreichende Marschverpflegung ausgegeben werden."

Pister nennt aber noch ein weiteres Ziel der Gefangenenverlagerung in die Alpenfestung: Bozen. „SS-Hauptsturmführer Bräuning", erklärt er,[25] „hatte ich nach Bozen gesandt, um eine große Zahl Häftlinge, die von einzelnen Firmen angefordert waren, unterzubringen. Ich habe Bräuning nicht wieder gesehen."

Pister selbst begibt sich nach Tirol. Als sich amerikanische Truppen Dachau nähern, verläßt er am 28. April 1945 nachts das Konzentrationslager und fährt auf Umwegen ins Ötztal.

Inzwischen ist im KL Dachau die Verlegung der Häftlinge nach Tirol angelaufen. Am 23. April verläßt der erste Transport mit 2000 Gefangenen das Lager. Die Häftlinge marschieren zu Fuß nach Emmering, um den ständigen Angriffen der amerikanischen Tiefflieger auf die Dachauer Bahnanlagen zu entgehen. Dort werden sie in Waggons der Reichsbahn verladen. Ihr Ziel ist Seefeld in Tirol. Am 25. April setzt Pister den zweiten Transport mit etwa 3000 Häftlingen in Marsch, die ebenfalls erst in Emmering die Wagen der Reichsbahn erreichen. Mit dem dritten Transport kommen am 26. April 1759 jüdische Häftlinge nach Emmering. Hier finden sie einen neuen Zug vor, nachdem sie tagelang im KL Dachau in Waggons eines Zuges ausharren mußten, der wegen der Jagdbomber das Lager nicht verlassen konnte.[26] Wie im Dachauer Hauptlager beginnt nun auch in Dachauer Nebenlagern für zahllose Häftlinge mit dem Aufbruch in die Alpenfestung ein unbeschreiblicher Leidensweg, der Tausenden den Tod bringt. Unter den Außenkommandos, denen die vielen Opfer auf dem Weg nach Tirol nicht erspart bleiben, befinden sich die Lager München-Allach und Ottobrunn sowie Mühldorf am Inn mit seinen Unterkommandos und die Kauferinger Lagergruppe.

An der rechtzeitigen Fertigstellung des Großwindkanals im Ötztal hat vor allem SS-Obergruppenführer und General der Waffen-SS Dr. Ing. Hans Kammler ein besonderes Interesse. Er ist als „Generalbevollmächtigter des Führers für Strahlflugzeuge", wie seine Amtsbezeichnung lautet, für die Weiterentwicklung der Me 262 verantwortlich. In einem Fernschreiben, das er am 16. April 1945 an die Messerschmitt-Werke in Regensburg richtet, weist er auf seine Aufgabe hin: „Gemäß Befehl des Führers vom 27.3.1945 sind sämtliche Vollmachten, die bisher im Rahmen des Reichsministers für Rüstung und Kriegsproduktion für 262 erteilt worden sind, auf mich übergegangen."[27]

Die Position, die Kammler in den letzten Kriegstagen einnimmt, ist jedoch nicht eindeutig. Einerseits gibt er sich als Optimist, der schon mit fast fanatischer Überzeugung an den kriegsentscheidenden Einsatz des als „Wunderwaffe" gepriesenen Strahljägers glaubt. Nach seiner Überzeugung ist die Me 262 allen alliierten Jagdmaschinen überlegen, und deshalb forciert er die Produktion dieses Düsenjägers nach Kräften. Andererseits verfolgt er die Absicht, mit dem Gegner zu paktieren, um den eigenen Kopf zu retten. In diesem Sinne hat er sich ja auch, wie berichtet, Speer gegenüber geäußert, als er ihn in seinen Plan eingeweiht hat, das gesamte geheime technische Wissen, über das er auf dem Gebiet der Raketenentwicklung und der Luftfahrt verfügt, samt den ihm unterstehenden Technikern und Wissenschaftlern in der Alpenfestung den Amerikanern zu übergeben.

Raketenspezialisten als Geiseln

General Dr. Walter Dornberger, der Kommandeur der inzwischen nach Mitteldeutschland verlegten Heeresversuchsanstalt Peenemünde auf Usedom, wo die Rakete A 4, auch V 2 genannt, entwickelt worden ist, durchschaut Kammlers Plan. Zu Recht vermutet er, daß der Herr über die „Wunderwaffen" die Raketenspezialisten nur deshalb ins Gebirge holen will, um sie dort als Geiseln festzuhalten. Dabei ist es ausgerechnet Himmler, der Kammler dies ermöglicht. Er spielt ihm die Experten in die Hände, ohne einen Zweifel an der Aufrichtigkeit seines SS-Obergruppenführers zu haben. Bei einem Treffen in Hohenlychen am 13. März 1945 vereinbart der Reichsführer-SS mit Kammler, den Abtransport der führenden Leute des Raketenprogramms – unter ihnen Wernher von Braun – aus Bad Sachsa in die Alpen vorzubereiten, wo sie ihre Arbeit fortsetzen sollen.

Bald darauf wird das Unternehmen in die Tat umgesetzt. „Am 3. April 1945", erinnert sich Dornberger,[28] „erhielt ich von Kammler Befehl, meinen Stab mit 450 Führungskräften der ehemaligen Heeresversuchsstelle Peenemünde nach den Voralpen, in die Gegend von Oberammergau, zu verlagern. Am 6. April, während die amerikanischen Panzerverbände über Bleicherode auf Bad Sachsa vorstießen, rollten die Transporte.

Von da an begleiteten uns Angehörige des Sicherheitsdienstes. Ich ahnte, was das bedeutete. Sollten wir als Geiseln bei Waffenstillstandsverhandlungen verwendet werden? (...)

Ich setzte mich von Kammler ab und verbrachte den letzten Monat des Krieges mit meinem Stab und mit dem bei einem Autounfall verletzten Professor von Braun in Oberjoch bei Hindelang."

Bis zuletzt entwickelt Kammler eine hektische Betriebsamkeit. Er verlegt noch kurz vor Kriegsende seine Dienststelle nach München und jagt weiter rastlos von einem Besprechungstermin zum anderen. Am 16. April 1945 sendet er einen Funkspruch an den Reichsführer-SS, an den Chef des SS-Wirtschafts-Verwaltungshauptamtes, SS-Obergruppenführer und General der Waffen-SS Oswald Pohl, an Reichsmarschall Hermann Göring und an Reichsminister Albert Speer mit folgender Mitteilung: „Habe Meldeköpfe im Raum München eingerichtet. Bin zu erreichen über München 48 00 43. Meldekopf Berlin unter alter Adresse. Ich selbst befinde mich ständig auf Fahrt."[29]

Der getriebene Mann, der seinem Untergang entgehen will, bleibt Dornberger in Erinnerung. „Tag und Nacht", berichtet er,[30] „war er unterwegs. Besprechungen wurden auf nachts 1 Uhr irgendwo im Harz einberufen, oder wir trafen uns um Mitternacht an irgendeinem

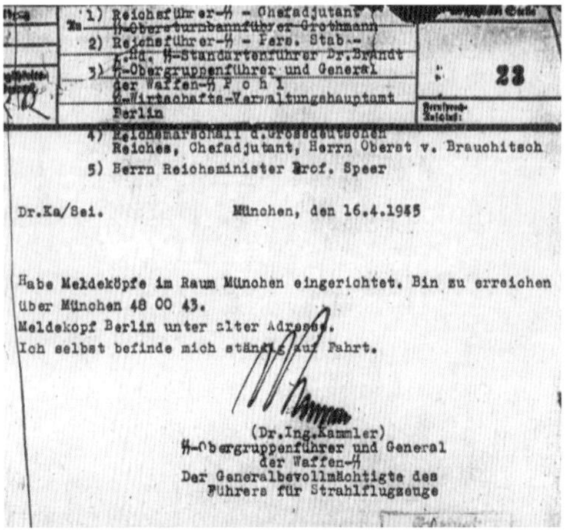
1) Reichsführer-SS – Chefadjutant SS-Obersturmbannführer Grothmann
2) Reichsführer-SS – Pers. Stab – z.Hd. SS-Standartenführer Dr. Brandt
3) SS-Obergruppenführer und General der Waffen-SS P o h l SS-Wirtschafts-Verwaltungshauptamt Berlin
4) Reichsmarschall d. Grossdeutschen Reiches, Chefadjutant, Herrn Oberst v. Brauchitsch
5) Herrn Reichsminister Prof. Speer

23

Dr.Ka/Sei. München, den 16.4.1945

Habe Meldeköpfe im Raum München eingerichtet. Bin zu erreichen über München 48 00 43.
Meldekopf Berlin unter alter Adresse.
Ich selbst befinde mich ständig auf Fahrt.

(Dr.Ing.Kammler)
SS-Obergruppenführer und General der Waffen-SS
Der Generalbevollmächtigte des Führers für Strahlflugzeuge

Der rastlose Kammler an den Reichsführer-SS: „Ich selbst befinde mich ständig auf Fahrt."

Punkt der Autobahn, um nach kurzer Orientierung und schnellem Meinungsaustausch wieder zu unserer Arbeit zurückzufahren. Eine unmenschliche Nervenspannung hielt uns in Atem. Wir waren gereizt, nervös, überarbeitet. Wir legten die Worte nicht auf die Goldwaage. Kammler weckte, wenn es ihm nicht schnell genug ging, vor dem Weiterfahren die eingeschlafenen Begleitoffiziere durch einen Feuerstoß seiner Maschinenpistole. 'Was brauchen die zu schlafen, ich kann es auch nicht.' Geregelte Arbeitszeit und Ruhe gab es schon lange nicht mehr."

Der Historiker Rainer Fröbe bezeugt ebenfalls die Hektik, mit der Kammler in den letzten Kriegstagen bemüht ist, mit dem Strahljäger Me 262 noch eine Wende herbeizuführen. Das erklärt auch, weshalb die Fertigstellung des Großwindkanals im Ötztal für ihn von größter Bedeutung ist. „Bis zuletzt", schreibt Fröbe in seiner Arbeit über den SS-Obergruppenführer,[31] „muß Kammler unter der Vorstellung gehandelt haben, daß der Krieg anders als durch eine Kapitulation zu beenden sein müsse; die Zweifel am letztendlichen Sieg des Deutschen Reiches verdrängte er. Wie sehr Kammler noch an den Sieg glaubte, geht daraus hervor, daß er sofort nach Erhalt seiner Vollmachten für die Me 262 die Produktion der V 2 und den Bau sämtlicher konventioneller (kolbenmotorengetriebener) Flugzeuge einstellen wollte. Noch im April 1945 inspizierte er im Eiltempo bayerische Rüstungswerke, um die Verlagerung der Strahltriebwerksproduktion in die 'Alpenfestung' zu organisieren. Wenige Tage vor der Besetzung Münchens ergingen diesbezügliche Verlagerungsbefehle an die Bayerischen Motorenwerke. Als München in alliierter Hand war, hielt Kammler sich in der Nähe der unterirdischen Rüstungsfabrik im österreichischen Ebensee auf. Dort und bei Salzburg fanden Ende April/Anfang Mai 1945 – Berlin war bereits gefallen, Hitler tot – letzte Rüstungskonferenzen statt. Von Ebensee aus hetzte Kammler zu den letzten noch in deutscher Hand verbliebenen Flugzeugwerken nach Prag."

Zum letzten Aufgebot, das Kaltenbrunner in der Alpenfestung noch zum Einsatz bringen will, zählt auch das bereits erwähnte Fälscherkommando aus dem KL Sachsenhausen, das sich auf britische Pfundnoten spezialisiert hat. Die Falschgeldproduktion, mit der zunächst SS-Sturmbannführer Alfred Naujocks betraut worden ist, leitet jetzt SS-Sturmbannführer Ing. Bernhard Krüger, Chef des „Referats VI F 4" im RSHA, nachdem die Aktion nach dem Vornamen ihres Chefs die neue Tarnbezeichnung „Unternehmen Bernhard" erhalten hat. Sie ersetzt den ersten Decknamen „Unternehmen Andreas".

Über den Anfang des Unternehmens im KL Sachsenhausen berichtet Adolf Burger, der als Buchdrucker zu den Gefangenen des streng isolierten Arbeitskommandos gehört hat: „Im September 1942 begann das Kommando zu arbeiten, zunächst mit einer Personalstärke von 26 Häftlingen. Bis zum Dezember 1942 wurden in den Blocks 18 und 19 die Maschinen und die übrigen Ausrüstungen montiert. Beide Blocks waren mit Stacheldraht umzäunt. Im Januar 1943 wurde mit der Produktion 'B', d. h. mit der Herstellung gefälschter Fünf-, Zehn-, Zwanzig- und Fünfzig-Pfund-Noten begonnen. August Pertrick, ein Zivilist, Träger des Goldenen Parteiabzeichens der NSDAP, hatte die Aufgabe, die Häftlinge in dieser Arbeit zu unterweisen. Den Wachdienst versahen 16 SS-Angehörige des Sicherheitsdienstes.

Im Laufe des Jahres 1943 und im Frühjahr 1944 trafen weitere Gruppen von Häftlingen ein. Im Herbst waren es schon 144 Häftlinge. Die Wachleute wurden ständig ausgewechselt. Einige von ihnen wurden an die Front abberufen. Sie wurden durch Verwundete und Invalide ersetzt."[32]

Mit dem Vertrieb der gefälschten Pfundnoten wird Fritz Paul Schwend beauftragt, der für diese Aufgabe den Decknamen „Dr. Wendig" annimmt. Ihm gelingt es, eine Organisation aufzubauen, die mit ihren Agenten weltweit operiert. Als sein Hauptquartier wählt Schwend, dem der Rang eines Sturmbannführers der Waffen-SS verliehen wird, das Schloß Labers in Südtirol. Um zu tarnen, was sich hinter den Mauern der alten Anlage abspielt, bekommt die Zentrale des Falschgeldvertriebs die Bezeichnung: „Sonderstab Generalkommando III. Germanisches Panzerkorps."

Schnell kommt das Unternehmen voran. „Schwends Organisation", berichtet Burger,[33] „umspannte bald die ganze Welt. Er hatte seine Leute in Afrika und in den Vereinigten Staaten, in Argentinien, Brasilien, Chile, Honduras und Uruguay. Seine Männer operierten in Indien, China und Japan, im ganzen Vorderen Orient und natürlich in allen europäischen Staaten. Er unterhielt sogar Geschäftsverbindungen zum Vatikan. Sein Agent war als wissenschaftlicher Mitarbeiter der Deutschen Gesandtschaft am Vatikan getarnt. Um das Falschgeld in den verschiedenen Ländern in Umlauf zu bringen, bediente sich der Sicherheitsdienst Personen aller Gesellschaftsschichten: Geschäftsleute, hohe Offiziere und Diplomaten wurden

Die geheime Zentrale ihres weltweiten Falschgeldvertriebs richtet die SS im Schloß Labers in Meran ein.

mit seinem Vertrieb betraut. Handelsattachés der Botschaften Hitlerdeutschlands in Ankara, Bern, Lausanne, Lissabon, Madrid und Rom erhielten größere Mengen falscher Pfundnoten.

Der Sicherheitsdienst benutzte die gefälschten Noten, um damit in besetzten, verbündeten und neutralen Staaten, aber auch in feindlichen Ländern 'legal' oder auf den entstandenen Schwarzmärkten Gold, Edelsteine, Schmuck oder Valuten aufzukaufen."

Im September 1944 eröffnet SS-Sturmbannführer Krüger den Häftlingen im KL Sachsenhausen, daß nun daran gedacht ist, die Falschgeldproduktion auch auf US-Dollarnoten auszudehnen.[34] Doch bevor es dazu kommt, erhalten die Gefangenen den überraschenden Befehl, alle Maschinen abzubauen und sich selbst für den Abtransport bereitzuhalten. Für die Demontagearbeiten wird den Männern eine Zeit von nur sechsunddreißig Stunden gelassen. In größter Eile machen sie sich ans Werk.

„Wir teilten uns in drei Gruppen", erinnert sich Burger.[35] „Die eine demontierte die Maschinen, die zweite verpackte sie, und die dritte brachte die Maschinen mit drei Autos zum Bahnhof. Dort stand schon ein Sonderzug mit sechzehn überdachten Güterwagen. In diese wurde die gesamte Einrichtung der Druckerei und der Werkstätten geladen. Die schon gedruckten Banknoten verpackten wir in wasserdichte Kisten in Sargform mit Deckeln, die kein Scharnier hatten, sondern genau in Schlitze eingriffen und mit etwa zwanzig langen Schrauben gesichert wurden. In weitere Waggons luden wir die Einrichtung der Labors des Spionagedienstes des Reichssicherheitshauptamtes und zwanzig ebenfalls längliche sargförmige Kisten mit geheimen Dokumenten des Sicherheitsdienstes, die aus dem Schloß Friedenthal stammten, in dem sich die Spionage-Schule des Sicherheitsdienstes, geleitet von SS-Obersturmbannführer Skorzeny, befand. (...)

So verließ am 16. März 1945 ein Sonderzug mit seiner seltsamen Last das Konzentrationslager Sachsenhausen."[36]

Das Ziel der nunmehr 137 Häftlinge ist das Konzentrationslager Mauthausen, und von dort geht es weiter in das Nebenlager Redl-Zipf, das die Tarnbezeichnung „Schlier" trägt. Dort beginnt das Kommando sofort damit, eine neue Fälscherwerkstatt einzurichten. Nach der Montage der Druckmaschinen auf den neu betonierten Fundamenten soll nun endlich die geplante Produktion von gefälschten 50- und 100-Dollarnoten anlaufen, was bisher noch nicht geschehen ist. Doch dazu kommt es nicht mehr.[37] Die Ereignisse, die sich jetzt überstürzen, verhindern den Start der Produktion. Statt dessen erfahren die Gefangenen, daß sie die Arbeit wieder an einem anderen Ort aufnehmen müssen. Und dieser liegt in der Alpenfestung.

Burger berichtet über den Tag, an dem den Häftlingen dies bekanntgegeben wird: „Es war der 24. April 1945. Unerwartet öffnete sich auf einmal die Tür, in die Werkstatt tritt mit einem Lächeln Bernhard Krüger, der Leiter der Falschgeldaktion, den wir seit unserer Abreise aus Sachsenhausen nicht mehr gesehen hatten. Krüger schritt durch den Raum, grüßte mit freundlicher Stimme. Dann wandte er sich an unsere Gruppe und sagte: 'Na, Jungs, ihr habt ein schönes Stück Arbeit geleistet. Aber ich kam heute, um euch zu retten; die Amerikaner sind nicht weit von uns entfernt, hier können wir nicht mehr bleiben. In der Alpenfestung ist eine neue Druckerei errichtet worden, dort werdet ihr weiterarbeiten.' Krüger verteilte unter den Häftlingen Zigaretten und verließ die Werkstatt. (...)

Es ging auf den Abend zu, als (SS-Hauptscharführer Kurt) Werner, seit dem Nachmittag Nachfolger von SS-Sturmbannführer Hansch, alle Häftlinge der Fälscherwerkstatt antreten ließ. (...) Jeder brannte vor Neugierde. Ungeduld und Erregung trieben uns auf den Platz vor der Werkstatt, wo Werner zu uns sprechen wollte.

Der Toplitzsee im Salzkammergut gibt nach dem Zweiten Weltkrieg sein Geheimnis preis: Bergung gefälschter britischer Pfundnoten, die in den letzten Kriegstagen von der SS in riesigen Mengen in diesem abgelegenen Gewässer versenkt wurden.

Niemand kontrollierte diesmal, als Werner in Begleitung zweier Scharführer erschien, ob die Reihen gut ausgerichtet waren. Er stellte sich auf eine kleine Kiste und verkündete in ernstem Ton: 'Die Amerikaner und Engländer sind einige Kilometer vom Lager entfernt. Ich erwarte von euch absolute Disziplin und die Erfüllung aller Befehle. Laßt euch nicht von einer Situation beeinflussen, die nur vorübergehend ist. In ein paar Tagen vernichten wir die Reste der amerikanischen, englischen und sowjetischen Armeen und treten an allen Fronten zur siegreichen Offensive an.

Verhaltet euch also ruhig! Ich habe Befehl, jeden und alle beim ersten Fluchtversuch zu erschießen. Morgen früh gehen wir von hier aus in die Alpenfestung. Die Maschinen können wir nicht mitnehmen und müssen sie daher vernichten, damit sie dem Feind nicht in die Hände fallen. In den Alpen werden uns andere Maschinen zur Verfügung stehen. Dort werden wir weiterarbeiten. So, und nun weggetreten!'"[38]

Damit endet das „Unternehmen Bernhard". Zur angekündigten Verlegung des Fälscherkommandos in die Alpenfestung kommt es nicht mehr. Statt dessen landen die Häftlinge im Mauthausener Nebenlager Ebensee, wo sie von den Amerikanern befreit werden.

Das schnelle Kriegsende hat auch die Pläne überrollt, die Kaltenbrunner mit dem „Unternehmen Bernhard" in der Festung Alpen verbunden hat. Doch dies bleibt kein Geheimnis. Krügers Komplizen verschwinden nicht, ohne Spuren zu hinterlassen: Nach dem Krieg bergen Taucher aus dem geheimnisvollen Toplitzsee im Salzkammergut Unmengen von falschen Pfundnoten, die im KL Sachsenhausen hergestellt und im See versenkt worden sind. Sie sind ein letzter Beweis für die kriminelle Energie der SS.

Der Abtransport der Geiseln aus dem KL Dachau nach Tirol

Für die angestrebten Verhandlungen mit den Amerikanern hält Kaltenbrunner in verschiedenen SS-Sonderlagern Häftlinge als Geiseln bereit. Zum Teil befinden sich diese bereits in der Alpenfestung oder sollen noch dorthin verlegt werden. Auch für die große Zahl der Sippen- und der Sonderhäftlinge, die noch im KL Dachau konzentriert sind, steht längst das Ziel ihres Transportes fest: Es ist das SS-Sonderlager Innsbruck im Arbeitserziehungslager Reichenau bei Innsbruck – mitten in der Festung Alpen. Die Sonderhäftlinge, die Dachau am 17. April 1945 mit dem ersten Transport verlassen haben, sind bereits an diesem Ort eingetroffen. Für die Wittelsbacher und für die Seydlitz-Häftlinge, die noch im KL Dachau festgehalten werden, ist jedoch ein anderes Ziel vorgesehen: das SS-Sonderlager im „Alpenhotel Ammerwald" bei Reutte in Tirol, das wie das SS-Sonderlager Innsbruck ein Dachauer Außenkommando ist.

Das Netz der SS-Sonderlager schließt im Reichsgau Tirol-Vorarlberg auch das Schloß Itter bei Wörgl und das Hotel „Forelle" am Plansee ein, das nicht weit vom „Alpenhotel Ammerwald" entfernt ist.[1] Ein weiteres SS-Sonderkommando mit prominenten Gefangenen ist seit September 1943 auf Schloß Eisenberg bei Bruex (heute: Jirkov) im Sudetenland untergebracht, das auch die Bezeichnung „SS-Internierungslager Nr. 4" trägt und das ein Nebenlager des KL Flossenbürg ist. Die Zahl der Häftlinge, die dort interniert sind, beläuft sich im März 1945 auf 242 Personen.[2] Bis auf acht Vertreter anderer Nationen sind alle Internierten Franzosen, unter denen sich allein 34 Generäle und 73 Obersten befinden. Auffallend sind unter den Sondergefangenen die Träger bekannter Namen: Michel Clemenceau, Ulric Lebrun und Pierre de Gaulle. Noch im März 1945 treffen auf Schloß Eisenberg zwei Transporte mit insgesamt 104 Personen ein. Beide Gruppen bestehen, was ins Auge fällt, fast ausschließlich aus Generälen und Obersten der französischen Armee.[3]

Auch die Inhaftierten auf Schloß Eisenberg dienen dem Reichssicherheitshauptamt und damit Kaltenbrunner als Geiseln, die man, wie der polnische Historiker Wladyslaw Kozaczuk zu Recht vermutet,[4] „nötigenfalls als Karte im Spiel mit den Westalliierten benutzen" kann. In der Tat geht Ende April 1945 unter den Häftlingen das Gerücht um, daß der Plan besteht, alle Internierten nach Tirol in Marsch zu setzen.[5] Als zweites Evakuierungsziel wird der Ort Benesov bei Prag genannt. Doch spricht alles für Tirol, wie die tatsächlichen Pläne der SS zeigen, die weit über jedes Gerücht hinausgehen.[6] Tatsache ist auch, daß Michel Clemenceau, der Sohn des ehemaligen französischen Ministerpräsidenten Georges Clemenceau, bereits im Januar 1944 als hochrangige Geisel aus Eisenberg nach Tirol auf Schloß Itter gebracht worden ist.[7]

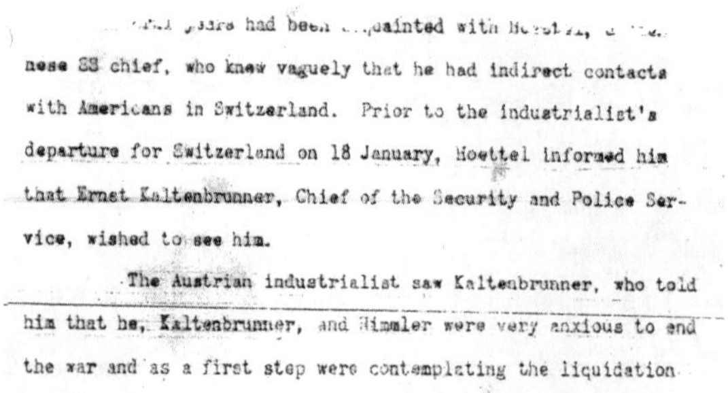

... years had been acquainted with ..., ... nese SS chief, who knew vaguely that he had indirect contacts with Americans in Switzerland. Prior to the industrialist's departure for Switzerland on 18 January, Hoettel informed him that Ernst Kaltenbrunner, Chief of the Security and Police Service, wished to see him.

The Austrian industrialist saw Kaltenbrunner, who told him that he, Kaltenbrunner, and Himmler were very anxious to end the war and as a first step were contemplating the liquidation of "war mongers" within the Nazi Party, especially Martin Bormann, Deputy Leader of the Nazi Party. Kaltenbrunner also said that he and Himmler were very anxious to establish contact with the British and Americans and planned to send a high SS official to Switz... to speak for them, if a contact could be established.

Kaltenbrunner sucht den Kontakt mit den Westalliierten, wie dieses geheime amerikanische Dokument beweist.

Auf diesem Schloß, das als SS-Sonderkommando unter der Leitung des SS-Hauptsturmführers Sebastian Wimmer ebenfalls dem KL Dachau untersteht, hat die SS die prominentesten französischen Internierten konzentriert. Neben dem früheren Ministerpräsidenten Édouard Daladier und General

Maurice Gustave Gamelin, die beide zunächst im Falknerhaus auf dem SS-Falkenhof in Buchenwald inhaftiert waren, bevor sie nach Itter verlegt worden sind, befinden sich auf dem Schloß über der Brixentaler Klause so angesehene Persönlichkeiten wie der ehemalige Ministerpräsident Paul Reynaud (seit dem 12. Mai 1943) und General Maxime Weygand mit seiner Frau, der nach ursprünglich anderen Überlegungen schließlich im Dezember 1943 doch dorthin gebracht worden ist. Eine weitere Geisel der SS auf Schloß Itter ist seit dem 2. Mai 1943 der Gewerkschaftsführer Léon Jouhaux, der später mit dem Friedensnobelpreis ausgezeichnet wird. Im März 1945 trifft auch Alfred Cailleau mit seiner Frau, die eine Schwester von General Charles de Gaulle ist, auf Itter ein.[8] Am Kriegsende sind es insgesamt vierzehn Prominente, die als Geiseln auf dem Schloß festgehalten werden.[9]

Weitere prominente Franzosen sind im bereits erwähnten Hotel „Forelle“ in der Nähe von Reutte untergebracht, das offiziell als „SS-Sonderkommando Plansee“ geführt wird und das in dieser Funktion als Außenlager auch dem KL Dachau untersteht. Geleitet wird es von SS-Hauptsturmführer Hugo Erfurt. Hier sind es ebenfalls vor allem hohe Offiziere der französischen Armee, aber auch Minister und Staatsbeamte Frankreichs, die der SS als Geiseln dienen.[10] Die Haft mit den Franzosen teilen auch mehrere hohe belgische Persönlichkeiten. Die Liste der Internierten enthält mehr als siebzig Namen.

Über die Haftbedingungen in diesem SS-Sonderkommando berichtet Otto Karl, der den SS-Wachmannschaften angehört hat: „Das Gelände um das Hotel herum war mit Draht eingezäunt. Die Gefangenen konnten sich außerhalb des Hotels in diesem eingezäunten Raum frei bewegen. Wir selbst waren in einer nahegelegenen Almhütte untergebracht. Gegessen haben wir im Hotel. (...) Die Stärke von uns betrug etwa 20 Mann.“[11]

Schließlich befindet sich ein Sonderlager mit rund dreißig prominenten Häftlingen auch noch im „Ifen-Hotel“ in Riezlern im Kleinen Walsertal.[12] Unter den dort internierten Persönlichkeiten sind der ehemalige Botschafter Frankreichs in Berlin, André François-Poncet, und der ehemalige italienische Ministerpräsident Dr. Francesco Saverio Nitti, die beide vorher auf Schloß Itter in Haft gewesen sind.[13] François-Poncet war am 27. August 1943 gleichzeitig mit dem französischen Staatspräsidenten Albert Lebrun verhaftet worden,[14] der ebenfalls in den Monaten von September bis November 1943 auf Schloß Itter interniert worden ist.[15]

Die Liste mit den Namen der Sonderhäftlinge, die sich als Geiseln in der Gewalt der SS befinden, ließe sich noch lange fortsetzen. Einer der wohl prominentesten Gefangenen ist der belgische König Leopold III., der auf Schloß Neuhirschstein bei Meißen, einem Außenlager des KL Flossenbürg, festgesetzt wird. Die Haft im Schloß, das dem Reichssicherheitshauptamt seit Oktober 1944 unter dem Decknamen „Haus Elbe, Sonderlager“ als SS-Sonderkommando für Internierte dient, teilen mit ihm seine Ehefrau Liliane de Réthy, die Prinzen Baudouin und Albert sowie die Prinzessin Josephine Charlotte.[16] Die königliche Familie wird zum Kriegsende in eine Villa in der Nähe von Strobl am Wolfgangsee verlegt. Strobl ist die Heimatadresse von Kaltenbrunner – eine Tatsache, die allein schon viel aussagt. Die Internierten werden dort von einem Sonderkommando der SS bewacht.

Auch Marschall Philippe Pétain gerät ins Visier der SS, die jeden Schritt des greisen französischen Staatschefs überwacht. So erhält der Reichsführer-SS am 15. Dezember 1942 von SS-Standartenführer Dr. Helmut Knochen aus Paris folgendes Fernschreiben, das die geheimen Aktivitäten der deutschen Agenten in Frankreich beweist. Es betrifft die „angeblichen Fluchtabsichten Petains (sic!) nach der Schweiz“ und trägt den Stempel: „Geheim! Dringend.“

Auch Marschall Philippe Pétain gerät ins Visier der SS. Sie überwacht jeden Schritt des französischen Staatschefs.

In der Mitteilung, die auch an SS-Standartenführer Schellenberg im Reichssicherheitshauptamt gerichtet ist, führt der Berichterstatter aus: „Ag. Fr. 16 (d. h. Agent Frankreich 16, Anm. d. Verf.) gibt folgende Meldung, die er von Jean Quesnel, Vertreter der 'Banque d'Indochine' in Vichy, von Meneret, Geheimpolizist des Präsidenten Laval(,) und Bankier Chatain, Paris, erhalten hat (sie wird zurzeit noch weiter überprüft):

Petains Umgebung (Barthelemy, Menetrel und Estebe) übte gegenwärtig Druck aus, um ihn zu veranlassen, Frankreich unter dem offiziellen Vorwand der Erholungsbedürftigkeit zu verlassen und sich nach der Schweiz zu begeben. Als Ruhesitz soll Pragins (?) ausgewählt worden sein. Petain soll anfänglichen Widerstand beinahe aufgegeben haben, besonders nach Hinweis darauf, daß öffentliche Meinung Abreise verstehen würde. Mit Petains Abreise soll Abreise Roger de Saivres, Mitglied des Zivilkabinetts des Marschalls(,) nach der Schweiz in Verbindung stehen."[17]

Himmler reagiert auf diese Mitteilung am 10. Januar 1943 mit einem verschlüsselten und geheimen Fernschreiben, das an die Verantwortlichen in Paris, SS-Brigadeführer Carl Oberg und SS-Standartenführer Dr. Helmut Knochen, adressiert ist. Besorgt ordnet der Reichsführer-SS an: „Sie wollen alle Maßnahmen ergreifen, daß der alte Herr, falls er seine Badereise unternehmen sollte, auf keine Weise entführt werden oder einem Attentat zum Opfer fallen kann. Falls die Kräfte der Sicherheitspolizei nicht ausreichen, wollen Sie sich entsprechende Kräfte der Ordnungspolizei aus Marseille dorthin beordern. Sollten diese nicht genügen, wenden Sie sich an den Oberbefehlshaber West unter Berufung auf Führerbefehl und erbitten von ihm Zur-Verfügungstellung von weiteren geeigneten Kräften für Überwachung und Schutz des alten Herrn. Die Verantwortung hat der Höhere SS- und Polizeiführer und unter ihm der Befehlshaber der Sicherheitspolizei. Halten Sie mich über jede Bewegung des Alten (sic!) Herrn au(f) dem Laufenden. – Die italienische Polizei an der Südküste wollen Sie in dringlichster Form um brüderliche Zusammenarbeit und Unterstützung bitten. Auf diplomatischem Weg ist Verständigung bereits an Italien zu geben."

Himmler behält die Angelegenheit weiter im Auge und berichtet Hitler persönlich in einer „Meldung an den Führer" am 21. Januar 1943 aus seiner Feld-Kommandostelle über den Stand der Dinge: „Die Überwachung von Pétain in der Zeit vom 19.1. bis 20.1. ergab, dass er lediglich eine kleine Stadtfahrt sowie eine Fahrt zu seinem in der Nähe seines Aufenthaltsortes gelegenen Landsitz unternahm, von dem er gegen abend (sic!) zurückkehrte.

Nach den Erfahrungen bereits des ersten Tages ist aber eine unauffällige Überwachung selbst aus grösster Entfernung unmöglich, da Pétain selbst Sicherungsmaßnahmen getroffen hat und Gendarmeriebeamte in Uniform sowie Kriminalbeamte in Zivil alle Personen und Wagen in näherer und weiterer Umgebung genau beobachten.

Um überhaupt das Vorhandensein deutscher Beamter in der weiteren Umgebung seines Aufenthaltsortes zu motivieren, wurde in einem etwa 200 Meter von seinem Aufenthaltsort gelegenen Hotel Quartier genommen und als Büroräume eingerichtet.

Wie sich aus einer Besprechung zwischen SS-Hauptsturmführer Geissler, Einsatzkommando Vichy, und Bousquet ergab, war auch dies schon bereits gemeldet worden. Pétain soll sich angeblich danach erkundigt haben, aus welchem Grunde sich in der Nähe seines Aufenthaltsortes deutsche Polizeibeamte aufhalten.

Da sich aus einer derartigen Äusserung deutlich das Mißtrauen der franz. Behörden den Deutschen gegenüber sowie das gute Funktionieren der Sicherungsmaßnahmen Petains (sic!) ergibt, wurde sofort eine dauernde Überwachung abgebrochen und lediglich eine Beobachtung in gelockerter Form durchgeführt. Aus diesem Grunde wurde auch von einer Überwachung der Fahrt Pétains nach seinem Landsitz Abstand genommen.

Der Landsitz liegt etwa 5 km von seinem Aufenthaltsort entfernt und befindet sich in einer sehr einsamen Gegend. Hätte das Kommando eine Überwachung dieser Fahrt vorgenommen, so wäre dies den begleitenden Sicherungsbeamten Pétains sofort aufgefallen und wäre ein Beweis für eine Überwachung gewesen.

Auf Grund dieses Sachverhalts erscheint die Überwachung illusorisch.

Es wird versucht, nachrichtendienstlich eine gewisse Gewähr zu schaffen."

Aber damit ist der Fall noch nicht entschieden. Im Gegenteil – auch Marschall Pétain bleibt das Schicksal einer Geisel der SS nicht erspart. Im September 1944 wird er gezwungen, Frankreich zu verlassen und sich nach Sigmaringen am Donaudurchbruch durch die Schwäbische Alb zu begeben, wo ihm das Fürstlich Hohenzollernsche Schloß aus dem 16. Jahrhundert (1893 neu ausgebaut) als Sitz zugewiesen worden ist. Über die Ankunft des Marschalls berichtet Horst Joseph Kleinmann, der die Zeit Pétains in Sigmaringen genau erforscht hat: „Es ist am Abend des 8. September 1944, eines Freitags, als auf dem Hof des Fürstenschlosses ein kleiner Konvoi mit Marschall Pétain und seiner Frau sowie zehn Getreuen eintrifft. Im siebenten Stock des auf steilem Fels über der Donau gelegenen Schlosses bezieht Pétain eine Suite. Er ist froh, daß ein Aufzug zu seinen Räumlichkeiten hinaufführt, schließlich steht er schon im 89. Lebensjahr.

Am nächsten Tag trifft auch Pierre Laval, der Premierminister der Vichy-Regierung, im Schloß ein. Er bekommt die Räume unter der Zimmerflucht des Marschalls zugewiesen. Mit ihm kommen Regierungsfunktionäre, Rundfunk- und Zeitungsleute nach Sigmaringen. Im Rathaus weiß man kaum noch, wo man alle die Franzosen unterbringen soll.

Der greise französische Staatschef indessen zieht sich im Schloß zurück wie eine Schnecke in ihr Gehäuse. Selbst gegenüber seinen Landsleuten kapselt er sich weitestgehend ab, er empfängt nur noch seine allerengsten Mitarbeiter. Kontakte mit deutschen Amtsträgern lehnt er kategorisch ab. Auch den Gesandten Cecil von Renthe-Fink, der als Abgesandter Hitlers mit ihm bei einem Frühstück die Lage erörtern will, läßt er abblitzen: Der Diplomat muß in einem Nebenzimmer und allein sein Mahl verzehren.

Pétain betrachtet sich als unfreiwilliger Emigrant, mehr noch als Gefangener. Und das ist er auch mehr oder weniger. Wenn er mit seinem Dienstwagen vom Typ Citroen 15 CV eine Ausfahrt in Richtung Meßkirch oder Tuttlingen unternimmt, um sich in der frischen Luft die Beine zu vertreten, wird sein Auto stets von zwei Limousinen mit Gestapo-Leuten eskortiert. Daß er auf Schritt und Tritt 'beschattet' wird, kommt nicht von ungefähr: Hitler braucht den Marschall als 'Faustpfand' für den 'Endsieg'! Und damit der betagte alte Mann bei Kräften bleibe, bekommt er die sechsfache Lebensmittelration zugebilligt."[18]

Doch Sigmaringen ist noch nicht die letzte Station auf dem Leidensweg, der dem hohen Staatsgefangenen zugemutet wird. Als sich der Krieg seinem Ende nähert, fällt die Entscheidung, auch Pétain als Geisel in die Alpenfestung zu bringen. „Am Morgen des 21. April 1945", berichtet Kleinmann,[19] „taucht im Sigmaringer Schloß ein SS-Kommando auf, um den Marschall, dessen Frau und engsten Stab aus Sigmaringen abzuholen und vor den Alliierten in Sicherheit zu bringen. (...) Die erste Station ist Wangen (im Allgäu, Anm. d. Verf.), die zweite Zell (am See). Als der Chef des SS-Kommandos erfährt, daß die US-Panzer nur noch zwanzig Kilometer von Zell entfernt stehen, entscheidet er auf eigene Faust, Pétain zur schweizerischen Grenze zu bringen. Dort könne er selber handeln: entweder die Schweiz bitten, ihm politisches Asyl zu gewähren, oder sie ersuchen, ihn an Frankreich auszuliefern. Pétain sieht eine dritte Alternative: Er will nur die Schweiz durchfahren. Als er am 24. April 1945 bei St. Margarethen die Grenze überquert, gratulieren ihm die schweizerischen Zöllner: Es ist der 89. Geburtstag des Marschalls. Am Tag darauf, am 25. April 1945, reist Pétain in Frankreich ein."

Befehl zur Evakuierung des Stalag VII A

Auch Kriegsgefangene werden Mitte April 1945 von der SS in die Planungen um die Alpenfestung mit einbezogen. Angehörige der „Süddeutschen Freiheits-Bewegung" (SFB), die eine Erhebung gegen das NS-Regime im Gebiet südlich der Donau plant, bringen in Erfahrung, daß im Gefangenenlager Stalag VII A in Moosburg bei Freising Vorbereitungen getroffen werden, die Lagerinsassen nach dem Süden in Marsch zu setzen. In einer Offiziersbesprechung hat der Lagerkommandant, Oberst Otto Burger, wie es in einem Bericht der Untergrundorganisation heißt,[20] die Anweisung gegeben, „dem vom OKW bzw. Generalkommando VII (Generalleutnant Gunzelmann, 'Kommandeur der Kriegsgefangenen') ergangenen Evakuierungs-Befehl, laut dem die Kriegsgefangenen in die Alpen (Raum Berchtesgaden-Salzburg bzw. Raum Landeck/Tirol) verschleppt werden" sollen, Folge zu leisten.

Die SFB will jedoch die Verschleppung der Kriegsgefangenen auf jeden Fall verhindern. Um den Bedrohten so schnell wie möglich Hilfe zu bringen, leiten vier Vertreter der Widerstandsgruppe, Dr. Johann Alfred Heil, Peter H. Gegner, Friedrich Lorenz und G. Roeder, am 21. April Jean Miremont, einem Mitglied des französischen Geheimdienstes, unverzüglich eine Botschaft der im Stammlager VII A befindlichen amerikanischen und britischen Offiziere zu. Die Mitteilung, die der Franzose dem Alliierten Hauptquartier telegrafisch übermitteln soll, hat folgenden Inhalt: „15 000 American and British officers, 5000 Air Force and 10 000 Army, have been recently gathered in Stalag VII A, Moosburg. It is intended to move us to the Alps, direction of Salzburg-Berchtesgaden. May we expect instructions and directions."[21] Eine zweite Fassung des Textes, der die Unterschrift eines Majors namens Millikan (A. C. 0885404) trägt, ist in französischer Sprache, verschlüsselt im Code der geheimen französischen Widerstandsbewegung, geschrieben.

Am 24. April übergibt Heil dem französischen Verbindungsmann Miremont in München eine weitere Botschaft an das Alliierte Hauptquartier, die diesmal von der SFB selbst stammt. Sie drängt damit die amerikanischen Befreier, die sich München nähern, zur Eile. „Wir", schreiben die Widerstandskämpfer,[22] „bitten um sofortiges Vorstoßen der alliierten Truppen über Freising auf München, um:

1. München kampflos zu erreichen,
2. die Durchführung des in München von der Süddeutschen Freiheits-Bewegung geplanten und vorbereiteten Aufstands zu erleichtern, wodurch den alliierten Truppen auch die kampflose Besetzung Münchens ermöglicht wird,

3. die jeden Augenblick zu erwartende Verschleppung der sich in den Räumen Moosburg, Landshut, München befindlichen rund 120 000 amerikanischen, britischen und französischen Kriegsgefangenen verhindern zu helfen."

Zum Glück kann die SS ihren Plan, „die im Raum südlich der Donau befindlichen alliierten Kriegsgefangenen, vor allem die Offiziere, in die Alpen zu verschleppen" (SFB), nicht mehr in die Tat umsetzen.[23] Daß die Absicht aber bestand, beweist auch die Eintragung, die der Generalstabschef der Luftwaffe, General Karl Koller, am 29. April 1945 in sein Tagebuch macht: „Das OKW bringt Befehle über die sogenannte 'Alpenfestung' heraus. Danach sollen Führungsstäbe und kämpfende Truppen in den Alpenraum, man will die Verproviantierung sichern, Industrien, Munitionsanstalten hineinziehen. Rückwärtige Teile, die bereits nach Tirol ausgewichen sind, sollen wieder heraus, wertvolle Gefangene sollen dafür hineingebracht werden."

Kommentierend fügt Koller dem hinzu. „Das ist doch kompletter Unfug! In Tirol ist alles mit Lazaretten, Verwaltungen, rückwärtigen Diensten vollgepfropft, dazu mit Staats- und Parteistellen, die ins Gebirge davongelaufen sind. Die Verpflegung reicht für etwa 3 Wochen."[24]

Koller benennt hier das Problem, das schon SS-Obersturmführer Edgar Stiller erkannt hat: Es gibt im überfüllten Tirol keinen geeigneten Platz mehr für die Sippen- und für die Sonderhäftlinge, die er dorthin zu bringen hat. Diese Tatsache ist entscheidend, weshalb der Transport der Geiseln aus dem KL Dachau am Ende nach Südtirol gelangt, was zunächst nicht in der Absicht der SS gelegen hat. Stiller spielt bei der Änderung des ursprünglichen Plans, wie noch zu sehen sein wird, eine maßgebliche Rolle.

Schon vor Monaten hat der Reichsführer-SS beklagt, daß sich Tirol nicht mehr in der Lage sieht, die vielen Flüchtlinge aus dem Reich aufzunehmen. Er wendet sich deshalb am 18. Februar 1945 in einem Fernschreiben voller Sorgen an den Gauleiter und Reichsstatthalter von Tirol-Vorarlberg sowie Reichsverteidigungskommissar und Obersten Kommissar der Operationszone Alpenvorland, Franz Hofer, in Innsbruck und bittet ihn, sich nicht der Not der Evakuierten zu verschließen, die in Strömen aus den zerstörten Städten und aus der verlorenen Heimat im Osten nach dem Süden drängen.

„Mein lieber Hofer!" beginnt Himmler.[25] „Ihren Brief vom 4.1.1945 habe ich erhalten. Er ist in einer Zeit geschrieben worden, in der die Not des Reiches noch nicht so gross war. Wenn Sie die endlosen Züge der Evakuierten sehen würden, liessen Sie ganz bestimmt Ihr anständiges deutsches Herz sprechen.

Es ist einfach nüchtern festzustellen:

Sicherlich ist die Enge und Bedrängnis bei Euch sehr gross, die Bedrängnis und Not ist aber in weiten Teilen des Reiches zehn- und zwanzigmal grösser, also helft.

Nützen Sie doch auch weitgehend Südtirol für die Verlagerung aus.

Ich führe hier als bisher vielleicht schwerste Aufgabe meines Lebens die Heeresgruppe Weichsel und kann daher nicht selbst mit Ihnen über diese Frage verhandeln. Sie machen mir mein zurzeit nicht angenehmes Leben etwas leichter, wenn Sie mit Staatssekretär Dr. Stuckart, der sich in meinem Auftrage an Sie wenden wird, sprechen würden. Ich darf annehmen, daß Sie diese Besprechung nicht ablehnen. Im Voraus besten Dank.

Heil Hitler! Herzlichst Ihr gez. H. Himmler."

Kaltenbrunner, auf dessen Anordnung alle Sonderhäftlinge im KL Dachau zusammengezogen worden sind,[26] hält jedoch – trotz der angespannten Lage in Tirol – an seiner Absicht fest, die Geiseln aus Dachau in diesen Reichsgau zu verlegen. Dabei handelt der Chef des

'Last Fortress' Of the Nazis

Nazi High Command has started hoarding reserves of arms, munitions, oil, food and textiles in a series of underground depots within the Alps quadrangle. Anything they can spare at present at the fronts, and perhaps much more, will be piled up there during the coming weeks.

IF they succeeded in holding out till the autumn of 1945, operations would have to come to a standstill till the spring of 1946. The material impossibility of any real warfare in such regions during the winter has just been demonstrated along the Franco-Italian frontier from Mont Blanc to the Riviera, where the Germans hold the mountain passes and forts with a few thousand men sufficient to cover nearly 300 miles of front line.

The Nazis also have another weapon. Since D-day all the main political hostages from Allied countries have been moved by the Gestapo from various parts of the Reich into this Alps quadrangle. Paul Reynaud, Edouard Daladier, Gen. Gustave Gamelin and Yvon Delbos were taken from Koenigstein in Saxony to a winter sports resort in Vorarlberg, where they have probably been joined by Edouard Herriot. Also Léon Blum and his wife, kept segregated as Jews from the other French state prisoners, e brought from Thuringi

Die Geiselpläne der SS bleiben den Alierten kein Geheimnis: „The Nazis also have another weapon." (*New York Times Magazine* vom 11. Februar 1945.)

Reichssicherheitshauptamtes auf eigene Faust – und nicht etwa auf Befehl Himmlers. Dies bestätigt nach dem Krieg Walter Schellenberg. Vor dem Internationalen Militärgerichtshof in Nürnberg sagt er über ein Gespräch aus, das zwischen Kaltenbrunner, Müller und ihm im April 1945 im RSHA in Berlin stattgefunden hat: „Als ich (...) eine Gesprächspause einschaltete, erklärte der Chef der Gestapo, Müller, er habe ja auf Weisung Kaltenbrunners schon vor drei Tagen mit der Evakuierung der wichtigsten Häftlinge der einzelnen Lager begonnen. Kaltenbrunner erwiderte: Ja, das ist richtig. Es handelt sich um einen Befehl von Hitler selbst, der mir neuerlich von Hitler bestätigt worden ist und demzufolge alle wichtigen Häftlinge nach dem Süden zu evakuieren sind. (...) Das war ungefähr am 10. April 1945."[27] Am Wahrheitsgehalt dieser Aussage ist nicht zu zweifeln, denn die Sippen- und die Sonderhäftlinge brachen in der Tat schon am 3. April in Buchenwald nach dem Süden auf.

Kaltenbrunners Pläne bleiben den Amerikanern nicht verborgen. Bereits am 11. Februar 1945 berichtet das *New York Times Magazine* in einem mehrseitigen Artikel des Londoner Korrespondenten Victor Schiff, der dem letzten Bollwerk der Nationalsozialisten („'Last Fortress' of the Nazis") gewidmet ist, über die Verschleppung der Geiseln in die Alpen: „The Nazis also have another weapon. Since D-day (also seit der Invasion in der Normandie, Anm. d. Verf.) all the main political hostages from Allied countries have been moved by the Gestapo from various parts of the Reich into this Alps quadrangle." Auch über die einzelnen Persönlichkeiten, die davon betroffen sind, ist Schiff bemerkenswert gut unterrichtet. Er nennt korrekt: „Paul Reynaud, Edouard Daladier, Gen. Gustave Gamelin, (...) also Léon Blum and his wife, (...) King Leopold of Belgium" und Admiral Horthy. Selbst seine Vermutung, daß Orte in „the Dolomites, Toblach or Cortina d´Ampezzo," in den Plänen Kaltenbrunners eine Rolle spielen könnten, ist, wie das kommende Geschehen noch zeigen wird, nicht abwegig.

Zwei Monate nach Erscheinen des Artikels, der die amerikanische Öffentlichkeit über die Kampfbereitschaft der Nationalsozialisten in der Alpenfestung alarmiert, tritt das Unternehmen des Geiseltransports ins entscheidende Stadium: Die Kommandantur des KL Dachau, die bereits im März 1945 aus Berlin darüber informiert worden ist, welche Maßnahmen sie zu ergreifen hat, wenn sich feindliche Truppen dem Lager nähern, hat nun nach den Befehlen aus der Reichshauptstadt zu handeln. „Diese Anweisungen", erinnert sich SS-Obersturmführer Edgar Stiller, den der Lagerkommandant Eduard Weiter in einer allgemeinen Dienstbesprechung davon in Kenntnis gesetzt hat,[28] „lauteten dahin, daß sämtliche Häftlinge des KZ Dachau bei Feindannäherung nach Tirol in Marsch zu setzen sind. Weiter gab mir damals den ausdrücklichen Befehl, die Ehrenhäftlinge nach Innsbruck zu bringen."

Von dem bevorstehenden Aufbruch der Sippen- und der Sonderhäftlinge im KL Dachau erfährt auch der Gefangene Paul Wauer im Kommandanturarrest durch den SS-Hauptscharführer Ahren,[29] der im Bunker zur Wachmannschaft gehört. „Dieser", berichtet Wauer,[30] „erzählte mir, daß auf der Kommandantur eine Besprechung gewesen sei; es sei von Himmler (richtig: Kaltenbrunner) als Geheime Reichssache ein Brief gekommen, in dem der Abtransport der Ehrenhäftlinge befohlen worden sei, mit der Weisung, daß dieselben auf keinen Fall in Feindeshand geraten dürfen. Auf meine Frage, was mit mir geschehe, sagte Ahren, er lasse mir die Bunkerschlüssel da. Bei Ankunft der Amerikaner könnte ich die Zellentüren öffnen. Am Tage des Abtransportes (der letzten prominenten Häftlinge am 26. April 1945, Anm. d. Verf.) wurde ich in der Früh zum Telefon im Bunker gerufen, und Stiller fragte mich, ob ich mit den Ehrenhäftlingen mitgehen wolle.[31] Da ich befürchtete, daß dieselben beseitigt werden sollen, zögerte ich zunächst, und erst als Stiller sagte, ich solle mitgehen und die Häftlinge wie bisher betreuen, gab ich meine Einwilligung."

Doch Wauer wird nicht dem Transport der Wittelsbacher und der Seydlitz-Häftlinge zugeteilt. Dieser hat nämlich schon vorher das KL Dachau verlassen – mit dem Ziel: Außenkommando Ammerwald bei Reutte. Unter den Gefangenen, die mit ihm das Dachauer Lager hinter sich lassen, befindet sich auch Prinzessin Irmingard mit ihrer Familie. Mit dem Aufbruch nach Tirol endet für die Wittelsbacher ihre Isolierung, die bisher von der SS streng gehandhabt worden ist. „Wir", erinnert sich Irmingard,[32] „wurden mit den anderen Sippenhäftlingen zusammengelegt zum Weitertransport. Diesmal waren wir nicht mehr allein unterwegs, die Stalingradhäftlinge reisten mit uns im Zug. Die Reise ging wieder südwärts. Wir hörten, daß Reutte in Tirol das angestrebte Reiseziel sei. Wieder drängten wir uns an die Fenster, waren uns doch viele der Stationen bekannt.

„Verlegung" nennt Prinzessin Irmingard von Bayern ihr Bild, das Häftlinge auf einem Todesmarsch zeigt.

In München wurde wegen Fliegeralarm eine längere Pause eingelegt. Unsere Coupés wurden zugesperrt, und wir warteten darinnen, was geschehen sollte. Zum Glück fielen an dem Tag keine Bomben. Bahnhöfe waren ja in der Regel beliebte Zielscheiben.

In der Frühe ging es weiter nach Gauting, die nächste Station war Mühlthal, ganz nahe bei Leutstetten, unserer Heimat. Der Bahnhof war leer. Wir schauten sehnsüchtig nach etwas Bekanntem aus.

Mehr Glück hatten wir in Starnberg, der nächstgrößeren Station. Der Zug mußte bei einer Brücke kurz vor Starnberg sehr verlangsamen. Unsere Nichten Pussi und Lotti, die aus dem Fenster hingen, erspähten unseren Vetter Rasso, der damals in Leutstetten wohnte und per Rad unterwegs war. Sie winkten ihm und riefen ihm zu. Er erkannte sie und radelte so schnell er konnte zur Station. Als der Zug in Starnberg hielt, kam er ans Fenster gelaufen.

Wir hatten kurz Zeit, ihm zu berichten, daß wir zusammen nach Reutte gebracht würden. Da kam die Wache, packte uns am Kragen und zog uns zurück. Rasso machte sich aus dem Staub und berichtete sämtlichen Verwandten zuhause, was er erlebt hatte.

Für uns gab es ein unangenehmes Nachspiel: Die SS-Wachen waren wütend, wollten wissen, mit wem wir geredet hätten und was wir erzählt hätten. 'Wir sagten unserem Vetter, wir fahren weiter', behaupteten wir. Sie drohten, den Vetter samt seiner ganzen Familie zu verhaften. Gott sei Dank blieb es bei der Drohung. Auch die Drohung, uns alle wieder nach Dachau zu bringen, blieb leer.

Insgesamt an die zwanzig Inhaftierten stiegen in Reutte aus, um zu Fuß weiterzuziehen. Wir hatten sieben Wachen dabei, darunter eine Frau Rabenhorst, einen Herrn Nieburg, der an Rheuma litt, obwohl er noch jung war. Wir marschierten ein Gebirgstal hinauf und kamen an den Plansee. Im Hotel 'Forelle' am Plansee waren französische Gefangene interniert, hauptsächlich höhere Militärs und Diplomaten: Unser Zug wurde von ihnen wahrgenommen.

Herzog Albrecht von Bayern mit Sohn Franz und Tochter Marie Gabriele im SS-Sonderlager Ammerwald.

Wir stiegen ein gutes Stück weiter hinauf und kamen nach Ammerwald. BMW hatte das Wirtshaus dort als Ferienheim für seine Belegschaft gepachtet. Dieses Gebäude wurde für uns Sonderhäftlinge (sic!) beschlagnahmt. Die Wirtin war Frau Köhler, ihr Schwager, der auch dort untergekommen war, war vorher Gauleiter in Polen, ein hundertprozentiger Hitleranhänger. Beim Vormarsch der Russen war er nach Reutte zu seiner Schwägerin geflohen."

Die Haft in Ammerwald teilen mit den Wittelsbachern weitere Sippenhäftlinge. Die Gesamtzahl der dort Internierten wird auf etwa sechzig Personen geschätzt, von denen 54 Namen, wie Richard Lipp schreibt,[33] später „annähernd rekonstruiert werden" können. So befinden sich unter den Gefangenen die Angehörigen von sechs Generälen: Bamler, von Felbert, Dr. Korfes, Lattmann, Nebe und von Lenski. „Die Insassen", berichtet Lipp, „kamen jedoch zu verschiedenen Zeiten in dieses Lager, teilweise wurden sie aus anderen kriegsgefährdeten Lagern in letzter Minute zum Ammerwald gebracht. (...) Innerhalb dieser Internierten soll eine streng hierarchische Ordnung und preußische Disziplin geherrscht haben. Unangefochtenes Oberhaupt der Häftlinge sei Prinz Albrecht von Bayern gewesen."

Zu den herausragenden Persönlichkeiten unter den Sippenhäftlingen in Ammerwald zählt auch die Ehefrau des Generalfeldmarschalls Friedrich Paulus, die mit ihrer Tochter in Haft genommen worden ist. Wie es dazu gekommen ist, hat Leonid Reschin untersucht: „Bis 1944 war die Familie Paulus keiner Verfolgung ausgesetzt, doch Anfang November 1944 erteilte Hitler den Befehl, die Ehefrau von Paulus, (Constanze), die Ehefrau des Sohns von Paulus, Lora, mit ihrem dreimonatigen Kind und die Tochter von Paulus, Baroness von Kutzschenbach, mit ihrem dreijährigen Sohn zu verhaften. Am 15. November desselben Jahres wurde auch Ernst Alexander Paulus in eine Gestapozelle in Berlin gesteckt und am 25. Dezember vom Leiter der Abteilung IV (Gestapo), Müller, verhört. Dieser erklärte dem Sohn von Paulus, daß sein Vater gegen Hitler und das deutsche Volk arbeitet und an der Spitze einer Armee aus deutschen Kriegsgefangenen steht. Himmler habe angewiesen, die ganze Familie Paulus zu verhaften und Paulus dies auf nachrichtendienstlichem Weg zur Kenntnis zu geben, um Druck auf ihn auszuüben. Weiter sagte Müller, daß die ganze Familie so lange in Haft bleiben wird, bis Paulus seine gegen Hitler gerichtete Tätigkeit einstellt. Danach wurde Ernst Paulus in die Haftanstalt Küstrin verlegt, wo er zusammen mit den Teilnehmern des Attentats auf Hitler 1944 gefangengehalten wurde. Anfang 1945 wurden alle Insassen der Haftanstalt nach Immenstadt (Bayern) verlegt."[34]

Friedrich Paulus, der aus einem Brief des Sohnes mit Entsetzen erfährt, daß seine Frau Constanze ins KL Dachau gebracht worden ist, äußert sich selbst zu den Gründen, die zur Festnahme seiner Familie geführt haben: „Auf mich als dienstgradältesten Offizier der Bewegung 'Freies Deutschland' entfielen besondere Aufgaben, wie beispielsweise der Aufruf zur Kapitulation an die Gruppe Kurland (Ende August 1944) und die deutschen Truppen in Rumänien (Ende September 1944), die Erklärung gegen Himmler im Zusammenhang mit der Aufstellung des Volkssturms, was der unmittelbare Anlaß für die Internierung meiner Familie in einem Konzentrationslager war, und schließlich der von mir verfaßte Aufruf der 50 Generale, der die letzte eindringliche Warnung unmittelbar vor der russischen Offensive an der Weichsel und in Ostpreußen, die die endgültige Niederlage einleitete, war."[35]

„Warten auf unseren Abtransport"

Für die Sippen- und die Sonderhäftlinge, die im KL Dachau zurückgeblieben sind, geht das bange Warten weiter. Niemand weiß, was ihnen noch bevorsteht. „Nähen unter Fräulein Gisevius' Anleitung alle Rucksäcke aus Wolldecken", vermerkt Marie-Gabriele von Stauffenberg am Montag, dem 23. April, in ihren Aufzeichnungen.[36] „Warten auf unseren Abtransport. Alarm."

Unter den Häftlingen herrscht an diesem Montag große Spannung. „Mittags", berichtet Neuhäusler in seinem Tagebuch,[37] „wurde verkündet, dass alles um 1/2 5 Uhr abreist; zurück zu Niemöller gegangen, um zu erfragen, ob er auch mitgeht." Dieser ist dazu nur bereit, wenn Wachposten aus Buchenwald, denen er mißtraut, in Dachau zurückbleiben. Auf Niemöllers Protest, den Neuhäusler ausdrücklich in seinen Aufzeichnungen festhält, geht auch Kunkel in seinem Tagebuch ein. Der Kaplan stimmt nur in der Zeitangabe mit Neuhäusler nicht überein. „Früh“, schreibt er,[38] „kommt wieder der Abmarschbefehl: jetzt alles, mit Ausnahme der Sippenhäftlinge! Wir versuchen, ins KA zu kommen, um zu hören, ob Niemöller mitgeht. Dort ist große Aufregung: (Franz X.) Lechner (ein SS-Mann, Anm. d. Verf.) sagt es eben durch! Niemöller geht nur mit, wenn zwei üble Posten, die aus Buchenwald mitgekommen sind, zurückbleiben. Dann geht es zum Packen – Großalarm! Tiefflieger kreisen ums Lager, schießen aus Bordkanonen. Um 6 Uhr heißt es: Wir bleiben; drei Omnibusse sind zerschossen! Wir sind froh, wieder einen Tag gesichert. Die Front kommt immer näher. Vielleicht gelingt es doch!“

Unruhe unter der Dachauer SS

Mit dem Heranrücken der amerikanischen Truppen spitzt sich die Lage für die SS im KL Dachau immer mehr zu. Die Befreier, auf die Kunkel voller Hoffnung setzt, sind nun nicht mehr weit vom Lager entfernt. „Man hört zum ersten Mal die Front“, notiert Marie-Gabriele von Stauffenberg am 24. April.[39] „Nachts ganz in der Nähe ein schwerer Angriff. Im ersten Bunker sehr unangenehm.“

Auch der Dachauer Kommandanturstab ist mittlerweile für den Abmarsch gerüstet. „Acht Tage vor der Abreise“, erinnert sich Paul Wauer,[40] „bekamen alle Angehörigen des Kommandanturstabes Soldbücher und Papiere ausgehändigt. Alles besorgte sich Rucksäcke und Koffer. Akten, Einlieferungsscheine usw. wurden vernichtet. Es wurde gesagt, die Sonderhäftlinge dürften auf keinen Fall in die Hände des Feindes fallen und werden deshalb ins Gebirge transportiert.“

Auch Isa Vermehren registriert, wie das Dachauer Lager mehr und mehr in den Brennpunkt des kriegerischen Geschehens gerät. „Langsam“, berichtet sie,[41] „füllte sich auch der bajuwarische Horizont mit dem dumpfen Grollen der heranrückenden Front. Die Alarmsirenen kamen Tag und Nacht nicht mehr zur Ruhe, und Voralarm wechselte mit Alarmzustand, ständig war das Brummen feindlicher Flieger zu hören, mal näher und mal ferner, immer wieder war die Luft durchzittert von Bomben, die dichter oder entlegener die Erde erschütterten. Die Spannung im Lager stieg langsam auf ihren Siedepunkt. Unsere SS-Wachen wurden alt und grau in diesen Tagen, sie erschienen zu ihrem Dienst nur noch sporadisch und waren so tief und sichtbar in ihre eigenen Sorgen verstrickt, daß es sich kaum lohnte, sie mit irgendeiner Frage zu belästigen. Vor allem jene müssen furchtbare Tage durchgemacht haben, die erst während des letzten halben Jahres von der Wehrmacht zur SS überwiesen worden waren. Die Feindschaft zwischen Wehrmacht und SS ist bekannt und ihre Gründe sind gerechtfertigt, und es ist dem 'Zwölfender' der Wehrmacht seine blinde Empörung nicht zu verdenken, wenn er sich in letzter Stunde unter die Schar seiner ärgsten Feinde gestellt sah. Das gehetzte Herumjagen aller SS-Leute erinnerte lebhaft an die verzweifelten Fluchtversuche eines gefangenen Tieres.“

Inzwischen sind weitere Gefangene zur Gruppe der Sonderhäftlinge gestoßen, deren Abtransport nach Tirol bevorsteht. Dabei handelt es sich um ebenfalls prominente Häftlinge, die sich jedoch bereits im KL Dachau befunden haben, als die Sippen- und die Sonderhäftlinge dort eingetroffen sind. Die Männer, die am 23. April aus dem allgemeinen Häftlingslager herausgezogen und in die Gruppe der vor dem Aufbruch stehenden Sonderhäftlinge eingereiht werden, sind Prince Xavier de Bourbon mit dem Sitz auf dem Chateau de Bost in Besson im Département Allier in der Auvergne, ein Bruder der Kaiserin Zita, der Frau Kaiser

Karls I. von Österreich, Friedrich Leopold Prinz von Preußen aus Berlin, der sich als Gutsbesitzer bezeichnet, dessen Privatsekretär Baron Fritz Cerrini, der ehemalige Reichstagsabgeordnete und Redakteur Joseph Joos aus Köln, der Kaplan Dr. Anton Hamm aus Breinig bei Aachen, der österreichische Schriftsteller Konrad Praxmarer aus Wels und der frühere Wiener Bürgermeister Dr. Richard Schmitz, der bereits seit dem 2. April 1938 im KL Dachau inhaftiert ist.[42]

Die Ankunft der „alten Dachauer" in der Sonderbaracke vermerkt Neuhäusler in seinem Tagebuch noch am 23. April, als am Abend gegen 20.30 Uhr die Abreise wegen der beim Tieffliegerangriff zerstörten Fahrzeuge abgesagt werden muß: „Garibaldi kommt zurück(,) mit ihm: Prinz Friedrich Leopold von Preußen, Baron Cerrini, Prinz von Bourbon, Joos, Bürgermeister Schmitz(,) Wien, alle hervorragende Glieder des allg(emeinen) Lagers. Abends dann lange Unterhaltung mit Einzelnen, besonders mit Schmitz, ein prachtvoller Laie voll Gottesglauben und Gottvertrauen und voll Güte und Kraft, ähnlich Joos. Noch fast bis 11 Uhr beisammen. Alles voll Spannung, was wird während der Nacht?"[43]

Best ist ebenfalls von den Neuen beeindruckt, die zu seiner Gruppe in der Sonderbaracke stoßen. „All diese Männer", schreibt er,[44] „waren durch die harte Schule des gewöhnlichen Lageralltags gegangen, aber da sie aus dem Holz geschnitzt waren, aus dem gute Häftlinge gemacht waren, hatten sie alle Härten und Demütigungen ertragen, ohne zusammenzubrechen. Prinz Xavier und Dr. Schmitz sahen mager und erschöpft aus, aber Prinz Friedrich Leopold war in guter Form, er war eine Zeit lang zum Kantinendienst eingeteilt gewesen. Er hatte vorher Schlimmes durchgemacht, da man ihn zu härtester körperlicher Arbeit zwang. (...) Schon bevor er zu uns stieß, hatte ich eine Menge von ihm gehört, da er sich im Lager allgemein beliebt gemacht hatte, wo er von jedem 'Pat' genannt wurde, und auf unserem Weg aus dem Lager hatten sich alle Häftlinge aufgestellt, um uns gehen zu sehen, und er konnte sich kaum einen Weg durch sie bahnen, so viele Hände waren ihm entgegengestreckt."

Auch Richard Schmitz bleibt der 23. April 1945 unvergeßlich. „An diesem Tage", berichtet er,[45] „holte mich plötzlich ein SS-Mann von der Arbeit weg ins Lager. Meine Frage, warum, beantwortete er kurz: 'Sie gehen auf Transport.' In ernster Stimmung packte ich die paar Habseligkeiten. 'Auf Transport gehen', das bedeutete erfahrungsgemäß ein fast gewisses Todesurteil. Wohl war ich nicht überrascht, denn seit langer Zeit wußte ich durch Äußerungen der SS, daß mein Name auf einer Sonderliste stand, über die Himmler die Entscheidung sich vorbehalten hatte, was nichts Gutes verhieß. Dazu kam, daß seit Beginn des Jahres 1945 zahlreiche 'prominente Neuzugänge' aus allen Gegenden Deutschlands nach Dachau überstellt und in den Zellen des Bunkers und des Sonderbaues – so hieß das frühere Bordell, das dank der ablehnenden Haltung der 'Politischen' überflüssig geworden war – verborgen gehalten wurden.[46] Unter ihnen befanden sich, wie ich heimlich erfuhr, die Ehepaare Schuschnigg und Blum und mehrere Engländer. Auch der Bischof Gabriel Piguet von Clermont-Ferrand mußte aus dem Pfarrerblock in diese Isolierung übersiedeln.[47]

Am Abend des 23. April waren wir, etwa 80 Mann, draußen im SS-Lager schon bereitgestellt, um die Camions zu besteigen, als die Sirene aufheulte und uns in Deckung trieb. Amerikaner machten einen kecken Tiefangriff und zerschossen die Fahrzeuge. Wir mußten wieder ins Lager zurück. Gerührt von der Liebe, mit der meine alten Lagerkameraden mich begrüßten, freute ich mich, nun von allen Abschied nehmen zu können, wurde aber im Sonderbau isoliert."[48]

Auch Joseph Joos geht in seinen Erinnerungen ausführlich auf den Tag seiner Überstellung zu den Sonderhäftlingen ein: „Wir schrieben den 23. April. Gegen Mittag war ein Läufer von der Lagerschreibstube gekommen mit der Weisung: 'Sofort deine Sachen packen. Du kommst fort!' – 'Ich?' – 'Ja. Um 2 Uhr mußt du im Arbeitseinsatz sein.' (Damit ist das Büro gemeint, das im Schutzhaftlager den Einsatz der Arbeitskommandos organisiert, Anm. d. Verf.)

Hm, im Arbeitseinsatz, fragen wir den Metzer Berufskollegen, der dort sitzt. 'Wie ist das? Weißt du was?' – 'Ja, es stimmt. Kann dir im Vertrauen sagen: du nicht allein. Eine Reihe von Persönlichkeiten wird fortgeschafft.' – 'Wohin?' – 'Wir wissen nichts Genaues. Man vermutet. Mit dir sind heute nachmittag bestellt: Prinz Leopold von Preußen und sein Adjutant (sic!) Cerrini, der Prinz Xavier de Bourbon-Parma, der Oberbürgermeister (sic!) Schmitz von Wien und noch einige. Es genügt um 4 Uhr.' –

So, das ließ sich hören.

Die Kleiderkammer hatte Befehl: 'Gute Sachen!' Wir hatten bald ausprobiert.

'Jetzt zur Schneiderei', meinte der überwachende Scharführer. – 'Warum?' – 'Ihr bekommt den Lagerstreifen als Kennzeichen. Befehl.' – So, also zur Schneiderei. Und in Rock und Hose der fast nagelneuen Zivilanzüge schnitt man häßliche Löcher, die mit Zebrastreifen übernäht wurden. Alte Handkoffer, Gott weiß, wem die einmal gehört haben, standen zur Verfügung.

Um 6 Uhr warteten wir am Lagerbahnhof auf den Lastwagen. Schade, meine Lagernotizen und den langjährigen Briefwechsel mit den Kindern hatte ich zurückgelassen, in anderen Händen, da man nicht wissen konnte, ob –. Und nun wäre alles so gut gegangen. Vorbei.

In meine Überlegungen heulen die Sirenen. Tiefflieger im Angriff. Amerikanische Jäger beschießen mit Bordwaffen, als ob sie gewußt hätten. Die bereitgestellten Wagen gehen in Stücke. Zurück ins Lager. Alles in die Sonderbaracke, nicht mehr auf den Block. Die Sonderbaracke, das Bordell, war schon seit Wochen geräumt und leer.

Als wir ankamen, hatten es sich Freunde und Bekannte schon bequem gemacht, die vom Bunker, vom Zellenbau: Bischof Piguet von Clermont, Domkapitular Neuhäusler von München (...) und einige, die wir später kennenlernten. Der Bischof hatte bereits den Tagesraum der ehemaligen Bewohner von bösen Geistern befreit, den Raum ausgesegnet und zum Gebetsraum umgewandelt. Froh, uns in solcher Gesellschaft zu wissen, schliefen wir auf den improvisierten Strohsäcken ruhig ein.“[49]

„Der persönliche Gefangene des Führers“: Martin Niemöller mit seiner Ehefrau Else.

Am nächsten Tag, Dienstag, dem 24. April, ist es dann soweit: Der zweite Transport mit Sonderhäftlingen verläßt unter Führung von Stiller das Lager. Das Ziel ist wiederum das SS-Sonderlager Innsbruck, zu dem auch der erste Transport gebracht worden ist, der, wie berichtet, bereits am 17. April aufgebrochen ist. Niemöller nutzt die Zeit, die ihm im Kommandanturarrest noch bleibt, schnell dazu, eine letzte Karte aus dem KL Dachau an seine Frau Else zu schreiben. „Liebste Frau!“ beginnt er. „Die Verschleppung nach dem Süden beginnt. Unser Ziel wissen wir nicht. Bleib tapfer für unsere Kinder, und der treue

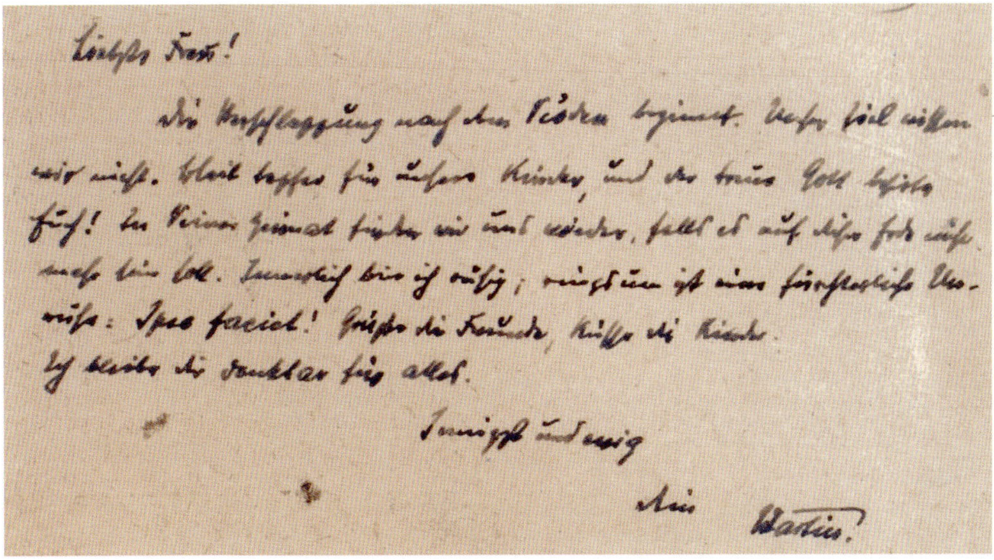

„Die Verschleppung nach dem Süden beginnt": Niemöllers letzte Karte an seine Frau aus dem KL Dachau.

Gott behüte Euch! In Seiner Heimat finden wir uns wieder, falls es auf dieser Erde nicht mehr sein soll. Innerlich bin ich ruhig; ringsum ist eine fürchterliche Unruhe: Ipse faciet! Grüße die Freunde, küsse die Kinder. Ich bleibe Dir dankbar für alles. Innigst und ewig Dein Martin."[50]

Bis zuletzt haben die Sonderhäftlinge gehofft, daß ihnen der Abtransport aus Dachau noch erspart bleibt. „Heute soll es losgehen", schreibt Kunkel in sein Tagebuch.[51] „Wir hoffen wieder auf Tiefflieger. Sie scheinen Bescheid zu wissen; aber das Wetter ist zu ungünstig. Unser Kalfaktor Schulz, ein Todeskandidat, darf nicht mit: Er muß zur Strafkompanie. Sicher rückt er nachher aus, mit den andern an die Front. Zirka 1000 SS-Deserteure haben den gleichen Weg gemacht. Unsere neuen Posten, Beutegermanen aus Ungarn, begleiten uns. Aber auch ein Teil der alten Posten aus dem KA."

In knappen Worten beschreibt Neuhäusler auch den Verlauf dieses Tages, der die Häftlinge weiter in Spannung hält: „Erneutes Packen. Wiederum Zweifel, ob gefahren wird, als plötzlich um 7.15 Uhr abends, als wir noch beisammen saßen, die Meldung kam: Die Wagen sind da, sofort antreten. Eiliges letztes Zusammenpacken, aufladen, Marsch durch ein Spalier von Lagerinsassen."[52]

Die Kommandantur registriert in einer Liste genau, wer aus dem Dachauer KA, wie es in der Aufstellung vom 25. April 1945 heißt, „dem SS-Sonderlager Innsbruck zugewiesen" wird.[53] Die Sonderhäftlinge sind der britische Oberstleutnant Richard H. Stevens, der, wie berichtet, als deutscher Schutzhäftling („Sch-DR 28848" – DR steht für Deutsches Reich) unter dem Decknamen „Richard Fuchs" geführt wird, die Deutschen Karl Kunkel, Dr. Johann Neuhäusler und Martin Niemöller, der französische Bischof Gabriel Piguet, die Italiener Colonello Davide Ferrero, Eugenio Apollonio und Tullio Tamburini,[54] die Jugoslawen Novak D. Popovic und Dimitrije Tomalevsky, der niederländische Minister Dr. Johannes J. C. van Dijk, der polnische Graf Aleksander Zamoyski sowie die beiden Tschechen Josef Burda und Josef Rozsévac-Rys.

Die Liste enthält aber nur die Namen der Sonderhäftlinge, die schon vor der Ankunft der anderen Ehrenhäftlinge Gefangene im Dachauer Kommandanturarrest gewesen sind. Die Sonderhäftlinge, die aus Buchenwald, Flossenbürg und Mauthausen im KL Dachau einge-

KL Dachau,den 25.4.1945

Dem SS-Sonderlager Innsbruck zugewiesen :

m ä n n l i c h	Sch-Engl	14o926		KA
Piquet Gabriel	Sch-Fr	1o3oo1	24. 2.87	KA
Kunkel Karl	Sch-DR	1462oo	8.11.1[illegible]	KA
Tamburini Tullio	Sch-Itl	1462o1	22. 4.92	KA
Apollonio Eugenio	Sch-Itl	146199	13. 8.o3	KA
Burda Josef	Sch-T	481o9	2o.12.93	KA
van Dijk Johannes	Sch-Holl	67182	1.12.21	KA
Ferrero Davide	Sch-Itl	698o7	21.1o.1o	KA
Fuchs Richard	Sch-DR	28848	9. 4.93	KA
Neuhäusler Johann	Sch-DR	2668o	27. 1.88	KA
Niemöller Martin	Sch-DR	26679	14. 1.92	KA
Popovic Novak	Sch-Serbe	5o288	31.1o.98	KA
Roscevac-Rys Josef	Sch-T	48111	1.11.o1	KA
Tomalewski Dimitrije	Sch-Jug	66436	24. 9.91	KA
Zamoyski Alexander	Sch-Pole	28835	19. 6.98	KA

Liste der Dachauer Lagerleitung mit den Namen und Nummern der Sonderhäftlinge, die aus dem Kommandanturarrest des KL Dachau dem SS-Sonderlager Innsbruck zugewiesen werden. „Richard Fuchs" ist der Deckname für Richard H. Stevens. Die Abkürzung „Sch" bedeutet Schutzhäftling, „DR" steht für Deutsches Reich.

troffen sind, führt sie nicht auf. Von diesen haben sich nun neben anderen für die Abfahrt bereitzuhalten: Captain Sigismund Payne Best, Oberst i. G. Bogislav von Bonin, General der Infanterie Alexander von Falkenhausen, Generaloberst Franz Halder, Dr. Horst Hoepner, Fregattenkapitän Franz Liedig, Dr. Josef Müller, General der Infanterie Georg Thomas, General Alexandros Papagos mit dem gesamten griechischen Generalstab, Mario Badoglio, der Lette Gustavs Celmins, der norwegische Kapitän zur See Arne Daehli, der Schwede Carl S. Edquist, der sowjetische Leutnant Wassilij Wassiljewitsch Kokorin und Pjotr Priwalow, Generalmajor der Roten Armee, der ungarische Ministerpräsident Miklós von Kálley, der Gesandte Miklós von Horthy jr. und der ungarische Minister des Innern, Peter Baron Schell, sowie die Dänen Hans Lunding und Jörgen Lönborg Friis Mogensen. Mit den Genannten geht auch General Sante Garibaldi auf Transport.

Mogensen behält das KL Dachau – im Gegensatz zum KL Flossenbürg – nicht in dunkelster Erinnerung. „Der Aufenthalt in der Bordellbaracke", berichtet er,[55] „war (...) wesentlich angenehmer als die Zelle in Flossenbürg. Wir hatten dort unsere Sträflingskleidung nicht einmal wechseln können, weshalb sie allmählich verschlissen und schmutzig war. Auch die Matratzen waren mit der Zeit unappetitlich geworden. Die abgenutzten Decken waren trotz eifrigen Klopfens ebenfalls schmutzig. All das führte dazu, daß die Luft in unserer Zelle ungeachtet häufigen Lüftens ziemlich stank.

Jetzt genossen wir es, daß wir in Dachau unsere eigene Kleidung tragen und auf einer richtigen Matratze, sogar mit Keilkissen, schlafen konnten. Wir konnten uns in einem richtigen Waschraum mit Spiegel waschen. Wir aßen an einem richtigen Tisch, und dazu kam der freie Umgang mit anderen Gefangenen."

Die Dachauer Häftlinge im allgemeinen Schutzhaftlager nehmen mit Anteilnahme Abschied von den Sonderhäftlingen. Sie haben Mitleid mit den Männern, deren Schicksal im Ungewissen liegt. Vor allem Bischof Piguet bekommt die Sorgen zu spüren, die sich die geistlichen Mithäftlinge um ihn machen. „Unseren Kameraden", erinnert er sich,[56] „erschien unsere Odyssee tragisch. Die davon unterrichteten Priester versuchten, mich zu erreichen und sich von mir zu verabschieden. Einige gelangten bis zu mir. Die Bekundungen ihrer Zuneigung, ihre mühevoll unterdrückten Tränen, der rührende Abschied meines clermontesischen Vikars (Abbé Clément Cotte), die Bitte um meinen Segen und das Ausharren meiner befreundeten Priester in der Nähe meines Autos trotz der Befehle und Drohungen zeigten mir klar und deutlich aller Sorge um mein Schicksal."

Auch Kunkel ist von der Sympathie beeindruckt, die den scheidenden Sonderhäftlingen entgegengebracht wird, als sie zum letztenmal durch das Häftlingslager gehen. „Um 6 Uhr Abmarsch", vermerkt er in seinem Tagebuch.[57] „Das Lager winkt uns zu. Viele Zurufe: 'Monsigneur'. Er segnet. In der Hand trägt er die violetten Handschuhe. Viele Zurufe 'Schmitz'."

Die Bewegung, die beim Aufbruch der Sonderhäftlinge durch das Lager geht, registriert auch Joseph Joos in seinem Notizbuch: „Gegen 5 Uhr nachmittags werden wir (aus der Sonderbaracke, Anm. d. Verf.) durch die Lagerstraße zum Tor geführt. Die Kameraden bilden Spalier. Man winkt, ruft und grüßt zum Abschied. Freunde schütteln sich die Hand, Geistliche werfen sich ihrem Bischof in die Arme. SS läßt geschehen. Alle denken das gleiche: die ersten, die man auf die Seite schafft ..."

Auch Josef Müller entgeht die Unruhe nicht, die der Abtransport der Sonderhäftlinge im Lager auslöst. „Am 24. April", berichtet er,[58] „wurden wir auf einen Lastwagen verladen, er rollte vorbei am Appellplatz des Lagers, auf dem Tausende von Häftlingen standen, das Lager war restlos überfüllt. Unter den Gefangenen befanden sich auch viele Österreicher, sie hatten gehört, daß Schuschnigg bei uns im Bunker war, und drängten sich an den Wagen heran, um ihren ehemaligen Bundeskanzler zu sehen – er wurde jedoch erst mit einem späteren Transport weggebracht."

Vielen Sonderhäftlingen ist es im Augenblick des Abschieds wichtig, das Lager in ungebrochener Haltung zu verlassen, um damit ihre moralische Stärke gegenüber der SS zu demonstrieren. So kommt es zu einem geschlossenen Marsch der Gefangenen durch das Häftlingslager, an dem auch Mogensen teilnimmt. „Eines Morgens, es war (...) der 24. April", erinnert er sich,[59] „tauchten beim (ehemaligen) Bordell mehrere SS-Soldaten auf und befahlen uns, wir sollten uns auf eine Reise zu einem luxuriösen Aufenthaltsort in Tirol vorbereiten. Wir glaubten keinen Augenblick an den Luxus, rechneten jedoch damit, daß man uns wirklich aus Dachau abtransportieren würde.

Schwer zu sagen, wie eine solche Aufbruchstimmung entstehen kann, doch wir hatten alle den starken Wunsch, unserer Umgebung zu zeigen, daß wir uns nicht hatten brechen lassen, obwohl viele körperlich geschwächt waren. Wir wollten das mit einem Abmarsch in geschlossener militärischer Formation beweisen. Marschall (sic!) Papagos wurde gebeten, als rangältester Offizier das Kommando zu übernehmen. Er tat das mit großem Ernst und war wohl ebenso ergriffen wie wir anderen. Wir stellten uns in Doppelreihe auf, machten im Viermannglied rechtsum kehrt und traten dann mit dem Marschall und sechs anderen Generälen an der Spitze unseren Marsch aus dem Lager an, ohne die SS-Begleitwachen eines Blickes zu würdigen. Nach langer Gefangenschaft war das für uns ein bewegender Augenblick. Ich bin überzeugt, keiner von uns war jemals so aufrecht und stolz marschiert. Unterwegs erlebten wir zu unserer Freude, daß sich auch andere Gefangene aufrichteten. Einer erkühnte sich sogar, seine Arbeit liegen zu lassen, zu uns hinzukommen und einem von uns auf die Schulter zu klopfen. Unser Marsch zum Ausgang des Lagers fand ein erschütterndes Ende."

Auf dem Appellplatz erblickt Mogensen nämlich ein Massenheer von Häftlingen, die von der SS in qualvollen Fußmärschen aus anderen Lagern auf dem Weg in die Alpenfestung nach Dachau getrieben worden sind. Viele von ihnen sind am Ende ihrer Kräfte. Tote und Halbtote bedecken den großen Appellplatz vor dem Wirtschaftsgebäude des Schutzhaftlagers.

„Wir taten einen Blick in die Hölle", berichtet Mogensen entsetzt. „Es war der schlimmste Anblick meines Lebens. Wir mußten einen Umweg marschieren, um aus dem Lager zu kommen.

Später erfuhren wir, daß unsere Abreise (...) durch einen britischen Moskitofliegerangriff verzögert worden war. Eine Reihe wartender Lastwagen wurde von Maschinengewehrfeuer durchlöchert. Wie üblich, hatte man perfekt gezielt, nur einige Geschoßsplitter flogen durch das Haupttor, ohne im Lager Schaden anzurichten oder Gefangene zu verletzen.

Vermutlich hatte die Royal Air Force durch die Zerstörung einiger Lastwagen bewirkt, daß für unsere Transportkolonne zusätzlich zwei bequeme Busse zur Verfügung gestellt wurden. Ich wurde (...) mit Lunding in einen der Busse gesteckt."

Über die Fahrzeuge, auf die Stiller nach dem verheerenden Tieffliegerangriff für den zweiten Transport der Sonderhäftlinge nach Tirol zurückgreifen kann, gibt es unterschiedliche Angaben: Von Lastwagen und von Omnibussen ist die Rede. Auch über ihre Anzahl gehen die Auskünfte weit auseinander. Am überzeugendsten sind die Angaben des SS-Unterscharführers Ludwig Rottmaier, der wie Mogensen von zwei Autobussen spricht.[60] Das dritte Fahrzeug sei „ein Lastkraftwagen mit Anhänger" gewesen. Auch Kunkel nennt zwei Omnibusse und „einen verdeckten Lkw.-Wagen".[61]

In der Dunkelheit bricht Stiller mit dem Transport auf. In den Fahrzeugen ist kaum Platz für die vielen Häftlinge. „Auf das engste eingezwängt", schreibt Neuhäusler in sein Tagebuch,[62] „finde ich im Autobus Platz, neben mir Bischof und russischer General. Hinter mir General Halder, Thomas. Weiter sehe ich Schacht, General Falkenhausen, Minister van Dyk (sic!), Prinz von Bourbon, Niemöller, Oberst Bonin, Ministerpräsident Kállay, Sohn von Badoglio, von Horthy, einige Dänen, 1 Schwede(n).

8 Uhr abends fahren wir ab. Zurück nach München, entsetzlicher Anblick der Zerstörung, besonders am Bahnhof, Bayerstraße, Neuhauser Straße usw."

„Der eine hält den anderen"

Auch Kunkel bleibt die Abfahrt in der gespenstischen Atmosphäre des Ungewissen, das vor den Sonderhäftlingen liegt, in lebhafter Erinnerung. „Auf dem Lagerplatz halten die Autos", vermerkt der Kaplan, der mit den Mithäftlingen aus der Sonderbaracke zum Transport stößt, in seinen Aufzeichnungen.[63] „Die andern vom KA sind schon drin. Wir werden verteilt – die Priester in den großen Omnibus. Der Bischof segnet noch einige. Niemöller will keinen Platz finden, kommt dann aber doch zu uns. Noch einmal ein paar Flieger. Um 7 Uhr fahren wir durch das 'Jourhaus'.[64] Ich sitze in der Nähe von General Thomas und Generaloberst Halder. Es ist ein schöner Frühlingsabend, als wir durch die neuen Siedlungsanlagen von Dachau fahren. Niemöller sagt, so daß es Stiller hört: 'Johannes, nun gehen wir doch nicht über den Schornstein von Dachau.'[65]

München: Es ist trostlos! Die Dachauer Straße, der Hauptbahnhof, Justizgebäude, Stachus, kaum mehr zu erkennen; die Michaelskirche ein Trümmerhaufen; die leeren Höhlen der Fenster des Domes starren uns einen Augenblick an. Rathaus schwer mitgenommen. Dann geht es durchs 'Tal' hinaus. Wir sind alle sehr erschüttert."

Der Anblick seiner verwüsteten Heimatstadt ergreift auch Müller. „Wir fuhren durch München", berichtet er,[66] „und ich sah zum erstenmal die furchtbaren Zerstörungen, die die alliierten Bomber in der Stadt angerichtet hatten. Es war wenig Hoffnung, daß das Haus in der Gedonstraße 4, in dem ich mit meiner Familie gewohnt hatte, noch heil sei. Tatsächlich war es von einer Sprengbombe getroffen worden (...).

Unseren Transport leitete (...) Obersturmführer Stiller. Ich saß mit dem ungarischen Ministerpräsidenten von Kállay, seinem Innenminister Peter Baron von Schell (sic!) sowie mit dem holländischen Minister Dr. van Dyk (sic!) und dem griechischen Feldmarschall (sic!) Papagos und dessen Stab auf einer Bank. Bei uns waren aber auch noch die Generale Halder und Thomas, außerdem Schacht, Wassilij Kokorin, General (Pjotr) Priwalow und acht Offiziere der Royal Air Force – eine wahrhaft internationale Gesellschaft."

Joos beklagt die Enge, die in den Fahrzeugen herrscht. „Wir zwängen uns in die Wagen", notiert er in seinem Notizbuch.[67] „Was heißt Schemel, was heißt Bank? Der eine hält den anderen. So geht´s in die Nacht hinein. Wohin? Wenn man es wüßte! Es ist stockdunkel. Unsere Gedanken wandern mit dem Gebrumm der Motore(n) ..."

Bonin hat das Glück, noch einen Platz in einem Bus zu finden. „Ich", sagt er später aus,[68] „fuhr im Omnibus, in dem auch Stiller vor mir saß. Mit Sicherheit weiß ich heute nur noch, dass unter den mitfahrenden Häftlingen Generaloberst Halder und General Thomas waren."

„Als Geiseln werden wir verschleppt"

Best, der nach der strengen Vorschrift des Reichssicherheitshauptamtes noch immer von seinem Landsmann Stevens isoliert wird, muß dagegen den Lastwagen besteigen, was ihn in Wut versetzt. „Mit Prinz Friedrich (Leopold), neben dem ich ging", berichtet er über seine Auseinandersetzung mit Stiller vor der Abfahrt ,[69] „richtete ich meine Schritte zum Bus, aber als ich einsteigen wollte, wurde ich von Stiller aufgehalten, der mir sagte, daß ich im Lastwagen mitfahren müsse; wie ich später erfuhr, deshalb, weil Stevens bereits im Bus war und Stiller immer noch versuchte, der Anordnung zu gehorchen, uns getrennt voneinander zu halten. Ich hatte einen ziemlichen Streit mit Stiller, bevor ich klein beigab und zum Lastwagen hinüberging, denn ich fühle mich immer noch sehr schwach und mir graute vor dem Gedanken an eine weitere unbequeme Fahrt durch die kalte Nacht, aber er war unnachgiebig, und am Ende hatte ich zumindest soviel Glück, einen Platz nahe am Eingang zu bekommen, wo ich wenigstens etwas vom Land sehen konnte, durch das wir fuhren.

Müller und Liedig saßen neben mir, und ich stellte fest, daß fast alle Leute aus dem (ehemaligen) Bordell, mit Ausnahme des Bischofs und seiner Kollegen, ebenfalls mit uns fuhren. Im letzten Augenblick wurde der kleine Wassilij (Kokorin) hereingeschoben, und ich stellte ihn den Russen vor; von diesem Augenblick an wurde er zum Slawen und verschwand so gänzlich von der Bildfläche, daß ich kaum noch etwas von ihm sah.

Wir fuhren durch München, schlingerten wie ein Schiff auf hoher See, als wir unseren holperigen Weg über Schutt und eilig zugeschüttete Bombentrichter machten – die Ruinen qualmten noch, und die Luft war dick vor Rauch – ich hatte in München gelebt und gearbeitet und kannte jeden Meter der Stadt, aber alles, was ich auf unserer Fahrt durch das Zentrum sah, waren die Ruinen von völlig ausgebrannten Häusern hinter einem Berg von Trümmern, die sich auf beiden Seiten des Wegs auftürmten.

Nachdem wir aus der Stadt herausgefahren waren, waren wir alle sehr gespannt, in welche Richtung wir fahren würden, ob auf der neuen Autobahn nach Berchtesgaden (sic!) oder auf der Strecke durch Landsberg (am Lech) zum Bodensee; beide Orte wurden von Lagerpropheten als mögliche Ziele genannt. Aber von Zeit zu Zeit erblickten wir einen Fluß auf unserer linken Seite, der eigentlich nur die Isar sein konnte, und als wir ins bayerische Voralpenland kamen, war es sicher, daß wir in Richtung Innsbruck, nach Tirol, fuhren und vielleicht noch weiter südlich."

Auch Richard Schmitz berichtet, daß es für die Sonderhäftlinge in der Dunkelheit unmöglich gewesen ist, das genaue Ziel der Reise herauszufinden. „Die nächtliche Fahrt durch die zerbombten Städte und das schweigende bayrische Land“, schreibt er,[70] „ließ wenige Beobachtungen zu. Unterernährt und schlecht bekleidet, litten wir im Lastauto unter der Kühle der Aprilnacht.“

Die Fahrt führt zunächst nach Rosenheim, wo es den ersten unfreiwilligen Aufenthalt gibt. Kunkel schreibt darüber in sein Tagebuch: „In Rosenheim müssen wir warten, weil eine Brücke zerstört ist. Kaum sind wir aus der Stadt heraus: Großangriff auf Rosenheim!“[71]

Schmitz ist über die verwüsteten Orte erschüttert, durch die der Transport kommt. „Nächtliche Fahrt durch die Ruinenstadt München und das noch ärger zerstörte Rosenheim: welch düstere Eindrücke!“ klagt er.[72] „Und so sieht es im ganzen deutschen Reiche, so in zahlreichen Städten der anderen Länder aus. Ein tiefer Jammer faßte mich an, dachte ich doch an das unbeschreibliche Elend der verarmten Volksmassen und an die Schwierigkeit, ihnen bald und fühlbar zu helfen. In Rosenheim entgingen wir knapp einem Tieffliegerangriff.“

Nachdem Rosenheim endlich hinter der Fahrzeugkolonne liegt, geht die Fahrt weiter durch das Inntal. „Im Voralpenland machen wir halt“, vermerkt Kunkel.[73] „Wunderbar die mondbeschienenen Bergriesen, auf denen die Gletscher leuchten. Sie sehen so friedlich aus. Werden sie unser Tod werden? Wir wissen es alle: Als Geiseln werden wir verschleppt. Vielleicht dauert der Krieg für uns noch sehr lange?! Über Kufstein in die Alpen hinein.“

Auch Neuhäusler macht weiter Notizen: „Nachts 1/2 1 Uhr durch Niederaudorf, Oberaudorf, Mühlbach. Ich segne Lebende und Tote der ehem(aligen) Wirkungsstätte.“[74] Ebenso bewegt sieht Schmitz die österreichische Heimat, die ihm seit Jahren versperrt geblieben ist, auf sich zukommen. „Als der Morgen kam“, erinnert er sich,[75] „grüßte mein Herz die altvertrauten, lange entbehrten Bilder der tirolischen Landschaft.“

Entsetzlicher Anblick der Baracken

Am 25. April ist dann um 5 Uhr in der Früh das Ziel der Reise erreicht: Innsbruck. Zuerst geht es zur Gauleitung, dann ins Lager Reichenau, wo die Sonderhäftlinge untergebracht werden.[76] Die Gefangenen sind beim Anblick der Baracken, die sie aufnehmen sollen, entsetzt. Betroffen schreibt Schmitz: „Müde und verstaubt kletterten wir Mittwoch früh im SS-Außenlager Innsbruck (Reichenau) aus dem Wagen. Armselige, schmutzige und flohreiche Baracken.“[77] Auch Bonin bezeichnet die Verhältnisse, die in diesem Lager herrschen, als „furchtbar“.[78] Und er sagt später aus: „So weiß ich noch, daß ich damals drei Gehängte am Galgen sah, die kurz vor der Räumung des Lagers aufgehängt worden waren.“

Auch Joos findet nach der Ankunft in Reichenau zunächst nur Worte der Betroffenheit. „Ein bleicher Morgen“, schreibt er am 25. April in sein Notizbuch,[79] „dämmert aus dem Sprühregen auf. Es trieft. Stacheldraht. Ein Lager. Wir halten. Das Durchgangslager und die Gestapozentrale Innsbruck. Wir kommen unerwartet. Man verhandelt. Wir warten. Endlich aussteigen. Da stehen wir im Regen. Im Lager erwacht das Leben. Hinter vergitterten und mit Stacheldraht vernagelten Fenster schauen schmale, übernächtigte Gesichter uns entgegen, teils Männer, teils Frauen. Eine Abteilung Kriegsgefangener, Slowenen der Sprache nach, zieht schweigend an uns vorüber. Man reicht uns eine Sitzbank. Was sollen wir hier? Manche rechnen schon mit einem Genickschuß.“

Die Stimmung der Sonderhäftlinge, die in Reichenau wieder mit den Gefangenen des ersten Transports aus dem KL Dachau zusammentreffen, erreicht ihren Tiefpunkt. So hält

Kunkel nach der Ankunft im Lager fest: „Sehr empörte Stimmen unter allen von uns. Wir bekommen einen Topf Kaffee, sonst nichts. Vorher kommuniziere ich schnell. Dann treiben wir uns in (der) Kantine herum.

Wir werden schwer bewacht. Die hohen Berge schauen sehr ernst auf uns herab. Die erste Gruppe klagt sehr über Essen und Unterkunft, besonders über die Toilettenverhältnisse!

Mittags müssen wir aus der Kantine heraus; im Freien bekommen wir etwas Brot und etwas Wurst als Mittagessen, sonst nichts. Glühende Sonne. Nichts rührt sich für uns. Außer uns sind noch geflüchtete SS-Kommissare und Gefangene der österreichischen Freiheitsbewegung im Lager."

Neuhäusler bestätigt, was Kunkel über die Ankunft im Lager berichtet: „Dort in Baracke geführt. Nach etwa 1/2 Stunde Kaffee ohne Brot. Den ganzen Vormittag dann warten. Um 1/2 12 Uhr Mittagessen im Freien. Ich unterhielt mich mit Müller, Schacht, Bonin, (...) Best, General Falkenhausen."[80]

Nur langsam vergeht die Zeit. „Die Stunden schleichen dahin", notiert Joos.[81] „Mutter Natur hat Erbarmen mit uns und hat den Schleier vom Bild ihrer schönen Welt weggezogen. In strahlender Schönheit türmen sich vor uns die Bergketten. 'Sehen Sie', bemerkt der Bischof, 'die wunderbare Welt da droben ist Gottes Werk, was uns hier unten umgibt, ist Menschenwerk.' Am Abend dürfen wir in der einen Baracke unsere Betten bauen."

Es ist etwa 19.30 Uhr, bis es nach dem langen Warten soweit ist und den Sonderhäftlingen, wie Neuhäusler vermerkt,[82] „endlich das Quartier angewiesen" wird. „Zu 21 liegen wir in einer Stube, bekommen Suppe, Leintuch und dazu unsere 2 Decken. (Dann) versuchten wir abends(,) noch Erlaubnis zum Zelebrieren zu bekommen, zwar konnten wir auf einen freien Raum hinweisen, aber der Kommandant entschied: 'Ich habe keinen Raum.'"

Notgedrungen finden sich die Häftlinge mit der erbärmlichen Unterkunft im Lager ab, das unsauber und voller Ungeziefer ist. „Wir", stellt Schmitz mit seiner langjährigen Dachauer Erfahrung nüchtern fest,[83] „richteten uns als geübte KZler rasch ein und lernten uns dabei kennen."

Mittlerweile machen Gerüchte die Runde, die von den verschiedensten Zielen sprechen, die angeblich noch vor dem Weitertransport der Sonderhäftlinge liegen. Die Rede ist von Bozen, Brixen, Meran, Toblach.[84]

Bevor der Tag zu Ende geht, gibt es weitere Neuigkeiten, die alle aufhorchen lassen. „Gegen Abend", berichtet Kunkel,[85] „wird uns gesagt: Stiller holt die Sippenhäftlinge aus Dachau. Inzwischen seien Hotels in Südtirol für uns reserviert. Kein Mensch glaubt das!"

Edgar Stiller erhebt Protest

Tatsache aber ist, daß der SS-Obersturmführer Stiller über die miserable Unterkunft entsetzt ist, die beide Transporte aus Dachau im Lager Reichenau vorgefunden haben. Er ist fest entschlossen, dies zu ändern. Sein Protest führt nach zähen Verhandlungen schließlich dazu, daß die Sippen- und die Sonderhäftlinge über den Brenner nach Südtirol gebracht werden. Der SS-Unterscharführer Ludwig Rottmaier, der den ersten Transport nach Innsbruck begleitet hat, bestätigt später, daß Stiller schon damals gegen die schlechte Unterbringung der Ehrenhäftlinge Sturm gelaufen ist. „Es ist richtig", sagt er aus,[86] „daß der Angeschuldigte Stiller, als wir nach Innsbruck kamen und die Sonderhäftlinge im allgemeinen Lager unterbringen mußten, dagegen heftig protestiert hat, und weiß ich auch, daß er deshalb beim Gauleiter vorstellig wurde, wobei er den Standpunkt vertrat, daß die Sonderhäftlinge in einem Schloß, mindestens aber woanders als in dem allgemeinen Lager untergebracht werden müßten.

Die Bemühungen des Stiller waren jedoch (zunächst) ohne Erfolg. Wir, nämlich der zweite SS-Mann, der Chauffeur und ich, (haben) den Stiller gezwungen, mit uns (nach Dachau) zurückzukehren, da wir Angst hatten, wir müßten in Österreich bleiben, um dort eventuell noch Waffendienst (zu) leisten. Wir waren fest entschlossen, gegebenenfalls auch ohne Stiller nach Dachau zurückzufahren. Daraufhin hat er sich entschlossen, sich uns anzuschließen."

Doch Stiller gibt nicht auf, und als er den zweiten Transport nach Reichenau gebracht hat, setzt er seine Bemühungen fort, für die Sonderhäftlinge ein besseres Quartier zu finden. Kunkel erklärt später dazu: „Meiner Überzeugung nach hat sich Stiller bemüht, uns anderwärts unterzubringen. Direktes weiß ich jedoch nicht."[87]

Stiller sagt selbst dazu: „In Innsbruck (mit dem ersten Transport) angekommen, mußte ich feststellen, daß zwar im dortigen Lager ein Häftlingstransport angemeldet war, daß aber durch einen offenbaren Irrtum keinerlei Vorbereitungen für die Unterbringung der Ehrenhäftlinge getroffen waren und diese unter den schlechtesten Verhältnissen im allgemeinen Lager hausen mußten. (...)

Ich habe mich daraufhin mit Dachau fernmündlich und, als dies nicht möglich war, mit Fernschreiben in Verbindung (setzen wollen), aber auch dies ist mir nicht gelungen.

Nachdem ich (...) in Innsbruck bei verschiedenen Stellen wegen anderweitiger Unterbringung meiner Häftlinge vorgesprochen habe, entschloß ich mich, selbst nach Dachau zu fahren, wobei ich die Ehrenhäftlinge unter Bewachung der SD-Leute zurückließ. In Dachau angekommen, stellte ich fest, (...) daß die Zahl der Ehrenhäftlinge unterdessen sich bedeutend vergrößert hatte und daß vor allem eine Menge von SS-Offizieren und SD-Leuten in Dachau angekommen war.

Ich habe dann am (...) 26.4.1945 den (3.) Transport mit den restlichen Ehrenhäftlingen zusammengestellt und fuhr (...) unter Vermeidung der Innenstadt Münchens nach Innsbruck. Dort waren die Häftlinge (...) noch immer im alten Lager unter denselben schlechten Verhältnissen untergebracht.

Ich suchte Abhilfe bei allen möglichen Dienststellen und bekam endlich von der Gauleitung Innsbruck, nachdem ich dort erklärt hatte, um welche Personen es sich bei den Ehrenhäftlingen handelte, die Mitteilung, daß im Pustertal bei der Ortschaft Niederdorf ein Alpenhotel frei sei."[88]

Damit tritt nun zum erstenmal das Hotel „Pragser Wildsee", das mit dem „Alpenhotel" gemeint ist, in den Mittelpunkt des weiteren Geschehens.

Mit dem dritten Transport hat Stiller in der Nacht des 26./27. April 1945 die Sippenhäftlinge aus Dachau nach Reichenau gebracht. Sie sind die letzten Geiseln, die von der SS nach Tirol in „Sicherheit gebracht" werden.

Über den Aufbruch in Dachau vermerkt Marie-Gabriele von Stauffenberg am Donnerstag, dem 26. April, in ihren Aufzeichnungen: „Müssen uns zum Abtransport bereithalten. Tieffliegerangriffe – große Packerei. Es gibt wegen der wechselnden Lage an der Front keinen Wehrmachtsbericht mehr. Die Abfahrt verschiebt sich dauernd seit 17.00 Uhr bis 11.00 Uhr nachts."[89]

Mit der Gelassenheit der erfahrenen Gefangenen, die nichts mehr so leicht aus der Ruhe bringen kann, bereiten sich die Sippenhäftlinge auf den Abtransport vor. Wie sie dabei vorgehen, beschreibt Isa Vermehren in ihrem Bericht über den Aufbruch: „Am 26. April wurde mit dem nun schon stereotypen Befehl 'Packen, in einer Stunde Abmarsch' der Vorhang zum nunmehr letzten Akt aufgezogen. Selbstverständlich hieß es wieder, daß das Gepäck nicht mitgenommen werden könne, selbstverständlich mußte alles ganz schnell gehen, selbstverständlich war für irgendeine weitere Frage keine Zeit mehr, aber wir waren unempfindlich geworden dagegen, und das Tempo, mit dem wir uns über unsere Koffer hermachten, konnte man als geruhsam bezeichnen. Die meisten packten gar keine Koffer mehr, sondern hatten sich inzwischen aus den zahllosen Wolldecken, die wir im Lazarett vorfanden, Rucksäcke genäht. In der ganzen Zeit waren von allen mehr oder weniger vollständige Vorbereitungen für eine eventuelle Flucht, zumindest für einen Fußmarsch getroffen.

Beladen also mit den unförmigen Säcken und nach vielen aufregenden kleinen Zwischenauftritten, versammelten wir uns, selbstverständlich wieder in der Dunkelheit, auf einem Platz in der Nähe des Dachauer Lagerbahnhofes, wo wir unter anderem auch die restlichen Häftlinge des evakuierten Sonderbaues trafen. Auf dem Platze herrschte rege Geschäftigkeit. SS-Männer jeglicher Rangstufe liefen hin und her, Motorräder kamen und fuhren wieder ab, Pkws und Lkws brausten über den Platz. Vor einem Wirtschaftsgebäude stand ein Lkw, in dessen dunklem Gepäckraum riesenhafte Kisten verschwanden; es hieß, das sei der Proviantwagen, der uns folgen sollte. Daß es ein Proviantwagen war, ist gewiß, und ebenso gewiß ist, daß wir ihn nie wiedergesehen haben. Auf der einen Ecke des Hofes türmte sich unser Gepäck, daneben der nicht weniger große Haufen unserer Begleitmannschaft, deren vorausschauende Klugheit sie sogar Fahrräder mitnehmen hieß. Auf einer anderen Ecke des Hofes türmten sich ein paar Kisten, Munitionskisten, die auch zu unserem Transport gehörten."[90]

Der Elendszug der Dachauer Häftlinge

Der Abtransport der Häftlinge erfolgt, wie Isa Vermehren später aussagt,[91] „in drei Omnibussen und einem Lastwagen". Fünf junge Sippenhäftlinge werden, wie berichtet, aus dem Transport herausgenommen, weil für sie in den Fahrzeugen angeblich kein Platz mehr ist: Reinhard Goerdeler, Franz von Hammerstein, Peter A. Jehle, Major Dietrich Schatz und Markwart von Stauffenberg.[92] „Schweren Herzens", erinnert sich Fey von Hassell,[93] „nahmen wir Abschied von ihnen." Mit einem Pferdewagen, der ihr Gepäck aufnimmt, werden sie zu Fuß nach dem Süden auf den Weg geschickt. Als sie aufbrechen, ist der „Todesmarsch" der Dachauer Häftlinge ins Ötztal bereits im vollen Gange. Doch die Sippenhäftlinge werden in die Gefangenenkolonnen nicht eingereiht, weil sie als Lagerinsassen eines besonderen Grades gelten. „Mit Spezialbewachern", berichtet Franz von Hammerstein,[94] „laufen wir getrennt von den übrigen Häftlingstrupps."

Als der Transport der Sippenhäftlinge das Lager verläßt, werden die jungen Männer noch einmal gesehen. „Im fahlen Mondlicht", vermerkt Marie-Gabriele von Stauffenberg in ihren Aufzeichnungen,[95] „fahren wir an dem endlosen Zug der evakuierten Häftlinge, Elendsgestalten in klappernden Holzpantinen an den Füßen und (in) den gestreiften Häftlingskleidern marschierend – (mit dem) Ziel Ötztaler Alpen, vorbei. Plötzlich sehen wir unsere fünf Männer mit ihren Wachen mittendrin mitmarschieren. Was wird ihr Schicksal sein?"

Der 26. April bringt auch die Trennung von Hildegard Maria Kuhn. Ihr bleibt aus gesundheitlichen Gründen der Transport nach Tirol erspart. Marie-Gabriele von Stauffenberg hält den Abschied von der Mutter ihres ehemaligen Verlobten in ihrem Tagebuch mit den Worten fest: „Mutter Kuhn müssen wir wegen Transportunfähigkeit im Krankenquartier zurücklassen. Sie soll dem Internationalen Roten Kreuz übergeben werden."[96] Für Arthur Kuhn bedeutet dies, daß er ohne seine Ehefrau die Fahrt fortsetzen muß.

Und noch einer bleibt im KL Dachau zurück: der SS-Hauptsturmführer und Stabsarzt der Luftwaffe Dr. Sigmund Rascher, der mit dem Transport der Sonderhäftlinge aus Buchenwald über den Markt Schönberg nach Dachau gekommen ist. Dort wurde er, wie sich Pünder erinnert,[97] „gleich gesondert abgeführt; man hat ihn nicht wiedergesehen". Rascher, der entscheidend an den medizinischen Experimenten in Dachau beteiligt gewesen ist, was ihn den Beinamen „Arzt des Todes" eingebracht hat, ahnt nicht, daß der Stab bereits über ihn gebrochen ist, als er in den Kommandanturarrest gebracht wird. Himmler will sich des Mannes, der bei ihm in Ungnade gefallen ist, unauffällig entledigen.

Tödliche Schüsse im Sonderbau

Der SS-Unterscharführer Franz Xaver Lechner wird am 26. April 1945 im KA Zeuge, wie der Henker des Lagers, SS-Oberscharführer Theodor Bongartz, das Urteil an Rascher vollstreckt. „Den Bongartz", sagt Lechner später aus,[98] „habe ich nur einmal im Lager gesehen, und zwar (...) vor unserer Abfahrt nach Tirol. Damals war Dr. Rascher in den KA, (aber) nicht zu den Sonderhäftlingen gekommen. Als Rascher die Vorbereitungen zur Fahrt nach Österreich sah, fragte er mich, ob er nicht auch mitkomme. Ich war (...) der Meinung, daß dies der Fall sei, und bejahte seine Frage.

Kurz darauf kam Bongartz (...) ins Wachzimmer und erklärte, daß Dr. Rascher in einer Zelle des allgemeinen Bunkers festzuhalten sei. (...) Bongartz hat zuerst fernmündlich diesen Auftrag gegeben, wobei er noch anordnete, daß die übrigen Untersuchungshäftlinge des KA in den Garten zu schicken seien. Ich war damals ganz allein als Aufsichtsperson im Bunker und erklärte dem Bongartz, daß dies nicht möglich sei. Draußen, im allgemeinen Lager, standen nämlich zu dieser Zeit Häftlingskolonnen zum Abmarsch bereit, während die Sonderhäftlinge ebenfalls vor dem KA bei den Omnibussen standen, mit denen sie weggebracht werden sollten. Es war eine unheimliche Situation.

Meines Erinnerns war es ungefähr (...) um die siebente Abendstunde, als ich dieses Gespräch hatte. Kurz darauf kam Bongartz, (...) von dem ich (...) wußte, daß er Verwalter des Krematoriums (war), in Begleitung des Krematoriumscapo Mahl zu mir ins Wachzimmer. Bongartz hat sofort seine Pistole herausgenommen und vor mir durchgeladen. Er gab mir wieder den Auftrag, die Untersuchungshäftlinge in den Garten zu schicken, was ich wegen ihrer Vielzahl ablehnte. Bongartz, der rangmäßig mein Vorgesetzter war, gab mir den Befehl, den Dr. Rascher in eine Zelle des Sonderbaues der Ehrenhäftlinge zu führen. (...) Dann ist Bongartz mit Mahl dorthin, wobei die eiserne Tür, die die Sonderabteilung vom allgemeinen KA trennte, von ihm zugemacht wurde.

Durch das Guckloch sah ich, wie Mahl das Speisetürchen der Zelle aufmachte und Bongartz von außen durch dieses drei Schüsse abgab. Dann wurde die Tür geöffnet (...). Ich sah den Toten unter dem Tisch liegen. Bongartz sagte: 'Du Schwein, jetzt hast du deine gerechte Strafe' – und stieß die Leiche mit dem Fuß. Anschließend ordnete er an, daß sofort der Ofen des Krematoriums angeheizt und die Leiche des Rascher dorthin verbracht wurde."

Unter den Sonderhäftlingen, die am 26. April Dachau mit den Sippenhäftlingen verlassen, befinden sich auch Léon Blum mit seiner Frau und Kurt von Schuschnigg mit seiner Familie. Dieser berichtet über die Abreise: „Abtransport! In überfüllten Autobussen; viel Frauen und Kinder: 'Sippenhäftlinge' ist der bezügliche Fachausdruck. Das sind die Familien jener

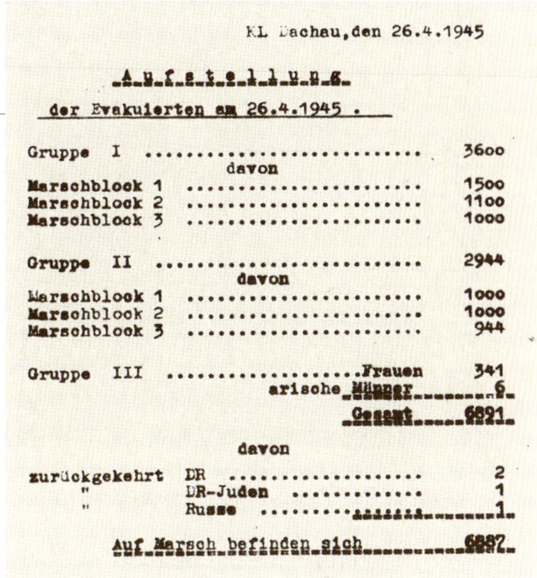

KL Dachau, den 26.4.1945

Aufstellung

der Evakuierten am 26.4.1945.

Gruppe I	....	3600
davon		
Marschblock 1	....	1500
Marschblock 2	....	1100
Marschblock 3	....	1000
Gruppe II	....	2944
davon		
Marschblock 1	....	1000
Marschblock 2	....	1000
Marschblock 3	....	944
Gruppe III	....................Frauen	341
	arische Männer	6
	Gesamt	6891
davon		
zurückgekehrt	DR	2
"	DR-Juden	1
"	Russe	1
Auf Marsch befinden sich		6887

Übersicht der Lagerleitung über die Häftlingskolonnen, die am 26. April 1945 im KL Dachau den Todesmarsch nach Süden antreten müssen.

unglücklichen Opfer, die zum großen Teil nach dem 20. Juli 1944 zum Tode verurteilt und justifiziert wurden. Auch die Familien von sogenannten Seydlitz-Leuten (Stalingrad!) sind darunter. (...)

Wir werden avisiert, daß wir durch das Lager zu den bereitstehenden Autobussen geführt werden sollen; jeder nimmt sein bißchen Gepäck; vielleicht auch ein Kind an die Hand, und der kleine, traurige Flüchtlingszug von heimatlos Gewordenen setzt sich wieder in Bewegung.

Als wir den riesigen Lagerhof betreten, stockt unwillkürlich der Schritt ...

Ein Meer blau-weiß gestreifter, abgehärmter Gestalten – in unheimlicher Stille – brandet langsam zu den weit auseinander gezogenen Mauern; da und dort ein Raunen, Grollen – wie wenn ein Sturm sich legt – oder vielleicht auch, wie wenn er erst anhebt.

Kopf an Kopf an 35 000 Menschen[99] – und die alle sollen angeblich im Fußmarsch nach Süden ziehen – grauenhafter, schlechterdings unmöglicher Gedanke ...

Wir ziehen durch die schmale Gasse; entlang lebendiger Mauern.

Auf einmal streckt sich da und dort eine zerschundene Hand entgegen; aus müden Augen werden Wiedersehensgrüße lebendig – es werden immer mehr – hundert, tausend? Wortfetzen fliegen auf: – Servus und Du –; ob sie nun nach alter Gewohnheit die abgearbeiteten Hände offen zum Gruß entgegenstrecken oder zur Faust geballt – das sind ja die Unseren – Leidensgefährten – Menschen – Landsleute – Österreicher! ...

... Und das war vielleicht mein größtes Erlebnis!"[100]

Auch Léon Blum macht sich über den Aufbruch in Dachau Notizen, in denen er, ebenso wie Schuschnigg, seine Erschütterung über das Elend der abmarschierenden Häftlingskolonnen zum Ausdruck bringt. Wie einer Aufstellung der Lagerleitung zu entnehmen ist, werden am Abend des 26. April drei Häftlingsgruppen ins Ötztal zu Fuß in Marsch gesetzt: Die erste Gruppe, bestehend aus drei Marschblöcken, zählt 3600 Häftlinge, die zweite Gruppe, die ebenfalls in drei Marschblöcken aufbricht, umfaßt 2944 Häftlinge, und die dritte Gruppe, die – mit Ausnahme von sechs Männern – ausschließlich weibliche Häftlinge bilden, setzt sich aus 347 Personen zusammen.[101] Hunderten wird dieser „Todesmarsch", den insgesamt 6891 Häftlinge antreten müssen, das Leben kosten.

Bestürzt sieht Blum die Unglücklichen davonziehen. „Das Bild von der Evakuierung Dachaus", vertraut er später seinen Aufzeichnungen an, „ist das Schrecklichste von allem, an das ich mich erinnere. (...) Man schob die Häftlinge mit Schlägen von Gummiknüppeln über die Straßen und erschoß auf der Stelle diejenigen, die nicht weiterkamen."

Über den Aufbruch im Kommandanturarrest selbst berichtet er: „Wir – etwa 14 Leute – waren in unseren Zellen, aus denen uns die SS bei Anbruch der Nacht holte. Die SS bahnte uns einen Weg durch die Häftlinge. Unsere Namen werden genannt, wir werden erkannt. Wir kamen zum großen Portal, wo wir schon einmal so lange gewartet hatten. Man brachte uns

Häftlinge auf dem Todesmarsch in Percha am Starnberger See: Dieses Foto von den vorüberziehenden Gefangenen, die sich mit ihren Decken gegen den Regen schützen, macht Benno M. Gantner heimlich aus einem Versteck.

nach draußen zu einem Gebäude, wo Autos standen. Männer, Frauen und junge Mädchen waren versammelt." Blum erkannte in ihnen die Leidensgefährten, mit denen er aus Buchenwald nach Dachau gekommen war, wo er von ihnen wieder getrennt wurde.

"Gegen Mitternacht", fährt Blum in seiner Beschreibung fort, „setzten sich die Wagen in Bewegung. Kaum an einer Straßenkreuzung angekommen, mußten wir warten und eine Kolonne Gefangener passieren lassen. Sie waren formiert und zusammengefaßt zu Gruppen von hundert (Personen) – wie beim Ausmarsch zur Arbeit (...). Es gab keine Begleitwagen für Kleidung oder Vorräte, sondern – nach jeder Gruppe – ein oder zwei Schubkarren, geschoben mit Muskelkraft. Die Kolonne hatte einen schnellen Schritt, fast wie beim Militär, und versank nach und nach in der Nacht."[102]

Auch Isa Vermehren erschüttert der Anblick der Gefangenen auf dem Evakuierungsmarsch: „Endlich, um zwei Uhr morgens,[103] setzten sich die Wagen in Bewegung und schoben sich schwerfällig durch die Masse der dichtgedrängten Dachauer Häftlinge. Das ganze Lager war in Marschordnung vor den Blocks angetreten, und schon seit über einer Stunde ergoß sich der Strom der blau-weiß gestreiften Gefangenen aus dem offenen Tor in den ungewissen Ausgang dieses wahnsinnigen Evakuierungsbefehls. (...) Der Hof war erfüllt von dem Brausen murmelnder Männerstimmen, untermalt vom Klappern der Holzpantinen. Langsam zogen unsere Wagen heraus aus dem Tor und vorbei an den marschierenden Kolonnen, deren müder, erschöpfter, schwankender Schritt an das Ende eines Passionsweges gehört, nicht aber an den Anfang der Freiheit. Nach einer Stunde etwa hatten wir die freie Straße vor uns, und fort ging es in südlicher Richtung."[104]

Fey von Hassell sieht mit Unmut, daß auch der SS-Untersturmführer Bader, dem die Häftlinge alles zutrauen, wieder zur Begleitmannschaft des Transports zählt. „Leider", berichtet sie,[105] „war der widerwärtige Bader, der uns seit Buchenwald begleitete, immer noch bei uns. Der freundlichere Stiller deutete an, daß wir möglicherweise die Alpen überqueren würden." Mit diesem Hinweis kommt nun allmählich Südtirol ins Spiel.

In einem scharfen Tempo läßt die Fahrzeugkolonne mit den Sippenhäftlingen Dachau hinter sich. Die hohe Geschwindigkeit, mit der sich der Transport von der Front der herannahenden amerikanischen Truppen entfernt, bedrückt die Gefangenen, die noch immer in Unkenntnis darüber sind, was ihnen bevorsteht. Die Stimmung, die unter den Verschleppten herrscht, gibt Isa Vermehren später mit den Worten wieder: „Es kostete uns alle ein gut Teil Beherrschung, die eigene verzweifelte Gereiztheit nicht am anderen auszulassen."[106]

Der Transport wird von den beiden Dachauer Gefangenen Paul Wauer und Wilhelm Visintainer begleitet, die Stiller als Betreuer der Sippen- und der Sonderhäftlinge mitgenommen hat. „Ich“, erinnert sich Wauer,[107] „wurde mit den SS-Posten in dem Gepäcklastkraftwagen verstaut (...). Stundenlang war ich so eingepfercht, daß ich kein Bein bewegen konnte und mir die Glieder schmerzten. Die Fahrt bis Innsbruck, verlängert durch Umfahren zerstörter Straßen, war für mich eine Qual.“

Isa Vermehren bleibt ihr Reisegefährte Visintainer, der dem Transport als Dolmetscher und Koch zugeteilt worden ist, in guter Erinnerung. „Ich“, berichtet sie,[108] „verbrachte die Fahrt zusammen mit zwei anderen Häftlingen und einigen SS-Wachen auf dem Gepäckwagen, den wir zur größeren Sicherheit nicht unbesetzt lassen wollten. Der eine Häftling war ein alter Lagerinsasse, der am Morgen dieses Tages entlassen worden war; da er von Beruf Koch war, hatte man ihn aufgefordert, mit uns zu fahren, worin er eingewilligt hatte, weil er doch nicht wußte, wohin mit sich. Er bewies ein überwältigendes Gedächtnis für alle Ereignisse in seiner Dachauer Zeit und traute seiner Entlassung nicht so recht – 'ich weiß zuviel, und die wissen, daß ich es weiß‘, war seine wiederholte Bemerkung.“

Über den Transport selbst, der wie der zweite über Rosenheim führt, das gegen Morgengrauen erreicht wird,[109] schreibt Isa Vermehren: „Unsere Fahrt wurde nur kurz einmal im Morgendämmern unterbrochen, wobei jeder die Gelegenheit hatte, sich die fehlende Brotration selber zu nehmen: Die Plane von unserem Lastwagen war gerade an der Stelle nicht ordentlich festgebunden, wo die Brote untergebracht waren, und mit einem unauffälligen Handgriff konnte man sich reichlich bedienen.

Am Vormittag des 27. April erreichten wir das Ziel Innsbruck, an dessen südlichem Ausgang wir endlich das gesuchte Lager fanden.“[110]

Wie Blum und Neuhäusler übereinstimmend berichten, ist es 10 Uhr, als der Transport an diesem Freitag im Lager Reichenau eintrifft.[111] Neuhäusler vermerkt die Ankunft der Neuen in seinem Tagebuch mit den Worten: „Vormittags ca. 10 Uhr kommt der letzte Teil der Sonderhäftlinge: darunter Schuschnigg mit Frau und Kind, Frau Halder, (Arthur) Kuhn, Heberlein mit Frau, Blum (Frankreich), Thyssen usw.“[112]

Auch Kunkel führt in Reichenau weiter Buch. „Im Laufe des Vormittags“, berichtet er am 27. April,[113] „kommt der letzte Transport an. Ich sehe viele alte Bekannte wieder: die Frau des Generalobersten Halder, Gräfin Gisela von Plettenberg, Isa Vermehren. Daß wir uns hier noch einmal treffen sollten! Große Wiedersehensfreude! Jetzt sind auch alle SS-Posten vom KA mit. Nur Sturmscharführer Ahren und zwei andere nicht, die mit einem Pferdefuhrwerk und Gepäck nachkommen sollten. Es ist klar, daß sie sich verdrücken. Zugleich hören wir von dem Befehl, daß das ganze Lager (Dachau) nach Nordtirol abmarschieren soll; die ersten Kolonnen sind schon unterwegs gewesen. Selbst da haben noch einige SS-Weiber, die mitfuhren, geäußert: 'Die sollen alle verrecken.‘

Abends kommt der Abmarschbefehl. Es soll über den Brenner nach Oberitalien (Südtirol) gehen. Wir sind in ziemlicher Spannung; denn es ist eine regelrechte Verschleppung. Allerdings werden uns Hotels in Aussicht gestellt.“

Niemöller und Liedig bemühen sich, Genaueres von Stiller zu erfahren. Dies beobachtet Joos. „Liedig und Niemöller“, schreibt er in sein Notizbuch,[114] „bearbeiten den (Ober)sturmführer Stiller, den Verantwortlichen unseres Transportes, und wollen absolut wissen, wohin die Reise geht.“ In diesem Bemühen geben sie nicht nach. „Niemöller und Liedig werden heftiger“, bemerkt Joos. Doch Edgar Stiller schweigt.

Eine überraschende Wende: Die Befreiung der Häftlinge in Niederdorf

Es ist schon Abend, als am Freitag, dem 27. April 1945, fünf Omnibusse mit den Sippen- und den Sonderhäftlingen das Lager Reichenau verlassen.[1] SS-Obersturmführer Edgar Stiller, der weiß, wohin es geht, will nun keine Zeit mehr verlieren und möglichst schnell das Ziel der Fahrt in Südtirol erreichen. Daß dies das Hotel „Pragser Wildsee“ ist, behält er zunächst für sich. Best, der Stiller vor der Abfahrt in Reichenau, wie er schreibt,[2] „mit Fragen gelöchert hatte“, erfuhr von ihm lediglich, „daß wir diese Nacht nach Südtirol weiterfahren würden; er sagte, er bringe uns dort in ein Hotel, wo wir die Ankunft unserer Truppen abwarten könnten, daß sein Befehl laute, dafür zu sorgen, daß unsere Befreiung geordnet ablaufe“.

Diese Aussage widerspricht jedoch den Plänen Kaltenbrunners. Der Chef des Reichssicherheitshauptamtes läßt in Wahrheit, wie Jochen von Lang in seinem Buch über den SS-Obergruppenführer Karl Wolff hervorhebt,[3] diese auf Transport befindliche „Anzahl der prominentesten KZ-Häftlinge des Dritten Reiches“ nach Südtirol bringen, um sie dort „entweder als Geiseln zu verwahren oder aber als Belastungszeugen umbringen zu lassen, falls kein angemessener Preis für sie ausgehandelt werden könnte“.

Nachdem alle Häftlinge, die in drei Schüben aus Dachau nach Reichenau befördert wurden, zu einem einzigen Transport zusammengefaßt worden sind, ist dieser nun auf insgesamt 139 Personen angewachsen. Davon sind 98 Sonderhäftlinge und 37 Sippenhäftlinge.[4] Hinzu kommen noch die Dachauer Häftlinge Wilhelm Visintainer und Paul Wauer, die, wie berichtet, dem Geiseltransport als Begleitpersonen zur Betreuung der prominenten Gefangenen zugeteilt worden sind. Vera von Schuschnigg, die freiwillig die Haft mit ihrem Mann teilt, gilt ebenso wenig als Häftling wie die Tochter Maria Dolores Elisabeth.

Dem Transport, der jetzt Reichenau verläßt, gehören Angehörige aus siebzehn Nationen an.[5] Sie kommen aus Dänemark, Deutschland, Frankreich, Griechenland, Großbritannien, Italien, Jugoslawien, Lettland, den Niederlanden, Norwegen, Österreich, Polen, Schweden, der Slowakei, der Sowjetunion, Tschechien und Ungarn.[6]

Unter den Gefangenen befinden sich so hochrangige Persönlichkeiten, daß kein Zweifel darüber besteht: In diesem Transport sind die prominentesten Häftlinge zusammengefaßt, die Kaltenbrunner in seine Gewalt gebracht hat. Ihr hohes Ansehen will er sich, wie berichtet, in seinem – allerdings vergeblichen – Bemühen, mit den Amerikanern ins Geschäft zu kommen,[7] zunutze machen. So sind diese Gefangenen, die in der Alpenfestung dem Zugriff der alliierten Befreier entzogen werden sollen, ebenso Geiseln der SS wie die übrigen prominenten Häftlinge, die sich bereits in der Festung Alpen befinden: im SS-Sonderlager Ammerwald, im Hotel „Forelle“, auf Schloß Itter.

Ursprünglich bestand die Gruppe der Sippenhäftlinge aus 45 Personen. Unterwegs starb jedoch Anni Freifrau von Lerchenfeld, dann wurde Clemens von Stauffenberg aus dem Transport herausgenommen, und Hildegard Maria Kuhn blieb im KL Dachau zurück. Schließlich mußten die Sippenhäftlinge in Dachau auch noch die fünf jungen Männer zurücklassen, die dort dem Evakuierungsmarsch ins Ötztal zugeteilt worden waren.

Über den Aufbruch des Transports in Reichenau am 27. April haben sich mehrere Sonderhäftlinge Notizen gemacht. „Am Abend“, vermerkt Schuschnigg in seinen Aufzeichnungen,[8] „ging es weiter – durch Innsbruck – über den Brenner in langer, endlos scheinender Kolonne. Die nächtliche Fahrt mit unbekanntem Reiseziel führt aus dem erwachenden Frühling allmählich wieder ins höher gelegene Winterland.“

Auch Blum hält die Abfahrt im Tagebuch fest: „Wir verlassen mit Sonnenuntergang das Lager Innsbruck (sic!) und fahren auf der Straße zum Brenner. An der italienischen Grenze

Neues Ziel des Geiseltransports: Das Hotel „Pragser Wildsee" in den Dolomiten auf einer alten Ansichtskarte aus der Zeit vor dem Zweiten Weltkrieg.

haben wir eine Pause. Einer sagt, daß wir nach Meran fahren. Ein anderer meint: 'In die Dolomiten.'

Ein Tiroler Führer, den wir beim Halt am Paß aufgenommen haben, offenbart, daß wir in Richtung eines Hotels fahren, eingerichtet für den Wintersport in 1500 m Höhe. (Damit ist eindeutig das Hotel 'Pragser Wildsee' gemeint, das in 1496 Meter Höhe liegt, Anm. d. Verf.) Es scheint, daß die Gestapo für uns das Krematorium durch die Kühlanlage ersetzt hat."[9]

Kurz faßt sich Marie-Gabriele von Stauffenberg: „Abends gegen 19 Uhr Abfahrt mit mehreren Omnibussen über den Brenner."[10] Sie beschränkt sich jetzt in ihren Aufzeichnungen nur noch auf das Nötigste, weil sie vor Erschöpfung nicht mehr die Kraft hat, längere Eintragungen zu Papier zu bringen.[11]

Knapp ist auch der Vermerk, den Neuhäusler in seinem Tagebuch macht: „Abends 1/2 8 Uhr ziemlich plötzl(icher) Aufbruch. Bekam schlechten Platz z(um) Fahren."[12] Ausführlicher beschreibt die 15jährige Anna-Luise von Hofacker die Abfahrt in ihrem „Hafttagebuch": „In einem Konvoi von fünf Omnibussen fuhren wir abends aus Innsbruck ab. Es war noch nicht dunkel – die Tage waren ja wieder länger jetzt – und so erlebten wir, immer aufwärts fahrend – wie sich dieses wundervolle Tiroler Land unter uns ausbreitete."[13]

Auch Kunkel ist von der Landschaft fasziniert. „Um 7 Uhr", schreibt er in sein Tagebuch,[14] „fahren wir aus dem Lager hinaus; auf der Straße winkt eine Schwester, die unseren Abtransport dem Bischof melden sollte. Es geht in einem großen Postomnibus durch die ziemlich erhaltene Stadt (gemeint ist Innsbruck, Anm. d. Verf.) zur Brennerstraße hinauf. Eine wunderbare Fahrt. In unserem Auto sind die Griechen, Ungarn, Italiener. Diese triumphieren innerlich, denn jetzt geht es in ihr Gebiet! Unser Bus bekommt noch einen Anhänger Sippenhäftlinge; da tut er sich sehr schwer, die Berge zu nehmen."

Trotz der Abwechslung, die den Häftlingen die Fahrt durch das beeindruckende Bergland bietet, sind die Reisenden nicht ohne Angst, wie Richard Schmitz später hervorhebt. „Am (...)

Freitag", erinnert er sich,[15] „verließen wir in den Abendstunden, alle zu einem Transport vereinigt, Innsbruck und fuhren über die schöne Brennerstraße dem Süden zu. Auf unserer Stimmung lastete die Beobachtung, daß außer den Dachauer SS-Posten auch ein Trupp kriminell aussehender SD-Leute mitfuhr. Sie hatten ihren besonderen Sturmführer (gemeint ist der SS-Untersturmführer Bader, der das Begleitkommando des SD bereits seit dem Aufbruch in Buchenwald führte, Anm. d. Verf.), waren schwer bewaffnet und traten barsch auf. Begleiten uns unsere Henker?"

Lunding durchschaut den Plan der SS

Das ungewisse Schicksal, das vor ihnen liegt, beunruhigt die Häftlinge. Verzweifelt sind sie bemüht, Genaueres in Erfahrung zu bringen. „Jetzt wurde viel über das endgültige Ziel gerätselt", berichtet Mogensen.[16] „Hans Lunding gebührt die Ehre, als erster richtig geraten zu haben. Die Naziregierung hatte, als sich das Kriegsglück zu wenden begann, häufig von der 'Alpenfeste' gesprochen und geschrieben, die man bis zum Endsieg des Dritten Reiches mit Hilfe von Geheimwaffen halten und verteidigen wollte. Lunding war zu dem Schluß gelangt, daß unsere gesamte Gruppe in dieser Verteidigungsstellung (...) als Geiseln festgehalten werden sollte. (...)

Lundings Theorie bewahrheitete sich, unser Wagenzug bewegte sich auf den Brennerpaß zu. Wir kamen erst lange nach Einbruch der Dunkelheit dorthin, und es war, als seien im Paß die bösen Geister der Finsternis losgelassen worden. Nahezu ununterbrochen dröhnten Lastzüge von der italienischen Seite herunter, um die Pausen in den alliierten Luftangriffen auszunutzen. Auf der Landstraße, dort, wo die Lastwagen über den Paß fuhren, herrschte tumultartiger Lärm. Befehle, Zurufe und Flüche schwirrten durch die Luft. Wir trugen zu diesem Gedränge bei, ohne daß uns jemand dafür einen triftigen Grund gegeben hätte.

Die Verdunkelung war für die Fahrer nichts Neues. Sie fuhren, so gut sie konnten, weiter. Später hörten wir, daß einem SS-Mann der halbe Arm abgerissen worden sei, als ein entgegenkommendes Fahrzeug zu dicht an dem Lastwagen mit unserer Wachmannschaft vorbeifuhr. Der SS-Mann hatte seinen Arm um eine Eckstange der Karosserie geschlungen gehabt."

Josef Müller bestätigt, was Mogensen schreibt: „Lunding, der dänische Abwehroffizier, sprach als erster die Vermutung aus, daß wir in die sogenannte Alpenfestung gebracht und als Geiseln benutzt werden sollten. Andere Gerüchte besagten, wir würden nach dem 'Endsieg', der inzwischen in weite Ferne gerückt war, in einem Schauprozeß verurteilt werden."[17]

Auch Isa Vermehren ist voller Sorge beim Aufbruch in Reichenau am 27. April. „Als wir am Abend wieder fünf Omnibusse bestiegen", erinnert sie sich,[18] „hätten wir mehr einer Cooks-Gesellschaftsfahrt gleichen können als einer Gruppe evakuierter KZ-Häftlinge, wenn sich nicht mit dem Besteigen der Autos unsere Situation grundlegend verschlechtert hätte: So zusammengepfercht auf engem Raume, waren wir einer Handgranate ausgelieferter, als wenn wir in gelockerter Schlachtordnung auf einem Hof uns verteilen konnten. Die Handgranatenkisten, das wußten wir, standen nicht mehr zuunterst im Lastwagen unter den fest verstauten Haufen unseres Gepäcks, sondern waren beim allgemeinen Umpacken der Wagen mit in einen Omnibus gewandert und also dem raschen Zugriff sehr viel näher gerückt. Keiner von uns wußte, wohin diese Reise gehen würde, so wie es eigentlich auch unerfindlich war, warum überhaupt gereist wurde: Ein wirkliches Entrinnen vor den Feinden gab es doch gar nicht mehr, denn damit, daß wir uns ihnen an der deutschen Front entzogen, kamen wir ihnen an der italienischen nur um so näher. (...)

Ich verbrachte mitsamt meiner Ziehharmonika die Fahrt in dem englischen Omnibus, in dem außer den Briten noch soundso viele Nationen mit einer mir unverständlichen Sprache saßen. Mit dem Gefühl unendlicher Erleichterung überließ ich mich ganz der in diesem Wagen herrschenden heiteren und unbekümmerten Zuversicht, und unter Anleitung von Cushing machten wir die ersten drei Stunden der Reise Musik."

Am Brenner ist dann der erste Halt. Warum die Fahrt unterbrochen wird, bleibt den Häftlingen unklar. Manche sehen sich bereits in Lebensgefahr. „Am Brennerpaß", berichtet Müller,[19] „gab es noch einen längeren Aufenthalt. Es hieß, wir müßten warten – doch auf was wir warten sollten, wurde nicht gesagt. Möglicherweise waren sich die SS-Leute uneins darüber, was mit uns jetzt geschehen sollte. Denn unsere Begleiter zerfielen in zwei Gruppen – auf der einen Seite stand der Obersturmführer Stiller mit 30 Mann, meist älteren und zwangsweise zur SS rekrutierten Leuten (...), dazu kam aber noch das Begleitkommando des SD, das ein Untersturmführer Bader anführte –,[20] finstere Gestalten, die bis an die Zähne bewaffnet waren. Bader hatte einmal dem Stab des Lagers Buchenwald angehört, er war bekannt als Führer von Spezialkommandos zur Liquidierung unerwünschter Häftlinge, 'woraus weder er noch seine Leute ein Hehl machten', wie Bundeskanzler Schuschnigg in seinem Buch 'Im Kampf gegen Hitler' schreibt.

Ich selbst kannte diesen Bader vom Sehen her, wußte aber bis dahin nicht seinen Namen; er wurde auch nie von den Wachen oder den anderen SS-Führern angesprochen. Es wurde lediglich sein Vorname genannt, und ich hatte den Eindruck, daß er im SD-Bereich eine höhere Position einnahm."[20]

„Nachtfahrt in pechschwarzer Dunkelheit"

Auch Best beunruhigt der Aufenthalt am Brenner. Er sieht in ihm den ersten Versuch der SS, sich der lästigen Gefangenen zu entledigen. Über den Aufbruch in Reichenau schreibt er: „Es folgte die übliche Nachtfahrt in pechschwarzer Dunkelheit, aber von Anfang an gab es keine Zweifel an der Richtung: Wir waren auf dem Weg über den Brenner nach Italien. Wir zuckelten mit den gewohnten 15 Meilen pro Stunde dahin, bis wir oben am Brennerpaß waren, wo der Konvoi zum Stehen kam und sich über eine Stunde nicht vorwärts bewegte. Es muß ein wenig Mondlicht gegeben haben, denn ich erinnere mich, daß alles um uns herum in Ruinen lag – unweit davon, wo wir standen, gab es einen Betonbunker, und fast alle Wachen verschwanden darin. Später hörten wir, daß wir an diesem trostlosen Ort angehalten hatten, da sie hofften, daß es einen der Luftangriffe geben könnte, die praktisch jede Nacht stattfanden. In diesem Fall hätte man uns alle erschossen und unseren Tod dem Bombardement zugeschrieben. Glücklicherweise war der Himmel sehr bedeckt, und es gab keinen Luftangriff."[21]

Isa Vermehren glaubt einen anderen Grund zu kennen, weshalb es zur nächtlichen Station auf dem Brennerpaß gekommen ist: Ein Teil der SS, berichtet sie,[22] verschwand für zwei Stunden im Dunkeln – „wahrscheinlich, um noch einmal gut zu speisen und mit den Resten ihres gefürchteten Ansehens auch noch zwei, drei Flaschen Wein herauszuschlagen".[23]

Singend verbringt Isa Vermehren mit ihren Mithäftlingen im Autobus auch die unfreiwillige Wartezeit am Brenner. Ihr Gesang, mit dem sie ihre Leidensgefährten aufmuntert, bleibt Mogensen unvergeßlich. „Die Stimmung in unserem Bus", erinnert er sich,[24] „war jedoch keineswegs deprimiert, was in hohem Maße einem der deutschen 'Sippenhäftlinge', der jungen Sängerin Isa Vermehren, zu verdanken war, einer großartigen Vertreterin der deutschen 'Liedersängerinnen'. Sie begleitete sich selbst auf dem Akkordeon und beherrschte ein gediegenes internationales Programm."

Isa Vermehren berichtet selbst über ihren Gesang: „Bei der nächtlichen Station auf dem Brennerpaß (...) erreichten die allgemeinen musikalischen Darbietungen ihren Höhepunkt mit dem Schlager: The boulevard of broken dreams: I walk along the street of sorrow, the boulevard of broken dreams ..., wobei Cushing sich nicht nur als glänzender Schlagzeugmann bewährte, der seinen Rhythmus aus allem hervorklopfte, was ihm unter die Finger kam, Koffer, Fensterscheiben, Kochtöpfe, die Köpfe seiner Vordermänner und sonstige harte Gegenstände, sondern auch die fehlenden Instrumente weitgehend zu ersetzen verstand durch ein unnachahmlich schönes 'Babababa'.

Sehr im Gegensatz zu unserer leichtsinnig ausgelassenen Stimmung stand das Straßenbild, dessen Trostlosigkeit vom Mondlicht nur dürftig verschleiert werden konnte. Die strategische Notwendigkeit der Zerstörung der Brennerbahn hatte auch hier das Bild entscheidend geprägt: Trümmer über Trümmer rechts und links der Straße, und zwischen den Trümmern eine schreiende Menge heimkehrender Italiener, die unglaublich zerlumpt und heruntergekommen aussahen. Auch Frauen und Kinder waren dazwischen, nicht weniger mit unförmigem Gepäck beladen als die Männer, und hin und wieder vervollständigte ein Hund oder eine Katze, ein Ochse, ein Esel das wirre, schattenhafte Bild."[25]

„Flieht in die Berge!"

Auch Richard Schmitz bleibt das Chaos, das auf dem Brennerpaß herrscht, in schrecklicher Erinnerung. „Auf dem Brenner", schreibt er,[26] „ein mitternächtiges Bild militärischer Unordnung." Und Pünder berichtet: „In tiefer Nacht und bei eisiger Kälte gab es auf der Scheitelhöhe des Passes einen stundenlangen Halt."[27]

Für den Aufenthalt auf der Paßhöhe nennt Schmitz einen anderen Grund als Best und Isa Vermehren. „Nachts, auf dem Brenner, vier Stunden warten", erinnert er sich,[28] „bis für einen defekten Wagen Ersatz beschafft war. Auf der Paßhöhe Straße voll mit parkenden und fahrenden Kolonnen und zahllosen Einzelfußgängern in beiden Richtungen: typisches Bild von Rückzug und Zersetzung."

Auch andere Reisegefährten berichten, daß der überladene Bus mit dem Anhänger, wie Kunkel schon befürchtet hat, vor oder in Matrei am Brenner, also noch vor dem Paß, liegen geblieben ist. Knapp vermerkt Marie-Gabriele von Stauffenberg in ihren Aufzeichnungen: „In Matrei (hat) unser Bus Motorendefekt. Müssen auf neuen Bus aus Innsbruck warten."[29]

Ausführlicher geht Neuhäusler in seinem Tagebuch auf die Panne ein, die sich hinter Innsbruck ereignet hat: „Nach etwa 23 km Fahrt brach vor Matrei infolge Überlastung, besonders durch großen Anhänger, unser Motor. Etwa 1/2 10 Uhr Warten auf neuen Wagen. Wir unterhielten uns (...) mit 2 Schutzleuten d(es) Ortes.

Es kam dann der Wirt zur 'Weißen Rose', H(err) Wieser(,) zu uns, unterhielt sich zuerst mit uns, lud mich und einen H(errn) Mohr zu sich ein, gab Glas Wein, Wurst, Brot und unterhielt sich sehr nett, lud uns ein, bei ihm zu bleiben. Um etwa 1 Uhr kam der neue Omnibus, um etwa 1/2 2 Uhr konnten wir abfahren. Um etwa 3 Uhr waren wir am Brenner. Viele rückwandernde Italiener auf Weg, besonders auf Brenner."[30]

In seinen Erinnerungen schildert Neuhäusler später den Zwangsaufenthalt in Matrei noch ausführlicher: „Unser Bus versagte in Matrei; wir mußten ihn verlassen und auf einen Ersatzwagen warten. Ein paar Stunden konnten wir uns mit einigen österreichischen Zivilisten, besonders mit einem Gendarmen und mit einem Wirt, unterhalten, der uns eine Erfrischung gab, vor allem aber den Rat: 'Setzt euch doch ab! Flieht in die Berge! Wir helfen euch gern. Ihr seht doch, es geht dem Ende zu! Seht doch, wie alles zurückströmt!' Ich lehnte ab; denn ich wollte bei meinen Mitgefangenen bleiben."[31]

Das zerstörte Matrei bietet in der Dunkelheit einen gespenstischen Anblick. Joos, der über die Reise ebenfalls Buch führt, wird davon zutiefst berührt. „In der Nacht", berichtet er,[32] „fahren wir dem Brenner zu. Schauerlich das ausgebrannte, einstmals einzig schöne Matrei auf der Brennerhöhe, in dem uns eine Panne festhält. Bleiches Mondlicht aus zerrissenem Nachtgewölk schläft auf den wenigen aufragenden Brandmauern. Aus den eingestürzten Kellergewölben dringt süßlicher Leichengeruch. Leuchtkugeln verglühen an den Hängen, und drunten irgendwo heulen die Sirenen."

Der Halt in Matrei bleibt auch Fey von Hassell in Erinnerung. „Weil unser Fahrzeug eine Panne hatte", schreibt sie,[33] „mußten wir in einem völlig zerbombten Bergdörfchen warten. In dieser Vollmondnacht sahen wir Hunderte von Italienern mit ausgemergelten Gesichtern sich langsam den Berg hochschleppen. Sie waren gezwungen worden, in Deutschland zu arbeiten. In diesen letzten Tagen des Chaos hatten sie sich – teils freigelassen, teils geflohen – zu Fuß auf den Weg zurück nach Hause gemacht."

Auch Kunkel berichtet über die nächtliche Panne in seinem Tagebuch, nachdem er schon vorher beobachtet hat, wie sehr sich sein Bus mit dem Anhänger am Berg abgemüht hat. „Um Mitternacht", notiert er,[34] „ist dann auch das Unglück geschehen: Motorbruch! Wir trudeln in ein völlig zerstörtes Dorf hinein. Aus Innsbruck soll uns ein Omnibus nachgeschickt werden. Wir stehen auf der Straße und warten. Zurückflutende deutsche Truppen warnen uns, weiter nach Süden zu gehen, denn die Amerikaner seien schon bis Trient vorgestoßen, also an den Ausgängen der Berge, und es sei kein Halten. Wir sind froh über diese Nachricht.

Die Straßen sind bevölkert mit heimziehenden italienischen Zivilarbeitern. Neuhäusler ist für eine Stunde verschwunden. Er hat in einer ziemlich zerbombten Wirtschaft gesessen. Überhaupt hätte sich verdrücken können, wer wollte. Es hatte aber keinen Zweck mehr. Spät kommt dann der Ersatzomnibus. Am Brenner wartet Stiller auf uns. Uns wird jetzt der gefährliche Fritz (ein gefürchteter SS-Mann, Anm. d. Verf.) zugeteilt. Dann geht die Fahrt nach Süden, nach Italien hinein. Es regnet auf meinem Platz durch. Neben mir der junge Badoglio."

Daß der Geiseltransport tatsächlich durch eine Autopanne aufgehalten worden ist, bekräftigt Kunkel später mit dieser Aussage: „Am 27. April 1945 ging der gesamte Transport unter Führung des Stiller von Innsbruck über den Brenner nach dem Süden, und wir kamen am 28. April 1945 in der Früh nach Niederdorf, nachdem unser Autobus einen Motordefekt hatte und Stiller auf uns am Brenner mehrere Stunden warten mußte."[35]

Anna-Luise von Hofacker faßt die Reise durch die Nacht im „Hafttagebuch" in einem Satz zusammen: „Wir überquerten den Brenner, kamen durch das zerstörte Matrei, fuhren die ganze Nacht."[36]

Fahrt ins Pustertal

Noch immer kennt keiner der Häftlinge das Ziel der Reise, und so wächst mit jedem Kilometer, den der Konvoi tiefer ins Südtiroler Land rollt, die Angst der Gefangenen. Auch Isa Vermehren kann sich dem nicht entziehen. „Mit dem Heraufdämmern des Morgens", berichtet sie,[37] „wurde es auch in unserem Wagen still, und in ruhiger, gespannter Aufmerksamkeit hielten wir unsere fünf Sinne beisammen, um auch das Unvorhergesehenste anständig parieren zu können. Das letzte Entweder-Oder dieses Wettlaufes mit dem Raum und der Zeit lag so spürbar in der Luft, daß man verstehen wird, wenn wir der Schönheit der Landschaft keine große Freude abgewinnen konnten, daß die unwirtlichen Berge uns eher besorgt stimmten, daß wir bei jeder geringsten Verzögerung der Fahrtgeschwindigkeit ängstlich Umschau hielten, ob irgendein Zeichen in der Umgebung Aufschluß geben könne über das uns bevorstehende Schicksal – eine einsame Mulde zum Beispiel wirkte zutiefst erschreckend gegenüber dem vertraueneinflößenden Anblick eines Dorfes oder eines Gasthofs.

Franz Hofer, Gauleiter und Reichsstatthalter von Tirol-Vorarlberg und Oberster Kommissar der Operationszone Alpenvorland.

Das einzige, was wir zuverlässig beobachten konnten, war das Kommen und Gehen des Furiers Franz – ein SS-Mann, der uns von Buchenwald an schon begleitet hatte und bis dahin das Amt des Einkäufers und Versorgungsoffiziers versehen hatte –, der auf seinem Motorrad die Spitze unseres Konvois bildete, immer wieder weit vorausfahrend, dann und wann an einer Kreuzung uns erwartend."[38]

Am längsten halten sich unter den Häftlingen, wie Best hervorhebt,[39] die „lauten Gerüchte, daß unser Ziel ein Dorf im Pustertal" sei – und „tatsächlich, als wir Franzensfeste erreichten, bogen wir links ab auf die Straße, die nach Lienz und Klagenfurt in Österreich führte". Noch nach Jahren erinnert sich Neuhäusler genau an die letzte Etappe dieser Reise: „In Franzensfeste zweigten wir ab ins Pustertal in Richtung Niederdorf."[40] Und Schuschnigg schreibt in sein Tagebuch: „Frühmorgens biegen wir ein ... ins Pustertal."[41] Auch Joos macht sich an diesem Samstag, dem 28. April 1945, eine entsprechende Notiz: „Der Tag graut. Wir sind auf der Straße ins Pustertal."[42]

Der Konvoi nähert sich nun seinem Ziel im Hochpustertal, das Stiller vom Obersten Kommissar für die Operationszone Alpenvorland, dem Gauleiter und Reichsstatthalter von Tirol-Vorarlberg Franz Hofer, für die Häftlinge zur Verfügung gestellt worden ist: dem Hotel „Pragser Wildsee" mit seinen 220 Betten. Das Grandhotel auf 1496 Meter Höhe ist auf einer acht Kilometer langen Straße zu erreichen, die vor Niederdorf von der Pustertaler Hauptstraße nach Toblach abzweigt. Die Bergstraße, schmal und steil, führt durch das Pragser Tal mit den drei Ortsteilen Außer- und Innerprags sowie Sankt Veit und mit dem Hauptort Schmieden (1212 Meter), zum Hotel hinauf, das auf eine lange und traditionsreiche Geschichte zurückblicken kann. Es liegt unmittelbar am Pragser Wildsee, der als der schönste See in den Dolomiten gilt.

Doch der Geiseltransport kommt an diesem frühen Samstag im Pustertal nur langsam voran, wie sich Pünder erinnert: „In düsterer Morgenfrühe ging es dann weiter auf der alten Heerstraße des Pustertales. In beiden Richtungen herrschte auf ihr ein planloses Gewimmel, das ein schnelles Fortkommen sehr erschwerte: vereinzelte Truppenteile, Verwundete zu Fuß und auf Sanitätswagen, Transportfahrzeuge mit Kriegsgerät und Nachschub, dazwischen auch Soldaten einzeln oder in kleinen Trupps, die den Krieg für ihre Person wohl schon als beendet ansahen. In diesem Durcheinander langten unsere Omnibusse nach langer Fahrt vor (...) Niederdorf an, wo wir auszusteigen hatten."[43]

Auch Müller bleibt die letzte Wegstrecke im Gedächtnis. „Ich weiß noch", berichtet er,[44] „daß wir durch Bruneck kamen, das mir noch von friedlicheren und glücklicheren Tagen her bekannt war. Dann bog die Omnibuskolonne ab ins (Hoch)pustertal. Kurz vor Niederdorf blieben wir stehen." Kunkel hält die Route im Telegrammstil fest, nachdem der Konvoi Franzensfeste hinter sich gelassen hat: „Ins Pustertal hinein. Über Bruneck bis Niederdorf (Villabassa), der entscheidende Ort!"[45] Ebenso kurz vermerkt die erschöpfte Marie-Gabriele von Stauffenberg in ihren Notizen, die sie in Stenographie macht: „Nach langer Irrfahrt, SS-Leute ziemlich kopflos, Ankunft vor Niederdorf (Südtirol – Pustertal). Wir halten vor dem Dorf."[46]

Doch dieser Stopp ist nicht vorgesehen. Im Gegenteil – er erfolgt notgedrungen, nachdem Stiller erfahren hat, daß ihm das Hotel „Pragser Wildsee" – entgegen der Zusage in Innsbruck – nicht zur Verfügung steht. Es ist von drei deutschen Generälen mit ihren Stäben belegt. Die Omnibusse, die sich bereits auf dem Weg zum Hotel befunden haben, müssen wieder umkehren und zur Landstraße zurückfahren.

Blum, dem das Desaster nicht entgeht, macht sich die Notiz: „Die Unterkunft, die man für uns bestimmt hat, ist durch andere SS-Leute (hier irrt er sich, Anm. d. Verf.) besetzt, die zur italienischen Armee gehören und die sich weigern, uns ihren Platz abzutreten. Wir fahren wieder auf die Straße hinunter. Die Chefs unseres Konvois, die nicht mehr wissen, wohin sie uns führen sollen, werden telefonisch nach Instruktionen fragen."[47]

Blick auf Niederdorf: „So kamen wir in das Dorf Niederdorf", schreibt Neuhäusler, „das war unser Glück."

Auch Schmitz berichtet später über die überraschende Wende, die Stillers Pläne über den Haufen wirft: „Samstag früh im Pustertal; unmittelbar vor der Abzweigung nach Prags provisorisches Parken, weil das Hotel noch von einem LWkdo (doch es war auch kein Luftwaffen-Kommando, Anm. d. Verf.) besetzt war."[48] Schmitz beobachtet die Nervosität, die das Begleitkommando befällt. „Wir stiegen aus", erinnert er sich,[49] „und bemerkten Unruhe in der SS. Bald sickerte durch, daß unser 'Reiseziel', das in bergschöner Einsamkeit gelegene Hotel 'Pragser Wildsee', von einem deutschen Stabe besetzt war."

Best prägt sich das Bild der Umgebung genau ein, als die Fahrt vor Niederdorf, „ungefähr eine Meile" vom Dorf entfernt,[50] endet. „Um etwa neun Uhr", berichtet er,[51] „machte unser Konvoi halt und bog dann rechts ab auf eine enge Straße über einen Bahnübergang hinweg; dann gab es einen weiteren Stopp und viel Diskussion zwischen Stiller, Bader und dem Rest unserer Wache. Unser Bus und zwei oder noch mehr stießen dann zurück, drehten wieder in Richtung der Hauptstraße um, stellten sich aufgereiht an die Straße, und man sagte uns, daß wir aussteigen könnten.[52]

Die Straße lag offen da, auf der einen Seite ein Abhang mit Feldern, unten gesäumt von Büschen, auf der anderen Seite Eisenbahngeleise. Wachen mit Maschinenpistolen bezogen entlang der Straße Stellung im Abstand von zirka zehn Yards, und wir durften uns zwischen ihnen und den Bussen die Beine vertreten.

Ich fand Stiller und fragte ihn, was der Plan war. Er sagte, daß er uns in ein nahegelegenes Hotel hatte bringen wollen, aber nun erfahren habe, daß dies von einem Luftwaffen-Stab (sic!) belegt sei und daß er wirklich nicht wisse, was nun zu tun sei, daß er im Moment tatsächlich nichts tun könne, bis wir Benzin aufgetrieben hätten, da die Tanks seines gesamten Transportes nahezu leer seien."

Nicht anders äußert sich Stiller, als er nach dem Krieg zum Ende der Fahrt befragt wird: „In Niederdorf angekommen, machte ich vor der Ortschaft bei strömendem Regen halt, um feststellen zu lassen, ob wir in dem Hotel Platz hätten. Da ich feststellen mußte, daß dies nicht der Fall sei, klärte ich die Häftlinge in einer kurzen Ansprache auf."[53]

Nach den Strapazen der vergangenen Nacht ist der Unmut der Gefangenen über das, was ihnen weiter zugemutet wird, groß, und sie machen nun ihrer Empörung auch Luft. „Wir hatten angefangen", erinnert sich Isa Vermehren,[54] „uns laut zu beklagen über dieses sinnlose Hin- und Herfahren und verlangten energisch eine ausgedehnte Pause und ein gutes Frühstück. Wir hatten schon am gestrigen Tage in Innsbruck außer etwas Kaffee und der üblichen Marschverpflegung nichts Ordentliches in den Magen bekommen, außer den Kindern gab es zuviel alte Leute, auf die Rücksicht genommen werden mußte, und vollends die alliierten Gefangenen fanden es unter ihrer Würde, weiterhin ein Opfer so kopfloser Organisation zu sein. Die SS verließ den Wagen und versammelte sich zu einer Beratung, fraglos die entscheidendste Beratung der ganzen Reise."

Vor Niederdorf treffen jedoch nicht alle Omnibusse gleichzeitig ein. Zwei Busse verloren unterwegs den Anschluß an die drei vorausfahrenden. Mit Verspätung stoßen sie wieder zum Konvoi. „Etwa eine Stunde nach uns", berichtet Isa Vermehren,[55] „erschienen die beiden Omnibusse auf der Parallelstraße jenseits des Bahngeleises. Natürlich machten wir uns von hüben und drüben scharenweise auf, um einander zu begrüßen, und in der allgemeinen Bewegtheit fiel es niemandem auf, daß General Gariboldi (sic!) ein paar Minuten später in einem kleinen Bahnwärterhäuschen[56] verschwunden war, das auf der Mitte des Weges lag, der die beiden Straßen an dieser Stelle miteinander verband.

Drei Minuten später wurde in dasselbe Häuschen ein frischgeschlachtetes Lamm getragen, um als Festbraten für das große Wiedersehen zu dienen: Das Dorf vor uns (...) war seit langem Hauptquartier der Partisanen, denen das genannte Bahnwärterhäuschen als geheimer Treffpunkt diente; mit dem Halten an dieser Stelle war Gariboldi vor seiner eigensten Tür abgesetzt worden. Zwei Stunden später verließen zwei zerlumpte Italiener das Dorf in südlicher Richtung. Sie waren von Gariboldi in Marsch gesetzt, um Verbindung aufzunehmen mit den näher rückenden alliierten Streitkräften."

In dieses Bahnwärterhäuschen flüchtet General Sante Garibaldi, als der Geiseltransport vor Niederdorf anhält.

Auch Kunkel hält die Ankunft des Geiseltransports vor Niederdorf in seinem Tagebuch fest: „Wir fahren auf eine Nebenstraße beim Eisenbahnübergang. Das Hotel sei noch von einem Stab besetzt, wir können nicht hinauf. Also auf der Straße kampieren. Garibaldi und Ferrero haben sofort Verbindung mit den Leuten. Niederdorf ist ihr Hauptquartier. Sofort umgeben uns unauffällig Partisanen. Garibaldi bekommt ein Zicklein geschenkt, zum Mittagessen sind die Italiener im Eisenbahnwärterhaus eingeladen. Nach Kohlenklaus[57] Angaben sind wir schon seit dem Brenner von zwei Partisanen in Wehrmachtsuniform begleitet worden."[58]

Daß bereits ein Teil des Transports auf dem Wege zum Hotel „Pragser Wildsee" gewesen ist, dann aber umkehren und wieder zur Hauptstraße hinabfahren mußte, bezeugt auch Neuhäusler in seinem Tagebuch. Allerdings irrt er sich im Ziel der Fahrt. „Als wir (...) versuchten", berichtet er,[59] „in das Bad Alt-Prags (richtig: Bad Altpragss) zu kommen, wo angeblich für uns 3 Hotels frei sein sollten, kam uns schon ein Untersturmführer entgegen und erklärte, daß das Bad bereits seit 14 Tagen von Wehrmacht, Luftwaffe besetzt sei. Wir sollten auf der Straße warten, geschehen, Brotverteilung."

Wie ist es dazu gekommen, daß Stiller das Hotel „Pragser Wildsee", das ihm fest zugesagt worden ist, nicht mehr zur Verfügung steht? Offensichtlich hatte niemand in Innsbruck davon Kenntnis, daß sich bereits die Wehrmacht des Grandhotels bemächtigt hatte, als der SS-Obersturmführer die Empfehlung erhielt, sich mit seinem Transport dorthin zu wenden. Sogar die Hotelbesitzerin Emma Heiss-Hellenstainer wurde mit der Einquartierung der drei Generäle Belovius, Jordan und Schlemmer in ihrem Haus vor vollendete Tatsachen gestellt.[60] Die energische Frau, die sich zu dieser Zeit in ihrem zweiten Hotel „Elephant" in Brixen aufhielt,[61] wollte dies verhindern und brach deshalb sofort nach Prags auf. Aber sie kam zu spät. Als sie am Pragser Wildsee eintraf, hatten die Generäle längst vom Hotel Besitz ergriffen, was Emma Heiss-Hellenstainer schließlich mit Resignation, aber auch mit deutlicher Abneigung, die sie den Militärs entgegenbrachte, hinnahm.

Sie selbst schildert die dramatische Tage, die am Pragser Wildsee auf sie zukommen, in einem ausführlichen Bericht, den sie nach Kriegsende verfaßt: „Als ich am 25. April (Mittwoch, Anm. d. Verf.) um 9 Uhr abends (in Brixen) den Telefonanruf von Prags erhielt, wo mir Marianne, unsere Haushälterin, mitteilte, daß 3 Generäle mit ihren Soldaten unser Haus beziehen würden, wußte ich noch nicht, was alles dahinter käme. Vorerst nur (die Sorge), wie

Emma Heiss-Hellenstainer, die Besitzerin des Hotels „Pragser Wildsee", nimmt die Häftlinge mit offenen Armen auf.

würde unser Haus ausschauen nach so einer Einquartierung? Ich frug, ob sie Tresele in Meran verständigt hätte, aber die war telefonisch nicht zu erreichen. Also gut, (sagte ich,) ich komme gleich morgen."

Doch es bereitet Emma Heiss-Hellenstainer erhebliche Schwierigkeiten, in Brixen eine Fahrgelegenheit nach Niederdorf zu finden. „Am nächsten Tag – Donnerstag – mußte ich aber trotz aller Nachfrage und Bitte um ein Auto bei der Stadtkommandantur und sonst überall bis nachmittag(s) 3 Uhr warten", berichtet sie. „Dann konnte ich erst endlich mit einem Lastauto weiter. Die hielten gleich zuerst in Mühlbach, Bruneck, Welsberg, wo sie überall ihre Geschäfte hatten, bis ich endlich um 1/2 6 Uhr in Niederdorf ankam. Wein und Zigaretten auf der Fahrt hatten sie freundlich gestimmt, so daß sie mich bis zum (Hotel) 'Ebner' brachten und (mir) beim Aussteigen behilflich waren.

Ich ging gleich zum Postamt hinein, (um zu) telefonieren, wie es (im Hotel) aussähe. Marianne sagte, ich sei schon zu spät, die 3 Generäle seien bereits die Nacht gekommen, (die) Mannschaften kämen morgen noch nach. Also gut, sagen Sie den Herren, ich sei hier, ersuche um ein Auto, mich hineinzubringen. In 10 Minuten waren ein Fahrer und ein Hauptmann da, (um) mich abzuholen. Der Hauptmann ließ in Niederdorf (und) Prags halten, er wollte Personal für die Küche, zum Servieren, wurde aber überall ohne Erfolg abgewiesen. Ich hatte es ihm schon gesagt, es sind ja nur mehr Kinder und Greise zur Arbeit in Haus und Feld.

Marianne hatte mir schön geheizt im II. Stock auf (Zimmer) No. 24. Ein Abendessen stand bereit. Tun konnte ich doch nichts mehr, die Einquartierung war geschehen. Sie hatten ihre Küchen neben den Garagen aufgeschlagen."

Mit dem Militär kommt die Unruhe ins Haus, wie Emma Heiss-Hellenstainer mit Unmut registriert: „Am nächsten Tag (27. April) mußten wir halt überall aufsperren, hineinlassen. Der eine brauchte dies, der andere jenes. Eine Box wurde die Schusterwerkstatt, eine andere Proviantlager, dann verlangten sie Platz für ihre Autos, Räder und Maschinen. Die Schiffe mußten heraus, manche wurden auf den See gesetzt. Die Zimmer (ü)ber der Garage, dem Stall, alle wurden mit Soldaten belegt.

2 Tage war (das) Telefon noch unten bei der Küche. Einer der Soldaten hatte Nachtdienst, machte (es) sich aber auf einer Bank in der Küche bequem. Die Herren Generäle, Offiziere brauchten Zimmer, auch solche zum Arbeiten, wo große Tische mit Plänen belegt werden sollten. Ich hab´ heimlich gelacht, denn wissen mußten sie es doch, wie's steht! Einmal habe ich bei einem General hineingeschaut. Auf den Plänen lag ein Spiel Karten, mit denen er sich vergnügte. Die Soldaten aber mußten antreten, Dienst tun.

Die Generäle hießen Bülovius[62], Jordan und Schlemmer. Es gab Geschäftszimmer, solche für den Rechnungsführer und Kartenstellen; ein protestantischer Kriegspfarrer Heun war auch da. Den Generälen mußten wir Leintücher und Wäsche abgeben.

Das Wetter war schlecht, Regen, Schnee. Ein großes Glück, sonst hätte wohl von Trient bis zum Brenner und im Pustertal, besonders in Innichen, die Flieger alles vernichtet."[63]

Der Halteplatz der Omnibusse mit den Sippen- und den Sonderhäftlingen an der Straße vor Niederdorf.

Das herrische Auftreten der Offiziere in ihrem Haus erregt das Mißfallen der Hotelbesitzerin. Über einen Vorfall, der sie besonders empört hat, schreibt sie: „Am Samstag (28. IV.) kam Herr Holzinger (Benediktinerpater aus Kremsmünster, bei einem Lazarett in Cortina als Feldwebel Dienst tuend, ein Freund unser(er) Familie) kurz auf Besuch mit Motorrad. Beim Wegfahren wurde er von 2 so 'noblen' Offizieren aufgehalten, wo sein Erlaubnisschein wäre, woher er komme. Er mußte sich ausweisen und konnte es. Er gab an, vom Oberstabsarzt aus Cortina geschickt zu sein, Decken für Kranke zu holen. Die Herren machten Gesichter und dampften ab. Ich hab´ ihnen infolgedessen 2 Tage hernach (am Montag) ihre schnelle Abreise vergönnt."[64]

Während sich die Generäle mit ihren Stäben längst im Hotel „Pragser Wildsee" für einen längeren Aufenthalt eingerichtet haben, steht Stiller am 28. April mit seinem Transport ohne Quartier vor Niederdorf. Er befindet sich damit in einer verzweifelten Lage, über die Joos in seinem Tagebuch berichtet: „(Wir) bleiben 10 Minuten Wegs vom Dorf entfernt seitwärts von der Landstraße liegen, stundenlang, vom Morgen bis zum Abend. Es regnet. Wir dösen und wandern, um uns zu wärmen, über die nassen Wege.

Ein Unteroffizier der Wehrmacht redet uns an: 'Ist es wahr? Ist Pastor Niemöller mit euch hier?'- 'Warum wollen Sie das wissen?' – 'Ich bin ein Glaubensgenosse von ihm von der Bekenntniskirche und kenne ihn. Wenn ich ihn doch sehen könnte!' – 'Wir dürfen niemanden ansprechen und niemand uns, trotzdem – wir rufen ihn. Gehen Sie hier auf und ab.'

Sein Wunsch ist erfüllt worden. Selig drückt er uns die Hand und versichert: 'Es passiert nichts mehr; es ist Schluß ...'"[65]

So präsentiert sich die Ortsdurchfahrt von Niederdorf den Gefangenen, als diese am 28. April 1945 das Dorf zu Fuß erreichen.

Niemöller selbst berichtet über diesen grauen Samstag in seinem Tagebuch: „Den Tag über gewartet. Mittags im Ort. Krach wegen einiger Gestapos (richtig: Angehörige des SD, Anm. d. Verf.). – Mit Regen, im Bach gewaschen."[66]

Das schlechte Wetter erschwert noch das Warten auf offener Straße. „Es regnet in Strö-

In Niederdorf finden die Sippen- und Sonderhäftlinge bei der Bevölkerung sofort Sympathie und Hilfe. Das Bild zeigt den Ort, wie er damals ausgesehen hat.

men", notiert Schuschnigg.[67] „Die ersten Bauern kommen heran; sie bleiben noch in Respektdistanz vor der zum Teil recht unfreundlichen SS-Wache, welche die Autos umstellt hat.

Sie grüßen heimlich – da und dort blitzt es auf in den Augen – die Pusterer haben bald heraussen, was los ist ..."

Nahezu endlos dehnt sich die Zeit für die Wartenden. „Stundenlang warteten wir", erinnert sich Schmitz.[68] „Motorisierte deutsche Truppen rollten an uns vorüber, betrachteten uns neugierig und riefen uns gelegentlich Schmähworte zu, weil sie uns für Pgs (Abkürzung für Parteigenossen der NSDAP, Anm. d. Verf.) hielten, die sich vor den Amerikanern nach Südtirol geflüchtet hätten. Das bittere Lachen, mit dem wir antworteten, hörten sie nicht mehr."

Dann hat die Geduld der Gefangenen ein Ende. Sie verlangen, nach Niederdorf gebracht zu werden. Die Stimmung erreicht ihren Siedepunkt. „Trotz der Kälte und entgegen den Versprechungen des Transportleiters Stiller", berichtet Neuhäusler,[69] „durften wir nicht ins Dorf, hielten draußen und bekamen nur ein kaltes Frühstück. Wir stellten Stiller zur Rede und mahnten ihn, sein Wort zu halten und uns nicht in der Kälte stehen zu lassen. Schließlich marschierten wir einfach los. Die SS-Bewachungsmannschaft selbst war schon unsicher geworden und wagte nicht, uns mit Gewalt aufzuhalten. So kamen wir in das Dorf Niederdorf; das war unser Glück."[70]

Noch detaillierter beschreibt Neuhäusler den Verlauf des Samstag in seinem Tagebuch: „Dann um etwa 9 Uhr Marsch ins Dorf Niederdorf, um Kaffee zu bekommen, zugleich als Mittagessen Brot, Margarine und Käse. Stimmung ziemlich erregt, zumal die 'Sippengefangenen' (Frauen, Kinder) nun schon eine 2. Nacht durchgefahren waren und niemand wußte, was weiter geschehen sollte.

Etwa 11 Uhr zurück ins Auto. (...) Italiener kauften (...) eine Ziege beim Bahnwärterhäuschen, die sie sofort schlachten ließen.

Nachmittag verlief mit Warten auf Entscheid. Zwar kommt Stiller um 2 Uhr ins Auto und verkündet, daß er in 2 Stunden weitere Nachrichten bringen werde, bringt aber keine mehr. Ebenso verspricht er, daß die Wagen näher ins Dorf kommen, geschieht aber auch nicht.

Nach Abendsuppe warten wir bei Regen im und am Auto auf Entscheid. Um etwa 10 Uhr kommt Nachricht, wir sollen zu Fuß ins Dorf gehen, die Wagen blieben draußen und würden bewacht. Ich weigere mich im Namen der Teilnehmer. Bald darauf dann Entscheid: Die Wagen fahren rein, im Dorf dann heißt es: Wagen ganz ausleeren, (...) Unterkunft für Männer auf Stroh, Frauen in Häuser."[71]

Zunächst hatte Stiller befohlen: „Nur die Frauen dürfen ins Dorf, die Männer müssen die Nacht hier an Ort und Stelle im Autobus zubringen." Dagegen protestierte Neuhäusler. „Ich verlangte", berichtet er,[72] „daß auch wir ins Dorf gebracht würden. Schließlich gab Stiller, der uns im allgemeinen gut gesinnt war, und, wo er konnte, auch half, nach, und wir fuhren ins Dorf. Die Frauen wurden in verschiedenen Häusern untergebracht; wir Männer sollten im Vorraum des Gemeindehauses auf Stroh zu liegen kommen."

Der Umzug ins Dorf, wo die Bevölkerung, wie Bonin dankbar registriert,[73] die Ankommenden „sehr warm begrüßt", wird von den Gefangenen mit Erleichterung aufgenommen. Sie fühlen sich im geschlossenen Ort sicherer als auf der offenen Landstraße. Auch Schmitz ist erleichtert. „Als wir schon gefaßt waren", erinnert er sich,[74] „noch eine Nacht im Wagen zuzubringen, hieß es plötzlich: Notquartiere beziehen. Die Familien in guten Gaststuben, wir anderen auf rasch aufgeschüttetem Stroh im Saale des Rathauses." Über die unerwartete Wende, die das Unternehmen genommen hat, schreibt Joos kurz in sein Tagebuch: „Um 10 Uhr abends werden wir ins Gemeindehaus gefahren. SS hat Stroh im Gemeindesaal aufgeschüttet. Die Damen kommen in Gasthöfe. Wir können uns hinlegen."[75]

Auch Blum, der ebenfalls den ganzen Tag, „halbtot vor Müdigkeit, Hunger und Kälte", im Auto ausgeharrt hat, atmet auf. „Um Mitternacht", vermerkt er in seinen Aufzeichnungen,[76]

Im Gemeindeamt von Niederdorf verbringt ein Teil der erschöpften Häftlinge die erste Nacht im Dorf auf einem Strohlager, das in der Not rasch für sie aufgeschüttet worden ist.

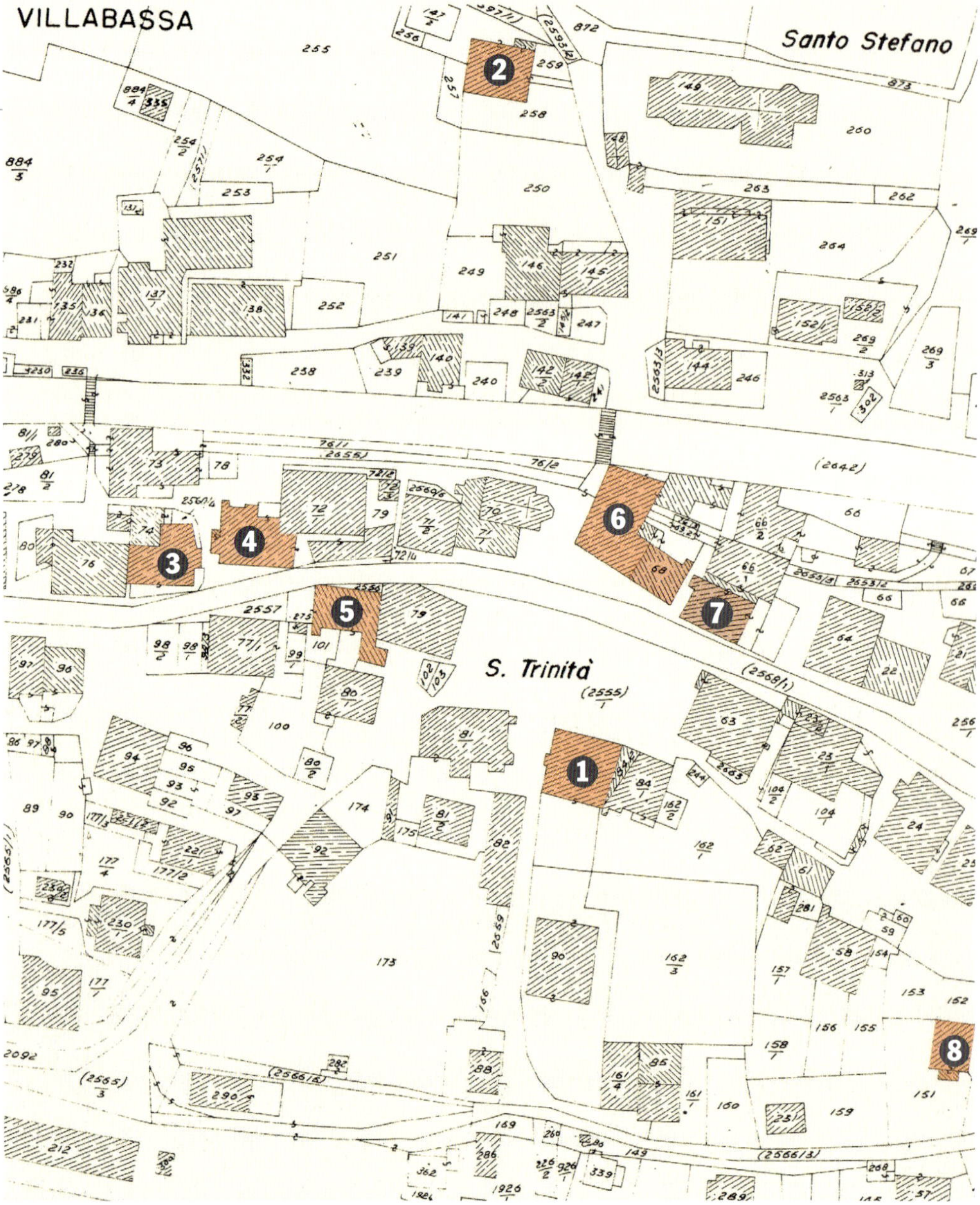

Ortsplan von Niederdorf mit den Häusern, in denen die Häftlinge Aufnahme finden: Gemeindeamt (1), Pfarrhof (2), „Konditorei Wassermann" (3) sowie die Gasthöfe „Goldener Stern" (4), „Bachmann" (5), „Ebner" (6), „Emma" (7) und „Sofienheim" (8).

„parken die Autos im Dorf. Wir haben Abendbrot gegessen und sind alle schlafen gegangen, die Alten in die Betten, die Jungen auf den Strohsäcken (sic!) im Raum des Bürgermeisteramtes." Und Niemöller notiert in sein Tagebuch: „Abends warmes Essen im Ort und Tischgebet. – Später gewartet. Abends und nachts Umzug in den Ort Niederndorf (sic!). Im Gemeindehaus Strohlager. Meinen Koffer verloren! Gisela (gemeint ist Gisela Gräfin von Plettenberg, Anm. d. Verf.) bzw. Annelies (Anneliese Goerdeler) bei Brachmann (richtig: Bachmann) mit Weinkrampf, bekommt ein Bett! 1/2 3 h im Stroh hingesunken. Gespräche mit Stiller."[77]

Im Gemeindeamt findet auch der Dachauer Häftling Paul Wauer für die Nacht ein Unterkommen. „Zur späten Abendstunde“, erinnert er sich,[78] „wurden wir in Niederdorf in Notquartieren untergebracht. Mein Nachtquartier mit vielen anderen war auf einer Strohwälze im Flur des Gemeindehauses. Nach der anstrengenden Fahrt schliefen wir gut.“

Die Ankunft des Geiseltransports erregt im Dorf enormes Aufsehen und spricht sich schnell herum. „Die (Süd)tiroler Bevölkerung“, berichtet Pünder,[79] „staunte nicht wenig, als sie unseren zusammengewürfelten Haufen sah: hagere Herren in Generalshosen mit Zivilrock und Schlapphut, Damen in hohen Soldatenstiefeln, frierende Gestalten ohne Mantel, bestenfalls mit einem wärmenden Halstuch, alte Herrschaften mit einem schäbigen Rucksack auf dem Buckel. Die Sympathien der Südtiroler waren sichtlich sofort auf unserer Seite. Wohl aus diesem Grunde wurde ein größerer Trupp von uns, darunter ich, im ersten Stock des Rathauses von Niederdorf in einer Halle (untergebracht). Sie war völlig leer, aber die rührenden Einwohner schleppten noch schnell Strohbündel herbei, so daß wir uns einigermaßen weich ausstrecken konnten. Während die Sippenhäftlinge und andere anscheinend bevorzugte Gefangene in Gaststätten oder Bürgerquartieren untergebracht wurden, harrten wir in dieser Rathaushalle klopfenden Herzens unseres weiteren Schicksals.“

Die Häftlinge sehen sich also weiter der Unberechenbarkeit ihrer Bewacher ausgeliefert. Vor allem die SD-Angehörigen beunruhigen sie. Diese, stellt Schmitz fest,[80] „behielten ihre Sturheit restlos bei“, während „manche SS-Posten“ unsicher wurden. Diese Beobachtung deckt sich auch mit der Aussage, die Bonin später macht: „Unheimlich war uns von dem gesamten Begleitpersonal nur (...) Bader mit seinem SD-Sonderkommando. Von diesem Begleitkommando hatten einige Männer, offensichtlich in angetrunkenem Zustand, dem Pfarrer Niemöller gegenüber Äußerungen getan, die darauf schließen ließen, daß dieses Sonderkommando die Aufgabe hätte, mindestens einige besonders prominente Mitglieder unserer Gruppe zu liquidieren, ehe sie von alliierten Truppen befreit werden könnten. Während der ersten Nacht unseres Aufenthaltes in Niederndorf (sic!) organisierten wir daher eine Art Selbstschutz, jedoch verlief diese Nacht ohne Zwischenfälle.“[81]

Daß die Häftlinge in der ersten Nacht im Dorf mit dem Schlimmsten gerechnet haben, belegt auch die Eintragung, die Joos unmittelbar danach in seinem Notizbuch gemacht hat: „Die Nacht läßt sich unruhig an. Um Mitternacht flüstert uns Petersdorfer (richtig: Horst von Petersdorff, Anm. d. Verf.), der mit der verstümmelten Hand (...), eine alarmierende Nachricht zu: 'Die SS-Leute sind betrunken und schwätzen vom Umlegen. Wir leisten auf alle Fälle Widerstand. Alles auf die Beine, wenn wir rufen!' – Es passiert nichts.“[82]

Auch Kunkel ist am Abend des 28. April in erheblicher Sorge. Er ist vor allem um die Sicherheit des Bischofs Piguet besorgt. „Gefährliche Situation“, schreibt er in sein Tagebuch.[83] „Es heißt von der SS, daß sie betrunken sei. Hitler sei tot, in München Revolution, und einer hätte gesagt: 'Und morgen macht ihr euren entscheidenden Gang!' Das sagt genug!

Es werden heimliche Wachen vereinbart. Die Lage ist mir zu kritisch. (Kaplan) Hamm hat sich beim Pfarrer Privatquartier besorgt. Ebenso sollten drei aus der Familie Stauffenberg dort wohnen. Ein Posten gehe mit. Ich gebe nicht früher Ruhe, (...) bis der Bischof (Piguet) und der Prälat (Neuhäusler) mitkommen. Der Bischof lag schon im Stroh, und der Prälat wollte nicht, weil ihm Stiller vorgeworfen hatte, er kümmere sich nicht um die Unterbringung. Schließlich kommen sie doch nach.“

Der Pfarrer von Niederdorf, Josef Brugger, öffnet in seiner Gastfreundschaft den Gefangenen noch in der Nacht seinen Pfarrhof (im Ort „Widum“ genannt). „Um 11 Uhr“, berichtet

Auch der Niederdorfer Pfarrer Josef Brugger nimmt Häftlinge auf und sorgt im Pfarrhof für Notquartiere.

Kunkel weiter, „werden wir im Pfarrhaus aufgenommen. Pfarrer Brugger ist ein sehr herzlicher Mensch. Wir wollen nur aus den Klauen der Gestapo (richtig: des SD, Anm. d. Verf.) heraus. Wer weiß, was in der Nacht im Gemeindehaus passiert. Abgemeldet haben wir uns nur bei Fritz, er sollte es Stiller sagen. Es waren einige (der Häftlinge, Anm. d. Verf.) in Hotels untergebracht (besonders die Frauen). Wir waren froh, das erste Mal wieder mit Zivilisten frei sprechen und verhältnismäßig frei in einem Privathaushalt wohnen zu können. Der Posten war durch den Pfarrer schon unschädlich gemacht (Wein und Kognak). Um 20.30 Uhr gingen wir zu Bett. Ich hauste auf der Vorratskammer. In Decken und Mänteln eingewickelt, bin ich trotz der Kälte bald eingeschlafen."

Den Umzug in den Pfarrhof vermerkt auch Neuhäusler in seinem Tagebuch: „Ich habe Zusammenstoß mit Stiller, da er keine Auskunft wegen Gottesdienst (am Sonntag, Anm. d. Verf.) geben will. Schließlich sagt er doch zu. – Dann Gepäckbeförderung ins Gemeindehaus. Um etwa 12 Uhr kam ich mit den übrigen Geistlichen in Pfarrhof.[84] Bleibe bis 1/2 3 Uhr auf (Familie Stauffenberg), finde dann Bett bei Koop(erator) (Walther) Gilli, Pfarrer ist Brugger, 2. Koop. (Peter) Gruber."[85]

In seinen Erinnerungen geht auch Neuhäusler auf die Umstände ein, die zum Umzug der Geistlichen in den Pfarrhof geführt haben: „Zwei meiner geistlichen Mitbrüder schlugen vor, daß wir auf eigene Faust in den Pfarrhof gingen. Ich widerstand. 'Wir bleiben bei unseren Mitgefangenen.' Nach einer Stunde wurde ich aufs neue dazu gedrängt, zum Pfarrhof zu gehen: Die SS sei sehr aufgeregt, da das Gerücht gehe, Hitler hätte Selbstmord begangen; es sei zu befürchten, daß in der Erbitterung darüber Gewalttätigkeiten geschähen, ich sollte doch mit Rücksicht auf den französischen Bischof nachgeben. Daraufhin ging ich zu Stiller und erklärte ihm mit aller Bestimmtheit: 'Wir gehen in den Pfarrhof. Machen Sie keine Schwierigkeiten.' Mit 'wir' meinte ich die Geistlichen des Transportes sowie einige Angehörige der Familien Stauffenberg und Goerdeler. Schließlich gab Stiller nach. Ich hatte aber ein weiteres Anliegen: 'Morgen ist Sonntag, da möchten wir eine Messe haben, geben Sie uns die Erlaubnis dazu. Das übrige ordne ich mit dem Pfar-

Der Pfarrhof von Niederdorf, der für Häftlinge des Geiseltransports zur sicheren Zuflucht wird.

rer.' Eine Zeitlang widersprach Stiller, war aber dann doch einverstanden. So gingen wir, an die zwölf Personen, noch zu mitternächtiger Stunde in den Pfarrhof. Pfarrer Brugger nahm uns freundlich auf und sorgte für Notquartiere."[86]

Marie-Gabriele von Stauffenberg zählt jedoch nicht zu den Stauffenbergs, die im Pfarrhof Aufnahme finden.[87] Mit anderen übernachtet sie, wie sie in ihrem Tagebuch kurz vermerkt,[88] „auf Matratzen in einem Hotel". Die Gastfreundschaft der Niederdorfer, die durch ihr Verhalten erheblich zur Verunsicherung der Bewacher beitragen, überwältigt sie. „Die Bevölkerung ist rührend", hält sie am Tag darauf dankbar in ihren Aufzeichnungen fest.

Aber auch Stiller ist am vergangenen Samstag nicht untätig geblieben, um seinen Transport doch noch von der Straße zu bringen und für die Häftlinge eine geeignete Sammelunterkunft zu finden, nachdem ihm der Weg zum Hotel „Pragser Wildsee" versperrt worden ist. Seine Bemühungen sind allerdings mit erheblichen Schwierigkeiten verbunden gewesen. „Damals war schon ein allgemeines Chaos", sagt er später aus.[89] „Ich konnte mit keinen Dienststellen mehr fernmündliche Verbindung bekommen, auch nicht durch Fernschreiben, ebenso verhielten sich die Wehrmachtstellen mir gegenüber ablehnend." In Niederdorf findet er schließlich beim Bürgermeister Robert Rainer Gehör für sein Problem. „Dort", berichtet er, „ist es mir nach langwierigen Verhandlungen gelungen, den Rathaussaal vom Bürgermeister freizubekommen. Die Ehrenhäftlinge wurden in diesem Saal und in Gasthäusern untergebracht."

In Niederdorf nimmt Stiller auch Verbindung mit dem Quartiermeister des Obersten Kommissars, Ingenieur Anton Ducia, auf, der in Bozen die vielen militärischen und zivilen Quartierwünsche in Südtirol zu koordinieren hat, und klagt ihm sein Leid. Mit ihm betritt nun ein energischer Mann die Bühne, der bald darauf entscheidend in das Geschehen eingreifen wird.

Über das Ferngespräch, das Stiller am 28. April mit ihm in Bozen führt, berichtet Ducia selbst: „Mein Telephon in der Dienststelle des Obersten Kommissars läutet. Ein SS-Obersturmführer will mich vom Bürgermeisteramt in Niederdorf im Pustertal sprechen. Er will von mir ein Hotel für 220 Personen genannt haben, in das er sofort mit seinen Leuten einziehen kann. Ich erkläre ihm, daß das unmöglich sei. Nicht nur im Pustertal und im übrigen Südtirol, sondern auch in den Provinzen Belluno und Trient sind alle Unterkünfte von den zurückflutenden Stäben und Hilfsorganisationen der kämpfenden Truppe, ihren Lazaretten und Reservelagern, aber auch von zivilen, ausgebombten Krankenhäusern und Schulen besetzt. Ich weiß deshalb Bescheid, weil ich zur Koordinierung der militärischen und zivilen Quartierwünsche in dieser Region von der Handelskammer Innsbruck hieher abkommandiert worden war.

Über das Eintreffen und die Quartierwünsche dieser SS-Gruppe bin ich nicht unterrichtet. Nun rückt der Offizier mit der Sprache heraus. Gauleiter Hofer habe das Hotel Pragser Wildsee zur Unterbringung von 160 Häftlingen (sic!) und 60 Mann Bewachung zur Verfügung gestellt.[90] Er, der Obersturmführer, sei nun mit dem Transport angekommen, habe aber das Hotel von drei Generalstäben besetzt gefunden und liege nun sozusagen in Niederdorf auf der Straße. Er bitte dringend um die Nennung einer anderen Unterkunft für seinen Transport, da man sonst das Schlimmste befürchten müsse. Es muß sich da offenbar um eine Geheimvereinbarung zwischen Himmler (sic!) und Gauleiter Hofer handeln. Vielleicht liegt diese Vereinbarung auch schon eine Zeit zurück. Nun soll ich diesen Organisationsfehler gut machen.

Der Quartiermeister des Obersten Kommissars, Anton Ducia, kommt den Gefangenen in Niederdorf zu Hilfe.

Mit dem Bürgermeister werden nun telephonisch notdürftige Unterkünfte für die Gruppe vereinbart. Ich verspreche, tags darauf persönlich in Niederdorf die endgültige Erledigung herbeizuführen. Dazu mußte das Hotel Pragser Wildsee für den Gestapokonvoi freigemacht werden. Die Wehrmachtsstäbe müssen in ein Ausweichquartier umgelegt werden können."

Ducia hält Wort und begibt sich am Sonntag, dem 29. April 1945, schon frühzeitig mit dem Geographen Dr. Herbert Thalhammer, der sein Mitarbeiter ist, nach Niederdorf. „Es ist ein trüber und kalter Frühlingstag. Auf dem Dorfplatz sehen wir Gruppen von Zivilisten, von Männern, Frauen und Kindern, von Militärs in verschiedenen Uniformen herumstehen. Die Fahrzeuge der Bewachungsmannschaft bilden einen Kreis, die Gestapo (sic!) und SS-Leute halten diesen Ring besetzt, um diese bunt zusammengewürfelte Schar möglichst von Kontakten mit der Bevölkerung abzuhalten.

Ich erkenne als ersten Altbundeskanzler Dr. Kurt Schuschnigg. Er ist weiß geworden in den sieben Jahren Konzentrationshaft. Er hat seine Frau und seine vierjährige (...) Tochter bei sich. Auch den früheren französischen Ministerpräsidenten Léon Blum kann ich erkennen. Er scheint nicht nur sehr alt, sondern auch krank zu sein und stützt sich schwer auf den Arm seiner Frau. Später erfahre ich, daß auch Ministerpräsident Miklos von Kállay aus Ungarn mit den Herren seiner früheren Regierung hier ist. Neben hohen geistlichen Würdenträgern aus Deutschland und Frankreich, wie dem Bischof von Clermont-Ferrand, Pastor Niemöller und (dem späteren) Weihbischof Neuhäusler, befinden sich unter den Gefangenen viele deutsche Offiziere, etwa Generaloberst Halder, der frühere Chef des deutschen Generalstabs, General von Falkenhausen und Oberst von Bonin. Auch hohe englische Offiziere in Uniform, der Befehlshaber der griechischen Armee, General Papagos, mit seinem gesamten Generalstab sind ebenfalls in Uniform anwesend sowie russische Militärs und einige italienische Offiziere. Unter den Zivilisten befindet sich eine große Gruppe Sippenhäftlinge, Angehörige der Attentäter gegen Hitler vom 20. Juli 1944 (...). Eine ungeheure Erregung scheint alle diese Menschen befallen zu haben. Die Häftlinge sind deprimiert, die Bewachungsmannschaft ist nervös.

Lagebesprechung beim Platzkommandanten Oberstleutnant von Rehm, im Beisein der SS- und Gestapooffiziere. Man erfährt, daß dieser Transport aus den verschiedensten Konzentrationslagern Deutschlands zusammengestellt ist. Die fortschreitenden Kriegshandlungen erzwangen eine Verlagerung nach Süden, zunächst nach Dachau. Schließlich wurde der Konvoi über Innsbruck in die künftige Alpenfestung Tirol eingeschleust, offenbar mit allen Möglichkeiten der Geheimhaltung. Der Leiter des Transportes machte dringend darauf aufmerksam, daß infolge der räumlich getrennten und ungenügenden Unterbringung der Häftlinge mit Einzel- oder Gruppenausbrüchen gerechnet werden muß oder gar Befreiungsversuche von außen wahrscheinlich sind, in welchem Falle befehlsgemäß geschossen würde. Auch den Grund der ungeheuren Aufregung der Gefangenen erfahre ich bei dieser Gelegenheit. Während des Transportes sollen Häftlinge Gespräche der Bewachung gehört haben, aus denen hervorging, daß diese den Auftrag hatten, die ihnen übergebenen Personen dann zu liquidieren, wenn Befreiungsversuche unternommen würden oder letzten Endes der Krieg für Deutschland verloren wäre. Die Situation trägt alle Merkmale einer sich anbahnenden Katastrophe in sich. Dies ist nun nicht mehr eine einfache Bereinigung eines Fehlers bei der Sicherstellung von Quartieren, sondern darüber hinaus die viel kompliziertere und heiklere Aufgabe, alle diese Menschen sicher über die nächsten Tage, vielleicht Wochen bis zum Einmarsch der Alliierten hinwegzubringen. Zunächst gilt es, die armen Menschen zu beruhigen und auch die Wachmannschaft in Sicherheit zu wiegen und vor Kurzschlußhandlungen zu bewahren. Ein kleiner Vorfall kann die Katastrophe auslösen.

Ich verpflichte mich, das Hotel Pragser Wildsee spätestens bis nächsten Tag freizumachen, womit die Bewachungssorgen der Gestapo behoben sein würden. Anderseits verlange und erhalte ich die Zusicherung, mit den Häftlingen, insbesondere den Sprechern der einzelnen Volksgruppen unter ihnen, persönlichen Kontakt aufnehmen zu dürfen. Am späten Vormittag findet die entscheidende Aussprache statt, nämlich zwischen dem Mister Payne Best, Oberst von Bonin und mir. Es wird vereinbart, daß ich sofort Kontakt mit den Generälen im Hotel Pragser Wildsee aufnehme und daß zur Beruhigung der Gefangenen und Hebung ihrer Stimmung um 14 Uhr ein Bericht über die Sachlage an die Häftlinge im großen Saal des Gasthauses in Niederdorf organisiert wird. Damit ist auch die Gestapo einverstanden."[91]

Nach dieser Unterredung macht sich Anton Ducia unverzüglich auf den Weg zum Hotel „Pragser Wildsee". Emma Heiss-Hellenstainer sieht ihn kommen. Über sein Eintreffen schreibt sie in ihrem Bericht: „Sonntag, 2 Uhr nachmittags, sah ich Ingenieur Ducia im Auto vorfahren. Mein Gott, dachte ich mir, was geschieht jetzt? Er kam zu mir: Vorerst müsse er mit den Generälen sprechen, dann mit mir selber. Nach ungefähr 2 Stunden kam er auf mein Zimmer. Die Generalität samt Stab müsse fort, sie kämen nach Altprags. Hier herauf kämen dafür 150 Internierte aus Dachau, Buchenwald usw. Es kämen Kanzler Schuschnigg mit Familie, Herr und Frau Blum, ein französischer Bischof, Engländer, Griechen, im ganzen 22 (sic!) verschiedene Nationen. Ich solle gut auf sie schauen, auch im Bezug auf Verpflegung, es würde unser Schaden nicht sein."

Die Nachricht bewegt Emma Heiss-Hellenstainer so sehr, daß sie vom Stuhl aufspringt und einen Moment lang zum Fenster hinausschaut, um „dem lieben Herrgott zu danken". Glücklich schreibt sie: „Nach all dem Bitteren die langen Jahre hindurch hätt´s was Schöneres nicht geben können?" Mit Erleichterung sieht sie die Generäle am Tag darauf davonziehen. „Die ganze Nacht hiedurch", berichtet sie,[92] „hörte ich packen."

Mit seinem Verhandlungsgeschick ist es Ingenieur Ducia gelungen, General Schlemmer in einer Aussprache unter vier Augen zum Abzug aus dem Hotel zu bewegen. Wie er dabei vorgegangen ist, schildert er selbst: „Ich setze ihn kurz ins Bild und nenne ihm einige Namen aus dem Kreis der Gefangenen, darunter jenen des ihm bestbekannten Generalobersten Halder. Insbesondere der Bericht über die kaum verhehlte Absicht der Liquidierung der Gefangenen durch die Gestapo beeindruckt ihn tief und veranlaßt ihn, die günstige Erledigung meiner Bitte mit seinen Kameraden, Generälen Belovius und Jordan, zu betreiben, damit

Die Niederdorfer Pfarrkirche zum Heiligen Stephanus ist für viele Gefangene am Morgen des 29. April 1945 – nach Jahren der Haft im Konzentrationslager – das erste Ziel zum Gebet.

das Haus möglichst bald geräumt ist. Er erbittet sich jedoch eine telephonische oder schriftliche Anweisung durch den Oberbefehlshaber Südwest, Generaloberst von Vietinghoff-Scheel, die ich ihm noch am selben Tag beizubringen verspreche.“[93]

Während Ducia an diesem schicksalsschweren Sonntag noch bemüht ist, alles zur Rettung der Gefangenen in die Wege zu leiten, versammeln sich die Häftlinge am Vormittag zum Gottesdienst in der Niederdorfer Pfarrkirche zum Heiligen Stephanus, der ihnen von Stiller schließlich, allerdings unter Ausschluß der Öffentlichkeit, gestattet worden ist. Richard Schmitz, der schon früh auf den Beinen ist, berichtet, wie der Tag für ihn nach der Nacht auf dem Stroh im Gemeindeamt, die er neben Martin Niemöller verbrachte, begonnen hat: „Am Morgen des Sonntag, 29. April, an dem ich nur als Frühaufsteher Waschung, Rasur usw. in der winzigen Toilette rechtzeitig erledigen konnte, versuchte ich, gleich in die Kirche zu gehen, doch hielt mich ein Posten unserer SS auf, worauf ich ihm gründlich meine Meinung sagte. Leider hielt Joos nicht mit, sondern verhandelte mit dem Posten, so daß dieser Oberwasser bekam und ich mich ins Warten ergeben mußte. Immerhin trat wenigstens der Erfolg ein, daß der Bischof (Piguet) um 10.30 (Uhr) eine für uns bestimmte gemeinsame hl. Messe las, an der fast alle katholischen und griechisch-(orthodoxen) Mitglieder unserer Gesellschaft teilnahmen; viele gingen zur hl. Beichte, und die große Mehrzahl empfing die hl. Kommunion mit großer Andacht – für sehr viele zum ersten Male seit langer Zeit. Der Münchener Domkapitular Neuhäusler hielt eine schöne Ansprache.“[94]

Daß die Häftlinge den Gottesdienst am 29. April mit den Dorfbewohnern nicht gemeinsam feiern durften, bleibt Bischof Gabriel Piguet in Erinnerung. „Als ich (im Pfarrhof) erwachte“, berichtet er,[95] „war hellichter Tag. Ich habe wunderbar geschlafen. (...) Von meinem Fenster aus sehe ich die Gläubigen zu den Sonntagsmessen in die Kirche gehen und herauskommen. Uns ist es nicht erlaubt, gleichzeitig mit ihnen in der Kirche zu sein. Aber um 11.00 Uhr ist eine Messe mit dem Bischof und eine kurze Ansprache des Domkapitulars (Neuhäusler) aus München. Es sind tatsächlich fast alle Gefangenen anwesend, Katholiken aller Länder, darunter eine große Zahl von sehr eifrigen Gläubigen, Griechisch-Orthodoxe, Protestanten, ja sogar Persönlichkeiten, die gewöhnlich eher weniger Gottesdienste besuchten. Aber sie zu dieser Stunde am Altar um den Bischof, den Leidensgefährten, herum zu sehen, ist das nicht ein Freundschaftsbeweis und ein Vorgeschmack von Freiheit? Ist es nicht ein geheimnisvolles Bedürfnis des Menschen, der noch in Ungewißheit über sein Schicksal ist, sich Gott näher zu wissen und zu fühlen, als jemals zuvor in seinem Leben?"

Neuhäusler vermerkt den beeindruckenden Kirchenbesuch in seinem Tagebuch nur kurz: „Morgens 1/2 11 Uhr dann Gottesdienst: Bischof hält Messe."[96] In seinen Erinnerungen geht er jedoch darauf ausführlicher ein: „Am nächsten Tag hatten wir um 10 Uhr (sic!) Gottesdienst in der Pfarrkirche. War das ein Erlebnis: nach Jahren wieder in einer Kirche einen festlichen Gottesdienst in großer Gemeinschaft feiern zu können. Bischof Piguet zelebrierte, ich hielt die Predigt vor einer Zuhörerschaft, wie ich sie sicher in meinem ganzen Leben nicht mehr haben werde: vor Katholiken, Protestanten, Orthodoxen, Angehörigen der verschiedensten Nationen und Stände.

Viele benützten die Gelegenheit, die hl. Sakramente zu empfangen. Einer feierte dabei, wie er selbst erklärte, sein '50jähriges Beichtjubiläum'."[97]

Auch für Marie-Gabriele von Stauffenberg ist der Gottesdienst ein Ereignis, das sie in ihren Aufzeichnungen festhält: „Erste heilige Messe vom Bischof von Clermont-Ferrand in der Dorfkirche für uns alle."[98] Ebenso vermerkt Joos den Kirchenbesuch in seinem Notizbuch: „Um 1/2 11 Uhr wird die katholische Kirche am Ort zum Gottesdienst für die Häftlinge freigemacht. Mgr. (Monsignore) Piguet zelebriert die heilige Messe. Deutsche, französische und ungarische Teilnehmer."[99]

Ort eines bewegenden Gottesdienstes am 29. April 1945: Der spätbarocke Bau der Niederdorfer Pfarrkirche.

Für Kunkel ist dieser Sonntag der „Tag der beginnenden Freiheit", wie er am 29. April in sein Tagebuch schreibt.[100] „Um 9 Uhr", berichtet er, „gehe ich (vom Pfarrhof, Anm. d. Verf.) zum Gemeindehaus, um die Leute zum Gottesdienst abzuholen. Stiller ist sehr freundlich: 'Selbstverständlich können Sie Gottesdienst halten.' Zunächst ein kurzer Appell, darin sagt er selber den Gottesdienst an (!) und sagt für 11 Uhr (sic!) eine allgemeine Besprechung im Café an. Ich glaube nicht, daß ein Posten zur Bewachung mitgekommen ist. Wir gehen in die schöne Barockkirche des Ortes. Alle sind mit dabei. Auch die Protestanten und die Griechisch-Orthodoxen. Bischof Piquet (sic!) hält die Messe, ich darf ihm assistieren. Zum ersten Mal seit langer Zeit wieder Talar und Chorrock mit Stola. (John) McGrath und verschiedene an-

In der Versammlung der Häftlinge im Hotel „Bachmann“ in Niederdorf erklärt sich der SS-Obersturmführer Edgar Stiller bereit, das Kommando über den Geiseltransport niederzulegen.

dere aus dem (Dachauer) KA waren erschrocken, als sie mich am Altar sahen; sie hatten mich für einen protestantischen Pfarrer gehalten. Es war der 4. Sonntag nach Ostern. Prälat Neuhäusler hält die Predigt. Er spricht vom Vertrauen auf Gottes Führung und von der brüderlichen Liebe zueinander. Es ist während der Messe Beichtgelegenheit. Es gehen manche zu den Sakramenten, die es seit Jahrzehnten nicht mehr getan haben. Einer hat dabei, wie er es nachher beim Abendessen in der Wirtschaft öffentlich gesagt hat, ein goldenes Jubiläum (50 Jahre). (...)

Alle hatten seit langer Zeit keinem Gottesdienst beiwohnen können. Nach den Monaten des Todes und der ständigen Bedrohung ein erster Schritt ins Leben. Welch ein Gegensatz: Zelle und KZ zu einem hohen, freien Gotteshaus!“

Nach dem Gottesdienst findet im Hotel „Bachmann“ um 14 Uhr die angekündigte Versammlung aller Häftlinge statt, die Ducia mit Stiller vereinbart hat und die zur Beruhigung der Gefangenen beitragen soll. Mit dieser Zusammenkunft, die Thalhammer organisatorisch einleitet, gelingt ein weiterer Schritt in die Freiheit: Stiller ist bereit, das Kommando über den Transport an die Wehrmacht abzugeben, die bereits alarmiert ist.[101]

Über den Verlauf der Versammlung, in der es Ducia vor allem darum geht, die Häftlinge zu ihrer eigenen Sicherheit von Fluchtversuchen abzuhalten, berichtet der Quartiermeister des Obersten Kommissars: „Inzwischen sind Häftlinge und Bewachung im Gasthaussaal zu Niederdorf versammelt worden. Zunächst appelliert der Vertreter der Engländer, Best, in englischer und deutscher Sprache für ein gemeinsames Ausharren, um nicht durch Einzelaktionen oder solche einzelner Gruppen die Gesamtsicherheit zu gefährden. Sodann kann ich den Anwesenden in deutscher und noch viel offener in französischer Sprache erklären, daß es der aufrichtige Wille aller, insbesondere aller Tiroler ist, ihnen zu helfen. In dieser Situation muß ich um persönliches Vertrauen zu uns bitten und wieder an die Besonnenheit aller appellieren. Ich gehe so weit, zu erklären, daß der Krieg für die Anwesenden vorbei sei und jede Aktion nun wohl romantisch, aber nicht zweckdienlich sein könne. Man müsse uns eben in dieser Situation vertrauen. Aus dem Beifall der Anwesenden kann ich entnehmen, daß uns zumindest der größte Teil der Anwesenden zustimmt und vertraut."[102]

In dieser Versammlung, die für alle Beteiligten eine Wende bedeutet, tritt auch zum erstenmal ein Komitee der Häftlinge auf, dessen Führung Sigismund Payne Best übernommen hat. Ihm stehen Oberst Bogislav von Bonin, Fregattenkapitän Franz Liedig und Domkapitular Johann Neuhäusler zur Seite.

Kunkel widmet dieser Entwicklung in seinem Tagebuch einen breiten Raum: „Nach dem Gottesdienst gehen wir zu der Besprechung im Hotel Bachmann. Und nun das Neue: Es spricht nicht mehr Stiller zu uns, sondern Oberst von Bonin. Er verkündigt, daß die Wehrmacht uns in ihren Schutz genommen hat. (Im Operationsgebiet hat nicht die SS, sondern der Kommandierende General zu bestimmen. SS-General Wolff muß auch irgendwie verständigt worden sein.) Von Bonin: 'Sie wird uns eine Kompanie Wehrmacht zum Schutz senden. Die Führung der Gruppe wird von einem Komitee übernommen, dessen Führung (...) Payne Best vom Secret Service hat.' Ihm werden beigegeben: Oberst von Bonin, Fregattenkapitän Liedig und Prälat Neuhäusler. Stiller spricht auch: Er will nur noch Organisator sein.[103] Ein Vertreter der deutschen Volksgruppe Südtirol will alles für unsere gute Unterbringung im Berghotel (gemeint ist das Hotel „Pragser Wildsee", Anm. d. Verf.) tun. In seiner herzlichen Art hat er uns alle gewonnen. Diese Stunde war die entscheidende Wandlung zum Besseren.

Das Mittagessen ist ein Festmahl beim Pfarrer. Tiroler Schinkenknödel! Und alles andere drum und dran! Wir können uns ganz frei bewegen. Ein schöner sonniger Nachmittag. Der Schneefall in der Nacht ist vergessen. Hell leuchten über die Kirche die Dolomiten herüber. Nach einem kleinen Spaziergang bete ich mit dem Bischof im Chorgestühl der Kirche das Brevier. Das Abendbrot nehmen wir in unserer Wirtschaft ein."[104]

Neuhäusler vermerkt seine Berufung ins Häftlingskomitee nur kurz im Tagebuch: „Nachmittags 2 Uhr Volksversammlung. Ich werde ins Komitee gewählt, hernach Komiteeäußerung, dann mit Schuschnigg, Schacht, Thomas, Müller zusammen in Küche von B(a)chmann. Nach Abendessen (dicke Suppe) noch bei verschiedenen Gruppen (Dänen und Griechen)."[105] Ebenso kurz faßt sich Niemöller in seinen Aufzeichnungen: „Nachm. 3 h Bild(un)g eines Komitees unter Best."[106]

Ausführlicher geht Best in seinen Erinnerung auf die Versammlung im Hotel „Bachmann" ein, wo es zum Beschluß gekommen ist, wie sich Wauer erinnert,[107] „die Wehrmacht zu bitten, die Obhut und Sicherheit der Internierten zu übernehmen": „Mittags fand ich meine Mitgefangenen im Café des Hotels Bachmann versammelt, und Stiller rief aus, daß er nicht länger für ihre Sicherheit verantwortlich war, daß Herr Best ihnen Näheres erzählen werde. Von Bonin und ich stiegen dann auf einen Tisch, und er auf Deutsch und ich auf Englisch erklärten (...), daß sich nunmehr jeder als freier Mensch betrachten könne. Bis wir jedoch wirklich von den alliierten Truppen befreit würden, müßten alle sehr vorsichtig sein und sich nicht zu weit von ihrer Unterkunft entfernen. Dann erzählte ich von den Vorkehrungen, die für uns alle getroffen worden seien, uns in ein Hotel hoch oben in den Bergen zu bringen, wo wir uns unter der Bewachung der Wehrmacht vollkommen sicher fühlen könnten.

Es gab einen kleinen Applaus und dann eine Stimme aus der Menge: 'Ich entnehme den Namen der Komitee-Mitglieder, daß Frankreich darin nicht vertreten ist, daher schlage ich vor, daß seine Königliche Hoheit Prinz Xavier von Bourbon zum Komitee-Mitglied ernannt wird, um die französischen Interessen und die der französischen Mitglieder unserer Gruppe wahrzunehmen.' Ich dachte mir: 'Gute alte Liga der Nationen, erwache zu neuem Leben',

Generaloberst Vietinghoff und SS-Obergruppenführer Wolff (beide in der Mitte) werden von Oberst Bonin über die Ankunft der Geiseln in Niederdorf informiert.

erklärte dann aber höflich, daß ich nicht in nationalen Kategorien gedacht hatte, als ich das Komitee zusammengestellt hatte, sondern daß ich nur jene Herren um Mithilfe gebeten hatte, die aufgrund ihrer besonderen Kenntnisse oder ihres Einflusses in der Lage gewesen seien, den Interessen der gesamten Gruppe am besten zu dienen."[108]

Isa Vermehren betrachtet diesen „plötzlichen Ausbruch antiquiertesten Parlamentarismus", wie sie sich ausdrückt, mit Befremden. „Am Nachmittag", berichtet sie,[109] „wurden wir zusammengerufen im Saal eines Gasthofes. Bonin und Mr. Best stiegen auf zwei Stühle, um zu verkünden, daß mit Einwilligung von Obersturmführer Stiller – dieser stand aschfahl und ein wenig grinsend auf einem dritten Stuhl – wir von nun ab dem Schutz der Wehrmacht unterstellt seien und daß Herr Dr. Thalhammer (...) uns als Gäste des Landes Tirol begrüße. Zur Vertretung unserer Anliegen habe sich ein Komitee gebildet aus Mr. Best im Hinblick auf die heranrückenden alliierten Befreier und Oberst Bonin, mit Rücksicht auf die notwendigen Verhandlungen mit den deutschen Behörden. (...)

Mit dem Beginn 'Ladies and gentlemen' – wahrhaftig eine Wohltat, so angesprochen zu sein nach so langer Entbehrung jeglicher Höflichkeit im offiziellen Tonfall – folgte dann die englische Übersetzung von Mr. Best (...). Notwendigerweise folgte dann noch die Übertragung ins Französische, wegen der Franzosen, einiger Balkanesen und vor allem der Griechen, von denen nur einer außer Griechisch auch ein wenig Französisch konnte. Dieser übersetzte dann alles mit großem Aufwand und in doppelter Länge ins Griechische. Aber er kam nicht weit. Als er anfing, vom Komitee zu sprechen und seiner Zusammensetzung, brachen seine sieben Landsleute in ein lautes und gebärdenreiches Protestgeheul aus! Das sei ganz ausgeschlossen, da müsse er sofort widersprechen, sie müßten selbstverständlich ebenfalls eine Vertretung in diesem Ausschuß haben, sonst würden sie sich keiner Anordnung fügen, und der eine Jugoslawe (sic!) stimmte brüllend mit ein, verlangte das gleiche für sich und überdies den sofortigen Ersatz seiner ihm verlorengegangenen Kleidung. 'Selbstverständlich', rief Sydney H. Dowse dazwischen, 'das Komitee ist ganz schlecht und muß sofort wieder abgesetzt werden, ob man nicht lieber abstimmen sollte ...' Es war mühsam, in der allgemeinen Ausgelassenheit die aufgebrachten Herren davon zu überzeugen, daß hier kein kleines San Francisco gegründet werden sollte, sondern ausschließlich ein Komitee, das geeignet wäre, die Wünsche und Anliegen der Allgemeinheit vor den entsprechenden Stellen zu vertreten, und unter dem noch anhaltenden, abfälligen Murmeln der so zurechtgewiesenen kleinen Entente schritt man wieder zur Tagesordnung."

Nach der Versammlung im Hotel „Bachmann" bricht Anton Ducia sofort nach Bozen auf, um sich dort mit dem Oberbefehlshaber Südwest, Generaloberst Heinrich von Vietinghoff-Scheel, und mit dessen Generalstabschef, General der Panzertruppe Hans Röttiger, über das weitere Vorgehen in Niederdorf und im Hotel „Pragser Wildsee" zu beraten. Auch über dieses Treffen berichtet Ducia später detailliert: „Drei Stunden später bin ich vor dem OB Südwest, Generaloberst von Vietinghoff, und seinem Stabschef, General (...) Röttiger. Ich weiß von unserem Verbindungsoffizier, Major von Reichel, daß ich mit dem Generaloberst offen reden kann. Er und sein Stabschef hören sich die Einzelheiten von Niederdorf erstaunt und empört an und versprechen schließlich ihre Hilfe.

Das ist im einzelnen die Anweisung an die Generäle (...) Schlemmer, Belovius und Jordan zur Räumung des Hotels und zur Übersiedlung ins sogenannte Klammschlößl bei Innichen. Des weiteren die Entwaffnung der SS und Gestapo durch eigene Truppen und die Übernahme des Schutzes der Gefangenen durch die Wehrmacht.[110] Schließlich sofortige Hilfe durch Beistellung von zusätzlicher Verpflegung an die sehr entkräfteten Häftlinge. Mit der Bereitwilligkeit der beiden Generäle, einen so gefährlichen Einbruch in den Machtbereich des Reichsführers-SS Himmler zu unternehmen, ist die ganze Angelegenheit eigentlich erledigt. Für ihre schnelle Durchführung dürfte noch ein Telephongespräch beigetragen haben, das Oberst von Bonin mit diesen Offizieren im Lauf des Tages führen kann. Um vor irgendwelchen gefährlichen Überraschungen bis zum Zeitpunkt der Übernahme durch die Wehrmacht sicher zu sein, organsiert Dr. Thalhammer inzwischen mit Hilfe des Ortskommandanten die Standschützen von Niederdorf. Sie bleiben die ganze Nacht über in bewaffneter Bereitschaft."[111]

In der Tat hat Oberst Bogislav von Bonin, wie Ducia in seinem Bericht hervorhebt, bei der nächsten Gelegenheit, die sich ihm nach der Ankunft in Niederdorf bot, die Initiative ergriffen und am Telefon General Röttiger in Bozen über den Häftlingstransport in Kenntnis gesetzt. Als er sich am Sonntag, dem 29. April, dazu entschloß, stand er unter dem Eindruck der vergangenen Nacht, in der die Gefangenen noch voller Unruhe waren. „Wir", berichtet er,[112] „mußten die Frauen beruhigen, die schreckliche Angst hatten. Schuschniggs Tochter Maria Dolores weinte unablässig."

So gab es für Bonin kein Halten mehr. Wie er bei seinem Unternehmen vorging, sagt er später aus: „Am Vormittag des nächsten Tages (29. April, Anm. d. Verf.) hatte die Nervosität unter den Häftlingen, insbesondere bei den älteren und bei den Frauen, einen derartig hohen Grad angenommen, daß ich mich zu sofortigem Handeln entschloß.[113] Ich entzog mich in einem günstigen Moment der Bewachung und suchte im Dorfe Niederndorf (sic!) eine Telefonstelle. Nach längerem Umherirren fand ich tatsächlich eine Art militärische Ortskommandantur, besetzt mit einem Wehrmachtshauptmann und einigen Soldaten.[114] Da ich in voller Uniform war, fiel es mir nicht schwer, den erwähnten Hauptmann durch entsprechendes Auftreten zur sofortigen Anmeldung eines Blitzgespräches mit dem Oberkommando der Heeresgruppe Italien zu bewegen, deren Oberbefehlshaber Vietinghoff und deren Chef des Stabes, Röttiger, ich von früher her persönlich gut kannte.

Nach stundenlangem Warten kam dieses Ferngespräch tatsächlich zustande, und ich konnte mit General Röttiger unsere Situation kurz besprechen. Die (...) Hilfe vor der drohenden Liquidierung durch unser SS-Begleitkommando wurde mir dergestalt zugesagt, dass schnellstens eine Kompanie des Heeres zu mir nach Niederdorf gesandt werden würde.

Ich hatte kaum den Hörer wieder auf die Gabel gelegt, als die Tür aufgerissen wurde und Stiller mit zwei bis drei Begleitmannschaften, bis an die Zähne bewaffnet, eintrat. Er hatte mich gesucht und schließlich auch gefunden. Es gab eine außerordentlich heftige Auseinandersetzung, in die sich auch der erwähnte Ortskommandant, der sich durch mich betrogen fühlte, einmischte. Die Auseinandersetzung endete schließlich damit, dass Stiller mich wieder (...) zu unserer Gruppe zurückbrachte.

Ich kann Stiller aus den bei dieser Auseinandersetzung gemachten Drohungen, wie sofortiges Erschießen wegen Fluchtversuch usw., keinen Vorwurf machen, denn letzten Endes war ich als Gefangener ausgerissen, während Stiller als Kommandoführer zu diesem Zeitpunkt zweifellos noch für seine Gefangenen verantwortlich war. (...)

Ich benachrichtigte selbstverständlich alle meine Mithäftlinge von dem Versprechen der Heeresgruppe, uns alle so schnell wie möglich aus den Händen der SS zu befreien, und erreichte dadurch, daß die Masse meiner Mithäftlinge den weiteren Ereignissen etwas ruhiger und gefasster entgegensah. Auch die folgende Nacht verlief ohne besondere Zwischenfälle."[115]

„Zeichen der beginnenden Auflösung"

Der Sonntag endet für die Häftlinge mit der erleichternden Erkenntnis, daß sie durch Stillers Rücktritt vom Kommando bereits ein Stück ihrer Freiheit zurückgewonnen haben. Das schlägt sich auch in verschiedenen Aufzeichnungen nieder. „Die Wache", vermerkt Blum in seinem Tagebuch,[116] „änderte ihren Charakter. Wir konnten uns in den Häusern und innerhalb des Dorfes als freie Menschen betrachten." Marie-Gabriele von Stauffenberg schreibt: „Können uns im Dorf frei bewegen. (...) Unsere Wachmannschaften bedrückt."[117] Paul Wauer stellt dankbar fest: „Die Verpflegung wurde uns in Niederdorf in drei verschiedenen Lokalen verabreicht. Das war für mich nach acht Jahren und acht Monaten (der Haft, Anm. d. Verf.) ein besonderes Ereignis, privat bedient zu werden."[118] Joos trägt in sein Notizbuch ein: „Wir suchen uns ein anderes Quartier. Man kontrolliert nicht mehr. Zeichen der beginnenden Auflösung. Der Müller Schmidthöfer von Niederdorf, bekannt als Gegner der Nazis, nimmt uns zu dreien bereitwilligst auf. Wir schlafen in wirklichen Betten und essen wie beim Fest."[119]

Auch Richard Schmitz steht nach Jahren der Dachauer Haft zum erstenmal wieder vor einem Bett, dessen Anblick ihn zutiefst bewegt. „Im Laufe des Nachmittags", berichtet er,[120] „wurde ich mit Prinz Xavier in einem gut eingerichteten und anheimelnden Zimmer des Frühmesserhauses bei Hochkofler (das Café Ebner, wo ich meine Mahlzeiten erhielt, gehört ihm) einquartiert. Mit einer unleugbaren Verlegenheit stand ich vor dem blütenweiß überzogenen Bette; da soll ich also schlafen, der ich seit mehr als sieben Jahren nur Pritsche und beinharten Strohsack mit staubigen und nicht immer zimmerreinen Decken in einem für 52 bestimmten und mit 150 bis 200 (Personen) belegten Schlafsaale meine Nächte zugebracht hatte. Schließlich erlag ich der Einladung des Bettes, breitete aber ein Handtuch zwischen das schwellende Kopfpolster, sozusagen als Kompromiß zwischen früher und jetzt.

Welch wunderbarer Schlaf. Und welch angenehmes Erwachen: Ich mußte mich nicht mehr aus zweifach belegtem Bette durch schmalen Gang im Dunkeln zur Türe hinaus tasten in den dunklen Waschraum, Kleider und Geräte mit Hilfe des Tastsinnes auf unsauberen Fässern, Kübeln etc. ausbreiten und wieder finden und unter solch schwierigen Umständen die morgendliche Waschung vollziehen, sondern in freundlichem, sauberem Zimmer, das vom Morgenlicht erhellt war, an einem richtigen Waschtische. Welch ein Unterschied!"

Die Häftlinge erleben diesen 29. April wie einen Festtag. „Über dem ganzen Dorf", erinnert sich Isa Vermehren,[121] „wogte eine unendlich festliche und angeregte Stimmung. Daß Schuschnigg sich unter den Häftlingen befand, hatte sich wie ein Lauffeuer im ganzen Ort herumgesprochen, und für alle verknüpfte sich damit die feste Hoffnung, daß mit dem Ende des Krieges auch das Ende der italienischen Regierung gekommen sein würde, die man nie anders denn als Fremdherrschaft empfunden hatte. Szenen wie die folgende haben sich mehr als einmal abgespielt: Zwei Soldaten baten dringend darum, Schuschnigg sehen und begrüßen zu dürfen. Um ein Aufsehen zu vermeiden, wurde ihnen bedeutet, sie möchten warten, da wo sie stünden, man würde Herrn von Schuschnigg Bescheid sagen. Dieser kam dann und ging wie zufällig an ihnen vorbei, wobei er grüßend den Hut zog. Die Soldaten standen stumm und in strammer Haltung da, und das Übermaß von ergriffener Freude schimmerte fast wie Tränen in ihren Augen."

Vor allem zieht es die Häftlinge zu Spaziergängen ins Freie, wo sich niemand mehr ihnen in den Weg stellt, und dankbar genießen sie die überwältigende Herzlichkeit und Gastfreundschaft der Niederdorfer, denen sie unterwegs begegnen. „Unsere Leute, soweit sie nicht Gäste waren bei ihren Wirten", berichtet Isa Vermehren,[122] „bewegten sich alle, getrieben vom Genuß der wiedergewonnenen Freiheit, im Dorf und der nächsten Umgebung herum. Die Haltung der Bevölkerung uns gegenüber kann gar nicht genug gerühmt und gedankt werden. Wir fühlten uns wie fortgerissen von einer Welle herzlicher Freundlichkeit, der wir uns um so lieber überließen nach so langer Zeit angstvoller Unheimlichkeiten."

Zu den Spaziergängern zählt auch Martin Niemöller. Nachdem er nach der Versammlung im Hotel „Bachmann" zwei Stunden lang auf dem Bett seiner Leidensgefährtin Gisela von Plettenberg geschlafen hat, ist er wieder zu Kräften gekommen. „Darnach Spaziergang", vermerkt er kurz in seinem Tagebuch.[123] „Abends gut in der Küche gegessen: 'Hotel Bachmann'. Wein getrunken in netter Gesellschaft bis 2 h. Dann in ein gutes Bett!"

Alvensleben erfährt vom Geiseltransport

Der SS-Wachmannschaft fällt es jedoch sichtlich schwer, Abschied von ihrer Macht zu nehmen. Isa Vermehren erfährt von einem Vorfall, der zeigt, daß für die Häftlinge die Gefahr, die vom Begleitkommando ausgeht, noch nicht gebannt ist. „Nach dem Abendbrot", erinnert sie sich,[124] „begegnete ich dem Furier Franz, zu dem ich kein schlechtes Verhältnis hatte. Er lud mich zu einem Glase Wein ein und schenkte mir ein halbes Pfund Butter. Ich sehe es noch, wie der große, schwere Kerl vor mir lässig an der Theke lehnte und voller Hochmut und Verachtung auf die Menschen vor sich heruntersah. Seine unterdrückte Wut schien weniger uns als vielmehr der Unentschlossenheit seiner Vorgesetzten zu gelten, und man konnte spüren, daß es nur eines Wortes bedurfte, um die ganzen von bösem Zorn durchwühlten Kräfte in ihm zu entfesseln.

Tatsächlich war er es auch, der noch spät in der Nacht mit wildem, verzerrtem Gesicht in das eine Gastzimmer einbrach, in dem ein Teil unserer Leute noch aufsaß. Unter ihnen befand sich Bonin mit mehreren Generälen, Mr. Best, Frau von Schuschnigg usw. Noch schwankend von der Heftigkeit seines Eintritts, berauscht vom Alkohol und rasendem Zorn, fuchtelte er mit der Pistole in der Luft herum und brüllte, durchsetzt mit gräßlichen Flüchen: Es sei eine Schweinerei, sie hätten gefälligst ins Bett zu gehen, was sie sich einbildeten, vorläufig habe er hier noch zu sagen und ähnliches mehr. Bonin war aufgesprungen und umschloß mit festem Griff die heimlich mitgeführte Pistole in seiner Hosentasche. Aber die Weise, wie er dem Mann Antwort gab, genügte, um diesen zum Rückzug zu bewegen. In Bonins Haltung lag so viel überzeugende Sicherheit, in seinem Ton so viel zurechtweisende Verachtung, daß der sinnlose Zorn des betrunkenen SS-Mannes wie ein Strohfeuer erlosch und mit der kalten Angst ihn auch die Ahnung überkroch, daß die Wirklichkeit, in der er zu leben gewohnt war, keinen Bestand mehr hatte. So blieb ihm nur der klägliche Abzug zurück zu seinen Kameraden, die gleich ihm entschlossen waren, wenigstens voreinander die Rolle, die das wilde Spiel der letzten zwölf Jahre ihnen zudiktiert hatte, bis zum letzten Atemzuge durchzuhalten."[125]

Bonin hat später diesen Vorfall bestätigt, der ihn am Abend des 29. April veranlaßt hat, zum Schutz der Mithäftlinge im Wirtshauszimmer einzugreifen und die „üblen Drohungen“ des betrunkenen SS-Mannes zurückzuweisen. „Es gelang mir“, berichtet er,[126] „diesen SS-Mann mit vorgehaltener Pistole – die Waffe hatte ich verbotener Weise und kurioser Weise während meiner ganzen Haftzeit versteckt bei mir – zum Verlassen des Raumes zu zwingen.“

Hauptmann Wichard von Alvensleben an seinem Schreibtisch im Hotel „Drei Zinnen“ in Moos, einem Ortsteil von Sexten.

General Röttiger hält sein Wort, das er Bonin und Ducia gegeben hat, und verständigt telefonisch den Kommandanten des Hauptquartiers des Oberbefehlshabers Südwest (Heeresgruppe C), Hauptmann Wichard von Alvensleben, vom Geiseltransport in Niederdorf. Dieser soll den Häftlingen zu Hilfe kommen. Von seinem Quartier, das sich im Hotel „Drei Zinnen“ in Moos, einem Ortsteil von Sexten, befindet, ist es zum Glück kein weiter Weg über Innichen und Toblach nach Niederdorf. Alvensleben, der die Stabskompanie des OB Südwest führt, hält sich bereits seit längerer Zeit in den Dolomiten auf, um die Verlegung des Hauptquartiers von Vietinghoff aus Bozen in den Raum von Sexten-Innichen in die Wege zu leiten.[127]

Dabei wird er vom Sonderführer Emil Joseph Lengeling, einem katholischen Priester und Dolmetscher, unterstützt, den der Hauptmann zu sich geholt hat. Lengeling, der nach dem Krieg als Theologe eine herausragende wissenschaftliche Karriere macht, berichtet selbst, wie er in die Dolomiten gekommen ist: „Am 14. August 1944 wurde ich von Alvensleben in Begleitung eines Südtiroler Offiziers, Graf Fedrigotti, als Ortskundigen, von Recoaro nach Sexten-Moos zum 'König des Pustertales', Hans Watschinger, Altbürgermeister und Besitzer des Hotels 'Drei Zinnen', gebracht, um im Raum Sexten-Innichen für den OB Südwest ein Hauptquartier vorzubereiten. (...) Weit und breit war ich mehrere Wochen lang der einzige deutsche Soldat im Oberen Pustertal, damit beschäftigt, alle möglichen Unterkünfte für den Stab in Sexten, Moos, Bad Moos, Fischleintal und Innichen festzustellen, auszumessen und einzuteilen, bis nach und nach andere eintrafen: der stell-

Das Hotel „Drei Zinnen“: Hier erreicht Alvensleben aus Bozen der Befehl, sich der Häftlinge in Niederdorf anzunehmen.

vertretende Kdt. H.Q. (Abkürzung für Kommandant des Hauptquartiers, Anm. d. Verf.), zunächst Hauptmann Blank, dann Moritz, Pkw-Fahrer Hans Schäfer (...) und einige andere." Dann widmete er sich der „Einrichtung einer 'Schreibstube' in Stembergers 'Hotel zur Post', deren 'Spieß' ich war, obwohl nur im Rang eines Sonderführers 'G' (seit 4. März 1944, mit dem 1. Dezember 1944 Unteroffizier)".[128]

Alvensleben, dem die Befreiung der Häftlinge aus der Gewalt der SS in Niederdorf gelingen wird, entstammt einem angesehenen preußischen Adelsgeschlecht.[129] Nach dem Studium der Land- und der Forstwirtschaft sowie der Rechtswissenschaft in Eberswalde und in München bewirtschaftete er die Güter Tankow-Seegenfelde im Kreis Friedeberg und Dertzow im Kreis Soldin in der Neumark sowie das Forstgut Viarthlum im Kreis Rummelsburg. „Den 2. Weltkrieg", berichtet Reimar von Alvensleben,[130] „machte Wichard als Offizier vom ersten bis zum letzten Tag mit: in Polen, Frankreich, Rußland, Afrika und zum Schluß in Italien. In Rußland wurde er 1941 schwer verwundet und erhielt das Verwundeten-Abzeichen, das Infanterie-Sturmabzeichen und das Eiserne Kreuz 1. Klasse. Dann traf es ihn hart: Seine Frau Cora (Tochter von Otto von Erxleben und Edelgard von Werder) erschoß sich beim Eindringen der Russen am 29. Januar 1945 in Tankow. Das Schloß wurde geplündert und niedergebrannt, der Besitz enteignet, das Land fiel an Polen. (...) Zeit seines Lebens war er ein passionierter Jäger und wurde als solcher Ritter des St.-Hubertus-Ordens. Seit 1933 gehörte er dem Johanniterorden an und nahm seine Pflichten als Rechtsritter äußerst ernst. Er war ein tiefgläubiger Christ."

Der Unteroffizier Emil Joseph Lengeling genießt das Vertrauen des Hauptmanns Wichard von Alvensleben.

Diesem Mann fällt nun die Aufgabe zu, den Geiseln in Niederdorf die langersehnte Freiheit zu bringen. Für ihn ist dies „kein Zufall", wie er später Martin Niemöller schreibt,[131] „sondern vielmehr, auch wenn wir es heute nicht mehr wahrhaben wollen, nur Fügung und Führung durch das Walten außerweltlicher Kräfte, die wir Christen als Gott bezeichnen". Er unterstreicht: „Gerade dies Niederdorfer Geschehen zählt in meinem Leben zu den unabweisbaren Erfahrungen in dieser Richtung. Demgegenüber ist das Herausstreichen irgendeines Mitwirkenden gegenstandslos, weil wir alle in jenen Tagen nur Werkzeuge und Handlanger waren, die nach höheren Intentionen benötigt wurden. Anders ist der unwahrscheinliche Ablauf der Ereignisse für den nachdenklichen Eingeweihten nicht zu erklären. Aber wie sagen wir es den Heutigen?"

Die Stunde des Hauptmanns schlägt, als Alvensleben am Abend des 29. April 1945 der Anruf von Röttiger aus Bozen erreicht, der ihn über den angekommenen Geiseltransport in Niederdorf informiert. Der Vorgesetzte befiehlt ihm, die Häftlinge, wie Alvensleben selbst berichtet,[132] „zu übernehmen, zu beköstigen und für ihre Unterkunft zu sorgen". Damit ist aber noch nicht die Anordnung verbunden, gegen die SS vorzugehen.

Noch am selben Abend bricht Alvensleben allein mit dem Fahrer Hans Schäfer im Personenauto nach Niederdorf auf, wo er kurz vor Mitternacht ankommt.[133] Er will zunächst einmal das Terrain sondieren, bevor er aktiv wird. Über die Ankunft im Dorf berichtet er: „Ich traf dort einen der beiden Führer des SS-Begleitkommandos, einen SS-Obersturmführer (Name entfallen), der mich auf Befragen recht genau orientierte."[134] Bei diesem SS-Führer handelt es sich eindeutig um Edgar Stiller. Obwohl sich Alvensleben nicht zu erkennen gibt,[135] erhält er die Informationen, die er bekommen will.

Ein Stoßtrupp der Wehrmacht hält die SS in Schach

Lothar Meißner, der später im Interview mit Alvensleben weitere Einzelheiten erfahren hat,[136] beschreibt das nächtliche Zusammentreffen der beiden: „Im Ort ist es stockdunkel. Die KZ-Gefangenen befinden sich unter Bewachung in den Häusern. Der Offizier trifft zufällig auf SS-Obersturmführer Stiller, der offensichtlich etwas frische Luft schöpfen will, und erkundigt sich nach dessen Auftrag. Sie kommen ins Gespräch. Bei einer Tasse Kaffee erzählt Stiller in einem kleinen Lokal dem scheinbar zufällig nach Niederdorf gekommenen Wehrmachtsoffizier, was los ist, welchen Auftrag er hat und wer zum Transport gehört. Bei den bekannten Namen stockt Alvensleben der Atem. Doch er läßt sich nichts anmerken, um keinen Verdacht zu erregen. Stiller ist nicht erbaut darüber, daß der SS-(Führer) aus Buchenwald (gemeint ist Bader, Anm. d. Verf.) mit seiner zynischen Aufklärung (über das nahe Ende der Gefangenen, Anm. d. Verf.) Unruhe und Aufregung in den bisher reibungslos verlaufenen Transport gebracht hat. So, als interessiere ihn die Sache kaum, verabschiedet sich Alvensleben bald und rast in sein Quartier zurück. Sein Entschluß steht fest: Er muß der SS diese Menschen entreißen."

Im eigenen Bericht geht Alvensleben genauer darauf ein, was ihm Stiller berichtet hat. „Als Zahl der KZ-Häftlinge", schreibt er,[137] „gab er 186 oder 188 (sic!) an, Stärke des Begleitkommandos insgesamt 86 Mann, und zwar ein SS-Kommando und ein SD-Kommando unter Führung je eines SS-Obersturmführers (sic!). Er erklärte mir, er stehe mit seinem Kollegen nicht auf bestem Fuße. Dieser habe bei der letzten Etappe vor Niederdorf den Häftlingen erklärt bzw. erklären lassen, sie würden über Niederdorf nach Pragser Wildsee gebracht, um dort erschossen zu werden. In der Panikstimmung, die diese Erklärung hervorrief, hatten die Häftlinge sofort nach Eintreffen in Niederdorf einen Ausbruchsversuch gemacht, der nur mit Mühe verhindert werden konnte, und sie weigerten sich danach auch geschlossen, weiter nach Pragser Wildsee zu fahren."

In einer späteren Aussage wiederholt Wichard von Alvensleben die Auskunft, die ihm Stiller in der Nacht gegeben hat: „Er sagte mir, daß mit Autobussen und (anderen) Fahrzeugen ein Transport politischer Häftlinge in der Zahl von 186 – nach meiner Erinnerung – angekommen sei. Weiter teilte er mir mit, daß sein SS-Kamerad – (den) Namen hat er nicht genannt – den Häftlingen mitgeteilt habe, daß sie erschossen werden sollen."[138]

Nachdem sich Alvensleben ein Bild von der Lage in Niederdorf gemacht hat, verläßt er wieder den Ort. Sein plötzliches Erscheinen hat offensichtlich nirgends einen Verdacht geweckt. So kann er dem Dorf unbemerkt wieder den Rücken kehren. „Da es schon zu spät war, etwas zu unternehmen", berichtet er,[139] „fuhr ich zu meiner Dienststelle in Sexten zurück, um am nächsten Morgen um ca. 8.00 Uhr wieder nach Niederdorf zurückzukehren."

In Sexten hält sich Alvensleben auf, um dort die Verlegung des Hauptquartiers für den Oberbefehlshaber Südwest, Generaloberst Heinrich von Vietinghoff-Scheel, in die Dolomiten vorzubereiten.

Als Alvensleben am Sonntag, dem 30. April, erneut in Niederdorf eintrifft, hält ihn nichts mehr zurück. In seiner Begleitung befindet sich nun auch der Unteroffizier Lengeling.[140] Was die beiden Männer im Dorf erwartet, gibt Alvensleben in seinem Bericht wieder: „Am nächsten Morgen erschien ich wieder in Niederdorf in Begleitung eines Unteroffiziers und befragte dort den Führer des SD-Kommandos (...), ohne mich zunächst zu erkennen zu geben, nach seinem Auftrage und nach seinen weiteren Absichten. Er sagte mir, er habe den Auftrag, die Häftlinge nach Pragser Wildsee zu bringen. Auf weiteres Befragen gab er zu, daß sein Auftrag erledigt sei, 'wenn die Gefangenen gestorben seien'! Daraufhin gab ich ihm meinen Namen und Auftrag bekannt und ersuchte ihn, seinen Auftrag als erledigt zu betrachten und sich zu meiner Verfügung zu halten."[141]

Was Alvensleben über die Begegnung mit Bader noch im November 1945 in seinem Bericht niedergelegt hat, bestätigt er später in seiner Zeugenaussage: „Bei meiner Ankunft (in Niederdorf) traf ich am Marktplatz (richtig: Hauptplatz, Anm. d. Verf.) einen anderen SS-Führer in Gesellschaft mehrerer Damen. Auch diesen fragte ich zunächst – ohne mich zu erkennen zu geben – aus. Mir sagte derselbe, daß Niederdorf die letzte Station sei. Die politischen Häftlinge würden nach Pragser Wildsee verbracht. Der unbekannte SS-Mann wollte zunächst mit der Sprache nicht heraus, und erst über längeres Drängen und auf meine bestimmte Frage, wie lautet Ihr Auftrag, erklärte er, daß derselbe beendet ist, wenn die Leute gestorben sind.

Dieser zweite SS-Mann hat auf mich einen äußerst ungünstigen Eindruck gemacht und war nach meiner Ansicht im Typ Leuten wie Freisler gleichzustellen (...). Daraufhin erklärte ich dem SS-Mann sofort, daß ich ihn seiner Funktion enthebe und er sich mir zur Verfügung stellen müsse."[142]

Alvensleben ist jetzt entschlossen, noch einen Schritt weiterzugehen und die SS in Niederdorf festzusetzen, womit er kaltblütig den Rahmen seines Befehls überschreitet. Er kann zu diesem Zeitpunkt nämlich noch nicht wissen, daß sein Vorgehen später die Zustimmung von SS-Obergruppenführer Wolff in Bozen finden wird, dessen Kapitulationsverhandlungen mit den Alliierten erst am Vortag mit der Unterschrift in Caserta zum Erfolg geführt haben. Aber die unsichere Lage im Dorf zeigt Alvensleben, daß er handeln muß. „Von der Kw.Leitstelle[143] aus", schildert er selbst die dramatische Entwicklung, die er in Gang setzt,[144] „rief ich sofort meine Wachtkomp(anie) in Sexten an und befahl, mir auf schnellstem Wege einen Stoßtrupp aus Unteroffizieren mit MPi. (Maschinenpistolen) zu schicken. Dieser Stoßtrupp traf in Stärke von 15 Unteroffizieren nach etwa 3/4 Std. auf Pkws ein.[145] Ich ließ den Stoßtrupp gegenüber dem Eingang zur Bürgermeisterei, wo die SS ihr Quartier und Wachtlokal hatte, Aufstellung nehmen, mit (dem) Auftrag, die SS zu überwachen und event(uelle) eigenmächtige Handlungen zu verhindern.

Anschließend besuchte ich die Häftlinge in den verschiedenen Gasthöfen. Ich erklärte den deutschen Häftlingen, daß sie ab sofort unter meinen Schutz ständen und von der SS nichts weiter zu befürchten hätten. Ich bat (...) Best (...), den ausländischen Häftlingen dasselbe mitzuteilen. In meinem Wagen hatte ich 60 Flaschen Cognac mitgebracht, die ich (...) Oberst von Bonin mit der Bitte um gleichmäßige Verteilung an alle Häftlinge aushändigte."[146]

Alvensleben holt Verstärkung heran

Am Verhalten der SS erkennt Alvensleben, daß er noch nicht Herr der Lage ist. Er befürchtet einen Gegenschlag. Deshalb holt er weitere Kräfte zum Schutz der Gefangenen heran, wie er in seinem Bericht ausführt: „Inzwischen machte es die undurchsichtige Haltung der SS doch ratsam, noch Verstärkung heranzuziehen, zumal die Häftlinge auch noch recht unruhig und um ihr Schicksal besorgt waren. Fernmündlich erbat ich eine Komp(anie) eines Feldersatzbat(aillons) aus Toblach, die nach zwei recht kritischen Stunden in Stärke von ca. 150 Mann unter Führung eines L(eutnants) Thomalla sich bei mir meldete.[147] Nun erst war die Lage zu unseren Gunsten geklärt. Ich ließ den Marktplatz umstellen und verbot dem Lt. Thomalla, irgend jemand von der SS passieren zu lassen.[148]

Dies wirkte beruhigend auf die Stimmung der Häftlinge ein, die jetzt völlig ungehindert im Ort herumgehen konnten. Ich besuchte Frau von Hammerstein, Pastor Niemöller, das Ehepaar Blum und Schuschniggs in ihrem Quartier, wo auch der Prinz (Friedrich) Leopold von Preußen untergebracht war, ebenso ein Kapitän Niedick (richtig: Fregattenkapitän Liedig, Anm. d. Verf.)."

Das nächste Ziel, das sich Alvensleben setzt, ist sein Bemühen, das SS-Kommando aus Niederdorf wegzubringen. Dazu benötigt er allerdings die Zustimmung seiner Vorgesetzten in Bozen. „Ich", sagt er später aus,[149] „habe mich dann mit General Röttiger fernmündlich in Verbindung gesetzt und ihn über die Situation und meine Anordnungen unterrichtet. Da zufällig SS-Obergruppenführer Wolff bei Röttiger anwesend war, ließ ich mich auch mit diesem verbinden, schilderte ihm die gesamte Situation und ersuchte ihn, meine Anordnungen zu genehmigen, vor allem die gesamte SS-Begleitmannschaft des Transportes nach Bozen senden zu können, während die weitere Bewachung und der Schutz der Häftlinge von nun an durch die Wehrmacht erfolgen sollte."

Wolff ist damit einverstanden. „Schicken Sie mir die Kerls nach Bozen!" ordnet er an.[150] Ihn überrascht Alvensleben mit seiner Meldung nicht. Er wußte bereits von den SS-Geiseln in Niederdorf und hatte sich selbst bemüht, ihre Befreiung in die Wege zu leiten. Als Wolff, der in der „Operation Sunrise" – so der Deckname des gemeinsamen Unternehmens – mit dem amerikanischen Geheimdienst OSS zur Beendigung des Krieges an der italienischen Front in Verbindung stand, aus den eigenen Reihen Gefahr drohte, rief er in einem Kabel den britischen Feldmarschall Harold Alexander in dessen Hauptquartier ("Headquarter of the Mediterranian Aerea") in Caserta um Hilfe an. Dabei dachte er nicht nur an sich. Er erbat vielmehr eine „Aktion mit Fallschirmspringern und/oder Panzertruppen im Gebiet von Bozen", um die bevorstehende Kapitulation sowie die „annähernd 160 prominenten Geiseln", die sich dort in der Hand der SS befanden, zu retten.[151] Die Ereignisse, die sich dann am 30. April in Niederdorf überstürzten, machten jedoch den Hilferuf hinfällig.

In einer Ehrenerklärung bestätigt Alvensleben später dem SS-Obergruppenführer dessen Verdienste bei der Befreiung der Häftlinge: „Daß es gelang, mit 8 Unteroffizieren die 86 Mann starke SS-Einheit im Municipio (Rathaus, Anm. d. Verf.) in Niederdorf zu sistieren, bis die – völlig eigenmächtig – herbeigerufene Feldersatzkompanie aus Toblach mot. eintraf, daß ferner der Abtransport der SS letzten Endes kampflos verlief, ist das alleinige und eindeutige Verdienst des Karl Wolff, der – im Gegensatz zur Ansicht des Oberkommandos der H.Gr. SW[152] – auf fmdl. Anruf des Kommandanten (Alvensleben) dessen eigenmächtiges Unternehmen sanktionierte und der SS gegenüber autorisierte."[153]

So ungefährlich, wie Alvensleben dies hier in seiner Bescheidenheit darstellt, sind die letzten entscheidenden Stunden in Niederdorf jedoch nicht verlaufen. In seiner Zeugenaussage äußert sich der Hauptmann dazu näher: „Während ich von der in der Nähe befindlichen Telefonstelle mit General Röttiger und Wolff telefonierte, sind die beiden SS-Führer (Stiller und Bader, Anm. d. Verf.) entgegen meinem ausdrücklichen Befehl, wie ich nachher erfuhr, aus dem Zimmer (gestürmt). Sie wollten mit einem Kraftwagen abhauen. Hierbei wurden sie von einem meiner Posten (angehalten) und zur Rückkehr gezwungen. Die beiden wollten daraufhin offenbar irgendeine Stelle anrufen und kamen in das Telefonzimmer gestürzt, wo ich gerade das Ferngespräch mit Wolff hatte. Sie waren sehr aufgeregt und hielten sich über mein Vorgehen (ihre Festsetzung) auf. Sie machten mir Vorwürfe und drohten, durch ihre Leute von der Waffe Gebrauch machen zu lassen. Ich beruhigte die beiden zunächst mit dem Hinweis darauf, daß ich erst das Gespräch mit SS-Obergruppenführer Wolff beenden wolle, und verwies sie vor allem auf meinen Standpunkt, jedes Blutvergießen zu vermeiden. Dies ist mir auch in der Folge gelungen.

Das Vorgehen der beiden SS-Führer im Telefonraum und ihre Aufregung über meine Anordnungen habe ich seinerzeit voll in Ordnung gefunden, da ich ja Maßnahmen getroffen habe, die ich selbst, wenn sie mich betroffen hätten, niemals ruhig hingenommen hätte."[154]

Wie explosiv die Situation am 30. April in Niederdorf war, geht auch aus dem Bericht hervor, den Alvensleben bereits im November 1945 verfaßt hat. Der bereits geschilderte Zusammenstoß mit Bader und Stiller ereignete sich also, als der Hauptmann gerade am Telefon die Genehmigung erhielt, wie er sich ausdrückt, „die SS zu verladen und nach Bozen abzutransportieren". „Kurz zuvor", schreibt er,[155] „wäre es fast noch zum Kugelwechsel gekommen: Die SS-Führer hatten versucht, mit einem Pkw die Sperre zu durchbrechen, und waren von meinen Männern mit vorgehaltener Maschinenpistole gestoppt worden. In größter Erregung kamen sie zu mir und erklärten schreiend: 'Wenn Ihre Leute von der Waffe Gebrauch machen, wird die SS auch schießen!'

Angesichts der Gefahr, die bei einem Ortsgefecht für die überall frei umhergehenden Häftlinge bestanden hätte, beschleunigte ich den Abtransport der SS, der auch am gleichen Abend stattfand. Inzwischen hatte ich ein Vorkommando nach Pragser Wildsee geschickt, dem sich einige meiner Schützlinge, die sich für die Einrichtung des neuen Quartiers zur Verfügung gestellt hatten, anschlossen."

Das mutige Eintreten des Hauptmanns für die Häftlinge findet die uneingeschränkte Bewunderung Niemöllers. Seine Beschreibung des Unternehmens deckt sich genau mit den Angaben, die Alvensleben dazu gemacht hat: „Am (...) 29. April gegen Abend erschien dann der Hauptmann Wichart (sic!) v. Alvensleben, den der Oberbefehlshaber (Südwest) zu unserm Schutz entsandt hatte, in Niederdorf, um sich über unsere Situation zu informieren und dann am nächsten Morgen mit einem Stoßtrupp unsern Schutz zu übernehmen. Er bekam dann weiter Verstärkung durch eine ganze deutsche Kompanie und zwang das SD-Kommando, auf Lastwagen zu steigen und abzufahren.

Hauptmann v. Alvensleben hat durch sein Dazwischentreten dem gesamten Gefangenentransport das Leben gerettet und seinen Auftrag mit großer Umsicht und unter vollem Einsatz seiner Person durchgeführt. Die SS-Bedeckung bestand aus nicht ganz 100 Mann, denen Hauptmann von Alvensleben zunächst mit noch nicht zwei Dutzend Soldaten gegenüberstand. (...)

Bei dem Abtransport der SS ging es außerordentlich erregt zu. Es ist mir heute noch unbegreiflich, daß angesichts der festen Haltung des kleinen Armeekommandos die Henkergruppe des SD schließlich doch klein beigab und es vorzog, uns in der Hand der Armee zu lassen und selber davonzufahren. Wir Häftlinge waren damals nach drei außerordentlich kritischen Tagen, in denen es uns des öfteren gesagt und immer mehr zur Gewißheit geworden war, daß man uns nicht lebend laufen lassen würde, am Ende unserer physischen und moralischen Kräfte. Ohne das Dazwischentreten dieser Hilfe von außen wären wir gewiß nicht in der Lage gewesen, trotz der zahlenmäßigen Überlegenheit und trotz des Willens, uns nicht wehrlos abschlachten zu lassen, uns gegen das SS-Kommando mit Erfolg zur Wehr zu setzen.

Es ist mir eine Ehrenpflicht, Herrn Hauptmann v. Alvensleben im Namen aller seiner Schutzbefohlenen für sein mutiges und erfolgreiches Dazwischentreten von Herzen zu danken."[156]

Ende des Krieges in Italien

Am 30. April 1945 können die Häftlinge nun endlich die Vergangenheit, die sie so lange in Schrecken gehalten hat, hinter sich lassen: Sie haben ihre Freiheit zurückgewonnen. Was sie an diesem Sonntag noch nicht wissen, sind die Tatsachen, daß am Vortag auch das KL Dachau von amerikanischen Truppen befreit worden ist und daß am selben 29. April der Krieg in Italien sein Ende gefunden hat. Dies ist zweifellos ein weiteres Verdienst des SS-Obergruppenführers Wolff, der schon lange vorher Verhandlungen mit dem Berner Chef des OSS („Office of Strategic Services"), Allen W. Dulles, in der Schweiz aufgenommen hat, um die beabsichtigten Kämpfe der SS in der Alpenfestung zu verhindern, womit er sich eindeutig gegen seinen Gegenspieler und Widersacher Ernst Kaltenbrunner gestellt hat.[157]

Mit der Kapitulation der deutschen Truppen in Italien, die am 29. April 1945 in Caserta erfolgt und die am 2. Mai in Kraft tritt, wird im Süden das Tor zur Alpenfestung aufgestoßen, und das letzte Bollwerk der SS bricht in sich zusammen. Doch Kaltenbrunner ist noch immer nicht bereit, den Widerstand in den Alpen aufzugeben und das Feld vor den Alliierten zu räumen. Und die Häftlinge, die sich in Niederdorf nun in Sicherheit glauben, ahnen nicht, daß ihr Leben – auch in der zurückgewonnenen Freiheit – weiter in Gefahr ist.

Die Rückkehr ins Leben: Tage der Erleichterung und des Friedens im Hotel „Pragser Wildsee“

Alvensleben sieht sich auch nach der Befreiung der Geiseln weiter für deren Schutz verantwortlich.

Nachdem die Häftlinge aus der Gewalt der SS befreit worden sind, beginnt Hauptmann Wichard von Alvensleben noch am Montag, dem 30. April 1945, mit der Umquartierung der Gefangenen aus Niederdorf ins Hotel „Pragser Wildsee“. Er hält den Umzug für ratsam, weil sich die Befreiten im Dorf noch immer im Kampfgebiet befinden.[1] Da oben in der Bergeinsamkeit befinden sie sich in größerer Sicherheit als in Niederdorf. Außerdem sind sie dort nicht mehr wie im Ort über mehrere Unterkünfte verteilt, was ihre Absicherung erleichtert. Das Hotel ist zudem nur über eine schmale Straße zu erreichen, die leicht von wenigen Posten der Wehrmacht zu sichern ist.[2]

Zusätzlich trifft Alvensleben weitere Vorkehrungen zur Sicherheit der Häftlinge, wie Herbert Thalhammer berichtet: „Die Gefangenen standen nun unter dem Schutz der Wehrmacht. Vom 30. April an gab es am Pragser Wildsee für die befreite Gruppe keine einengende Bewachung mehr, und sie konnte sich im Hotel und um den See frei bewegen. Die Wehrmacht hatte aber eine Sperrkette um den Ausgang des Pragser Kessels, der noch tief verschneit war, gelegt, um die Sicherheit der im Hotel Pragser Wildsee untergebrachten Personen zu gewährleisten.“[3] Auch Richard Schmitz berichtet, daß die Leidenszeit der Gefangenschaft nun mit dem Umzug ins Hotel tatsächlich ein Ende gefunden hat: „Dort hatten wir Bewegungsfreiheit, auch außerhalb der Postenkette, wenn wir diese auf eigenes Risiko überschritten. Die Posten sollten uns vor Belästigungen und Überfällen der zahllosen im Gebirge herumstreifenden Marodeure und Banden bewahren.“[4]

Die Häftlinge sehen sich mit Dankbarkeit in der Obhut der Wehrmacht. Aufatmend schreibt Martin Niemöller am 30. April in sein Tagebuch: „Den ganzen Tag bei Familie Bachmann in der Küche gesessen: sehr nett. Mittags (erscheint) Hptm. v. Alvensleben. Das Militär übernimmt unseren Schutz!“[5] Seine Freude über die unverhoffte Wende in Niederdorf ist so groß, daß er den letzten Satz mit einem Ausrufezeichen versieht und unterstreicht. Auch Blum vermerkt die erlösende Entwicklung in seinen Notizen: „Am (...) Montag kam eine Kompanie der Wehrmacht nach Niederdorf, entwaffnete die SS und setzte sich an die Stelle unserer Wache. An ihrer Spitze war Hauptmann Graf (sic!) von Alvensleben (...). Er sagt: 'Sie stehen von nun an unter der Sicherheit der Wehrmacht.' Das Zeichen der Rettung für uns war die(se) Ablösung der SS von Buchenwald und Dachau durch eine Kompanie der Wehrmacht.“[6]

Mit dem Schutz der Gefangenen im Hotel „Pragser Wildsee“ betraut Alvensleben seinen Cousin, der zufällig zu ihm stößt. „Sehr vorteilhaft für mich war es“, berichtet er,[7] „daß nun

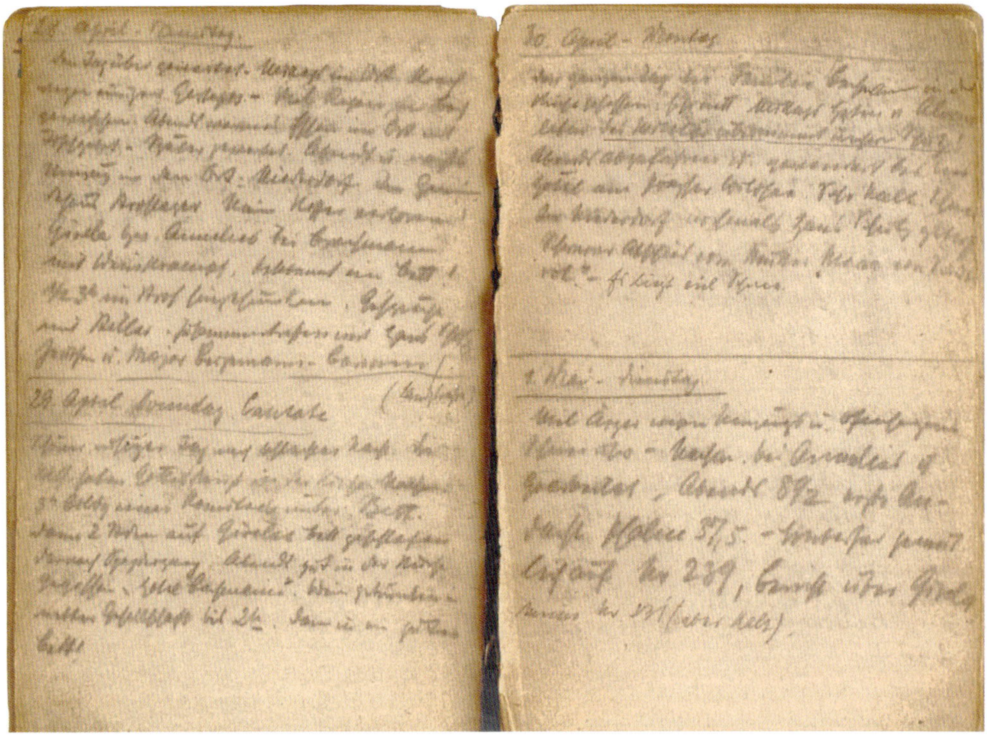

Am 30. April 1945 trägt Martin Niemöller in sein Tagebuch ein: „Das Militär übernimmt unseren Schutz!"

auch mein Vetter, Hauptmann Gebhard (von) Alvensleben, mit Motorrad eintraf, der (sich) auf der Suche nach seiner Frau, die Stabshelferin (...) in Mailand gewesen war, befand. Da er wegen der Kampfhandlungen nicht weiterkonnte, vereinnahmte ich ihn als Hilfsoffizier und beauftragte ihn mit der weiteren Betreuung des Lagers in Pragser Wildsee. Er zog selbst mit nach dort um. Bei meinen häufigen Besuchen in der neuen Unterkunft übermittelte er mir die Wünsche der verschiedenen Nationalitäten und erwies sich als sehr brauchbares Bindeglied zwischen mir und meinen Schützlingen."

Gebhard von Alvensleben übernimmt das Kommando über die Kompanie, die mit achtzig Mann[8] zum Schutz der befreiten Häftlinge abgestellt wird,[9] was Niemöller bestätigt: „Hauptmann v. Alvensleben hat dann dafür Sorge getragen, daß wir unter der Bedeckung seines Vetters, Gebhard v. Alvensleben, und der vorgenannten Kompanie in das Hotel Pragser Wildsee übersiedeln konnten, wo wir unter dem Schutz der Wehrmacht bis zum 4. Mai verblieben, bis wir durch eine amerikanische Truppe übernommen wurden."[10]

Joos sieht die Lastkraftwagen der Wehrmacht in Niederdorf ankommen, die dann die Häftlinge aufnehmen und aus dem Ort abtransportieren werden. „Stiller Tag", schreibt er am 30. April in sein Notizbuch.[11] „Man scheint über unsere weitere Unterbringung zu verhandeln. Wir diskutieren und gehen spazieren. Um 3 Uhr nachmittags biegen Lastwagen ins Dorf (ein). Wehrmachtssoldaten in voller Kampfausrüstung, Handgranaten im Gürtel, springen ab. Major (sic!) von Alvensleben, sicher von Oberst Bonin gerufen, meldet, daß die Wehrmacht den Schutz der Dachauer Häftlinge übernimmt. Die SS hat ausgespielt."

Bis zur Abfahrt zum Hotel dauert es jedoch noch Stunden. Zunächst haben sich die Gefangenen im Gemeindeamt einzufinden. „Nachmittags", erinnert sich Schmitz,[12] „hieß es plötzlich: Gepäck zum Gemeindehaus bringen, wir fahren zum – endlich freigewordenen – Hotel Pragser Wildsee (...)."

Doch bevor es soweit ist, haben sich die Häftlinge zu gedulden. „Es dauert dann noch einige Stunden“, schreibt Kunkel,[13] „bis wir in Lkw(s) verladen und auf die Höhen gefahren werden: zum Pragser Wildsee. Das ist ein Gegensatz: eben noch in höchster Lebensgefahr, eben noch in den Baracken der KZ und nun: Einquartierung in einem der mondänsten Hotels von Südtirol.“ Auch Wauer bleibt die lange Wartezeit in Erinnerung: „Mit zwei Stunden Verzögerung ging's dann los, ständig bergan bis nach Wildsee, bei starkem Schneefall.“[14]

Über die Abfahrtszeit gibt es unterschiedliche Angaben. Joos berichtet: „Um 5 Uhr besteigen wir die Wagen, die uns in das einsame, für uns freigemachte Berghotel 'Pragser Wildsee' hinauffahren.[15] Es geht durch tief verschneiten Bergwald in die vollendete Winterherrlichkeit hinein.“[16] Neuhäusler notiert nur knapp: „Um etwa 1/2 6 Uhr Abfahrt nach Hotel Prags am Wildsee (...).“[17] Niemöller legt sich auf keine Uhrzeit fest, sondern vermerkt in seinem Tagebuch lediglich: „Abends abgefahren u(nd) gewandert bis ins Hotel am Pragser Wildsee. Sehr kalt. (...) Es liegt viel Schnee.“[18] Blum irrt sich im Wochentag, als er in sein Tagebuch einträgt: „Dienstag (sic!) abend fuhren (uns) Lkws der Wehrmacht auf einem schwierigen Weg bis zum Pragser Wildsee (Sommerhotel in 1600 m – sic! – Höhe). Die Lage war herrlich, der See sauber und klar zu unserem Füßen und auf der anderen Seite des Sees eine große Bergspitze der Dolomiten.“[19]

Die eifrige Niederdorfer Chronistin Therese Wassermann, Tochter eines angesehenen Konditors im Ort, die schon seit Jahren über alles Buch führt, was in ihrem Dorf geschieht, berichtet in ihren Aufzeichnungen auch über die Abfahrt der Gefangenen, wobei sie an der mangelhaften Organisation Kritik übt. „30. April. Prominente sollten nach Altprags (hier irrt sie sich, Anm. d. Verf.) oder Wildsee, keine Organisation, niemand weiß(,) wohin“, klagt sie.[20] „Alle Augenblicke heißt (es) abfahrbereit sein, zuerst um 17 Uhr, dann um 2 Uhr, dann um 5 Uhr. (Man) verlangt(e) pünktliches Antreten, Prinzen, Damen, alles selbst Gepäck schleppen(d), dann auf Auto gewartet (...). Sehr schlechtes, kaltes Wetter, wieder kein Transport. Endlich um 7 Uhr abend(s) fort nach Wildsee.“

Hauptmann Gebhard von Alvensleben wird von seinem Cousin mit der Betreuung der befreiten Geiseln betraut.

Angehörige der SS, die den Abtransport in Niederdorf beobachten, äußern sich verächtlich über die Gefangenen. „SS-Männer zornig“, berichtet Therese Wassermann, „geben den Internierten Schuld wegen Verrat: Hitler hätte es schon geschafft, wenn nicht diese 'Brüder' gewesen wären, und nun führt man sie noch per Auto in den großen Hotels herum(,) und wir müssen für unser Leben fürchten.“

Der Transport der Häftlinge zum Hotel „Pragser Wildsee“ ist auf der steilen Bergstraße im Schnee mit Schwierigkeiten ver-

Auf dieser alten Bergstraße werden die Häftlinge zum Hotel „Pragser Wildsee“ gebracht.

bunden. „Nur mühsam“, erinnert sich Isa Vermehren,[21] „konnten die schweren Wagen die Steigung hinauf in die Berge bewältigen. Auf halber Strecke mußten wir aussteigen und die restlichen anderthalb Stunden Weg zu Fuß zurücklegen. Der Himmel hatte sich bezogen und versprach noch weiteren Neuschnee für die nächsten Tage, den Frühling hatten wir im Tal gelassen. Durch tiefen, lockeren Schnee, der erst vor wenigen Tagen gefallen war, stapften wir, entwöhnt des langen Marschierens und etwas atemlos, tiefer hinein in die Stille der verschneiten Berge, bis wir schließlich einem deutschen Soldaten mit umgehängtem Gewehr begegneten, der vor dem Zugang des Hotelgeländes Posten bezogen hatte. Die gütige Besitzerin des Hotels 'Pragser Wildsee' hatte sich sofort bereit erklärt, ihr großes Haus unserer auf so merkwürdige Weise hierher verschlagenen Gruppe als bergendes Heim zur Verfügung zu stellen. Sie bedauerte, daß es nur ein Sommerhotel und also nicht in der Lage sei, uns vor der herrschenden winterlichen Kälte zu schützen, aber sonst werde sie alles zur Verfügung stellen, was unserer Bequemlichkeit dienlich sein könnte.“

Auch Marie-Gabriele von Stauffenberg hält den beschwerlichen Weg zum Pragser Wildsee in ihren Aufzeichnungen fest: „Fahren nachmittags 16.00 Uhr mit Lastwagen von Niederndorf (sic!) hinauf in das Hotel Pragser Wildsee. Letztes Stück zu Fuß. Tiefer Schnee, Haus kalt und ungeheizt, da eigentlich nur ein Sommerhotel. Wir werden hier als Gäste der Südtiroler Regierung untergebracht.“[22]

„Triumph guter Organisation“

Mit der Umquartierung der Gefangenen ins Hotel hat Anton Ducia sein Ziel erreicht, und aufatmend kann er am 30. April in Niederdorf feststellen: „Die Übersiedlung ins Hotel Pragser Wildsee ist schon in vollem Gange. Gestapo (sic!) und SS sind entwaffnet und abgeführt. Dabei wird kaum nennenswerter Widerstand geleistet. Damit ist die Lage nun vollkommen entspannt. Der Kommandant der Wachkompagnie (sic!), Hauptmann von Alvensleben, ist Gastgeber und nicht Wachkommandant gegenüber der nun endlich von dem ungeheuren Druck eines ungewissen Schicksals befreiten Menschengruppe. Lastwagen der Wehrmacht helfen bei der Übersiedlung und schaffen Lebensmittel heran.“[23]

Die enorme Hilfsbereitschaft, die der Transport der Prominenten erfährt, beeindruckt Best. Anerkennend schreibt er in seinen Erinnerungen darüber: „Es war ein Triumph guter Organisation, was Ducia da geleistet hatte, und ein Wunder an Großzügigkeit der Menschen von Niederdorf.“ Dann kommt er auf seinen eigenen Einsatz am 30. April zu sprechen: „Für unsere Tiroler Freunde, für von Bonin, Liedig und mich war es ein geschäftiger Tag, da eine Unmenge von Dingen erledigt werden mußte, bevor ein Umzug (ins Hotel) möglich sein würde. (...) Liedig ging am frühen Nachmittag hinauf zum Hotel. Wir dachten, es sei besser, daß unsere Leute bei ihrer Ankunft Zimmerreservierungen für sich vorfinden würden, gerade so wie in Friedenszeiten. Nicht nur das, wir dachten auch, daß es vermutlich angenehmer wäre, wenn nationale Gruppen so weit wie möglich zusammmengehalten wurden.

Es gab ein weiteres Problem – das Hotel war so lange Zeit geschlossen gewesen, daß es fraglich war, ob es ausreichend beheizt werden konnte, besonders da es nur ein Sommerhotel war.[24] Zwar gab es eine Zentralheizung, aber keiner wußte, ob es irgendwo Brennstoff gab. (...) Da eine Reihe älterer Leute dabei war, mußten wir versuchen, zumindest ihnen warme Zimmer zu geben. Zwei unserer Damen, Fräulein Elisabeth Kaiser und Frau Käte Gudzent, gingen mit ihm (Liedig) und leisteten dann während unseres gesamten Aufenthaltes dort hingebungsvolle Arbeit als unsere Sekretärinnen."[25]

Für die Häftlinge bedeutet der Einzug ins Hotel die Rückkehr ins Leben, und Emma Heiss-Hellenstainer empfängt sie in ihrem Haus mit offenen Armen. Für sie selbst ist die Aufgabe, die ihr nun zufällt, ein überwältigendes Erlebnis, an das sie ihr Leben lang, tief beeindruckt, zurückdenken wird. „Montag, 30.IV., nachmittags", berichtet sie,[26] „sind die ersten Autos mit Internierten angekommen. Als einer der ersten kam Kapitän Liedig, der sich mir vorstellte und (mich) bat, ihm an die Hand zu gehen, er habe die ganze Einteilung, den gesamten Betrieb über(nommen). Wir sahen uns die Zimmer an. Die mit Ofen wurden der Hauptsache nach für Familien mit Kindern bestimmt. Er hatte die verschiedenen Nationen recht schön

Karten befreiter Häftlinge mit Unterschrift und Zimmernummer im Hotel „Pragser Wildsee". Sie werden heute noch im Hotel aufbewahrt.

zusammengetan. Im I. Stock waren unter anderen Herr und Frau Thyssen (heizbares Zimmer), (die) Goerdeler(s), (die) Stauffenberg(s). Im II. Stock die Familie Schuschnigg, Schacht, Pfarrer Niemöller, Gesandter Heberlein mit Frau und 5 griechische Generäle. Im III. Stock Herr und Frau Blum, Engländer, Irländer (...).

Ich hatte am Abend genug zu tun. Herr Liedig stellte mir Herrn und Frau Mohr vor, die die Küche über(nehmen) sollten, desgleichen einen sogenannten Herrn 'Kohlenklau', der in verschiedenen Lagern war und sich überall in rührendster Weise der Internierten angenommen hatte. Vor einiger Zeit wäre er entlassen worden, wollte sich aber von den armen Kameraden nicht trennen. Diese 3 Personen und ich begannen nun am Nachmittag zu kochen. Wir hatten in der großen Küche die Herde gerichtet, Holz geholt, Fauster aus Niederdorf traf ein und ließ im ganzen Haus das Wasser ein.

Aus Dachau hatten sie einen kleinen Sack Grieß mitgebracht, aus dem mußte für den ersten Abend das Nachtmahl bereitet werden. Küchengeschirr hatte ich bereitgestellt, so bereiteten wir als erstes Nachtmahl eine dicke Grießsuppe.[27] Wie sie sich dann der Reihe nach anstellten mit ihren Dachauer Blechschüsseln und Blechlöffeln! Sie fanden die Suppe herrlich und erst der Gedanke – wiederum in einem Bett schlafen zu können!

Als nun von (vier bis) 1/2 fünf Uhr die letzten Internierten eintrafen, kamen gleichzeitig 120 Mann (sic!) Wehrmachtssoldaten mit 5 Maschinengewehren, die rings ums Haus aufgestellt wurden (eins davon aufs Küchendach). Ferner stellten sich 30 SS-Männer ein unter der Führung eines Hauptmannes Stiller. Er begrüßte mich, verlangte auch ein Zimmer, da sie gedächten(,) hier zu bleiben. Ein bißchen Angst hatte ich schon vor diesen Gesichtern, besonders als ich sah, wie hinter mir Liedig und die anderen Internierten dreinschauten. Liedig zog mich auf die Seite und sagte: 'Aufpassen!' Aber schon nach 3 Stunden waren die SS-Leute fort. Es hieß(,) die Wehrmacht habe dies durchsetzen können. Das Zimmer von Stiller blieb unbewohnt."

Unbeschreibliche Stille der Berge

Isa Vermehren bestätigt, wie gut die Vorarbeit gewesen ist, die Liedig vor ihrer Ankunft im Hotel geleistet hat. „In der Portiersloge", erinnert sie sich,[28] „empfing uns bereits eines der deutschen jungen Mädchen aus unserer Gruppe, die dem Komitee als Sekretärin diente. Sie machte die Eintragung von Namen, Geburtsdaten usw. ins Gästebuch und drückte uns dann eine Zimmerkarte in die Hand.[29] Es war gut, daß das Komitee es übernommen hatte, die Zimmer schon vor unserem Einzug zu verteilen: So bekamen, soweit wie möglich, die Frauen und Kinder, die älteren und gebrechlichen Leute die vorhandenen heizbaren Zimmer, eine Verteilung, deren Selbstverständlichkeit jedem geläufig war, die aber keineswegs zur Verwirklichung gekommen wäre, hätte man der freien Wahl auch nur den geringsten Spielraum belassen."

Als einer der letzten Gefangenen trifft Best, der sich mit Bonin und Ducia in Niederdorf um den Abtransport des Gepäcks gekümmert hat, am Pragser Wildsee ein. „Als ich schließlich oben im Hotel ankam", berichtet er,[30] „stellte ich fest, daß für jedermann ein zufriedenstellendes Quartier gefunden worden war und daß schon damit begonnen wurde, für ein vernünftiges Abendessen zu sorgen. Herr und Frau Mohr, die sich damit gut auszukennen schienen, hatten die Küche übernommen, mit den beiden Dachauer Kalfaktoren Wauer und 'Kohlenklau' als ihre Mitarbeiter. Die jüngeren Frauen und Mädchen machten sich nützlich und richteten die Zimmer her, sortierten Bettzeug etc. Liedig hatte Zimmer für uns Briten re-

Als die Häftlinge am Pragser Wildsee eintreffen, sind sie von der Schönheit der Berglandschaft überwältigt.

serviert am einen Ende des zweiten Stocks (sic!), schöne große Zimmer, aber wie die meisten unbeheizt.

Das erste, das mir auffiel, als ich das Hotel betrat, war in der Tat die große Kälte, es war wirklich wie im Kühlschrank. Wir waren auf 5000 Fuß Höhe, und Ende April ist es für solch eine Höhe wirklich zu früh. In Niederdorf war es recht warm gewesen, aber als wir ins Hotel hinaufgezogen waren, hatte es zu schneien begonnen, und so, wie es aussah, standen heftige Schneefälle bevor. An diesem Abend waren die einzigen Räume, die beheizt werden konnten, die Küche und der große Raum gleich daneben, der (...) nun unser gemeinsamer Wohnraum und Speisesaal wurde.

Der Name unseres neuen Heims war, wie ich erst nach meiner Ankunft entdeckte, Hotel Pragser Wildsee[31] oder, wie es auf italienisch hieß, Lago di Braies. Es war ein großes Gebäude mit mehr als 200 Zimmern (richtig: Betten, Anm. d. Verf.), und unter normalen Umständen muß es sehr komfortabel gewesen sein. Die Lage war absolut perfekt, und als ich das erste Mal auf mein Zimmer kam und aus dem Fenster schaute, raubte mir die Schönheit des Ausblicks regelrecht den Atem. Unter mir sah ich einen See in reinstem Smaragdgrün, der vollständig von Kiefern umwachsen war, die am Fuß von zerklüfteten Berggipfeln standen, die uns vom Rest der Welt abzuschließen schienen, keine noch so winzige Kräuselung störte den Wasserspiegel und die unbeschreibliche Stille der Berge. Eine Stille, die man zu hören meint, erfüllte die klare kalte Luft. Ich trat auf den Balkon hinaus, und trotz der Kälte konnte ich mich lange nicht von der Schönheit vor mir losreißen – fünfeinhalb Jahre lang hatte ich nach den Schönheiten der Welt gehungert, und Landschaften sind das einzige, dessen ich nie überdrüssig werde, und die für mich, egal wie vertraut sie mir sein mögen, immer ihren unverminderten Zauber behalten."

Auch Schuschnigg ist von der Landschaft am Pragser Wildsee fasziniert. „Nach langem Hin und Her und mit tatkräftiger Unterstützung Tiroler Funktionäre", schreibt er,[32] „sind wir im Berghotel Pragser Wildsee gelandet. Dort empfängt uns nach heimatlichem Brauch die freundliche Besitzerin, Frau Heiß – zahllosen Touristen bekannt vom 'Elefanten' (sic!) in Brixen – und mehr noch als direkter Nachfahre der weit und breit berühmten Tiroler Wirtin von einstens: Frau Emma![33]

Die lang und hart entbehrte heimatliche Mundart klingt wie Musik in den Gedanken. Draußen ragen stolz und steil wie eh und je die Dolomitenschroffen gegen Himmel, der nun auf einmal wieder voller Sterne grüßt. Rings um das kristallklare Auge des Sees drängt sich der dunkle Bergwald an die Ufer. Wir sind auf 1600 m (sic!) Höhe; in geschlossenem Ernst und schweigendem Frieden liegt dieses herbe, wundervolle, weiße Winterland. (...)

Die mitgefangenen deutschen Militärs bewiesen vorbildliche Kameradschaft; sie erreichten – gemeinsam mit den Tiroler Funktionären Ducia und Dr. Thalhammer – die Verbindung mit dem deutschen Heeresgruppenkommando in Bozen und brachten es faktisch zu Wege, daß über Befehl des deutschen Kommandierenden Generals SS und Gestapo plötzlich von einer Kompagnie (sic!) der deutschen Wehrmacht abgelöst und abgezogen wurden. Das Kommando übernahm nun der deutsche Hauptmann von Alvensleben, ein vorbildlich korrekter und menschlich denkender Offizier, und auch die Mannschaften der deutschen Stabskompagnie gaben keinerlei Anlaß zu irgendwelcher Beschwerde.

Unser kleiner Völkerbund (...) hatte sich schon seit Tagen konstituiert und einhellig unseren englischen Freund und Schicksalsgefährten, Mr. Best, (...) zum Vorsitzenden gewählt. Das war alles klar und völlig reibungslos gegangen;[34] auch ein 'Ständiger Rat' funktionierte, ohne besondere Schwierigkeit – mit fallweisem kleinem Vorbehalt von griechischer, polnischer oder jugoslawischer Seite – kurz, genau wie beim Völkerbund.

Nun wurden wir zur Generalversammlung in die Hotelhalle gerufen. Dort aber begab sich das bislang ganz Unerhörte: Der deutsche Hauptmann stellt sich in aller Form vor und erklärt, er sei mit seinen Leuten ausschließlich zu unserem Schutz da ... Und dann besteigt Ing. Ducia – als Beauftragter der Tiroler Landesregierung – ein improvisiertes Podium und sagt: 'Meine Damen und Herren – ich bitte Sie im Namen der Tiroler Landesregierung, sich als unsere Gäste zu betrachten.'

Wir schauen uns sprachlos an, haben wohl auch noch Angst, aus irgendeinem schweren Traum zu erwachen – daß das noch (...) möglich ist? Jawohl – es ist wirklich so! Mein Gott – daheim!

Und dann gingen viele von uns über klirrenden, fest gefrorenen Schnee in einer nahe gelegenen, vom Krieg vergessenen Waldkapelle zur Maiandacht."

Diese Kapelle, die nahe am Pragser Wildsee liegt, gehört zum Hotel und trägt den Namen „Zur Schmerzhaften Muttergottes". Sie wurde als Privatkapelle der Familie Hellenstainer im

Mit der Ankunft der befreiten Geistlichen am Pragser Wildsee zieht ein reges kirchliches Leben in die kleine Hotelkapelle ein. Am 1. Mai 1945 beginnt es gleich mit der Maiandacht.

Jahre 1904 nach einem Entwurf von Otto Schmid aus Wien erbaut.[35] Mit Begeisterung nehmen die Geistlichen unter den befreiten Häftlingen die kleine Kirche zur Kenntnis, die nicht weit vom Hotel entfernt ist. Und sie gehen mit großem Eifer sofort daran, sie für den Gottesdienst herzurichten, wie sich Isa Vermehren erinnert: „Die Geistlichen hatten sofort nach ihrer Ankunft die kleine, zum Hotel gehörige Kapelle gerichtet mit den vom Pfarrer des Dorfes freundlich zur Verfügung gestellten Requisiten, und der erste Anschlag am Schwarzen Brett nannte die Uhrzeit der vier täglichen heiligen Messen sowie die Stunde der abendlichen Mai-Andacht, und zu allem Überfluß wurde vom Kaplan (gemeint ist wohl Kunkel, Anm. d. Verf.) oder mir abwechselnd auch noch der Angelus dreimal am Tage geläutet."[36]

Fahrt mit dem Schneepflug zur Kapelle

Auch Emma Heiss-Hellenstainer berichtet über die Begeisterung, mit der die Geistlichen das kleine Kirchlein in Besitz genommen haben: „Welch eine Freude hatten sie, hier wieder eine Kapelle, schön ausgestattet, vorzufinden. Der Pfarrer Brugger von Niederdorf, der sie während ihres Aufenthaltes dortselbst bei sich zu Gaste hatte, hatte ihnen schon erzählt von der Kapelle und wie schön sie es am See hätten. Wir gingen nun daran – es war schon spätabends -, Meßkleider, Kelch, Ziborium, Kerzen, Kirchenwäsche hinüber zu schaffen. Die Herren waren mir alle behilflich. Hostien, Meßwein hatten sie vom Niederdorfer Pfarrer mitbekommen. Die erste hl. Messe sollte um 7 Uhr stattfinden, anschließend die 3 anderen.

Am nächsten Morgen, als ich hinüberging, war alles schon bereit, Tannengrün in den Vasen, Muttergottesbild in der Kapelle aufgestellt, da sie gleich am 1. Mai mit der Maiandacht beginnen wollten. Dabei wurde Harmonium gespielt und Marienlieder gesungen. (...) Frau Heberlein hatte eine schöne Stimme. Wie rührend war es bei der hl. Messe!

Als Ministrant fungierte gewöhnlich der Prinz Xavier (de Bourbon), ein Bruder der Kaiserin Zita. Hinten an seinem Rock trug er ein großes, rotes Kreuz als Zeichen eines Internierten. Andere hatten das gleiche Zeichen auf der Hose aufgenäht oder mit roter Farbe aufgetragen. Dazu kamen die schäbigen, zerflickten Röcke und Hosen. Die Schuhe waren vielfach mit Spagat gebunden. Bei mehreren Messen waren immer das Ehepaar Schuschnigg, der Wiener Bürgermeister Schmitz und Prinz (Friedrich) Leopold von Preußen, der Neffe des Kaisers Wilhelm II., ferner 3 bis 4 ungarische Magnaten mit ihren Pelzröcken, der (...) Gesandte Heberlein mit Gattin, Herr Joos,[37] (...) dann die kleine Filmschauspielerin. (Gemeint ist Isa Vermehren, Anm. d. Verf.) Wie fleißig hat die gebetet! Sonst war sie immer in der Küche tätig, sie verrichtete jede Arbeit. Schließlich wohnten der Messe Irländer bei. Einer davon, ein Rothaariger, ministrierte öfters. (...)

Die ersten Tage, als es so schneite, mußten wir mit dem Schneepflug zur Kapelle fahren, (um) den Weg freizumachen, und manche von den Gefangenen halfen schaufeln."[38]

Die Geistlichen danken der Gastgeberin für die herzliche Aufnahme, die sie bei ihr finden. Bewegt schreibt der Kaplan Karl Kunkel in sein Tagebuch: „Die Hotelbesitzerin, Frau Emma Heiss, ist rührend um uns Geistliche bemüht, sie stellt uns sofort ihre kleine Kapelle am See zur Verfügung, in der wir unsere Gottesdienste halten. Inzwischen hören wir ausländische Sender – zum ersten Mal ganz öffentlich –, um uns über den Stand der Kriegshandlungen zu informieren."[39]

Auch Neuhäusler vermerkt die erste Messe am 1. Mai 1945 in seinem Tagebuch: „Messe für Besitzerin, schöne Kapelle."[40] Er vergißt aber auch nicht die Nöte, die das Leben im Hotel noch beherrschen. „Frühstück ohne Kaffee", klagt er, „da Lebensmittel noch nicht gekommen, ziemliche Unruhe wegen Partisanengefahr. Abends treffen deshalb weitere (...) Wehr(machts)soldaten ein." Abschließend fügt er hinzu: „Abends kommt Nachricht(,) dass Hitler tot sei."

Ein Hinweis auf die erste Messe im kleinen Kirchlein des Hotels findet sich auch in den Notizen, die sich Joos am 1. Mai macht: „Ein Schneesturm fegt durch den Talkessel. Am Nachmittag lächelt die Sonne wieder. Die Katholiken gehen zur Kapelle am See und eröffnen den Monat der Maienkönigin durch eine feierliche Andacht. Am Abend ist evangelischer Gottesdienst. Lieder von Paul Gerhardt. Niemöller spricht über den Text: 'Befiehl Du Deine Wege.'"[41]

Etwas mißmutig schreibt Martin Niemöller, der unter der Kälte im Hotel leidet, am 1. Mai in sein Tagebuch: „Viel Ärger wegen Umzugs u. Ofenheizens. Schnee usw. – Nachm(ittags) bei Annelies (Gisevius) gearbeitet. Abends 8 1/2 (Uhr) erste Andacht(,) Psalm 37/5. – Hinterher gemütlich auf (Zimmer) Nr. 239 (...). Meine Nr(.) 231 (aber kalt)."[42]

Ausblick vom Hotel auf den Pragser Wildsee: „Ich konnte den Blick nicht von meinem Fenster lösen", erinnert sich Fey von Hassell Pirzio Biroli.

Mogensen wohnt der Andacht bei, die Niemöller in der großen Hotelhalle hält.[43] „Wir erlebten in jenen Tagen (im Hotel 'Pragser Wildsee', Anm. d. Verf.) so ungewöhnliche und bedeutende Ereignisse, daß ich vielleicht mit übertriebenen Erwartungen zu Pastor Niemöllers Gottesdienst kam, dem ersten, den er nach sieben Jahren Konzentrationslager in Freiheit abhielt. Ein paar Dänen, einige ungarische Protestanten, ja, sogar ein vereinzelter Katholik, Josef Müller, hatten vor dem einfachen Tisch Platz genommen, auf den Pastor Niemöller seine Bibel und seine Notizen gelegt hatte. Ich ging davon aus, daß Niemöllers Predigt stark von den Umwälzungen der letzten Tage, einem zwar weltlichen, aber doch sehr aktuellen Thema, bestimmt sein würde. Der Zusammenbruch des Dritten Reiches erfüllte das Gemüt der meisten Geiseln mit Freude, bei ihm muß der Gedanke an die fürchterliche Not, die jetzt sein Vaterland treffen würde, dagegen andere Gefühle geweckt haben. Seine friedfertige, doch eindringliche Predigt folgte religiösen Themen. Zum Schluß forderte er uns alle auf zu beten, auch für Deutschland, 'das die Fürbitte am meisten braucht'."[44]

Kurz umreißt auch Marie-Gabriele von Stauffenberg den ersten Tag im Hotel „Pragser Wildsee" in ihren Aufzeichnungen: „Es schneit fest. Sippenzimmer wird gerichtet.[45] Sehr gemütlich mit kleinem Ofen. Erste Maiandacht in der Kapelle."[46]

Hermann Pünder verbindet die Maiandacht mit der Erinnerung an die Prinzessin Mafalda, die im KL Buchenwald umgekommen ist. Unvergeßlich bleibt ihm der Gottesdienst, der, wie er schreibt, „vom Domkapitular Neuhäusler in dem neben unserem Hotel gelegenen Waldkapellchen dargebracht" worden ist. „Es war ein Seelenamt für die italienische Königstochter Mafalda, die Gattin unseres Mithäftlings Prinz Philipp von Hessen. (...) Am gestrigen

Tage unserer Befreiung hatte nun Prinz Philipp die Trauernachricht erhalten, daß (...) seine Gattin (...) bei einem Bombenangriff auf das KZ (...) zu Tode gekommen war."[47]

Die Kapelle des Hotels wird für die katholischen Häftlinge zum Mittelpunkt der religiösen Einkehr. Dankbar vermerkt Kunkel in seinem Tagebuch: „Gräfin Gisela von Plettenberg und Isa Vermehren sind begeisterte Mitarbeiter in der gottesdienstlichen Gestaltung. Sie haben es übernommen, regelmäßig den Engel des Herrn mit dem kleinen Glöckchen zu läuten."[48]

Über die zweite Messe, die am Morgen des 2. Mai stattfindet, berichtet Joos in seinen Aufzeichnungen: „Weiße Wolkenballen schwimmen durchs blaue Himmelsmeer. Die Sonne strahlt. Um 1/2 9 Uhr ist heilige Messe. Fest von Athanasius. Die Lesung aus Paulus, Kor. Brief 2, 4, 5-14 erinnert uns an verwandte Schicksale ... 'Wir kommen in Not, aber nicht in Verzweiflung, leiden Verfolgung, sind aber nicht im Stich gelassen; werden unterdrückt, gehen aber nicht zugrunde. Alle Zeit tragen wir Jesu Todesnot an unserem Leib.' – Am Nachmittag schneit es immerzu, und am Abend erzählen die Griechen, wie die SS ihnen ihre gesamten Effekten weggenommen und wie es ihnen dennoch gelungen ist, die Hauptsache zu retten – das Geld."[49]

„Alles ist in strahlendes Weiß gehüllt"

Den Häftlingen erscheint ihre Einquartierung im Hotel am Pragser Wildsee nach all dem, was sie erlitten haben, wie ein Traum. „Es ist uns zu Mute", schreibt Kunkel nach seiner Ankunft noch am 30. April in sein Tagebuch,[50] „als wenn die Türen sich öffnen und 'Weihnachten' anhebt. So wie es Kindern geht, die ins Weihnachtszimmer hineingeführt werden. Natürlich ist es kalt, da es keine Kohlen im Hotel gibt, nur eine Wärmestube. Aber wir haben jeder ein Zimmer für sich, und vor allem: Wir sind frei. Mein Zimmer habe ich im linken Giebel des Hotels auf der dritten Terrasse. Es hat einen prächtigen Ausblick auf den See. – Schnee am 1. Mai, alles ist in strahlendes Weiß gehüllt. In Ruhe warten wir nun die nächste Entwicklung ab."

Auch Fey von Hassell spricht von einem Traum, wenn sie an die Zeit im Hotel „Pragser Wildsee" zurückdenkt. „Im Hotel Braies,[51] das eigentlich nur während der Saison geöffnet hatte", erinnert sie sich,[52] „fanden wir ausreichend Platz, viele, auch ich, hatten ein eigenes Zimmer. Zwar gab es keine Heizung, und wir froren ganz erbärmlich, aber wenn wir daran dachten, was wir bei den Transporten durchgemacht hatten, erschien uns dies hier wie ein Traum. Ich konnte den Blick nicht von meinem Fenster lösen, von den schneebedeckten Bergen, die sich steil über dem stillen, geheimnisvoll-traurigen See erhoben. (...)

In diesen ersten Tagen der Freiheit schien uns Prags wie das Paradies auf Erden. Wir gingen spazieren, hielten uns jedoch an Alvenslebens Empfehlung, uns nicht zu weit vom Hotel zu entfernen, falls sich in den umliegenden Wäldern noch SS-Männer versteckt hielten. Aber auch wenn diese Spaziergänge kurz waren, schienen sie uns doch schön wie im Traum: die dunklen, mächtigen Tannen, die kristallklaren Bäche, die, bereits vom geschmolzenen Schnee angeschwollen, sich rauschend zu Tal stürzten."

Nicht weniger beeindruckt von der einzigartigen Lage des Hotels ist die 15 Jahre alte Anna-Luise von Hofacker. „Am 30. April", schreibt sie in ihr „Hafttagebuch",[53] „brachte uns die Kompanie des Hauptmanns von Alvensleben hinauf an den Pragser Wildsee, wo wir das große, feudale Hotel 'Lago di Braies' bezogen. Es lag 1400 (sic!) Meter hoch, in einsamer, wunderschöner Berglandschaft; alles war noch weiß verschneit. Die Zimmer waren bitterkalt, aber ein paar Aufenthaltsräume konnten geheizt werden, und so hatten wir uns bald eingelebt.

Die Wehrmachtskompanie blieb zu unserem Schutz da. Es gab kaum Personal; so mußten wir selber kochen, abwaschen, Ordnung halten."

Fregattenkapitän Franz Liedig übernimmt im Hotel die Führung der befreiten Häftlinge und steht Emma Heiss-Hellenstainer damit tatkräftig zur Seite.

Daß die Häftlinge alle Arbeiten im Hotel selbst verrichten müssen, bestätigt Emma Heiss-Hellenstainer. „Köchin oder sonst eine Hilfe", berichtet sie,[54] „hatte ich keine bekommen können, so taten alle Arbeiten die Gefangenen selber. Sie schälten Kartoffeln, trugen Wasser, holten das Holz, spülten das Geschirr, kochten die Speisen."

Wie sehr sich die Häftlinge anfangs im Hotel noch einzuschränken haben, beschreibt auch Richard Schmitz in seinem Bericht, mit dem er am 1. Mai 1945 am Pragser Wildsee beginnt: „Ich bekam ein Zimmer Nr. 321 mit Balkon und Blick auf den See und den Seekofel. Auf Nr. 318 wurde Prinz Xavier einquartiert. Die erste Nächtigung war noch primitiv, im Laufe des heutigen Tages aber wurde Dachauer Bettwäsche und ein Leintuch sowie ein Handtuch ausgegeben. Bedienung gibt es natürlich nicht, jeder besorgt sein Zimmer, und die jüngeren Leute helfen auch sonst mit, die Damen vornehmlich auch in der Küche und im Speisesaal. (...) Nun funktioniert auch schon die Kaltwasser-Zuleitung.

In der schönen kleinen Kapelle beim Hotel werden täglich vier hl. Messen gefeiert. Das Frühstück wird von 7.30 bis 8.30 (Uhr) gereicht, das Mittagessen um 12 oder 12.30, das Abendessen um etwa 6 (Uhr).

Ein Komitee, bestehend aus dem englischen (Hauptmann) Best als Vorsitzenden, dem deutschen Generalstabsobersten Bonin als Stellvertreter und dem deutschen Marineoffizier Liedig als Garanten für alles, (...) unterstützt von einem Stab freiwilliger Helfer, sorgt für Ordnung und richtet allmählich unseren winzigen 'Staat' ein. Die SS-Leute kamen unter Stiller mit, doch übernahm, wie ich höre, dank Bonins Bemühungen eine deutsche Wehrmacht(s)abteilung, befehligt vom Hptm. Alvensleben, die Bewachung. (...)

Als ich gestern (in Niederdorf) mit meinem Gepäck zum Gemeindehaus kam, traf ich den Sturmscharführer Poselnig (sic!) aus Lienz,[55] der als alter österreichischer Unteroffizier (...) zur SS nach Dachau einberufen worden war; er erzählte mir aufgeregt und verwirrt, daß plötzlich Wehrmacht mit Handgranaten den Platz (vor dem Gemeindeamt, Anm. d. Verf.) abgesperrt hätte (...). Ich stellte dann fest, daß – wieder, wie ich höre, dank Bonins Bemühungen – die Wehrmacht die verdächtige Gruppe Gestapo (richtig: SD, Anm. d. Verf.) festgehalten, entwaffnet und zur Abfahrt nach Bozen gezwungen hatte. Ich sah die Burschen noch im Wagen sitzen und dann abfahren. Alles war erleichtert, zumal die Gerüchte von Mordabsichten gegen zahlreiche Mitglieder unserer Gesellschaft nicht verstummen wollten; auch von der Absicht, uns wieder nach Innsbruck zurückzubringen, war die Rede; was dort geschehen wäre oder (auf) dem Weg dahin, ist leicht zu denken.

Hier oben haben wir mehr Bewegungsfreiheit, wenn auch dringend gebeten wurde, nicht über den durch Patrouillen geschützten Raum hinauszugehen und Spaziergänge usw. in ein Buch einzutragen, damit der Aufenthalt jedes Mitgliedes stets bekannt sei.[56]

Mein Zimmer ist nicht heizbar. Ringsherum liegt ziemlich viel Schnee, und es schneit immer wieder. Dennoch fühle ich mich sehr wohl und ertrage die Kälte bis jetzt ausgezeichnet. Daran hat wohl die bessere Ernährung ihren Anteil, obwohl ich schon in Dachau ziemlich abgehärtet war.

Heute nachmittags, 5 (Uhr), war Maiandacht in der Kapelle; die schöne, gedankenvolle und herzliche Ansprache hielt der Divisionspfarrer Dr. Anton Hamm, Kaplan in Aachen (sic!), der längere Zeit wegen 'Zersetzung der Wehrmacht' in Untersuchung der Gestapo, dann aus der Wehrmacht entlassen und ins Konzentrationslager Dachau gekommen war. Ich erinnere mich, daß Forst-Uiterwehr, mein junger niederländischer Freund, mir damals (im KL Dachau, Anm. d. Verf.) erzählte, daß ein deutscher katholischer Priester in der Kammer eingekleidet worden sei und nach der 'Plantage' sich erkundigt habe, weil man ihn dafür bestimmt habe. Tatsächlich kam er in eine schöne und leichte Verwendung, wenn ich (mich) nicht irre, bei Prinz Xavier."[57]

Da es im Hotel an Lebensmitteln für die Versorgung der vielen Bewohner fehlt, kommt der kommissarische Präfekt der Provinz Bozen, Dr. Karl Tinzl, ein Rechtsanwalt aus Schlanders, Emma Heiss-Hellenstainer zu Hilfe.[58] Er wird dabei maßgeblich von Erich Amonn unterstützt,[59] der die Hilfsgüter beschafft. Über Amonns Einsatz berichtet Anton Ducia: „Erich Amonn, der uns durch Dr. Tinzl als Kopf der sich neubildenden Südtiroler Volksgruppe genannt worden war und den wir über alle Vorkommnisse informiert hatten, hat von seinen Landsleuten einen ganzen Lkw mit Lebensmitteln, Zigaretten, Kleidern und Schuhen gesammelt und sie nach Prags geschickt."[60]

Emma Heiss-Hellenstainer sieht den Hilfstransport mit Erleichterung kommen.[61] „Am II. Tag endlich", berichtet sie,[62] „kam ein großes Auto – man sagte, von der Landesregierung – im Auftrag von Dr. Tinzl. Als Begleiter war Dr. Pobitzer, Advokat aus Meran, dabei. (...) Ich hatte ihm ein Schlafzimmer gerichtet, gegessen hat er mit uns unten in der Küche, wo er sich die folgenden 2 Tage gewöhnlich auch aufhielt, bis er wieder Gelegenheit und die Erlaubnis zur Rückfahrt nach Meran erhielt. Er nahm mir dann einen Brief für Tresele mit, damit sie Nachricht von mir hätte. Ducia kam auch wieder und hatte recht Besprechungen mit den Herren. Er flog hinunter nach Florenz ins Hauptquartier der Engländer, ausgestattet mit verschiedenen Erlaubnissen und Handschreiben, die internierte Engländer, Franzosen, Schuschnigg gezeichnet hatten. Wie es mir schien, handelte es sich auch um Südtirol, über das er sprechen sollte, u(nd) zw(ar) für den Anschluß des Landes an Österreich, weg von Italien. Als er zurückkam, erzählte er nur von den großen Gefahren, die er mitzumachen hatte, daß er gut aufgenommen und angehört wurde.[63] (...)

Dr. Thalhammer war aus Innsbruck, ein ruhiger Herr, der den Gefangenen Gesellschaft (...) leisten oder nach ihren Wünschen fragen sollte. Er war immer bei ihnen, speiste auch mit ihnen, nur manchmal kam er in die Küche zu uns um ein Glas Milch. (...)

Im großen Auto, das von der Landesregierung kam, befand sich auch ein Faß Wein, spendiert vom Weinhändler Brigl, ferner (...) Brot, unzählige Kisten Konserven mit Fleisch, Gemüse und Fisch, Zigarren, Zigaretten, Marketenderwaren (Briefpapier, Rasierzeug, Puder, Seifen, Bleistifte, Tinte, Faden, Scheren, Kerzen, Kämme etc.). Auch Mehl, Gerste, Reis waren beigeladen. (...) Nun konnten wir kochen und den lieben Gefangenen was zum Essen bieten."

Dank der schnellen und einfallsreichen Selbstorganisation des Häftlingskomitees, dessen Methoden Isa Vermehren als „angenehm und wohltuend in ihrer zuverlässigen Höflichkeit" betrachtet,[64] läuft im Hotel bald alles in geordneten Bahnen. „Vor der Eingangstür zu unserem Speisesaal", erinnert sich Vermehren,[65] „hingen zwei schwarze Tafeln. Auf der einen standen die Essenszeiten und das jeweils zu erwartende Gericht verzeichnet und auf der anderen allgemein gültige Anordnungen, deren erste und wichtigste das tägliche Treffen zur Besprechung um zwölf Uhr in der Veranda des Hotels war.[66] (...) Schon nach kürzester Zeit hatten wir eine Bibliothek, eine Apotheke, eine Kleiderstube, einen wohlorganisierten Wäschereibetrieb, auf jeder Etage ein geheiztes Gesellschaftszimmer, einen Briefkasten für Klagen, Beschwerden und Vorschläge. Für den Holzempfang waren Karten ausgegeben worden, und ebenso quittiert wurde die Ausgabe von Sonderzuteilungen. (Beim Abmarsch aus Dachau war es den Engländern gelungen, auf eine große Kiste Rote-Kreuz-Pakete die Hand zu legen und ihren Transport bis hierher sicherzustellen. Es waren Rote-Kreuz-Pakete aus Belgien für belgische Kriegsgefangene in Deutschland, die hier ohne Ansehen der Person zur gerechten Verteilung kamen.) Unter uns Mädchen war ein Abwaschdienst organisiert worden, die englischen Ordonnanzen sorgten für Sauberkeit auf den Gängen und Fluren des Hotels, und die deutschen Soldaten halfen beim Kartoffelschälen."

Lob für den „Kohlenklau"

Das Kommando über den Tagesablauf hat Fregattenkapitän Franz Liedig, den die Hotelchefin besonders schätzt. „Er hielt prächtige Ordnung unter den Gefangenen", lobt sie.[67] „Morgens 10 Uhr sammelte er seine Leute, gab ihnen Neues oder Änderungen in der Tageseinteilung bekannt. Ihm konnten sie alle Wünsche und Beschwerden vorbringen. So z. B. war von 9 bis 10 Uhr morgens und von 6 bis 7 (Uhr) abends Holzausgabe. Sie durften das Holz nicht beliebig selber nehmen, mußten sich vielmehr in Reih und Glied aufstellen, dann erfolgte die Ausgabe, die unser 'Seppele' übernahm. Und doch – so sagte er mir einmal – sei es leichter gewesen, ein Schiff mit 2000 Matrosen an Bord zu kommandieren als diese 150 (sic!) Personen,[68] zusammengewürfelt aus so vielen Nationen."

Sympathie empfindet Emma Heiss-Hellenstainer auch für den Dachauer Häftling Wilhelm Visintainer, genannt „Kohlenklau", der sich mit großem Fleiß in der Hotelküche nützlich macht. Vor allem seine Solidarität mit den Mithäftlingen, die er während seiner Haft im KL Dachau bewiesen hat, beeindruckt sie. „Wie vielen seiner Mitgefangenen hat dieser Koch Gutes getan, Kleidung und Nahrung geteilt!" betont sie bewundernd.[69] „Er erhielt allgemeines Lob. In Prags blieb er oft die halbe Nacht auf, die Küche zu putzen, sie für den Morgen rein zu machen."

Auch ein zweiter Dachau-Häftling ist der Hotelbesitzerin eine große Hilfe: Paul Wauer, der sich schon im Dachauer KA als „Hausel" bei den Mitgefangenen großer Beliebtheit erfreut hat. Im Hotel nimmt er sofort die Arbeit an, die ihm übertragen wird. „Die Beschäftigung als stellvertretender Hausmeister, welche nun nicht mehr unter Zwang geschah, machte mir Spaß", berichtet er selbst.[70] „Da das von der SS mitgebrachte Küchenpersonal in Innsbruck zum Nachteil der Häftlinge und zum Vorteil der SS gearbeitet hatte, wurde ein weiteres Verbleiben dieser Drohnen abgelehnt. Die Küche übernahmen (...) Herr und Frau Mohr, und als Koch fungierte zu unser aller Zufriedenheit Herr Visintainer, der Dachauer 'Kohlenklau'."

Aber es fällt nicht nur Licht auf die Häftlingsgemeinschaft am Pragser Wildsee. Mit Empörung nimmt Isa Vermehren wahr, daß Bewohner des Hotels die Gastfreundschaft der Emma Heiss-Hellenstainer überaus strapazieren – ja zu ihrem Vorteil nahezu ausbeuten. So gibt sie, verärgert über diesen Egoismus, wieder, was das Komitee der Gefangenen bei den Zusammenkünften an den ersten drei Tagen im Hotel rügen mußte:

„1. Daß der private Schuppen der Wirtin erbrochen worden sei und daß vom Holz etwa so viel fehlte, wie sie selber in einem Vierteljahr verheizte.
2. Im Laufe der ersten vierundzwanzig Stunden seien durch Benutzung elektrischer Geräte siebenunddreißig Sicherungen durchgeschlagen. Es werde dringend darauf hingewiesen, der Anordnung des vorhergegangenen Tages Folge zu leisten und die Geräte zur Untersuchung auf Stromstärke und Voltzahl dem dafür eingesetzten Elektrotechniker auf Zimmer soundso viel zu bringen.
3. Am vergangenen Abend habe die Wirtin die große Liebenswürdigkeit besessen, pro Kopf einen Viertelliter Wein aus ihrem eigenen Bestand ausschenken zu lassen. Leider müsse festgestellt werden, daß heute aus dem Faß, das danach noch fünfzig Liter enthalten habe, weitere dreißig Liter fehlten.
4. Es müsse nochmals dringend darum gebeten werden, daß kein Geschirr mit auf die Zimmer genommen werde, da sonst die Bestände nicht ausreichten, um die Mahlzeiten servieren zu können.
5. Es sei dem Komitee gelungen, ein Kalb zu kaufen. Dieses Kalb sei in genau einhundertundfünfzig Portionen aufgeteilt worden. Nach Beendigung der Ausgabe hätten sich noch fünfunddreißig Leute gemeldet, die nichts von dem Fleisch bekommen hätten. Es müßte dringend darum ersucht werden, beim Essensempfang Ordnung und Anstand walten zu lassen.

Das etwa war der Spiegel, in dem die moralische Verwahrlosung deutlich wurde, von der auch diese Gruppe von Häftlingen nicht frei geblieben war, und es dauerte einige Tage, bis die schlimmste Unordnung überwunden war.“[71]

Allerdings muß den Befreiten auch zugute gehalten werden, daß sie sich nach einer Zeit so langer Entbehrungen erst wieder im Leben zurechtfinden müssen. Die meisten besitzen nur noch das, was sie auf ihrem Leibe tragen. Alles andere haben sie auf dem Leidensweg durch die Konzentrationslager verloren. Deshalb läßt Liedig seine Mitgefangenen unmittelbar nach ihrer Ankunft im Hotel Zettel schreiben, auf denen sie auflisten, was sie dringend benötigen.[72] Diese Dokumente sind ein erschütterndes Spiegelbild der Not. Es fehlt den Prominenten an Schuhen, Mänteln, Anzügen, Wäsche, Hemden, Pullovern, Hosen, Hüten und Strümpfen. Männer bitten um Rasierapparate mit Pinseln und Krawatten, Frauen verlangen nach Kleidern und Damenstrümpfen. Erbeten sind auch Schlafanzüge, Hausschuhe, Taschentücher, Haarbürsten, Handtücher, Seife, Zahnbürsten sowie Koffer und Rucksäcke. Käthe Mohr auf Zimmer 123 braucht, wie sie schreibt, eine „Kittelschürze für (die) Küche“. Und Wilhelm Visintainer auf Zimmer 304, der auf seinem Zettel den Vermerk „Küche“ macht, fordert „Arbeitsschuhe, Hose, Jacke, Pullover, Hemd, 1 Hut (und) 2 Schürzen zur Arbeit“ an.

Zu den Häftlingen, die alles verloren haben, gehört auch der Kaplan Anton Hamm, der sich auf seinem Zettel als „Kriegspfarrer“ bezeichnet. Der Geistliche, der auf Zimmer 233 untergebracht ist, schreibt: „Trage bis auf meinen Rock nur v(on) Kameraden geliehene Sachen, besitze noch 1 graue Militärhose.“ Nicht anders sieht es bei Joos auf Zimmer 302 aus. Mit der Stufe „dringendst“ bittet er um einen Anzug, „weil eigene Sachen verbrannt“ sind[73] und „jetziger 3fach durchlöchert“ ist.[74] Auch braucht er einen anderen Mantel, da „jetziger“ die gleichen Löcher wie der Anzug aufweist. Ferner benötigt er ein Hemd mit Kragen, ein Paar Strümpfe und ein Paar Schuhe.

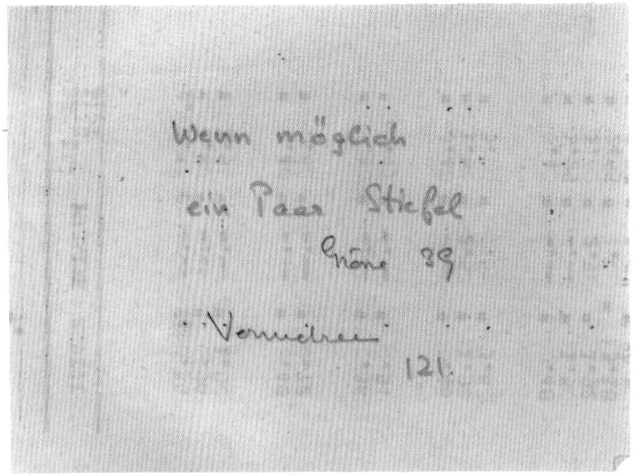

Wenn möglich
ein Paar Stiefel
Größe 39
Vermehren
121.

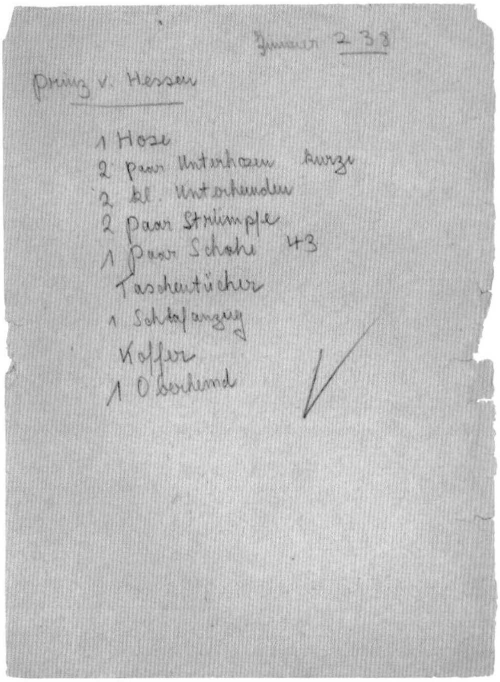

Zimmer 238
Prinz v. Hessen
1 Hose
2 Paar Unterhosen kurze
2 kl. Unterhemden
2 Paar Strümpfe
1 Paar Schuhe 43
Taschentücher
1 Schlafanzug
Koffer
1 Oberhemd

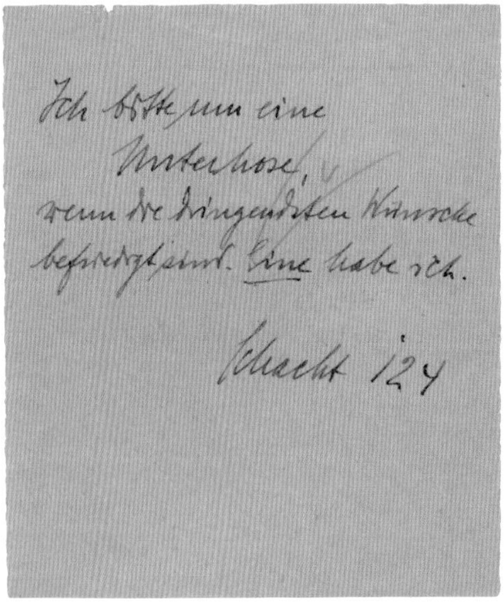

Ich bitte um eine
Unterhose,
wenn die dringendsten Wünsche
befriedigt sind. Eine habe ich.
Schacht 124

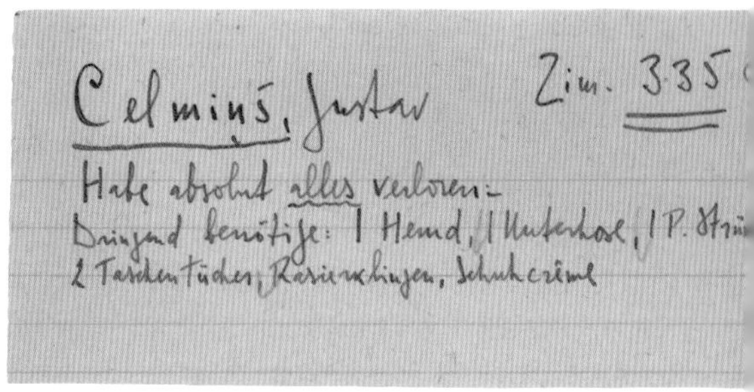

Celmins, Gustav Zim. 335
Habe absolut alles verloren.
Dringend benötige: 1 Hemd, 1 Unterhose, 1 P. Strü…
2 Taschentücher, Rasierklingen, Schuhcreme

Diese Bittschreiben belegen, in welchem Elend sich die Häftlinge befanden, als sie am Pragser Wildsee eintrafen.

Ohne jeden Besitz trifft auch der dänische Kapitän Max J. Mikkelsen (Zimmer 339) am Pragser Wildsee ein. „Mein ganzes Gepäck", schreibt er, „in Flossenbürg verloren." Der sowjetische Oberstleutnant Wiktor Brodnikow auf Zimmer 311 verweist ebenfalls darauf, daß er seine „ganzen Sachen" verloren hat und „jetzt nur (noch) die soldatische Uniform, welche an mir ist", besitzt. Auch Fabian von Schlabrendorff auf Zimmer 237 meldet den Verlust seines gesamten Gepäcks. Schon am 30. April, also gleich nach der Ankunft im Hotel, listet er auf, was er dringend braucht: „ein Paar Schuhe, ein Oberhemd mit Kragen, eine Unterhose, ein Paar Strümpfe, ein Taschentuch, ein Rasierapparat mit Klingen, einen Rasierpinsel, einen Schwamm oder Seifenlappen, ein Stück Seife und eine Zahnbürste".

Der Lette Gustavs Celmins auf Zimmer 335 klagt: „Habe absolut alles verloren." Das „alles" unterstreicht er und fährt fort: „Dringend benötige (ich): 1 Hemd, 1 Unterhose, 1 P(aar) Strümpfe, 2 Taschentücher, Rasierklingen, Schuhcreme." Auch dem königlich dänischen Rittmeister Hans Lunding auf Zimmer 307 ist, wie er hervorhebt, „alles verloren gegangen". Ebenso braucht Clemens Schenk Graf von Stauffenberg auf Zimmer 111 Hilfe. „Ich", schreibt er, „benötige dringend 2 Hemden, 1 Unterhose und 1 Paar Strümpfe, da meine gesamte Wäsche in Buchenwald geblieben ist." Hermann Pünder auf Zimmer 236 ist in einer ähnlichen

Situation. „Infolge vieler Verluste während meiner langen Haft“, meldet er am 2. Mai, „besitze ich nur die eine Unterhose (dies unterstrichen, Anm. d. Verf.), die ich am Leibe trage. Für Lieferung einer 2. (unterstrichen) Unterhose wäre ich daher sehr dankbar (unterstrichen). Ferner besitze ich keine (unterstrichen) Schlafdecke.“ Hjalmar Schacht auf Zimmer 124 fragt bescheiden an: „Ich bitte um eine Unterhose, wenn die dringendsten Wünsche befriedigt sind. Eine habe ich.“ Und Isa Vermehren auf Zimmer 121 hat nur den einen Wunsch: „wenn möglich, ein Paar Stiefel, Größe 39“.

Es gelingt, die Not der Häftlinge zu lindern und ihren Wünschen gerecht zu werden. Der Dank der Gefangenen gehört Emma Heiss-Hellenstainer, bei der sie sich geborgen fühlen. „Nun“, berichtet sie,[75] „waren alle froh, dem Leben wieder gegeben zu sein, dankbar für jedes gute Wort, für jede kleine Aufmerksamkeit. Immer wieder wurde mir die Hand gedrückt und geküßt.“ Die Hotelchefin fühlt sich im Kreis der Prominenten wohl. „Wie schön war´s abends bei den Maiandachten“, schwärmt sie zurückblickend. „Wie gerne kamen sie zu uns herunter in die kleine Küche.“

Bald zeigt sich auch das Wetter von seiner besseren Seite. „Es kamen nun herrliche Sonnentage“, erinnert sich die Gastgeberin,[76] „unsere liebe Heimat zeigte sich von der schönsten Seite. Der blaue See, in Sonne getaucht mit stets wechselnder Beleuchtung, erregte ihre Bewunderung. Sie konnten es nicht genug loben, auf diesem schönen Erdflecken die ersten Schritte in die Freiheit getan zu haben. Wie glücklich war auch ich mit ihnen!“

Niemöller ist von der Gastfreundschaft der Hotelchefin so angetan, daß er schon am 2. Mai in seinem Tagebuch vermerkt: „Viel Freundlichkeit von Frau Reiß (er irrt sich noch im Namen, Anm. d. Verf.), der Besitzerin des Hotels.“[77] Auch Schacht bleibt das gastliche Haus in bester Erinnerung. „Abends“, berichtet er,[78] „saßen wir – fast unbegreiflich nach den Gefängniszeiten – in der Hotelhalle, wo Isa Vermehren uns mit ihren Liedervorträgen erheiterte. Sonntags nahmen wir am katholischen oder evangelischen Gottesdienst teil. Tagsüber gingen wir in der Frühlingssonne auf den herrlichen Waldwegen oberhalb des Wildsees spazieren. Trotz der betrüblichen Nachrichten über den Zusammenbruch der Heimat lebten wir wieder auf. Die Wirtin vom Pragser Wildsee bereitete uns unsere Lieblingsspeisen und holte aus ihrem Keller manchen köstlichen Trunk.“

Als Schuschnigg später seinen Onkel Hermann Wopfner, den berühmten Tiroler Volkskundler, der im Ersten Weltkrieg als Offizier zur Bahnsicherung im Pustertal auf der Strecke Innichen-Sillian zum Einsatz gekommen ist, über das Ende seiner Haft unterrichtet, erwähnt er auch mit lobenden Worten die Zeit am Pragser Wildsee: „Wir sind in mühsamer und fährnisreicher Reise – meist im Gefangenen-Auto – von einem Konzentrationslager ins andere gewandert, waren schließlich Mitte April (sic!) sogar ein paar Stunden bei Innsbruck, dann über den Brenner nach Niederndorf (sic!) und Pragser Wildsee, wo wir unvergeßlich schöne, wirklich ganz unbeschreibliche Tage verlebten. Allerdings hatten wir bis dort unsere gesamte Habe, bis auf das, was wir am Leib trugen, verloren.“[79]

Anerkennung für ihr segensreiches Wirken erfährt Emma Heiss-Hellenstainer auch durch Best, der ihr später schreibt: „Sie wissen doch(,) Frau Heiss(,) wie tief meine Dankbarkeit immer sein wird für alles(,) was Sie für uns damals getan haben. Ebenso bin ich den Einwohnern von Niederdorf(,) insbesondere Frau Bachmann(,) immer dankbar für die uns (er)wiesene Güte.“[80]

Das Zusammenleben der Häftlinge aus den verschiedensten Ländern im Hotel ist von Freundschaft und von gegenseitiger Anteilnahme geprägt. Schnell sind die Gefangenen zu einer Gemeinschaft zusammengewachsen, die am Pragser Wildsee zum erstenmal in der Geschichte ein kleines vereintes Europa praktiziert. Isa Vermehren hat der Völkerfamilie von Prags in ihren Erinnerungen ein beeindruckendes Denkmal gesetzt. „Den unauslöschlichen, einmaligen und nie wiederholten Eindruck", berichtet sie,[81] „empfingen diese Tage aus der Tatsache, daß hier die (...) Nationen, die seit sechs Jahren erbittertste Gegner waren und einen vernichtenden Krieg untereinander führten, in tiefster Friedlichkeit miteinander lebten. Unsere Zahl hätte beliebig vergrößert werden können, ohne daß dadurch der Frieden dieser Tage in Gefahr gebracht worden wäre, wenn nur die Situation unverändert blieb, die ihn bewirkte: die Losgelöstheit von der 'öffentlichen Meinung' und die damit gegebene Möglichkeit, in voller Freiheit die 'private Person' zu entfalten nach Maßgabe des eigenen Herzens. Zwar verfolgten wir den Ablauf des Krieges mit Spannung und Interesse an Hand der täglichen Nachrichten, aber wir selber hatten aufgehört, Krieg zu führen. So fern von jeder 'offiziellen' Suggestion stellten wir staunend fest – staunend nur, weil man doch fast schon aufgehört hatte, jemals der Verwirklichung dieser treu gehüteten Ansicht zu begegnen –, daß eigentlich kein Grund vorlag, einander mit so erbitterter Feindschaft gegenüberzustehen, wie es seit Jahren an allen Fronten und in allen Köpfen der Fall gewesen war."

Die Häftlinge waren sich darin einig, daß eine friedliche Zukunft nur in der Gemeinsamkeit liegen konnte, und dementsprechend verhielten sie sich. „Fühlten wir uns doch alle als Bewohner des gleichen Hauses Europa, als Bürger dieser einen Welt", schreibt Isa Vermehren und fährt fort: „Diese Tage in Prags glichen dem Wiedersehen alter Freunde, denen das Bild voneinander durch böse Intrigen getrübt worden war, und in dem Glück, sich wiedergefunden zu haben, verzieh man es sich gegenseitig leicht, jemals schwankend geworden zu sein im Vertrauen zueinander. Die nationalen Grenzen waren kein unübersteigliches Hindernis mehr, sondern nur der Gartenzaun um das Grundstück des anderen, dessen Pforte einladend weit geöffnet war. Ebensowenig trennten uns die verschiedenen Sprachen voneinander; die meisten fanden sich in der Sprache des einen oder anderen, und wohl keinem fehlten die notwendigen Brocken, dem Fremden wenigstens den ihm geziemenden Gruß, ein Bitte oder Danke in seinen Worten zu sagen. Ein Traum schien in Erfüllung zu gehen, wenn auch in mikrokosmischer Form: ein einiges, ein heiteres Europa, eine heitere, weinige Welt, in der der Friede herrscht."[82]

Auch Bischof Gabriel Piguet ist von der internationalen Solidarität beeindruckt, die unter den Prominenten am Pragser Wildsee herrscht. Er spürt die Gemeinschaft, die sie miteinander verbindet, deutlich, als er am Sonntag, dem 6. Mai 1945, seine erste Predigt als befreiter Bischof vor einer sehr großen Zahl von Mithäftlingen in der Kapelle des Hotels hält.[83] Joos vermerkt den beeindruckenden Gottesdienst noch am selben Tag in seinem Notizbuch: „In der kleinen Kapelle spricht Mgr. Piguet über den Wiederaufbau in Vertrauen, in Wahrheit und Liebe."[84] Und der Bischof selbst kommt in seinem Hirtenwort von 1946 auf seine Predigt zurück: „In der kleinen Kapelle am Pragser Wildsee in 1500 Meter Höhe, entfernt von jeglicher Besiedlung, haben wir unter der internationalen Assistenz von Gefangenen aufgerufen zur brüderlichen und christlichen Liebe, zur Erneuerung und Befriedung und für das Glück einer im Unglück und im Ruin befindlichen Welt. Die Zustimmung dieser berühmten Zuhörer aller religiösen Konfessionen und aller politischen Orientierungen zu unseren Worten gab und gibt uns noch Vertrauen in das Bemühen vieler Geistesgrößen um eine Erneuerung brüderlicher Liebe und Freiheit und Ablehnung von Haß und totalitärer Gewalt."[85]

Die erste Begegnung mit den befreiten Häftlingen, vor allem mit Bischof Piguet, bleibt dem Pfarrer von Sankt Veit, Anton Schwingshackl, unvergeßlich. Ihr widmet er noch im Mai 1945 einen Bericht, der mit den Worten beginnt: „Berge bewahren ihr Gesicht und ihre Haltung im Gegensatz zu den gesichtslosen und haltlosen Menschen. Sie wundern sich nicht über das Menschengezappel zu ihren Füßen. Einmal schaute der Seekofel (einer der Berge über dem Pragser Wildsee, Anm. d. Verf.) doch verwundert herunter auf See und Seehotel. Das war im Jahre 1945, als der kriegerische, vernichtende April in einen traurigen, aber hoffnungschöpfenden Mai hinüberwechselte. So früh im Jahre sah er noch nie soviel Menschenfracht am See ausladen, noch dazu Menschen aus allen Ländern Europas, Gäste ohne jegliche Eleganz, Gestalten in schäbiger Kleidung, mit traurigen Gesichtern, mit Schrecken in den müden Augen. Und er runzelte die Stirn und schüttelte sein noch weißgelocktes Haupt und schüttete zum ersten Mai einen Viertelmeter Neuschnee und Maischnee ins Tal. Das war der traurigste Tag, den ich unter dem Seekofel erlebte.

„Die Angst der Menschen am See verging“

Nachdem man in den letzten Apriltagen das Seehotel zum Hauptquartier der 'Alpenfestung' (dies ist ein Irrtum, Anm. d. Verf.) zu machen schien und Wagen mit hohen Offizieren durch das Tal fahren und erleichtert wieder abziehen sah, war auf einmal und über Nacht diese merkwürdige Menschenladung eingetroffen. (...) Es hatte den ganzen Tag über leisflockig geschneit. Ich stapfte von St. Veit hinein zum See. Ich hatte wohl das Recht und auch die Pflicht, nach diesen Menschen zu sehen. Mir war etwas bang, in einen solchen internationalen Trubel zu geraten. Mit lebenslanger Talpsychose, plötzlich auf die Weltbühne geschwemmt, war mir unwohl. Doch diese Menschen beanspruchten nichts mehr als einen freundlichen Blick und einen freundschaftlichen Händedruck.

Zuerst schien ich durch die Wache nicht hindurchzukommen, bis mich die Hoteliersfrau und Mitbesitzerin des Hotels, Emma Heiß (sic!), von Ferne gewahrte und mir Zugang verschaffte. Die Häftlinge waren gerade fast alle bei der Maiandacht in der Seekapelle. Ob Christ, ob Heid, ob Jud, ob Hottentott, gemeinsame Not und drohender Tod machen sie alle mehr (oder) weniger zahm und fromm. Und sie kamen durch den Schneematsch getorkelt. Sie sprachen leise. Ich stellte mich einigen vor, die ich aus Bildern kannte: Schuschnigg, Bürgermeister Schmitz von Wien u. a. Ein alter Herr mit bezwingend gütigem Blick, Bischof Piguet von Clermont-Ferrand. Er verstand kein Italienisch, ich nichts Französisches, da schlug das schöne, feierliche Latein die Brücke zum Verständnis.

Ich durfte mit hinein ins Hotel, und bald war ich mittendrin in dem Knäuel von 22 (sic!) Nationen. Obwohl keine unmittelbare Todesgefahr scheinbar hinter diesen Menschen mehr stand, so gaben sie sich doch gedrückt und gehemmt. In den Korridoren, in den Hallen war es noch kalt. Wie hätte man auch ein Haus, das so viele Monate leer gestanden und nur von Schnee und Eis umgeben war, plötzlich wohnlich machen sollen? Es herrschte dicke Luft und asthmatische Stimmung. Aus der weiten Welt hatte es Persönlichkeiten in unsere Stille gepreßt, die noch nicht wußten, ob für sie hier in den Bergen das Tor zum Leben zugeschlagen oder geöffnet würde.

Mit dem Versprechen, wiederzukommen, verabschiedete ich mich bald. Auf dem Platze vor dem Haupteingang schritten die Wachen auf und ab, der Schnee war matschig, schmutzig und zertreten, der Himmel dämmerig grau, schon fast finster standen die Bäume. In schweren Gedanken verließ ich an jenem Abend See und Seehotel, wo sonst immer nur lautes, frohes, ja übermütiges Leben geherrscht, wo so viele noble Gäste abgestiegen sind im Verlaufe der Jahrzehnte. (...)

Am nächsten Tage hatte sich das Wetter aufgehellt. Der Maischnee zerrann, und auch die Angst der Menschen am See verging. Ich lernte noch manche kennen, und auch ihre Schicksale erfuhr ich. Bald wurde es laut und lauter im Hotel. Nachdem der Druck genommen und der Krampf gewichen, erwachten die Menschen, ihr Lebenswille, es erwachten Diskussionen. Doch von kleinen Plänkeleien abgesehen, blieben sie untereinander Freunde trotz Parteiverschiedenheit, denn sie (hatten) mitsammen auch vor ihrem Ende (gestanden)."[86]

Die Häftlinge glauben sich nun am Pragser Wildsee in Sicherheit. Doch die Gefahr ist für sie, wie bereits angedeutet, noch nicht gebannt. Es gibt Hinweise darauf, daß die Geheime Staatspolizei in Klagenfurt geplant hat, die Geiseln wieder in ihre Hand zu bringen. Der Gestapo-Chef von Sillian in Osttirol, Hans Philipp, soll sogar den Befehl erhalten haben, für die Liquidation der Häftlinge zu sorgen. Aber er widersetzt sich dieser Anordnung und nimmt sich das Leben.

Der Lehrer Josef Kiniger in Sexten ist diesem Fall nachgegangen und hat Erstaunliches herausgefunden. „In Sillian", schreibt er,[87] „wurde mir folgendes berichtet: Kurz vor Kriegsende bekam Philipp von seiner übergeordneten Dienststelle in Klagenfurt den schriftlichen Befehl, die prominenten Dachau-Häftlinge (...) in Niederdorf und Prags zu liquidieren. Dieser Befehl brachte ihn ganz durcheinander.

Er ging damit zum damaligen (Pfarrer und) Dekan von Sillian, Hansa (richtig: Josef Hanser, Anm. d. Verf.), zeigte ihm den Befehl und fragte, was er tun sollte. Der Dekan wußte zuerst nicht recht, ob ihm der Gestapo-Chef wohl nicht eine Falle stellen wollte. Schließlich erklärte er ihm, von seiner Sicht aus sei es glatter Mord, den Befehl auszuführen. Philipp antwortete, verworren, für ihn sei beides verhängnisvoll, (dem Befehl nachzukommen oder ihn zu verweigern).

Er unternahm nichts mehr. Den schriftlichen Befehl ließ er im Widum liegen. In den siebziger Jahren soll eine Kommission aus München im Widum von Sillian vergeblich nach diesem Befehl gesucht haben.

Am 4. Mai 1945 beging Hans Philipp in Sillian Selbstmord durch Veronalvergiftung. So die Eintragung im Sterbebuch.[88] Er war nicht sofort tot. Dr. Müller (damals auch Bürgermeister von Sillian) bemühte sich drei Stunden lang vergebens um sein Leben. Um 18 Uhr trat der Tod ein durch Herzlähmung. Hans Philipp wurde am 6. Mai 1945 um 9 Uhr vormittags auf dem Friedhof in Sillian in ungeweihter Erde begraben.

Hans Philipp (mit Ziehharmonika) lehnt es als Gestapo-Chef von Sillian ab, die Geiseln am Pragser Wildsee zu liquidieren, und wählt den Freitod.

Da die Vergiftung nicht perfekt und der Tod nicht plötzlich eingetreten war, munkelt man in Sillian, er sei vergiftet worden, weil er den Befehl nicht ausgeführt habe."

Auch Neuhäusler erfährt später von der Gefahr, in der sich die Prominenten im Hotel „Pragser Wildsee" noch befunden haben. Sein Kenntnisstand deckt sich im wesentlichen mit dem Forschungsergebnis des Lehrers. „Wie hatten wir aufgeatmet", schreibt er,[89] „als wir unter dem Schutz der Wehrmacht

Pfarrer Josef Hanser erfährt von der Absicht der Gestapo, sich wieder der Häftlinge am Pragser Wildsee zu bemächtigen.

nach Prags am Wildsee gebracht worden waren. Das Hotel war zwar in keiner Weise auf so viele Gäste eingerichtet, aber wir fühlten uns frei, sicher, glücklich. Und doch war bereits eine Aktion im Gange, uns wieder der Gewalt der Gestapo auszuliefern, uns zurück ins Reich zu bringen. Erst im Dezember 1962 erfuhr ich davon. Damals traf ich im Pfarrhof von Silz-Oberinntal zwei Geistliche, die in jenen kritischen Tagen von Ende April bis Anfang Mai 1945 in dem bei Prags (sic!) gelegenen Sillian tätig waren: Pfarrer Josef Hanser von Sillian und Anton Draxl, damals Kooperator von Sillian, jetzt Pfarrer in Silz. Sie berichteten:

Am 1. Mai kamen drei Beamte der Gestapo von Sillian in den Pfarrhof zu Pf. Hanser. Ihr Anführer Philipps (sic!) zeigte dem Pfarrer ein Schreiben der Gestapo von Klagenfurt, mit dem die Polizei von Sillian beauftragt wurde, umgehend die Gefangenen von Prags über die Grenze (von Italien nach Österreich) zu schaffen, wo Wagen aus Klagenfurt bereitstünden, um die Gefangenen nach Klagenfurt zu bringen. Sollte der Auftrag nicht sofort ausgeführt werden, so würden die Polizisten von Sillian erschossen werden.

Pfarrer Hanser war begreiflicherweise in großer Verlegenheit, weil er sich fragen mußte, ob man ihm eine Falle stellen wolle. Zunächst ließ er die Gestapomänner etwas warten und suchte seinen Kooperator Draxl auf, um sich mit ihm zu beraten. Auf Grund der Einstellung des Gestapoführers und des klaren Wortlautes des Schreibens suchten sie dann die Beamten davon zu überzeugen, daß der Auftrag doch keinen Sinn mehr habe: Wehrmachtsangehörige seien (...) zum Schutz der Gefangenen in Prags, und die Amerikaner seien schon ganz nahe. Darauf legte der Führer der Gestapo das Klagenfurter Schreiben auf den Tisch des Pfarrers und seltsamerweise auch seine Pistole. Der Pfarrer versteckte das Schreiben in einem Buch seiner Bibliothek. Am gleichen Tag kamen dann noch viele Angehörige der Gestapo aus Klagenfurt nach Sillian.

Am Abend kam der Mesner in den Pfarrhof und riet den beiden Geistlichen dringend, sich zu verstecken. Die Gestapo von Klagenfurt hätte die Absicht, eine größere Anzahl von Leuten, besonders die Geistlichen, zu verhaften und zu erschießen. Daraufhin flüchteten die beiden Geistlichen in ein Bauernhaus auf dem Berg. Der Bruder von Pfarrer Hanser, der gerade in Urlaub war, hielt Nachtwache.

Am nächsten Tag kamen die beiden Geistlichen wieder ins Dorf herunter, um zu zelebrieren. Dabei wurde dem Pfarrer gemeldet, der Leiter der Gestapo von Sillian, Philipps, habe eine solche Menge Schlaftabletten genommen, daß er starb."

Nachdem Neuhäusler von diesem Fall Kenntnis erhalten hat, reist er selbst nach Sillian, um noch nähere Einzelheiten zu erfahren. Dabei tritt er auch an das Grab des Mannes, der, wie er hervorhebt, „durch seine Weigerung, den Befehl der Klagenfurter Gestapo auszuführen, uns vielleicht das Leben gerettet, jedenfalls aber ein ungeheuerliches Blutvergießen verhindert hat".

Die Ankunft der Amerikaner und der Abschied von Südtirol

Am Morgen des 4. Mai 1945 ist es dann aus mit der idyllischen Ruhe am Pragser Wildsee. Für Isa Vermehren enden an diesem Freitag, wie sie betont,[1] die „vier schönsten Tage der ganzen Zeit", die sie dort oben in der Gemeinschaft ihrer Schicksalsgefährten verbracht hat. Ein Vorauskommando der US-Armee, geführt von Leutnant Melvin A. Asche aus Omaha (Nebraska) und Leutnant Charles Anderson aus Brooklyn, trifft um 6.15 Uhr ohne jede Vorankündigung vor dem Hotel ein.[2] Mit dem plötzlichen Auftauchen der GIs tritt eine Wende im Geschehen ein, die für einen Teil der Häftlinge, vor allem für die deutschen Gefangenen, noch unabsehbare Folgen haben wird. Und die Amerikaner werden später als Befreier in die oberflächliche Geschichtsschreibung vieler Historiker und Journalisten eingehen. In Wahrheit haben sie – dank SS-Obergruppenführer Karl Wolff, Oberst im Generalstab Bogislav von Bonin und Hauptmann Wichard von Alvensleben – bereits Befreite vorgefunden, als sie am Pragser Wildsee angekommen sind.[3]

Über die Ankunft der amerikanischen Vorhut, die der S-Kompanie des 2. Bataillons des 339. Infanterieregiments der 85. Division der Fünften US-Armee unter dem Kommando des Hauptmanns John Atwell angehört,[4] berichtet Isa Vermehren: „Als ich am Freitag, dem 4. Mai, morgens um halb neun Uhr aus der kleinen Kapelle kam, hatte sich das Bild unseres bis dahin so friedlich-verlassenen Hotelgeländes von Grund auf verändert. Eine unzählige Menge von kleinen und großen Militärwagen war auf dem Hof zusammengefahren, alle grün gestrichen und alle mit dem Stern der alliierten Streitkräfte versehen. Im Eingang des Hotels und in der Halle wimmelte es von Soldaten – eine amerikanische Voraustruppe von der Fünften Armee war vor wenigen Minuten eingetroffen. Das erste, was mir auffiel, war das Ruhige und Langsame in diesem neuen Bilde. Die Soldaten standen herum oder lagen auf den Stühlen, die Beine vor sich auf den Tisch oder weit von sich gestreckt, alle hatten sie die Hände tief in den Taschen vergraben, der eine oder andere hielt die Zigarette im Mund, und bei vielen war die einzige Bewegung das langsame Auf und Ab des Kaugummi kauenden Unterkiefers. Sie riefen nicht, sie schrien nicht, sofern sie sich überhaupt unterhielten, geschah es in der ihnen eigenen und uns so schwer verständlichen Weise der brockenhaften Sätze, der halben Andeutung, der kurzen Bemerkung. (...)

Mit der Voraustruppe der Fünften US-Armee kommen am 4. Mai 1945 die ersten amerikanischen Soldaten an den Pragser Wildsee.

In den ersten Stunden drohte ihre Gegenwart das schöne, leichte Gleichgewicht der letzten Tage zu sprengen. Vor allem wir Deutsche fühlten merklich den Boden unseres frisch erworbenen Weltbürgertums unter den Füßen schwanken. Die erste Maßnahme war natürlich die Entwaffnung und Gefangennahme der deutschen Soldaten, die unseren Schutz während der letzten Tage übernommen hatten. (Es mag hier so aussehen, als wäre dieses Kommando eine überflüssige Vorsichtsmaßnahme von uns gewesen, aber das stimmt nicht, denn mehr als einmal haben Partisanen versucht, sich unserem Gelände in nicht vertrauenerweckender Zahl und Attitüde zu nähern.) Die armen Jungens also, die Deutschen, trugen ihr restliches Kriegsgerät auf einem Haufen zusammen, Gewehre, Stahlhelme, Gasmasken, Pistolen usw., und machten sich an die etwas bittere Arbeit, ihr Bündel zu schnüren für den Marsch in die Gefangenschaft. Sie mögen ein wenig verspürt haben von der Einmaligkeit unserer inneren Situation hier oben und der aus ihr geborenen Stimmung, ihre wehmütige Anhänglichkeit an uns in den letzten Tagen war vielfach sehr rührend gewesen."[5]

Abschied vom Pragser Wildsee: Die deutschen Soldaten gehen in die amerikanische Gefangenschaft.

So sieht Isa Vermehren die deutschen Soldaten mit Mitleid scheiden. „Noch am Nachmittag desselben Tages", erinnert sie sich,[6] „verließ die kleine feldgraue Kompanie mit müden Schritten den Hof. Auch die beiden Offiziere – ausgerechnet zwei Barone (sic!) Alvensleben – mußten sich verabschieden. 'In Anerkennung ihrer ritterlichen Dienste' an unserer internationalen Gruppe genossen sie 'das Privileg, ihre Pistole bei sich führen zu dürfen'."

Auch Best legt bei Hauptmann Atwell, der inzwischen mit dem Rest seiner Kompanie im Hotel eingetroffen ist und der sofort mit der Entwaffnung der Wehrmacht begonnen hat, ein gutes Wort für die Hauptleute Gebhard und Wichard von Alvensleben sowie für den Major Treiber ein, der als Verbindungsoffizier vom deutschen Hauptquartier in Bozen nach Prags entsandt worden ist.[7] „Ich stellte ihm Major Treiber vor und die beiden von Alvensleben", berichtet er.[8] „Sie waren Cousins, und einer von ihnen war mit dem deutschen Infanterie-Regiment (sic!) gekommen, das uns im Hotel bewacht hatte. Alle drei waren sehr traurig beim Gedanken, daß sie nun Kriegsgefangene waren, und ich bat Captain Attwell (sic!) eindringlich, einen vorteilhaften Bericht über sie beim Hauptquartier abzugeben."

Ritterlich verabschiedet sich Best dann von den deutschen Soldaten. Fey von Hassell ist davon zutiefst beeindruckt. „(...) Best", schreibt sie,[9] „bat den amerikanischen Kommandanten (...), ein paar Worte an die deutschen Soldaten und ihren (Hauptmann), der uns befreit hatte, richten zu dürfen, bevor sie ins Kriegsgefangenenlager gebracht würden – eine noble, entgegenkommende Geste des Siegers. Best sprach voll Achtung und Bewunderung für das deutsche Heer. Abschließend meinte er, die nächsten Jahre würden hart und schwierig werden, aber auch für Deutschland kämen einmal bessere Zeiten."

Über die Veränderung, die am 4. Mai 1945 im Hotel stattgefunden hat, vermerkt Niemöller in seinem Tagebuch: „Ankunft der Amerikaner!" Er unterstreicht diese Feststellung und versieht sie zusätzlich mit einem Ausrufezeichen. Dann fährt er fort: „Entwaffnung der deutschen Soldaten u(nd) Abführ(un)g nach Welsberg."[10] Auch Joos hält das Geschehen vom 4. Mai in wenigen Sätzen fest: „Die Amerikaner sind von Cortina heraufgekommen. Die deutschen Truppen werden entwaffnet. Alles verläuft friedlich."[11]

Doch aus der jungen Anna-Luise von Hofacker spricht nicht nur Freude, als sie ihre Gedanken, die sie sich zum 4. Mai 1945 macht, dem eigenen „Hafttagebuch" anvertraut: „Die amerikanischen Truppen kamen und befreiten uns endgültig. Ihr riesiger Tross überflutete die ganze Umgebung des Hotels: Jeeps und Lastautos, Funkwagen, Zelte, Feldküchen. Soldaten und Offiziere waren ungeheuer freundlich, zuvorkommend und hochgestimmt. War das der Moment, den wir neun Monate lang herbeigesehnt hatten? Ich weiß es nicht. Unsere

Ein Bild, das im Mai 1945 um die Welt geht: Die befreiten Geiseln der SS vor dem Hotel „Pragser Wildsee".

wirkliche Befreiung hatte am 29. April (sic!) in Niederndorf (sic!) stattgefunden; heute wurden unsere Befreier selbst entwaffnet und gefangengenommen. Es war ein sehr zwiespältiges Gefühl; in den Siegestaumel unserer ausländischen Gefährten und der amerikanischen Soldaten konnten wir nicht recht einstimmen. Wir waren gleichzeitig befreit und auf der Seite der Besiegten; es ist schwer zu erklären. –

Mit den Amerikanern kamen leider auch die Reporter, die uns unentwegt filmten, fotografierten und interviewten. Besonders interessiert waren sie an Schuschniggs, Léon Blum und Pfarrer Niemöller. Sie zerstörten die idyllische Ruhe, die vorher hier geherrscht hatte und uns so wichtig war. Aber wir konnten Spaziergänge rund um den zauberhaften Bergsee machen und uns an der amerikanischen Truppenverpflegung sattessen: Es herrschte ein Überfluß, der uns nach 5 1/2 Jahren Krieg fast unmoralisch erschien ..."[12]

Auch Kunkel ist von der so plötzlich hereinbrechenden Ankunft der US-Soldaten überrascht. „Ich", berichtet er,[13] „komme eben von der kleinen Kapelle, in der ich zelebriert habe, da sind inzwischen die amerikanischen Wagen vor dem Hotel vorgefahren. Die Kompanie Gebirgsjäger (sic!) hat ihre Waffen abliefern müssen und steht etwas verloren da. Sie sind nun Gefangene, was wird mit ihnen geschehen? Da sie aber von uns ein gutes Zeugnis ausgestellt bekommen und die Südarmee sich ohnehin ergeben hat, steht ihnen ein Abtransport in die Heimat bevor: So hört man es wenigstens. Für uns persönlich ändert sich nichts. Wie wir hören, sind wir von den Alliierten zum 'Rot-Kreuz-Gebiet' erklärt worden, so daß also keine Kampfhandlungen in unserem Bezirk zu erwarten sind. Noch einmal wird uns eingeprägt, ja nicht das Gebiet des Sees zu verlassen: Die italienischen Partisanen hätten gerne einige von uns als Faustpfänder."

Als die Amerikaner am Pragser Wildsee eintreffen, ist die Gruppe der befreiten Gefangenen nicht mehr vollzählig. Die italienischen Mithäftlinge haben es vorgezogen, in Niederdorf zu bleiben. Gegen ihr Ehrenwort läßt Alvensleben den General Garibaldi und den Colonello Ferrero im Dorf zurück,[14] wo beide sofort den Kontakt mit den italienischen Partisanen aufnehmen.[15] Ihnen schließen sich Apollonio, Badoglio und Tamburini an. Alle fünf Italiener finden im Haus der Geschwister Emma und Therese Wassermann ein Unterkommen. Am 29. April nehmen die Schwestern zunächst Badoglio und Garibaldi auf, die, wie Therese Wassermann in ihrem Tagebuch festhält,[16] „im Haus auf provisorischem Lager im Morgensonnzimmer" nächtigen. Ergänzend fügt sie hinzu: „Mussten Lager bereiten für 13 Personen, alles Prominente aus Dachau, viel Arbeit, in der Küche SS-Bewachungsmannschaft, sehr ängstlich, Rückzug in vollem Gang. (...) Begeisterung der Prominenten, sehr entzückt, fühlen sich zum ersten Mal wieder als Menschen."

Am 3. Mai vermerkt die Chronistin in ihrem Tagebuch: „Colonello Ferrero die ganze Nacht in der Gemeinde, General Garibaldi und Badoglio (schlafen) hier im Haus, erstes Mal drei Betten und geheiztes Zimmer."[17] Am 5. Mai ziehen auch Apollonio und Tamburini bei den Schwestern ein. „Heute", schreibt Therese Wassermann ins Tagebuch,[18] „mussten wir für vier Herren (Zimmer herrichten): Tamburini, ehemaliger faschistischer Polizeipräfekt, mit Mussolini verkracht, dann interniert, einen italienischen Ing(enieur) Appolonio (sic!), ebenfalls interniert(,) und zwei amerikanische Offiziere. Viel zu tun."

Obwohl Tamburini seine Freiheit wiedererlangt hat, lebt er in Niederdorf weiter in Ängsten. Davon kann sich Neuhäusler ein Bild machen, als er am 2. Mai um 11 Uhr vom Hotel „Pragser Wildsee" ins Dorf fährt und nach dem Mittagessen im Pfarrhof kurz bei Garibaldi und Ferrero vorbeischaut und auch Tamburini besucht. „Fürchtet für sein Leben", notiert er.[19] „Als ich bei Ferrero für ihn ein Wort sprach, deutete er nur auf seinen Revolver." Therese Wassermann bemerkt ebenfalls die Spannungen, die in der italienischen Gruppe herrschen. „Garibaldi und auch Badoglio", berichtet sie,[20] „ließen sich von Tamburini mit Beträgen aushelfen, jetzt, da er von ihnen eine Bestätigung bräuchte, dass er tatsächlich mit ihnen in Dachau war, will sie keine(r) ausstellen, aus Angst um seine Karriere."

Sobald die deutsche Kapitulation an der Südfront am 2. Mai in Kraft getreten ist, versuchen die italienischen Partisanen, das Heft im Dorf in die Hand zu nehmen. „In der Gemeinde Landwacht aufgelöst", schreibt Therese Wassermann,[21] „Italiener nehmen deren Stelle ein, rote Halstücher als Zeichen der Freiheitskämpfer." Aber Garibaldi, der die Rolle des „Zonenkommandanten" übernimmt, rät seinen Landsleuten zur Besonnenheit. „Italiener hier", hebt Therese Wassermann in ihren Aufzeichnungen anerkennend hervor,[22] „wollten sofort italienische Flagge hissen, doch Garibaldi verbot es: nicht Umstellung übertreiben, Zeit lassen, sehr vernünftig."

Mogensen bemerkt sofort das veränderte Bild, das Niederdorf nun bietet, als er am 3. Mai wieder in den Ort kommt. Über den Eindruck, den die Partisanen auf ihn machen, berichtet er: „Der polnische Nationalfeiertag, der 3. Mai, stand vor der Tür. Ich versprach Graf Zamoyski, ihm bei der Vorbereitung einer würdigen Feier zu helfen. Wir kratzten einen Betrag in deutschem Geld zusammen. Am Feiertag zogen RAF-Leutnant Izycki und ich frühmorgens nach Niederdorf hinunter, um einzukaufen. Die Garibaldisten, die sich nicht sonderlich hervorgetan hatten, als wir sie wirklich brauchten, bestimmten jetzt das Dorfbild. Es waren meist junge Leute, die sich, weil sie noch keinen richtigen Bart hatten, die Haare in langen, ungekämmten Fransen hatten wachsen lassen. Alle trugen ein knallrotes oder blaues Halstuch. Einige hatten ganze zwei Maschinenpistolen quer auf der Brust, was ein Anreiz gewesen sein mag, schnell davon Gebrauch zu machen.

Nachdem wir einige Getränke eingekauft hatten, machten wir uns auf den Rückweg, Izycki mit dem (...) Holzkoffer auf dem Rücken. Wir waren schon ein gutes Stück auf dem Weg zum Bergsee, als wir kleine Flugblätter in den tiefen Schnee flattern sahen. Die Amerikaner pflegten im Zuge der psychologischen Kriegführung Karikaturen oder Witze abzuwerfen, ich trampelte also in den Schnee hinaus und holte einen der Zettel. Ich hüte ihn heute noch wie einen Schatz. Es war kein Witz, sondern eine auf deutsch und italienisch abgefaßte, begeisternde Botschaft von Feldmarschall Alexander, der erklärte, daß die deutschen und italienischen Streitkräfte bedingungslos kapituliert hätten und alle Angehörigen der beiden Heere noch am selben Tag die Waffen niederlegen und ihre Stellungen nicht verlassen sollten.

Den Rest des Weges rannten wir und überbrachten zuerst allen im Hotelvestibül Versammelten die frohe Botschaft. Danach ging ich mit Lunding zum Quartier der deutschen Soldaten hinüber.

Die Mitteilung auf dem Flugblatt schien sie nicht zu überraschen. Möglicherweise waren sie bereits telefonisch von der Kapitulation unterrichtet worden. Sie waren dabei, große Mengen Papier zu verbrennen, und begannen schweigend, ihre Handfeuerwaffen und Handgranaten in das Hotelvestibül hinüberzutragen, wo sie einen ansehnlichen Haufen bildeten.

Jan Izycki und Stanislaw Jensen verteilten bei einer Runde im Hotel Einladungen zum polnischen Verfassungstag. Gastgeber der Feier war Alexander Zamoyski. Er und die beiden Leutnants konnten ihre Ergriffenheit nur schwer verbergen. Pilot Jensen hatte versucht, sein verunstaltetes Gesicht hinter einem sonderbaren Bart zu verstecken, den er über die Brandwunden hatte wachsen lassen. Es muß hart für den jungen Mann gewesen sein, dem Leben mit einer so schweren Behinderung entgegenzutreten.

Es kamen zahlreiche Gratulanten aus den verschiedenen Ländern. Der ans Bett gefesselte (...) Léon Blum schickte einen besonderen Glückwunsch.[23] Deshalb hielt Bischof Piguet in Frankreichs Namen die Festansprache. Er betonte die Zusammenarbeit der beiden Nationen und verwies auf ihren mehrere Jahrhunderte lang gemeinsamen geführten Kampf, wobei er unterstrich, daß das demokratische polnische Grundgesetz von 1791 eines der ältesten der Welt sei. Er schloß, nachdem er im Namen aller Anwesenden einen Toast auf das jetzt befreite Polen ausgebracht hatte. Graf Zamoyski ergriff die Hand des Bischofs und küßte dessen Amethystring, bevor er selbst das Wort ergriff und für die Rede und die Glückwünsche dankte. Die danach beim Wein geführten Gespräche dauerten sehr lange."[24]

Besuch von Oberst Ferrero

Die italienischen Partisanen, die in Niederdorf, wie Emma Wassermann, Thereses Schwester, berichtet,[25] „in einigen Häusern 'Strafexpeditionen' durchführten, ziemlich wild in der Gegend herumschossen und mit einem Auto, auf dessen Kühler eine junge, trikoloreschwingende Person saß (...), Straße auf, Straße ab fuhren", bringen auch Unruhe ins Hotel „Pragser Wildsee". Joos registriert ihr plötzliches Erscheinen am 3. Mai in seinem Tagebuch: „Italienische Partisanen tauchen auf. (...) Abgeworfene Flugzettel melden die Kapitulation der deutschen Armee in Oberitalien (...). Zum ersten Mal erscheint Fleisch zum Mittagstisch."[26]

Absicht der Partisanen ist es, die prominenten Gefangenen in ihre Hand zu bekommen. Bereits am 30. April ist Schuschnigg in Niederdorf von Ferrero bedrängt worden, sich in den Schutz der Partisanengruppe zu begeben, mit der Garibaldi und der Colonello in Verbindung stehen. Über dieses Gespräch berichtet Schuschnigg selbst: „Sante Garibaldi und Ferrero gehörten zu unserem Transport. Beiden gelang es, sich nach unserem Eintreffen in Niederdorf selbständig zu machen und die Verbindung mit der italienischen Partisanenorganisation aufzunehmen, die in den umliegenden Bergen operierte.

Oberst Bogislav von Bonin in seiner Uniform, die ihm beim Befreiungsunternehmen in Niederdorf hilfreich war.

Am 30. April gegen Mittag erhielt ich in meinem Niederdorfer Quartier den Besuch von Oberstleutnant (sic!) Ferrero, der in voller Uniform erschien und mir dringend nahelegte, mich mit meiner Familie unverzüglich dem Schutz der Partisanen zu unterstellen, deren Hauptquartier sich völlig gesichert in Cortina befinde. Für unmittelbaren Transport sei vorgesorgt. Ferrero verwies auf das Ungewisse unserer Lage und drängte auf sofortige Entscheidung. Von einer Befreiung des ganzen Transports war dabei nicht die Rede, nach dem allgemeinen Eindruck schien es sich um eine geplante Einzelaktion zu handeln. Einer solchen standen aus mehr als einem Grund zwingende Erwägungen entgegen; vor allem hatten wir uns alle tags zuvor im gemeinsamen Interesse verpflichtet, jeden Einzelgang zu unterlassen. Als Wortführer der ganzen Gruppe fungierte damals der britische Captain Best, von dem wir wußten, daß er zusammen mit Oberst Bonin um Sicherung und dauernde Unterbringung des Transports bemüht war.

Unter Berufung auf die beschlossene Solidarität der ganzen Gruppe und die Folgen, die ein Ausbrechen einzelner für die anderen haben könnte, lehnte ich das Angebot ab.

Erst später stellte sich heraus, daß General Garibaldi für die folgende Nacht zum 1. Mai eine Besetzung Niederdorfs durch seine italienischen Partisanen geplant hatte, mit dem Ziel, die Gefangenen zu befreien und ins Hauptquartier der Partisanen in den Dolomiten abzutransportieren. Garibaldi ließ sich jedoch durch die Argumente der englischen und deutschen Vertrauensmänner unseres Konvois von seinem Plan abbringen; die reibungslose Übergabe des ganzen Transports an die Amerikaner sollte nicht gefährdet werden; sie war in nächster Zukunft zu erwarten. Oberstleutnant Ferrero beharrte zunächst bei seiner Meinung. Mit beiden Herren kam jedoch schließlich ein befriedigendes Einvernehmen zustande; sie separierten sich von unserer Gruppe und gingen ihre eigenen Wege.

Am 3. Mai tauchten italienische Partisanen nochmals auf, und zwar im Hotel Pragser Wildsee, wo sie Kontakt mit Léon Blum und dem russischen Fliegerleutnant Wassili (sic!) Kokorin, einem Neffen Molotows, aufnahmen. Während (...) Blum ihre Einladung offenbar abwies und im Hotel blieb, folgte Kokorin den Partisanen und wurde daher praktisch durch diese befreit. Allerdings erfreute er sich der Freiheit nicht lange: Seine durch schwere Frostverletzungen geschwächte Gesundheit erwies sich als nicht widerstandsfähig genug, um die Strapazen des Bergwinters im Partisanenlager ohne ärztliche Hilfe zu überstehen."[27]

Bevor Kokorin im Hotel zu seinem verhängnisvollen Gang, der ihn in den Tod führt, aufbricht, verabschiedet er sich von Josef Müller, dessen Freundschaft ihm viel bedeutet.

„Am Morgen des 3. Mai", erinnert sich Müller,[28] „kam Wassilij Kokorin zu mir, er hatte Tränen in den Augen. Schweigend umarmte er mich und küßte mich nach russischer Sitte auf beide Wangen.

'Wassilij', fragte ich, 'was ist heute los mit dir?'

'Ich muß Abschied nehmen von dir', sagte er.

'Du gehst weg? Warum bleibst du nicht bei uns, wir stehen kurz vor der Befreiung!'

'Ich bin Partisanenoffizier und habe die Pflicht, alles zu unternehmen, um wieder zu meiner Truppe zu kommen. Ich gehe zu den Südpartisanen nach Cortina.'

Ich bat ihn noch einmal, zu bleiben, aber er schüttelte den Kopf. 'Mein Onkel und der Marschall' – er meinte damit Josef Stalin – 'würden es mir nie verzeihen, wenn ich mich von der Hure England befreien ließe!'

Wassilij sprach von England immer nur als von der Hure; wie mir ein anderer Russe erklärte, ging diese Bezeichnung auf den Krimkrieg zurück, in dem neben Frankreich und Sardinien sich auch England auf die Seite der Türken gestellt und die Russen besiegt hatte.

In den Bergen lag stellenweise meterhoch der Schnee. Wassilij hatte sich schon, als er während des Krieges hinter den deutschen Linien abgesprungen war, Erfrierungen an den Füßen zugezogen, zudem war er durch die Entbehrungen der langen Haft geschwächt. Aber er war einfach nicht zu halten und ging zu den Südpartisanen, wie er sagte. Erst Jahre danach erfuhr ich in Berlin durch General Leonid Georgiew, der als Vertreter Molotows in Deutschland galt, daß sich Kokorin in den Bergen weitere schwere Erfrierungen zugezogen habe. Es sei noch versucht worden, ihn zu operieren, dabei oder kurz danach sei er dann gestorben."

Auch Best versuchte noch, Kokorin zu halten, als er erfuhr, daß dieser im Begriff sei, das Hotel zu verlassen. Detailliert berichtet er, wie der folgenschwere 3. Mai mit der Ankunft von vier Männern, die in einem Auto vor dem Hotel hielten und die „sich mit ihren roten Halstüchern als Partisanen auswiesen", begonnen hat: „Der Anführer der Gruppe behauptete, französischer Offizier zu sein und daß er Order habe, Blum und Wassilli (sic!) mitzunehmen zu einem sicheren Ort in den Bergen. Ich sagte ihm, daß es zwar keine Einwände gebe, irgendein Mitglied unserer Gruppe zu besuchen, daß ich aber ganz sicher nicht erlauben konnte, irgend jemanden von uns aus dem Hotel herauszuholen. Ich wies darauf hin, daß wir uns in einem Sektor befanden, der bereits anglo-amerikanisches Einsatzgebiet war (...). Zunächst wollten diese Männer Schwierigkeiten machen, aber als ich ihnen sagte, daß wir eine mehrere hundert Wehrmachtssoldaten zählende Wache hatten und daß ich nicht zögern würde, sie verhaften und einsperren zu lassen (...), beruhigten sie sich. Ich schickte jemanden, um ihnen die Zimmer der Blums und von Wassilli zu zeigen. Kurz darauf kamen sie herunter und gingen wieder.

Hätte Monsieur Blum den Wunsch geäußert, mit ihnen zu gehen, hätte ich das selbstverständlich nicht verhindern können. Aber ganz sicher hätte ich mich nicht von diesen Kerlen herumkommandieren lassen, die einfach daherkamen und wild mit ihren Maschinenpistolen herumfuchtelten. Nach dem, was sie sagten, kamen sie nicht von Garibaldis Kontingent, sondern waren Mitglieder von irgendeiner kommunistischen Bande aus Cortina. Ich weiß nicht, was sie zu den Blums oder zu Wassilli gesagt haben, aber gerade, als wir unsere gewöhnliche Mittagsversammlung begonnen hatten, kam jemand zu mir und sagte, daß letzterer gerade dabei war, das Hotel mit einem schweren Koffer zu verlassen. Ich ging hinaus durch die Vordertür und holte ihn ein, noch bevor er sehr weit gekommen war.

Aber er weigerte sich, mit mir zurückzukommen, und sagte: 'Ich will nicht geschlachtet werden.' Ich verstand das so, daß er wohl Angst davor hatte, was passieren könnte, wenn wir von britischen oder amerikanischen Truppen befreit würden, und sagte ihm, daß er in Sicherheit sei und daß ich mich um ihn kümmern würde, bis er sicher nach Hause geschickt werden könne. Doch er war derart in Panik, daß nichts, was ich sagte, auch nur das Geringste bewirkte. Er war so fest entschlossen, zu gehen, daß ich ihn nur mit physischer Gewalt hätte zurückhalten können. Widerwillig war ich gezwungen, ihm seinen Willen zu lassen. Eine Wache, die an der Straße, die zum Hotel führt, postiert war, berichtete, daß er von unseren morgendlichen Besuchern in einem Auto abgeholt worden war."[29]

Letztes Lebenszeichen von Kokorin

Das Schicksal des jungen Leutnants läßt Best keine Ruhe, und so beschließt er noch am 3. Mai, die Spur Kokorins aufzunehmen, um zu ermitteln, wohin er gebracht worden ist. „Ich machte mir Sorgen um den kleinen Wassilli", erinnert er sich,[30] „und nachdem ich die Angelegenheit mit McGrath besprochen hatte, kamen wir zum Schluß, daß es das Beste sei, uns der Hilfe von General Garibaldi zu versichern, der vielleicht über seine Rowdybande in der Lage wäre, herauszufinden, was mit ihm geschehen war. Ich fragte deshalb Major Treiber, einen stillen Wehrmachtsoffizier im mittleren Alter, der uns vom Armeehauptquartier geschickt worden war, ob er für uns einen Transport organisieren könne, damit wir am Abend hinunter ins Dorf fahren könnten. Er bot uns sofort an, uns in seinem eigenen Wagen hinunterzubringen.

Als wir dort ankamen, stellte ich fest, daß Garibaldi das gesamte Rathaus in Beschlag genommen hatte, und bevor wir in seine Räume im dritten Stock gelangen konnten, mußten wir zuerst an die fünfzig seiner Leute überwinden, die beim Anblick eines deutschen Offiziers in unserer Begleitung mit ihren Maschinenpistolen in höchst beängstigender Weise herumzufuchteln begannen. Glücklicherweise hatte einer von ihnen genug Verstand, den General anzurufen, der befahl, uns zu ihm zu bringen. Er war sehr interessiert an Wassillis Geschichte, den er recht gut kannte, und versprach, zu tun, was er könne, obwohl es im Grunde genommen recht offensichtlich war, daß seine Autorität nur in Niederdorf etwas galt und daß die Männer, die Wassilli aus unserer Mitte geholt hatten, zu einer rivalisierenden Organisation gehörten, zu der er nicht einmal Kontakt hatte.

Viel später erfuhr ich, daß der arme kleine Wassilli von seinen kommunistischen Freunden hinauf in eine Berghütte gebracht worden war und in der Kälte erneut Frostwunden an seinen bereits durch Erfrierungen verstümmelten Füßen bekommen hatte und daß er, mangels medizinischer Versorgung, an Wundbrand gestorben war. Er war ein durch und durch liebenswerter, treuherziger Bursche, und während unserer langen Gemeinschaft hatte ich ihn sehr lieb gewonnen, so daß mir die Nachricht von seinem Tode einen schweren Schock versetzte."[31]

Die Flucht Kokorins löst auch bei Hauptmann Gebhard von Alvensleben, der für den Schutz der prominenten Gefangenen im Hotel „Pragser Wildsee" verantwortlich ist, große Bestürzung aus. Der Generalmajor der Roten Armee Pjotr Priwalow und der tschechische Major im Generalstab Jàn Stanek, die sich unter den befreiten Häftlingen befinden, übergeben ihm

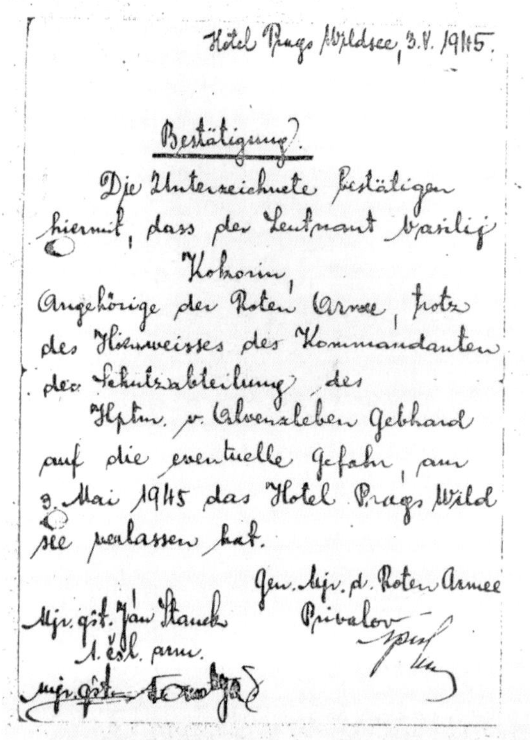

Hotel Prags Wildsee, 3.V.1945.

Bestätigung?

Die Unterzeichnete bestätigen hiermit, dass der Leutnant Vasilij Kokorin, Angehörige der Roten Armee, trotz des Hinweisses des Kommandanten der Schutzabteilung des Hptm. v. Alvenzleben Gebhard auf die eventuelle Gefahr, am 3. Mai 1945 das Hotel Prags Wild see verlassen hat.

Gen. Mjr. d. Roten Armee Privalov

Mjr. gšt. Ján Stanek 1. čsl. arm.

mjr. gšt.

Bestätigung für Gebhard von Alvensleben, daß Kokorin am 3. Mai 1945 auf eigenen Entschluß das Hotel verlassen hat.

noch am 3. Mai eine handschriftliche Bestätigung, die belegt, daß Kokorin selbst die Warnungen des deutschen Offiziers in den Wind geschlagen hat. Sie lautet: „Die Unterzeichnete(n) bestätigen hiermit, daß der Leutnant Vasilij (sic!) Kokorin, Angehörige(r) der Roten Armee, trotz des Hinweises des Kommandanten der Schutzabteilung(,) des Hptm. v. Alvensleben Gebhard(,) auf die eventuelle Gefahr, am 3. Mai 1945 das Hotel Prags Wildsee (sic!) verlassen hat.“[32]

Das letzte Lebenszeichen von Kokorin ist ein Brief, den er am 3. Mai geschrieben hat. In diesem Schreiben bittet er den sowjetischen Botschafter in Rom, ihm bei der Rückkehr in die Sowjetunion behilflich zu sein.[33]

Ein weiterer Besuch der Italiener im Hotel gilt Josef Müller. Diesmal sind es Garibaldi und Ferrero, die am Pragser Wildsee erscheinen. „Sie wollten mich unter allen Umständen dazu bewegen“, erinnert sich Müller,[34] „mit ihnen zu gehen. Garibaldi sprach davon, daß er sich auf den Weg nach Rom machen wolle, aber nicht, ehe er die Gewißheit erlangt habe, daß ich endgültig außer Gefahr sei. Deshalb wäre es am vernünftigsten, wenn ich mich ihnen anschlösse.

Ich habe ihm jedoch erklärt, daß ich mich nicht von meinen Schicksalsgenossen trennen würde, außerdem sei anzunehmen, daß die alliierte Südarmee uns bald befreien werde, denn 'Red' Churchill [35] hatte sich schon von Niederdorf aus aufgemacht, um die anrückenden englischen und amerikanischen Truppen über unsere Lage zu informieren und um baldige Hilfe zu bitten.“

Am Tag nach Kokorins Weggang – es ist Freitag, der 4. Mai, – sind italienische Partisanen schon wieder im Hotel. Sie erscheinen mit dem amerikanischen Vorauskommando, dem sie sich kurzerhand angeschlossen haben.

„Hinter diesen Truppen“, berichtet Herbert Thalhammer,[36] „waren auf Kraftwagen italienische Partisanen bewaffnet und in Uniform mitgekommen. Die italienischen Partisanen hißten auf dem Hotel die italienische Flagge. Außerdem kam es zu einzelnen Übergriffen gegenüber deutschen Soldaten der Gruppe Alvensleben, welche ihre Waffen den Amerikanern übergeben hatten.

Der Engländer Payne Best, der Sprecher der ehemaligen Häftlinge gegenüber den Amerikanern, erklärte dem Kommandanten der amerikanischen Truppe, daß er sich auf tirolischem Gebiet befände, und veranlaßte die Entfernung der italienischen Fahne. Payne Best hat außerdem gegen die einzelnen erfolgten Übergriffe der italienischen Partisanen protestiert. Nach diesem kurzen Zwischenspiel verließen die italienischen Partisanen das Gebiet des Pragser Wildsees. Zurück blieb lediglich die amerikanische Einheit, welche sofort die weitere Verpflegung und Betreuung der ehemaligen Häftlinge übernahm.“

Auch Best findet für das Betragen der Partisanen in seinen Erinnerungen nur kritische Worte. „Am (...) 4. Mai", schreibt er,[37] „kam Andy Walsh zu mir aufs Zimmer, als ich mich gerade fertig angezogen hatte, und sagte: 'Das ganze Haus ist voll von diesen Itakern, sie machen alle Türen auf und bedrohen die Frauen mit ihren Waffen.' Ich rannte nach unten. Als ich in der Halle ankam, fand ich Garibaldi vor, der mit einem amerikanischen Offizier redete. Ein halbes Dutzend amerikanischer Soldaten stand mit dabei. Ich ging zu dem Offizier, der sich als Leutnant Ashe (sic!) vorstellte und sagte, daß er mit einem Vorauskommando gekommen sei, das in Kürze vom Rest der Kompanie eingeholt werde. Sie hatten einen Gewaltmarsch durch die Nacht gemacht, um uns zu retten. Ich erklärte ihm, daß wir sehr gut zurechtkämen, ihm aber dennoch sehr dankbar wären, wenn er uns die italienischen Partisanen vom Hals schaffen könnte, die das ganze Haus durcheinanderbrächten und die Frauen und die Kinder unserer Gruppe beunruhigten. Er erfaßte sofort die Situation und scheuchte innerhalb weniger Minuten die ganze Bande aus dem Haus.

Dr. Herbert Thalhammer betreut zusammen mit Emma Heiss-Hellenstainer und mit Gebhard von Alvensleben die befreiten Häftlinge im Hotel „Pragser Wildsee".

Ich redete kurz mit Garibaldi, der sagte, er sei nur mit heraufgekommen, um den Amerikanern den Weg zu zeigen und uns beizustehen, sollten unsere deutschen Wachen irgendwelchen Widerstand leisten. Er erklärte sodann Leutnant Ashe die Lage und bat ihn darum, die deutschen Offiziere und Soldaten, die uns vor der Gestapo beschützt hatten, rücksichtsvoll zu behandeln. Während wir uns unterhielten, trafen Captain John Attwell (sic!) und der Rest der Kompanie ein (...), die mit der sofortigen Entwaffnung der deutschen Truppen begann. (...)

Unsere amerikanischen Freunde waren mit leichtem Gepäck die ganze Nacht hindurch marschiert und waren sowohl müde als auch hungrig. Sie schienen erwartet zu haben, uns hier in höchster Not anzutreffen, und waren zweifellos überrascht, als sie sich noch in der Stunde ihrer Ankunft zu einem opulenten Frühstück hinsetzen konnten und von einer Reihe von hübschen und charmanten Mädchen bedient wurden. (...)

Obwohl wir nicht in Gefahr waren, seit wir im Hotel angekommen waren, war es nichtsdestotrotz eine große Erleichterung, die Amerikaner hier bei uns zu haben, und besonders für mich. Es bedeutete das Ende einer Verantwortung, die in meinem schlechten Gesundheitszustand beinahe mehr war, als ich verkraften konnte."

Die Ankunft der Amerikaner, die mit dem turbulenten Auftritt der Partisanen verbunden ist, vermerkt auch Neuhäusler am 4. Mai in seinem Tagebuch: „Nach der hl. Messe um 9 Uhr

Die befreiten Sippen- und Sonderhäftlinge stellen sich vor dem Hotel „Pragser Wildsee" den Fotografen. (In der Mitte Vera von Schuschnigg und ihre Tochter „Sissy".)

zurückkehrend, sehe ich Yankees und Partisanen kommen. Die deutschen Soldaten sind entwaffnet. Garibaldi, Ferrero usw. mit roten Halstüchern (...) ziehen bald wieder ab. Die etwa 170 Yankees bleiben, verhalten sich aber sehr ruhig und gefällig; sind in unserem Speisesaal, Musiksaal usw."[38]

Auch Marie-Gabriele von Stauffenberg hält das Geschehen vom 4. Mai in ihrem Tagebuch fest: „Eingeteilt zum Küchendienst. Zwischen 9.00 Uhr und 10.00 Uhr kamen amerikanische Soldaten und Partisanen. Unsere Soldaten mußten die Waffen auf einen Haufen legen und kommen in Gefangenschaft. Ein erschütterndes Bild. Stehen nun unter amerikanischer Obhut."[39]

Ausführlicher geht Richard Schmitz in seinem Bericht, den er noch während des Tages verfaßt, auf die Ereignisse an diesem Freitag ein: „Schon in früher Morgenstunde verlautete, die amerikanischen Truppen seien stündlich hier zu erwarten, doch sei auch mit der Möglichkeit zu rechnen, daß sie erst morgen einträfen. Ein Offizier der deutschen Heeresgruppe ist hier, um uns den Alliierten zu übergeben.

9 h vorm. Die Amerikaner fahren soeben vor. Einige Wagen voll Partigiani, geführt von General Garibaldi usw., geben ihnen das Geleite und wollten uns, alle oder teilweise, bewegen, nach Cortina d'Ampezzo mitzukommen. Wir lehnten ab, und die Amerikaner schickten die Partigiani bald wieder fort.

Aus den Rundfunkmeldungen halte ich fest: Hitler und Goebbels Selbstmord; Aufenthalt von Himmler, Göring, Ley und Ribbentrop unbekannt. (...) Der Gauleiter von Linz habe erklärt, daß die Fortsetzung des Widerstandes noch nützlich sein könne.

Die Amerikaner entwaffneten die deutschen Kompagnien (sic!), die uns bisher bewacht hatten, transportierten sie ab und stellten sofort ihre Wachen auf. Zunächst verengt sich dadurch unsere Bewegungsfreiheit, da einerseits in den Bergen noch allerhand unkontrollierte Bewegung sei, andererseits Weisung eintraf, auch die Verbindungen unserer Gesellschaft mit der Außenwelt unter Kontrolle zu bringen, so daß z. B. ein Besuch aus Niederdorf nicht mehr zugelassen wurde."[40]

Blum, der krank daniederliegt, schreibt über die Ankunft der Amerikaner in sein Tagebuch: „Der erste sichere Beweis der Freilassung war am Morgen des Donnerstag (3. Mai) mit dem unvermuteten Eintreffen eines französischen Offiziers, des Hauptmanns Lussac.[41] In Mission bei den Garibaldi-Partisanen hatte er von unserer Anwesenheit erfahren und das Gebirge von Cortina d'Ampezzo überquert, um mit uns in Kontakt zu treten. (...)

Am folgenden Morgen, Freitag, war die Freiheit für uns erschienen. Die Nacht hatten wir mit Fieber und Schlafstörungen verbracht. (...) Am Morgen rief meine Frau: 'Kommt! Kommt schnell!' Ich sah, wie sich Lkws am Fuß des Hotels in einer Reihe aufstellten und Menschen ausstiegen. Die einen trugen ein rotes Hemd und eine flatternde Krawatte, (es waren die) Anhänger von Garibaldi, die anderen – wir bemerkten erst ihren Helm – das waren amerikanische Helme. (...) Die Männer waren aufgebrochen, ohne sich einen Augenblick Ruhe (zu gönnen), geführt von den Garibaldinern. Sie hatten das Gebirge überquert. So war die Freiheit für uns mit dem Sonnenaufgang gekommen. (...) Ein Offizier trat ins Zimmer. 'Die Wehrmacht ist entwaffnet', sagte er uns. 'Entsprechend der Kapitulation haben wir sie nach Toblach (sic!) geschickt. Sehen Sie sich als Gäste der amerikanischen Armee an.' Das war Freitag, 4. Mai, 8.00 Uhr morgens."[42]

Sehr viel kürzer faßt Joos die Ereignisse vom 4. Mai in seinem Notizbuch zusammen. „Die Amerikaner", schreibt er,[43] „sind von Cortina heraufgekommen. Die deutschen Truppen werden entwaffnet. Alles verläuft friedlich. In Niederdorf soll es zu Schießereien gekommen sein."

Der unerfreuliche Auftritt der Partisanen im Hotel bleibt Emma Heiss-Hellenstainer in schlechter Erinnerung. „Nach dem Zusammenbruch – die Amerikaner waren schon am See – kamen (...) auch ein paar Autos mit italienischen Partisanen mit der Trikolore angerückt", berichtet sie,[44] „stürmten ins Haus, hinauf über die Treppen, darunter einer mit langen, schwarzen Haaren in die Stirne hinein, ein rotes Tüchl um den Hals. Sie wurden aber hinauskomplimentiert, es war kein Platz für sie da! In 'Brüggele' und Altprags sollen sie sich nicht schön benommen haben."

Die Amerikaner in ihrer unbekümmerten Art finden rasch die Sympathie der befreiten Häftlinge. Auch das reiche Material, auf das die US-Soldaten zurückgreifen können, beeindruckt sie. „Die amerikanische Truppe", schreibt Schuschnigg begeistert,[45] „macht einen gewaltigen Eindruck. Abgesehen von ihrer für unsere Begriffe einfachhin fantastischen Ausrüstung und Verpflegung. Die Mannschaft ist von vorbildlicher Disziplin; und was vor allem auffällt, zwischen Offizier und Mann herrscht offensichtlich ein ausgesprochen mustergültiges Verhältnis. Sie tun, was sie können, für uns: unaufdringlich, hilfsbereit, anteilnehmend, natürlich – mit einem Wort menschlich.

Das also ist Amerika. Die angeblich unsoldatische, durch und durch mechanisierte, und (,) wie es manchmal hieß, der Dekadenz zuneigende Nation.

Nun, – wir begreifen, daß sie den Krieg gewonnen hat!"

Ebenso begeistert äußert sich Richard Schmitz über die Amerikaner, als er am Nachmittag des 4. Mai seine Aufzeichnungen fortsetzt: „Die amerikanischen Offiziere und Soldaten zeichnen sich durch sehr gute Haltung und vorzügliches Benehmen aus, insbesondere gegenüber den Frauen und Kindern, doch lassen sie es auch hinsichtlich der Männer nicht an Höflichkeit und Liebenswürdigkeit sowie freundschaftlicher Hilfsbereitschaft fehlen."[46]

Das Durchschnittsalter der Soldaten gibt Schmitz mit „etwa 23 Jahren" an. Nur einer ist älter als 30 Jahre. In diesem Zusammenhang hebt Schmitz hervor, daß „die Kompagnie (sic!) vor einigen Monaten drei Viertel ihres Standes verloren hatte und frisch aufgefüllt worden

Amerikanische Soldaten und befreite Häftlinge am Netz beim gemeinsamen Ballspiel am Pragser Wildsee.

war". Um so beeindruckter stellt er fest: „Trotz der jugendlichen Lebhaftigkeit kein Geschrei – mit einem Wort, die Amerikaner gewannen im Nu unsere Hochachtung und Sympathie zur Dankbarkeit hinzu, die wir unseren Befreiern und Beschützern selbstverständlich schulden."

Auch Best findet nur anerkennende Worte für die Amerikaner. „Es ist schlicht erstaunlich", schreibt er,[47] „wie sehr sie sich um unsere Bequemlichkeit und unsere Sicherheit bemühten, und auch, was sie für nette Burschen waren. Es war eine spontane, fast kindliche Freundlichkeit, mit der sie uns begegneten; etwas, das uns ihr Interesse an uns zeigte und an den Geschehnissen, die zu ihrer Ankunft geführt hatten (...). Sie fanden das alles wundervoll, sagten es auch und genossen es offensichtlich, bei uns zu sein. Ihnen schien jeglicher nationale Haß fremd zu sein, und ihr Verhalten gegenüber den deutschen Mitgliedern unserer Gemeinschaft war genauso freundlich wie das zu allen anderen; vielleicht sogar ein bißchen freundlicher, denn unsere hübschen Mädchen waren alles Deutsche. Es schien Männer aller Nationalitäten unter ihnen zu geben, Männer, die Deutsch, Französisch und sogar Russisch sprachen, und doch trugen sie alle den Stempel, Bürger der USA zu sein, und zeigten, daß sie darauf sehr stolz waren.

Beinahe sofort nach ihrer Ankunft wurde ein Netz aufgespannt, und es wurde Handball gespielt, wo jeder, der wollte, mitspielen konnte. Andere entdeckten Ruderboote und machten Feste auf dem See. In der Kameradschaft mit den Häftlingen gab es keinen Unterschied zwischen Offizieren und Zivilisten."

Unruhe tritt im Hotel erst wieder ein, als am Samstag, dem 5. Mai, Journalisten in großer Schar eintreffen und mit ihren sensationsgierigen Fragen über die befreiten SS-Geiseln herfallen. Niemöller findet dafür in seinem Tagebuch die richtigen Worte: „Einbruch der Journalisten u. Photographen der VII. (sic!) Armee. Lauter Filme u. Pictures."[48]

Richard Schmitz begegnet der Invasion der Presse mit deutlicher Zurückhaltung. „Amerikanische (militärische) Journalisten, einschließlich einer Dame", berichtet er,[49] „interviewen und filmen, Shakehandszene, die kleine Sissy usw., alles, was ihnen für die Kamera taugte. Ich hielt mich im Hintergrund, da ohnehin genug Filmfreudige vorhanden waren, so vor allem der alte Thyssen, der immer wieder sich vor die Kamera stellte, auch wenn andere gefilmt wurden. Mir lag viel mehr daran, daß unsere Namen amtlich im Radio bekanntgegeben wurden, damit unsere Angehörigen beruhigt sind."

Die Aufdringlichkeit der Journalisten erregt auch das Mißfallen von Isa Vermehren. „Eine Flut von Pressefotografen und Interviewern", erinnert sie sich,[50] „überschwemmte das ganze Gelände. Unvergeßlich ist der eine Mann, der schweißtriefend und völlig atemlos mit seiner Kamera von einem zum anderen sprang, dabei mit wilden Kiefern das unvermeidliche Kaugummi traktierend. Niemöller von vorn und von hinten, mit und ohne Bibel, stand im Mittelpunkt des allgemeinen Interesses, und die kleine vierjährige Tochter von Schuschniggs war viel interessanter als das Ehepaar selbst. Prinz (Friedrich) Leopold sitzend, stehend; schweigend, redend, lächelnd und nachdenklich usw. usw."

Auch Best ist vom Ansturm der Berichterstatter nicht begeistert. „Am Abend", schreibt er,[51] „wurden wir plötzlich überflutet von einem Haufen Presseleute und sensationsgierigen Fotografen; solch eine Aufregung und solch eine Hektik habe ich vorher noch nicht erlebt. Eine Zeit lang war jeder Winkel des Hotels grell von Blitzlichtern erleuchtet; jeden Augenblick wurde ich von jemand geblendet, der in mein Gesicht blitzte, und einen Moment später waren alle verschwunden, nachdem sie ihren Plan, Niemöller, Blum und Schuschnigg zu fotografieren, ausgeführt hatten."

Joos als Redakteur sieht den Einbruch der Journalisten ins Hotel gelassener und vermerkt vielmehr die Hilfe der Amerikaner in seinem Notizbuch mit großer Dankbarkeit. Am 5. Mai berichtet er: „Wir erhalten Schuhe und Kleidungsstücke. Die Amerikaner sind splendid nach jeder Richtung hin. Man filmt, einzeln und in Gruppen. Das Leben lächelt uns zu."

Und am 6. Mai notiert er begeistert: „Mit unserer Befreiung aus den Händen der SS ist der Frühling in die Berglandschaft eingekehrt. An allen Ecken und Enden rinnen und klingen die Wasser. Ein Himmel, blau wie Enzian, spannt sich über die leuchtenden Berge."[52]

Am selben Sonntag feiert Bischof Piguet, wie bereits berichtet, in der Kapelle des Hotels am See seinen beeindruckenden Gottesdienst, den er dem Wiederaufbau in Vertrauen, in Wahrheit und Liebe widmet.[53] Kunkel, der vor ihm in der kleinen Kirche predigt, stellt seine Betrachtung unter das Leitwort: „Seid Vollbringer des Wortes, nicht bloß seine Hörer!" Dazu bemerkt er selbst: „Ich sagte meiner Gemeinde: 'Wir stehen in einem entscheidenden Augenblick. Aufgetan hat sich für uns aufs neue die Tür zum Leben. Die schweren Riegel, die uns bisher abgesperrt hielten vom Licht, von der freien Natur, von

Walther Graf von Plettenberg-Lenhausen mit seiner Tochter Gisela (links) und mit deren Freundin Isa Vermehren nach der Befreiung am Pragser Wildsee.

der Gemeinschaft der Menschen, sind nun zurückgeschlagen. Wir stehen im Begriff, die Schwelle zu überschreiten, die – wie wir hoffen – uns endgültig in die Freiheit hineinführt. Wie froh können wir darum das Eingangslied der heutigen Messe mitbeten: 'Kündet den Freudenruf, daß man ihn höre; kündet es bis ans Ende der Erde: Befreit hat der Herr sein Volk.'"[54]

Emma Heiss-Hellenstainer, die dem Gottesdienst beiwohnt, ist von der „rührenden Predigt", die der „ostpreußische Pfarrer Kunkel" hält, ergriffen. „Wie schön und eindringlich sprach er!", schreibt sie später.[55] „Eine solche Predigt ist wohl nur einmalig nach derartigem Geschehen, gerichtet an eine besondere Gruppe von Menschen, zu finden.[56] Ich fühlte mich wie in einer anderen Welt! Die Sonne schien in die kleine Kapelle herein und überstrahlte mit ihren Strahlen die andächtigen Beter und Hörer des Wortes Gottes. Nach der letzten hl. Messe vor der Abreise sprach Kunkel einige tiefergreifende Worte: Ehe wir die Schwelle übertreten, die uns in die Freiheit führt, wollen wir Gott erneut für all die gespendeten Wohltaten danken. Gott segne diesen Ort, dieses Haus samt seinen Bewohnern."

Auch auf Fey von Hassell übt die Kirche am See einen besonderen Reiz aus. So begleitet sie Alexander von Stauffenberg gern, als dieser sie bittet, mit ihm vor dem Abschied von Prags noch einmal die kleine Kapelle zu besuchen. „Dort", erinnert sie sich,[57] „setzte er sich an die Orgel (richtig: an das Harmonium, Anm. d. Verf.) und spielte wunderschöne Choräle. Die Schönheit der Musik, die Stille der Natur ringsherum und die stark mystische Atmosphäre in der Kapelle, dies alles rührte mich zu Tränen."

„Beim Kochen taten alle mit"

Auch für das leibliche Wohl der befreiten Gefangenen ist mit der Ankunft der Amerikaner bestens gesorgt. Diese lassen es in der Tat, wie Joos schon hervorgehoben hat, an nichts fehlen, und so kann die Küche des Hotels nun aus dem Vollen schöpfen: „morgens Bohnenkaffee nach Belieben, Orangen-Aprikosenmarmelade, Pancakes, gerösteter Speck, Rühreier, Toast oder auch in Butter gebratenes Brot", zählt Emma Heiss-Hellenstainer die „herrlichen Dinge" auf, „die wir hier lange Zeit nimmer gesehen" haben.[58] „Der Mittagstisch war reichlich und voll Abwechslung. Beim Kochen taten alle mit, auch Grafen und Gräfinnen. Ein 16jähriger Graf Stauffenberg hielt sich immer in der Küche auf, tat bei jeder Arbeit mit. Es gab nun Rindfleisch, Kalbfleisch, Poularden (in Eispackung aus Amerika), dann Dosenfleisch (Corned Beef), Schweinernes, Schinken, alles aus Amerika stammend. Salz, Pfeffer, jegliches Gewürz war reichlich vorhanden, ebenso Fruchtsäfte aller Arten in schönen Dosen (Grapefruit), Ananassaft, Ananaskompotte, herrliche Pfirsiche, Aprikosen, Äpfel. Am Abend gab´s noch mehr, es kam eine Mehlspeise dazu.

Der Kommandant der Amerikaner, Captain Adwell (sic!), war ein sehr feiner Mann. Er speiste im Verein mit seinen Offizieren und, fallweise mit englischen Gefangenen, in der großen Küche. Auch Fregattenkapitän Liedig durfte deutscherseits an dem Mahle jeweils teilnehmen."

Auch die technische Ausrüstung der amerikanischen Soldaten beeindruckt die Hotelchefin. Erstaunt sieht sie zu, wie schnell die Amerikaner am See eine kleine Badeanstalt einrichten, die allen zugute kommen soll. „Plötzlich", berichtet sie,[59] „wurden dann hinter der Kapelle zwei große Zelte errichtet. Die Amerikaner kamen mit einem großen Auto und schufen (eine) Badegelegenheit. Ein Schlauch wurde in den See hinuntergelassen, eine Pumpe besorgte die Heraufförderung, dann wurde das Wasser in einen mit Benzin angeheizten Kessel eingeleitet, von dort aus floß heißes und kaltes Wasser durch eine Anzahl Brausen. Seife

Die ehemaligen Sippen- und Sonderhäftlinge stehen vor der Frontbadestube der amerikanischen Soldaten zum Duschen an, die gleich nach der Ankunft der US-Einheit am Pragser Wildsee eingerichtet worden ist.

für jedermann war reichlich vorhanden. Im anderen Zelt lagen Handtücher und frische Wäsche bereit. Um 2 Uhr badete die Mannschaft, um 3 Uhr die männlichen Internierten, um 4 Uhr die Damen. Eine Wache war aufgestellt, die niemanden in die Nähe ließ. Um 6 Uhr war diese ganze Badegelegenheit samt und sonders verschwunden, es blieb keine Spur davon zurück. Die Internierten waren voll freudigen Lobes.

Am Abend gab´s eine neue Überraschung: Ein Kino wurde im Restaurant aufgestellt. Der Motor stand vor dem Haus, in der Halle wurde ein großes weißes Tuch aufgespannt. Aufgeführt wurde der Film 'Amerika'. Man hatte mich zur Darbietung auch eingeladen. Aber für´s Kino bin ich nicht gar so sehr eingenommen, so hielt ich mich in Türnähe und verschwand gegen 10 Uhr."

Zum Leidwesen der meisten ehemaligen Gefangenen hat die erholsame Zeit am Pragser Wildsee bald ein Ende. Schon am Montag, dem 7. Mai, erscheint der Brigadegeneral Leonard T. Gerow mit seinem Adjutanten, Leutnant Buckridge, im Hotel und eröffnet den überraschten Häftlingen, daß sie wieder die Koffer zu packen haben.[60] Marie-Gabriele von Stauffenberg vermerkt an diesem Tag in ihren Aufzeichnungen: „Küchendienst. Ankunft eines amerikanischen Generals, hält eine Ansprache, die in 3 Sprachen übersetzt wird. Sollen nach Verona, da dort alles besser geklärt werden könnte. Heiße Duschmöglichkeit in der Badeanlage der Amerikaner, bekommen Seife und Badetuch, die wir behalten dürfen."

Der Brigadegeneral begründet den Abtransport mit der Behauptung, daß jede Verbindung mit dem Norden unterbrochen sei und den Gefangenen deshalb nur der Weg nach dem Süden offenstehe. Enttäuscht nehmen vor allem die deutschen Häftlinge, die mit ihrer schnellen Heimführung gerechnet haben, diese Mitteilung zur Kenntnis. Nun heißt das neue Ziel: Neapel, wo sie ein Schiff erwartet, das sie auf die Insel Capri bringen wird.

Zu denjenigen, die nur ungern die Reise nach dem Süden auf sich nehmen, zählt auch Fey von Hassell, die über die unerfreuliche Wende des Geschehens am 7. Mai berichtet: „Am Nachmittag rief uns alle der amerikanische General Gerow in die Halle des Hotels. Er teilte uns mit, er habe vom Alliierten Hauptquartier in Neapel den Befehl erhalten, uns dorthin bringen zu lassen; man wollte dort, bevor man uns endgültig nach Hause entließ, genau wissen, wen man da befreit hatte. Um nicht den Eindruck zu erwecken, daß wir noch unter irgendeiner Kontrolle standen, fügte er bei, daß, wer wolle, natürlich auch in Prags bleiben könne. Sicher war ihm aber klar, daß keiner von uns von allen und allem isoliert in den Bergen bleiben wollte.

Mir widerstrebte es zwar, nach Süden zu fahren, mich damit noch weiter von Friaul und von meiner Mutter zu entfernen, jetzt, wo wir dringend nach den Kindern suchen mußten. Aber es gab keine Alternative, ich mußte den anderen folgen."[61]

Auch Isa Vermehren hält in ihren Erinnerungen fest, was Gerow den ehemaligen Häftlingen eröffnet. „Am Montag, dem 7. Mai", schreibt sie,[62] „besuchte uns ein amerikanischer General. (...) Er richtete eine freundliche Ansprache an uns, in der er uns mitteilte, daß es der Wunsch des Hauptquartiers sei, uns zur Beantwortung einer Fülle von Fragen nach Neapel zu holen, und er bitte uns, einen möglichst raschen Aufbruch dorthin zu ermöglichen. Es wurde festgelegt, daß die Gruppe in zwei Abteilungen fahren sollte, deren erste schon am folgenden und deren zweite einen Tag später Prags verlassen würde."

Mit Unbehagen nimmt auch Richard Schmitz die bevorstehende Reise nach dem Süden zur Kenntnis. Kritisch vermerkt er: „Die Teilnahme wurde zwar freigestellt, doch nur aus Höflichkeit, wie sich aus den Warnungen ergab."[63] In einem späteren Bericht formuliert er sein Mißfallen über den Abtransport noch deutlicher: „So nahe der Heimat und wieder in die Ferne? Schweren Herzens fügten wir Österreicher uns der Logik der Tatsachen."[64]

Schuschnigg ist nicht weniger enttäuscht. Er hat gehofft, sich in Südtirol noch ein wenig erholen zu können. Optimistisch schrieb er noch am 4. Mai in sein Tagebuch: „Natürlich so bald wie möglich heim und für die Zwischenzeit, bis die Straßen wieder frei sind und der Verkehr funktioniert, vielleicht für einige Zeit nach Meran – so fürs erste ..."[65] Doch diese Hoffnung geht nicht in Erfüllung.

Und so spricht Müller wohl den meisten aus der Seele, als er später in seinen Erinnerungen schreibt: „Wir waren ziemlich enttäuscht darüber, daß wir, so nahe der Heimat, kein Wiedersehen mit ihr und unseren Angehörigen haben sollten."[66]

Am Dienstag, dem 8. Mai, verläßt, wie angekündigt, der erste Konvoi, der aus 28 Fahrzeugen besteht,[67] mit 85 Häftlingen, die sich für den Transport gemeldet haben,[68] das Hotel. Über die Abreise berichtet Schmitz, der zunächst am Pragser Wildsee zurückbleibt: „Heute früh hatten wir zum letzten Mal Gottesdienst in der Kapelle am See, da alle vier Geistlichen (Hamm, Kunkel, Neuhäusler und Piguet, Anm. d. Verf.) sich zum ersten Convoi gemeldet hatten. Am Convoi beteiligten sich (...) 85 Personen; abgesehen von etlichen geschlossenen Personenwagen, waren sie meistens in einfachen, doch bequemen Militärwagen zu viert (oder, falls Sicherungsposten dabei, zu dritt) untergebracht. Ein Panzerspähwagen beschloß den Zug. Ich trug die kleine Sissy und ging mit ihr von Wagen zu Wagen, um den Insassen gute Reise zu wünschen. Abfahrt 10.30 (Uhr) vormittags.

Sissy leistete mir auch nachmittags Gesellschaft. Abends bummelte ich mit ihrem Vater am Seeufer. Das Wetter war wiederum wundervoll. Oft dachte ich an die geliebte Frau, die so wie ich die Berge geliebt hat, und an die Kinder, von denen ich nun schon so lange ohne Nachricht bin."[69]

Der Aufbruch der ersten Kolonne erfolgt nicht ohne Schwierigkeiten. Was ihm im Wege stand, beschreibt Best: „Wir waren früh wach und auf den Beinen am 8. Mai, da General Gerow den Konvoi um neun Uhr abfahren lassen wollte und es insgesamt 85 Leute gab, die abtransportiert werden sollten. McGrath hatte sich zur Verfügung gestellt, dafür zu sorgen, daß die Passagiere versammelt waren. Aber da er keine Liste mit den verfügbaren Fahrzeugen aufgestellt hatte, um die Leute bestimmten Wagen zuzuordnen, war das Ganze ein kleines Kuddelmuddel, und es dauerte fast zwei Stunden, bis der Konvoi starten konnte. Als es dann losging, war es ein beeindruckender Anblick, mit Panzerwagen im Zug und am Ende und mit einer Kette Kampfflugzeuge darüber."[70]

Endlich frei: Das Ehepaar Schuschnigg mit Tochter, links Bogislav von Bonin, rechts Gertrud Halder.

Unter den ersten, die zur Fahrt nach Capri aufbrechen, ist auch Isa Vermehren. „In einem Konvoi von vierzig (sic!) Automobilen, darunter etwa zehn Limousinen und dreißig bei uns so genannte Kübelwagen", erinnert sie sich,[71] „bewegten wir uns, einer langen Schlange nicht unähnlich, den Berg hinunter fort in südlicher Richtung. Mit Rücksicht auf die älteren Leute und die Kinder war angeordnet worden, daß die Höchstgeschwindigkeit von vierzig Stundenkilometern nicht überschritten werden durfte."

Emma Heiss-Hellenstainer nimmt von den Abreisenden mit Wehmut Abschied. „Ich", schreibt sie,[72] „war ganz traurig, sie hinwegziehen zu sehen." Genau beobachtet sie die Zusammenstellung des Konvois. „Vor dem Hotel", berichtet sie, „war eine Reihe amerikanischer Autos aufgestellt. Voran ein großes (Auto) mit Soldaten in Waffen, mit Maschinengewehren. Dann folgte ein zweites großes Auto mit Gepäck, dann kamen die Personenwagen. Als erste verließen uns (...) Blum mit Frau, der französische Bischof, die 5 griechischen Generäle, weiterhin fuhr ein Auto vorbei, dessen Insassen eine Holztafel heraushielten mit dem Worte: Jugoslawien. (...) Inmitten der Kolonne war ein schönes Sanitätsauto eingeteilt mit aller ärztlichen Hilfe. Den Schluß bildete ein großes Auto mit bewaffnetem Militär. Ich wollte mich zurückziehen, um nicht zu stören, jedoch sie ließen mich durch Wolfgang (Emmas Ehemann, Anm. d. Verf.) holen, (um) nochmals jedem die Hand zu drücken, angefangen von Blum und dem Bischof. (...) Als das Signal zur Abfahrt gegeben wurde, kreiste plötzlich eine Anzahl von Flugzeugen, die die Autos begleiteten."

Richard Schmitz genießt die letzten Stunden am Pragser Wildsee, bevor er am Donnerstag, dem 10. Mai, mit dem zweiten Konvoi ebenfalls das Hotel verlassen muß. Sorgfältig führt er über die Frist, die ihm noch in dieser schönen Landschaft bleibt, Buch. Am 9. Mai notiert er: „Das prächtige Wetter hält an. Überall rieseln die Schmelzwasser, gelegentlich donnern noch Lawinen herab. Frühmorgens jubilieren die Singvögel. Der Gedanke, die heimatliche Bergwelt morgen verlassen zu sollen, bedrückt mich.

Um 10 h waren wir im großen Saale versammelt, um die Mitteilung des Generals anzuhören, daß morgen, Donnerstag, 10. Mai, pünktlich 9 h vormittags, der zweite und letzte Convoi nach Verona abgehe. Er zwinge niemanden, diesen Ort zu verlassen, wer bleiben wolle, könne hier bleiben, doch würde später die Abreise oder Verbringung an einen anderen Ort auf steigende Schwierigkeiten stoßen, während von Neapel aus sich bessere Möglichkeiten voraussichtlich bieten würden. Er lade in diesem Sinne ein, sich in die Listen einzutragen. Das taten in Würdigung der Verhältnisse alle Anwesenden.

Da sich allerhand Zeug angesammelt hat, das man vorläufig nicht entbehren kann, bat ich den Capt'n Cobb (gemeint ist Captain Warren Chester Cobb, Anm. d. Verf.) um einen der praktischen wasserdichten Packsäcke; er stellte ihn mir mit der großen Liebenswürdigkeit zur Verfügung, die er mir stets bewies. Eine schöne amerikanische Soldatendecke erhielt auch jeder von uns, so daß ich eine 'Dachauer' Decke samt den Überzeugen und einem Leintuch zurücklassen kann. (...)

Abends Gespräch, was uns wohl in Neapel erwarte. Best meinte: längerer Aufenthalt und relativ wenig Bewegungsfreiheit. Die englischen und anderen alliierten Offiziere würden freilich zu ihren Einheiten einrücken. Die Verkehrsverhältnisse, die uns unbekannte politische Lage, die Disponierung der Millionen Kriegsgefangenen und Deserteure – das alles brauche ziemlich viel Zeit zur Klärung. Ich glaube, er hat recht."[73]

Am 10. Mai verläßt der zweite Konvoi mit den letzten Gefangenen pünktlich den Pragser Wildsee. Niedergeschlagen nimmt Schmitz Abschied. „Ich", berichtet er,[74] „fahre mit Familie Hofacker im Wagen Nr. 15. In der (letzten) Nacht lag ich lange wach und lauschte dem Rauschen des Bergwaldes, dem Plätschern der Schmelzwasser und den leisen Orgeltönen des fernen Jochwindes. Still glänzte der Wildsee und spiegelte die silbernen Sterne des Himmels. Am frühen Morgen jubelten die Vögel vor dem Hause. O, teures österreichisches Vaterland, wie schön bist Du! Gott segne Dich und schenke Dir eine friedlich-glückliche Zukunft! Und allen meinen Lieben in Dir! So lange Jahre fern der Heimat in harter Gefangenschaft, durfte ich nur wenige Tage hier im gut österreichisch fühlenden wollenden Südtirol verbringen, muß wieder fast in die größere Ferne des italienischen Südens. Nicht, daß ich Abneigung gegen Italien hätte, im Gegenteile habe ich eine lebhafte Sympathie für seine Landschaften und für sein einfaches Volk und für seine historischen und künstlerischen Reichtümer. Nur jetzt zieht es mich mit großer Sehnsucht nach der engeren Heimat. Doch: Gottes Wille geschehe!"

Im Konvoi mit Richard Schmitz reist auch Fey von Hassell. „Am Ende der Kolonne", erinnert sie sich,[75] „fuhr ich zusammen mit Major (sic!) Best, einigen Stauffenbergs und den Schuschniggs. Es war ungewöhnlich heiß für die Jahreszeit."

Emma Heiss-Hellenstainer beobachtet die Abreise der letzten Häftlinge. „Wiederum Autos mit Wachmannschaft", berichtet sie,[76] „dazwischen ein Sanitätsauto, diesmal keine Eskorte von Fliegern. Zum letztenmal drückte ich Schuschniggs, Bürgermeister Schmitz die Hände. Hoffen und warten wir auf den freudigen Tag, sie wiederzusehen."

Als sich der Transport in Bewegung setzt, sind die Gedanken der Hotelbesitzerin bei den scheidenden Österreichern; denn sie weiß: „Alle, Schuschnigg voran, wären viel lieber am See geblieben."

Vielen fällt auch der Abschied von Emma Heiss-Hellenstainer schwer, die sich so sehr für die Gefangenen eingesetzt hat. Noch im letzten Augenblick verhinderte sie, daß am 30. April ein deutsches Lazarett mit 500 Verwundeten vom Hotel und von seinen Nebenhäusern Besitz ergriff, als die Häftlinge schon von Niederdorf zum Pragser Wildsee unterwegs waren. „Zehn Minuten (später)", erinnert sie sich,[77] „trafen bereits die Autos mit den ersten Internierten ein."

Nun hat sie ihre Aufgabe in großartiger Weise erfüllt. „Frau Heiss", schreibt Kunkel,[78] „bleibt zurück, sie lädt uns sehr herzlich ein, sie später einmal wieder aufzusuchen."

Als sich Fregattenkapitän Liedig von ihr verabschiedet, gibt sie ihm ihren Rucksack, ihre Kleiderbürste und eine Figur des Sankt Christophorus, um die er sie so sehr gebeten hat, mit auf die Reise. Liedig hat den Heiligen schon immer als seinen Schutzpatron verehrt. Nun vertraut er darauf, daß der Nothelfer ihn nach allem, was er überstanden hat, weiter beschützen und ihn auch auf dem langen Weg in die Heimat, der noch vor ihm liegt, sicher durch alle Gefahren führen wird.[79]

Das Rätsel um den Inhalt der verbrannten Dokumente

Welchen Auftrag hatte Stiller nun im Rahmen von Kaltenbrunners Geiselplänen? Dies wird nicht mehr zu ermitteln sein. Die Dokumente, die er mit sich führte, hat Stiller im Gemeindeamt von Niederdorf verbrannt, so daß ihr Inhalt nicht mehr bekannt geworden ist.

Der SS-Obersturmführer sagte dazu später aus: „Es ist richtig, daß ich in Niederndorf (sic!) Papiere verbrannt habe. Bevor ich nämlich den (...) letzten Transport von Dachau verbrachte, übergab mir der Kommandant Weiter ein verschlossenes Paket. Dieses Paket war ca. 10 cm hoch (wie ein Aktenordner) und hatte viereckige Form in der Größe der üblichen Aktendeckel. Es war in Packpapier verpackt (Farbe des Papiers nicht mehr erinnerlich), mit einem Strick verschnürt und die Verschnürung mit Siegellack versiegelt, damit es nicht geöffnet werden kann. Auf der einen Seite trug es die Aufschrift mit Buntstift: 'Für Kommandant Weiter'.

Bei der Übergabe sagte mir Weiter, daß ich das Paket mitnehmen (...) und für ihn verwahren müsse und, wenn er nach Tirol komme, ihm persönlich zurückgeben müsse. Ergänzend fügte er bei: 'Sie wissen, was Sie mit Geheimakten zu tun haben, ich werde aber selbst kommen und sie holen.'

Näheres über den Inhalt hat er mir nicht gesagt. Die allgemeinen Weisungen über die Behandlung von Geheimakten lauteten dahin, daß diese bei Feindannäherung im letzten Moment zu verbrennen waren.

Nachdem sich die Verhältnisse in Niederndorf, wie (...) beschrieben, gestaltet hatten und für uns damit der Krieg zu Ende war, entschloß ich mich, das Paket zu öffnen und seinen Inhalt zu verbrennen, da Weiter bis zu dieser Stunde nicht gekommen war. Ich habe zu diesem Zweck am Bürgermeisteramt in Niederndorf in der Wachstube im Ofen Feuer machen lassen, und (ich) erinnere mich jetzt, daß damals ein SS-Mann aus Dachau, von meinen Leuten, diesen Befehl ausführte. (...)

Nach Öffnen des Paketes stellte ich fest, daß neben losen Schriftstücken mehrere Mappen aus Karton, wie sie als Aktendeckel verwendet werden, darin waren. Wie viele es waren, weiß ich nicht. Ich habe nun, ohne die einzelnen Schriftstücke zu lesen, die einzelnen Aktenstücke bezw. Mappen selbst in den Ofen gesteckt, wobei ich immer eine Partie zusammenballte

Mit der aufsehenerregenden Befreiung der Häftlinge aus 17 Ländern Europas gerät Niederdorf im Hochpustertal am Kriegsende in den Blickpunkt der Weltgeschichte.

Bevor der SS-Obersturmführer Edgar Stiller Niederdorf verläßt, verbrennt er im Gemeindeamt die Geheimakten, die er aus Dachau mit sich geführt hat.

und einschürte."[1] Stiller schloß nicht aus, daß sich im Paket auch der Schnellbrief des Reichssicherheitshauptamtes befand, in dem die Ermordung Elsers angeordnet wurde. Dieser Brief ist jedenfalls das einzige Dokument der SS, das in Niederdorf sichergestellt werden konnte.

Stillers Aussage beweist, daß es nie geplant war, die Sonder- und die Sippenhäftlinge nach Südtirol zu bringen. Dies geschah erst durch Stillers Einspruch in Innsbruck, der damit erreichte, daß ihm das Hotel „Pragser Wildsee" zur Verfügung gestellt wurde. Das Ziel des Geiseltransports, das ursprünglich ins Auge gefaßt wurde, war einzig und allein Tirol. Die angesprochenen Akten, die Gogalla dem Dachauer Kommandanten aus dem Reichssicherheitshauptamt in Berlin überbrachte, müssen im Zusammenhang mit dem Häftlingstransport nach dem Süden gestanden haben; denn sonst hätte Weiter sie Stiller nicht mitgegeben.

Weiter selbst begab sich am 26. April 1945 in Begleitung von drei SS-Hauptsturmführern mit zwei Autos zum Schloß Itter,[2] wo sich die prominentesten französischen Internierten befanden. Was ihn dorthin führte, ist nicht bekannt. Aber es ist anzunehmen, daß diese Mission in Verbindung mit dem Geiseltransport stand; denn Weiter erklärte Stiller ja ausdrücklich, daß er dem Transprt nach Tirol folgen werde. Vielleicht sollten sich die Häftlinge auf Schloß Itter den Sonder- und den Sippenhäftlingen anschließen, die aus Dachau ins Lager Reichenau gebracht wurden. Doch dies ist eine Spekulation.

Gewiß aber kann gesagt werden, daß der Geiseltransport, der schließlich Südtirol erreichte, im Zusammenhang mit einem größeren Unternehmen zu sehen ist, das Kaltenbrunner in der Alpenfestung geplant hat. Dafür sprechen auch die Unterlagen aus dem RSHA, die Gogalla dem Dachauer Kommandanten übergab und die dieser Stiller anvertraute, bevor er zum Schloß Itter aufbrach. Bemerkenswert ist in diesem Zusammenhang eine Äußerung, die ein hoher SS-Führer gegenüber Stiller in Anspielung auf die ihm anvertrauten Gefangenen gemacht haben soll: „Diese sind uns mehr wert als eine Division Soldaten."[3]

Auch die Gründe, die Weiter dazu bewegten, nicht mehr Stillers Transport, wie zugesagt, zu folgen, liegen im Dunkeln. Am 2. Mai 1945, als die deutsche Kapitulation an der Südfront in Kraft trat, nahm er sich auf Schloß Itter das Leben.[4] Laut Aussage des Häftlings Zvonimir Cuckovic, der Weiters Sterbedatum allerdings mit dem 27. April angibt, hat sich der Dachauer Kommandant „in Zelle Nr. 4 auf der ersten Etage des Schlosses" erschossen. Drastisch schildert er den Anblick des Toten: „Er sitzt bei dem Tisch, er hat Hemd, Hosen und Stiefel an, beim Herz und (am) Genick ist sein weißes Hemd sehr blutig. Weiter ist im Gesicht blaß wie eine Wachsfigur, Weiter ist tot."

Den Häftlingen selbst ist nie etwas über den Zweck und über das Ziel des Transports bekannt geworden.[5] Sie ahnten nur, daß sie Geiseln waren, und lebten in ständiger Todesangst. Diese war auch begründet; denn in ihrer Begleitung befand sich ja das SD-Kommando, dem alle Gefangenen mit äußerstem Mißtrauen begegneten.[6] Ob der SS-Untersturmführer Bader, dem die SD-Wachmannschaft unterstand, oder der SS-Obersturmführer Stiller einen Liquidationsbefehl mit sich führte, läßt sich nicht mehr feststellen. Er wurde nie gefunden.[7] Aber die Äußerung, die Bader gegenüber Alvensleben in Niederdorf gemacht hat,[8] läßt darauf schließen, daß er zum Äußersten bereit war. Auch die Bemerkungen anderer SD-Leute, die sich am liebsten der Häftlinge entledigt hätten,[9] machen deutlich, daß sie vor einer Ermordung der Geiseln nicht zurückgeschreckt wären. Diese Andeutungen entgingen den Gefangenen, wie berichtet, natürlich nicht und schürten noch ihre Ängste.[10] Angeblich gab es einen Befehl, der besagte, daß die Geiseln bei der Annäherung von feindlichen Truppen oder von Partisanen zu erschießen seien.[11]

Die Absicht der SS, alle Gefangenen im Hotel „Pragser Wildsee" zu ermorden und ihre Leichen danach im See zu versenken, wie zum Beispiel Nerin E. Gun behauptet,[12] hat jedoch mit Sicherheit nie bestanden. Überhaupt haben sich später viele Legenden um das Geschehen gerankt, die es der Forschung schwer gemacht haben, die Spreu vom Weizen zu trennen.

Tatsache aber ist, daß Hauptmann Wichard von Alvensleben durch sein mutiges Eintreten für die Häftlinge das Schlimmste verhindert hat. Denn daß die Gefangenen bis zuletzt in Gefahr waren, beweist der Liquidationsbefehl, den der Gestapochef von Sillian, Hans Philipp, noch erreichte, als die befreiten Geiseln längst im Hotel „Pragser Wildsee" untergebracht waren.[13]

Der lange Weg der Befreiten in ihre Heimat

Für die befreiten Häftlinge, die mit den Amerikanern in zwei Gruppen das Hotel „Pragser Wildsee" verließen, war die Reise nach dem Süden ein überwältigendes Erlebnis. Isa Vermehren, die mit dem ersten Transport am 8. Mai 1945 fuhr, genoß, wie sie schreibt,[1] „alle Schönheiten dieser Frühlingsfahrt hinein in den Norden Italiens" aus vollen Zügen. „Das Land", berichtet sie, „schien noch ganz befangen in dem glücklichen Taumel des endlich beendeten Krieges. Überall hingen Fahnen aus, und auf den kleinen Marktflecken standen die Menschen beieinander, als wenn sie alle große Ferien hätten."

Auch Karl Kunkel, der mit Isa Vermehren in demselben Transport reiste, war von der Fahrt beeindruckt. „Am 8. Mai", vermerkt er in seinem Tagebuch,[2] „stehen dann die amerikanischen Autos bereit, wir fahren nach dem Süden: durch die Alpentäler und die Poebene zunächst nach Verona. Dort übernachten wir. Am nächsten Morgen geht es zum Flugplatz: Wir werden in drei Maschinen verladen, und gegen Mittag steigen wir auf.

Ein wunderbarer Flug – der erste meines Lebens – über den Apennin, über Rom (wir machen eine große Schleife über die Ewige Stadt und sehen sehr deutlich St. Peter) und über Monte Cassino, das von oben wie eine Kraterlandschaft aussieht. Die Bombentrichter sind noch alle zu sehen, sehr heftige Kämpfe haben ja gerade hier getobt. Das Kloster ist eine Trümmerwüste.

Nachmittags landen wir in Neapel. Da weht uns ein feindlicher Wind entgegen, wenigstens was die Deutschen angeht. Zum ersten Mal merken wir, daß wir feindliche Ausländer sind. Die anderen werden sehr herzlich von den verschiedenen Alliierten aufgenommen. (...) Uns Deutsche empfangen sehr unfreundliche Agenten des CIC, die uns unter starker militärischer Bewachung in die Stadt bringen."

Der Zweite Weltkrieg hat am 2. Mai 1945 in Italien ein Ende: Amerikanische Soldaten mit ihren Militärfahrzeugen und italienische Partisanen, erkenntlich an ihren roten Halstüchern, bevölkern den Hauptplatz von Niederdorf.

Schuschnigg, der den Pragser Wildsee mit dem zweiten Transport am 10. Mai verließ, schreibt begeistert über die Fahrt: „Die Reise als solche war ein Erlebnis. Zunächst in langem Autozug über das wundervolle Cortina d'Ampezzo in den oberitalienischen Frühling. An den schweren Wunden vorbei, die der hier doppelt sinnlose Krieg dem gemarterten Land schlug. Und von Verona im Flugzeug bis zur nächsten Station nach Neapel. Überall das gleiche höfliche Entgegenkommen und bereitwillig gewährte Hilfe. (...) Dann geht es weiter nach Capri – und hier ist vorläufig Endstation."[3]

Im Transport mit Schuschnigg reiste auch Marie-Gabriele von Stauffenberg, die am 10. Mai über die Fahrt in ihren Aufzeichnungen vermerkt: „Fahren ab nach Verona in Kübelwagen. Übernachtung im Hotel."[4] Über die Fortsetzung der Reise schreibt sie am Samstag, dem 12. Mai: „Früh Abflug in 2 Militärtransportmaschinen (...) nach Neapel. Mit englischem Schiff Überfahrt nach Capri, wo wir nach Anacapri ins Hotel 'Eden Paradiso' gebracht werden. Erst mal wieder von amerikanischer Militärpolizei mit Maschinenpistolen bewacht, bis wir alle registriert sind. Offiziere, wie Halder, Falkenhausen, Bonin, kommen in das Kriegsgefangenenlager nach Neapel."

Fey von Hassell sah die Offiziere, unter denen sich auch General Thomas und Prinz Philipp von Hessen befanden, mit Wehmut gehen. „Mir", hebt sie hervor,[5] „taten sie alle sehr leid, besonders Bonin, hatte er uns doch durch sein energisches Eingreifen vor dem sicheren Tod bewahrt."

Um so erleichterter wandten sich die übrigen Deutschen, denen eine erneute Haft erspart blieb, wieder dem Leben zu. „Von nun an", berichtet Fey von Hassell, „waren wir frei, konnten die umliegende Gegend durchstöbern, ans Meer zum Baden gehen und was sonst unser Herz begehrte. Wir waren darüber mehr als glücklich, zudem das Hotel für uns alle sehr klein war; wir mußten zu viert in winzigen Zimmern schlafen."

Inzwischen hatte auch Prinzessin Irmingard mit ihren Angehörigen in Ammerwald ihre Freiheit zurückerlangt.[6] Damit endete auch für Pauli Gräfin von Bellegard die Gefangenschaft. Die Erzieherin der Töchter von Kronprinz Rupprecht war freiwillig mit den Mädchen in die Haft gegangen und hatte den Leidensweg mit ihnen durch die Konzentrationslager Sachsenhausen, Flossenbürg und Dachau geteilt. „Sie", betont Prinzessin Irmingard, „war immer dabei."[7]

Auch die fünf jungen Sippenhäftlinge, die sich in Dachau dem „Todesmarsch" der Häftlinge anschließen mußten, überlebten. „Wir (...) hatten einen Pferdewagen für unser Gepäck", berichtet Franz von Hammerstein,[8] „und übernachteten bei Bauern oder in Scheunen. Die Route war ähnlich: an München vorbei Richtung Starnberg, Berg, Wolfratshausen, wo wir an der Brücke über die Isar von der Wehrmacht aufgehalten wurden, aber die SS setzte sich durch. Am 30. April wurden wir auf einem einsamen Bauerngehöft in den Keller gesperrt. Als wir am 1. Mai nach oben kamen, war die SS verschwunden, die Bauern gaben uns Frühstück, draußen fuhren die Amis und nahmen uns nach München mit."

Von den Dachauer Häftlingen, die zum Großwindkanal ins Ötztal in Marsch gesetzt worden waren, kamen dreihundert durch.[9] Sie erreichten am 1. Mai 1945 den Ort Haiming im Ötztal. Am 4. Mai trafen dort um 14 Uhr die ersten Soldaten der 44. US-Infanteriedivision ein und brachten den letzten Überlebenden des Dachauer Todeszuges in Tirol die Freiheit.

Auch Hildegard Maria Kuhn, die im KL Dachau zurückgeblieben war, überlebte. Am 19. Mai 1945 konnte sie das Lager verlassen und fand Aufnahme bei der Familie Stauffenberg in Jettingen.[10]

Die Töchter des Kronprinzen Rupprecht von Bayern vor dem Abflug zu ihrer Mutter nach Luxemburg auf dem Flugplatz in Augsburg – unmittelbar nach ihrer Befreiung in Ammerwald. (Dritte von rechts ist Prinzessin Irmingard mit kurzem Haar, ganz rechts steht Pauli Gräfin von Bellegard.)

Der Hauptmann Wichard von Alvensleben stand nach der Rückkehr aus dem Krieg vor dem Nichts. Am 15. November 1945 schrieb er in Nörten-Hardenberg bei Göttingen Fabian von Schlabrendorff in einem erschütternden Brief: „Nach Verlust meines gesamten Besitzes und nach dem Tode meiner Frau sitze ich hier als stellungsloser Flüchtling mit meinen Kindern und bin in Sorge um die Zukunft. Mein Besitz liegt in der Neumark, also in der polnischen Zone."[11]

Der SS-Obersturmführer Edgar Stiller schlug sich über das Hochgebirge nach Österreich durch, nachdem er Niederdorf verlassen hatte. Dort verabschiedete er sich von den ihm „verbliebenen 12 bis 15 Kameraden", wie er später aussagte.[12] Er selbst wollte sich noch einem Truppenteil anschließen. „Auf der Glocknerstraße", berichtet er, „geriet ich in amerikanische Gefangenschaft." Dies geschah am 12. Mai 1945.

Ende Mai 1945 befanden sich die deutschen Häftlinge nach ihrem Abtransport aus Prags aber noch immer auf Capri in Verwahrung. Auch Schuschnigg konnte der Insel noch nicht den Rücken kehren.

In gedrückter Stimmung schrieb er in sein Tagebuch: „Capri ist ein zauberhaftes Eiland; eine Oase des Friedens; nicht die leiseste Kriegsspur zu sehen. – Die amerikanische Obsorge schafft alles nur irgend Erdenkliche herbei, was der Erholung und Sammlung dient und die ersten Schritte ins wiedergewonnene Leben erleichtert.

Nur eines fehlt noch – die Freiheit.

Telegramme und Briefe aus aller Welt laufen ein; nur die Heimat schweigt weiter.

Man möchte ums Leben gern wissen, was daheim eigentlich alles passiert ist; wer noch lebt, und wer tot ist. Alle Hebel werden versucht: Das internationale Rote Kreuz, der Vatikan ... Es ist alles umsonst. Die Heimat bleibt stumm; noch stummer, als sie seinerzeit für uns in Sachsenhausen und Flossenbürg war. Ab und zu kommt ein mildtätiger amerikanischer oder englischer Offizier aus Österreich zurück und erzählt ...

Da packt uns das Heimweh.

Unsere Gruppe ist kleiner geworden. Die Engländer, Russen, Polen, Italiener, Franzosen sind lange schon weg; zum Teil nach Haus, zum Teil in militärische Verwendung. Die deutschen Berufsmilitärs und etliche einstens prominente politische Namen wurden von uns abgesondert. Die meisten anderen warten von Tag zu Tag auf die Erlaubnis zur Heimkehr. Einige darunter sind mittlerweile heimatlos geworden.

Abschied von Österreich: Kurt von Schuschnigg mit Frau und Tochter bei seiner Ankunft am 6. September 1947 in New York. Die USA werden ihm zur neuen Heimat.

Vorläufig sind wir auch noch in der Nachbarschaft dieses Begriffes. Wir werden als 'displaced persons' geführt, dzt. in 'custody' der amerikanischen Militärbehörde und haben zu warten, bis wir 'released' sind.

Immer wieder feiert einer Abschied. Und es ist in allen Sprachen fast immer ein Abschied von Freunden. So war es insbesonders bei den Franzosen – und fast ausnahmslos bei den Deutschen."[13]

Während also die Gruppe der ausländischen Häftlinge ihre Freiheit schnell wiedererlangte, gaben die Amerikaner die deutschen Gefangenen lange Zeit nicht frei. Internierte, die mit einer nationalsozialistischen Vergangenheit belastet waren, kamen sogar wieder in Haft – nun als Gefangene der Alliierten. Dies galt für General Alexander von Falkenhausen, Generaloberst Franz Halder, Prinz Philipp von Hessen, Hjalmar Schacht, General Georg Thomas, Fritz Thyssen.

Als die unbelasteten deutschen Häftlinge nach ihrem langen Weg in die Freiheit endlich wieder heimkehren konnten, hatten sie sich – nun jeder für sich – einer neuen Herausforderung zu stellen: dem Aufbau einer Existenz zum Überleben in einem zerstörten und geteilten Deutschland, dessen Elend sie nicht verschuldet hatten.

Zeichen der Menschlichkeit in Niederdorf

Von Caroline M. Heiss

Niederdorf, ein kleiner stattlicher Ort im Hochpustertal, der bis zu diesem Zeitpunkt fast einzig wegen seiner Sommerfrische bekannt war, wird mit der Ankunft des Geiseltransports im April 1945 zum Schauplatz eines dramatischen Ereignisses, das die Bevölkerung bis heute berührt.

Das Dorf selbst, 1154 Meter hoch gelegen, blickt auf eine mehr als tausend Jahre lange Geschichte zurück, die vor allem durch ihre wichtige Funktion als Rast- und Zollstation an der vielbefahrenen Straße durch das Pustertal nach Venetien geprägt ist. Dieser Durchfuhrhandel brachte dem Ort ebenso Aufschwung wie der aufkommende Fremdenverkehr im 19. Jahrhundert. Niederdorf war seinerzeit bei Touristen, die dort gern ihre Sommerferien verbrachten, ein international beliebter Ort. Er bietet seinen Gästen eine klimatisch und landschaftlich günstige Lage, den lieblichen Reiz von Waldhöhen und umliegenden Bergen sowie großartige Ausflugsziele. Damals entstand aber auch eine Gastronomie von Weltruf. All dies machte Niederdorf zu einem Ort ersten Ranges. Noch heute erkennt man das fast städtische Aussehen des Dorfes an den vielen Wirtshäusern sowie an den hübschen Häusern entlang der Durchgangsstraße.

Nach einer langen und entbehrungsreichen Fahrt ins Ungewisse erreichten die 139 Häftlinge des Geiseltransports in einem Konvoi von fünf Omnibussen am 28. April 1945 in aller Frühe die Landstraße vor Niederdorf, auf der die Fahrzeuge vor der Ortschaft anhielten. Auf Befehl der SS gefangengenommen, als Geiseln inhaftiert, von schweren Schicksalsschlägen gezeichnet und in der Furcht, noch kurz vor Ende des Krieges exekutiert zu werden, wußten sie nicht, was sie in Niederdorf erwarten würde.

Niederdorf selbst war von unmittelbaren Einwirkungen des Zweiten Weltkrieges und damit von größeren Zerstörungen weitestgehend verschont geblieben. Einzig ein Luftangriff der Alliierten, der am 22. Februar 1945 einem Munitionszug auf dem Bahngelände im Dorf galt, tötete 27 Menschen, fünf Zivilisten (davon vier Niederdorfer) und 22 deutsche Soldaten, und verursachte verheerende Schäden an vielen Häusern. Natürlich litt in diesen kalten Wintermonaten die Bevölkerung unter den Einschränkungen des Krieges. Viele der Männer waren an der Front, und so mußten sich die Frauen, Alten und Kinder mühsam den Winter hindurch selbst versorgen.

Durch den Luftangriff, den sechs alliierte Bomber flogen, wurden zum Beispiel bei Aloisia Egarter die Fenster des Hauses herausgesprengt. Allein mit vier kleinen Kindern – der Mann befand sich im Krieg – war das Leben in Niederdorf schwer und unbarmherzig, zumal in der kalten Jahreszeit. So mußte sich Herbert Hilscher mit 24 Jahren alleine um den gesamten landwirtschaftlichen Betrieb kümmern. Mit nur 17 Jahren wuchs Cäcilia Strobel mit ihren Geschwistern allein im Heimathaus auf, da ihre Mutter gestorben und der Vater im Krieg war. Auch in Niederdorf waren damit die Auswirkungen des Krieges nicht spurlos an der Bevölkerung vorbeigegangen. In welcher Form auch immer, jede Familie mußte durch den Krieg Entbehrungen und Schicksalsschläge auf sich nehmen.

Für die Niederdorfer kam die Ankunft der streng bewachten Häftlinge völlig überraschend. Sie merkten aber bald, daß menschliche Hilfe für die hungrigen und müden, vom Schicksal gezeichneten Menschen das Gebot der Stunde war. Hier bewährte sich die Gastfreundschaft und die Herzlichkeit, durch die sich die Südtiroler auszeichnen. Die Niederdorfer sahen, daß Menschen bei ihnen Hilfe suchten, die in noch größerer Not waren als sie selbst, und erkannten, daß ihre Zivilcourage und ihr Mut gefordert waren. Es gehörte eine enorme Risikobereitschaft dazu, die Häftlinge in den eigenen Häusern willkommen zu heißen, eine Kleidersammlung zu organisieren, die Gefangenen zu verpflegen oder, ganz einfach, mit ihnen zu sprechen, immer unter den Augen der SS- und SD-Bewacher, die für ihre Skrupellosigkeit berüchtigt waren.

Die Schwestern Emma und Therese Wassermann waren wohl die ersten, die mit einigen Häftlingen und mit deren Bewachern Kontakt aufnehmen konnten. Dabei wurde den Gefangenen, ohne zu zögern, Wein und Brot angeboten. Die mürrischen und schroffen Wachmannschaften versuchte man mit Wein zu besänftigen. Sogar Pfarrer Brugger hielt die beiden Schwestern an: „Nur zu, nur zu, macht sie nur besoffen, das ist recht." Sie bemühten sich, den Häftlingen immer wieder etwas zuzustecken, und machten ihnen kleine Geschenke, wie zum Beispiel Mandeln und Schokolade.

Welche Gedanken bewegten wohl die Gefangenen bei ihrer Ankunft in Niederdorf? Beim Verlassen der Busse froren die Häftlinge, sie hatten Hunger, Durst und waren müde. In erster Linie stellte sich die Frage, wie diese Grundbedürfnisse befriedigt werden konnten. Erst in zweiter Linie machte man sich wahrscheinlich Gedanken über die Bewohner des Ortes und deren Reaktion. Dennoch hat meine Befragung interessante Einzelheiten ergeben, die Rückschlüsse auf die Hilfsbereitschaft der Bevölkerung und auf die Einmaligkeit des Geschehens zulassen.

Die Niederdorfer erkannten aber auch sofort den Ernst der Situation. Schnell sprach sich herum, daß es sich bei den Inhaftierten um hochgestellte deutsche und ausländische Persönlichkeiten handeln mußte, die als Geiseln um ihr Leben bangten.

Sechzig Jahre nach Kriegsende ist es schwer, Augenzeugen zu finden, die sich noch detailliert an die Geschehnisse erinnern können oder die sogar aktiv an einer Hilfsaktion beteiligt

Am 22. Februar 1945 holt der Krieg auch Niederdorf ein. Das Dorf wird an diesem Donnerstag das Ziel eines verheerenden Luftangriffs der Alliierten.

waren. Viele, die noch Auskunft hätten geben können, sind mittlerweile verstorben. Auch die Hotels, die Pensionen und die Unterkünfte, in denen die Häftlinge nächtigten, existieren nicht mehr oder werden – bis auf das Gasthaus „Goldener Stern" – nicht mehr von den seinerzeitigen Besitzern geführt. Die Zeitzeugen selbst, welche befragt wurden, waren damals noch jung, zum Teil sogar noch im Kindesalter. Vielfach wurde ihnen nicht erlaubt, mit den Gefangenen zu sprechen. Dies übernahmen die Eltern oder die sogenannte Dorfobrigkeit. Aber trotz allem erkannten alle, welche die Häftlinge bewußt wahrgenommen hatten – und dies ist eine interessante Erkenntnis der Befragung –, daß diese Leute von vornehmem Stande waren.

Die Niederdorfer verkannten also die Einmaligkeit und die Wichtigkeit der Besucher nicht. So wurde Herta Leitgeb von ihrem Vater angehalten, mit ihrer Freundin ins Dorf zu gehen und sich die prominenten Fremden anzuschauen. Peter Senfter vom Gasthaus „Goldener Stern" wurde mit seinen Geschwistern eigens vom nahegelegenen Gsieser Tal mit einem Auto abgeholt, um Augenzeuge dieses Ereignisses zu werden. Von bleibender Erinnerung waren dabei stets die verschiedenen Uniformen der Bewacher und der Häftlinge.

Viele versuchten, soweit es in ihrer Möglichkeit lag, zu helfen. Die Tochter Marianne des Metzgers Mair erzählte, daß der Vater Stroh zur Verfügung stellte, auf dem die Häftlinge, die im Gemeindehaus untergebracht waren, schlafen konnten. Aus dem Gästehaus wurden Decken für das Gasthaus „Goldener Stern" bereitgestellt.

Die Gefangenen selbst wurden in den verschiedenen Gasthöfen des Dorfes sowie im Pfarr- und im bereits erwähnten Gemeindehaus untergebracht. Sie wurden herzlich aufgenommen und gastfreundlich bewirtet, obwohl die Leute ja selbst nicht viel hatten. Dennoch waren sie bereit, sich von ihrer besten Seite zu zeigen und vor allem großzügig zu teilen. Die Familie Kühbacher backte für die im Hotel „Bachmann" einquartierten Häftlinge „Brioschs". Aloisia Egarter bewirtete zwei Frauen mit „Erdäpfelsuppe", und die Familie Burger verköstigte in dieser kurzen Zeit regelmäßig Vera von Schuschnigg mit Tochter Sissy. Auch wußte der inzwischen verstorbene Stefan Burger zu erzählen, daß einer der Häftlinge ob seines großen Hungers drei „dreier Portionen" an Knödeln verspeist hatte.

Ebenso versuchte man, auch andere Wünsche zu erfüllen. Zumeist waren es ganz alltägliche Bedürfnisse, wie das Händewaschen mit einem Stück Seife bei Cäcilia Strobel. Soweit sich die Häftlinge am zweiten Tag in Niederdorf frei bewegen konnten, kam es zu verschiedenen Kontakten mit der Bevölkerung. Ein Graf von Stauffenberg, der nichts mit dem Anschlag auf Hitler zu tun hatte, sondern allein wegen seines Namens und seiner Verwandtschaft in Sippenhaft genommen worden war, hielt sich mehrmals in dem Stoffgeschäft der Familie Pescosta auf. Die Mutter von Frau Irma genoß es dabei, sich mit Stauffenberg angeregt zu unterhalten. Herbert Hilscher erkannte bereits von weitem den früheren österreichischen Bundeskanzler Dr. Kurt von Schuschnigg und versuchte, mit ihm ins Gespräch zu kommen. Natürlich sprach man nur über allgemeine Themen, wie über das Wetter, die Berge und die Landschaft. Die Unsicherheit war viel zu groß.

Große Hilfe erfuhren die Häftlinge auch durch die Ortsgeistlichen, Pfarrer Brugger und Kooperator Gilli. Sie waren es, welche die Bevölkerung zu Spenden- und Hilfsaktionen aufgerufen und sich selbst der Geistlichen unter den Gefangenen angenommen haben.

Von bleibender Erinnerung war der Gottesdienst in der Niederdorfer Pfarrkirche zum Heiligen Stephanus am Sonntag, dem 29. April 1945. Eine erste Messe fand für die Dorfbewohner statt. In dieser wandte sich der Pfarrer an die Gläubigen und rief zur Joppen-Sammlung auf. Erst im Anschluß daran folgte eine zweite Messe ausschließlich für die Häftlinge. Die Niederdorfer beobachteten, wie die Prominenten, geschlossen und streng bewacht, zur Kirche gingen. Ihren Zug begleiteten links und rechts die Wachmannschaften der SS und des SD. Die Posten stellten sich vor und in der Kirche auf, ja sogar der Eingang zur Sakristei stand unter Bewachung. Doch dies konnte die Bevölkerung nicht davon abhalten, den Kontakt mit den Gefangenen zu suchen.

Der Anblick der Häftlinge erschütterte die Dorfbewohner. Ihre armselige und zerschlissene Kleidung erregte das Mitleid der Leute. Auch die Gesichter der Häftlinge waren von dem schweren Leidensweg, der hinter ihnen lag, gezeichnet. Alle waren müde und erschöpft. Der Gottesdienst jedoch gab ihnen neue Kraft und Hoffnung, die Schrecken der Vergangenheit nun überwunden zu haben. So empfanden die Betenden zum erstenmal seit langer Zeit vor Gott eine tiefe, über alle Grenzen der Konfessionen hinweggehende Dankbarkeit. In der Geschichte der Niederdorfer Pfarrkirche hat es nie zuvor einen solch beeindruckenden Gottesdienst gegeben.

Die wenigen Einheimischen, welchen es erlaubt war, dem Gottesdienst vom Chor aus beizuwohnen, konnten in den ersten Bänken Männer und Frauen beobachten, die auf dem Rücken eine Häftlingsmarkierung in Form eines Andreaskreuzes trugen. Den Mittelpunkt der Gruppe bildete Kurt von Schuschnigg mit Frau und Tochter. Sissy war der „Sonnenschein" unter den Gefangenen. Auch die Sippenhäftlinge aus der Familie der Stauffenbergs wurden in dieser Gruppe erkannt.

Paul Pörnbacher, der als Ministrant den Gottesdienst miterleben durfte, war einerseits von der Anwesenheit der Bewacher eingeschüchtert und andererseits von den Persönlichkeiten, welche Kooperator Gilli ihm namentlich nannte, beeindruckt.

Dieser Sonntag hinterließ bei vielen in Niederdorf einen bleibenden Eindruck. Noch nie war der Ort dermaßen in den Mittelpunkt des Weltgeschehens getreten.

Bereits am Tag danach verließen die Häftlinge das Dorf. Sie wurden auf Lastwagen zum Hotel „Pragser Wildsee" gefahren. Den Abtransport selbst haben nur wenige Niederdorfer miterlebt.

Gastgeberin und Grande Dame: Emma Heiss-Hellenstainer (1888-1959)

Von Hans Heiss

Erinnerung an „Momosch"

Emma Hellenstainer im Jahre 1914 in Meran: Der frühe Verlust der Eltern prägt das Leben der jungen Frau.

Meine persönliche Erinnerung an sie ist blaß. Als meine Großmutter 1959 starb und an einem schönen Septembertag im Stadtfriedhof von Brixen zu Grabe getragen wurde, war ich knapp sieben Jahre alt. Die Glocken der Pfarre läuteten durchdringend, während ich im Garten spielte, unter fruchtschweren Apfelbäumen, von unbestimmter Traurigkeit erfaßt. Weshalb ich traurig war, wußte ich eigentlich nicht, denn wir Kinder hatten mit der großen, weißhaarigen Dame wenig Verbindung, obwohl wir im selben Haus lebten. Man hielt uns von ihr fern, Ruhe brauche sie, Kinder seien ihr zu anstrengend – hieß es – zu streng. Distanz und Abstand waren Begriffe, die für mich an Frau Emma Heiss, geborene Hellenstainer, erstmalig Anschaulichkeit gewannen. „Momosch" – nannte sie mein Großvater Wolfgang (1884-1955), der vier Jahre vor ihr gestorben war, respektvoll. Ein treffender Beiname: Emma blieb letztlich immer eine Dame aus der Ferne, wie eine russische Großfürstin, von weither gekommen, um den „Elephanten" für eine Zeitlang als Hausdame zu leiten. Daß diese Frau über Haltung gebot, spürten bereits wir Kinder, daß sie neben conténance auch Tapferkeit gezeigt hatte, erfuhren wir erst, als sie längst schon tot war.

Die eigentliche Heimat von Emma Hellenstainer war nicht Brixen im Südtiroler Eisacktal, wohin sie 1917 geheiratet hatte, sondern das Hochpustertal, mit Niederdorf, dem Pragser Wildsee und dem Hotel am Seeufer. Hier fühlte sie sich daheim, in Prags kannte sie jeden Stein, daher kam auch die Selbstverständlichkeit, mit der sie Ende April 1945 aufbrach, um die Sippen- und Sonderhäftlinge zu betreuen. In ihrer Heimat waren Gäste von Rang angesagt, die ihrer Hilfe bedurften, zumal es sich um Menschen handelte, die eben erst dem KZ entronnen waren. Unsere Großmutter verachtete das Hitlerregime und die Nazis. Nicht aus Liebe zur Demokratie, denn sie war eine Altösterreicherin, eine monarchisch gesinnte Verehrerin des katholischen Habsburg. Aber Diktatoren waren ihr im Innersten zuwider, sie hatte ein feines Gespür für den Unterton der Lüge, verabscheute Gewalt und wünschte, daß Menschen gut behandelt würden.

Eine Dynastie von Gastwirten

Emma Hellenstainer, geboren am 15. Jänner 1888 in Niederdorf im Pustertal, hatte die Eltern früh verloren.[1] Ihre Mutter Therese Harrasser starb 1893, drei Tage nach der Geburt der vierten Tochter, als Emma, die Älteste, fünf Jahre alt war. Den Vater Eduard Hellenstainer (1853-

1903) verlor sie zehn Jahre später. Die frühen Prägungen machten die hinterbliebenen Töchter zu selbständigen, aber auch einsamen, trotz aller Freundlichkeit distanzierten Menschen, neben Emma auch Therese, Anna und Pepi.

Vater Eduard war ein erfolgreicher Gastwirt in Niederdorf im Hochpustertal, Sohn der legendären „Frau Emma", die den Tourismus in diesem östlichen Zipfel Tirols heimisch gemacht hatte. Emma Hellenstainer (1817-1904), deren Namen unsere Großmutter trug, hatte als 40jährige nach dem Tod ihres Mannes Josef 1858 den „Schwarzen Adler" in Niederdorf allein weitergeführt und den Ort mit Gleichgesinnten zu einer der ersten Fremdenstationen Tirols aufgebaut. „Frau Emma", wie sie genannt wurde, war bereits zu Lebzeiten Legende, als Mitbegründerin des Alpenvereins und zielbewußte Gastwirtin, vor allem aber beeindruckte sie als einnehmende Gastgeberin, die mit Hofräten, Künstlern und Finanzräten ebenso sicher umging wie mit Bauern und Fuhrleuten. Eine Frau, die es als Unternehmerin im Alleingang so weit gebracht hatte, ließ die Zeitgenossen staunen.

Die ältere Emma vergriff sich nie im Ton und wechselte mühelos zwischen Charme, Zurückhaltung oder scharfer Bestimmtheit. Die Gastwirtin gehörte zu jenen Pionieren, die frühzeitig die landschaftlichen Vorzüge der Kleinregion Hochpustertal im Osten Tirols erkannt hatten: Die grüne Weite des Hochtals, von der die Seitentäler in die Ampezzaner und Pragser Dolomiten mündeten, bot landschaftlich beste Voraussetzungen, um die Gegend zwischen Welsberg und Sillian als „österreichisches Engadin" anzupreisen und touristisch zu vermarkten. Die bizarren Felsformationen der Drei Zinnen, des Monte Pelmo und des Seekofel hatten englische Alpinisten bereits 1856 beeindruckt; ihre touristische Erkundung erfolgte wenig später. Entscheidend war die gute Erreichbarkeit durch die 1871 eröffnete Eisenbahn Villach-Franzensfeste: Von Wien nach Toblach reiste man in 12 Stunden und sah sich beim Ausstieg unmittelbar den Bergen des Höhlensteintals gegenüber.

Die früh verwitwete Emma Hellenstainer zog sechs Kinder groß: Die älteste Tochter Emma II. heiratete den Kaufmann Josef Michael Mayr, die zweitgeborene Marie verehelichte sich mit dem Sternwirt Eduard Toldt in Bruneck. Hermann und Josefine blieben ledig, Aloisia heiratete den Greifenwirt Franz Staffler, Eduard, der Vater unserer Emma, nahm 1887 Therese Harrasser (1856-1893) zur Frau.

Während Hermann und Josefine um 1885 in das 130 km entfernte Meran, einen der ersten Kurorte der Monarchie, zogen und das Hotel „Stadt München" übernahmen, suchte das junge Ehepaar den Ruf des „Schwarzadler" zu halten. Dies war um 1890 schwieriger als zur Jahrhundertmitte, denn Niederdorf verlor seit 1880 gegen die aufstrebende Nachbarschaft, zumal gegen das fashionable Toblach, an Boden. Eduard und seine Frau starteten daher direkt vor den Toren Niederdorfs ein neues Projekt. Ihr Ziel war die Erschließung des Pragser Tales, eines waldreichen, bis auf 1500 m Höhe ansteigenden Hochtals, vor allem die touristische Nutzung des Pragser Wildsees am Talschluß, der seit 1856 in Familienbesitz war.

Bis heute verfügt der See über eine einzigartige Lage: Nach sanfter Anfahrt durch das grüne Pragser Tal zieht die Straße steil nach oben, der Besucher passiert zunächst das Hotel und hält dann unvermittelt vor der blaugrünen Seefläche, die sich rund 2000 Meter erstreckt. Ihren Hintergrund bildet der steil aufragende, wild zerklüftete Seekofel, der der von Fichten- und Föhrenwäldern eingefaßten, runden Wasserfläche eine dramatische Note gibt.

Die Hellenstainer hatten wegen der landschaftlichen Vorzüge und der guten Erreichbarkeit des Sees seit den Achtzigern an die Gründung eines Alpenhotels gedacht, aber den Plan immer wieder zurückgestellt. Immerhin war es gelungen, den Bauern die Grundstücke am See-

Emma (zweite von rechts) auf einem Ausflug im Automobil. Das Foto entstand am 13. Oktober 1905 in Meran.

ufer abzukaufen, so daß man in einem Stufenplan an die touristische Erschließung des Sees heranging.[2] 1890 wurden zunächst in einem Blockhaus am Seeufer Wein, Bier und Schwarzbrot verkauft. 1893 ließ Eduard den Weg von Bad Neuprags bis zum See instand setzen und einschottern, so daß er mit Zweispännern befahrbar war. Als nächstes folgte eine Gaststätte mit Restaurant und Fremdenzimmern, die auf Anhieb gut besucht war.

1897 nahm Eduard dann endlich das Wagnis eines Hotelbaus in Angriff. Er wollte an die Hotellerie des benachbarten Toblach anschließen und sie womöglich überholen; die Töchter sollten eine aussichtsreiche Zukunftsbasis gewinnen. Entscheidend für den Erfolg des Hotelprojekts war die Wahl eines geeigneten Architekten: Der Auftrag ging an den Wiener Baumeister Otto Schmid, der eine besondere Vorliebe für Tirol hegte und bereits im Vinschgau das Sulden- und Trafoihotel geplant hatte.

Schmid vertrat einen landschaftsorientierten Stil, der den Baukörper sorgsam in die Natur einpaßte und ihn durch einheimische Materialien dem Landschaftsbild anglich. Der Baumeister vermied die urbane, auf große Baumassen und szenische Effekte setzende Hotelarchitektur der Schweiz, um einen eigenständigen Tiroler Hoteltyp zu kreieren.

So setzte auch sein Entwurf für das Hotel „Pragser Wildsee" auf konsequente Schlichtheit. Eine noch relativ kurze Fassade entwickelte sich längs des Seeufers, vorerst genügten drei Stockwerke, als Material diente heimischer Bruchstein. Bauherr und Architekt hielten es für unnötig, mit großer Architektur aufzutrumpfen: Da die Hellenstainer den ganzen See besaßen, waren am Ufer keine weiteren Konkurrenzbauten zu befürchten, so daß auch ein bescheidener Bau beachtliche Wirkung entfaltete. Der Charakter des Hotels blieb gewahrt, alpine Schlichtheit und Bodenständigkeit durchzogen seine Räume, die leicht getäfelten Speisesäle ebenso wie die Hotelzimmer. Schmid und Hellenstainer schufen für das „Pragser Wildsee" einen touristischen Heimatstil, der bis heute seine solide, ausstrahlungsstarke Architekturqualität bewahrt hat.

Die Eröffnung am 10. Juli 1899 war ein glanzvoller Moment für die Familie, die sechs Jahre vorher durch den Tod von Therese einen so schweren Verlust erlitten hatte. Das 70-Zimmer-Hotel hatte mit elektrischer Beleuchtung und Gesellschaftsräumen beachtlichen Komfort zu bieten.

Das „Pragser Wildsee" wurde von Gästen rasch angenommen, so daß es bald zu klein war. Bereits 1903 folgte eine erste Erweiterung um 35 Zimmer, 1907 erreichte man einen Stand von 110 Zimmern, die einer Gesamtkapazität von rund 160 Betten entsprach. Die Gesamtanlage von Hotel, Seepromenade und Bootshaus war ein Magnet, der an schönen Sommertagen zwischen 80 und 100 Einspänner täglich an den Pragser Wildsee zog. Neben dem Passantengeschäft war das Hotel an manchen Tagen bis zu acht Wochen hindurch ausgebucht. Das Haus war nur in der kurzen Sommersaison von Juni bis September geöffnet und mußte in dieser gedrängten Phase einen Großteil seines Geschäfts abwickeln. Immerhin zählte man in den Saisonen 1902/03 an die 1930 Gäste, die bei einer mittleren Verweildauer von geschätzten zehn Tagen/Gast knapp 20 000 Nächtigungen realisierten. Zu den prominenten Gästen des „Pragser Wildsee“ zählten der österreichische Thronfolger Franz Ferdinand mit Familie und Gefolge (1910), Erzherzog Franz Salvator (1908) und Erzherzogin Valerie (1906).

Prägungen der Jugendjahre

Der Erfolg wurde freilich durch den Tod des Gründers Eduard getrübt, der bereits 1903 mit nur 50 Jahren starb. Das Wechselbad zwischen Erfolg und privaten Trauerfällen ließ die Töchter zu ernsten Jugendlichen heranreifen.

Die Hellenstainer-Mädchen wuchsen zwischen Niederdorf, Prags und Meran auf. Die Zeit vom Herbst bis zum Frühjahr verbrachten sie im klimatisch günstigeren Kurort, während der Pustertaler Sommer erlebnisreiche Ferienwochen bot. Die alpine Natur und der Umgang mit kultivierten, oft aristokratischen Gästen wirkten anregend, so daß Emma (*1888), Therese (* 1889), Marie (* 1891) und Anna (* 1893) frühzeitig ein besonderes Lebensgefühl gewannen.

Mit 16 Jahren, kurz nach dem Tod des Vaters, kam Emma in das französische Lunéville, um neben der für die Hotellerie unerläßlichen Landessprache auch feinere Umgangsformen, Konversation und Handarbeitstechniken zu erlernen. Die Trennung von Südtirol belastete das Mädchen, zumal es sich durch den Tod beider Eltern doppelt vereinsamt fühlte. In dieser Situation erreichte Emma ein Brief der 86jährigen Großmutter, die ihr Mut zusprach: „(...) Aus eigener Erfahrung von meiner Jugendzeit her weiß ich noch, wie bitter dies Gefühl und auch ich konnte mich unmöglich dareinfügen, vom Elternhaus entfernt zu sein und alles nur fremde Gestalten um mich zu sehen. (...) Ich hoffe, auch bey dir wird sich die Zeit bald einstellen, wo du dich gut eingewöhnt hast, umso mehr, da du ja weißt, es dauert nicht lange und du bist dann wieder bey deinen Angehörigen. (...)“ [3]

Die Ahnfrau hatte recht: Emma bestand die Herausforderung und erinnerte sich stets gerne an die Internatszeit zurück. Dem Aufenthalt in Frankreich folgte ein ergänzender Sprachkurs in einer Klosterschule im englischen Northampton, so daß das Mädchen sprachlich für das Hotelleben bestens gerüstet war.

Nach der Heimkehr erlebte die Jugendliche in Meran und Prags den späten Glanz der Monarchie, in dem sich der wirtschaftliche Höhenflug des Kur- und Alpintourismus mit der anregenden Präsenz vornehmer und exotischer Gäste kulturell anreicherte. Emma und ihre Schwestern bewegten sich sprachlich gebildet, in Umgangsformen geschult, sicher auf dem Parkett des Hotels „Pragser Wildsee“, von Onkel und Tante liebevoll angeleitet. Es war der Stolz der Familie, daß es ihr nach der Eröffnung des Dolomitenhotels acht Jahre später gelang, in Meran das Hotel „Emma“ zu eröffnen. Das 1907 festlich eingeweihte Haus besiegelte den Erfolg der Niederdorfer im Nobelkurort Meran, wo sie mit dem in Bahnhofsnähe gelegenen Grand-

Besuch von der nahen Dolomitenfront im Ersten Weltkrieg: Emma (rechts) mit österreichischen Soldaten vor dem Hotel „Pragser Wildsee“.

hotel neue Maßstäbe setzten. Neben dem unternehmerisch tüchtigen Gespann Hermann und Josefine waren die Nichten die besonderen Lieblinge der Gäste, die vor allem die bald 20jährige Emma mit Komplimenten bedachten.

In den zwar arbeitsreichen, aber zunehmend sorgenfreien Vorkriegsjahren entwickelte die junge Frau ihren besonderen Charakter: Zurückhaltung und Freundlichkeit, zudem sanfte Selbstsicherheit zeichneten Emmas Persönlichkeit aus, die viele Menschen auch durch Einfühlsamkeit und stillen Humor bezauberte. Ihre Präsenz überschattete aber stets eine leise Melancholie, die zwar nicht bedrückend wirkte, jedoch die junge Frau wie mit einem Rätsel umgab. Im Kontakt mit den Gästen fand Emma eine Haltung der Toleranz gegenüber unterschiedlichsten Menschen und Milieus, obwohl sie selbst über feste moralische Prinzipien und Anschauungen verfügte. Der katholische Glaube bot ihr selbst Halt in allen Lebenssituationen, und sie schätzte Altösterreich und seine sprachlich-kulturelle Vielfalt über alles. Tirol, zumal Meran, galten Emma als kleines Abbild der Monarchie, da auf ihrem Territorium mehrere Sprachgruppen friedlich zusammenlebten und sich die Kurstadt in der Saison als verdichtetes Tableau der österreichischen Vielfalt zeigte.[4]

Die Treue zum Haus Habsburg, das aus ihrer Sicht die Monarchie zusammenhielt, war ein Leitstern für die junge Emma, zumal der alte Kaiser Franz Joseph I. ihre Familie persönlich ausgezeichnet hatte. Er hatte Emma Hellenstainer I., der Pionierin des Pustertaler Tourismus, das Goldene Verdienstkreuz verliehen und die alte Dame bei einem Besuch in Welsberg 1899 mit seiner persönlichen Ansprache beehrt: „(...) Also Sie sind die weltbekannte Frau Emma? Ich freue mich, Sie persönlich kennenzulernen in Ihrem hohen Alter und bei der Ihnen noch gegönnten Rüstigkeit zur Arbeit.“[5]

In Meran fand Emma mit ihren Schwestern Anna und Therese ein zweites Zuhause und fühlte sich unter Anleitung von Onkel und Tante außerordentlich wohl, zumal das ledige Geschwisterpaar die verwaisten Nichten als eigene Kinder betrachtete. Der Sommer in Prags, wenn in der Kurstadt keine Saison war, bedeutete eine beglückende Rückkehr in die erste Heimat der Familie, in eine Landschaftskulisse, wo sich Natur, Architektur und soziale Umgebung zum besonderen Erfahrungs-Ensemble verbanden. In der neu errungenen Sicherheit, in der zweifachen Heimat Meran und Prags fühlte sich die 20jährige Emma geborgen, in der Gewißheit, daß sie hier ihre Lebensaufgabe gefunden hatte.

Aber die Dinge nahmen einen etwas anderen Lauf. Die junge Schönheit fand im südlichen Tirol erste Verehrer, die aber an ihrer freundlichen Reserviertheit abblitzten. Einer der Interessenten ließ sich jedoch nicht so leicht abspeisen und suchte hartnäckig nach Annäherungs-Chancen.

Die ungleichen Verlobten

Der 30jährige Wolfgang Heiss (1884-1955) entstammte gleichfalls einer Gastwirts-Familie, die seit 1869 den traditionsreichen „Elephanten“ in Brixen im Eisacktal führte.[6] Obwohl kein Grandhotel, entsprach das seit 1870 konsequent modernisierte Haus hohen Komfortansprüchen, hatte ein großes Publikum beherbergt, sich aber auch dem beginnenden Tourismus der Mittelschichten geöffnet. Wolfgang Heiss war unerwartet zum Übernehmer des Hauses bestimmt worden, da nach dem Tod seines Vaters Hanns (1911) auch seine älteren Brüder verstorben waren und er als Jüngster in die absehbare Position als Nachfolger einrückte. Indessen führte seine noch rüstige Mutter Maria (1847-1917) den „Elephanten“ und machte Wolfgang vorerst kaum Hoffnung auf eine rasche Übernahme.

Hochzeit in schwerer Zeit: Am 24. Mai 1917 vermählt sich Emma Hellenstainer in Brixen mit Wolfgang Heiss. Sie folgt damit dem Willen ihres Onkels, der am 19. Mai 1915 gestorben ist.

Der an Literatur und Geschichte interessierte Gastwirtssohn, ausgestattet mit einem überschwenglichen Temperament, das zwischen Begeisterung und Depression schwankte, nahm sich so Zeit, auf Brautschau zu gehen. Die junge Meranerin hatte es ihm angetan, obwohl sie auf seine Avancen zunächst kühl reagierte. Aber Heiss vermutete hinter ihrer Zurückhaltung doch die Aussicht auf weitere Annäherung, so daß er, wie es seinem spontanen Temperament entsprach, der Tante Josefine Hellenstainer Anfang 1914 kurzerhand einen förmlichen Antrag übermittelte. „Pepi" Hellenstainer antwortete diplomatisch, zwar prinzipiell zustimmend, aber mit einer problematischen Generalklausel:

„Sehr geehrter Herr Heiss!
Erst heute komme ich dazu, Ihren werten Brief zu beantworten. Ihr Antrag ehrt uns sehr, was mich betrifft, habe ich an einem solchen Freier nichts auszusetzen und sage gerne ja. Meine liebe Nichte hat nur den einen Einwand, daß sie Hotel Frau Emma nicht aufgeben will. Begreiflicher Weise: Sie hat am Zustandekommen desselben das Menschenmöglichste geleistet, und ist mit demselben verwachsen, erklärt auch, daß sie nicht nach Brixen gehe."[7]

Josefine, Emmas Tante, stimmte also einer Verbindung der Familien Heiss-Hellenstainer zu. Trotzdem enthielt das Schreiben für den Brautwerber den kaum überbrückbaren Vorbehalt, daß es die Verlobte strikt ablehnte, von Meran nach Brixen zu ziehen: Zu sehr hing sie am erst kürzlich eröffneten Hotel „Emma", dem glanzvollen Flaggschiff der Meraner Hotellerie. Seit der aufregenden Gründungsphase war sie darin verwurzelt und wollte das liebgewonnene Ambiente nicht ohne weiteres mit dem antiquiert-engen Umfeld des „Elephanten" vertauschen. Dagegen traf sich das Interesse von Onkel und Tante an einer Liaison zwischen den reputierlichen Familien mit den Emotionen des angehenden „Elephantenwirts". Dazwischen stand Emma, die zwar den Wünschen ihrer Erzieher nach Möglichkeit entsprechen wollte, aber keine Trennung von Meran wünschte. Auch war der kleinwüchsige Wolfgang trotz seines Charmes gewiß kein Traumpartner für die junge Frau, die sich statt eines aufbrausenden Jünglings wohl eher einen wirklichen „Herrn" als Ehemann gewünscht hätte.

Onkel Hermann Hellenstainer wollte sichergehen, daß die Verbindung auf keine Hindernisse traf und erkundigte sich bei Marie Heiss, der Mutter des Brautwerbers, „ob Sie zu dieser Ehe Ihre Einwilligung geben". Hermann betonte mit Nachdruck, wie sehr ihm und seiner Schwester das Glück der jungen Frau am Herzen liege: „Für uns ist Emma das Liebste und Beste, was wir haben, und ich zweifle nicht im Geringsten, daß Sie auch Ihnen eine treue folgsame Schwiegertochter sein wird."[8]

Trotz der weitgediehenen Anbahnung zog sich der Abschluß einer förmlichen Verlobung in die Länge. Als im Sommer 1914 der Erste Weltkrieg einsetzte, wurde Wolfgang, der Artillerieleutnant der Reserve war, zu seinem Regiment nach Linz einberufen, was Emma gewiß nicht bedauerte. Als sie im November 1914 brieflich andeutete, die Verlobung lösen zu wollen, antwortete Wolfgang in nobler Gelassenheit: „Ich weiß recht wohl, wie es um Dein Herz steht, empfinde es recht schmerzlich, tröste mich aber mit dem Gedanken, daß in Gottes Hand unsere Bestimmung liegt."[9]

Neben dem Krieg und der Zurückhaltung der Braut verzögerte der unerwartete Tod von Hermann Hellenstainer in Meran am 19. Mai 1915 vorerst alle weiteren Pläne. Den plötzlichen Abschied von ihrem „zweiten Vater" vor dem Hintergrund der drohenden Kriegserklärung Italiens (23. Mai 1915) erlebte die 27jährige Emma als Schock. Von einer raschen Hochzeit war vorerst keine Rede mehr, da der Ausfall des Seniorchefs den ganzen Einsatz der Hellenstainer-Schwestern im „Emma" forderte. Aber die junge Frau erklärte sich nun ausdrücklich dazu bereit, dem Willen des geliebten Onkels zu folgen und an der Verlobung festzuhalten: „Lieber Wolfgang, ich muß jetzt so oft denken, daß Onkel Dich für mich ausgesucht hat, gewiß wußte er warum, deshalb sollst Du mir jetzt teuer sein."[10]

Knapp zwei Jahre später forderte ein neues Familienereignis eine zügige Entscheidung. Am 19. Februar 1917 starb, trotz längerer Krankheit unerwartet rasch, Marie Heiss in Brixen, so daß ihr Sohn Wolfgang, vom Militärdienst freigestellt, die Führung des „Elephanten" übernehmen mußte. Für die Langzeit-Verlobte Emma war nun kein weiterer Aufschub mehr möglich, nach knapp bemessener Trauerfrist wurde am 24. Mai 1917 in gebührender Zurückhaltung in Brixen die Hochzeit gefeiert.

Aufbaujahre am „Elephanten"

Mit ihrem überglücklichen Mann, unterstützt von der Schwester Marie, ging die junge Frau nun daran, die finanziell verworrenen, in den betrieblichen Abläufen gestörten Verhältnisse am „Elephanten" zu ordnen, was gegen Kriegsende eine besondere Herausforderung bedeutete.[11] Trotz des Ausbleibens „normaler" Gäste war der „Elephant" durch Offiziere und ihre Familien gut ausgebucht, die Versorgungslage dank eigener Landwirtschaft besser als in manchen Privathaushalten. Die Verschuldung des Betriebs ließ sich nach Kriegsende mit Hilfe der Inflation rasch tilgen, so daß der Einstieg des ungleichen Paares besser als erwartet verlief.

Die besonderen Umstände dieser Vermählung lassen den Charakter von Emma Hellenstainer markant hervortreten: Zum einen zeigt sich die Anhänglichkeit an ihre „zwei Heimaten" in Prags und Meran, von der sie zeitlebens nicht mehr abrückte. Der frühe Verlust beider Eltern hatte die zweite Bindung so sehr gestärkt, daß die junge Frau dafür auch zu größten Opfern bereit war. Sichtbar wird aber auch das Pflichtbewußtsein von Emma Hellenstainer, die an einmal übernommene Aufgaben energisch heranging und sie zu Ende führte. Beide Wesenszüge, die Liebe zu Prags und der Mut auch zu schwierigen Aufga-

Das Hotel „Pragser Wildsee" vor seiner Erweiterung auf einer alten Ansichtskarte. Zu den prominentesten Gästen des Dolomitenhotels zählte der österreichische Thronfolger Erzherzog Franz Ferdinand mit Familie.

ben, äußerten sich bei ihrem Einsatz am Pragser Wildsee bei Kriegsende 1945 in schöner Deutlichkeit.

Obwohl Wolfgang Heiss und Emma Hellenstainer die Nachkriegsjahre zwar besser als die meisten ihrer Landsleute überstanden, war von einem entspannten Geschäfts- und Familienleben keine Rede. Der Übergang an Italien ab November 1918 und die Annexion 1920 erlebten viele Südtiroler als schmerzlichen Verlust, und auch am „Elephanten", in Meran und Prags nahm man die neue Staatszugehörigkeit wenig erfreut zur Kenntnis. Obwohl die Vermögenslage dank der Entschuldung durch die Nachkriegsinflation befriedigend war, fiel der Aufbau eines neuen Gästestammes wegen des Ausfalls der bisherigen Gäste aus Deutschland und Österreich nicht leicht. Dies galt noch mehr für Meran und Prags, die nicht auf Passantenverkehr wie das an der Brennerstraße gelegene Brixen zählen konnten.

Aber bereits 1922/23 erholte sich Südtirols Tourismus von der Nachkriegsdepression und verbuchte dank des günstigen Lirakurses rasche Zuwächse. Die Konjunktur hielt, abgesehen von kleineren Rückgängen, bis um 1929 an, so daß sogar größere Investitionen möglich wurden. Am „Elephanten" starteten Wolfgang und Emma eine gründliche Renovierung des Hauses, in Meran bewiesen die Schwestern Therese, Marie und Anna unternehmerisches Format und gewannen für das „Pragser Wildsee" eine neue italienische Klientel. Vom Veneto her war das Hochpustertal gut erreichbar und mauserte sich zur beliebten Ferienregion für die betuchte Oberschicht Venedigs und ihres Hinterlands. Die Saisonen von Prags und Meran ergänzten sich dank ihrer Zeitverschiebung: Wenn in Meran die Winter- und Frühjahrssaison auslief, verlegte man einen Großteil der Aktivitäten nach Prags, wo von Mitte Juni bis Ende August ein Großteil des Umsatzes erwirtschaftet werden mußte. Neben dem Arbeitseinsatz der Schwestern Therese, Anna und Pepi war der geschäftstüchtige Direktor Paul Berger Garant des Geschäftserfolgs.

Emma Heiss-Hellenstainer stand mit ihrem Mann in den 15 Jahren von 1921 bis 1936 unter dem Mehrfachdruck von intensiver Arbeit, familiären Aufgaben und wachsenden geschäftlichen

Emma (rechts) im Hotel „Emma" in Meran, das Hermann und Josefine Hellenstainer im Jahre 1907 eröffneten.

Sorgen.[12] Die Geburt und Erziehung der Kinder Emma (*1920), Wolfgang (*1923) und Josef (* 1928) belasteten sie weit mehr als ihren Mann, der über den ersehnten Nachwuchs überglücklich war und dabei die Mehrbeanspruchung seiner Frau übersah. Es zeigte sich bald, daß Emma die Anstrengungen nicht ohne gesundheitliche Negativfolgen verkraftet hatte. Neben körperlicher Schwäche litt Emma öfter unter epileptischen Ohnmachtsanfällen. So verlor sie ausgerechnet im schwangeren Zustand bei einem Spaziergang am Prager Wildsee 1928 das Bewußtsein und stürzte so unglücklich, daß sie für einige Tage das Bett hüten mußte. Aber Schonung blieb Emma weitgehend fremd, zumal sie wußte, daß ihr von Stimmungswechseln geplagter Mann ihre Schwäche nur schlecht verkraftete.

„Große Depression" und Krankheit

Mit der 1929 einsetzenden „Großen Depression" brach der touristische Nachkriegserfolg in sich zusammen. Die Reisefrequenz nahm sprunghaft ab, nur ein Bruchteil der bisherigen Gäste konnte sich noch Urlaub gönnen. Die kleine Gruppe Schwerreicher und Profiteure, die vom Einbruch nicht betroffen war, machte in den Südtiroler Hotels den Ausfall des restlichen Geschäfts keineswegs wett. Auch relativ solide Unternehmen, wie die Hotels der Hellenstainer und Heiss, überstanden den Krisendruck nur mit scharfen Kosteneinsparungen, mit Hilfe neuer Bankkredite und unter persönlichen Opfern der Inhaber, die ihre Betriebe mit Privatvermögen stützten. Fünf Saisonen lang, von 1930 bis 1935, dauerte die schwere Krise des europäischen Tourismus, die auch am „Elephanten" nicht ohne Negativfolgen vorüberging. Es war wohl auch die chronische Bedrückung über die anhaltenden Existenzsorgen, die dazu beitrug, daß Emma Heiss-Hellenstainer im Februar 1936 lebensgefährlich erkrankte. Eine Bauchfellinfektion brachte die Frau in höchste Gefahr, so daß Wolfgang Heiss und seine halbwüchsigen Kinder beinahe verzweifelten. Nur eine Notoperation und sorgfältige Pflege bewirkten Heilung, die erfreulicherweise mit der Wiederbelebung des Geschäfts zusammentraf.

Der Zuschnitt des Tourismus hatte sich 1936 freilich deutlich gewandelt. Neben Restbeständen der noblen Vorkriegsklientel reiste nun eine neue Mittelschicht, wobei der Anteil deutscher Gäste nach den Einschränkungen der Tausend-Mark-Sperre sprunghaft zunahm. Die Deutschen trugen auch eine neue politische Tonart in das Land südlich des Brenners, da viele von ihnen die „Segnungen" des neuen Reiches verkündeten und den Südtirolern Hoffnung auf baldige „Heimholung" machten. Tatsächlich hinterließen die „Machtergreifung" Adolf Hitlers, die wirtschaftlichen Erfolge und die Revisionspolitik des „Großdeutschen Reiches" im Lande großen Eindruck, da man sich von der Wende der deutschen Politik auch eine Loslösung vom faschistischen Italien erhoffte.

In dieser Phase wuchsen die Meinungsunterschiede zwischen Wolfgang Heiss und seiner Frau. Der „Elephantenwirt" zeigte sich – wie so oft – spontan begeistert vom Erfolg des Neuen, während seine Frau das unkatholische Hitlerregime instinktiv ablehnte und der Devise folgte: „Mein Österreich, mein Vaterland." Die Jugendlichen Emma und Wolfgang teilten die väterliche Sympathie. Nach dem „Anschluß" Österreichs im März 1938 steigerten sich die Hoffnungen auf den NS-Staat zur Illusion, daß es nur mehr wenige Wochen dauern könnte, bis deutsche Truppen über den Brenner marschieren würden. Nur eine Minderheit akzeptierte die Einsicht, daß Hitler die Achse Berlin-Rom weit mehr bedeutete als der Anschluß des kleinen Südtirol mit seinen 250 000 deutsch- und ladinischsprachigen Bewohnern, der unweigerlich einen Bruch mit Rom bedeutet hätte.

Im Strudel der Zeitgeschichte 1939-1943

Wieviel Südtirol dem NS-Regime galt, zeigte sich im Sommer 1939: Das Berliner Abkommen zwischen Dienststellen des Deutschen Reiches und des Königreichs Italien vom 23. Juni stellte die Südtiroler vor die Alternative, die deutsche Staatsbürgerschaft anzunehmen und ins Reich abzuwandern oder in Italien zu verbleiben.[13] Dies war für die betroffenen Südtiroler kein erfreulicher Ausweg aus ihrer Lage, sondern ein quälendes Dilemma, das sie zur Entscheidung zwischen „Volkstum" und „Heimat" nötigte. Von einer territorialen „Erlösung" durch Hitlerdeutschland war also keine Rede, vielmehr waren die Südtiroler zu frühen Objekten des gigantischen Bevölkerungstransfers und jener „Umvolkungspolitik", die dann im Zweiten Weltkrieg voll einsetzte.

In den Herbstmonaten 1939 begann zwischen „Gehern" und „Bleibern" ein verbissener Propagandakrieg, der die zweite Gruppe bald in eine Minderheitenposition nötigte. Die übergroße Zahl der Deutschlandoptanten, die bis zum 31. Dezember 1939 rund 80 Prozent der Optionsberechtigten umfaßte, fand, getrieben durch vielfältige Hoffnungen und Illusionen,

Das Hotel „Pragser Wildsee" mit den Augen eines Künstlers: Das Bild, das die einzigartige Lage des Hauses am schönsten Bergsee der Dolomiten wiedergibt, malte R. A. Höger.

Das Hotel „Pragser Wildsee" hat bis heute seine solide, ausstrahlungsstarke Architekturqualität bewahrt. Das Bild, das den Gebäudekomplex aus heimischem Bruchstein in seiner ganzen Länge vor einer beeindruckenden Bergkulisse zeigt, entstand am 13. August 1931.

zu einer brüchigen Einheit. Die Abneigung gegen das faschistische Italien, die Hoffnung, eine gemeinsame Entscheidung „für Deutschland" würde Hitler zu einer „Heimholung" auch Südtirols veranlassen, die Aussicht auf bessere Lebenschancen in Deutschland und schließlich eine spürbare Faszination durch den Nationalsozialismus, zumal unter Jugendlichen, erklären das scheinbar so geschlossene Votum „für Deutschland". Die Widersprüchlichkeit der Entscheidungsmotive, aber auch die Unsicherheit über die Folgen der Deutschlandoption trieben viele Optanten in erbitterte Gegnerschaft, oft in eine wahre Haßkampagne gegen die „Bleiber", die sich für die Beibehaltung der italienischen Staatsbürgerschaft entschieden hatten. Auf sie wurden die eigene Ungewißheit und Angst projiziert, sie dienten als Sündenböcke der Optanten-Ängste.

Auch die Besitzer des „Elephanten" traf das Dilemma der Option mit voller Wucht: Wolfgang Heiss und die Kinder neigten zur Deutschlandoption, gegen die sich Emma hingegen deutlich aussprach.[14] Sich für Deutschland zu entscheiden, schien ihr keine akzeptable Wahl, erst recht nicht die Aussicht, Brixen zu verlassen oder von Meran und Prags Abschied zu nehmen. Da jedoch die Haushaltsvorstände die Optionsentscheidung trafen, fügte sich Emma dem Wunsch ihres Mannes, der am 18. Dezember 1939 für Deutschland optierte und am 4. Mai 1940 die deutsche Staatsangehörigkeit erhielt. Die Deutschlandoption bedeutete allerdings noch längst nicht, daß der Entscheidung auch die Emigration folgte. Wer Vermögen und Liegenschaftsbesitz hatte, mußte ein umständliches Schätzverfahren durchlaufen, das bei vielen Vermögenden die Abwanderung verzögerte. Die meisten nutzten dann auch die Frist, um ihre Entscheidung hinauszuziehen und sie im Fortgang des Krieges stillschweigend zu revidieren. Denn von nicht vielen der rund 75 000 abgewanderten Südtiroler kamen gute Nachrichten zurück, so daß sich der Abwanderungswille ab Ende 1940 deutlich abschwächte, bis ab Ende 1942 schließlich kaum mehr jemand abwanderte.

Auch im „Elephanten" schob man die Dinge auf die lange Bank und annullierte schließlich alle Abwanderungspläne. Emma Hellenstainer hatte recht behalten; ihr Weitblick stärkte daher im Fortgang des Krieges ihre Position im Hause außerordentlich. Zudem hatte sich die Familie bereits 1939 entschieden, einen Anteil am Hotel „Emma“ in Meran zu übernehmen, den die Schwester Anna an die ältere Emma veräußerte.[15] Die heimliche Regie bei diesem Vermögenstransfer lag bei Direktor Paul Berger, der seit 1920 das Hotel „Pragser Wildsee“ und das „Emma“ geleitet hatte. Er war der Vertrauensmann von Therese Hellenstainer, die immer mehr zur eigentlichen Chefin der beiden Häuser herangewachsen war, während sich ihre Schwestern Marie und Anna immer mehr zurückzogen. Die Situation Bergers hatte sich aber ab 1938 dramatisch verschlechtert, da er jüdischer Herkunft war und bereits 1939 von Meran ausgewiesen wurde. Von seiner Zuflucht Rimini aus und in heimlichen Reisen nach Meran beriet er jedoch weiterhin die Schwestern Hellenstainer und führte die Vermögensübertragung zu einem guten Ende. Die Verfolgung des langjährigen, hochgeschätzten Direktors vertiefte die Abneigung von Emma gegen die Herrschaft von Faschisten und Nationalsozialisten und die Einsicht in den Gewaltcharakter des Regimes.

Gewachsene Frauen-Autorität

Mit dem weiteren Einstieg in das „Emma“ hatte sich die Bindung an Meran zusätzlich gefestigt; die Vermögensposition und die moralische Autorität von Emma Hellenstainer erschienen gleichermaßen gestärkt. Schließlich zog sich der alternde Wolfgang Heiss im Lauf des Krieges aus dem Tagesgeschäft im „Elephanten“ zurück und überließ Frau und Tochter Emma einen Großteil der Arbeit und Entscheidungshoheit.

Dies war besonders nach dem 8. September 1943 der Fall, als Italien auf die Seite der Alliierten überwechselte und ein Großteil der Halbinsel von deutschen Einheiten besetzt wurde. In dieser Phase wurde Südtirol, d. i. die Provinz Bozen mit den Provinzen Trient und Belluno, zur Operationszone Alpenvorland zusammengeschlossen und dem Obersten Kommissar Franz Hofer, dem Gauleiter von Tirol-Vorarlberg, unterstellt. Die Verwaltung der Provinz Bozen wurde dem Präfekten Peter Hofer übertragen, der bei einem Bombenangriff am 2. Dezember 1943 starb und von Karl Tinzl abgelöst wurde. Zu ihm hatte Emma Hellenstainer besonders gute Beziehungen und konnte für ihr Haus, vor allem aber für ihren militärpflichtigen Sohn Wolfgang, manche Erleichterung herausholen.

So war zum Kriegsende 1945 die Autorität der zweiten Frau Emma bedeutend gewachsen. Nach Jahrzehnten stiller Anpassung hatte sie zu einer neuen Rolle und erhöhter Verantwortung gefunden. Der nahende Zusammenbruch des Dritten Reiches gab ihr weiteren Auftrieb, da sie ihre frühe Abneigung gegen die NS-Herrschaft in jeder Hinsicht bestätigt sah.

Der Ruf an den Pragser Wildsee am 25. April 1945 erreichte daher eine zwar durch viele Prüfungen erschöpfte Frau, die jedoch fest an ihrer Lebensaufgabe und ihren Prinzipien festgehalten hatte. Die spontane Abreise von Brixen an den winterlichen Pragser Wildsee zur Reaktivierung des seit 1941

Emma Heiss-Hellenstainer (zweite von rechts) mit Sohn Wolfgang, einer Wehrmachtshelferin und Tochter Emma vor dem Hotel „Elephant“ in Brixen (1944/45).

geschlossenen Hotels geschah im Vorgefühl, daß ihr noch eine besondere Aufgabe bevorstand. Tatsächlich erlebte dann Emma Hellenstainer den Einsatz von Ende April bis Ende Mai 1945 wie eine Summe ihres Lebens, in der sich Kindheitserinnerungen, Bedrohung und Existenzängste, aber auch die befreite Einsicht in die Möglichkeiten und Kraft eigenen Handelns zu einer aufwühlenden Erfahrung verbanden.

Bestandene Herausforderung

Aus diesem Grund notierte Frau Emma dann auch die Ereignisse jener Tage und ließ sie später durch ihren Mann maschinenschriftlich in die bisher von ihm geführte Hauschronik des „Elephanten" übertragen.[16] Mit ihrem eigenen, wesentlichen Anteil an der Geiselbefreiung in Prags hatte sie sich in die Familien- und Hausgeschichte eingeschrieben und machte in subtiler Weise ihren Mann zum Kopisten und Notar ihres Triumphs.

Emmas Erfolg bestand darin, daß es an ihr lag, die Lager-Erfahrung der Internierten in sanfter Weise in einen zunehmend komfortablen Hotel-Aufenthalt umzumünzen. Die befreiten 133 Geiseln, die erschöpft im noch ausgekühlten, abweisenden „Pragser Wildsee" unterkamen und vorerst noch von Wehrmachtssoldaten zu ihrem Schutz bewacht wurden, erlebten beeindruckt, wie es ihre Gastgeberin und die Haushälterin Marianne schafften, das große Haus Tag für Tag etwas gastlicher zu gestalten. Anfang Mai trug die amerikanische Versorgung mit dazu bei, daß die unerwarteten Gäste immer neue Bequemlichkeiten erfahren durften. Emma selbst genoß Umgang und Konversation mit den prominenten, kultivierten Geiseln, die sie wie eine anregende internationale Hotelgemeinschaft erlebte, in vollen Zügen. Umgekehrt staunten die Bewirteten über die Fürsorge und Professionalität ihrer Gastgeberin,

Die Schönheit der Natur, die das Hotel „Pragser Wildsee" – italienisch „Lago di Braies" – umgibt, ist das größte Kapital des Hauses. Das Hotel trug dem in seiner Werbung, wie diese alte Karte zeigt, schon immer Rechnung.

Emma Heiss-Hellenstainer im fortgeschrittenen Alter: Die Beherbergung der vielen prominenten Häftlinge in ihrem Hotel war für sie als Gastgeberin eine Prüfung, die sie mit Bravour bestand. Die Erinnerung an diese Tage bewahrte sie als kostbares Gut.

die in ihnen die Erinnerung an ihren sozialen Status vor der Gefangenschaft neu weckte. Die hervorragende Betreuung blieb vielen von ihnen zeitlebens in Erinnerung und führte dazu, daß einige Persönlichkeiten mit der Gastgeberin noch lange briefliche Verbindung hielten.

Emma Heiss-Hellenstainer erlebte die Befreiung der Geiseln in mehrfacher Hinsicht als befreienden Lebenshöhepunkt. Der Zerfall des Nazi-Regimes erfüllte sie mit großer Erleichterung, zumal sie die (freilich trügerische) Hoffnung daran knüpfte, daß Südtirol nun wieder zu Österreich zurückkehren könnte. Ferner hatte sie das Hotel am See nach langer Schließung erfolgreich reaktiviert und eine besondere Prüfung als Gastgeberin bravourös bestanden. Und schließlich bewies ihr die Pragser Erfahrung, daß sie sich aus langer Abhängigkeit freigespielt hatte und zu einer Persönlichkeit herangereift war, die dem Ruf der großen „Frau Emma", ihrer Großmutter, alle Ehre machte. Wenn sie nach ihrer Rückkehr in den „Elephanten" auch noch schwierige Zeiten und ein von Krankheit belastetes Alter erwarteten, so blieben die Pragser Tage vom Winterende 1945 für „Momosch" ein kostbares und unzerstörbares Vermächtnis.

Verzeichnis der Gefangenen im Geiseltransport nach Südtirol

1. Die Sonderhäftlinge aus siebzehn Nationen (in den heutigen Landesgrenzen)

Dänemark

Hans Frederik Hansen, Marineingenieur.
Adolf T. Larsen, Farmer.
Hans Lunding, königlich dänischer Rittmeister, Chef des dänischen Nachrichtendienstes.
Max J. Mikkelsen, Kapitän der Handelsmarine.
Jörgen Lönborg Friis Mogensen, Vizekonsul.
Knud E. Pedersen, Kapitän der Handelsmarine.

Deutschland

Bogislav von Bonin, Oberst im Generalstab, bis 1945 Chef der Operationsabteilung des Oberkommandos des Heeres (OKH).
Baron Fritz Cerrini, Privatsekretär des Prinzen Friedrich Leopold von Preußen.
Dr. Friedrich Engelke, Großkaufmann.
Alexander von Falkenhausen, General der Infanterie, bis 1944 Militärbefehlshaber in Belgien und Nordfrankreich.
Dr. Wilhelm von Flügge, Direktor im Unternehmen „I. G. Farbenindustrie A.-G." (Berlin).
Friedrich Leopold Prinz von Preußen, Gutsbesitzer.
Franz Halder, Generaloberst, bis 1942 Chef des Generalstabes des Heeres.
Gertrud Halder geb. Erl, Ehefrau von Franz Halder.
Dr. Anton Hamm, Kaplan.
Dr. Erich Heberlein, Gesandter.
Margot Heberlein geb. Calleja, Ehefrau von Dr. Erich Heberlein.
Dr. Horst Hoepner, Kaufmann, Bruder des Generalobersten Erich Hoepner, der an der Verschwörung gegen Hitler vom 20. Juli 1944 beteiligt war.
Joseph Joos, Redakteur und ehemaliges Mitglied des Deutschen Reichstages (Zentrumsabgeordneter).
Karl Kunkel, Kaplan.
Franz Liedig, Fregattenkapitän (Amt Ausland/Abwehr).
Dr. Josef Müller, Oberleutnant der Reserve (Amt Ausland/Abwehr), Rechtsanwalt.
Dr. Johann Neuhäusler, Domkapitular.
Martin Niemöller, Pastor.
Heidel Nowakowski.
Horst von Petersdorff, Oberst z. V., Industriekaufmann.
Philipp Prinz von Hessen, Oberpräsident der Provinz Hessen-Nassau, Botschafter.
Dr. Hermann Pünder, Major der Reserve, Staatssekretär a. D.
Dr. Hjalmar Schacht, bis 1937 Reichswirtschaftsminister, bis 1939 Reichsbankpräsident und bis 1943 Reichsminister ohne Geschäftsbereich.
Dr. Fabian von Schlabrendorff, Leutnant, Ordonnanzoffizier bei Generalmajor Henning von Tresckow im Stab der Heeresgruppe Mitte, Rechtsanwalt.
Georg Thomas, General der Infanterie, bis 1942 Chef des Wehrwirtschafts- und Rüstungsamtes im Oberkommando der Wehrmacht (OKW).

Amélie Thyssen, Ehefrau von Fritz Thyssen.
Fritz Thyssen, Großindustrieller, ehemaliges Mitglied des Deutschen Reichstages (Abgeordneter der NSDAP), früherer preußischer Staatsrat und Vorsitzender des Aufsichtsrats der „Vereinigten Stahlwerke A.-G.", Düsseldorf.

Frankreich

Jeanne Léon Blum geb. Levylier, Ehefrau von Léon Blum.
Léon Blum, ehemaliger Ministerpräsident.
Prince Xavier de Bourbon, Bruder der Kaiserin Zita, der Ehefrau Kaiser Karls I. von Österreich.
Armand Mottet, Werkführer.
Gabriel Piguet, Bischof der Diözese Clermont in der Auvergne.
Ray N. Van Wymeersch, Capitaine (Hauptmann), „Force Aérienne Française du Général de Gaulle".

Griechenland

Constantin Bakopoulos, Generalleutnant.
Panajotis Dédés, Generalleutnant.
Vassilis Dimitrion, Soldat.
Nikolaos Grivas, Caporal (Korporal).
Georges Kosmas, Generalleutnant.
Alexandros Papagos, General, Oberbefehlshaber des griechischen Heeres.
Jean D. Pitsikas, Generalleutnant.

Großbritannien

Sigismund Payne Best, Captain (Hauptmann).
„Jack" Churchill, Lieutenant Colonel (Oberstleutnant).
Peter Churchill, Captain, Offizier der „Special Operations Executive" (SOE),[1] Deckname: Michel.
Thomas J. Cushing, Staff Sergeant (Feldwebel).
Harry M. A. („Wings") Day, Wing Commander (Oberstleutnant), „Royal Air Force" (RAF).
Sydney H. Dowse, Squadron Leader (Major), RAF.
Hugh M. Falconer, Squadron Leader, RAF.
Wadim Greenewich, Angehöriger des „Passport Control Department – Foreign Office", London.
Bertram C. James, Flight Lieutenant (Hauptmann), RAF.
John McGrath, Lieutenant Colonel.
Patrick O´Brien, Soldier (Soldat).
John Spence, Farmer.
Richard H. Stevens, Lieutenant Colonel.
Andrew Walsh, Soldier, Aircraft Fitter (Flugzeugmechaniker), RAF.

Italien[2]

Eugenio Apollonio, Vice-Capo della Polizia (stellvertretender Polizeichef) unter Mussolini in der Repubblica Sociale Italiana (RSI) in Salò.
Mario Badoglio, Sohn des Marschalls Pietro Badoglio.
Davide Ferrero, Colonello (Oberst).
Sante Garibaldi, Generale (General).
Tullio Tamburini, Capo della Polizia (Polizeichef) unter Mussolini in der Repubblica Sociale Italiana (RSI) in Salò.

Jugoslawien

Hinko Dragic, Oberstleutnant.
Novak D. Popovic, Generalpostmeister.
Dimitrije Tomalevsky, Journalist.

Lettland

Gustavs Celmins, Magister der Philosophie, Hauptmann der Reserve der lettischen Armee, Mitarbeiter des finnländischen Feldmarschalls Carl Gustaf Emil Freiherrn von Mannerheim.[3]

Niederlande

Dr. Johannes J. C. van Dijk, Verteidigungsminister.

Norwegen

Arne Daehli, Kapitän zur See der norwegischen Seestreitkräfte, Chefinspektor des norwegischen Walfangs.

Österreich

Dr. Konrad Praxmarer, Schriftsteller.
Dr. Richard Schmitz, bis 1938 Bürgermeister von Wien.
Dr. Kurt von Schuschnigg, bis 1938 österreichischer Bundeskanzler.

Polen

Jan Izycki, Pilot Officer (Leutnant), RAF.
Stanislaw Jensen, Pilot Officer, RAF.
Graf Aleksander Zamoyski, Major, Gutsbesitzer.

Rußland

Iwan Georgijewitsch Bessonow, General.
Wiktor Brodnikow, Oberstleutnant.
Fjodor Ceredilin, Soldat.
Wassilij Wassiljewitsch Kokorin, Leutnant.
Pjotr Priwalow, Generalmajor.
Nikolaj Rutschenko, Oberleutnant, Historiker.

Schweden

Carl S. Edquist, Direktor.

Slowakei

Dr. Imrich Karvas, Universitätsprofessor.

Tschechische Republik

Josef Burda, Kaufmann.
Josef Rozsévac-Rys, Journalist.
Jàn Stanek, Major im Generalstab.

Ungarn

Aleksander von Ginzery, königlich ungarischer Oberst der Artillerie.
Josef Hatz, königlich ungarischer Major.
Samuel Hatz, Schulleiter in Ruhe, Vater von Josef Hatz.
Andreas von Hlatky, Staatssekretär im Ministerpräsidium.
Miklós (Nikolaus) von Horthy jr., Gesandter, Mitglied des Oberhauses, Sohn des Reichsverwesers.
Géza von Igmándy-Hegyessy, Generalleutnant a. D., Mitglied des Oberhauses.
Miklós von Kállay, bis 1944 ungarischer Ministerpräsident.
Julius Király, Oberst der königlich ungarischen Gendarmerie, Sektionschef im Innenministerium.
Dr. Desiderius von Ónody, Staatsbeamter, Sekretär von Horthy jr.
Peter Baron Schell, Minister des Innern.

2. Die Sippenhäftlinge aus Deutschland

Annelise Gisevius, Lehrerin, Schwester von Dr. Hans-Bernd Gisevius, der nach dem mißglückten Attentat auf Hitler in die Schweiz floh.

Anneliese Goerdeler geb. Ulrich, Ehefrau des früheren Leipziger Oberbürgermeisters Carl Goerdeler, der einer der führenden Männer des bürgerlich-konservativen Widerstandes gegen Hitler war.

Benigna Goerdeler, Tochter von Anneliese und Carl Goerdeler.

Dr. Gustav Goerdeler, Chefarzt, Bruder von Carl Goerdeler.

Irma Goerdeler geb. Reuter, Ehefrau von Ulrich Goerdeler und Schwiegertochter von Anneliese und Carl Goerdeler.

Jutta Goerdeler, Cousine von Benigna Goerdeler.

Dr. Marianne Goerdeler, Tochter von Anneliese und Carl Goerdeler.

Reinhard Goerdeler, Sohn von Anneliese und Carl Goerdeler; er kam am Pragser Wildsee nicht an.

Ulrich Goerdeler, Rechtsanwalt, Sohn von Anneliese und Carl Goerdeler.

Käte Gudzent geb. Gohlke.

Franz Freiherr von Hammerstein, Sohn von Maria und Kurt von Hammerstein-Equord; er kam am Pragser Wildsee nicht an.

Hildur Freiin von Hammerstein, Tochter von Maria und Kurt von Hammerstein-Equord.

Maria Freifrau von Hammerstein-Equord geb. Freiin von Lüttwitz, Ehefrau von Kurt von Hammerstein-Equord.

Fey von Hassell Pirzio Biroli, Tochter des Botschafters Ulrich von Hassell in Rom, der wegen seiner Beteiligung am Umsturzversuch vom 20. Juli 1944 zum Tode verurteilt wurde.

Anna-Luise ("Anne") von Hofacker, Tochter von Ilse Lotte und Cäsar von Hofacker.

Eberhard von Hofacker, Sohn von Ilse Lotte und Cäsar von Hofacker.

Ilse Lotte von Hofacker geb. Pastor, Ehefrau des Oberstleutnants der Reserve Cäsar von Hofacker, der an der Verschwörung gegen Hitler vom 20. Juli 1944 beteiligt war.

Peter A. Jehle; er kam am Pragser Wildsee nicht an.

Elisabeth Kaiser, Tochter von Therese Kaiser.

Therese Kaiser geb. Mohr.

Arthur Kuhn, Diplom-Ingenieur, Patentanwalt.

Hildegard Maria Kuhn, Ehefrau von Arthur Kuhn; sie blieb aus gesundheitlichen Gründen im KL Dachau zurück.

Anni Freifrau von Lerchenfeld, Schwiegermutter von Claus Schenk Graf von Stauffenberg; sie starb im Straflager der SS und Polizei in Matzkau.

Lini Lindemann geb. von Friedeberg, Ehefrau des Generals der Artillerie Fritz Lindemann, der zum Kreis der Verschwörer vom 20. Juli 1944 gehörte.

Josef Mohr, Montagemeister, Bruder von Therese Kaiser.

Käthe Mohr geb. Schmaus, Ehefrau von Josef Mohr.

Gisela Gräfin von Plettenberg-Lenhausen, Tochter von Walther Graf von Plettenberg-Lenhausen.

Walther Graf von Plettenberg-Lenhausen, Baumwollimporteur.

Dietrich Schatz, Major; er kam am Pragser Wildsee nicht an.

Hans-Dietrich Schröder, Sohn von Ingeborg Schröder.

Harring Schröder, Sohn von Ingeborg Schröder.
Ingeborg Schröder geb. Siems.
Sybille-Maria Schröder, Tochter von Ingeborg Schröder.
Dr. Alexander Schenk Graf von Stauffenberg, Professor für Alte Geschichte, Bruder von Claus Schenk Graf von Stauffenberg.
Alexandra Schenk Gräfin von Stauffenberg, Tochter von Markwart sen. Schenk Graf von Stauffenberg.
Clemens sen. Schenk Graf von Stauffenberg, Vetter von Claus Schenk Graf von Stauffenberg; er wurde aus gesundheitlichen Gründen aus dem Transport herausgenommen.
Clemens jr. Schenk Graf von Stauffenberg, Sohn von Markwart sen. Schenk Graf von Stauffenberg.
Elisabeth Schenk Gräfin von Stauffenberg geb. Freiin von und zu Guttenberg, Ehefrau von Clemens sen. Schenk Graf von Stauffenberg.
Inèz Schenk Gräfin von Stauffenberg, Tochter von Markwart sen. Schenk Graf von Stauffenberg.
Maria („Mika") Schenk Gräfin von Stauffenberg geb. Classen, Ehefrau von Berthold Schenk Graf von Stauffenberg.
Marie-Gabriele („Gagi") Schenk Gräfin von Stauffenberg, Tochter von Elisabeth Schenk Gräfin von Stauffenberg und Clemens sen. Schenk Graf von Stauffenberg.
Markwart sen. Schenk Graf von Stauffenberg („Onkel Moppel"), Oberst.
Markwart jr. Schenk Graf von Stauffenberg, Sohn von Elisabeth Schenk Gräfin von Stauffenberg und Clemens sen. Schenk Graf von Stauffenberg; er kam am Pragser Wildsee nicht an.
Otto Philipp Schenk Graf von Stauffenberg, Sohn von Elisabeth Schenk Gräfin von Stauffenberg und Clemens sen. Schenk Graf von Stauffenberg.
Isa Vermehren, Kabarettistin in Werner Fincks "Katakombe" in Berlin.

+

Von den 45 Sippenhäftlingen, die sich im Geiseltransport nach Südtirol befanden, kamen 37 in Niederdorf an.

Außerdem begleiteten den Transport zwei Dachauer Häftlinge, die den Prominenten für Hilfsdienste zur Verfügung stehen sollten: der Koch Wilhelm Visintainer aus Wuppertal-Elberfeld und der Friseur Paul Wauer aus Breslau.

Vera von Schuschnigg wurde vom Reichssicherheitshauptamt nicht als Gefangene geführt. Sie hatte sich mit der Tochter Maria Dolores Elisabeth ("Sissy") freiwillig zu ihrem Mann in die Haft begeben.

Insgesamt bestand der Geiseltransport, der in Niederdorf eintraf, aus 139 Personen.

Anmerkungen

Die ersten Geiseln in der Gewalt der SS

1 Seit dem 1. Januar 1940 hatte Wilhelm Canaris den Dienstrang eines Admirals inne. (Christian Zentner/Friedemann Bedürftig, Das große Lexikon des Zweiten Weltkriegs, Augsburg 1993, S. 110.)
2 Alfred Spieß /Heiner Lichtenstein, Unternehmen Tannenberg. Der Anlaß zum Zweiten Weltkrieg, Frankfurt am Main /Berlin 1989, S. 42.
3 Spieß/Lichtenstein, S. 43.
4 Spieß/Lichtenstein, S. 167 f.
5 Spieß/Lichtenstein, S. 180.
6 Zitiert nach Spieß/ Lichtenstein, S. 26 f.
7 Spieß/Lichtenstein, S. 144, 148.
8 Spieß/Lichtenstein, S. 77, 79, 135.
9 Spieß/Lichtenstein, S. 167 ff.
10 Zitiert nach Albert Wucher, Seit 5 Uhr 45 wird zurückgeschossen. Ein Dokumentarbericht über den Beginn des Zweiten Weltkrieges, München 1959, S. 19.
11 Walter Schellenberg, Aufzeichnungen. Die Memoiren des letzten Geheimdienstchefs unter Hitler, Wiesbaden/München 1979, S. 87.
12 Schellenberg, S. 79 ff.
13 Christa Richardi, 9. April 1945: Himmler ordnet die Ermordung des Hitler-Attentäters Georg Elser an, in: Die letzten hundert Tage des Konzentrationslagers Dachau, Dachauer Dokumente, Band 4, Dachau 1995, S. 45-51.
14 Schellenberg, S. 86.
15 Nach einer niederländischen Quelle war das Auto ein „Lincoln". (Elseviers Weekblad vom 14. November 1959.)
16 Schellenberg, S. 87 f. – Zum Venlo-Zwischenfall siehe auch Sigismund Payne Best, The Venlo Incident, London/New York/Melbourne/Sydney/Kapstadt 1950, S. 16 f.
17 Elseviers Weekblad vom 14. November 1959.
18 Schellenberg, S. 88 f.
19 Schellenberg, S. 89.
20 Adolf Burger, Des Teufels Werkstatt. Die größte Geldfälscheraktion der Weltgeschichte, Berlin 2001, S. 127.
21 Faksimile bei Burger, S. 143.
22 Alexandra-Eileen Wenck, Zwischen Menschenhandel und „Endlösung": Das Konzentrationslager Bergen-Belsen, Paderborn 2000, S. 386.
23 Schreiben von Himmler an Müller im Dezember 1942 (ohne Tagesangabe), Bundesarchiv NS 19/2159, Bl. 4. (Bestand: Persönlicher Stab Reichsführer-SS.)
24 Wenck, S. 387.
25 Peter Witte u. a. (Hrsg.), Der Dienstkalender Heinrich Himmlers 1941/42, Hamburger Beiträge zur Sozial- und Zeitgeschichte, Hamburg 1999, S. 614 f., Fußnote 30.
26 Bernd Martin, Friedensinitiativen und Machtpolitik im Zweiten Weltkrieg 1939-1942, Düsseldorf 1974, S. 469, Fußnote 117.
27 Bundesarchiv NS 19/2159, Bl. 1.
28 Dienstkalender Himmlers, S. 614.
29 Bundesarchiv NS 19/2159, Bl. 2.
30 Dienstkalender Himmlers, S. 636.
31 Bundesarchiv NS 19/2159, Bl. 3.
32 Geheime Aktennotiz vom 14. Februar 1943, Bundesarchiv NS19/3249. (Bestand: Persönlicher Stab Reichsführer-SS.)
33 Harry Stein, Konzentrationslager Buchenwald 1937-1945. Begleitband zur ständigen historischen Ausstellung, herausgegeben von der Gedenkstätte Buchenwald, Göttingen 1999, S. 198, und Dienstkalender Himmlers, S. 636, Fußnote 42.
34 Zvonimir Cuckovic, Zwei Jahre auf Schloß Itter, unveröffentlichtes Manuskript, Archiv der KZ-Gedenkstätte Dachau, (DaA) 20.134, S. 26 f., und Stein, S. 198.
35 Archiv der KZ-Gedenkstätte Dachau, DaA A 83 (Mappe 83).
36 Christian Schölzel, Schloß Itter, S. 1. (Schölzel gewährte dem Verfasser dankenswerterweise Einblick in das noch unveröffentlichte Manuskript.)
37 Cuckovic, S. 10.
38 Stein, S. 198.
39 Amtliches Datum der Trauung vor dem Standesamt Weimar II: 25. September 1943. (Léon Blum, Lettres de Buchenwald, S. 26.) – Jeanne Reichenbach traf im Juni 1943 in Buchenwald ein.
40 Dokumentation in der Ausstellung im Bunker der KZ-Gedenkstätte Dachau und http://www.parlement.com/9291000/bio/00362.
41 Karl Wolff, Niederschrift über meine Besprechungen mit Adolf Hitler September bis Dezember 1943 über die Anweisungen zur Besetzung des Vatikans und die Verschleppung des Papstes Pius XII, Gnadensache Wolff 1968 bzgl. Papst Pius XII, Nachlaß Josef Müller, F 85, Archiv der Hanns-Seidel-Stiftung (München).
42 Zitiert nach Wolff.

Vom NS-Regime geächtet: Die Sippenhäftlinge des 20. Juli 1944

1 Edmund Brettschneider/Arnim von Manikowsky, Schlußbericht über den Tod des Stalin-Sohnes Jakob Dschugaschwili, Stern vom 26. März 1968.
2 Brief von Kokorin an die sowjetische Botschaft in Rom vom 3. Mai 1945, in: Alto Adige, 18. April 1965.
3 Alfred Streim, Die Behandlung sowjetischer Kriegsgefangener im „Fall Barbarossa". Eine Dokumentation, Heidelberg/Karlsruhe 1981, S. 204.
4 Hans-Günter Richardi, Eine immer noch offene Wunde, in: Süddeutsche Zeitung vom 13. Mai 2000.
5 Nicht nur die Insassen des Sonderlagers Kosjelsk ereilte dieses Schicksal. Auch die polnischen Kriegsgefangenen der Lager Ostaschkow und Starobjelsk, deren Massengräber nach dem Zweiten Weltkrieg entdeckt wurden, ließ Stalin erschießen, so daß sich die Gesamtzahl der ermordeten Polen auf 14 587 beläuft.
6 Streim, S. 205 f.
7 http://free.polbox.pl/l/luftstal/luft3d.htm.
8 http://www.historyinfilm.com/escape/real8.htm.
9 Eva Pfanzelter, Prominente am Pragser Wildsee. Eine Episode zum Kriegsende in Südtirol, in: Hans Heiss/Gustav Pfeifer (Hrsg.), Südtirol – Stunde Null? Kriegsende 1945-46, Innsbruck/Wien/München 2000, S. 126. – Die Zeitung „Daily Sketch" vom 15. Januar 1946 listet insgesamt acht Fluchtversuche auf, die Day seit 1940 vergeblich unternommen hat. Das neunte Unternehmen in Südtirol glückte.
10 Stern vom 26. März 1968.
11 Hans-Günter Richardi, Bomber über München, München 1992, S. 140 f.
12 Ulrike Hett/Johannes Tuchel, Die Reaktionen des NS-Staates auf den Umsturzversuch vom 20. Juli 1944, in:

Peter Steinbach/Johannes Tuchel (Hrsg.), Widerstand gegen den Nationalsozialismus, herausgegeben von der Bundeszentrale für politische Bildung, Schriftenreihe, Band 323, Bonn 1994, S. 378.
13 Hett/Tuchel, S. 379.
14 Zitiert nach Hett/Tuchel, S. 379.
15 Zitiert nach Theodor Eschenburg, Die Rede Himmlers vor den Gauleitern am 3. August 1944, in: Vierteljahreshefte für Zeitgeschichte, 1. Jahrgang 1953, S. 357-394.
16 Hett/Tuchel, S. 383.
17 Hett/Tuchel, S. 383 f.
18 Hett/Tuchel, S. 384.
19 Zitiert nach Hett/Tuchel, S. 384.
20 Zitiert nach Hett/Tuchel, S. 384 f.
21 Auskunft von Marie-Gabriele Schenk Gräfin von Stauffenberg an den Verfasser vom 17. April 2004.
22 Norbert Haase, Das Reichskriegsgericht und der Widerstand gegen die nationalsozialistische Herrschaft, herausgegeben von der Gedenkstätte Deutscher Widerstand mit Unterstützung der Senatsverwaltung für Justiz, Berlin 1993, S. 240-244.
23 Gerhard Bracke, Melitta Gräfin Stauffenberg. Das Leben einer Fliegerin, München 1990, S. 192.
24 Zitiert nach Dagmar Albrecht, Mit meinem Schicksal kann ich nicht hadern ... Sippenhaft in der Familie Albrecht von Hagen, Berlin 2001, S. 159.
25 Peter Hoffmann, Claus Schenk Graf von Stauffenberg und seine Brüder, Stuttgart 2004, S. 447.
26 Gräfin Nina Stauffenberg, Die Zeit nach dem 20. Juli 1944, S. 1. – Der Bericht wurde dem Verfasser am 28. Oktober 2004 freundlicherweise von Berthold Schenk Graf von Stauffenberg zur Verfügung gestellt.
27 Isa Vermehren, Reise durch den letzten Akt. Ravensbrück, Buchenwald, Dachau: eine Frau berichtet, Reinbek bei Hamburg1998, S. 189. – Das Buch erschien zuerst 1947 im Verlag von Christian Wegner (Hamburg) unter dem Titel: „Reise durch den letzten Akt. Ein Bericht (10. 2. 44 bis 29. 6. 45)".
28 Gräfin Nina Stauffenberg, S. 1 f.
29 Gräfin Nina Stauffenberg, S. 3.
30 Gräfin Nina Stauffenberg, S. 5 f.
31 Gräfin Nina Stauffenberg, S. 7.
32 Halders Name steht auf der „Festnahmeliste 24. Juli 1944", die den Vermerk „Geheime Reichssache" trägt: „Halder, Generaloberst (nach Ravensbrück gebracht)." Abgedruckt in: Spiegelbild einer Verschwörung. Die Kaltenbrunner-Berichte an Bormann und Hitler über das Attentat vom 20. Juli 1944. Geheime Dokumente aus dem ehemaligen Reichssicherheitshauptamt, herausgegeben vom Archiv Peter für historische und zeitgeschichtliche Dokumentation, Stuttgart 1961, S. 46.
33 Hjalmar Schacht, 76 Jahre meines Lebens, Bad Wörishofen 1953, S. 534 f.
34 Richtig: Albrecht Graf von Bernstorff.
35 Schacht, S. 536.
36 Isa Vermehren, Bericht über den Zellenbau von Ravensbrück, geschrieben am 29. August 1945, Archiv der Mahn- und Gedenkstätte Ravensbrück, MGR/StBG Slg. Bu. Bd. 21/203.
37 Winfried Meyer, Kurt, Petra und Michael Vermehren, in: Winfried Meyer (Hrsg.), Verschwörer im KZ. Hans von Dohnanyi und die Häftlinge des 20. Juli 1944 im KZ Sachsenhausen, Schriftenreihe der Stiftung Brandenburgische Gedenkstätten, Band 5, Berlin 1999, S. 365-371.
38 Zeugenvernehmungsprotokoll: Walther Graf von Plettenberg-Lenhausen vom 22. September 1952, im Verfahren gegen Edgar Stiller, Staatsarchiv München, STAnw M II VSG 25/2.
39 Winfried Meyer, Wilhelm von Flügge, in: Meyer (Hrsg.), Verschwörer im KZ, S. 245-248.
40 „Geheime Staatspolizei – Sie sind verhaftet!" Tagebuchaufzeichnungen des Sonderhäftlings Karl Kunkel, in: Ermlandbuch 1983, Nr. 34, herausgegeben von der Bischof-Maximilian-Kaller-Stiftung, Münster, S. 44 f. – Kunkel gab später zu Protokoll, daß er Tagebuchaufzeichnungen besitze, in denen er noch im Jahre 1945 – unmittelbar nach seiner Befreiung – Eintragungen über Vorfälle im KL Dachau gemacht habe. (Zeugenvernehmungsprotokoll: Karl Kunkel vom 8. Oktober 1951, im Verfahren gegen Edgar Stiller, Staatsarchiv München, STAnw M II VSG 25/2.)
41 Kunkel, S. 47.
42 Martha Schad, Frauen gegen Hitler. Schicksale im Nationalsozialismus, München 2001, S. 187.
43 Schad, S. 188.
44 Holger Wilken, Zwischen Kommando und Kerker. Alexander von Falkenhausen – Deutscher Militärbefehlshaber in Brüssel 1940-1944 (http://www.ifdt.de/0302/Artikel/wilken.htm).
45 Schacht, S. 537.
46 Vermehren, Bericht über den Zellenbau von Ravensbrück.
47 „Im Frühjahr 1944", berichtet Tuchel, „begann die umfassende Verlagerung von RSHA-Dienststellen, nachdem Himmler bereits 1943 die Auslagerung aller wichtigen Karteien und Unterlagen aus Berlin befohlen hatte. Ende 1944 gab es über 30 Ausweichstellen des RSHA." Teile der Ämter IV (Gestapo) und V (Kripo) kamen in die Sicherheitspolizeischule Drögen. (Johannes Tuchel, Gestapa und Reichssicherheitshauptamt, in: Gerhard Paul/Klaus-Michael Mallmann (Hrsg.), Die Gestapo – Mythos und Realität, Darmstadt 1995, S. 100.)
48 Vermehren, Bericht über den Zellenbau von Ravensbrück.
49 Die Besitzerin des Hotels „Elephant", Emma Heiss-Hellenstainer, spielt im Zusammenhang mit dem Geiseltransport nach Südtirol noch eine bedeutende Rolle. Ihr gehört auch das Hotel „Pragser Wildsee".
50 Winfried Meyer, Die Wittelsbacher, in: Meyer (Hrsg.), Verschwörer im KZ, S. 393.
51 Meyer, Wittelsbacher, S. 394.
52 Irmingard Prinzessin von Bayern, Jugend-Erinnerungen 1923-1950, St. Ottilien 2000, S. 303-306.
53 Irmingard Prinzessin von Bayern, S. 307. – Die Decknamen „Bingen" und „Buchholz" sind Anspielungen auf Bayern.
54 Meyer, Wittelsbacher, S. 394 f.
55 Die Gräfin begab sich freiwillig in die Haft.
56 Irmingard Prinzessin von Bayern, S. 307.
57 Prinzessin Hilda von Bayern, Brief an ihren Vater Rupprecht von Bayern vom 4. September 1945, zitiert nach Meyer, Wittelsbacher, S. 396. - Durch diesen Brief erfuhr der Kronprinz zum erstenmal vom Leidensweg seiner Familie durch mehrere Konzentrationslager.
58 Dieter A. Binder/Heinrich Schuschnigg, „Sofort vernichten". Die vertraulichen Briefe Kurt und Vera von Schuschniggs 1938-1945, Wien/München 1997, S. 22.
59 Binder/Schuschnigg, S. 13, Fußnote 7.
60 Zitiert nach Binder/Schuschnigg, S. 21 f.
61 Binder/Schuschnigg, S. 12 f.
62 Binder/Schuschnigg, S. 14.
63 Binder/Schuschnigg, S. 20.
64 Binder/Schuschnigg, S. 11, Fußnote 2, und 21. (Sie selbst schrieb sich später: „Sissi".)
65 Binder/Schuschnigg, S. 20.

Die SS als stärkste Macht im NS-Staat

1 Zeitliche Zusammenstellung der Ereignisse am 20. Juli 1944, zusammengestellt nach KTB Wehrmachtführungsstab; Royce-Jacobsen: 20. Juli 1944, Bonn 1960; Hoffmann: Widerstand – Staatsstreich – Attentat, München 1979, und Müller: Oberst i. G. Stauffenberg, Düsseldorf 1970.
2 Norbert Haase/Brigitte Oleschinski (Hrsg.), Das Torgau-Tabu. Wehrmachtstrafsystem. NKWD-Speziallager. DDR-Strafvollzug, Leipzig 1993, S. 88 f.
3 Albert Speer, Der Sklavenstaat. Meine Auseinandersetzungen mit der SS, Stuttgart 1981, S. 208 f.
4 Korrekt lautet der Spruch: „Meine Ehre heißt Treue." Er stand auf dem Koppelschloß.
5 Amerikanischer Journalistenbericht aus Stockholm über die Person des Reichsführers SS (sic!). Als „Geheime Reichssache" bezeichnete Übersetzung für den Persönlichen Stab Reichsführer-SS vom 1. Dezember 1944 (Bundesarchiv NS 19/3271).
6 Geheimbericht Kaltenbrunners an Himmler vom 23. Oktober 1943: Schwedische und finnische Stimmen zur Ernennung des Reichsführers-SS zum Reichsinnenminister. (Bundesarchiv NS 19/3270 – Bestand: Persönlicher Stab Reichsführer-SS.)
7 Dies entsprach nicht den Tatsachen.
8 Friedrich Paul Heller, Giselher Wirsings „Egmont-Berichte" (http://www.idgr.de/lexikon/bio/w/wirsing-giselher/egmont-berichte.html).
9 Speer, S. 178.
10 Speer, S. 263.
11 Speer, S. 240.
12 Marlis G. Steinert, Die 23 Tage der Regierung Dönitz, Düsseldorf/Wien 1967, S. 19 f.
13 Walter Lüdde-Neurath, Regierung Dönitz. Die letzten Tage des Dritten Reiches, Schnellbach 1999, S. 42.
14 Gerhard Ritter, Carl Goerdeler und die deutsche Widerstandsbewegung, Stuttgart 1984, S. 430.
15 Lüdde-Neurath, S. 90.
16 Speer, S. 341 f.
17 Steinert, S. 21.
18 Steinert, S. 141.
19 Reimer Hansen, Das Ende des Dritten Reiches. Die deutsche Kapitulation 1945. Kieler Historische Studien, Band 2, Stuttgart 1966, S. 71.
20 Ludwig Bölkow, Erinnerungen, aufgezeichnet von Brigitte Röthlein, München/Berlin 1994, S. 100.
21 Spiwoks/Stöber, Endkampf zwischen Mosel und Inn. XIII. SS-Armeekorps, Coburg 1999, S. 247.
22 Peter Black, Ernst Kaltenbrunner. Vasall Himmlers: Eine SS-Karriere, Paderborn 1991, S. 257.
23 Bundesarchiv NS 19/3904. (Bestand: Persönlicher Stab Reichsführer-SS.)
24 Bundesarchiv NS 19/3914. (Bestand: Persönlicher Stab Reichsführer-SS.)
25 Bundesarchiv NS 19/3904. (Bestand: Persönlicher Stab Reichsführer-SS.)
26 Adolf Galland, Die Ersten und die Letzten. Die Jagdflieger im Zweiten Weltkrieg, München 1993, S. 348.
27 Galland, S. 349.
28 Galland, S. 346.
29 Galland, S. 347 f.
30 Ernstfried Thiel, Von Ötztal nach Modane. Aus der Geschichte des großen Hochgeschwindigkeits-Windkanal „Bauvorhaben 101" der Luftfahrtforschungsanstalt München (LFM), später Anlage S1MA der ONERA, gehalten am 10. Oktober 1986 anläßlich der Sitzung der DGLR-Fachgruppe 12 (Geschichte der Luft- und Raumfahrt) im Rahmen der DGLR-Tagung in München.
31 Hannah Arendt, Eichmann in Jerusalem. Ein Bericht von der Banalität des Bösen, München 1964, S. 279 f.
32 Zitiert nach Speer, S. 252.
33 Zitiert nach Helmut Heiber (Hrsg.), Der ganz normale Wahnsinn unterm Hakenkreuz. Triviales und Absonderliches aus den Akten des Dritten Reiches, München 1996, S. 205.
34 Tirol. Handbuch für Reisende von Karl Baedeker, Leipzig 1938, S. 111.
35 Hett/Tuchel, S. 387.

Anfang einer Odyssee: Der Leidensweg der Sippenhäftlinge nach Buchenwald

1 Fey von Hassell, Niemals sich beugen. Erinnerungen einer Sondergefangenen der SS, München 1993, S. 126 f.
2 Hassell, S. 130.
3 Hassell, S. 131.
4 Gagi Stauffenberg, Aufzeichnungen aus unserer Sippenhaft 20. Juli 1944-19. Juni 1945, Jettingen 2002, S. 52 f. – Marie-Gabriele von Stauffenberg hat dieses Buch nur für die Familie und für die Verwandtschaft herausgegeben. Die Autorin gestattete dem Verfasser jedoch, aus ihrem Tagebuch zu zitieren, wofür er sich bei der Gräfin von Herzen bedankt.
5 Gagi Stauffenberg, S. 53.
6 Hassell, S. 135.
7 Damit ist die Sonderabteilung der Gestapo im Zellengefängnis in der Lehrter Straße 3 in Berlin-Moabit gemeint.
8 Hoffmann, Claus Schenk Graf von Stauffenberg und seine Brüder, S. 444 f.
9 Hassell, S. 139.
10 Gagi Stauffenberg, S. 53.
11 Anne-Katrin Ziesak, Clemens Schenk Graf von Stauffenberg, in: Meyer, S. 353.
12 Faksimile des Briefes bei Gagi Stauffenberg, S. 119.
13 Hassell, S. 137 f.
14 Hoffmann, S. 445.
15 Hassell, S. 134.
16 Wie Bracke schreibt, lehrte Alexander von Stauffenberg zu dieser Zeit „in Athen griechische Geschichte im Rahmen eines nationalsozialistischen Schulungsauftrags". (Bracke, S. 180.)
17 Zum Leben der Flugkapitänin siehe die Biographie, die Bracke über die Fliegerin verfaßt hat: Gerhard Bracke, Melitta Gräfin Stauffenberg. Das Leben einer Fliegerin, München 1990.
18 Zitiert nach Bracke, S. 99 f.
19 Faksimile des Dokuments bei Bracke, S. 70.
20 Bracke, S. 178 f.
21 Faksimile bei Bracke, Dokumentenanhang (o. S.).
22 Albrecht, S. 160.
23 Zitiert nach Bracke, S. 206 f.
24 Zitiert nach Bracke, S. 218.
25 Gagi Stauffenberg, S. 54.
26 Gagi Stauffenberg, S. 55.
27 Hassell, S. 141 f.

28 Gagi Stauffenberg, S. 57.
29 Hassell, S. 144.
30 Gagi Stauffenberg, S. 60.
31 Hassell, S. 147.
32 Hassell, S. 148.
33 Gagi Stauffenberg, S. 61.
34 Gagi Stauffenberg, S. 61 f.
35 Hassell, S. 154.
36 Der Name Badoglios steht an achter Stelle im Anhang zum Schutzhaftlager-Rapport vom 30. September 1944, der die Namen von prominenten Gefangenen im KL Mauthausen enthält: „8. Badoglio(,) Mario, geb. 1. 8. 1905 in Rom, Sohn des Marschalls Badoglio." Das Dokument befindet sich im Mauthausen-Archiv im Bundesministerium des Innern in Wien (BMI IV/7 Archiv - E/1gg/1).
37 Hans Maršálek, Die Geschichte des Konzentrationslagers Mauthausen. Dokumentation, Wien/Linz 1995, S. 322, Fußnote 4.
38 Der Sonderhäftling Dr. Josef Müller schreibt in seinen Erinnerungen: „Tatsächlich hatte ich den Sohn von Badoglio bereits im KZ Dachau getroffen. Nach unserer Befreiung war er sofort in den Vatikan geeilt und hatte dem Papst von meinem Schicksal erzählt." (Müller, Bis zur letzten Konsequenz. Ein Leben für Frieden und Freiheit, München 1975, S. 291.) Badoglios Name fehlt auf der Liste der Sippen- und Sonderhäftlinge, die nach der Befreiung der Gefangenen in Südtirol zusammengestellt wurde.
39 Kurt Schuschnigg, Ein Requiem in Rot-Weiß-Rot, Wien 1978, S. 498.
40 Eva Pfanzelter schreibt, daß sich auch der Reichsverweser Nikolaus von Horthy im Geiseltransport nach Südtirol befand (S. 118). Aber das ist ein Irrtum.
41 Otto Skorzeny, Wir kämpften – wir verloren, Band 4, Siegburg-Niederpleis 1962, S. 89.
42 Heinz Höhne, Der Orden unter dem Totenkopf. Die Geschichte der SS, München 2002, S. 506. – Die geplante Entführung des Gesandten Nikolaus von Horthy jun. trug den Decknamen „Aktion Maus". Aus seinem Spitznamen „Nicky" war durch einen Hörfehler „Micky" geworden, was den SD in Budapest auf die Idee brachte, für Horthy das Pseudonym „Micky-Maus" zu wählen (Höhne, S. 505).
43 Skorzeny, S. 90.
44 Zitiert nach Joachim Brückner, Kriegsende in Bayern 1945. Der Wehrkreis VII und die Kämpfe zwischen Donau und Alpen. Einzelschriften zur militärischen Geschichte des Zweiten Weltkrieges, herausgegeben vom Militärgeschichtlichen Forschungsamt, Freiburg im Breisgrau 1987, S. 233.
45 Jörgen L. F. Mogensen, Die große Geiselnahme. Letzter Akt 1945, Kopenhagen 1997, S. 59 f.
46 Hassell, S. 154.
47 Gagi Stauffenberg, S. 62.
48 Der Verfasser dankt Anne Freifrau von Rosen geb. von Hofacker für die freundliche Genehmigung der Veröffentlichung.
49 Gagi Stauffenberg, S. 63.
50 Gagi Stauffenberg, S. 63.
51 Hassell, S. 148 f.
52 Hassell, S. 150 f.
53 Gagi Stauffenberg, S. 64 f.
54 Gagi Stauffenberg, S. 65.
55 Gagi Stauffenberg, S. 62.
56 Gagi Stauffenberg, S. 65.
57 Gagi Stauffenberg, S. 67.
58 Gagi Stauffenberg, S. 68.
59 Hassell, S. 155.
60 Gagi Stauffenberg, S. 68.
61 Gagi Stauffenberg, S. 69.
62 Hassell, S. 155.
63 Gagi Stauffenberg, S. 69 f.
64 Gagi Stauffenberg, S. 72 f.
65 Die Unterkunft ist die „Revierbaracke 2".
66 Gagi Stauffenberg, S. 73.
67 Gagi Stauffenberg, S. 74.
68 Gagi Stauffenberg, S. 75.
69 Hassell, S. 159.
70 Gagi Stauffenberg, S. 75.
71 Gagi Stauffenberg, S. 76.
72 Gagi Stauffenberg, S. 78.
73 Gagi Stauffenberg, S. 79.
74 Gagi Stauffenberg, S. 82.
75 Hassell, S. 164.
76 Gagi Stauffenberg, S. 82.
77 Hassell, S. 166 f.
78 Ziesak, S. 354.
79 Gagi Stauffenberg, S. 63.
80 Hassell, S. 166.
81 Gagi Stauffenberg, S. 83.

Die Zusammenlegung der Sonderhäftlinge in Buchenwald und Flossenbürg

1 Gagi Stauffenberg, S. 86.
2 Hassell, S. 168.
3 Hassell, S. 169.
4 Robert Wistrich, Wer war wer im Dritten Reich. Anhänger, Mitläufer, Gegner aus Politik, Wirtschaft, Militär, Kunst und Wissenschaft, München 1983, S. 109.
5 Peter Hoffmann, Widerstand – Staatsstreich – Attentat. Der Kampf der Opposition gegen Hitler, München 1979, S. 625.
6 Franz von Hammerstein, Vortrag über seine Haft auf einer Veranstaltung der Gedenkstätte Deutscher Widerstand in der Staatsbibliothek in Berlin am 19. Juli 1999.
7 Zur Gruppe der Sippenhäftlinge, die später nach Südtirol gelangten, stießen im KL Buchenwald auch Josef und Käthe Mohr sowie Therese Kaiser geb. Mohr mit ihrer Tochter Elisabeth. Mit ihnen sind die „Kaisers" gemeint, von denen Hammerstein spricht.
8 Kunkel, S. 94, Fußnote 82. – Isa Vermehren berichtet: „Frau Schroeder (sic!) war interniert worden, weil ihr Mann alle vierzehn Tage am Moskauer Sender den protestantischen Gottesdienst hielt für die Truppen der Seydlitzgruppe" (S. 191 f.).
9 Gagi Stauffenberg, S. 87.
10 Vermehren, S. 190.
11 Hassell, S. 171.
12 Bengt von zur Mühlen (Hrsg.), Sie gaben ihr Leben. Unbekannte Opfer des 20. Juli 1944. General Fritz Lindemann und seine Fluchthelfer, Berlin-Kleinmachnow 1995, S. 86 f.
13 Gagi Stauffenberg, S. 88.
14 Mitteilung von Franz von Hammerstein an den Verfasser vom 16. Mai 2004.
15 Gagi Stauffenberg, S. 88.
16 Vermehren, S. 188 f.

17 Der Voralarm kündigte an, daß alliierte Luftstreitkräfte im Anflug waren.
18 VB ist die Abkürzung für „Völkischer Beobachter", wie das Organ der NSDAP hieß.
19 Tatsächlich ist Ernst Thälmann, der Führer der KPD, von der SS ermordet worden.
20 Vermehren, S. 190.
21 Vermehren, S. 191.
22 Stein, S. 195, 197.
23 Wistrich, S. 34.
24 David A. Hackett, Der Buchenwald-Report. Bericht über das Konzentrationslager Buchenwald bei Weimar, S. 269.
25 Zitiert nach Stein, S. 195.
26 Vermehren, S. 192.
27 Hassell, S. 168 f.
28 Hassell, S. 168, Fußnote.
29 Friedrich Wilhelm Prinz von Preußen, „Gott helfe unserem Vaterland." Das Haus Hohenzollern 1918-1945, München 2003, S. 277.
30 Zitiert nach Friedrich Wilhelm Prinz von Preußen, S. 277.
31 Stein, S. 195.
32 Stein, S. 196.
33 Léon Blum, Der letzte Monat, Paris 1946, S. 2 f. (Die deutsche Übersetzung wurde dem Verfasser dankenswerterweise von der Gedenkstätte Buchenwald mit Brief vom 20. Februar 2004 zur Verfügung gestellt.)
34 Stein, S. 198.
35 Blum, S. 4.
36 Blum, S. 5.
37 Aus dem KL Mauthausen stoßen zum großen Transport der Sippen- und Sonderhäftlinge nach Südtirol nur drei Ehrenhäftlinge: Mario Badoglio, Nikolaus von Horthy jr. und Miklós von Kállay.
38 Reinhard Rürup (Hrsg.), Topographie des Terrors. Gestapo, SS und Reichssicherheitshauptamt auf dem „Prinz-Albrecht-Gelände". Eine Dokumentation, Berlin 1989, S. 180.
39 Ruth-Alice von Bismarck/Ulrich Kabitz (Hrsg.), Brautbriefe Zelle 92: 1943-1945/Dietrich Bonhoeffer; Maria von Wedemeyer, München 1992, S. 212.
40 Eberhard Bethge war ein Freund von Dietrich Bonhoeffer.
41 Schacht, S. 549 f.
42 Der Nationalsozialist Joseph Wagner wurde 1928 Gauleiter des Gaues Westfalen-Süd, Ende 1934 zugleich Gauleiter von Schlesien und 1935 auch Oberpräsident dieser Provinz. (Der Neue Brockhaus, vierter Band, Leipzig 1938, S. 627.)
43 Schacht, S. 550 f.
44 Hermann Pünder, Von Preußen nach Europa. Lebenserinnerungen, Stuttgart 1968, S. 168.
45 Pünder, S. 169 f.
46 Pünder, S. 170.
47 Datum und Abfahrtsort des Transports nennt Hermann Pünder in einem Brief, den er im Sommer 1945 in Münster an Eberhard Bethge richtete. Im Hinblick auf Dietrich Bonhoeffer schrieb er dessen Freund: „Wir lernten uns kennen in der 'Minna' (dem Ihnen gewiß bekannten Ausdruck für jene scheußlichen, dunkeln, kaum gelüfteten, ungefederten Gefängniswagen) am 7. Februar ds. Js. (sc. 1945), als die Gestapo begann, aus der stark zerstörten Prinz-Albrechtstraße (sic!) ihre armen Opfer nach Mittel- und Süddeutschland zu transportieren. In dieser 'Minna' mit 8 Plätzen 'saßen' wir zu zwölft, dazu noch unser Gepäck." (Bonhoeffer-Rundbrief. Mitteilungen der Internationalen Bonhoeffer-Gesellschaft, Sektion Bundesrepublik Deutschland, Düsseldorf, Nr. 69, Oktober 2002, S. 9.)
48 Die amtliche Adresse der Verhörzentrale Drögen lautete: „RSHA, – Sonderkommission 20. 7./VIII. Siposchule Fürstenberg". – Zu Lange siehe Johannes Tuchel, Die Sicherheitspolizeischule Drögen und der 20. Juli 1944 – zur Geschichte der „Sonderkommission Lange", in: Florian von Buttlar/Stefanie Endlich/Annette Leo, Fürstenberg-Drögen. Schichten eines verlassenen Ortes, Berlin 1994, S. 120-131. – Vgl. auch Beatrix Heintze, Walter Cramer. Ein Leipziger Unternehmer im Widerstand, Köln 1993, S. 139, Fußnote 430.
49 Pünder, S. 171.
50 Stein, S. 196.
51 Pünder, S. 171 f.
52 Müller, S. 232 f.
53 Schacht, S. 551 f.
54 Schuschnigg, S. 478.
55 Schuschnigg, S. 478 f.
56 Schuschnigg, S. 479.
57 Schuschnigg, S. 479 f.
58 Schuschnigg, S. 481.
59 Schuschnigg, S. 483 f.
60 Schuschnigg, S. 482 f.
61 „Jack" Churchill wurde später auch dem Transport der Sippen- und der Sonderhäftlinge nach Südtirol zugeteilt.
62 Der Industrielle Fritz Thyssen, ehemals Mitglied des Deutschen Reichstages, preußischer Staatsrat und Vorsitzender des Aufsichtsrats der „Vereinigten Stahlwerke A.-G." (Düsseldorf), förderte anfangs die Nationalsozialisten, wandte sich aber später von der Partei ab, weil er Hitlers Aufrüstung und Judenpolitik ablehnte. Am 28. Dezember 1939 schrieb er Hitler aus Luzern, wohin er emigriert war: „Ich brandmarke öffentlich die Politik der letzten Jahre; ich verdamme vor allem den Krieg, in den Sie das deutsche Volk auf frivole Weise hineingetrieben haben und für den Sie und Ihre Ratgeber die Verantwortung tragen müssen." (Zitiert nach Herbert Michaelis/Ernst Schraepler, Ursachen und Folgen. Vom deutschen Zusammenbruch 1918 und 1945 bis zur staatlichen Neuordnung Deutschlands in der Gegenwart. Eine Urkunden- und Dokumentensammlung zur Zeitgeschichte, vierzehnter Band: Das Dritte Reich. Der Angriff auf Polen. Die Ereignisse im Winter 1939-1940, Berlin o. J., S. 195.) Thyssen wurde im Jahre 1941 aus Frankreich an Deutschland ausgeliefert.
63 Irmingard Prinzessin von Bayern, S. 313 ff.
64 Brief von Hilda Prinzessin von Bayern an ihren Vater, Kronprinz Rupprecht von Bayern, vom 4. September 1945, in: Meyer, S. 396.
65 Irmingard Prinzessin von Bayern, S. 315.
66 Brief von Hilda Prinzessin von Bayern.
67 Irmingard Prinzessin von Bayern, S. 316.
68 Irmingard Prinzessin von Bayern, S. 317.
69 Kunkel, S. 53.
70 Kunkel, S. 52 f.
71 Kunkel, S. 53 f.
72 Kunkel, S. 54 f.
73 Kunkel, S. 55.

Das KL Dachau als Zwischenstation der Geiseln auf dem Weg in die Alpen

1 Gagi Stauffenberg, S. 88.
2 Hassell, S. 172 f.
3 Ziesak, in: Meyer, S. 354.
4 Hassell, S. 181.
5 Gagi Stauffenberg, S. 89.
6 Gagi Stauffenberg, S. 90.
7 Vermehren, S. 193 f.
8 Vermehren, S. 194.
9 Hassell, S. 174.
10 Zeugenvernehmungsprotokoll: Isa Vermehren vom 15. Juli 1952, im Verfahren gegen Edgar Stiller, Staatsarchiv München, STAnw M II VSG 25/2.
11 Zeugenvernehmungsprotokoll: Bogislav von Bonin vom 21. November 1951, im Verfahren gegen Edgar Stiller, Staatsarchiv München, STAnw M II VSG 25/2.
12 Zeugenvernehmungsprotokoll: Ludwig Rottmaier vom 3. Oktober 1951, im Verfahren gegen Edgar Stiller, Staatsarchiv München, STAnw M II VSG 25/2.
13 Zeugenvernehmungsprotokoll: Dr. Friedrich Engelke vom 23. Juli 1952, im Verfahren gegen Edgar Stiller, Staatsarchiv München, STAnw M II VSG 25/2.
14 Vermehren, S. 198 f.
15 Hassell, S. 175. – Edgar Stiller, den Fey von Hassell erwähnt, begleitete die Sippen- und die Sonderhäftlinge erst auf ihrem Weg von Dachau nach Südtirol. Im KL Buchenwald stieß er noch nicht zu ihnen.
16 Vermehren, S. 200.
17 Die Uhrzeit ist den Aufzeichnungen von Marie-Gabriele von Stauffenberg entnommen. Auch Léon Blum nennt 23 Uhr. (Blum, S. 22). Isa Vermehren dagegen verlegt die Zeit des Aufbruchs auf etwa 23.30 Uhr. Es ist aber immer noch Dienstag, 3. April 1945.
18 Gagi Stauffenberg, S. 91.
19 Blum, S. 20 f.
20 Blum, S. 11.
21 Blum, S. 13.
22 Blum, S. 19.
23 Müller, S. 240.
24 Müller, S. 235.
25 Laut Best ist Falconer in Tunesien in Kriegsgefangenschaft geraten. (Best, S. 169.)
26 Bengt von zur Mühlen, S. 114.
27 Aus diesem Transport sind hier nur die Namen der Häftlinge wiedergegeben, die später in Südtirol befreit werden.
28 Hermann Pünder, Vortrag – gehalten anläßlich der Einweihung der Dietrich-Bonhoeffer-Volksschule in Köln-Pulheim am 19. September 1960, veröffentlicht in: Bonhoeffer-Rundbrief. Mitteilungen der Internationalen Bonhoeffer-Gesellschaft, Sektion Bundesrepublik Deutschland, Düsseldorf, Nr. 69, Oktober 2002, S. 11 f.
29 Müller, S. 240.
30 Hassell, S. 175 f.
31 Gagi Stauffenberg, S. 91.
32 Blum, S. 22.
33 Blum, zitiert nach Eberhard Dünninger, Gefangene des Widerstands, in: Der Bayerwald, Heft 1/2001, S. 11.
34 Dünninger, S. 11.
35 Müller, S. 244.
36 Best, S. 215.
37 Hassell, S. 176.
38 Gagi Stauffenberg, S. 91.
39 Vermehren, S. 200 f.
40 Gagi Stauffenberg, S. 91.
41 Blum, S. 29.
42 Blum, zitiert nach Dünninger, S. 11 f.
43 Gagi Stauffenberg, S. 92.
44 Hassell, S. 177.
45 Vermehren, S. 201.
46 Best, zitiert nach Dünninger, S. 13.
47 Vermehren, S. 201 f.
48 Bericht von Anneliese Goerdeler, zitiert nach Dünninger, S. 14, und Dagmar Ruscheinsky-Rogl, Nacht des Widerstands in der Augustenburg, in: Die Woche vom 6. April 1995.
49 Gagi Stauffenberg, S. 92.
50 Hassell, S. 177 f.
51 Blum, zitiert nach Dünninger, S. 12.
52 Gagi Stauffenberg, S. 92.
53 Dagmar Ruscheinsky-Rogl, Nicht nur ein Viehhändler, in: Die Woche vom 6. April 1995.
54 Hassell, S. 178.
55 Gagi Stauffenberg, S. 92.
56 Hassell, S. 178.
57 Gagi Stauffenberg, S. 92 f.
58 Blum, S. 43.
59 Vermehren, S. 204.
60 Gagi Stauffenberg, S. 96.
61 Sepp Sager, Tagebuch: Kriegsende '45 und Neubeginn im Bayerischen- und Böhmerwald (zwischen Donau und Böhmen). Eine Dokumentation über die Jahre 1945/46, Schönberg 1995, S. 18.
62 Sager, S. 14.
63 Gagi Stauffenberg, S. 96.
64 Vermehren, S. 204 f.
65 Blum, S. 45.
66 Bismarck/Kabitz, S. 213.
67 Urteil im Prozeß gegen Huppenkothen 1955, S. 21.
68 Archiv des Instituts für Zeitgeschichte, München, Signatur ZS/A-17, Nr. 5.
69 Über den Grund seiner Verhaftung sagte der Oberst im Generalstab Bogislav von Bonin nach dem Zweiten Weltkrieg aus: „Am 17. Januar 1945 wurde ich als damaliger Chef der Operationsabteilung im OKH auf persönlichen Befehl Hitlers im Hauptquartier OKH Zossen bei Berlin verhaftet und in das Gestapo-Gefängnis Berlin, Prinz-Albrecht-Straße, eingeliefert. Der Grund für meine Verhaftung war angebliche Sabotage an einem Führerbefehl. (Es ging um die Räumung Warschaus durch die deutsche Wehrmacht, Anm. d. Verf.) Im Gestapo-Gefängnis wurde ich häufig vernommen, jedoch ist mir weder jemals eine Anklageschrift zugestellt worden noch ist mir jemals der Prozeß gemacht worden. Ich blieb vielmehr angeblich auf weitere persönliche Weisung Hitlers bis Anfang April in Einzelhaft in dem genannten Gefängnis." (Zeugenvernehmungsprotokoll: Bogislav von Bonin vom 21. November 1951, im Verfahren gegen Edgar Stiller, Staatsarchiv München, STAnw M II VSG 25/2.)
70 Bernhard Horstmann, Prinz-Albrecht-Straße 8. Der authentische Bericht des letzten Überlebenden von 1945, München 1997, S. 84.
71 Zeugenvernehmungsprotokoll: Bogislav von Bonin vom 21. November 1951.
72 Fabian von Schlabrendorff, Begegnungen in fünf Jahrzehnten, Tübingen 1979 (2. Auflage), S. 287.
73 Best, zitiert nach Dünninger, S. 17.
74 Brief der Prinzessin Hilda von Bayern an ihren Vater Rupprecht von Bayern vom 4. September 1945, in: Meyer, S. 396.

75 Irmingard Prinzessin von Bayern, S. 319.
76 Schuschnigg, S. 486 f. – Fälschlicherweise nennt Schuschnigg als Abreisetag den 8. April 1945.
77 Zeugenvernehmungsprotokoll: Bogislav von Bonin vom 21. November 1951.
78 Schuschnigg, S. 487 f.
79 Schacht, S. 554.
80 Schacht schreibt, daß auch Stevens in Schönberg zugestiegen sei. Aber dieser befand sich als Sonderhäftling schon seit 1941 im KL Dachau.
81 Zeugenvernehmungsprotokoll vom 3. November 1952, Landgericht München II (ohne Az.), Archiv der KZ-Gedenkstätte Dachau.
82 Zeugenvernehmungsprotokoll vom 8. Oktober 1951, Landgericht München II (Az: 1 Js Gen. 106/50), Archiv der KZ-Gedenkstätte Dachau.
83 Zu Georg Elser siehe Christa Richardi, in: Dachauer Dokumente, Band 4, S. 45-51.
84 Lothar Gruchmann (Hrsg.), Autobiographie eines Attentäters. Johann Georg Elser. Aussage zum Sprengstoffanschlag im Bürgerbräukeller, München, am 8. November 1939, Stuttgart 1970, S. 20.
85 Verzeichnis über die Zu- und Abgänge, in: Dokumente zum Bunker, Ausstellung im ehemaligen Kommandanturarrest des KL Dachau (Museum der KZ-Gedenkstätte Dachau).
86 Best, S. 136.
87 Gagi Stauffenberg, S. 98.
88 Müller, S. 255-258.
89 Mogensen, S. 31 ff.
90 Fabian von Schlabrendorff schmuggelte am 13. März 1943 ein Paket mit zwei Sprengkörpern in Hitlers Flugzeug, als dieser die Heeresgruppe Mitte in Smolensk besuchte. Die beiden Sprengladungen, getarnt als Kognakflaschen, detonierten jedoch nicht in der Luft auf dem Rückflug Hitlers nach Rastenburg. An dem gescheiterten Attentat waren Generalmajor Henning von Tresckow, dessen Ordonnanzoffizier Schlabrendorff war, Generalmajor Hans Oster, Hans von Dohnanyi und Hauptmann Ludwig Gehre beteiligt.

Tirol – das geheime Endziel der Prominententransporte wird bekannt

1 Bracke, S. 243 f.
2 Bracke, S. 237.
3 Zitiert nach Bracke, S. 243.
4 Zitiert nach Bracke, S. 232.
5 Bracke, S. 234.
6 Zitiert nach Bracke, S. 236. (Faksimile außerdem bei Bracke im Dokumentenanhang, o. S.)
7 Bracke, S. 237.
8 Zitiert nach Bracke, S. 242.
9 Hassell, S. 181.
10 Hier handelt es sich um einen Irrtum: Edgar Stiller hat den Transport von Buchenwald über Schönberg nach Dachau, wie Fey von Hassell (S. 176) schreibt, nicht begleitet. Bei dem SS-Führer, der die Todesnachricht überbrachte, muß es sich um Bader handeln, der den Transport leitete. Stiller übernahm die Häftlinge erst im KL Dachau.
11 Gagi Stauffenberg, S. 97.
12 Hassell, S. 180.
13 Isa Vermehren schränkt die Aussage von Fey von Hassell jedoch etwas ein: „Zum Spaziergang wurden wir nur unregelmäßig abgeholt, mal eine Stunde, mal zwei und oftmals gar nicht" (S. 205).
14 Vermehren, S. 205 f.
15 Sager, S. 20.
16 Gagi Stauffenberg, S. 98.
17 Vermehren, S. 212.
18 Blum, S. 47.
19 Blum, S. 52.
20 Gagi Stauffenberg, S. 98.
21 Hassell, S. 181.
22 Vermehren, S. 212.
23 In ihren Aufzeichnungen gibt Marie-Gabriele von Stauffenberg eine spätere Uhrzeit an.
24 Gagi Stauffenberg, S. 100.
25 Hassell, S. 182.
26 Blum, S. 52-55.
27 Vermehren, S. 213.
28 Vermehren, S. 213 f.
29 Gagi Stauffenberg, S. 100.
30 Hassell, S. 182 f.
31 Vermehren, S. 215.
32 Franz von Hammerstein, Vortrag vom 19. Juli 1999 in Berlin.
33 Gagi Stauffenberg, S. 101.
34 Hassell, S. 183.
35 Das Schutzhaftlager des KL Dachau ist während des Zweiten Weltkrieges von Bombenangriffen verschont geblieben. Die angloamerikanischen Luftstreitkräfte wollten die Häftlinge nicht gefährden.
36 Irmingard Prinzessin von Bayern, S. 320.
37 Best im Brief an den Untersuchungsrichter bei dem Landgericht München II vom 7. September 1951, Verfahren gegen Edgar Stiller, Staatsarchiv München, STAnw M II VSG 25/2.
38 Sigismund Payne Best, The Venlo Incident, London/New York/Melbourne/Sydney/Kapstadt 1950, S. 204 (Übersetzung: Ingrid Brunner). Das Buch ist bisher nicht in deutscher Sprache erschienen.
39 Dirk A. Riedel, Kerker im KZ Dachau. Die Geschichte der drei Bunkerbauten, Dachau 2002, S. 35 f.
40 Nach Aussage von Bonin war er es, der die Zelle nach der Ankunft in Dachau mit Falkenhausen teilte.
41 Best, S. 204 f.
42 Zeugenvernehmungsprotokoll: Ludwig Rottmaier vom 3. Oktober 1951, im Verfahren gegen Edgar Stiller, Staatsarchiv München, STAnw M II VSG 25/2.
43 Diese Bezeichnung belegt auch die Veränderungsmeldung für den Häftling und „Hauserl"(sic!) Paul Wauer, ausgestellt vom Arbeitseinsatz des KL Dachau am 24. April 1945, im Archiv der KZ-Gedenkstätte Dachau (DaA 35.678, Bl. 202).
44 Das Dokument befindet sich Instytut Slaski in Opole.
45 Hier sind nur die Häftlinge im Dachauer KA namentlich genannt, die später in den Pragser Dolomiten befreit wurden.
46 Neuhäusler verwendete als Vornamen auch Johannes.
47 Zamoyski (Gefangenennummer 28835) wurde am Sonntag, dem 7. Dezember 1941, vom Zugangsblock 9 des Schutzhaftlagers in den KA verlegt. (Dokumente zum Bunker, Museum der KZ-Gedenkstätte Dachau.)
48 Ingeborg Fischer, 19. April 1945: Die Ermordung des Generals Charles Delestraint, in: Dachauer Dokumente, Band 4, Dachau 1995, S. 61
49 Gabriele Latzel/Hans-Karl Seeger, Bischof Gabriel Piguet – Weihebischof von Karl Leisner im KZ Dachau, in: Rundbrief Nr. 46 des Internationalen Karl-Leisner-Kreises, Kleve August 2002, S. 16 f.

50 Latzel/Seeger, S. 54.
51 Kopie des Dokuments im Besitz des Verfassers.
52 Zeugenvernehmungsprotokoll: Paul Wauer vom 16. Juli 1951, im Verfahren gegen Edgar Stiller, Staatsarchiv München, STAnw M II VSG 25/2, und Neuhäusler, S. 171.
53 Kunkel, S. 72, Fußnote 70.
54 Zeugenvernehmungsprotokoll: Dr. Friedrich Engelke vom 23. Juli 1952, im Verfahren gegen Edgar Stiller, Staatsarchiv München, STAnw M II VSG 25/2.
55 Zeugenvernehmungsprotokoll: Dr. Michael Höck vom 28. August 1951, im Verfahren gegen Edgar Stiller, Staatsarchiv München, STAnw M II VSG 25/2.
56 Neuhäusler, S. 167 f.
57 Neuhäusler, S. 169.
58 Zeugenvernehmungsprotokoll: Dr. Johann Neuhäusler vom 3. Dezember 1951, im Verfahren gegen Edgar Stiller, Staatsarchiv München, STAnw M II VSG 25/2.
59 Kunkel, S. 65, Fußnote 54.
60 Paul Wauer, Erfahrungen eines Bifo-Häftlings im Konzentrationslager, unveröffentlichtes Manuskript, Jehovas Zeugen, Geschichtsarchiv, 61657 Selters, S. 37.
61 Zeugenvernehmungsprotokoll: Dr. Friedrich Engelke vom 23. Juli 1952.
62 Zeugenvernehmungsprotokoll: Paul Wauer vom 16. Juli 1951.
63 Wauer, Erfahrungen, S. 32.
64 Zeugenvernehmungsprotokoll: Paul Wauer vom 16. Juli 1951.
65 Dokumentation zur Person von Sante Garibaldi in der Ausstellung im ehemaligen Bunker der KZ-Gedenkstätte Dachau.
66 Neuhäusler, Tagebuch, Anlage zum Zeugenvernehmungsprotokoll vom 3. Dezember 1951.
67 Kunkel, S. 58 f.
68 Protokollauszug: Edgar Stiller, Case No. 000-50-2-67 L 297, Staatsarchiv München, STAnw M II VSG 25/2.
69 Information für Rechtsanwalt Dr. Fröschmann in Nürnberg, Staatsarchiv München, STAnw M II VSG 25/2.
70 Eidesstattliche Erklärung von Julius Panitz vom 4. Mai 1958, Staatsarchiv München, STAnw M II VSG 25/2.
71 Eidesstattliche Erklärung von Peter Betz vom 26. November 1948, Staatsarchiv München, STAnw M II VSG 25/2, und Information für Dr. Fröschmann.
72 Zeugenvernehmungsprotokoll: Paul Wauer vom 16. Juli 1951.
73 Beschuldigtenvernehmungsprotokoll: Edgar Stiller vom 18. August 1951, im Verfahren gegen Stiller, Staatsarchiv München, STAnw M II VSG 25/2.
74 Protokollauszug: Dr. Lothar Rohde, Staatsarchiv München, STAnw M II VSG 25/2.
75 Zeugenvernehmungsprotokoll: Karl Kunkel vom 8. Oktober 1951, im Verfahren gegen Edgar Stiller, Staatsarchiv München, STAnw M II VSG 25/2.
76 Zeugenvernehmungsprotokoll: Bogislav von Bonin vom 21. November 1951, im Verfahren gegen Edgar Stiller, Staatsarchiv München, STAnw M II VSG 25/2.
77 Zeugenvernehmungsprotokoll: Isa Vermehren vom 15. Juli 1952, im Verfahren gegen Edgar Stiller, Staatsarchiv München, STAnw M II VSG 25/2.
78 Zeugenvernehmungsprotokoll: Johann Neuhäusler vom 3. Dezember 1951.
79 Zeugenvernehmungsprotokoll: Martin Niemöller vom 9. Oktober 1951, im Verfahren gegen Edgar Stiller, Staatsarchiv München, STAnw M II VSG 25/2.
80 Müller, S. 265.
81 Zeugenvernehmungsprotokoll: Ludwig Rottmaier vom 3. Oktober 1951.
82 Schuschnigg, S. 488 f.
83 Schuschnigg, S. 489 f.
84 Schuschnigg, S. 491.
85 Schacht, S. 555.
86 Müller, S. 260.
87 Original und Übersetzung des Dokuments befinden sich im Archiv der Hanns-Seidel-Stiftung in München (N Müller Josef: V 23).
88 Zeugenvernehmungsprotokoll: Karl Kunkel vom 8. Oktober 1951.
89 Neuhäusler, Tagebuch, S. 7.
90 Kunkel, S. 61.
91 Neuhäusler, Tagebuch, S. 7.
92 Kunkel, S. 62 f.
93 Eugen Weiler, Die Geistlichen in Dachau sowie in anderen Konzentrationslagern und in Gefängnissen, Mödling o. J., S. 33.
94 Neuhäusler, Tagebuch, S. 7.
95 Neuhäusler, Tagebuch, S. 7.
96 Kunkel, S. 63 f.
97 Zeugenvernehmungsprotokoll: Armand Mottet vom 12. September 1951, im Verfahren gegen Edgar Stiller, Staatsarchiv München, STAnw M II VSG 25/2.
98 Zeugenvernehmungsprotokoll: Ludwig Rottmaier vom 3. Oktober 1951.
99 Rottmaier gibt weniger Häftlinge als Mottet an.
100 Neuhäusler, Amboß und Hammer, S. 189.
101 Neuhäusler, Tagebuch, S. 7.
102 Kunkel, S. 64.
103 Laut Neuhäuslers Tagebuch (S. 7) fand die „Sühnemesse für Sünden, die im Hause geschehen seien", am 18. April 1945 statt.
104 Neuhäusler schreibt in seinem Tagebuch: Possenek.
105 Martin Weinmann (Hrsg.), Das nationalsozialistische Lagersystem (CCP), Frankfurt am Main 1998 (3. Auflage), S. 30, 609.
106 Rottmaier gibt eine höhere Zahl als Neuhäusler an.
107 Zeugenvernehmungsprotokoll: Ludwig Rottmaier vom 3. Oktober 1951.
108 Kunkel, S. 64 f.
109 Schuschnigg, S. 498. – Wichtiger Hinweis: Die Datierung der Einträge in Schuschniggs Tagebuch ist, was den Aufenthalt im KL Dachau und das Geschehen danach betrifft, fehlerhaft.
110 Kunkel, S. 65.
111 Zeugenvernehmungsprotokoll: Karl Kunkel vom 8. Oktober 1951.
112 Schuschnigg, S. 498 f.

Die SS mobilisiert ihre letzten Kräfte: Die Alpenfestung nimmt Gestalt an

1 Black, S. 271 f.
2 Black, S. 272.
3 Black, S. 241.
4 Black, S. 271.
5 Der vollständige Name des Unternehmens lautete: „Steyr-Daimler-Puch A.G."
6 Black, S. 259 f.
7 Black, S. 280.

8 Diese Information erhielt die Sekretärin von Dr. Josef Müller, Anna Oster geb. Haaser, von Rattenhuber persönlich nach dessen Entlassung aus der sowjetischen Gefangenschaft. (Gespräch des Verfassers mit Anna Oster am 25. Juni 2004 in Dachau.)
9 Müller, S. 251 f.
10 Müller, S. 252 f.
11 Müller, S. 254
12 Kazimierz Moczarski, Gespräche mit dem Henker. Das Leben des SS-Gruppenführers und Generalleutnants der Polizei Jürgen Stroop. Aufgezeichnet im Mokotów-Gefängnis zu Warschau, Frankfurt am Main 1982, S. 320.
13 Moczarski, S. 321 f.
14 Die Werwolfkämpfer der SS, die SS-Oberstgruppenführer Hans Adolf Prützmann unterstanden, sollten einen Partisanenkampf in den Alpen führen.
15 Moczarski, S. 333.
16 Skorzeny, S. 204.
17 Skorzeny, S. 206.
18 Black, S. 272.
19 Speer, S. 442.
20 Eidesstattliche Erklärung: Hermann Pister vom 2. Juli 1945, S. 41, Archiv des Instituts für Zeitgeschichte in München, Nürnberger Dokument, NO-254.
21 Eidesstattliche Erklärung: Pister, S. 41 f.
22 SS-Standartenführer Hermann Maurer leitete in der Amtsgruppe D das Amt II (Arbeitseinsatz). Er galt laut Rudolf Höß, Kommandant des KL Auschwitz, als der „eigentliche Inspekteur" der Konzentrationslager.
23 Abkürzung für Reichsführer-SS.
24 Eidesstattliche Erklärung: Pister, S. 42.
25 Günther Kimmel, Das Konzentrationslager Dachau. Eine Studie zu den nationalsozialistischen Gewaltverbrechen, in: Martin Broszat und Elke Fröhlich (Hrsg.), Bayern in der NS-Zeit, Band II, München 1979, S. 409.
26 Bundesarchiv NS 3/514 (Bestand: SS-Wirtschafts-Verwaltungshauptamt).
27 Walter Dornberger, Peenemünde. Die Geschichte der V-Waffen, Frankfurt am Main/Berlin 1996, S. 295.
28 Bundesarchiv NS 3/514.
29 Dornberger, S. 290.
30 Rainer Fröbe, Hans Kammler – Technokrat der Vernichtung, in: Ronald Smelser/Enrico Syring (Hrsg.), Die SS. Elite unter dem Totenkopf. 30 Lebensläufe, Paderborn 2000, S. 316.
31 Burger, S. 144.
32 Burger, S. 157.
33 Burger, S. 163.
34 Burger, S. 214 f.
35 Über das Datum der Abfahrt besteht Unklarheit: Peter Edel, der ebenfalls dem Fälscherkommando angehört hat, spricht von „Ende Februar 1945". (Edel, Wenn es ans Leben geht. Meine Geschichte, Zweiter Teil, Frankfurt am Main 1979, S. 191.) Der ehemalige Häftling Kurt Lewinsky berichtet: „Ende Februar (1945) rollten wir zusammengepfercht in 2 offenen Viehwaggons (zu je 70 Mann) hungernd und frierend, mit den Rücken an die Wand gelehnt, eingehüllt in dünne Decken, mit unbekanntem Ziel ab." (Lewinsky, Die letzten Tage des Fälscherkommandos, unveröffentlichtes Manuskript, Mauthausen-Archiv in Wien (BMI IV/7, B/36/13.) Dagegen heißt es in einem Bericht über das „Unternehmen Bernhard" im Mauthausen-Archiv (BMI IV/7, F/12): „Dieses Kommando übersiedelte anfangs März 45 nach Mauthausen (Block 20) und später nach Redl-Zipf und schließlich nach Ebensee."
36 Vom Fälscherkommando sind insgesamt nur zweihundert 100-Dollar-Noten gedruckt worden. (Burger, S. 164.)
37 Burger, S. 224.

Der Abtransport der Geiseln aus dem KL Dachau nach Tirol

1 Beide Hotels, „Ammerwald" und „Forelle", haben im Jahre 1938 denselben Besitzer: G. Bunte. (Tirol. Handbuch für Reisende von Karl Baedeker, Leipzig 1938, S. 111.)
2 Wladyslaw Kozaczuk, Geheimoperation Wicher. Polnische Mathematiker knacken den deutschen Funkschlüssel „Enigma", Koblenz 1989, S. 212.
3 Kozaczuk, S. 344 ff.
4 Kozaczuk, S. 212.
5 Kozaczuk, S. 219.
6 Am Ende blieb den Internierten auf Schloß Eisenberg jedoch der Weg nach Tirol erspart. Sie wurden am 10. Mai 1945 in Karlsbad aus den beiden Waggons ihres Evakuierungstransports von der amerikanischen Armee befreit. (Kozaczuk, S. 219 f.)
7 Zvonimir Cuckovic, Zwei Jahre auf Schloß Itter, unveröffentlichtes Manuskript, Archiv der KZ-Gedenkstätte Dachau, DaA 20.134, S. 30.
8 Cuckovic, S. 10, 17, 19, 25 ff., 36.
9 Christian Schölzel, Schloß Itter, Manuskript, S. 1.
10 Liste der Geiseln, Archiv der KZ-Gedenkstätte Dachau, DaA 31.287.
11 Zeugenaussage: Otto Karl vom 14. August 1970, Archiv der KZ-Gedenkstätte Dachau, DaA 34.808.
12 Brückner, S. 174, Fußnote 54.
13 Cuckovic, S. 8.
14 André François-Poncet, Als Botschafter in Berlin 1931-1938, Mainz 1947, S. 7.
15 Cuckovic, S. 18.
16 Toni Siegert, 30 000 Tote mahnen! Die Geschichte des Konzentrationslagers Flossenbürg und seiner 100 Außenlager von 1938 bis 1945, Weiden 1987 (3. Auflage), S. 60 f.
17 Bundesarchiv NS 19/2290. Unter dieser Signatur ist der gesamte Vorgang archiviert. (Bestand: Persönlicher Stab Reichsführer-SS.)
18 Horst Joseph Kleinmann, Bewegte Tage in Hohenzollern. Auf den Spuren der Zeitgeschichte, Hechingen 1986, S. 54 f.
19 Kleinmann, S. 62 f.
20 Dr. J. Alfred Heil, Peter H. Gegner und Friedrich Lorenz, Bericht über die ehemalige anti-nazistische Untergrund-Organisation: "Süddeutsche demokratisch-soziale Freiheits-Bewegung gegen Nazismus und Militarismus" (SFB) sowie die Vorbereitung einer Erhebung gegen die Nazi-Diktatur im Gebiet südlich der Donau, unveröffentlichtes Manuskript, S. 20. – Der Verfasser dankt Ingrid Hepperle in Kirchzarten für die Einsicht in das Manuskript. – Zur geplanten Verschleppung der Kriegsgefangenen aus dem Stammlager VII A in die Alpen siehe auch: Ludwig Weh, Stalag VII A – Alpdruck und Schicksal der Stadt Moosburg, in: Amperland. Hei-

matkundliche Vierteljahresschrift für die Kreise Dachau, Freising und Fürstenfeldbruck, 22. Jahrgang (1986), Folge eins (S. 232 ff.) und zwei (S. 275 ff.).
21 Zitiert nach Heil u. a., S. 21.
22 Zitiert nach Heil u. a., S. 21.
23 Tatsache ist auch, daß sich der Lagerkommandant dem Befehl des SS-Führers Grosse widersetzt hat, mit den kriegsgefangenen Offizieren aus Moosburg abzumarschieren. „Ein offiziell nicht bekannter 'Führerbefehl'", schreibt Ludwig Weh, „besagte, daß alle Kriegsgefangenen – außer den Russen – abmarschieren sollten. Später wurde der Befehl dahingehend eingeschränkt, daß nur die Offiziere in Sicherheit gebracht werden sollten. Unter Umständen sollte diese 'Elite' als Repressalienobjekt dienen." (Weh, S. 277.) Am 28. April 1945 gab Oberst Burger gegenüber dem Personal des Stalag VII A, gegenüber den Wachtruppen und gegenüber dem Btl.-Stab (Major) Koller des Volkssturms die mutige Erklärung ab: „Ich werde mit den gefangenen Offizieren nicht abmarschieren, Moosburg wird von mir nicht verteidigt, kein Soldat hat in die Kampffront einzurücken, und ich werde das Lager der amerikanischen Kampftruppe übergeben." (Weh, S. 277 f.)
24 Karl Koller, Der letzte Monat. 14. April bis 27. Mai 1945. Tagebuchaufzeichnungen des ehemaligen Chefs des Generalstabs der deutschen Luftwaffe, Eßlingen/München 1985, S. 113.
25 Bundesarchiv NS 19/3298. (Bestand: Persönlicher Stab Reichsführer-SS.)
26 Führer-Häftlinge. Schönes Wetter, in: Der Spiegel, Nr. 9/1967.
27 Kaltenbrunner schwer belastet. Die Aussagen des Zeugen Schellenberg, in: Süddeutsche Zeitung vom 8. Januar 1946, Nr. 3.
28 Beschuldigtenvernehmungsprotokoll: Edgar Stiller vom 14. September 1951, im Verfahren gegen Edgar Stiller, Staatsarchiv München, STAnw M II VSG 25/2.
29 Neuhäusler schreibt: Aren (Tagebuch, S. 4).
30 Zeugenvernehmungsprotokoll: Wauer vom 16. Juli 1951.
31 Hier irrt sich Wauer. Die Veränderungsmeldung, die seine Überstellung als „Hauserl"(sic!) ins SS-Sonderlager Innsbruck betraf, wurde schon am 24. April 1945 vom Arbeitseinsatz des KL Dachau ausgestellt. (Archiv der KZ-Gedenkstätte Dachau, DaA 35.678, Bl. 202.)
32 Irmingard Prinzessin von Bayern, S. 322 f.
33 Richard Lipp, Die Konzentrationslager von Ammerwald und Plansee, in: Außerferner Nachrichten vom 22. Juni 1995, Nr. 25.
34 Leonid Reschin, Feldmarschall Friedrich Paulus im Kreuzverhör 1943-1953, Augsburg 2000, S. 174 f.
35 Zitiert nach Reschin, S. 221 f.
36 Gagi Stauffenberg, S. 102.
37 Neuhäusler: Tagebuch, S. 8.
38 Kunkel, S. 66.
39 Gagi Stauffenberg, S. 102.
40 Wauer, Erlebnisse eines Bifohäftlings (Bifo = Bibelforscher), beglaubigte Abschrift aus dem Tagebuch des Zeugen Wauer, Staatsarchiv München, STAnw M II, VSG 25/2. – Mit der Abreise ist der Transport vom 26. April 1945 gemeint.
41 Vermehren, S. 217.
42 Bei der Schreibweise der Namen hält sich der Verfasser an die Unterschriften der aufgezählten Personen.
43 Neuhäusler: Tagebuch, S. 8. (Ergänzt durch die veröffentlichte Fassung in der Dokumentation „Der Sturz ins Dunkel" in der Süddeutschen Zeitung vom 13. Mai 1955.)
44 Best, S. 221. (Übersetzung: Ingrid Brunner.)
45 Richard Schmitz, Wie wir gerettet wurden, in: Die Furche (Wien) vom 15. März 1947.
46 Hier irrt sich Schmitz in der Zeitangabe. Wie bereits dargestellt, kam der große Strom der prominenten Häftlinge erst später nach Dachau.
47 Schmitz verkennt hier, daß es den Sonderhäftlingen im KA besser erging als den Gefangenen im allgemeinen Lager.
48 Statt Sonderbau muß es Sonderbaracke heißen.
49 Joseph Joos, Leben auf Widerruf. Begegnungen und Beobachtungen im K.Z. Dachau 1941-1945, zweite, überarbeitete und ergänzte Auflage, Olten 1946, S. 138 f.
50 Die Karte wird im Zentralarchiv der Evangelischen Kirche in Hessen und Nassau (Darmstadt) aufbewahrt. Der Archivleiter Holger Bogs schrieb am 24. Februar 2004 dem Verfasser: „Die letzte Postkarte Niemöllers an seine Frau, die immer mit dem '26.04.' zitiert wird. Aber dabei handelt es sich nur um den Stempel der Post. Aus den Tagebucheintragungen werden Sie erkennen, dass die Karte bereits am 24.4. geschrieben sein wird. Zugestellt wurde sie dann noch viel später erst in Büdingen."
51 Kunkel, S. 66.
52 Neuhäusler: Tagebuch, S. 8.
53 Das Faksimile dieser Liste ist im Katalog des Museums der KZ-Gedenkstätte Dachau (S. 103, Abbildung 238) veröffentlicht.
54 Apollonio und Tamburini sind auf der Liste der befreiten Häftlinge, die im Jahre 1946 von der Landesstelle für Südtirol (Innsbruck) in der Dokumentation „Befreiung in den Südtiroler Dolomiten" veröffentlicht worden ist, nicht genannt. Die beiden Italiener Amechi und Burtoli, die verzeichnet sind, konnte der Verfasser jedoch nirgends ermitteln. Ihre Namen fehlen auch auf der Liste, die sich in der Sammlung von Karl Kunkel im Archiv der KZ-Gedenkstätte Dachau (Archivnummer 35.004) befindet. Dagegen sind Apollonio und Tamburini dort erfaßt. Tullio Tamburini war unter Mussolini Polizeichef („Capo della Polizia") in der Republik von Salò, Eugenio Apollonio fungierte dort als „Vice-Capo della Polizia". Beide wurden am 21. Februar 1945 verhaftet und ins KL Dachau gebracht. Staatsminister Giovanni Preziosi warf Tamburini vor, eine judenfreundliche Haltung einzunehmen und sich damit gegen die Politik der Deutschen zu stellen.
55 Mogensen, S. 39.
56 Zitiert nach Latzel/Seeger, S. 57.
57 Kunkel, S. 66. (Neuhäusler gibt – im Gegensatz zu Joos und Kunkel – für den Aufbruch eine spätere Uhrzeit an.)
58 Müller, S. 266.
59 Mogensen, S. 40 f.
60 Zeugenvernehmungsprotokoll: Ludwig Rottmaier vom 3. Oktober 1951.
61 Zeugenvernehmungsprotokoll: Karl Kunkel vom 8. Oktober 1951.
62 Neuhäusler: Tagebuch vom 24. April 1945, S. 8.
63 Kunkel, S. 67.
64 Kunkel gibt eine frühere Uhrzeit als Neuhäusler an. – Das „Jourhaus" war der Sitz der Lagerleitung. Durch sein Tor führte der Zugang zum Schutzhaftlager.
65 Niemöller meinte damit das Krematorium des KL Dachau. Sterben nannten die Dachauer Häftlinge „Entlassung durch den Kamin".
66 Müller, S. 266.

67 Joos, S. 140.
68 Zeugenvernehmungsprotokoll: Bogislav von Bonin vom 21. November 1951.
69 Best, S. 221 f.
70 Schmitz, Wie wir gerettet wurden.
71 Kunkel, S. 67.
72 Franz Loidl (Hrsg.), Richard Schmitz (1885-1954), Vizekanzler und Bürgermeister von Wien. Tagebuch aus den ersten Nachkriegsmonaten 1945, als Manuskript vervielfältigt im Kirchenhistorischen Institut der katholisch-theologischen Fakultät Wien, 1974, S. 3 f. – Im folgenden genannt: Schmitz, Bericht an die Kinder.
73 Kunkel, S. 67.
74 Neuhäusler: Tagebuch, S. 8.
75 Schmitz, Wie wir gerettet wurden.
76 Neuhäusler: Tagebuch, S. 9.
77 Schmitz: Bericht an die Kinder, S. 4.
78 Zeugenvernehmungsprotokoll: Bogislav von Bonin vom 21. November 1951.
79 Joos, S. 140.
80 Neuhäusler: Tagebuch, S. 9.
81 Joos, S. 140.
82 Neuhäusler: Tagebuch, S. 9.
83 Schmitz, Wie wir gerettet wurden.
84 Schmitz: Bericht an die Kinder, S. 4.
85 Kunkel, S. 68.
86 Zeugenvernehmungsprotokoll: Ludwig Rottmaier vom 3. Oktober 1951.
87 Zeugenvernehmungsprotokoll: Karl Kunkel vom 8. Oktober 1951.
88 Beschuldigtenvernehmungsprotokoll: Stiller vom 18. August 1951. – Er sagte bereits vor einem amerikanischen Militärgericht aus, daß die Sippen- und die Sonderhäftlinge auf seinen Protest hin „in (sic!) Niederdorf in einem Hotel untergebracht" worden sind. (Siehe Protokollauszug, im Verfahren gegen Edgar Stiller, Staatsarchiv München, STAnw M II VSG 25/2.)
89 Gagi Stauffenberg, S. 102.
90 Vermehren, S. 218.
91 Zeugenvernehmungsprotokoll: Isa Vermehren vom 15. Juli 1952.
92 Franz von Hammerstein, Gestapohäftling in Berlin – Sippenhäftling im KZ Buchenwald – Sonderhäftling (sic!) im KZ Dachau – Richtung Prag – Richtung Alpenfestung als Geisel, zur Ermordung oder Befreiung? Vortrag am 19. Juli 1999 in Berlin, S. 4.
93 Hassell, S. 184 f.
94 Franz von Hammerstein, Meine Erlebnisse im Mai 1945, in: Zeichen. Mitteilungen der Aktion Sühnezeichen/Friedensdienste, März 1985.
95 Gagi Stauffenberg, S. 103.
96 Gagi Stauffenberg, S. 102 f.
97 Pünder, S. 175.
98 Zeugenvernehmungsprotokoll: Franz Xaver Lechner vom 24. September 1951, im Verfahren gegen Edgar Stiller, Staatsarchiv München, STAnw M II VSG 25/2.
99 Diese Zahl ist zu hoch gegriffen.
100 Schuschnigg, S. 499 f. (Im Datum des Abtransports, das Schuschnigg mit dem 27. April 1945 angibt, irrt er sich.)
101 Faksimile der „Aufstellung der Evakuierten am 26.4. 1945" im Katalog des Museums der KZ-Gedenkstätte Dachau, S. 191, Abbildung 408.
102 Blum, S. 67-71.
103 Die Angaben über die Uhrzeit der Abfahrt schwanken. Marie-Gabriele von Stauffenberg gibt 23 Uhr an. Da sie über alle Uhrzeiten genau Tagebuch führte, ist sie die wohl zuverlässigste Chronistin.
104 Vermehren, S. 219.
105 Hassell, S. 185.
106 Vermehren, S. 220.
107 Wauer: Erlebnisbericht, S. 78.
108 Vermehren, S. 220.
109 Blum, S. 74.
110 Vermehren, S. 221.
111 Blum, S. 74.
112 Neuhäusler: Tagebuch, S. 9.
113 Kunkel, S. 68.
114 Joos, S. 142.

Eine überraschende Wende: Die Befreiung der Häftlinge in Niederdorf

1 Schmitz berichtet, daß es „vier Autobusse mit etlichen Anhängern" gewesen seien. (Schmitz: Bericht an die Kinder, S. 4.) Auch Fey von Hassell spricht von „vier großen Autobussen" (S. 188).
2 Best, S. 226.
3 Jochen von Lang, Der Adjutant. Karl Wolff: Der Mann zwischen Hitler und Himmler, München/Berlin 1985, S. 294.
4 Im Anhang befindet sich eine Liste mit allen Namen der Häftlinge, die von der SS nach Südtirol verschleppt wurden.
5 Die Nationen sind nach dem heutigen Stand benannt.
6 Armand Mottet wird auf der Gefangenenliste, die im April 1946 von der Landesstelle für Südtirol in der Dokumentation „Befreiung in den Südtiroler Dolomiten" veröffentlicht worden ist, fälschlicherweise als Schweizer geführt (S. 27). Er ist jedoch der französischen Gruppe zuzurechnen. Im Zeugenvernehmungsprotokoll erklärt er selbst: „Diesen General (gemeint ist Delestraint, Anm. d. Verf.) habe ich gleich am Tage meiner Ankunft in Dachau kennengelernt, und er hat mich als Franzosen besonders begrüßt." – Auf der Liste fehlen außerdem die Namen von Mario Badoglio, „Jack" Churchill und Dr. Friedrich Engelke. In der italienischen Gruppe müssen die Namen Amechi sowie Burtoli gestrichen und gegen die Namen von Eugenio Apollonio sowie Tullio Tamburini ersetzt werden.
7 Siehe die TV-Dokumentation von Hans-Günter Richardi und Dieter Oeckl, Die Alpenfestung. Letztes Bollwerk der SS, Hessischer Rundfunk (2004).
8 Schuschnigg, S. 501. – Schuschnigg, der die Abfahrt auf den 29. April 1945 verlegt, irrt sich im Datum.
9 Blum, S. 77.
10 Gagi Stauffenberg, S. 104.
11 Marie-Gabriele von Stauffenberg am 29. Juli 2004 im telefonischen Gespräch mit dem Verfasser.
12 Neuhäusler: Tagebuch, S. 9.
13 Anne Freifrau von Rosen: Hafttagebuch, S. 31. – Der Verfasser dankt der Autorin für die Erlaubnis, aus ihren Aufzeichnungen zu zitieren.
14 Kunkel, S. 69.
15 Schmitz: Wie wir gerettet wurden.
16 Mogensen, S. 43.
17 Müller, S. 269.

18 Vermehren, S. 226 f.
19 Müller, S. 269.
20 Über das Begleitkommando, das Bader führte, sagte Martin Niemöller später aus: „Dieses Kommando wurde von uns Häftlingen als Liquidationskommando betrachtet. Der Angeschuldigte Stiller hat mir das in einem Gespräch in Niederndorf (sic!) am 28. oder 29. April (1945) bestätigt." (Zeugenvernehmungsprotokoll: Niemöller vom 9. Oktober 1951.)
21 Best, S. 227 (Übersetzung: Ingrid Brunner).
22 Vermehren, S. 227.
23 Mogensen berichtet auch von einem Halt seines Omnibusses an der Spitze der Kolonne, der vom Fahrer eingelegt worden sei, um die Gefangenen angeblich einem alliierten Luftangriff auszusetzen, während er mit zwei Wachen in einem nahen Schützengraben Schutz gesucht habe. „Es zeigte sich, daß die Wartezeit ziemlich lange dauerte, vermutlich weil man insgeheim die stille Hoffnung hegte, der Feind würde dazu beitragen, einen Teil der Gefangenen zu liquidieren. Für Goebbels' Propagandamaschine wäre es ein gefundenes Fressen gewesen, wenn man all diesen hochrangigen Ausländern, die die Deutschen so edel in den Alpen in Sicherheit hatte bringen wollen, Krokodilstränen hätte nachweinen können." (Mogensen, S. 44.)
24 Mogensen, S. 44.
25 Vermehren, S. 227 f.
26 Schmitz: Wie wir gerettet wurden.
27 Pünder, S. 176.
28 Schmitz: Bericht an die Kinder, S. 4.
29 Gagi Stauffenberg, S. 104.
30 Neuhäusler: Tagebuch, S. 9.
31 Neuhäusler, Amboß und Hammer, S. 191.
32 Joos, S. 142.
33 Hassell, S. 188.
34 Kunkel, S. 69.
35 Zeugenvernehmungsprotokoll: Karl Kunkel vom 8. Oktober 1951.
36 Anne Freifrau von Rosen: Hafttagebuch, S. 31.
37 Vermehren, S. 228 f.
38 Isa Vermehren glaubt, daß Stiller selbst das Ziel der Fahrt nicht gekannt habe und daher mit dem Transport herumgeirrt sei (S. 229). Auch Bogislav von Bonin vertritt diese Meinung: „Stiller machte während dieser ganzen Fahrt einen reichlich hilflosen Eindruck. Wir hatten alle das Gefühl, daß er über das Ziel des Transportes sich nicht klar war und in dem allgemein herrschenden Durcheinander dieser letzten Tage (des Krieges) auch keine klaren Befehle, wohin unsere Häftlingstruppe zu transportieren sei, in der Hand hatte." (Zeugenvernehmungsprotokoll: Bogislav von Bonin vom 21. November 1951.) Die Recherchen des Verfassers haben jedoch ergeben, daß Stiller über das Ziel der Reise – nämlich das Hotel „Pragser Wildsee" – genau unterrichtet war, als er mit dem Transport in Innsbruck aufbrach.
39 Best, S. 227.
40 Neuhäusler, Amboß und Hammer, S. 191.
41 Schuschnigg, S. 501.
42 Joos, S. 142.
43 Pünder, S. 176.
44 Müller, S. 269 f.
45 Kunkel, S. 69.
46 Gagi Stauffenberg, S. 106.
47 Blum, S. 78.
48 Schmitz: Bericht an die Kinder, S. 4.
49 Schmitz: Wie wir gerettet wurden.
50 Best, S. 229.
51 Best, S. 227 f.
52 Dank der Aufzeichnungen von Therese Wassermann aus Niederdorf ist der genaue Standort der Busse bekannt. „Alle fünf Autos", schreibt sie, „(standen) außerhalb des Dorfes, das erste bei der sogenannten Fleggenhütte, dann eines an der Straßenkreuzung nach Prags, eines noch ein Stück der Straße entlang und zwei über dem Bahngeleise auf der Straße nach Prags, überall nahe an den Wäldchen oder am Walde." (Therese Wassermann: Tagebuch, transkribiert von Dr. Margot Pizzini Dalsass, Südtiroler Landesarchiv, Bozen, S. 4 der Transkription.) – Die Omnibusse parkten zum Schutz gegen Luftangriffe in Waldnähe.
53 Beschuldigtenvernehmungsprotokoll: Stiller vom 14. September 1951.
54 Vermehren, S. 229 f.
55 Vermehren, S. 230 f.
56 Es trägt die Nummer 55.
57 Gemeint ist Wilhelm Visintainer.
58 Kunkel, S. 69 f.
59 Neuhäusler: Tagebuch, S. 9.
60 Der Verfasser hat die Namen der Offiziere überprüfen lassen. Bei den Generälen, die im Hotel „Pragser Wildsee" Quartier nahmen, handelt es sich um den General der Infanterie Hans Jordan und um den General der Gebirgstruppe Karl Johann („Hans") Schlemmer. (Generalssammlung, Bestand MSg 109, Bundesarchiv – Militärarchiv, Freiburg.) Laut Auskunft des Militärarchivs an den Verfasser vom 16. April 2004 liegen dem Archiv keine Unterlagen zu einem General Belovius (oder ähnlich) vor.
61 Emma Heiss-Hellenstainer entstammt einer angesehenen Südtiroler Hoteldynastie, die erheblich zur Entwicklung des Fremdenverkehrs in diesem Land beigetragen hat. (Siehe den Beitrag von Dr. Hans Heiss in diesem Buch.)
62 Anton Ducia gibt den Namen mit „Belovius" wieder. (Ducia, Ein Tatsachenbericht über die Vorgänge am Pragser Wildsee, in: Dolomiten. Tagblatt der Südtiroler, Bozen, 30. April 1965.)
63 Emma Heiss-Hellenstainer, Originalbericht Emmas über ihren Aufenthalt am Pragser Wildsee in den April- und Maitagen 1945, unveröffentlichtes Manuskript vom 13. August 1945 im Besitz der Familie Heiss. (Eine Kopie stellte Dr. Caroline M. Heiss freundlicherweise dem Verfasser zur Verfügung.)
64 Emma Heiss-Hellenstainer: Originalbericht, S. 1 f.
65 Joos, S. 142 f.
66 Martin Niemöller: Tagebuch vom 28. April 1945, Zentralarchiv der Evangelischen Kirche in Hessen und Nassau, Bestand 35/376 (Sammlung Wilhelm Niemöller zum Kirchenkampf).
67 Schuschnigg, S. 501.
68 Schmitz: Wie wir gerettet wurden.
69 Neuhäusler, Amboß und Hammer, S. 191 f.
70 Therese Wassermann hat die Ankunft der Häftlinge im Dorf am 28. April 1945 sofort in ihrem Tagebuch festgehalten: „Um 9 Uhr vormittags hörten wir ein Gehen von vielen Menschen auf der Straße, wir gingen zum Fenster und erschraken. Zuerst kamen Kinder, dann bewaffnete Soldaten, dann Zivilisten mit Frauen, wieder Soldaten, dann Militärs (hohe) in fremden Uniformen und wieder deutsche Mannschaft dazwischen. Viele dieser Personen gingen matt und müde, aber auch wieder solche in stolzer Haltung mit erhobenem Kopfe und mit Lachen. Es war unheimlich. Einige hat-

ten auf den Überziehern (nur Männer) blaue Kreuze gemalt (X) rückwärts. Emma (die Schwester, Anm. d. Verf.) stand beim Haustor, da kam einer heran und fragte, ob er nicht Wasser haben könne. Als wir sagten(,) es (ihre Konditorei, Anm. d. Verf.) sei geschlossen, bemerkte er, er habe Hunger. Wir luden ihn ein, hereinzukommen(,) und hörten zu unserem Erstaunen(,) er und seine Mitgefangenen kämen vom Konzentrationslager in Dachau, würden wahrscheinlich nach Prags kommen. (...) Doch hatten alle eine große Angst vor heute Nacht." Die Häftlinge beunruhigte, wie Therese Wassermann hervorhob, daß alle fünf Autos ihres Transports außerhalb des Dorfes (siehe Anm. 52) standen. (Wassermann: Tagebuch, S. 3 f. der Transkription.)

Weiter berichtet Therese Wassermann am 28. April über die Häftlinge im Ort: „Bald hernach mussten sie wieder zurück zu ihren Autos. Es konnte für die vielen Personen keine Unterkunft gefunden werden. Hotel Wildsee, das zur Aufnahme bestimmt war, wurde inzwischen von einem Stab (sic!) belegt. So mussten alle die Autos besteigen und so warten, da Regentag war. (...) Wir hörten vom Matreier Fahrer, sie würden hier so lange bis zum Friedensschluss untergebracht und dann in die Schweiz überführt. Von dort dann heim. (...)

Zu uns kamen auch Wachmannschaften (...). Dann wurde getrunken, im Ganzen spendierten wir gut 12 Liter (Wein). Pfarrer sagte: Nur zu, nur zu, macht sie nur besoffen, das ist recht. – Mittags gingen wir hinunter und brachten jedem Auto wieder Butterbrote, Wein, ein Fläschchen Cognac, Seife, Hautcreme und dergleichen. (...) Nachmittags Kooperator hinauf nach Aufkirchen, zu besprechen, wie man die Herrschaften befreien könne, sollten nicht fortgelassen werden, für Niederdorf ein nie wiederkehrendes Ereignis, würde in die Weltgeschichte eingehen. (...) Zum Abendessen kamen die aus Dachau wieder ins Dorf." (Wassermann: Tagebuch, S. 5 der Transkription.)

71 Neuhäusler: Tagebuch, S. 9 f.

72 Neuhäusler, Amboß und Hammer, S. 192.

73 Zeugenvernehmungsprotokoll: Bogislav von Bonin vom 21. November 1951.

74 Schmitz: Bericht an die Kinder, S. 4.

75 Joos, S. 143.

76 Blum, S. 79. – Seine Zeitangabe deckt sich nicht mit den Aussagen von Joos und Neuhäusler, die beide in ihren Tagebüchern „10 Uhr" (also 22 Uhr) angeben.

77 Niemöller: Tagebuch vom 28. April 1945.

78 Wauer: Erfahrungen eines Bifo-Häftlings im Konzentrationslager, S. 36.

79 Pünder, S. 176.

80 Schmitz: Wie wir gerettet wurden.

81 Zeugenvernehmungsprotokoll: Bogislav von Bonin vom 21. November 1951.

82 Joos, S. 143.

83 Kunkel, S. 71.

84 Neuhäusler nennt eine spätere Zeit als Kunkel.

85 Neuhäusler: Tagebuch, S. 9 f.

86 Neuhäusler, Amboß und Hammer, S. 192. – Über die Unterbringung der Gefangenen im Pfarrhof berichtet der damalige Kooperator Walther Gilli: „Die Nachricht vom Eintreffen der Dachauer Häftlinge verbreitete sich wie ein Lauffeuer. Schon in der ersten Nacht schliefen elf Häftlinge im Widum; ich hatte sie zum Teil persönlich aus dem Gemeindehaus geholt, wo die meisten untergebracht waren. Meine Aufgabe bestand darin, den begleitenden Wachposten in der Küche durch Wein unschädlich zu machen; schließlich mußte ich ihn buchstäblich in das für ihn vorgesehene Bett legen. Derweil konnten die Häftlinge im Speisezimmer mit dem Herrn Pfarrer Brugger alles besprechen, was sie wollten." (Zitiert nach Anton Sitzmann, Die Geiselbefreiung von Niederdorf/Prags 1945, in: Der Schlern, Monatszeitschrift für Südtiroler Landeskunde, Mai 1995, Heft 5, S. 274.)

87 Die Grafen von Stauffenberg, die Pfarrer Brugger bei sich aufnimmt, sind Alexander, Markwart sen. und Otto Philipp.

88 Gagi Stauffenberg, S. 106.

89 Beschuldigtenvernehmungsprotokoll: Stiller vom 14. September 1951.

90 Über die Stärke der Wachmannschaft gibt es unterschiedliche Angaben. Stiller sagt aus: „Ich hatte eine Begleitmannschaft von ca. 30 Männern mit." (Beschuldigtenvernehmungsprotokoll: Stiller.) Schmitz spricht von „etwa 80 Bewachern". (Schmitz: Bericht an die Kinder, S. 4.) Wichard von Alvensleben gibt die Stärke des Begleitkommandos mit „insgesamt 86 Mann" an. (Bericht vom 10. November 1945.)

91 Ducia: Tatsachenbericht.

92 Emma Heiss-Hellenstainer: Originalbericht, S. 2.

93 Ducia: Tatsachenbericht.

94 Schmitz: Bericht an die Kinder, S. 4 f. – Über die Predigt schrieb Neuhäusler am 24. Oktober 1947 an Pfarrer Brugger: „Meine Predigt in Niederdorf vom 29.4. 45 kann ich Ihnen leider nicht senden, da ich sie selber nicht skizziert hatte, sondern sie mehr in freier Rede hielt, wie (Sie) sich erinnern, da die Zeit zur Vorbereitung nur sehr knapp war." (Zitiert nach Albert Kamelger (Redaktion und Gesamtgestaltung), Niederdorf im Pustertal 994-1994. Tausend Jahre Geschichte, Niederdorf 1994, S. 473.)

95 Zitiert nach Latzel/Seeger, S. 58.

96 Neuhäusler: Tagebuch, S. 10.

97 Neuhäusler, Amboß und Hammer, S. 193.

98 Gagi Stauffenberg, S. 106.

99 Joos, S. 143.

100 Kunkel, S. 71 ff.

101 Beschuldigtenvernehmungsprotokoll: Stiller vom 14. September 1951.

102 Ducia: Tatsachenbericht.

103 Dazu erklärte Kunkel später: „Am nächsten Tag (29. April 1945) hielten wir mit Zustimmung des Stiller Gottesdienst, und anschließend war ein Appell der Häftlinge in einer Gastwirtschaft, wobei im Beisein des Stiller beschlossen wurde, daß dieser das Kommando niederlegt und lediglich nur noch als Organisator für Unterkunft, Verpflegung usw. tätig sein sollte, da er die Kriegskasse hatte, während die übrigen Belange durch ein Komitee, bestehend aus (...) Bonin, Fregattenkapitän Liedig, Prälat Neuhäusler und (...) Best, vertreten werden sollten. Die Leitung des Komitees hatte Best." (Zeugenvernehmungsprotokoll: Karl Kunkel vom 8. Oktober 1951.)

104 Kunkel, S. 73 ff.

105 Neuhäusler: Tagebuch, S. 10.

106 Niemöller: Tagebuch.

107 Wauer: Erfahrungen eines Bifo-Häftlings im Konzentrationslager, S. 36.

108 Best, S. 236.

109 Vermehren, S. 234 f.

110 Dies wurde aber so Hauptmann Wichard von Alvensleben nicht mitgeteilt, der später die Befrei-

ung der Häftlinge aus der Gewalt der SS bewerkstelligte. Er sollte zunächst nur die Lage in Niederdorf erkunden und die Gefangenen dort in seine Obhut nehmen. Von einer Entmachtung der SS war zunächst nicht die Rede.

111 Ducia: Tatsachenbericht.

112 Führer-Häftlinge. Schönes Wetter, in: Der Spiegel, Nr. 9/1967.

113 Halder behauptet, Bonin beauftragt zu haben, den telefonischen Kontakt mit Röttiger in Niederdorf aufzunehmen, was Bonin jedoch nicht in seiner Zeugenaussage vom 21. November 1951 erwähnt. (Gräfin Schall-Riaucour, Aufstand und Gewissen, S. 331.) – In Niederdorf fand auch ein unerwartetes Zusammentreffen der Häftlinge mit einem General statt, der mit General Thomas befreundet war. Über die Begegnung, die unmittelbar nach der Ankunft des Transports auf dem Fußweg ins Dorf erfolgte, berichten Best (S. 229), Henke (S. 878 f.), Kunkel (S. 70 und Zeugenvernehmungsprotokoll), Mogensen (S. 47), Müller (S. 270 f. – in anderer Version!) und Isa Vermehren (S. 232). Klaus-Dietmar Henke schreibt: „General Georg Thomas lief im Dorf geradewegs seinem alten Freund General Höpfner in die Arme (...)." Und Kunkel berichtet im Tagebuch: „General Thomas und die andern Generäle treffen auf der Straße einen deutschen Wehrmachtsgeneral, der noch für wenige Stunden sein Hauptquartier in Niederdorf hat. Sie umarmen sich auf offener Straße." Laut Mogensen konnte der General in das Geschehen nicht aktiv eingreifen, da er am Ort über keine eigenen Truppen verfügte.

114 Nach dem Beleg („Entfernung von kommandierten Mannschaften") vom 16. Mai 1945 im Südtiroler Landesarchiv (Sammlung Wassermann) gab es tatsächlich eine „Ortskommandantur Niederdorf".

115 Zeugenvernehmungsprotokoll: Bogislav von Bonin vom 21. November 1951.

116 Blum, S. 84.

117 Gagi Stauffenberg, S. 106.

118 Wauer: Erfahrungen eines Bifo-Häftlings im Konzentrationslager, S. 36.

119 Joos, S. 143.

120 Schmitz: Bericht an die Kinder, S. 5.

121 Vermehren, S. 239 f.

122 Vermehren, S. 241.

123 Niemöller: Tagebuch.

124 Vermehren, S. 237 f.

125 Zu diesem Vorfall sagt Isa Vermehren später aus: „Ich erinnere mich, dass derselbe (gemeint ist der SS-Mann Franz, Anm. d. Verf.) in Niederndorf (sic!) im Gasthaus im betrunkenen Zustand in den Abendstunden einen aufregenden Vorfall provozierte, indem er unter Drohung mit seinem Revolver von den dort anwesenden Ehrenhäftlingen verlangte, dass sie das Gasthaus sofort verlassen. Ich selbst war bei dieser Sache nicht zugegen, sondern habe nur nachher davon erfahren." (Zeugenvernehmungsprotokoll: Isa Vermehren vom 15. Juli 1952.)

126 Zeugenvernehmungsprotokoll: Bogislav von Bonin vom 21. November 1951.

127 Josef Kiniger, Hauptmann Wichard von Alvensleben – Kurzbiographie, unveröffentlichter Text. – Der Verfasser dankt Josef Kiniger in Sexten für die Einsicht in das umfangreiche Material, das er in jahrelanger Arbeit über den Geiseltransport zusammengetragen hat.

128 Brief von Professor Dr. Emil J. Lengeling in Münster an Josef Kiniger vom 25. Dezember 1985.

129 Telefongespräch des Verfassers mit Professor Dr. Reimar von Alvensleben in Falkenberg am 10. August 2004.

130 Reimar von Alvensleben, Das Porträt: Wichard von Alvensleben-Tankow (1902-1982), in: Familien-Zeitung. Nachrichten der Familie von Alvensleben e. V., Nr. 2, November 1988, S. 7.

131 Brief von Wichard von Alvensleben an Martin Niemöller vom 16. Oktober 1964. (Eine Kopie des Schreibens erhielt der Verfasser dankenswerterweise von Professor Dr. Reimar von Alvensleben.)

132 Wichard von Alvensleben, Betrifft Übernahme der Dachauer KZ-Insassen in Niederdorf (Südtirol) im April 1945. Dieser Bericht vom 10. November 1945, der bisher noch nicht veröffentlicht worden ist, fand sich erst im Jahre 2004 im Nachlaß von Fabian von Schlabrendorff. Der Verfasser dankt der Familie für die Erlaubnis, den Bericht zu zitieren.

133 Alvensleben gibt unterschiedliche Uhrzeiten an: „kurz vor Mitternacht" (Bericht vom 10. November 1945), „um 22.00 Uhr" (Zeugenvernehmungsprotokoll: Wichard von Alvensleben) und „kurz nach 21 Uhr" (Lothar Meißner, 1945: Handstreich im Pustertal).

134 Alvensleben: Bericht vom 10. November 1945.

135 Zeugenvernehmungsprotokoll: Wichard von Alvensleben vom 19. Dezember 1951, im Verfahren gegen Edgar Stiller, Staatsarchiv München, STAnw M II VSG 25/2.

136 Lothar Meißner, 1945: Handstreich im Pustertal. Wehrmachtsoffizier gibt ersten authentischen Bericht, in: Hannoversche Allgemeine Zeitung vom 5./6. September 1964.

137 Alvensleben: Bericht vom 10. November 1945.

138 Zeugenvernehmungsprotokoll: Wichard von Alvensleben vom 19. Dezember 1951.

139 Zeugenvernehmungsprotokoll: Wichard von Alvensleben vom 19. Dezember 1951.

140 Lengeling: Brief an Kiniger.

141 Alvensleben: Bericht vom 10. November 1945.

142 Zeugenvernehmungsprotokoll: Wichard von Alvensleben vom 19. Dezember 1951.

143 Die Abkürzung „Kw" steht für Kraftwagen.

144 Alvensleben: Bericht vom 10. November 1945.

145 In einem anderen Bericht über die Befreiung der prominenten Häftlinge (vom 20. Oktober 1968), der sich im Nachlaß von Josef Müller in der Hanns-Seidel-Stiftung (München) befindet, nennt Alvensleben acht Unteroffiziere, die einem SS-Kommando von 86 Mann gegenüberstehen. (F 85 – Gnadensache Wolff 1968 bzgl. Papst Pius XII.) – Die Strecke von Sexten nach Niederdorf hat eine Länge von 19 Kilometern.

146 Alvensleben: Bericht vom 10. November 1945.

147 Von Toblach nach Niederdorf sind es sechs Kilometer.

148 Über die hochbrisante Lage in Niederdorf nach dem Eintreffen der Kompanie aus Toblach berichtet Walther Gilli: „Als ich (...) einmal zum Dorfplatz hinuntergehen wollte, schrien mich vier schwerbewaffnete Wehrmachtssoldaten an, ich solle verschwinden, denn nun könnte es heiß hergehen. Schließlich war die Gaststube beim Ebner voll von entwaffneter SS mit erhobenen Händen, während durch einige Fenster ein Maschinengewehr in die Gaststube gerichtet war. Die Wehrmachtseinheit war

meines Wissens von Toblach her gekommen. Die SS-Leute fuhren im Bus in Richtung Bruneck ab. Während dieser Aktion war die Familie Stauffenberg in einem verschlossenen Zimmer im Widum." (Zitiert nach Sitzmann, S. 274.)
149 Zeugenvernehmungsprotokoll: Wichard von Alvensleben vom 19. Dezember 1951.
150 Meißner, 1945: Handstreich im Pustertal.
151 Bradley F. Smith/Elena Agarossi, Unternehmen „Sonnenaufgang". Das Kriegsende in Italien, Köln 1981, S. 253.
152 Abkürzung für Heeresgruppe Südwest.
153 Alvensleben: Erklärung vom 20. Oktober 1968 (Nachlaß Josef Müller in der Hanns-Seidel-Stiftung).
154 Zeugenvernehmungsprotokoll: Wichard von Alvensleben vom 19. Dezember 1951.
155 Alvensleben: Bericht vom 10. November 1945.
156 Martin Niemöller: Zeugnis, ausgestellt für Wichard von Alvensleben am 1. September 1946 in Büdingen (Hessen). – Für die Kopie dankt der Verfasser Professor Dr. Reimar von Alvensleben.
157 Bis zuletzt betrieb Kaltenbrunner energisch seine Planung, bei den Westalliierten mit Geiseln noch zum Erfolg zu kommen. Das beweist die Tatsache, daß es in den Verhandlungen, die Höttl im Auftrag des RSHA-Chefs mit dem US-Geheimdienst führte, auch – so Gerald Steinacher – „um die Freilassung des belgischen Königs aus deutscher Geiselhaft" ging. „Leopold III.", führt Steinacher weiter aus, „hätte durch die Schweiz nach Brüssel geschleust werden sollen, damit wäre die Königsfrage in Belgien wieder aktuell geworden. Kaltenbrunner verlangte dafür die Möglichkeit, aus Deutschland zu verschwinden und in der belgischen Kolonie Kongo untertauchen zu können. Meldungen über diese Verhandlungen in der St. Galler Zeitung machten diese Pläne zunichte." (Gerald Steinacher, Südtirol und die Geheimdienste 1943-1945, Innsbruck/Wien/ München 2000, S. 139 f.)

Die Rückkehr ins Leben: Tage der Erleichterung und des Friedens im Hotel „Pragser Wildsee"

1 Mogensen, S. 51.
2 Müller, S. 274.
3 Herbert Thalhammer, Partisanen entfernt, in: Dolomiten. Tagblatt der Südtiroler, Bozen, 30. April 1965.
4 Schmitz: Wie wir gerettet wurden.
5 Niemöller: Tagebuch.
6 Blum, S. 84 f.
7 Alvensleben: Bericht vom 10. November 1945.
8 Diese Zahl enthält das Verzeichnis der belegten Zimmer im Hotel „Pragser Wildsee", das sich heute noch im Besitz von Dr. Caroline M. Heiss, der Enkelin von Emma Heiss-Hellenstainer, befindet. Die Soldaten waren sowohl im Hotel als auch in seinen Nebengebäuden untergebracht.
9 Reimar von Alvensleben, Lebenslauf von Gebhard von Alvensleben-Schollene, in: Familien-Zeitung. Nachrichten der Familie von Alvensleben e. V., Nr. 2, November 1988, S. 10.
10 Niemöller: Zeugnis für Wichard von Alvensleben vom 1. September 1946.
11 Joos, S. 143 f.
12 Schmitz: Bericht an die Kinder (begonnen am 1. Mai 1945 im Hotel „Pragser Wildsee"), S. 5.
13 Kunkel, S. 76 f.
14 Wauer: Erfahrungen eines Bifo-Häftlings im Konzentrationslager, S. 37.
15 Von Niederdorf (Rathaus) bis zum Hotel „Pragser Wildsee" sind es zwölf Kilometer.
16 Joos, S. 144.
17 Neuhäusler: Tagebuch, S. 10.
18 Niemöller: Tagebuch.
19 Blum, S. 86.
20 Wassermann: Tagebuch, S. 9 der Transkription.
21 Vermehren, S. 245.
22 Gagi Stauffenberg, S. 108.
23 Ducia: Tatsachenbericht.
24 Zu bedenken war auch, daß im Winter wegen der Kälte das Wasser aus den Rohren des ungeheizten Hotels herausgelassen werden mußte.
25 Best, S. 237 ff.
26 Emma Heiss-Hellenstainer: Originalbericht, S. 2 f.
27 Über die Abendmahlzeit berichtet Neuhäusler am 30. April 1945 in seinem Tagebuch: „Für Abendessen steh(t) nur ein(e) P. (= Portion) Topf (Suppe) zur Verfügung. Besitzerin von Prags ist Frau Heiß." (Neuhäusler: Tagebuch, S. 10.)
28 Vermehren, S. 245 f.
29 Die Karten sind erhalten geblieben und befinden sich jetzt im Besitz von Dr. Caroline M. Heiss.
30 Best, S. 239 f.
31 Best gibt den Namen mit „Hotel Prags Wildbad" (S. 239) wieder.
32 Schuschnigg, S. 502 f.
33 Das erste Buch über die berühmteste Wirtin Tirols, Emma Hellenstainer (1817-1904), schrieb der Pustertaler Heimatforscher Paul Rainer. Es erschien im Jahre 1924 in Innsbruck unter dem Titel „Frau Emma in Europa. Geschichte eines arbeitsfrohen Lebens". (Siehe auch: Frau Emma Europa. Eine große Gastwirtin, Ausstellungskatalog, herausgegeben vom Südtiroler Landesmuseum für Tourismus – Touriseum in Meran und vom Fremdenverkehrsmuseum Hochpustertal in Niederdorf zum 100. Todestag der Wirtin im Jahre 2004, S. 106, 139.)
34 Hier irrt sich Schuschnigg. Eine Wahl hat ja nicht stattgefunden, und es gab deshalb, wie berichtet, erheblichen Protest.
35 Niederdorf – Prags, Südtiroler Gebietsführer 37, herausgegeben von einer Arbeitsgruppe des Bildungsausschusses Niederdorf im Auftrag des Verkehrsvereines Niederdorf, Bozen 1982, S. 59.
36 Vermehren, S. 247.
37 Emma Heiss-Hellenstainer schreibt „Herr Jöß", aber es kann sich nur um Joos handeln.
38 Emma Heiss-Hellenstainer: Originalbericht, S. 4 f.
39 Kunkel, S. 77.
40 Neuhäusler: Tagebuch, S. 10.
41 Joos, S. 144.
42 Niemöller: Tagebuch.
43 Pünder, S. 181.
44 Mogensen, S. 53 f.
45 Sie meint damit das Zimmer für die Sippenhäftlinge aus ihrer Familie.
46 Gagi Stauffenberg, S. 108.
47 Pünder, S. 181.
48 Kunkel, S. 78.

49 Joos, S. 144.
50 Kunkel, S. 76.
51 Sie verkürzt hier den Namen des Hotels in italienischer Sprache, eigentlich: Lago di Braies.
52 Hassell, S. 192 f.
53 Anne Freifrau von Rosen: Hafttagebuch, S. 32.
54 Emma Heiss-Hellenstainer: Originalbericht, S. 5.
55 Der Name des SS-Mannes wird unterschiedlich zitiert. Josef Müller schreibt „Bosenik", und Kunkel gibt den Namen mit „Poseniek" wieder.
56 „Die ersten Tage", berichtet Emma Heiss-Hellenstainer, „war es verboten, weiter als bis zur Kapelle & dem Tennisplatz zu gehen. Man stand immer noch in Angst vor den SS-Männern. Später gingen sie (die Häftlinge, Anm. d. Verf.) nach 'Riedl' Blumen pflücken oder rund um den See." (Emma Heiss-Hellenstainer: Originalbericht, S. 8.)
57 Schmitz: Bericht an die Kinder, S. 5 f.
58 Zu Dr. Karl Tinzl und zu dessen Beteiligung an der Hilfsaktion für die Häftlinge im Hotel „Pragser Wildsee" siehe: Annuska Trompedeller, Die politische Führungsschicht in der Operationszone Alpenvorland am Beispiel von Präfekt Karl Tinzl, in: Gerald Steinacher (Hrsg.), Südtirol im Dritten Reich. NS-Herrschaft im Norden Italiens 1943-1945, Veröffentlichungen des Südtiroler Landesarchivs, Band 18, Innsbruck 2003, S. 41-59, hier vor allem S. 53.
59 Erich Amonn war Mitbegründer und erster Obmann der Südtiroler Volkspartei (SVP), die am 8. Mai 1945 ins Leben gerufen wurde.
60 Ducia: Tatsachenbericht.
61 Zum Hilfsgütertransport nach Prags siehe auch die Dokumentation „Befreiung in den Südtiroler Dolomiten" (Innsbruck 1946), S. 19.
62 Emma Heiss-Hellenstainer: Originalbericht, S. 5 f.
63 Zur Reise von Ducia nach Florenz, begleitet von Harry M. A. Day, siehe Eva Pfanzelter, Prominente am Pragser Wildsee, S. 125 ff.
64 Vermehren, S. 247.
65 Vermehren, S. 246 f.
66 Laut Emma Heiss-Hellenstainer fand das tägliche Treffen früher statt.
67 Emma Heiss-Hellenstainer: Originalbericht, S. 9 f.
68 Franz Liedig fuhr als Erster Offizier auf dem Leichten Kreuzer „Köln". Dieser hatte eine Besatzung von 592 Mann.
69 Emma Heiss-Hellenstainer: Originalbericht, S. 8.
70 Wauer: Erfahrungen eines Bifo-Häftlings im Konzentrationslager, S.37.
71 Vermehren, S. 247 f.
72 Emma Heiss-Hellenstainer: Originalbericht, S. 11. – „Diese Zettelchen", schreibt die Hotelbesitzerin, „habe ich später gefunden und in Verwahrung genommen." Es sind insgesamt 81 Bittschreiben, zum größten Teil kleinformatige Zettel, erhalten geblieben, die sich heute im Besitz der Enkelin, Dr. Caroline M. Heiss, befinden.
73 Seine Kleidung, mit der er ins Lager kam, wurde beim Brand der Effektenkammer im KL Dachau ein Raub der Flammen.
74 Die Anzüge und die Mäntel der Gefangenen, die keine Zebrakleidung trugen, wurden für die Häftlingsmarkierung auf dem Rücken in Form eines Andreaskreuzes durchlöchert.
75 Emma-Heiss-Hellenstainer: Originalbericht, S. 8.
76 Emma Heiss-Hellenstainer: Originalbericht, S. 8 f.
77 Niemöller: Tagebuch.
78 Schacht, S. 559.
79 Schuschnigg: Brief an Hermann Wopfner vom 5. September 1945, zitiert nach Binder/Schuschnigg, S. 360.
80 Zitiert nach Pfanzelter, S. 129.
81 Vermehren, S. 249 f.
82 Vermehren, S. 253.
83 Latzel/Seeger, S. 59.
84 Joos, S. 145. – Piguet verband diesen fünften Sonntag nach Ostern mit den Lesungen Jak. 1,22-27 und Joh. 16,23-30. (Latzel/Seeger, a. a. O.)
85 Zitiert nach Latzel/Seeger, a. a. O.
86 Anton Schwingshackl: Mai 1945, unveröffentlichter Bericht, Kopie bei Josef Kiniger in Sexten.
87 Josef Kiniger: unveröffentlichter Bericht über Hans Philipp; hier zum Teil wiedergegeben mit der Erlaubnis des Verfassers. Philipp wurde am 8. Februar (Anmeldung bei der polizeilichen Meldebehörde in Sillian vom 26. Januar 1944) oder am 10. Februar 1898 (Sterbebuch des Dekanats Sillian) in Haid im Kreis Kemnath (Oberpfalz) geboren, war zuletzt als Kriminal-Sekretär (laut Angabe der Meldebehörde) tätig und kam am 21. Januar 1944 als Gestapo-Chef nach Sillian. (Das Sterbebuch weist ihn als Gendarmerie-Hauptwachtmeister aus.)
88 Der Tod von Hans Philipp ist im „Sterbebuch Sillian VII 1918-1954" der Pfarrei Mariä Himmelfahrt auf Seite 102/12 eingetragen, wovon sich der Verfasser am 23. August 2004 im Pfarramt Sillian persönlich überzeugt hat.
89 Neuhäusler, Amboß und Hammer, S. 200 f.

Die Ankunft der Amerikaner und der Abschied von Südtirol

1 Vermehren, S. 244.
2 Sergeant Stan Swinton (Stabsberichterstatter), Yanks Rescue Famed Enemies Of Hitler, in: The Stars and Stripes vom 8. Mai 1945.
3 Hierzu die Aussage von Martin Niemöller: „Meine Befreiung geschah zunächst durch die deutsche Wehrmacht am 30. April 1945. Die Amerikaner langten am 4. Mai an und entwaffneten die Wehrmacht." (Brief von Martin Niemöller an seinen Bruder Wilhelm vom 28. Juni 1946, Zentralarchiv der Evangelischen Kirche in Hessen und Nassau, Bestand 62/Akz. 671.) – Daß die Häftlinge bereits befreit waren, als die Amerikaner ankamen, bestätigt auch Sergeant Swinton: „Bevor die US-Truppen eintrafen, waren die Gefangenen regelrecht frei und erwarteten die amerikanischen Streitkräfte unter dem Schutz der Wehrmacht."
4 Pfanzelter, S. 128.
5 Vermehren, S. 254 f.
6 Vermehren, S. 256.
7 Pfanzelter, S. 128.
8 Best, S. 246.
9 Hassell, S. 193.
10 Niemöller: Tagebuch. – Welsberg liegt im Pustertal und ist von Niederdorf nur wenige Kilometer entfernt.
11 Joos, S. 145.
12 Anne Freifrau von Rosen, Hafttagebuch, S. 33.
13 Kunkel, S. 77 f.
14 Alvensleben: Bericht vom 10. November 1945.

15 Schmitz: Bericht an die Kinder, S. 6.
16 Therese Wassermann: Tagebuch/Transkription, S. 9.
17 Therese Wassermann: Tagebuch/Transkription, S. 13.
18 Therese Wassermann, Tagebuch/Transkription, S. 17.
19 Neuhäusler: Tagebuch, S. 10.
20 Therese Wassermann: Tagebuch/Transkription, S. 18.
21 Therese Wassermann: Tagebuch/Transkription, S. 10.
22 Therese Wassermann: Tagebuch/Transkription, S. 11.
23 Wie Stan Swinton berichtet, litt Blum an einer Bronchitis und noch immer an dem Hexenschuß, mit dem er schon in Buchenwald aufgebrochen ist. (The Stars and Stripes vom 8. Mai 1945.)
24 Mogensen, S. 52 f.
25 Emma Wassermann, Der Erlebnisbericht einer Leserin aus Niederdorf, in: Dolomiten. Tagblatt der Südtiroler, Bozen, 30. April 1965.
26 Joos, S. 144 f.
27 Schuschnigg, Im Kampf gegen Hitler, S. 29 f.
28 Müller, S. 275 f.
29 Best, S. 243 f.
30 Best, S. 245.
31 Über Kokorins Ende hat Josef Kiniger (Sexten) folgendes herausgefunden: „Beim Rückzug der Deutschen von Pieve di Cadore herauf, am 3. Mai 1945, sah Sala Vittorio in Borca di Cadore auf einem deutschen Fahrzeug den politischen Kommissar der 'Oberdan', den Trentiner Carlo Orler ('Alberto'), der ihm ein Zeichen gab, zu folgen. Das tat er. In Cortina trafen sie sich beim französischen Geheimdienst. Dieser war über die Häftlinge in Niederdorf bzw. im Seehotel in Prags bestens informiert.
Das Anliegen des Geheimdienstes war, den Neffen Molotows, Leutnant Wassilij Kokorin, sofort zu befreien. Sala machte sich mit Silvino Verocai und Di Mario sofort auf den Weg nach Prags. Verocai fungierte als Dolmetscher, da er mehrere Sprachen beherrschte. Kokorin war auch der deutschen Sprache mächtig. Die Häftlinge im Seehotel in Prags waren von Soldaten der Wehrmacht bewacht. Léon Blum kam auf Sala zu, umarmte ihn, wollte aber nicht mitkommen. Sala übergab Kokorin eine Pistole (...). Sie bestiegen dann das etwa 100 Meter vor dem Hotel geparkte Auto des Verocai (ein 'Balilla', Kennzeichen BZ 4005) und fuhren nach Borca di Cadore, wo Kokorin einige Tage in einem Gasthof untergebracht wurde. Kokorin wollte so schnell wie möglich zurück nach Moskau, um Stalin Nachricht vom Tode seines Sohnes Jakob zu bringen. (...)
Sala verständigte sein Oberkommando in Belluno. Dieses schickte einen Wagen, und dieser brachte Kokorin zunächst nach Belluno und dann zur sowjetischen Delegation nach Bologna. Weiters ist nichts mehr bekannt." (Kiniger, Wie Molotows Neffe Wassilij Kokorin in Prags befreit wurde. Aussagen von Lino De Luca und Sala Vittorio in Borca di Cadore am 15. 8. 1994.)
32 Bestätigung für Gebhard von Alvensleben vom 3. Mai 1945. Eine Kopie des Dokuments stellte Reimar von Alvensleben dem Verfasser dankenswerterweise zur Verfügung.
33 Der Brief lautet: „Ich, Leutnant der Luftwaffe der Roten Armee, Wasilij Wasiljewitsch (sic!) Kokorin, geboren am 9. Mai 1920 in Molotovsk (Nolensk), Gebiet Kirow, bin am 11. April 1942 in faschistische Gefangenschaft geraten während der Ausführung eines Auftrages (erster Einsatz der Luftbrigade im Gebiet Denejansk-Leningrad), welcher mir von der Partei und der Regierung der Sowjetunion erteilt wurde. Ich war Gefangener vom 11. April 1942 bis zum 2. Mai 1945 und habe alle Greuel des satanischen Regimes Hitlers miterlebt. Ich war Zeuge des tragischen Endes des Sohnes Stalins, des Leutnants (sic!) Jakob Dschugaschwili, welcher am 16. April 1943 (sic!) im Konzentrationslager Oranienburg (in der Nähe von Berlin) ermordet (sic!) wurde. Am 2. Mai 1945 (sic!) bin ich von den italienischen Partisanen befreit (sic!) worden, die erfahren haben, daß ich mich im Gebirge befand. Die Partisanen kamen und befreiten mich. Derzeit bin ich in der Obhut der Partisanen. Aus diesem Grunde hätte ich eine Bitte zu richten an den Botschafter: Möchte mich sofort zur Verfügung stellen und von ihm in die Sowjetunion zurückgeschickt werden. Leutnant W. Kokorin." (Zitiert nach Alto Adige vom 18. April 1965, dort ist der Brief auch als Faksimile veröffentlicht. Übersetzung aus dem Italienischen: Dr. Walter Boaretto.)
34 Müller, S. 275.
35 Gemeint ist Oberstleutnant „Jack" Churchill, der sich, wie Klaus-Dietmar Henke schreibt, „auf den Weg zu den britischen Verbänden" machte. (Henke, S. 879.)
36 Partisanen entfernt, in: Dolomiten vom 30. April 1965.
37 Best, S. 245 f.
38 Neuhäusler: Tagebuch, S. 11.
39 Gagi Stauffenberg, S. 108.
40 Schmitz: Bericht an die Kinder, S. 7 f.
41 Die Ankunft des französischen Offiziers hat auch Joos am 3. Mai in seinem Tagebuch festgehalten: „Ein französischer Kapitän sieht sich um." (Joos, S. 144.) Auch Best registriert, wie berichtet, den Ankömmling, der „behauptete, französischer Offizier zu sein".
42 Blum, S. 87 f. – Über die Uhrzeit werden von den Zeitzeugen unterschiedliche Angaben gemacht.
43 Joos, S. 145.
44 Emma Heiss-Hellenstainer: Originalbericht, S. 13.
45 Schuschnigg, Ein Requiem in Rot-Weiß-Rot, S. 503.
46 Schmitz: Bericht an die Kinder, S. 8.
47 Best, S. 247.
48 Niemöller: Tagebuch.
49 Schmitz: Bericht an die Kinder, S. 8.
50 Vermehren, S. 263.
51 Best, S. 248.
52 Joos, S. 145.
53 Über die Gottesdienste in der Kapelle berichtet Richard Schmitz: „Heute (6. Mai, Anm. d. Verf.) drei hl. Messen in der Kapelle: 8 h mit deutscher Predigt, 9 h für die amerikanischen Soldaten und um 10 h mit französischer Predigt des Bischofs. In der 8 h-Messe predigte Kaplan Kunkel (...)." (Schmitz: Bericht an die Kinder, S. 9.)
54 Kunkel, S. 78 f.
55 Emma Heiss-Hellenstainer: Originalbericht, S. 12.
56 Hier fügt sie ihrem Text eine Anmerkung in Klammern mit den folgenden Worten hinzu: „Das Konzept der Predigt habe ich von Kunkel erbeten, es liegt dieser Hauschronik bei."
57 Hassell, S. 195.
58 Emma Heiss-Hellenstainer: Originalbericht, S. 9.
59 Emma Heiss-Hellenstainer: Originalbericht, S. 12.
60 Best, S. 248, und Gagi Stauffenberg, S. 109. – Im Gegensatz zu Best, der den 6. Mai angibt, vermerkt Marie-Gabriele von Stauffenberg den Besuch des Generals am 7. Mai 1945 in ihrem Tagebuch. Der Verfasser folgt ihrer Eintragung, zumal sie sich auch mit den Aussagen von Richard Schmitz und Isa Vermehren deckt. (Schmitz: Bericht an die Kinder, S. 10, und Vermehren, S. 264.)

61 Hassell, S. 195.
62 Vermehren, S. 264.
63 Schmitz: Bericht an die Kinder, S. 10.
64 Schmitz: Wie wir gerettet wurden.
65 Schuschnigg, Ein Requiem in Rot-Weiß-Rot, S. 504.
66 Müller, S. 277.
67 Die Zahl der Fahrzeuge ist der „Passenger List for Tuesday, 8 May 1945" entnommen, die vor der Abfahrt von der US-Armee zugsammengestellt wurde. (Fotokopie aus dem Nachlaß von Franz Liedig.)
68 Neuhäusler: Tagebuch, S. 11.
69 Schmitz: Bericht an die Kinder, S. 10.
70 Best, S. 249.
71 Vermehren, S. 265.
72 Emma Heiss-Hellenstainer: Originalbericht, S. 13.
73 Schmitz: Bericht an die Kinder, S. 10 f.
74 Schmitz: Bericht an die Kinder, S. 11.
75 Hassell, S. 195.
76 Emma Heiss-Hellenstainer: Originalbericht, S. 13.
77 Emma Heiss-Hellenstainer: Originalbericht, S. 14.
78 Kunkel, S. 82.
79 Franz Liedig kehrte in die Heimat zurück. In München wurde er der zweite Landesgeschäftsführer der CSU.

Das Rätsel um den Inhalt der verbrannten Dokumente

1 Beschuldigtenvernehmungsprotokoll: Edgar Stiller vom 14. September 1951.
2 Zvonimir Cuckovic, Zwei Jahre auf Schloß Itter, unveröffentlichtes Manuskript, Archiv der KZ-Gedenkstätte Dachau, DaA 20.134, S. 48.
3 Handstreich von Niederdorf: ein Widerstands-Meisterstück, in: Südtiroler Nachrichten vom 15. April 1965.
4 Kimmel, S. 374. – Kimmel vermerkt dazu: „Sein Tod ist unter der Nummer 11/1945 im Sterberegister des Standesamtes Hopfgarten beurkundet."
5 Zeugenvernehmungsprotokoll: Isa Vermehren vom 15. Juli 1952, im Verfahren gegen Edgar Stiller, Staatsarchiv München, STAnw M II VSG 25/2.
6 Josef Müller berichtet über ein Gespräch, das er mit Stiller auf der Straße vor Niederdorf geführt hat: „Und dann fuhr er fort, daß ich vor ihm keine Angst zu haben brauche, auch nicht vor seinen Leuten. 'Aber der Bader, der von Buchenwald noch da ist, vor dem müssen Sie sich hüten. Der hat noch was gegen Sie und beruft sich dabei sogar noch auf einen Befehl von oben.' Stiller berichtete dazu, daß ein Telegramm existiere(:) 'Advokat darf nicht lebend in die Hände des Feindes fallen.'" (Müller, S. 270.)
Wichard von Alvensleben bestätigt, daß es zwischen Bader und Stiller Spannungen gegeben hat. Über die erste Begegnung mit Stiller am 29. April 1945 in Niederdorf schreibt der Hauptmann: „Er erklärte mir, er stehe mit seinem Kollegen nicht auf bestem Fuße. Dieser habe bei der letzten Etappe vor Niederdorf den Häftlingen erklärt bezw. erklären lassen, sie würden über Niederdorf nach Pragser Wildsee gebracht, um dort erschossen zu werden." (Alvensleben: Bericht vom 10. November 1945.)
7 Laut Wichard von Alvensleben soll sich ein „Liquidationsbefehl der Obersten SS-Führung, der sämtliche KZ-Häftlinge betraf", mit Namensliste und Dringlichkeitsstufen in der „Aktentasche des verantwortlichen SS-Führers" befunden haben. (Alvensleben: Erklärung vom 20. Oktober 1968.)
8 Alvensleben berichtet über das Gespräch mit Bader: „Er sagte mir, er habe den Auftrag, die Häftlinge nach Pragser Wildsee zu bringen. Auf weiteres Befragen gab er zu, dass sein Auftrag erledigt sei, 'wenn die Gefangenen gestorben seien'." (Alvensleben: Bericht vom 10. November 1945.)
9 Walther Graf von Plettenberg-Lenhausen gibt die Bemerkung eines Wachmannes wieder: „Warum soviel Arbeit um diese Bande, warum erschießt man sie nicht gleich." (Zeugenvernehmungsprotokoll: Walther Graf von Plettenberg-Lenhausen vom 22. September 1952, im Verfahren gegen Edgar Stiller, Staatsarchiv München, STAnw M II VSG 25/2.)
Martin Niemöller schreibt: „Als unser Transport (...) am 28. April 1945 in Niederdorf (...) ankam, erfuhren wir aus Gesprächen der Wachmannschaft, dass das SD-Begleitkommando den Befehl hatte, uns nach dem Hotel Pragser Wildsee zu bringen und dort zu liquidieren." (Niemöller: Zeugnis für Wichard von Alvensleben vom 1. September 1946.)
Und Franz Halder berichtet: „In der Nacht vom 29./30. 4.45 (hier irrt er sich im Datum und im Geschehen auf der Straße vor Niederdorf; die Häftlinge übernachteten nicht im Bus, Anm. d. Verf.) lag der Omnibus, in dem ich mich befand, infolge einer Panne viele Stunden auf der Landstraße westlich Niederndorf-Pustertal (sic!). Während dieser Zeit hörten wie ein Gespräch zwischen den unseren Omnibus bewachenden, über die Unbequemlichkeiten der naßkalten Nachtwache ärgerlichen Bewachungsleute, daß sie den Befehl hätten, uns umzubringen und daß es doch sinnlos sei, damit noch zu warten ... man solle uns doch so schnell wie möglich in das nächste Seitental fahren und dort 'umlegen'." (Halder: Brief vom 23. September 1946, geschrieben zur Spruchkammerverhandlung General Röttigers, in: Heidemarie Gräfin Schall-Riaucour, Aufstand und Gehorsam, S. 331.)
10 Isa Vermehren berichtet: „In diesem Zusammenhang bemerke ich, daß unter uns Häftlingen während der ganzen Fahrt das Gerücht kursierte, daß der angeschuldigte Stiller einen Sonderbefehl hatte, einige von uns zu liquidieren. Soweit ich mich erinnere, wurde davon gesprochen, daß es sich um acht oder neun Häftlinge handelt, unter ihnen wurde der Name Schuschnigg genannt. Dieses Gerücht wurde von uns allen geglaubt, und (es) wurden auch, wie ich mich genau erinnere, Maßnahmen getroffen, um diese Häftlinge zu schützen. Ich weiß, daß dieselben (in Niederdorf, Anm. d. Verf.) gesondert einquartiert wurden. Später hieß es, daß Stiller diesen Befehl verbrannt haben soll." (Zeugenvernehmungsprotokoll: Isa Vermehren vom 15. Juli 1952.)
11 Nerin E. Gun, Die Stunde der Amerikaner, Velbert und Kettwig 1968, S. 159.
12 Gun macht aus dem Hotel „Pragser Wildsee" sogar ein „an einem Alpensee gelegenes Bergschloß". (Gun, S. 159.)
13 Am 25. April 1947 schreibt Schuschnigg in Rapallo in einer Erklärung, daß alle Geiseln „gemäß schriftlichem Befehl Himmlers am 29. April 1945 hingemordet werden sollten". (Brief von Neuhäusler an Landgerichts-

rat Dr. Nikolaus Naaff vom 17. Dezember 1951, im Verfahren gegen Edgar Stiller.)
Auch Josef Müller berichtet von „den ursprünglichen Plänen der SS", nach denen die Geiseln „in diesem einsamen Tal (von Prags) liquidiert werden" sollten. (Müller, S. 274.) Stan Swinton geht in seinem Bericht, der am 8. Mai 1945 in „The Stars and Stripes" erscheint, ebenfalls auf die angeblich geplante Ermordung von Häftlingen ein: „Geheime Hinrichtungsbefehle für die berühmtesten Persönlichkeiten unter ihnen wurden nur Tage vorher von der Gestapo erlassen. Nur die Intervention der Wehrmacht und die schnelle Ankunft der Infanteristen der 5. Armee retteten sie."
Und schließlich berichteten die „Dolomiten – Tagblatt der Südtiroler" am 19. Mai 1945: „Als die amerikanischen Truppen sich Dachau näherten, wurden in aller Eile jene Gefangene an einen angeblich sicheren Ort verfrachtet, auf deren Existenz oder Nichtexistenz die Gestapo besonderen Wert legte. Man hoffte noch immer, irgend einen Winkel auf deutschem Boden zu finden, auf dem man die wichtigsten Opfer des Regimes für besondere Zwecke sicherstellen könne. Von Dachau wurden diese politischen Opfer nach Innsbruck gebracht und von dort nach Niederdorf im Pustertal weitergeleitet.
Inzwischen war von der obersten Leitung der Gestapo der Befehl ergangen, die Leute sobald als möglich unauffällig zu beseitigen. Einer Gruppe entschlossener Männer der Wehrmacht gelang es nach einer heftigen Auseinandersetzung mit den SS-Leuten der Gestapo, die Gefangenen unter ihren Schutz zu bringen und an den Pragser Wildsee weiterzuleiten. Immer noch war es unsicher, ob der Mordbefehl der Gestapo ausgeführt wird oder nicht. Bis endlich die Angehörigen des 339. I. R. der 5. Armee der 85. amerikanischen Division in diesem Gebiete einrückten und die Gefangenen vom Beil der Gestapo befreiten."

Der lange Weg der Befreiten in ihre Heimat

1 Vermehren, S. 265.
2 Kunkel, S. 82 f.
3 Schuschnigg, Ein Requiem in Rot-Weiß-Rot, S. 504.
4 Gagi Stauffenberg, S. 112.
5 Hassell, S. 196.
6 Irmingard Prinzessin von Bayern, S. 325.
7 Prinzessin Irmingard am 21. Juni 2004 im Gespräch mit dem Verfasser in Leutstetten.
8 Franz von Hammerstein, Vortrag vom 19. Juli 1999 in Berlin.
9 Thomas Albrich/Stefan Dietrich, Todesmarsch in die 'Alpenfestung': Der 'Evakuierungstransport' aus dem KZ Dachau nach Tirol Ende April 1945, in: Geschichte und Region, Jahrbuch der Arbeitsgruppe Regionalgeschichte Bozen, 6. Jahrgang, 1997, S. 45 f.
10 Mitteilung des Headquarters Seventh Army, Hospital Plant Number 1, APO 758, vom 17. Juni 1945, Dokument im Besitz von Marie-Gabriele von Stauffenberg.
11 Brief von Wichard von Alvensleben an Fabian von Schlabrendorff vom 15. November 1945. (Kopie im Besitz des Verfassers.)
12 Aussage von Stiller in der Information für Rechtsanwalt Dr. Fröschmann (Nürnberg), Staatsarchiv München, STAnw M II VSG 25/2.
13 Schuschnigg, Ein Requiem in Rot-Weiß-Rot, S. 504 f.

Gastgeberin und Grande Dame: Emma Heiss-Hellenstainer (1888-1959)

1 Vgl. Monika Frenzel, Emma Hellenstainer – ein Leben für den Gast. Erinnerungen an Tirols berühmteste Wirtin, in: Frau Emma Europa. Eine große Gastwirtin, Tourismusmuseum Schloß Trautmannsdorff – Touriseum Meran/Fremdenverkehrsmuseum Hochpustertal – Haus Wassermann Niederdorf (Hrsg.), Bozen 2004, S. 8-59. Dort alle folgenden Angaben zur Familie.
2 Vgl. Anton Stoll, Die Entwicklung des Hochpustertaler Fremdenverkehrs von seinen Anfängen bis zum Beginn des Ersten Weltkrieges, ungedr. phil. Diss., Innsbruck 1980, S. 283-286.
3 Vgl. Frenzel, Emma Hellenstainer, S. 54.
4 Vgl. Josef Rohrer, Zimmer frei. Das Buch zum Touriseum, Meran 2003, S. 106-121.
5 Zit. nach Frenzel, Frau Emma, S. 41.
6 Vgl. Hans Heiss, Der Weg des „Elephanten". Geschichte eines großen Gasthofs seit 1551, Bozen/Wien 2002, S. 89-112.
7 Hausarchiv Hotel „Elephant", Brixen (HHE), Josefine Hellenstainer an Wolfgang Heiss, Meran, 25. 2. 1914.
8 HHE, Hermann Hellenstainer an Marie Mayr-Heiss, 11. 4. 1914.
9 HHE, Wolfgang Heiss an Emma Hellenstainer, 21. 11. 1914.
10 HHE, Emma Hellenstainer an Wolfgang Heiss, 15. [!] 5. 1915, Fehldatierung, ws. 25.5.1915.
11 Vgl. Heiss, Weg des „Elephanten", S. 116-122.
12 Vgl. ebda., S. 127-135.
13 Vgl. Helmut Alexander/Stefan Lechner/Adolf Leidlmair, Die Umsiedlung der Südtiroler, Wien 1993.
14 Vgl. Heiss, Weg des „Elephanten", S. 138-143.
15 HHE, Haus- und Familienchronik 1883-1946, S. 321.
16 HHE, Haus- und Familienchronik 1883-1946, S. 353-368.

Verzeichnis der Gefangenen im Geiseltransport nach Südtirol

1 Die SOE war eine Sonderabteilung des britischen Geheimdienstes für Sabotage und subversive Kriegführung.
2 Das Häftlingsverzeichnis, das die Landesstelle für Südtirol in Innsbruck im April 1946 veröffentlicht hat und das für Publikationen immer wieder als Quelle herangezogen wird, weist, wie berichtet, die Familiennamen von zwei Italienern auf, die sich aber nicht im Geiseltransport befanden: Amechi und Burtoli. Bezeichnenderweise fehlen in der Übersicht die Vornamen der beiden. Nicht aufgeführt sind dagegen Apollonio, Badoglio und Tamburini.
3 Auskunft der Tochter Biruta Celmins Kearl vom 7. Mai 2004 in Dachau.

Literaturverzeichnis

Albrecht, Dagmar: Mit meinem Schicksal kann ich nicht hadern ... Sippenhaft in der Familie Albrecht von Hagen, Berlin 2001.

Arendt, Hannah: Eichmann in Jerusalem. Ein Bericht von der Banalität des Bösen, München 1964.

Best, Sigismund Payne: The Venlo Incident, London/New York/ Melbourne/Sydney/Kapstadt 1950.

Binder, Dieter A. und Schuschnigg, Heinrich (Hrsg.): „Sofort vernichten". Die vertraulichen Briefe Kurt und Vera von Schuschniggs 1938-1945, Wien/München 1997.

Bismarck, Ruth-Alice von und Kabitz, Ulrich (Hrsg.): Brautbriefe Zelle 92: 1943-1945/Dietrich Bonhoeffer; Maria von Wedemeyer, München 1992.

Black, Peter: Ernst Kaltenbrunner. Vasall Himmlers: Eine SS-Karriere, Paderborn 1991.

Blum, Léon: Der letzte Monat, Paris 1946.

Derselbe: Lettres de Buchenwald, herausgegeben von Ilan Greilsammer, Paris 2003.

Bölkow, Ludwig: Erinnerungen, aufgezeichnet von Brigitte Röthlein, München/Berlin 1994.

Bracke, Gerhard: Melitta Gräfin Stauffenberg. Das Leben einer Fliegerin, München 1990.

Brückner, Joachim: Kriegsende in Bayern 1945. Der Wehrkreis VII und die Kämpfe zwischen Donau und Alpen. Einzelschriften zur militärischen Geschichte des Zweiten Weltkrieges, herausgegeben vom Militärgeschichtlichen Forschungsamt, Freiburg im Breisgau 1987.

Burger, Adolf: Des Teufels Werkstatt. Die größte Geldfälscheraktion der Weltgeschichte, Berlin 2001.

Buttlar, Florian von u. a.: Fürstenberg-Drögen. Schichten eines verlassenen Ortes, Berlin 1994.

Carls, Hans: Dachau. Erinnerungen eines katholischen Geistlichen aus der Zeit seiner Gefangenschaft 1941-1945, Köln 1946.

Dornberger, Walter: Peenemünde. Die Geschichte der V-Waffen, Frankfurt am Main/Berlin 1996.

Elam, Shraga: Hitlers Fälscher. Wie jüdische, amerikanische und Schweizer Agenten der SS beim Falschgeldwaschen halfen, Wien 2000.

François-Poncet, André: Als Botschafter in Berlin 1931-1938, Mainz 1947.

Friedrich Wilhelm Prinz von Preußen: „Gott helfe unserem Vaterland." Das Haus Hohenzollern 1918-1945, München 2003.

Galland, Adolf: Die Ersten und die Letzten. Die Jagdflieger im Zweiten Weltkrieg, München 1993.

Gruchmann, Lothar (Hrsg.): Autobiographie eines Attentäters. Johann Georg Elser. Aussage zum Sprengstoffanschlag im Bürgerbräukeller, München, am 8. November 1939, Stuttgart 1970.

Gun, Nerin E.: Die Stunde der Amerikaner, Velbert/Kettwig 1968.

Haase, Norbert: Das Reichskriegsgericht und der Widerstand gegen die nationalsozialistische Herrschaft, herausgegeben von der Gedenkstätte Deutscher Widerstand mit Unterstützung der Senatsverwaltung für Justiz, Berlin 1993.

Haase, Norbert und Oleschinski, Brigitte (Hrsg.): Das Torgau-Tabu. Wehrmachtstrafsystem. NKWD-Speziallager. DDR-Strafvollzug, Leipzig 1993.

Hansen, Reimer: Das Ende des Dritten Reiches. Die deutsche Kapitulation 1945, Kieler Historische Stdien, Band 2, Stuttgart 1966.

Hassell, Fey von: Niemals sich beugen. Erinnerungen einer Sondergefangenen der SS, München 1993.

Heiber, Helmut (Hrsg.): Der ganz normale Wahnsinn unterm Hakenkreuz. Triviales und Absonderliches aus den Akten des Dritten Reiches, München 1996.

Heiss, Hans und Pfeifer, Gustav (Hrsg.): Südtirol - Stunde Null? Kriegsende 1945-1946, Veröffentlichungen des Südtiroler Landesarchivs, Band 10, Innsbruck/Wien/ München 2000.

Henke, Klaus-Dietmar: Die amerikanische Besetzung Deutschlands, München 1995.

Höhne, Heinz: Der Orden unter dem Totenkopf. Die Geschichte der SS, München 2002.

Hoffmann, Peter: Widerstand - Staatsstreich - Attentat. Der Kampf der Opposition gegen Hitler, München 1979.

Derselbe: Claus Schenk Graf von Stauffenberg und seine Brüder, Stuttgart 2004 (Sonderausgabe).

Horstmann, Bernhard: Prinz-Albrecht-Straße 8. Der authentische Bericht des letzten Überlebenden von 1945, München 1997.

Irmingard Prinzessin von Bayern: Jugend-Erinnerungen 1923-1950, St. Ottilien 2000.

Joos, Joseph: Leben auf Widerruf. Begegnungen und Beobachtungen im K.Z. Dachau 1941-1945, Olten 1946 (2. Auflage).

Kleinmann, Horst Joseph: Bewegte Tage in Hohenzollern. Auf den Spuren der Zeitgeschichte, Hechingen 1986.

Koller, Karl: Der letzte Monat. 14. April bis 27. Mai 1945. Tagebuchaufzeichnungen des ehemaligen Chefs des Generalstabs der deutschen Luftwaffe, Esslingen/München 1985.

Kozaczuk, Wladyslaw: Geheimoperation Wicher. Polnische Mathematiker knacken den deutschen Funkschlüssel „Enigma", Koblenz 1989.

Kunkel, Karl: „Geheime Staatspolizei - Sie sind verhaftet!" Tagebuchaufzeichnungen, in: Ermlandbuch 1983, herausgegeben von der Bischof-Maximilian-Kaller-Stiftung, Münster.

Lang, Jochen von: Der Adjutant. Karl Wolff: Der Mann zwischen Hitler und Himmler, München/Berlin 1985.

Lingens, Ella: Gefangene der Angst. Ein Leben im Zeichen des Widerstandes, Wien/Frankfurt am Main 2003 (2. Auflage).

Lüdde-Neurath, Walter: Regierung Dönitz. Die letzten Tage des Dritten Reiches, Schnellbach 1999.

Maršálek, Hans: Die Geschichte des Konzentrationslagers Mauthausen. Dokumentation, Wien/Linz 1995 (3. Auflage).

Martin, Bernd: Friedensinitiativen und Machtpolitik im Zweiten Weltkrieg 1939-1942, Düsseldorf 1974.

Meyer, Winfried (Hrsg.): Verschwörer im KZ. Hans von Dohnanyi und die Häftlinge des 20. Juli 1944 im KZ Sachsenhausen, Schriftenreihe der Stiftung Brandenburgische Gedenkstätten, Band 5, Berlin 1999.

Moczarski, Kazimierz: Gespräche mit dem Henker. Das Leben des SS-Gruppenführers und Generalleutnants der Polizei Jürgen Stroop. Aufgezeichnet im Mokotów-Gefängnis zu Warschau, Frankfurt am Main 1982.

Mogensen, Jörgen L. F.: Die große Geiselnahme. Letzter Akt 1945, Kopenhagen 1997.

Mühlen, Bengt von zur (Hrsg.): Sie gaben ihr Leben. Unbekannte Opfer des 20. Juli 1944. General Fritz Lindemann und seine Fluchthelfer, Berlin-Kleinmachnow 1995.

Müller, Josef: Bis zur letzten Konsequenz. Ein Leben für Frieden und Freiheit, München 1975.

Neuhäusler, Johann: Amboß und Hammer. Erlebnisse im Kirchenkampf des Dritten Reiches, München 1967.

Pünder, Hermann: Von Preußen nach Europa. Lebenserinnerungen, Stuttgart 1968.

Reschin, Leonid: Feldmarschall Friedrich Paulus im Kreuzverhör 1943-1953, Augsburg 2000.

Riedel, Dirk A.: Kerker im KZ Dachau. Die Geschichte der drei Bunkerbauten, Dachau 2002.
Ritter, Gerhard: Carl Goerdeler und die deutsche Widerstandsbewegung, Stuttgart 1984.
Rürup, Reinhard (Hrsg.): Topographie des Terrors. Gestapo, SS und Reichssicherheitshauptamt auf dem „Prinz-Albrecht-Gelände". Eine Dokumentation, Berlin 1989.
Sager, Sepp: Tagebuch: Kriegsende ´45 und Neubeginn im Bayerischen- und Böhmerwald (zwischen Donau und Böhmen). Eine Dokumentation über die Jahre 1945/46, Schönberg 1995.
Schacht, Hjalmar: 76 Jahre meines Lebens, Bad Wörishofen 1953.
Schad, Martha: Frauen gegen Hitler. Schicksale im Nationalsozialismus, München 2001.
Schellenberg, Walter: Aufzeichnungen. Die Memoiren des letzten Geheimdienstchefs unter Hitler, Wiesbaden/München 1979.
Schlabrendorff, Fabian von: Begegnungen in fünf Jahrzehnten, Tübingen 1979 (2. Auflage).
Schuschnigg, Kurt: Ein Requiem in Rot-Weiß-Rot, Wien 1978.
Derselbe: Im Kampf gegen Hitler. Die Überwindung der Anschlußidee, Wien/München/Zürich 1969. Neuauflage: Wien/München 1988.
Siegert, Toni: 30 000 Tote mahnen! Die Geschichte des Konzentrationslagers Flossenbürg und seiner 100 Außenlager von 1938 bis 1945, Weiden 1987 (3. Auflage).
Skorzeny, Otto: Wir kämpften - wir verloren, Band 4, Siegburg-Niederpleis 1962.
Smelser, Ronald und Syring, Enrico (Hrsg.): Die SS. Elite unter dem Totenkopf. 30 Lebensläufe, Paderborn 2000.
Smith, Bradley F. und Agarossi, Elena: Unternehmen „Sonnenaufgang". Das Kriegsende in Italien, Köln 1981.
Speer, Albert: Der Sklavenstaat. Meine Auseinandersetzungen mit der SS, Stuttgart 1981.
Spiegelbild einer Verschwörung. Die Kaltenbrunner-Berichte an Bormann und Hitler über das Attentat vom 20. Juli 1944. Geheime Dokumente aus dem ehemaligen Reichssicherheitshauptamt, herausgegeben vom Archiv Peter für historische und zeitgeschichtliche Dokumentation, Stuttgart 1961.
Spieß, Alfred und Lichtenstein, Heiner: Unternehmen Tannenberg. Der Anlaß zum Zweiten Weltkrieg, Frankfurt am Main/Berlin 1989.
Spiwoks/Stöber: Endkampf zwischen Mosel und Inn. XIII. SS-Armeekorps, Coburg 1999.
Stein, Harry: Konzentrationslager Buchenwald 1937-1945. Begleitband zur ständigen historischen Ausstellung, herausgegeben von der Gedenkstätte Buchenwald, Göttingen 1999.
Steinacher, Gerald: Südtirol und die Geheimdienste 1943-1945, Innsbrucker Forschungen zur Zeitgeschichte, Band 15, Innsbruck/Wien/München 2000.
Derselbe (Hrsg.): Südtirol im Dritten Reich. NS-Herrschaft im Norden Italiens, Veröffentlichungen des Südtiroler Landesarchivs, Band 18, Innsbruck 2003.
Steinbach, Peter und Tuchel, Johannes (Hrsg.): Widerstand gegen den Nationalsozialismus, herausgegeben von der Bundeszentrale für politische Bildung, Schriftenreihe, Band 323, Bonn 1994.
Steinert, Marlis G.: Die 23 Tage der Regierung Dönitz, Düsseldorf/Wien 1967.
Streim, Alfred: Die Behandlung sowjetischer Kriegsgefangener im „Fall Barbarossa". Eine Dokumentation, Heidelberg/Karlsruhe 1981.
Vermehren, Isa: Reise durch den letzten Akt. Ravensbrück, Buchenwald, Dachau: eine Frau berichtet, Reinbek bei Hamburg 1998.
Weinmann, Martin (Hrsg.): Das nationalsozialistische Lagersystem (CCP), Frankfurt am Main 1998 (3. Auflage).
Wenck, Alexandra-Eileen: Zwischen Menschenhandel und „Endlösung": Das Konzentrationslager Bergen-Belsen, Paderborn 2000.
Wistrich, Robert: Wer war wer im Dritten Reich. Anhänger, Mitläufer, Gegner aus Politik, Wirtschaft, Militär, Kunst und Wissenschaft, München 1983.
Witte, Peter u. a. (Hrsg.): Der Dienstkalender Heinrich Himmlers 1941/42, Hamburger Beiträge zur Sozial- und Zeitgeschichte, Hamburg 1999.
Wucher, Albert: Seit 5 Uhr 45 wird zurückgeschossen. Ein Dokumentarbericht über den Beginn des Zweiten Weltkrieges, München 1959.

Bildnachweis

Associated Press: S. 265. – Bundesarchiv Berlin: 17, 19, 51, 154. – Charles Doran: 13. – Benno M. Gantner (Percha): 182. – Gedenkstätte Buchenwald: 76, 78, 81. – Gedenkstätte Deutscher Widerstand (Berlin): 27 f. – Hanns-Seidel-Stiftung (München) – Nachlaß Dr. Müller: 39, 86, 102, 133 (unten), 139, 185. – Emma Brunner-Heiss (Brixen): 194, 270, 272 f., 275, 280, 283. – Dr. Hans Heiss (Brixen): 278, 281 – Familie Heiss: 223, 234, 277, 279, 282. – Hotel „Bachmann" (Niederdorf): 170, 206. – Hotel „Drei Zinnen" (Sexten): 212 (unten). – Hotel „Schloß Labers" (Meran): 155. Institut für Zeitgeschichte (München): 110. – Jehovas Zeugen, Geschichtsarchiv (Selters): 134. – Dr. Albert Kamelger (Niederdorf): 195 (oben), 200 (oben), 222, 259, 262. – Josef Kiniger (Sexten): 212 (oben), 213, 238. – KZ-Gedenkstätte Dachau: 15, 20, 131 f., 172, 181. – KZ-Gedenkstätte Flossenbürg: 89. – Wolfgang Leitgeb (Niederdorf): 196. – The National Archives (Washington, D.C.): 147, 158, 164. – Archiv der Gemeinde Niederdorf: 195 (unten), 197 f., 267. – Hermann Oberhofer (Prags): 191, 200 (unten), 204 f., 215, 225 f., 228, 260. – oecklfilmtv (Köln): 21, 49, 54, 208. – Richardi (Archiv): 16, 23, 34 f., 38 (unten), 45 f., 111, 114, 116, 141, 144, 146, 160, 190. – Richardi (Foto): 9, 193. – Archiv Sager (Markt Schönberg): 107 f., 123. – Sammlungen der Mahn- und Gedenkstätte Ravensbrück/ Stiftung Brandenburgische Gedenkstätten: 32. – Pfarramt Sillian: 239. – Staatliches Archiv Prag: 41. – stern-Archiv/PICTURE PRESS: 157. – SV-Bilderdienst (München): 12, 14. – Wittelsbacher Ausgleichsfonds (München): 166. – Zentralarchiv der Evangelischen Kirche in Hessen und Nassau (Darmstadt): 171, 220. – Aus privatem Besitz: 31, 33, 36, 38 (oben), 40, 42 f., 57 ff., 62, 64, 67, 71, 74, 77, 87, 94, 112, 113 (oben und unten), 117, 119, 124 f., 133 (oben), 165, 202, 219, 221, 230, 240 ff., 245, 248 ff., 252 f., 255, 257, 264.

Die Abbildungen auf S. 61 und 121 f. sind Gerhard Bracke, Melitta Gräfin Stauffenberg (Langen Müller, München) entnommen; das Bild auf S. 53 stammt aus Manfred Jurleit, Strahljäger Me 262 im Einsatz (Motorbuch Verlag, Stuttgart). Der Autor dankt den Verlagen für die Genehmigung der Veröffentlichung.

Personenregister